Manual pa

Manual para Destruir un País

Caso I: Venezuela

Hector Alí Ruiz

Dedicatoria

"Aquellos que no conocen del pasado, están condenados a repetirlo"

George Santayana

"Lo único que la gente mala necesita para lograr sus objetivos, es que la gente buena no haga nada"

John Stuart Mill

A quién va dirigido este libro

A quien desee identificar las razones que causaron el colapso de Venezuela y quiénes son los culpables, contadas por una voz objetiva, analítica e imparcial.

A quien desee saber si la sociedad del país en donde vive está siguiendo las pautas de un país que terminará como Venezuela.

A quien desee conocer cómo el país que lo tenía todo para convertirse en una de las economías más grandes del planeta, terminó colapsado y destruido.

A quienes escuchan los encantadores discursos de socialismo y comunismo, creyendo que son modelos ideales, para que aprendan por qué esos discursos no deben escucharse en ciertos países.

A quienes escuchan los encantadores discursos de rechazo al socialismo y comunismo, y que tampoco deben escucharse en ciertos países.

A quienes luchan por la excelencia, buscan la perfección, y creen que éstas solo se consiguen con esfuerzo, construyendo una buena base y valorando lo que se tiene.

A quienes les gusta la historia y de sociología; en especial a las nuevas generaciones, a quienes que se les enseña a seguir a ciegas, en vez de a leer y escuchar.

A los venezolanos, para que conozcan la verdadera historia de su país, en especial a aquellos que no la vivieron.

Tabla de Contenido

Prefacio

No existe el país perfecto en nuestro planeta. Hoy en día, los Estados Unidos quizás sea uno de los países que ofrece mejor calidad de vida en el mundo. Tiene fallas, pero en líneas generales, tiene ventajas que dan una calidad de vida mejor que la de otros países. ¿No le agrada Estados Unidos? Entonces tomemos casos como Australia, Alemania, Noruega, Japón y otros países de primer mundo con muy alta calidad de vida, comprobada por los múltiples indicadores de las organizaciones que estudian estas variables a nivel mundial.

La misma lógica aplica para países con baja calidad de vida. Sin ánimos de lastimar los sentimientos de nadie, pero países como Corea del Norte, Turkmenistán y Somalia son ejemplos de lo opuesto a lo planteado en el párrafo anterior. Son países llamados subdesarrollados, donde las necesidades más básicas son consideradas lujos, con estilos de vida y rutinas diarias que cuando uno se entera de ellas, no queda más opción que cuestionarse la existencia de la raza humana. Son países con líderes tan incompetentes y/o crueles, que privan a sus habitantes de cualquier posibilidad de crecimiento. La mayoría de estos ejemplos también están basados en datos medibles.

Luego tenemos los países que yo aprendí a catalogar como "En vías de desarrollo"; así nos lo enseñaron en el colegio. Estos países tienen estándares de vida no tan altos como los países desarrollados, pero no tan bajos como los países subdesarrollados. Hasta el año 2000, Venezuela era considerada como miembro de este grupo e incluso por un breve periodo, fue considerada como uno de los países con mayor potencial para dar el salto y convertirse en un país desarrollado. Actualmente en 2021, pertenece a una categoría donde está junto con lo peor de lo peor. La pregunta que mucha gente en el extranjero se hace para tratar de entender el colapso de Venezuela, especialmente usted, si adquirió este libro es: ¿Qué fue lo que pasó? La respuesta que muchos venezolanos dan: Chávez fue lo que pasó. Él fue el culpable.

Toda mi vida he sido alguien objetivo, realista, directo y frío; alguien que detecta mentiras, y alguien a quien le gusta leer porque me gusta aprender constantemente. La gente no te puede engañar si eres una persona que lee, y menos aún si combinas el hábito de la lectura académica con inteligencia y el buen juicio. Siempre supe que Elizabeth Holmes era un fraude desde la primera vez que leí acerca de ella, y mis conocimientos de química y biología son apenas básicos. Siempre supe que estaba engañando a sus inversionistas y mintiéndole a la gente, porque es muy fácil engañar a gente ignorante o que no lee. Si ella me hubiese pedido que invirtiera en su empresa cuando estaba cerrando su trato con *Walgreens*, le habría dicho que no, puesto que soy alguien que detesta las excusas y los pretextos, y para ese momento, ella solo tenía excusas y pretextos para justificar las fallas con su producto. Soy alguien que mira un inconveniente y de inmediato busca soluciones concretas, reales y eficientes. Soy alguien que tiene la capacidad de salir del entorno que rodea el problema y ver las cosas desde afuera, y por eso siempre tuve la percepción de que a Venezuela no la destruyó un hombre: Chávez; ni su sucesor, Maduro.

Un hombre solo nunca puede hacer tanto daño, ni tampoco tanto bien. Necesita gente que lo siga. Un hombre solo, no es capaz de destruir un país. Ni tampoco con el apoyo de diez o cincuenta de sus amigos más cercanos. Hace falta mucho más que eso. Hace falta mucha gente. Es verdad que Chávez y actualmente Maduro le hicieron mucho daño a Venezuela, pero hubo muchos más culpables. Millones más.

Existen buenas y malas acciones. Existen decisiones correctas e incorrectas. Hay ocasiones en la vida en las cuales uno se encuentra en una encrucijada. En esos escenarios, el valor de una persona se mide por su capacidad para decir "*no*" a las tentaciones a las cuales mucha gente sucumbe y dice "*sí*". Hay momentos en los que hay que decir "esto no está bien", y hay que parar y detenerse. Nunca es bueno seguir órdenes a ciegas, ni decir "*sí*" a lo que no se debe aceptar. Tampoco es bueno condonar acciones, o hacerse la vista ciega a lo que no está bien. Ese fue el argumento que utilizaron muchos nazis para justificar sus crímenes durante en los juicios de Nuremberg en la postguerra: "*Nosotros solo seguíamos órdenes*". Eso fue lo que usaron en su defensa.

Un país lo construye o lo destruye su gente y no una persona, aun cuando esa persona sea el presidente. El presidente es apenas una figura administrativa, una imagen, un líder, un representante que la gente escoge. Puede pasar que las personas se equivoquen y escojan a alguien que no era quien debía ser presidente; pero aún en esos casos, la gente siempre tendrá la oportunidad de rectificar, corregir y cambiarlo; así como también de frenar la ejecución de acciones indebidas. Después de todo, somos humanos y errar es de humanos. Rectificar es de sabios, siempre y cuando la gente de verdad quiera.

Un país lo hace su gente y no su presidente. Un estado está formado por tres ramas: el poder ejecutivo, el legislativo y el judicial. Se supone que deberían ser independientes y uno cancela al otro. Esa era la premisa de Venezuela durante la segunda mitad del siglo veinte. Pero en 1998 los venezolanos estaban tan frustrados, decepcionados y obstinados con la gestión del país conducida hasta ese entonces por los líderes de los partidos políticos tradicionales Acción Democrática y COPEI, que sin dudarlo le dieron la gran oportunidad a alguien con una corriente ideológica distinta, Hugo Chávez Frías, quien se erigió como el salvador de Venezuela. Asimismo, los venezolanos no solo le dieron el Poder Ejecutivo: en cuestión de tres años, los venezolanos les entregaron a los chavistas los tres Poderes del Estado. Así era la magnitud del descontento de los venezolanos con los políticos de AD y COPEI que habían gobernado el país desde 1958 hasta 1998 con falsas promesas, constantes mentiras, líderes mediocres e incontables escándalos de corrupción que prácticamente habían destruido la economía y sociedad venezolana. Hay una razón por la cual los venezolanos le dieron todo el poder a Chávez: la población no quería saber nada más de los políticos que habían gobernado hasta ese entonces, y quisieron probar con algo nuevo para Venezuela. Estoy siendo objetivo y realista. Eso fue lo que pasó en 1998.

Yo no soy perfecto. Soy una persona con virtudes y defectos. Entre mis cualidades están: la honestidad, la sinceridad, la capacidad de ser objetivo, realista, analítico, directo y de hablar siempre con la verdad. Si usted considera que estas cualidades son virtudes, entonces empezamos bien porque compartiremos puntos de vista en esta lectura. Lamentablemente, en Venezuela estas cualidades que usted y yo consideramos como virtudes, allá eran consideradas defectos, inconvenientes, riesgos e incomodidades. En Venezuela, respetar las leyes y las normas, era y es considerado algo inusual; ser respetuoso era considerado una rareza, y ser honesto era visto como una condición atípica y peligrosa. En Venezuela, alguien que fuera estadounidense, alemán, suizo, japonés, sueco, o de alguna nacionalidad de países del primer mundo, era tratado como un ser superior, como alguien con principios, ética y valores, es decir, como alguien distinto; alguien que no estaba contaminado. En Venezuela, una persona con principios, ética y valores era vista como alguien anormal, alguien fuera de lo común. Análogamente, una persona corrupta, deshonesta y que no respetaba las leyes ni las normas, era socialmente aceptado; ese era el típico venezolano común y corriente (salvo contadas excepciones que describiré más adelante).

Es por eso que los venezolanos podrán decir que el análisis que presento sobre lo que pasó en Venezuela es un simple estudio de las opiniones, donde todos los puntos de vista son válidos, porque para cada punto en cuestión hay una excusa y un pretexto que lo justifica, y porque los venezolanos piensan que cualquier excusa o pretexto sirve para justificarse; y por eso todas las opiniones son válidas. Pero mi análisis se fundamente en los resultados para demostrar que no todas las opiniones son válidas, y que a veces hay que aceptar que tú estás obrando mal y que otra persona tiene la razón. Es por eso que lo que pasó en Venezuela fue que los venezolanos nunca escucharon a quien tenía la razón, y en cambio aceptaron todos los puntos de vista como válidos, y donde cualquier punto de vista corriente era visto como lo normal; y lo corriente era maltratar a tu propio país y a tu propia gente.

Prólogo

Héctor Alí Ruiz Ramos, el autor, es mi amigo desde hace unos treinta y dos años. Yo soy tan venezolano como la arepa y mi amigo tan estadounidense como la *cheeseburger*. Aunque fue criado en Venezuela desde niño, Héctor nunca se sintió venezolano. No le gustaba la comida y mucho menos la idiosincrasia de mi país; soy testigo de ello. Estudió conmigo durante ocho años en el colegio "Fray Luis de León" y desde el primer día que lo vimos empezamos a burlarnos de él, por su acento al hablar, por sus lentes, por cómo él era en general, y finalmente le pusimos el sobrenombre "*Cerebelo*", queriendo decir "*Cerebro*", porque en el fondo, habíamos detectado que ese nuevo compañerito de clases era muy inteligente, más que el promedio, mucho más.

Poco a poco Héctor se convirtió en un muy buen amigo, porque ¿a quién no le gustaría tener en su equipo a una persona súper inteligente venida de U.S.A? No sé a usted, pero a nosotros sí. Por eso lo integramos en el salón y él siempre nos ayudó, y siempre quiso hacer las tareas, los trabajos y exposiciones de una única forma: bien. Siempre. En cierto modo, influyó en todos los que vimos clases con él en el Fray Luis, especialmente a quienes tuvimos el privilegio de convertirnos en sus amigos más cercanos, y aún más a quienes todavía tenemos ese privilegio hoy: gracias a Héctor, nuestro pequeño grupo conformado por cuatro amigos y yo, nos potenciamos. Viendo esa época del pasado hoy a mis cuarenta y dos años, tengo que reconocer que su amistad forjó un equipo que le gustaba estudiar, hacer las cosas bien, y sacar buenas calificaciones.

Pero a él, Venezuela no le influyó y sólo le sirvió de ejemplo de cómo las cosas no debían hacerse. Ahora con su experiencia, nos escribe un relato de su vida entrelazada con el colapso que se venía gestando en mi país. Nosotros lo hablábamos desde niños: veíamos cómo cada día se descomponía la sociedad venezolana gracias a la falta de ética, de respeto hacia las leyes, y de falta de principios y de valores. Hacíamos locuras y travesuras de adolescentes que sabíamos que podíamos hacerlas, porque en mi país no hay respeto hacia la ley, a las normas o el orden. Tanto nuestros amigos, como él y yo, lo sabíamos, pero al fin y al cabo, éramos adolescentes con cerebros en plena neurosinaptogénesis.

Nuestra historia no terminó con la educación secundaria. Al graduarnos del colegio mantuvimos el contacto, pero cada uno en su universidad estudiando su carrera: él en matemáticas, yo en medicina, y nuestros otros muy buenos amigos en ingeniería y en comunicación social. Todos intentando prepararnos para superarnos en un mundo competitivo y aportar algo a la sociedad venezolana, ¿no? Se supone que uno quiere trabajar en algo que tenga un impacto sobre tu sociedad, y que ese impacto sea positivo... y por supuesto: ganar un sueldo que te permitiese vivir y hacer familia en Venezuela. Pero en Venezuela eso nunca fue posible y Héctor Alí, querido lector, le explicará la triste realidad de por qué.

Interactúo con usted señor lector porque el autor, el Sr. Alí, (le ruego por favor recuerde este nombre) también lo hará. Héctor Alí lo retará, le preguntará, lo arrinconará y round tras round le irá dando una golpiza, y al final le ganará. Quizás por TKO, si usted no logra terminar de leer este libro, o por KO o por decisión unánime si pudo llegar al final. Lo cierto es que la sensación que usted tendrá después de leerlo, será de haber recibido una gran golpiza; una gran batalla donde usted no quiere perder y lucha con todas sus fuerzas, pero no puede hacer nada, ya que el contrincante es muy fuerte. En la vida no todas se ganan, y la derrota también se lleva con dignidad.

La derrota será aún más amarga si usted está peleando en su terreno, es decir, si usted señor lector es venezolano, porque a mí me pasó y le hablo con la experiencia de haber peleado hasta el final, buscando dónde estaba el punto débil, pero no lo logré. Héctor le obligará a rendirse; o mejor dicho, usted sentirá la necesidad de refutar y buscar la veracidad de la información que el autor le está brindando, porque parecen mentiras muchas de las cosas que leerá. Pero toda esa locura llamada Venezuela y las cosas que Héctor dice del venezolano, son verdad.

Prepárese para leer un libro que es políticamente incorrecto. Aquí se hablará sin tapujos de muchos personajes vinculados a la historia de Venezuela, a su actualidad y a la vida de Héctor, y él no hablará precisamente bien de ellos, porque les exprimirá los detalles de cómo contribuyeron con su granito de arena al hundimiento de mi país. En ocasiones utilizará palabras que actualmente son calificadas como "moralmente poco ortodoxas", lo cual es una forma muy bonita de limitar el libre pensamiento y el desahogo verbal que tanto añoramos.

Es un libro donde aprenderá mucho, porque el autor logra amalgamar sus vivencias y sus experiencias, con ejemplos y anécdotas que por supuesto muestran como Venezuela poco a poco fue derrumbándose. Le hablará de sus amistades, de sus amores, de sus triunfos y fracasos, pero al mismo tiempo, analizará las razones que explican por qué Venezuela estaba sentenciada a colapsar por nuestra culpa. Sí amigo lector venezolano (si es su caso): nuestra culpa. Soy venezolano y lo acepto: hicimos todo lo posible para dañar a nuestro país, hasta llevarlo a donde está hoy: destruido. Ahora es imposible predecir qué podrá pasar.

El autor se avergüenza de mí y de sus mejores amigos porque somos venezolanos, y no me duele decirlo, porque entre amigos se habla claro, y entre nosotros toda la vida hemos sido claros y sinceros. De hecho, aquí estoy escribiendo el prólogo para su libro que trata de las causas de la debacle de mi país, un país que parecía tenerlo todo, pero de qué sirve tener vastas riquezas, recursos naturales y paisajes bonitos, si su gente no las cuida, no las respeta y solo quiere es su beneficio personal, y el autor le explicará las muchas formas en que el venezolano se las ingenió para aprovecharse del sistema y perjudicar a su país.

El tema es tan profundo que me atrevería a extrapolarlo a otras sociedades, porque parece que fuese propio de nuestra naturaleza como seres humanos. El venezolano no es el *Homo venezuelanensis*, no. No somos otra especie. El ejemplo venezolano está ocurriendo en otros países, con impactos diferentes, pero con el mismo principio de nuestra especie *Homo sapiens*: el beneficio propio. Es por eso que estamos afectando a escala global a todo nuestro entorno y a nuestro futuro, que ahora mismo también es muy difícil predecir. Lo que sí es cierto es que seremos testigos de nuestras acciones -así como lo venezolanos somos testigos de nuestra debacle- pero ahora a otra escala y con otras consecuencias.

Desde niños, pasando por nuestra adolescencia, y entrada ya la adultez han sido cientos las conversaciones y debates que Héctor y yo hemos tenido acerca de una gran diversidad de temas, desde astronomía y astrofísica, hasta el funcionamiento de la sociedad en Suecia, y casi siempre al final de nuestros intercambios intelectuales, concluimos que la humanidad está cavando su propia tumba. La mayoría de nosotros, los seres humanos, vamos primero velando por nuestros propios intereses, cegados por el dinero y el poder, sin respetar a nuestros propios congéneres, ni a nuestro entorno. Pensamos que no estamos interrelacionados con nada de nuestro planeta, y si usted piensa así, permítame decirle que está muy equivocado. El ejemplo de Venezuela es simplemente uno más de un estilo de sociedad que fracasó, pero cada día son más los ejemplos de sociedades colapsadas (o a punto de colapsar), y que para agravar el problema en nuestro planeta, aumentan cada día. En fin, amigo lector. Cada mañana cuando se despierte, le invito a que piense y se pregunte: "¿Cómo ayudaré hoy a mi sociedad y mi planeta?" Porque le tengo noticias: los malos son más y están ganando. La pregunta es: ¿en qué bando está usted?

Escrito por: Lorne A. López P.

Introducción

Nos encontramos en el año 2021. Supongamos que usted tiene 40 años, está casado, tiene un hijo, acaba de crear su perfil de redes sociales y agrega veinte amigos. Vamos a pensar que tiene cinco amigos del colegio, cinco compañeros del trabajo, cinco vecinos y cinco familiares. Usted conoce bien a sus veinte amigos, sabe que todos han tenido pareja, tienen hijos, lo cual quiere decir que -salvando adopciones e inseminaciones- tuvieron relaciones sexuales para concebirlos. Sabiendo esto, me atrevería a decir que la probabilidad de que uno de sus veinte amigos sea virgen, es cero. Sus veinte amigos son una muestra de un estudio que estoy haciendo acerca de la virginidad; no muy buena, pero son una muestra.

Ahora, ¿qué ocurriría si usted es como casi todos los usuarios de redes sociales que cuentan con 300, 800 y hasta 1.200 amigos? ¿Cuál es la probabilidad que, de esos 300, 800 ó 1.200 amigos, haya uno que tenga 40 años (o más) y sea virgen? Es muy poco probable pero es posible que, entre sus 1.200 amigos, haya uno que tenga 40 años y sea virgen, como la película *40-year-old virgin*. Encontrar a un venezolano honesto, noble, trabajador, respetuoso, educado, que tenga mente progresista, que quiera de verdad a su país y lo demuestre y que piense en el bien de la comunidad venezolana por encima del individual, es como encontrar un *40-year-old virgin*.

El objetivo principal de este libro es demostrar y explicar serenamente al lector, que no solo Hugo Chávez, ni Nicolas Maduro, fueron los responsables directos de la debacle y destrucción de Venezuela, sino que fueron los mismos venezolanos, quienes por años implementaron, vivieron y fomentaron en la sociedad venezolana, un sistema socioeconómico y político que estaba concebido, para arruinar al país de forma lenta y sistemática.

Venezuela era como un jardín en donde se sembraron malas semillas; estas semillas germinaron y cuando crecieron, se convirtieron en personas llamadas venezolanos. Esos venezolanos producían frutas con nuevas malas semillas, que cuando caían al jardín, germinaban y producían más venezolanos. Algunos de ellos, como Rómulo Betancourt, Rafael Caldera, Carlos Andrés Pérez y Pedro Tinoco, fueron encargados de cuidar el jardín y se supone que debían mantenerlo y tratarlo con cariño; pero en vez de ello, le arrojaban basura y no les importaba, lo destruían día tras día, y le arrojaban más frutas con malas semillas y sembraban nuevas malas semillas. En consecuencia, su descendencia, las semillas que germinaban, es decir, la población venezolana, fue la descendencia que terminaría de materializar, ejecutar y concretar el daño que venía gestándose por mucho tiempo.

Esta descendencia son los venezolanos que hoy migran alrededor del mundo. Son las personas que nacieron en el jardín, y que crecieron y comían de sus frutas, pero que lejos de organizarse, planificarse y actuar para arreglar el contaminado y descompuesto jardín, más bien continuaron haciéndole daño como antes lo hicieron Betancourt, Tinoco, Caldera, Pérez y otros personajes emblemáticos de la era previa a la llegada de Chávez al poder, también maltrataron el jardín. Cuando se daban frutas buenas, estas personas tomaban las frutas, comían las partes que no estaban podridas, y lanzaban las partes malas de nuevo al jardín.

Peores eran los que en vez de reparar el jardín, se mantuvieron al margen de lo que ocurría, porque solo les interesaba comer lo que pudiesen y mantenerse a ellos mismos. Peor aún eran aquellos que trajeron o que llegaron a Venezuela con malas semillas importadas, y que le produjeron aún mucho más daño al país. Cuando se llegó al punto que el jardín olía tan mal y las frutas nuevas que salían estaban tan podridas que ni podían comerse, los venezolanos decidieron irse, y decidieron dejar el jardín pudrirse. Fue así como aparecieron Chávez y Maduro: frutas podridas de la cosecha que fue sembrada por Rómulo Betancourt, Rafael Caldera, Jóvito Villalba, Carlos Andrés Pérez, Pedro Tinoco y muchos otros. A lo largo de este libro usted aprenderá sobre ellos, y sobre las semillas y las frutas.

Debo enfatizar que bajo ningún concepto estoy liberando de responsabilidad al gobierno de antes Chávez y hoy Maduro, de la desgracia que ocurrió y aún hoy ocurre en Venezuela, ya que ellos sin duda son los autores materiales. Es imperdonable la cantidad de homicidios, robos, desfalcos, daño social, y cantidad de familias destruidas que Chávez, Maduro y los demás chavistas generaron en el país; y por ese motivo desde 2002, siempre consideré que lo más beneficioso para Venezuela, era que ellos saliesen del poder a la brevedad posible. Lamentablemente, gracias a los deseos egoístas de los venezolanos, Chávez y Maduro se mantuvieron en el poder e hicieron realidad lo que millones de venezolanos estuvieron preparando por años. Eso fue lo que ocurrió en Venezuela, gracias a diversas acciones, conductas, situaciones y decisiones de la población venezolana, porque muy en el fondo el venezolano nunca quiso a su país y a lo largo de este libro lo demostraré. Así es estimado lector: los venezolanos nunca quisieron a su propio jardín y nunca quisieron repararlo cuando se pudo. Esto me lleva a hacer una aclaratoria sobre mi postura al generalizar y describir a los venezolanos.

A lo largo del libro, utilizaré la expresión "el venezolano" o "los venezolanos" o sus respectivas variantes como por ejemplo "la mujer venezolana". Debo enfatizar que cuando hago uso de ese recurso, no estaré refiriéndome al 100% de los venezolanos. Me refiero a cuatro de cada cinco individuos, o algo más del 80% de la población. Eso significa que, si usted conoce a cinco venezolanos, cuatro de ellos entran en la generalización. El quinto es ese venezolano a quien que aprecio, estimo, valoro y tiene mi respeto. No hay muchos de ellos, pero existen. A ellos les expreso mi más cordial admiración por ser y mantenerse como unas de las pocas frutas buenas en un jardín lleno de frutas podridas. Son personas con visión, que comparten ciertas cualidades conmigo, y que sí hubiese habido más de ellos, Venezuela hubiese sido una nación como los Estados Unidos, Suiza, Corea del Sur o los Emiratos Árabes (me refiero al bienestar material producido por el buen manejo de su renta petrolera). Ese venezolano uno de cada cinco, es como tener un amigo de 40 años que es virgen.

Ese amigo de 40 años que es virgen, es alguien que nunca se comía los semáforos; nunca se atrasaba en el condominio y más bien era participativo en la comunidad y la urbanización donde vivía; nunca se estacionaba en sitios donde no debía estacionarse, y más bien promovía el orden y los valores; nunca le faltaba el respeto a otros venezolanos y por el contrario fomentaba la igualdad, educación y buenas costumbres; nunca decía 'No' a proyectos visionarios y más bien los incentivaba; nunca trataba mal a sus empleados y más bien los motivaba y les ayudaba a crecer. Eran personas que de verdad querían a Venezuela e hicieron todo lo que pudieron por su país. En síntesis, era un venezolano atípico y no como los otros cuatro. Los otros cuatro son lo que yo llamo "el venezolano". Ese venezolano que siempre era inocente de todo y nunca era culpable de nada. Ese venezolano que decía (y aún hoy dice) "te quiero Venezuela" pero cuyas acciones demostraban lo contrario. Ese venezolano que decía (y aún hoy dice) *"los venezolanos somos buenos y somos lo mejor del mundo"*. Si usted conoce a algún venezolano, al final de este libro, tendrá que hacerse la pregunta: ¿de quién soy amigo? ¿de alguno de los cuatro o del quinto?

Perdí la cuenta de la cantidad de veces que escuché, leí o vi gente utilizando la expresión *"Lo mejor de Venezuela es su gente"*, y que uno de los motivos por los cuales Venezuela era uno de los mejores países del mundo, era por su gente, porque el venezolano es honesto y buena persona. Si eso fuese cierto, si los venezolanos de verdad eran tan buenas personas, entonces ¿por qué Venezuela colapsó y por qué hoy Venezuela es uno de los peores países del mundo? ¿Por culpa de Chávez y Maduro? ¿Solo dos personas hicieron tanto daño? Yo le pregunto a un venezolano: ¿Acaso usted nunca trató de sacar provecho, por dinero, conveniencia propia o egoísmo, de una situación donde tuvo oportunidad, a pesar de que había leyes y normas que lo impidiesen? ¿Acaso usted nunca pensó que lo mejor que podía hacer para mejorar su calidad de vida, era irse de Venezuela, en vez de quedarse luchando y trabajando para mejorar el futuro de su país? Lo más probable es que la respuesta a ambas preguntas sea "Sí", y por eso hay tantos inmigrantes venezolanos en el mundo. Qué lindo y qué fácil es querer a Venezuela así.

Otro punto que deseo aclarar antes de empezar es lo que pienso sobre ese 80%, es decir, esos cuatro de cinco típicos venezolanos: solo por el hecho de que eran venezolanos típicos, no quiere decir que los odiase o rechazase. Simplemente tenía desacuerdos con la forma como actuaban, con su comportamiento y con la forma de conducirse en una sociedad y con su país. Debo admitir que cada vez que conozco a un venezolano, le doy la oportunidad de demostrarme que no pertenece a ese 80%, y que es ese virgen de 40 años. Desafortunadamente, casi siempre me demuestran que son parte del 80%; sin embargo, eso no significa que no podamos tener algún tipo de relación, profesional o de amistad. Desde muy temprana edad, aprendí que debes aceptar a las personas con sus defectos y que deberías crear relaciones con todo tipo de personas, y por ese motivo en mi vida he hecho amistad y negocios con personas de todas partes del mundo, y de distinta raza y credo, incluyendo venezolanos: de hecho, mis mejores amigos son venezolanos, he tenido novias venezolanas, casi me casé con una venezolana, hice negocios con venezolanos, y así sucesivamente. Así que no los odio, ni los discrimino y usted tampoco debería. No son gente maligna y no es mi intención que los vea de esa forma. Son simples seres humanos cuyos valores, ética y principios no son los correctos, y que necesitan ser guiados en cómo se supone que debe funcionar una sociedad. Desafortunadamente, nunca escucharon y más bien promovían el caos, el desorden, el conformismo y la aceptación de la mediocridad en su día a día, y esa es la parte que nunca me agradó de ellos.

No puedo hablar con propiedad del por qué ocurre la migración de dominicanos a los Estados Unidos, o la migración de peruanos, chinos, hindúes, turcos, sirios o croatas, a Estados Unidos u otros países del mundo. Al menos no al nivel de detalle como sí puedo hacerlo con los venezolanos. No sé si los dominicanos que emigran lo hacen porque no quieren a su país, o si los chinos e hindúes quieren más a Estados Unidos que a China e India, o si existen razones fundamentadas que justifican por qué los inmigrantes dejan a sus países y se mudan a otros lugares alrededor del mundo, como por ejemplo, inexistentes oportunidades de crecimiento personal y profesional por estar dentro de un sistema cerrado, arcaico o que no ha evolucionado en cientos de años. Apenas puedo mencionar "La Guerra" como uno de los factores más importantes de la migración de poblaciones. Pero sí puedo hablar con propiedad acerca de la inmigración de venezolanos, de sus sentimientos hacia su país, de su falta de identidad nacional, del poco apoyo que se le daba a la gente valiosa, de cómo los venezolanos se acostumbraron y se conformaron con la mediocridad, y de por qué la migración de venezolanos, sólo la justifico después de agosto de 2017, que fue cuando la crisis en Venezuela realmente se salió de control, al punto que la mentalidad del inmigrante pasó de ser *debo irme para buscar mejor calidad de vida"*, a *"si no emigro pronto, voy a morir aquí."*

Los venezolanos se sienten avergonzados de su país, de sus tradiciones y de su cultura; se sienten avergonzados de ser venezolanos. Los venezolanos quieren ser cualquier cosa menos venezolanos, y por esos motivos en este libro usted verá cómo poco a poco los venezolanos gestaron por mucho tiempo y a través de muchos métodos y tácticas deplorables, la destrucción de su país. No solo hicieron todo lo posible para eliminar cualquier oportunidad que hubo para que las cosas funcionasen bien, sino que también se encargaron de dejar todo perfectamente arreglado para que el resultado fuese el peor posible, para luego coger el primer avión que pudieron y marcharse al primer oasis que encontraron; porque el venezolano tiene cualidades negativas y quiere todo fácil, todo a la mano, ya que jamás ha trabajado en su vida para crear algo bonito.

La triste y lamentable crisis que hoy vive Venezuela era cuestión de tiempo que ocurriese. Viendo las cosas en perspectiva, Chávez fue el último presidente que pudo contener el inminente colapso que eventualmente ocurriría. Nicolás Maduro no solo ha sido incapaz de gobernar el país, sino que simplemente no tuvo la capacidad de siquiera poder contener por más tiempo lo que ya era inevitable, lo cual deja la siguiente inquietud para reflexionar: si Venezuela terminó de colapsar con Maduro, y era Chávez quien estaba haciendo el último esfuerzo para contener la debacle, entonces antes de él, ¿Rafael Caldera también la estaba conteniendo? Y antes de Caldera ¿Carlos Andrés Pérez?, y antes Jaime Lusinchi, Luis Herrera, Raúl Leoni, ¿hasta llegar a Rómulo Betancourt? Pero más aún: ¿qué era lo que estaban conteniendo? ¿En qué consistía esa pesada carga o ese inmenso caudal que no podía aguantarse y sería la causa principal de la debacle de Venezuela? La respuesta es: los venezolanos. Venezolanos que hacían cada vez más y más presión a la represa, y poco a poco fisuraron la estructura de concreto. Imagine una represa con millones de personas sumergidas en el agua, golpeando la pared de la represa con pequeños martillos que poco a poco causan un daño mínimo y casi imperceptible, pero que gradualmente se hace cada vez más incisivo y grave. Eso fue lo que pasó con los venezolanos en Venezuela y en las próximas páginas me encargaré de demostrarlo y para ilustrar al lector de que los únicos responsables de la terrible, triste y lamentable crisis que hoy vive Venezuela, fueron y son los venezolanos.

El venezolano es un ser vivo que a lo largo de casi cien años estuvo lentamente succionando la vida y esperanza de un país que tenía todo para ser una potencia mundial. Pero un país cuyos habitantes le chupan la sangre y la vida al mismo tiempo que lo destruyen, no puede tener otro destino distinto a lo que hoy sufre Venezuela. Esta gente que le causó tan grave daño a Venezuela incluye tanto a los venezolanos partidarios del gobierno de Chávez, seguidores del socialismo y del comunismo, como a los venezolanos opositores que iban (o aún hoy van) a las protestas y marchas encontra del gobierno (en Venezuela o en el exterior); es decir, esos venezolanos opositores que se toman fotos con las franelas blancas y la gorra tricolor, y dicen *"te quiero Venezuela"*, y que muchos de ellos hoy viven en Estados Unidos, Panamá, Chile, Perú, España, Canadá, México, Alemania, Australia y otros países.

A continuación, encontrará un análisis que le mostrará cómo Venezuela fue víctima de una implosión, donde fueron los mismos venezolanos quienes averiaron los transformadores de la Central Hidroeléctrica del Guri, que suministra 80% de la energía eléctrica del país; vaciaron la represa La Mariposa, que surtía de agua a la ciudad capital Caracas; acabaron con su cultura, destruyeron carreteras y la infraestructura del país, desfalcaron las reservas internacionales y se robaron las riquezas de su país. En las próximas páginas demostraré lo que estoy diciendo, a través de una serie de anécdotas, historias, situaciones y experiencias que viví en Venezuela, las cuales analizadas desde un punto de vista imparcial y objetivo, hacían que cada día se confirmase la predicción que hice en 1987 de que Venezuela era un país destinado a fracasar en menos de treinta años, tal como colapsaron las sociedades de la Edad de Bronce, y a convertirse en lo que hoy es: uno de los peores países del mundo, con los más bajos índices de calidad de vida, cientos de personas muriendo a manos de la violencia, falta de medicinas o falta de comida, y un estado de absoluto caos.

Venezuela pasó de ser el sitio con el mayor potencial de crecimiento, a ser el sitio de donde casi todo el mundo quiere huir y más nunca volver. Las historias narrarán cómo se estableció un patrón de conducta de mediocridad, cultivo de mentalidad de subdesarrollo, arribismo, parasitismo, corrupción, indiferencia, ineficiencia, conformismo, pobreza y bajeza moral. En casi cada capítulo, verá como gracias a estas personas, fueron truncadas brillantes carreras profesionales, se burlaron de ideas visionarias y verá cómo sale a flote la mentalidad de *"la viveza criolla"* y el *"rolo 'e vivo[1]"* del venezolano, que poco a poco fue contribuyendo a la destrucción del jardín.

El reflejo inicial del lector será pensar que las historias y anécdotas son casos puntuales y aislados. Le puedo asegurar que, así como tengo y compartiré la historia de Raúl, o la de Carol, o la de Roberto, tengo mil más. No las compartiré todas, porque de hacerlo el libro tendría 40.000 páginas. Escogí las historias de Raúl, de Carol y de Roberto, así como el resto de las anécdotas que compartiré, porque me parecieron emblemáticas y me garantizaron producir el efecto perfecto para una lectura de este tipo. Así como usé las de ellos, he podido usar a Ranier, Jenny, Rafael y Mónica, en vez de Raúl; he podido usar a Valeria, Adriana, Alejandra, Michelle, Mariana, en vez de Carol; y he podido contar el caso de Ramiro, Reynaldo, Carolina, Dolores o Andreina, en vez del de Roberto. Quisiera decir que las historias que compartiré a continuación fueron casos aislados y eventos puntuales; pero la verdad es que no lo son: son algunas entre miles, y son tan reales como el Sol.

---

[1] Expresión venezolana que significa "alguien que cree que puede hacer lo que quiera, porque las leyes y las normas no aplican para él, al mismo tiempo que se cree superior y presume ser mejor que los demás, porque las otras personas son unos tontos por respetar las leyes y normas.

El venezolano que las lea sabe que son ciertas y peor aún, sabe que nunca hizo nada para cambiarlas, ni para cambiar el destino de su país. Le invito a que lo compruebe con algún conocido venezolano suyo.

Finalmente, ¿qué tengo yo de especial para analizar el caso de Venezuela? Al no tener vínculos afectivos hacia Venezuela, mi punto de vista acerca de lo que ocurrió en el país es el de una figura imparcial. Mis observaciones son las de alguien que siempre ha sido muy estudioso desde que era niño, alguien que es muy observador, analista, lógico, enfocado en buscar soluciones a los problemas, con buena capacidad para tomar decisiones, y alguien que tiene un conjunto de fuertes cualidades éticas y morales. También viví en Venezuela por muchos años en varios ambientes, primero en un entorno pobre, luego en un entorno de clase media y por último en un entorno de clase alta, y esto me permitió interactuar con miles de venezolanos de todos los estratos sociales, y en distintas partes del país, a nivel tanto profesional como personal, y día a día vi cómo ellos actuaban. Estas son muy buenas razones para escuchar mi análisis imparcial de lo que pasó en Venezuela, ya que hablaré tanto de lo bueno, como de lo malo.

He visto algunas de las situaciones que viví en Venezuela en otros países en los cuales he residido, pero nunca comparable con la magnitud, ni la multiplicidad que vi en Venezuela. El sistema en los Estados Unidos no es perfecto y tiene muchas fallas, al igual como sucede en Suiza, en Finlandia y en Japón, pero sus fallas son pequeñas y no tan numerosas, ni visibles como las que había en Venezuela. El problema era que las historias y anécdotas que compartiré, las cuales parecían ser eventos aislados que solo me pasaban a mí, eran el día a día de Venezuela, y en consecuencia el sistema tenía tantas fallas, que la única opción que quedaba era quedarse congelado admirando cómo podía haber tanta mediocridad e ineficiencia acumulada en un mismo sitio, en todas las facetas del país. De allí que los venezolanos utilizasen una frase muy común para reflejar su día a día:

"Esto solo pasa en Venezuela."

Este libro está divido en cinco partes. En la Parte I, tras compartir mi primer contacto con Venezuela, comparto algunos de los momentos importantes en la vida de una persona para definir su rol en la sociedad: mi primer año en la universidad, que es cuando vi el talento que había en Venezuela, mi preparación para ingresar al campo de trabajo, mis dos primeros trabajos en empresas venezolanas, y mi experiencia cuando realicé mis estudios de postgrado en Venezuela. En la Parte II, tras dar un breve resumen de la historia de Venezuela, trataré el día a día del país: cómo funcionaba la sociedad, cómo eran los venezolanos, cómo la cultura que se fomentaba, y qué principios y valores tenían, y el efecto que producían. La Parte III se enfoca en los años del gobierno de Chávez, y en cómo esos principios, valores y conductas que se venían arrastrando desde años anteriores, ahora se combinaban con un Presidente mediocre que debía ser removido del poder, pero que más bien terminó consolidándose en el poder. La Parte IV tratará sobre la única forma como los venezolanos pudieron resolver el problema de Chávez, y concluirá con una importante reflexión acerca del colapso de Venezuela, que dejaré para el lector. La Parte V – el epílogo- contiene mis ideas finales y el cierre del caso.

Le pido al lector que tome en cuenta las siguientes consideraciones:

1. A lo largo de la lectura compartiré una serie de historias, anécdotas y situaciones, las cuales tienen protagonistas como cualquier narrativa. En ellas, el lector encontrará tres tipos de perfiles sobre las personas descritas:
   a. Identidad real: en estos casos decidí hacer público el nombre de la persona porque enriquecía la narrativa.
   b. Nombre falso: en estos casos decidí que utilizar el nombre real de la persona no le agregaba valor a la narrativa.
   c. Fotos y perfiles en redes sociales: resguardé los nombres y los rostros de las personas ubicadas en casi todas las publicaciones de redes sociales, porque saber quiénes son, no aporta nada en especial al análisis. Lo que importa es la acción o la conducta. Adicionalmente, todas las imágenes tomadas de redes sociales pertenecen a personas que

conozco, o bien de quien tengo certeza que existen y son reales, y sus casos son un ejemplo que escogí de entre miles que he podido seleccionar. No se utilizó ningún contenido de perfiles virtuales o cuentas de dudosa autenticidad.

2. A lo largo de la lectura mencionaré las distintas clases sociales: pobre, baja, media baja, media, media alta, alta y pudiente. Para que el lector extranjero pueda comprender e identificarse con sus realidades, utilizaré a los Estados Unidos como marco de referencia, ya que un venezolano y un estadounidense de clase alta, no son equivalentes, en términos de patrimonio, ingresos y estatus económico.

En Venezuela una persona de clase pudiente equivalía a una persona de clase alta en los Estados Unidos; un venezolano de clase alta equivalía estadounidense de la clase media; un venezolano de clase media, equivalía a un estadounidense de clase baja; y un venezolano de clase baja, equivalía a un estadounidense muy pobre.

El objetivo de este libro y el mensaje que quiero dejarle al lector, es hacer un llamado a considerar que peor que un mal Presidente o un mal líder, es tener a cientos, miles o millones de personas cometiendo malas acciones, y que la indiferencia y el conformismo son parte de esas malas acciones. Mi intención es enseñarle al lector que la sumatoria de pequeñas acciones como el egoísmo, la mediocridad, la envidia y la indiferencia, producen un daño letal e irreparable, y que si usted cree que no es culpable de ninguno de los males de su país, su vecindario o su empresa, tal vez deba hacer una reflexión y preguntarse qué tipo de aporte está haciendo cada día, ya que en mi libro existen dos tipos de personas, y si usted no es parte de la solución, es parte del problema.

Si usted estimado lector, cree que su familia, su comunidad de vecinos, su empresa o su país, están en vías al colapso, le invito a tomar nota y a aprender de lo que ocurrió en Venezuela.

Todavía tiene tiempo de cambiar, si usted es uno de los malos.

Parte I

La Gestación

...de las semillas venezolanas.

La Gestación

1

Where is the Disney Channel?

De East Lansing a Caracas

"Yo fui un niño precoz. Aprendí a leer a muy temprana edad y en los libros encontré refugio y estímulo como ningún otro juguete, pasatiempo o recreación podía dármelo. Vivía en el campus de la universidad estatal de Michigan, donde mis padres estudiaban. Mi escuela quedaba a tres cuadras de mi casa y me iba a pie. Solo tenía que salir por la puerta, hacer una vuelta en U por la acera, caminar una cuadra, cruzar a la izquierda y avanzar dos cuadras más hasta llegar a Red Cedar Elementary School. Hacía esa ruta todos los días de clase, incluso en los días de invierno cuando las fuertes nevadas que caen en Michigan bloquean las vías y crean contratiempos para desplazarte.

Mis compañeritos eran muy agradables, gentiles, educados, juguetones como cualquier niño normal. La escuela era un sitio agradable para ir. De verdad me gustaba, aunque las actividades fuesen un tanto aburridas, ya que yo sentía que estaba muy adelantando para el nivel de la clase. Dado que mis padres siempre estaban estudiando, yo me crie estudiando y leyendo libros en un entorno rodeado de adultos americanos universitarios y cultos. Siempre fui muy dado a leer y aprender sobre historia, geografía, matemáticas y música, y por eso me divertía mucho debatir con adultos que tuviesen conocimientos sobre esos temas, como el esposo de una amiga de mi mamá, quien era profesor universitario e historiador. Era una persona con quien podía expandir mi cultura. Por supuesto, estando con mis compañeros, yo siempre destacaba como alguien que sabía más que los otros niños. Era respetado y apreciado, no tanto por el hecho de saber, sino porque en la escuela el clima era de fomentar respeto y aprecio entre los niños, hacia los profesores y maestros, y hacia los padres y representantes. Es por eso que mis valores y principios son muy americanos y nada venezolanos, ya que a pesar de tener padres venezolanos, yo nunca compartí mucho con ellos, y por ende nunca me enseñaron nada de los principios y los valores venezolanos. En vez de eso, pasé mis primeros años de vida aprendiendo y moldeando mi personalidad y mi ser en función a lo que yo veía en mi escuela, en mis vecinos y en mi entorno social, todos americanos.

A la escuela rara vez llevaba un pesado bolso, ya que todos teníamos un locker donde podíamos guardar nuestros libros y cuadernos. Los lockers eran inmensos, al punto que podía caber un niño dentro. Tampoco llevaba comida. El motivo por el cual no llevaba comida era porque semanalmente nos llegaba con anticipación el menú de desayuno y almuerzo para la semana siguiente. Hago énfasis en la palabra menú, queriendo decir que me llegaba una carta muy variada de opciones para escoger qué comeríamos. De tal forma que yo entregaba el pedido y mis comidas eran servidas como las había pedido.

A veces en la escuela había viajes al campo, ya que Michigan es un estado muy bonito y grande para conocer. Íbamos a lagos y ríos, o a granjas con sembradíos de calabazas a recoger la calabaza para Halloween. Los viajes los hacíamos en los buses de la escuela, los cuales eran de primera calidad. Tenían asientos nuevos de tela o semi-cuero, con motores que hacían muy poco ruido, y tubos de escape que parecía que ni siquiera expulsaban emisiones de CO. El chofer del autobús era alguien que estaba bien vestido para la tarea que debía hacer, y si bien sonreía y saludaba con amabilidad a los niños que abordaban el autobús, también era estricto cuando debía serlo si veía una indisciplina. Su objetivo era velar por la seguridad de los niños que iban en el autobús. Después de todo, era el responsable de cargar entre 20 y 25 pequeñas vidas. Así es como yo veo la profesión de ser chofer de un autobús escolar.

En la escuela teníamos computadoras Apple IIC gracias a que el estado había logrado impulsar un programa para que los niños tuviesen acceso a computadoras y empezasen a utilizarlas. Eran los años 80, y ya se vislumbraba que esta futura generación debía tener dominio absoluto de estos nuevos aparatos con un logotipo de manzana. Yo estaba en primaria y gracias a que era un alumno con altas calificaciones, tenía asignada una computadora para mi uso exclusivo. Aun así, de no haber tenido buenas notas, igual hubiese tenido acceso al laboratorio y a una computadora, pero no exclusiva.

El parque de recreo era enorme, ya que era un jardín de… ¿quizás 1.000 metros cuadrados? Teníamos atracciones y variedad de juegos. No usábamos uniforme, ya que el colegio no lo exigía, así que podía ir vestido como quisiera. Entraba a clases a las 8:30 am. No había necesidad de madrugar o levantarse a las 5 de la mañana como pasa aquí. Salía`de clases a la 1:30 o 2:00 pm dependiendo del día. ¿Pupitres? No. Teníamos más bien una mesa tipo escritorio y una silla cómoda. La tabla de la mesa se levantaba y abajo se podía guardar cosas.

Las clases no eran siempre en el mismo sitio. La escuela tenía laboratorios donde se enseñaba sobre la naturaleza, biología, y algo de química, aunque yo nunca tomé esas clases porque aún no estaba en esos grados. A veces nos llevaban a conocer sitios afuera y hacíamos una visita guiada a algún museo. También nos enseñaban sobre educación cívica, una asignatura en la cual nos indicaban entre otras cosas, la forma correcta de cruzar la calle: 'mirar hacia el sentido de dónde vienen los carros, mirar hacia el otro lado en caso de que hubiese algún carro en sentido contrario, y de nuevo mirar hacia el sentido de dónde venían los carros. Si había absoluta certeza de que no había peligro de cruzar, proceder a hacerlo utilizando el rayado en el pavimento'. Nos enseñaban ese tipo de cosas que son sentido común y de esa forma te inculcaban aprecio por el sistema y respeto hacia las leyes y el orden. Me llamó la atención que ustedes no tengan eso aquí, puesto que esas enseñanzas son muy importantes e invaluables.

En mi casa teníamos televisión cable, además de los canales de señal abierta NBC, CBS, ABC. A principios de los años ochenta empezaron a aparecer los canales por cable, y en casa nosotros teníamos el paquete con todos los canales. El cable incluía HBO, un canal que solo transmite películas y programas especiales; CNN, un canal exclusivo de noticias; Disney Channel, un canal que transmitía programación de Disney y programación educativa, incluyendo programas especiales conducidos por Walt Disney; y también MTV, un interesante canal que transmite videos musicales.

Algo que olvidé mencionar sobre la escuela, es que cuando llegaba la hora del recreo yo podía dejar mis cosas encima de mi escritorio, y pueden asegurarlo que, al yo volver, allí estarían…"

Fue en ese momento, al pronunciar esas palabras, cuando hice un paneo a mis compañeros de mi salón de primer año de educación secundaria (séptimo grado), para ver si alguien se delataba y podía por fin confirmar mis sospechas de quién había sido el que me robó en dos ocasiones hacía tres años atrás, en la primera semana que llegué al cuarto grado del colegio Fray Luis de León, Parroquia Santa Rosalía, Municipio Libertador, Caracas, Venezuela, en 1987, procedente de Michigan, Estados Unidos.

Las líneas anteriores en itálica son una descripción de la escena que sucedió cuando mi profesor de geografía se enteró que yo soy estadounidense. Nunca quise mencionarlo a nadie, sobre todo a los profesores, porque sabía que podía suceder algo como lo que ocurrió. Fue fortuito que él se hubiera enterado.

Corría más de la mitad del primer lapso y nos encontrábamos en clase de inglés. Habíamos realizado dos exámenes y varias actividades correspondientes al plan de evaluación escolar y yo había sacado la máxima nota en todas, lo cual hasta ese momento era consistente con el hecho que yo era un buen alumno, ya que también había obtenido altas calificaciones en matemáticas, castellano, biología y las demás asignaturas. Por ese motivo para el profesor de inglés, yo simplemente era un alumno destacado y no se imaginaba que mis altas notas se debían gracias a que ingles era mi idioma nativo.

Esa mañana el profesor hizo uno de estos ejercicios básicos de preguntar: *"Where and when were you born?"* y el alumno debía contestar *"I was born in [lugar] on [fecha]"* y agregar algún complemento. Después de preguntarle a unos diez estudiantes, el profesor Jacinto Pavón señaló hacia mí y con su voz nasal y acento ecuatoriano dijo *"…and what about you Hector? Where and when were you born?"* Esta era la primera vez en mi vida en la cual me vi confrontado ante un dilema moral: ¿debía mentir para pasar inadvertido, o debía decir la verdad sabiendo lo que probablemente ocurriría a continuación? Quizás mucha gente hubiese escogido la primera, pero yo escogí la segunda y aún hoy lo haría, así que le dije la verdad: *"I was born in Lansing, Michigan on October 6th, 1978"*. De inmediato el profesor frunció el ceño como si le hubiesen preguntado la raíz cuadrada de 76.489. Recuerdo esa cara como si hubiese sido ayer. La recuerdo porque era la misma cara de desconcierto, extrañeza e incredulidad que vi durante los años mientras viví en Venezuela de todas las personas que se enteraban que yo soy estadounidense, donde era obvio que la persona estaba pensando algo así como: *"Ya va, un momento: ¿¡tú eres gringo!? Pero ¿qué rayos se supone que haces tú aquí? ¿Por qué rayos no te devuelves a tu país? ¿Qué rayos haces en este país tercermundista en vez de estar en Estados Unidos?"* Le expliqué al profesor Jacinto Pavón que yo nací en Lansing, Michigan y que por una serie de eventos de la vida, vine a parar a Venezuela. Al terminar la clase y llegar la hora de recreo, Jacinto compartió la información con el resto de sus colegas en la sala de profesores y es allí cuando entra en escena el profesor de geografía.

Al volver del recreo justamente tendríamos clase de geografía. El profesor era muy agradable y cómico, ya que hacía la clase divertida e interesante al mismo tiempo, pero ese día no habría clase como tal. Después de entrar al salón y saludar a los alumnos, el profesor pretendió revisar unas notas y de repente dijo:

- *"¡Así que hay un gringo en este salón! ¡Ruiz! ¡Yo no sabía!"*

Girando mis ojos en mi mente, le contesté: - "Sí profesor, así es."

- *"Aja, aja, pero cuéntanos, ¿cómo se llama donde naciste?"*

- "Lansing, Michigan."

El profesor no cabía en su asombro. Creo que era la primera vez en su vida que había escuchado 'Lansing' o 'Michigan': - *"Es increíble, ven, ¡ven por favor! ¡Párate! No mejor, pasa al frente. Tu eres excelente exponiendo. Ven y cuéntanos cómo era tu vida allá."*

Sin pena alguna -ya que él estaba en lo cierto, a mí siempre me ha fascinado hablar en público y exponer-, me levanté y caminé al frente del salón. Me di la vuelta poniéndome de frente a mis compañeros, volteé a ver al profesor y le pregunté: -"Bien, ¿qué les gustaría saber?"- Recuerdo las caras de todos mis compañeros, sobre todo la de Mayra Román Resplandor. Aún hoy no sé si la sonrisa que ocupaba su cara era por la emoción de escuchar lo que yo iba a contar o porque estaba feliz que no habría clase. Hasta ese momento, solo dos de mis compañeros (Lorne y Willis, quienes hoy son mis dos mejores amigos) tenían alguna vaga información acerca de cómo era mi vida en Estados Unidos. El resto del salón sabía que yo era americano porque al llegar a cuarto grado yo aún no hablaba bien español y tenía un fuerte acento como cualquier estadounidense; pero no sabían los detalles de cuánto tiempo había vivido allá, ni cómo era mi vida en Michigan, por eso estaban ansiosos de saber. Así que Mayra, quien era una de esas alumnas que intervenía al mismo tiempo que alzaba la mano, rompió el silencio y dijo: -"*¡Cuéntanos de tu colegio!*" Volteé a ver al profesor y me dijo: -"*¡Adelante!*" y se echó hacia atrás en la silla. Fue allí cuando empecé la exposición con la que inicié este capítulo. Recuerdo que con cada pausa que hacía, mis compañeros decían:

- "OOOhhHhh, AAaaHHH, Guaaaoooo, QUEEeEEee"

…y variantes similares.

- "*¿y las estaciones Ruiz? ¡Cuéntanos de las estaciones!*"- dijo el profesor José, me imagino que en un intento de al menos relacionar lo que yo estaba exponiendo con algo de geografía.

- "De las estaciones: cada una es hermosa en su propio estilo. En primavera es bonito ver como los árboles que estaban secos unos días atrás, empiezan a llenarse de hojas, y los jardines que estaban vacíos empiezan a llenarse de flores. Es espectacular. El verano, les soy sincero, no era mi estación preferida, porque hace demasiado calor. Muchísimo más calor que aquí en Caracas. Es insoportable."

- "*¿Peor que Maracaibo, Ruiz?*"- preguntó el profesor.

- "No sé, porque nunca he ido a Maracaibo, pero es bastante caliente ya que como debe saber, en verano la Tierra esta inclinada y el hemisferio norte queda viendo de frente al Sol, recibiendo sus rayos de luz de forma más directa, aunque supongo que también depende de la época del año. Por fortuna el verano no dura mucho. Luego viene otoño, que es cuando las hojas de los árboles se ponen rojas o naranja y los árboles empiezan a botarlas para prepararse para el invierno; y finalmente viene invierno que es cuando cae nieve. La nieve es lo más espectacular que he visto en mi vida."

- *"Y, ¿hace mucho frío, Ruiz?"*- preguntó el profesor de geografía.

- "La temperatura llega a 0 grados"- respondí.

Allí hubo un "OooH" masivo en el salón: - "¿CERO GRADOS?"

- "Sí. Ehhh… bueno no, disculpen, 0 grados Fahrenheit quise decir y eso es ehhh… (allí saqué la cuenta mentalmente) como diecisiete grados bajo cero para ustedes… -17 C ó -18 C"

- "¿¡DIEZ Y SIETE BAJO CERO!?"- exclamó Gustavo Portal, un compañerito que era muy efusivo.

- "Sí. Si no me equivoqué, es eso."

- "¿No será que estas equivocado y es 0 grados normales?"- dijo otro compañero.

- "No, porque en Estados Unidos usamos Fahrenheit, no Celsius. Recuerdo que cuando salía de mi casa, había una pantalla en la calle que marcaba la temperatura y siempre me daba risa cuando el marcador mostraba '0'. 0 Fahrenheit, que para ustedes es -17 Celsius."

Ese día estuvimos toda la clase hablando de mí, de Estados Unidos, de Michigan, y de tantas cosas que aún para ese momento yo extrañaba con todas mis fuerzas. Años más tarde a mediados de 2004, un día cenaba con mis cuatro mejores amigos: Lorne, su hermano Darwin, y Willis y su hermano Wilhelm (Lorne y Willis estaban conmigo en la clase de geografía, Darwin es un año mayor que Lorne y Wilhelm es cinco años menor que Willis) y recordamos ese día jocosamente. Aún hoy lo recordamos con regularidad, ya que siempre es motivo para reír sin parar. En un momento durante la cena, las cervezas y las risas de recordar esas escenas con el profesor de inglés y mi exposición durante la clase de geografía, tuve que confesarles un secreto a mis amigos:

- "Ese día conté una versión formal de lo que quería decir."

- "¿Cómo es eso? ¿A qué te refieres?"

- "Hay algo que quería contar ese día, pero no lo hice porque sabía que sería demasiado cómico y la exposición se volvería un desastre, y quizás los alumnos de los otros salones, la directora y los padres sacerdotes se hubiesen acercado para averiguar qué estaba pasando."

- "Pero ¿qué?, ¡cuenta!"

- "Dos de los mayores traumas que me marcaron al pisar este país ocurrieron en el primer día que llegué. De hecho, uno de ellos ocurrió en el avión que me traía para acá. ¡Ni siquiera había pisado Venezuela!"

Ellos reían sin parar: - "¡Cuéntanos!"

Hasta ese día que yo arribé a Venezuela yo había viajado bastante, dentro y fuera de Estados Unidos. Debe tomar en cuenta que esto fue en los años 80, y la seguridad en los aeropuertos y aviones no era la misma a la de hoy. Antes se podía hacer lo que quisieras en un avión: fumar, visitar a los pilotos... era otra época, y uno de los motivos por los cuales me encantaba viajar en avión era que siempre me regalaban un modelo coleccionable de la nave, incluso sin yo pedirlo. De tal forma que para el momento cuando viajaba para Venezuela, yo tenía unos veinte modelos de United, TWA, Pan-Am, KLM, y muchas otras.

El día que nos mudamos para Venezuela, salí con mi familia de Michigan y tomamos un vuelo Lansing-Dayton con una aerolínea local llamada Piedmont, en el cual me dieron un bonito modelo; luego tomamos un vuelo Dayton-Miami con Pan-Am, donde también me dieron un flamante modelo. Mientras esperaba para abordar el vuelo de Miami para Caracas, me emocionaba que tendría un nuevo modelo de una aerolínea que no conocía y en la cual nunca había viajado.

La ruta Miami-Caracas la haríamos con VIASA, la aerolínea más prestigiosa de Venezuela. Recuerdo que cuando vi el avión de VIASA arribar a la puerta, lo primero que pensé fue: - "Qué feo ese avión…" Lo recuerdo como si hubiese sido ayer. El avión de Piedmont era blanco como la nieve y tenía unos toques de azul celeste brillante; el avión de Pan-Am era… pues, un avión de Pan-Am (es decir, una figura imponente e impecable). Este avión de VIASA era… feo: el blanco del fuselaje estaba manchado, la cola estaba pintada de naranja y también estaba manchada, y las turbinas, que estaban pintadas de blanco, se veían sucias. El avión no se veía horrible, pero sí se veía feo. Traté de restarle atención a esos detalles, pero al ingresar al avión mi percepción de la nave empeoró. Los paneles de los compartimientos de equipaje de mano de Piedmont y Pan-Am eran blancos e impecables, y tenían la debida identificación de los asientos; los paneles de este avión de VIASA estaban sucios y manchados, y les faltaban algunos números y letras que identificaban a los asientos. Los bonitos asientos azules de tela de los aviones de Piedmont y Pan-Am, ahora eran asientos de un azul marino horrible, con un rojo carmesí aún más horrible y un gris que no combinaba en lo absoluto. En resumen, el avión por dentro era aún más feo que por fuera. Con repulsión, me senté en mi asiento.

Al despegar y alcanzar la altura de crucero, asumí que era mejor llamar a la aeromoza lo más pronto posible para pedirle el modelo del avión, ya que supuse que esta tripulación tal vez no estaría bien dotada de muchos modelos, sobre todo considerando que el vuelo estaba lleno. Yo pensé: "Si no tienen dinero para cuidar al fuselaje, ni para limpiar los compartimientos de equipaje de mano, tal vez no tienen dinero para comprar muchos modelos." La aeromoza –una morena venezolana- se acercó e intentó no hacer mucho esfuerzo en comprender mi inglés:

- "Excuse me miss?" – le dije.

- *"Yes, dime."* – contestó.

- "Do you have a model of this plane?" – le pregunté.

- *"Guat boy?"* – dijo ella sorprendida.

- "A collectible model, like these?" – le mostré los que tenía.

Ella puso cara de extrañeza: - *"Yo creo que no sé... ya vengo ..."*

Ingenuo yo, niño y americano que no conocía a los venezolanos, creí que ella iría a averiguar. Pasaron unos quince minutos y regresó con algo dentro de un sobre: - *"Toma."*- y lo puso sobre mis piernas. Yo abrí el sobre y vi que había traído un broche que decía VIASA. Era evidente que se lo había quitado a otra aeromoza. Al ver eso, supe que haber dejado East Lansing, para ir a Caracas, Venezuela, no había sido una buena decisión de mis padres.

Debe tener en cuenta que si bien yo era un niño, era muy maduro para mi edad. La situación me molestó, pero no por el hecho que me haya traído un broche de plástico barato, en vez de un bonito modelo. Mi problema partió por el hecho de que: 1) Hubiera una aeromoza que era miembro de una tripulación en un vuelo internacional de la línea aérea más prestigiosa de Venezuela que tenía prácticamente ningún dominio del inglés y en consecuencia, muy poca capacidad para tratar a pasajeros americanos; y 2) Que no fue honesta conmigo. Lo que debió haber sucedido era que ella dijese algo como: *"Lo siento mucho, pero no tenemos modelos como el que muestras. Pero ¿aceptarías un broche representativo de nuestra aerolínea? Es un pequeño gesto de nuestra tripulación que se siente agradecida de tenerte como nuestro pasajero."* En vez de eso, fue a buscar un broche del uniforme de otra persona, lo metió dentro de un sobre y me lo puso encima de mis piernas, como diciendo *"Toma chico, esto es lo que hay."* Ella hizo todo eso porque sus superiores y gerentes no la prepararon, ni la entrenaron para tratar debidamente a pasajeros en un vuelo internacional, especialmente a pasajeros extranjeros. Me trató como si yo fuese un niño venezolano, que simplemente no tendría problema con la forma como manejó la situación. Me levanté para ir al baño y lancé el broche a la basura. Ese fue el primer trauma. Ahora, compartiré el segundo.

Después de haber pasado horas en aeropuertos y aviones, llegamos a la casa antes de la medianoche. No estaba cansado y me dieron ganas de ver televisión. Era tarde, pero a esa hora aún había chance de ver uno de mis programas preferidos en *Disney Channel*.

Al llegar a la casa vi que había dos televisores: uno blanco y negro de 12 pulgadas que estaba en la sala y uno Sony de 19 pulgadas que estaba en el cuarto de mi abuela. Por cierto, debo aclarar algo: cuando digo que había un televisor blanco y negro en la sala, es porque el armazón del televisor era blanco y el marco que bordeaba la pantalla era negro. Menudo susto cuando encendí el televisor y vi que la imagen en la pantalla era… en blanco y negro. Sentí un vacío en el estómago. Era impensable para mí ver *Disney Channel* en blanco y negro. Lo apagué y más nunca quise saber de ese televisor. Me fui de inmediato al televisor del cuarto de mi abuela y sin mediar palabras lo encendí:

Where is the Disney Channel?

- *"Ahhh, ¡imagen a color! ¡Bien! Ahora al Disney Channel. Veamos… ¿en dónde está el control remoto de este aparato? Bien, aquí está. Veamos el control: 2, 3, 4, abajo 5, 6, 7, abajo 8, 9, 10, abajo 11, 12, 13, y abajo un * y otro *. ¿Qué rayos?"* – Levanté la mirada para ver el televisor: - *"Hmmm, al lado de la pantalla hay un cuadrito donde aparecen cinco filas, 2-3-4, 5-6-7, 8-9-10, 11-12-13, *-* y un led rojo."* – Bajé la mirada para ver el control remoto: - *"Channel flecha arriba, flecha hacia abajo. Esto debe ser."* - … y empecé a pisar hacia arriba, asumiendo que arriba = adelante, y veía como el televisor avanzaba con los siguientes resultados:

2 = señal, con un programa en español, aburrido. Daba sueño

3 = no señal. Tenía sentido, pues el 3 es para el Oddisey

4 = señal, con un programa hablado en español, aburrido

5 = no señal, estática como si hubiese habido o podría haber señal

6 = no señal, igual al anterior, pero no tan clara como la del 5

7 = no señal, peor que la del 6

8 = señal, con un programa muy aburrido que daba mucho sueño

9 = no señal, estática como si hubiese habido o podría haber señal

10 = no señal, peor al 9

11 = no señal, estática

12 = no señal, estática

13 = no señal, estática

* = no señal, estática total. Imposible de haber señal.

* = igual al anterior

2 = señal, algún programa en español, aburrido. Daba sueño

3 = no señal. Tenía sentido, pues el 3 es para el Oddisey

- *"… hey, un momento… ¿por qué saltó del *, al *, al 2? ¿Por qué no llega hasta el canal 47?"*

Retrocedí, avancé y pasó lo mismo. Lo hice de nuevo y nada. Intenté pisar el "4" y luego el "7" para ver si haciendo la combinación lo lograba, pero no resultó. Intenté con * 4 y 7 (¿tal vez para eso era el *, para acceder a canales de alta numeración?), pero tampoco funcionó. Intenté de todas las formas posibles e ideas que vinieron a mi mente, pero no hubo forma de hacer aparecer el canal 47 en el televisor 19 pulgadas de mi abuela. Era la primera vez en mi vida que no podía lograr algo que quería. Hasta ese momento siempre había podido conseguir cualquier cosa que quisiese, sin importar las circunstancias o el entorno. Por primera vez en mi vida había encontrado una barrera que se interponía a uno de mis objetivos. Era un objetivo trivial, ver un programa de televisión, pero me hizo sentir un vacío que nunca había sentido. Supongo que a temprana edad aprendí que las lecciones en la vida llegan de forma cruel. No quedaba remedio, tendría que preguntarle a alguien y pedir ayuda. No era algo a lo que sintiese aversión, no tengo problema alguno en pedir ayuda, pero por lo general prefiero figurar y descubrir las cosas por mí mismo. En este caso, lo había intentado todo y estaba seguro de que debía haber una forma que yo no conocía. Llamé a mi mamá y le pregunté:

- "Mom, where is the Disney Channel?"

La respuesta de mi mamá fue el golpe más duro que había recibido en mi vida hasta ese momento.

- "Hijo, aquí no hay Disney Channel."

- "What do you mean there is no Disney Channel? There is no Disney Channel on this TV? Like, there is no cable in this house?"

- "No hijo. No hay Disney Channel del todo. No hay Disney Channel en todo el país."

Tan solo unas horas antes estaba viviendo en el hermoso invierno de East Lansing. Ahora estaba viviendo en un horrible infierno llamado El Cementerio[2], en Caracas, Venezuela.

****

Nunca me había sentido peor en mi vida. Pasé mi primera noche en Venezuela como pude, ya que la cantidad de desagradables sensaciones que recorrían mi cuerpo era infinita e indescriptible. En cuestión de horas, mi mundo había cambiado radicalmente y por mi

---

[2] El Cementerio es un barrio de clase baja, ubicado en el Municipio Libertador del sur de Caracas.

cabeza pasaba una sola idea: devolverme a East Lansing, Michigan. Sin embargo, esto no era un "me quiero ir a mi casa" como cuando vas a visitar esa familia aburrida, o vas al dentista obligado, o vas a misa, o vas a esa aburrida fiesta donde no quieres estar. Esto iba a ser por un tiempo… un muy buen tiempo. Me sentí horrible.

La situación no veía una luz de esperanza a la mañana siguiente cuando encendí el televisor e hice un nuevo intento infructuoso de conseguir algún canal donde hablasen inglés, pero el ciclo era el mismo: 2-4-8, cada uno transmitiendo un programa peor que el anterior. Después del mediodía apareció un cuarto canal en el #5, quedando la rotación como 2-4-5-8 con resultados similares a la rotación anterior.

Decidí salir a dar una vuelta para conocer el vecindario donde vivía y tratar de despejar mi mente de la pesadilla que estaba viviendo. Lo primero que noté al asomarme a la ventana era que no había nieve. Nada. Ya había leído al respecto en mis libros de geografía, pero me costaba asimilar en persona el hecho que en un país no nevase. Respiré hondo y decidí salir a manejar bicicleta por el barrio, pero de inmediato mis padres me detuvieron: -"*No es buena idea, es peligroso, te pueden asaltar y te pueden robar la bicicleta.*"

"*¿A qué clase de sitio me habían traído?*", pensé. Regresé a mi cuarto y cerca de una hora más tarde, mis padres decidieron que fuésemos al supermercado. Yo supuse que era buena idea, ya que cuando íbamos a hacer mercado en *Meijer's* en East Lansing, yo tenía la costumbre de escoger mis *Frosted Flakes* y comprar dos donas como parte del paseo.

En el *Central Madeirense*[3] de El Cementerio, nada podía estar más lejano a lo que había vivido apenas una semana atrás en *Meijer's*, y compararlos sería un insulto. Para empezar, no había *Frosted Flakes*; había una caja azul muy parecida –decía *Kellogs* y tenía al tigre *Tony*-, pero se titulaba "*Zucaritas*". No había Donuts, no había variedad de productos, y en general, no había nada de nada. Cualquier *7-Eleven* estaba mejor surtido que este sitio mal llamado "supermercado", y que más bien parecía una bodega. Al llegar a casa y verter las "*Zucaritas*"

---

[3] Central Madeirense era junto con automercados CADA, una de dos mayores cadenas de supermercados en Venezuela.

en el bol, las probé para luego escupirlas. Esto no sabía ni remotamente parecido a mis *Frosted Flakes*. Esto sabía a azúcar encima de algo con la contextura de *Corn Flakes*. De nuevo tuve que encarar a mi mamá:

- "¿Qué clase de sitio es este? No hay *Disney Channel*. No hay *MTV*. Solo hay cuatro canales de televisión y todos son terribles. No hay Donuts en el supermercado, ni tampoco en ningún otro lugar, porque ¡no hay *Dunkin' Donuts*! ¿En dónde estamos?"

Días después descubrí que sí había un sitio llamado *Dunkin' Donuts*, pero lo que menos vendía, ¡era Donuts! (vendían galletas y chucherías). En ese momento no entendí por qué había un sitio que se llamaba *Dunkin Donut's* que no vendía donuts, pero años después lo entendería, ya que con cada día que pasaba, mi adaptación a Caracas empeoraba. En líneas generales, ahora estaba en un sitio donde:

- No había Disney Channel. No había MTV. No había HBO.
- No había nieve.
- No podía salir a caminar por el vecindario, ni salir a montar bicicleta, porque era peligroso.
- Solo había tres canales de televisión, y los tres apestaban. Entre los tres transmitían casi 15 horas diarias de novelas. ¿Quién rayos ve tantas novelas?
- No había Frosted Flakes, pero había "Azúcar Flakes".
- No había Donuts.
- El McDonald's sabía terrible (no es que el McDonald's en Michigan fuese un gourmet, pero el McDonald's venezolano sabía mucho peor).
- No podía irme yo solo al colegio (el transporte del colegio no podía venir a buscarme, ya que solo hacía rutas cinco cuadras como máximo de distancia del colegio).
- No tenía locker en el colegio, así que ahora tendría que llevar el bolso lleno y pesado.
- No tenía computadora asignada exclusiva. De hecho, no tenía computadora de ningún tipo.

- No tenía mesa/escritorio en el salón de clases. Ahora tenía un pupitre sucio, rayado, horrible y además incomodo, dado que yo soy zurdo.
- No tenía 1.000m2 de jardín en la hora del recreo.
- No tenía menú para escoger el desayuno, ni el almuerzo de la semana. Por el amor de Dios, ¿qué rayos son estas asquerosas y grasosas cosas llamadas empanadas y arepas?
- No empezaba clases a las 8:30 am. ¡Ahora empezaba a las 7:00 am! En vez de levantarme a las 7:00-7:30 am, ahora tenía que despertarme a las 5:00 am.

…y así poco a poco iba sumando cosas que ya no tenía, y que hacía un mes antes, una semana o el día anterior, sí tenía. Así me sentí cuando llegué a Venezuela. ¿Por qué menciono esto? Porque veinte años después me sentía igual.

El tiempo que viví en Venezuela, siempre me sentí como si estuviese viendo una película transcurrir frente a mí: una película surrealista que se escenificaba en un ambiente muy extraño y totalmente distinto al mundo normal; una película en donde ocurrían hechos ilógicos, incoherentes e inverosímiles; una película cuyos protagonistas actuaban de forma irracional porque estaban inmersos en un mundo surrealista, y si bien tenían una leve idea de que allá afuera existía un mundo normal, no tenían el menor interés en salir de su mundo surrealista por razones que al Sol de hoy nunca pude entender. Lo peor de todo era que la película se repetía día tras día.

Nunca pude entender la cultura mediocre del venezolano, ni el razonamiento de fondo detrás de las acciones que ejecutaba, o por qué las hacían. Es por ese motivo por el cual desde el primer día que pisé Venezuela, nunca sentí, ni desarrollé alguna atadura, ni algo que me hiciese cultivar algún vínculo emocional hacia el país, ni hacia su gente. Ese momento cuando vi por primera vez el avión de VIASA y esas primeras horas hacia Caracas fueron cruciales: se supone que una aerolínea internacional es la carta de presentación de un país. ¿Qué clase de impresión inicial puede tener una persona sobre un país, si la aerolínea que pertenece al país al cual viaja no está al estándar de los niveles a los cuales está acostumbrada? A partir de allí, el resto fue en caída libre: no *Disney Channel*, no locker, no esto, no aquello y así sucesivamente. El problema no era que no tenía las cosas que sí tenía en Estados Unidos. El problema era que el venezolano consideraba que no tener esas cosas era aceptable, a pesar de conocer su existencia y de saber que tenerlas podría haber mejorado la calidad de vida de su sociedad. Así fue como aprendí a analizar las situaciones que viví en Venezuela con objetividad, sin tomarlo personal o parcializarme hacia ningún punto de vista. Por favor no me mal interprete; nunca odié al país, ni a su gente. Intenté crear vínculos y algún tipo de atadura, pero cada día algo pasaba que me hacía ver que no tenía sentido crear esos sentimientos y que por el contrario, era preferible mantenerme al margen, viendo las cosas desde afuera. Siempre he sido una persona con una capacidad racional de ver las cosas y en el caso de Venezuela, esto se acentuaba ya que jamás me sentí como parte de sus habitantes. Eso me hizo ganar una visión objetiva de la realidad de Venezuela y del venezolano, y en consecuencia, de explicar qué fue lo que pasó en Venezuela para que colapsase de la forma como lo hizo, y por qué más de ocho millones de venezolanos hoy merodean por el mundo.

El objetivo de este libro no es explicar por qué me afectó o por qué me molestó el incidente con la aeromoza de VIASA, o el hecho de que en Venezuela no había *Disney Channel*, ni *Frosted Flakes*, ni se podía salir en bicicleta en tu vecindario. El objetivo de este libro es explicar por qué en Venezuela no había los medios, los recursos, ni la infraestructura, y más importante aún, la gente y la mentalidad para que hubiese *Disney Channel*, *Frosted Flakes*, lockers en las escuelas, *Dunkin' Donuts*, rascacielos de noventa pisos, autopistas de cuatro canales, estadios de clase mundial, marcas de vehículos respetables, un sistema bancario sólido, una selección de béisbol o fútbol que fuese campeón mundial, libertad para salir en bicicleta, y similares cualidades. Mi análisis explicará por qué el sistema no funcionaba en Venezuela y por qué te podían robar los útiles escolares que habías dejado encima de tu pupitre en un colegio privado donde supuestamente iban a estudiar niños con educación y principios.

Con el pasar de los años me di cuenta de que en el fondo el venezolano sabe que es una mala persona. De nuevo debo insistir que no son seres malignos, sino simplemente son personas con valores distorsionados y principios torcidos. A eso me refiero cuando digo que el venezolano sabe que es una mala persona. Por favor recuerde y reitero que no me refiero a todos los venezolanos, y que a lo largo del libro yo utilizaré la expresión "el venezolano" o sus variantes para referirme a un porcentaje muy alto de la población, pero no a todos.

El venezolano sabe que su mentalidad de querer ser más listo que los demás, de que "*yo soy más arrecho que tú*[4]", y de que "*las leyes y las normas no aplican para mí*" fue la que destruyó a Venezuela, a pesar de que ha vivido su vida pensando que nunca tuvo culpa de nada y que solo fue una víctima inocente, ya que jamás actuó mal y siempre tuvo una conducta ejemplar. La realidad es que no fue así, ya que, si eso fuese cierto, entonces ¿por qué su país hoy está destruido?

¿Quiere saber por qué me siento tan seguro? Porque los útiles que me robaron en esa primera semana de cuarto grado que llegué al Fray Luis de León jamás aparecieron, así como tampoco supe quién fue el que me robó, a pesar de que acudí a la profesora de la clase, siendo su respuesta: "*¿Y qué quieres tú que yo haga? ¿Acaso yo soy policía?*" Fue en ese momento cuando entendí que en Venezuela, lo inusual era lo normal, así como también supe y aprendí cuáles fueron las causas por las cuales me habían robado, y por qué nunca hubo interés alguno en hallar al responsable: porque me veían de forma distinta. Me veían con envidia y esa envidia la aprendieron en sus hogares inculcada de sus padres, y por eso los venezolanos trataron de corromperme y llevarme a su nivel de mediocridad, e intentaron convertirme en uno de ellos. Porque el venezolano daña lo bueno y por eso es imposible que Venezuela algún día llegue a ser un país próspero, o que alguna comunidad de venezolanos llegue a ser próspera y exitosa.

Los años que viví en Venezuela, a diario los venezolanos siempre me preguntaban "*¿Qué crees que va a pasar en Venezuela?*" y tras realizar un análisis de la situación que se vivía en el país, les daba mi opinión de lo que sucedería: "Este país se dirige hacia un inminente colapso." Desafortunadamente para ellos, no me equivoqué.

---

[4] Expresión venezolana que significa "presumir de ser mejor que otra persona."

La Gestación

2

El talento venezolano

Raúl, Andrew, Félix, Fernando, Jacobo, y muchos otros más…

Uno de los equipos de fútbol que era conocido por tratar mal a sus jugadores y especialmente a aquellos que estaban empezando a surgir como estrellas y que era evidente que sus habilidades y su carrera profesional iban en ascenso y no habían llegado a su zenit, es el FC Barcelona. Nunca entendí cómo, ni por qué, el Barcelona en vez de motivar a jugadores que podían haber sido insignias para su equipo, más bien los maltrataban y prácticamente los expulsaban del club, o los acosaban al punto de que ellos mismos decían que no querían seguir en el club y terminaban por marcharse. Algunos ejemplos incluyen a Maradona, Ronaldo El Fenómeno, Figo, Rivaldo y Ronaldinho. Recientemente el FC Barcelona ha mejorado un poco esta política, pero por mucho tiempo esa era la reputación que tenían. Algo similar ocurría con el AC Milán, aunque en menor grado. En ese sentido, voy a explorar el caso de Rivaldo, quien jugó para ambos clubes.

Uno de mis grandes placeres es ver partidos de fútbol y uno de los partidos que más recuerdo fue en 2004, cuando jugó el Olympiakos de Atenas contra el Deportivo La Coruña. Lo vi en casa de Lorne junto con su padre, el Sr. Antonio, un español que emigró a Venezuela durante la década de los 50, y que le gustaba escuchar la narración de la radio española en AM. Recuerdo como si hubiese sido ayer lo que el Sr.

Antonio exclamó después que Rivaldo marcase su tercer gol del partido con el Olympiakos: "¡*Hombre! Este Rivaldo estaba esperando para jugar. ¡Joder! ¡Está mejor que nunca!*"- El narrador español de la radio coincidió con su apreciación cuando dijo: - "*Los que pensaban que Rivaldo estaba muerto, estaban equivocados. ¡Rivaldo está como en sus mejores tiempos!*"- El Sr Antonio le habló de vuelta al radio (una costumbre muy típica de los viejos españoles): - "*Hombre, claro… dos años en la banca del Milán sin ver ni un minuto, cualquiera cree que estaba acabado. Esos del Barcelona y del Milán le mataron la carrera. ¡Joder!*" Pero ¿cómo es que un jugador del calibre de Rivaldo, un jugador campeón del Mundial 2002, había acabado en el Olympiakos, que es un equipo de segunda categoría o quizás de tercera. Retrocedamos en el tiempo.

En mayo de 2002 el Real Madrid acababa de ganar la Champions con un histórico gol de Zinedine Zidane. Su archirrival el Barcelona, había sido eliminado en cuartos de final y Rivaldo había manifestado su intención de dejar al equipo catalán tras repetidos roces con la directiva y el entrenador. Fichó con el AC Milán, que en el papel parecía ser un equipo perfecto para sus cualidades de delantero. Sin embargo, Carlo Ancelotti, el Director Técnico, consideró que Rivaldo no cabía en el equipo, y lo dejó en la banca durante casi toda la temporada. Tras dos temporadas con el equipo italiano y harto de no ver acción, Rivaldo se fue a Atenas. El resultado fue una serie de desempeños similares a los que había descrito el narrador de la radio: en 70 apariciones, Rivaldo anotó 34 goles a sus 32 años. Algo a tomar en cuenta es que Rivaldo ganó la Champions con el Milán durante la temporada 2002-03 sin siquiera disputar un minuto como titular. Esto quiere decir que ha podido quedarse en Milán, calentando los asientos de la banca, cobrando su sueldo y estar tranquilo sin jugar, sin riesgo de lesionarse y sin darse mala vida, especialmente tras el maltrato que había recibido en el FC Barcelona. ¿Por qué entonces Rivaldo se fue del Milán al Olympiakos? Ya no tenía más nada que demostrar. Tenía una carrera, un nombre y un prestigio establecido. ¿Para qué matarse? La respuesta es simple: a las personas les gusta sentirse valoradas. Rivaldo quería sentirse valorado.

No puedo imaginar lo que debe sentir un jugador de fútbol con la capacidad y el talento de Rivaldo -uno de los mejores jugadores en la historia del fútbol-, cada vez que le toca ver el juego desde la banca y que pasen las jornadas una tras otra, y no vea acción. Rivaldo se fue al Olympiakos porque quería seguir jugando fútbol: quería sentir la emoción de abrir el pitazo inicial, recibir el balón, enganchar, pegarle a puerta, alzar los brazos cuando anota gol, o cuando hace el pase de gol a su compañero. Nada de eso pasa cuando estás en la banca. Por más torneos de alto prestigio que gane, un jugador de fútbol quiere jugar fútbol y quiere sentirse valorado. Quiere utilizar su talento en la cancha y demostrar de lo que está hecho. El delantero quiere salir a marcar goles y los goles no se marcan desde la banca. Esto me lleva a poner sobre la mesa, las decenas de publicaciones y artículos en el área de recursos humanos que han demostrado que el dinero no es el principal motivador de un empleado, que existen otras razones por las cuales un empleado se mantiene fiel a una empresa, y que una de ellas es sentirse valorado y que sus talentos sean reconocidos. Esto me lleva a compartir la historia de mi gran amigo Raúl Donato Carvalho Savini.

Desconozco las condiciones actuales de ingreso a la Universidad Simón Bolívar (USB) –la mejor universidad de Venezuela en lo que se refiere a la crema y nata intelectual de los estudiantes del país–. Sé que han cambiado, al igual que el perfil de sus estudiantes, pero en los años 70, 80, 90 y los tempranos 00, a la Simón Bolívar solo ingresaba el top 4% del sistema educativo colegial venezolano: la crema de la crema, los mejores del salón, los nerds, cerebritos, genios, y los ganadores de olimpíadas de matemáticas, física y química; todos ellos iban a la Simón. Por supuesto que había excepciones, puesto que la Simón solo ofrecía las carreras de Matemáticas, Física, Química, Biología, casi todas las Ingenierías, Arquitectura y Urbanismo. Es decir, no iban a la Simón los nerds que querían estudiar medicina o leyes, y por supuesto también había excepciones que por alguna causa mayor no pudieron estudiar allí. En resumen, la Simón Bolívar era el equivalente a Harvard, MIT, Princeton, Stamford, Yale, Oxford y Cambridge, combinados en una sola universidad. El estudiante que iba para el resto de las universidades en Venezuela tenía un perfil muy distinto.

Antes de describir el perfil del estudiante de la Universidad Central de Venezuela (UCV), debo contextualizar el prestigio que dicha universidad tuvo durante muchos años.

Conocida como "La Central", la UCV fue fundada en 1721. Ubicada en Caracas y con un pequeño núcleo en el interior[5], fue por casi doscientos años la universidad más prestigiosa del Venezuela (y durante casi cien años era la única universidad que había en el país). La Central siempre fue una universidad pública con su educación subsidiada casi por completo, en consecuencia, las mentes más brillantes del país solían estudiar en La Central. Su reputación empezó a sufrir durante la década de 1910, ya que se convirtió en un nido de simpatizantes de los focos de resistencia que se oponían al gobierno dictatorial de la época, del cual conversaré en otro capítulo. Esto produjo repetidos allanamientos por parte del gobierno y el cierre de la universidad por ocho años. Con el pasar del tiempo, para los años 1950 y 60, el foco de estudiantes que estaba en contra del gobierno de turno (en especial el foco comunista), creció y dado que la universidad quedaba cerca del centro de la ciudad, se convirtió en un dolor de la cabeza para las fuerzas de la ley y el orden, ya que amenazaba la paz cívica de la ciudad. Con este trasfondo aunado a otros factores, se sentaron las bases para la creación y fundación de otras alternativas a La Central, siendo la Universidad Católica Andrés Bello y la Universidad Santa María las primeras universidades privadas fundadas en Caracas, impulsadas por la nueva política del gobierno de educar a la población. A ambas les siguió la Universidad Metropolitana, fundada en 1970 también como universidad privada. Las tres establecieron sus sedes en los suburbios de la ciudad y poco a poco empezaron a absorber un nuevo perfil estudiantil. Ahora los estudiantes con índices académicos promedio que pertenecían a las clases media y alta, descartaban a La Central como opción dado que no querían arriesgar su integridad física, exponerse a protestas diarias, o sufrir el cierre de la universidad, perder clases y atrasar su graduación. La solución era entonces, estudiar en La Católica, La Santa María o La Metropolitana. Sin embargo, aún con este panorama, las mentes más brillantes de Venezuela seguían prefiriendo estudiar en La Central por el prestigio indudable de esa institución.

---

[5] En Venezuela, se le dice "El Interior" a todo el resto del país que no incluye a Caracas.

Pero también en 1970 se fundó la Universidad Simón Bolívar, concebida como la casa de estudios con la misión de atraer a las mentes más brillantes, tanto del estudiantado como del personal académico. Sus instalaciones se ubicaron en Sartenejas, a quince minutos en automóvil desde Caracas, donde los estudiantes podían recibir clases sin temor a ser interrumpidos por protestas antigubernamentales o cierres por parte del gobierno. Más aún, la Simón Bolívar era una universidad pública, cuya matrícula y demás gastos universitarios estaban casi enteramente subsidiados. Es decir que las mentes más brillantes del país podían estudiar con tranquilidad, con los profesores más brillantes, apenas pagando aranceles de muy bajo costo. Fue así como empezó la fuga de cerebros de estudiantes y profesores de la Universidad Central. Asimismo, brillantes profesores que emigraban del exterior y buscaban trabajo en Venezuela, también querían formar parte de esta nueva universidad que tenía el lema de ser "*La Universidad de la Excelencia*", donde solo los mejores profesores y estudiantes eran admitidos. En consecuencia, para la década de los 80 y 90, La Central se convirtió en la segunda opción de las mentes más brillantes del país. Sin embargo, aún con La Católica, La Santa María, La Metropolitana, y otras universidades que fueron surgiendo en el resto del país, la mayoría de los estudiantes veía a La Central como la segunda en términos de prestigio, solo detrás de la Simón, puesto que a pesar de todos los problemas que tenía, aún lograba mantener un alto estándar educativo y nivel de exigencia, dado que menos de 10% de los estudiantes que aplicaban, aprobaban el difícil examen de admisión.

Dicho esto, a La Central iban estudiantes que eran muy inteligentes, pero no tan brillantes como los de la Simón Bolívar, y que por lo general pertenecían a la clase media. Eran estudiantes que valoraban más tener una educación de una universidad prestigiosa, por encima de la comodidad o las apariencias que las universidades privadas ofrecían. De La Central egresaban los mejores médicos de Venezuela, los mejores abogados[6], periodistas y administradores, así como también ingenieros, arquitectos y licenciados que eran casi tan respetados como los de la Simón Bolívar.

---

[6] En Venezuela se estudia la carrera de Leyes como una carrera normal de pregrado de cinco años.

Estudiaban en la Universidad Metropolitana, los "hijos de papá", los sifrinos[7] que pertenecían a la clase alta y pudiente de Caracas, que intelectualmente no tenían ni la capacidad, ni las calificaciones para entrar en la Simón Bolívar o La Central. Aunque quisiesen, les iba a ser casi imposible aprobar el proceso de admisión. Esto es: un sifrino del Colegio Los Arcos con 14,75 ó 15,6[8] de promedio en secundaria, tendría que "reventar[9]" la prueba de admisión de la Simón, para ver si sumando el resultado de su prueba con sus calificaciones promedio de secundaria, tenía el chance de ganarle al nerd que tenía 17,9 de promedio y que por supuesto también "reventaría" la prueba. Por ese motivo, les era más fácil irse a "La Metro" y encajar allá con otros sifrinos de 13, 14 ó 15 de promedio, que tenían un respaldo financiero que les permitía pasar sus fines de semana viajando, sin darse mala vida con exámenes en los cuales había que contestar preguntas similares a buscar la teoría que unifica la relatividad con la física cuántica, como los que nos tocaba presentar a quienes estudiamos en la Simón Bolívar. La Metro ofrecía algunas Ingenierías, Leyes, Administración, Psicología, Educación, Economía e Idiomas.

Estudiaban en la Universidad Católica por lo general, alguien que se encontraba en uno de los siguientes perfiles: 1) Los "hijos de papá" que estaban uno o dos niveles económicos debajo de los de la Metro, e intelectualmente podría decirse que estaban al mismo nivel; 2) Los estudiantes inteligentes que no llegaron al top 4% de La Simón o al 10% de La Central, y tuvieron que conformarse con la medalla de bronce; 3) Los estudiantes que tenían mérito académico para estudiar leyes, ingeniería, administración o alguna otra carrera que podía estudiarse en La Central, pero que no querían estudiar allá, dado que La Central era... "*fuchi*" o "*asco*", y en cambio "La Católica" era más "*cool*". Este grupo estaba integrado en su mayoría por sifrinos que querían estudiar comunicación social y estar rodeados de la esfera de la farándula (fiestas, sexo, playa); y finalmente, 4) Un pequeño grupo de estudiantes de clase baja que recibía becas. En general, estudiaba en la Católica la

---

[7] Expresión coloquial para describir a alguien pretencioso que pertenece, o pretende que pertenece a la clase social alta. Un sifrino viste con ropa costosa y presume de sus experiencias y posesiones.

[8] En Venezuela, las calificaciones del colegio se miden del 1 al 20, con 10 como mínimo aprobatorio. Un alumno con 16 o más de promedio, se considera un alumno muy destacado o brillante.

[9] Forma coloquial para referirse a obtener la más alta calificación posible en un examen.

gente inteligente normal y algo sifrina de Caracas. La Católica ofrecía las carreras de Ingeniería de Telecomunicaciones, Civil e Industrial, Contaduría, Leyes, Comunicación, Economía, Psicología, Educación y Administración.

Debo también mencionar a las otras universidades del interior del país con algo de prestigio, como La Universidad del Zulia, la Universidad de Carabobo, la Universidad de Los Andes y la Universidad de Oriente. Estas universidades eran el equivalente a la Central, pero en sus respectivos estados del interior. También estaba la Universidad Nacional Experimental de las Fuerzas Armadas (IUPFAN/UNEFA), que era la opción para los que no pudieron entrar en la Simón o a La Central, y no les quedó otra opción, o no querían o no encajaban en la Católica, o bien eran estudiantes de clase media o clase baja del interior, y no les interesaba (o no podían) estudiar en Caracas. Podría decirse que el perfil académico del estudiante de estas universidades era un tanto superior al de alguien de la Católica y la Metropolitana, pero un escalafón por debajo del de un estudiante de la Central y nunca comparable con el de la Simón Bolívar.

También debo mencionar a la más famosa (por lo vergonzosa) de las tres "top" universidades privadas que había en Venezuela: además de La Católica y La Metro, estaba la Universidad Santa María, mejor conocida como "Santa Pirata" por vender sus títulos universitarios al mejor postor y por la cantidad de títulos conseguidos gracias a "operación colchón" (mujeres teniendo relaciones con profesores para aprobar las asignaturas). Como podrá imaginar, estudiaban en la Santa María las personas de bajo coeficiente intelectual y pobre rendimiento académico, al punto de que tener un título de esta universidad era contraproducente para el profesional. Su mala fama era tan notoria que por muchos años, las solicitudes de empleo que las empresas publicaban en los medios impresos tenían una coletilla que instaba a los graduados de la Santa María a abstenerse de aplicar para el puesto ofertado. Otras universidades como la Universidad Nueva Esparta, la Santiago Mariño, la José Antonio Páez, la Alexander de Humboldt y la Monteávila, estaban muy por debajo de los ya de por si bajos estándares de la Universidad Santa María.

Por último, queda la Universidad Nacional Abierta, que brindaba educación a adultos que no pudieron ir a la universidad en sus años adolescentes, y les daba la oportunidad de cursar carreras y graduarse como profesionales estudiando a distancia, algo que yo siempre he pensado que tiene un gran mérito.

Hay dos factores de mucho peso que debo mencionar que le daban a la Simón Bolívar ese valor agregado para ser calificada como la mejor universidad del país, por lo elitista en términos académicos, por lo extremadamente competitiva, y por acoger a los mejores estudiantes del país. El primer factor es que a diferencia de todas las universidades de Venezuela que tenían regímenes de estudio que estaban estructurados por semestres o años (incluyendo a la muy respetable y prestigiosa Universidad Central de Venezuela), el régimen de estudios de la Universidad Simón Bolívar era trimestral, queriendo decir que las asignaturas que podías cursar cómodamente a lo largo de seis meses en la Central, la Católica, la Metropolitana o cualquier otra universidad, en la Simón las cursabas en apenas tres meses. Creo que no necesito ahondar mucho en lo brutal y agotador que era estudiar en la universidad con la mayor exigencia académica en el país, con exámenes, prácticas y laboratorios que eran extremadamente difíciles, y que adicionalmente tenía un ritmo de estudio que parecía una aplanadora que apenas te daba tiempo para respirar.

El segundo factor que finiquita la discusión sobre cuál era la mejor universidad entre la Simón Bolívar y la Central, es el relativo al régimen de permanencia de la Simón, el cual era sumamente estricto comparado con el de la Central. No lo voy a explicar a detalle ya que era un tema muy complejo, y sería más fácil sintetizarlo con la siguiente analogía: estudiar en la Simón Bolívar era como ser parte de la primera oleada de las tropas que invadieron Normandía en el Día D. Las bajas eran casi semanales y casi todos los que se iban se cambiaban para La Central (o a La Católica) porque *"No joda, no aguanto más esta vaina. Prefiero estudiar por semestre y tener una vida."* Esto era porque el régimen de permanencia de la Central te permitía estudiar en la universidad prácticamente de forma indefinida, ya que en tanto aprobases Una (1) asignatura por semestre, la universidad no podía expulsarte.

Por ese motivo era muy común ver estudiantes de La Central que demoraban diez, quince o veinte años en graduarse, eso apartando que estudiaban casi de gratis, pagando matrículas semestrales que costaban centavos, mientras pasaban todos esos años recibiendo una gran cantidad de beneficios subsidiados, incluyendo el acceso al comedor de la universidad. En La Simón Bolívar en cambio, además de la brutal exigencia del régimen de estudio trimestral, de la enorme dificultad de la carga académica, y del a veces indescifrable contenido de las asignaturas, laboratorios y exámenes, prácticamente podían expulsarte por cualquier motivo que reflejase que te habías convertido en una carga para la universidad, ya que no estabas avanzando en tu carrera.

Esos son los dos factores que le dan a La Simón el título de ser la mejor universidad en Venezuela: porque solo los más aptos podían y querían estar allí. Un ejemplo del Darwinismo en su máxima expresión.

Un meme comparativo de la percepción que se tenía sobre las universidades en Venezuela, mostrando a la UCAB, la UNEFA/IUPFAN, la UCV, y abajo a la derecha la USB.

Fuente: Internet, Redes sociales, 2015. Créditos al autor de la caricatura.

Esa era la realidad de la educación universitaria en Venezuela. Lo que quiero reflejar es que el top intelectual del país era lo que estudiaba y se encontraba en la Simón Bolívar. No iban a la Metro, no iban a la Católica y no iban a cualquiera de las otras universidades que nombré.

- " ¡Falso! ¡Yo conozco a una muchachita de nombre Michelle, que ella era un CEREBRITO! Pero a ella nunca le llamó la atención estudiar en la Simón y quiso estudiar lo que de verdad quería: contaduría en la Católica"

...diría un venezolano que nunca conoció a fondo cómo funcionaba el sistema de educación superior en Venezuela; o quizás porque caiga en negación al leer esta parte y se sentirá ofendido, puesto que su hija, su hijo o algún familiar que se dice "brillante" no estudió en la USB. Pero más lejano de la realidad no podría estar: los cerebritos, los genios y nerds, querían estudiar en la Universidad Simón Bolívar.

Una importante aclaratoria para el lector, es que a lo largo del libro utilizaré muchas generalizaciones, y esta realidad de la educación superior en Venezuela es la primera de muchas que encontrará a lo largo de este texto. En ese sentido, le pido por favor tomar en cuenta que las generalizaciones son afirmaciones que, si bien no se cumplen en el 100% de los casos, puede decirse que su contenido es bastante acertado. Es posible que haya habido chicos que estudiaron en la Católica, en la Metropolitana, en la Nueva Esparta, o en la Universidad Nacional Abierta, que eran tan brillantes como los nerds que estudiaban en la Simón Bolívar. Es muy posible, pero poco probable.

El caso de Michelle es que quizás era una chica estudiosa que tenía un promedio de 18 porque estudiaba por memorización o *"caletre*[10]*"*, y no porque fuese brillante. Michelle presentó la prueba de La Simón y no aprobó el examen de admisión, presentó en La Central y tampoco aprobó, así que no le quedó otra opción que estudiar en La Católica. Si piensa que estoy equivocado, imagine por un momento que Michelle hubiese quedado en la Simón: en ese caso no iba a estudiar contaduría. Verá estimado lector, las personas que estudiaban contaduría eran: 1) Personas que les gustaba contaduría; o 2) Personas que pensaban que

---

[10] Palabra coloquial para describir a alguien que memoriza conceptos y ejercicios sin comprenderlos. Se desmorona ante un problema complejo donde deba pensar, usar creatividad e ingenio. Una persona que estudia por caletre resuelve un ejercicio A y uno B, pero no podría resolver uno A+B.

eran cerebritos pero que luego de no quedar ni en la Simón, ni en la Central, recibieron un baño de humildad y se dieron cuenta que tal vez y después de todo, no eran tan cerebritos como ellos pensaban. Adicionalmente, había otro factor de mucho peso en la decisión de a dónde ibas a estudiar tu carrera universitaria en Venezuela: en un país como Venezuela, ningún "cerebrito" o "nerd" iba a escoger ir a La Católica o a La Metropolitana, y ponerle la pesada carga económica a su familia de hacer el sacrificio de pagar $1.000 o $2.000 por semestre, pudiendo estudiar prácticamente de gratis en la Simón o en La Central.

Dicho esto, la realidad de que los cerebritos iban para la Simón era algo que estaba de boca en boca en los colegios de Venezuela desde segundo o tercer año de secundaria, sobre todo durante cuarto y quinto año[11]: *"La prueba de admisión de la Simón es la más difícil"* y *"Entrar en la Simón es difícil y mantenerse ¡es más difícil aún!"*, eran las frases que semana tras semana se escuchaban desde el inicio del año escolar de quinto año. Sin embargo, cuando tú eres el promedio #1, #2 ó #3 del salón e incluso eres el #1, #2 ó #3 de todo el colegio, existe un cierto ego que se forma dentro de ti. Ese ego es el que hace que te dé hambre de enfrentar ese reto que es la Universidad Simón Bolívar y de querer demostrar lo que eres y de lo que estás hecho. Este ego nace dentro de ti desde primer año de secundaria (séptimo grado), cuando por primera vez publican el cuadro de honor de los promedios más altos del colegio por año, y ves que tu promedio de 18,5 supera al 17,8 de Juliana que está en tercer año (noveno grado) y al 18,3 de David que está en quinto año (último año de secundaria), a pesar de que tú apenas estás en primer año. Promedios van y vienen y con el pasar de los años, tu nombre se vuelve una constante en el cuadro de honor y año tras año, es un logro que alimenta tu ego. Por ese motivo, la prueba de admisión para entrar en la Simón se convierte en un reto; es decir, tú piensas: *"Ya tengo cuatro años demostrando que soy el mejor (o uno de los mejores) del colegio; ahora debo demostrar que soy de los mejores del país."* Bajo esa premisa te preparabas para la prueba, llegaba el día del examen, lo presentabas y luego quedaba esperar el resultado.

---

[11] En Venezuela, quinto año es el último de educación secundaria, y muchos estudiantes enfocan sus esfuerzos en aprobar las pruebas de admisión para poder ingresar en una universidad prestigiosa.

Meses después llegaba el día cuando comprabas el periódico y conseguías tu nombre en los resultados de los alumnos que gracias a su alto promedio de secundaria y al alto resultado que consiguieron en el examen de admisión, habían sido admitidos en La Simón Bolívar, y es ese el día cuando comprobabas -antes que alguien te lo dijese-, que en efecto sí estabas entre los mejores del país. En mi salón del colegio, había un grupo de nerds a quienes nosotros llamábamos *"las gallas"*, constituido en su mayoría por mujeres y un muchacho (era el único hombre del grupo, pero jocosamente, lo considerábamos una mujer más). Las chicas y el chico del grupo *"las gallas"* tenían promedios altísimos, pero estudiaban por caletre para todas las materias. Es por eso que a Diego, a Gilberto (dos de mis compañeros que quedaron en la Simón conmigo) y a mí, no nos cayó de sorpresa cuando no encontramos sus nombres en los resultados de la lista de admitidos. Los problemas de la prueba de admisión de la Simón no eran para estudiantes tipo caletre; eran para estudiantes con capacidad de razonar: gente pensante que analiza un problema en muy corto tiempo y lo puede responder de forma efectiva y acertada. Todas las gallas terminaron en la Católica, a pesar de que morían de ganas de estudiar en la Simón, aunado a que tampoco quedaron en La Central.

Una vez que ya sabías que quedaste en la Simón y se hacían públicos los resultados (se enteraba tu familia, tus amigos, los vecinos, los barrenderos, etc.), empezaba un periodo interesante y lleno de intrigas, desde mayo cuando te enteraste, hasta septiembre cuando pisabas la Simón por primera vez como estudiante. Había muchas cosas sucediendo al mismo tiempo: la graduación, la preparación para entrar en la universidad, las opiniones de los familiares y amigos que se enteraron que quedaste en la Simón Bolívar, y varias otras ideas que no hacían que el futuro se viese muy claro. Lo que sí estaba muy claro era que yo estaba entre el grupo de los mejores. Yo estaba en ese top 4% de Venezuela, y ahora iría a un sitio donde estaría rodeado de personas como yo. Lo mismo pensaron Diego y Gilberto, al igual que cada uno de mis futuros compañeros. Lo sé porque estas son cosas de las cuales te enteras con el tiempo, años después de haber salido de la universidad, cuando te encuentras con tus compañeros de la Simón y conversas sobre estos temas. Tras un par de idas a Sartenejas para hacer los trámites de la inscripción y afines, llegó septiembre y con él, el primer día cuando de verdad vas a conocer la universidad y a tus compañeros: el primer día de la semana de vivenciales[12].

Ese día los tres llegamos temprano a la plaza del edificio MYS y empezamos a tener contacto con algunos de los estudiantes que estaban allí. Se sentía muchísima tensión y nerviosismo. Había varios que estaban relajados y más bien parecía que acababan de llegar de una fiesta la noche anterior, y había otros que acababan de bajarse del autobús que llegaba del interior. Poco a poco se armaban pequeños grupos entre el montón de nerds, donde se escuchaba una que otra historia que rompía el hielo y facilitaba la interacción. Es un momento donde hay mucha timidez y poca apertura, ya que el estudiante de la Simón es muy cerrado (aunque había excepciones). Me di cuenta que como yo, el estudiante de la Simón era reservado y prefería que sus logros hablaran por ellos. Al entrar al salón MYS106, empezaba a rondar en tu cabeza la siguiente idea: *"Cielos. Aquí estoy. Estoy con el 4%. Estoy con la crema de la crema. Pero, ¿qué tan por encima del promedio estoy dentro de ese 4%? ¿Dónde me encuentro en relación al resto? ¿Quiénes están debajo de mí?"* Viendo los rostros de los demás, era fácil notar que todos pensaban lo mismo.

Al dar un paneo al grupo, vi que éramos unos treinta "nuevos". Nos sentamos en los pupitres y mientras esperábamos a los facilitadores que guiarían las actividades de vivenciales, continuamos conversando entre nosotros. En el salón había una chica que era simpática. No era fea, era algo bonita pero más que eso, era muy sonriente, conversadora y agradable. Su amiga –sentada a su lado– también lo era. Las recordaba porque habíamos tomado el mismo autobús desde Caracas apenas horas antes. El resto de las mujeres, en términos de belleza, no eran muy lindas; intelectualmente, era otra la historia. En el caso de los hombres, para 1995 todavía estaba fresca la imagen nerd de la película *"La venganza de los Nerds" (Kanew, 1984)* y se podría decir que eso es lo que uno esperaba ver al entrar en la Simón. La realidad es que fue así, pero no tanto. Yo diría que menos del 40% de los estudiantes tenía esa imagen de los lentes, la camisa abotonada

---

[12] La semana de orientación, previa a comenzar clases, para guiar a los nuevos estudiantes.

hasta el cuello, la contextura delgada y la piel pálida de Louis Scholnick. De hecho, en mi sección había dos muchachos que parecían *quarterbacks*. *"La inteligencia a veces se presenta de distintas formas"*, pensé. Tras conocer a tus compañeros, te das cuenta de que si bien algunos no tenían la apariencia física nerd, en el fondo casi todos tenían la actitud de nerd. Fue allí cuando empecé a realizar el ejercicio de analizar a los estudiantes del grupo para determinar quién de los que estábamos en ese salón era el más brillante. ¿Era yo? Si no era yo, ¿quién?

El grupo se silenció apenas entraron los facilitadores, quienes después de presentarse, indicaron que lo mejor que podíamos hacer para romper ese hielo y tensión que aún se sentían, era conocernos con cada uno indicando, nombre, procedencia y algo que quisiesen decir sobre sí mismos. Nos sentamos en círculo y habló de primero una chica que se tomó con sentido del humor la parte de decir algo que quisiese sobre ella, puesto que ya de entrada puso sobre la mesa la posibilidad que quería perder la virginidad tan pronto fuese posible. Ella dijo:
- *"Me llamo Ana, soy de Caracas, estudié en el colegio 'x', fui la #1 durante toda secundaria, quiero estudiar ingeniería química, y no tengo novio, ¡así que estoy disponible!"*- y sonrió de forma muy pícara.

El grupo estalló en risas y eso alivió la tensión. Lo cómico fue que a medida que pasaban los turnos, si bien el estudiante que seguía indicaba además de su procedencia y el hecho de que *"no tenía novio/a"*, casi todos en el salón mencionaron sus logros académicos. Uno a uno se presentaron y casi todos mencionaron algo como: *"Fui el #1 de mi salón"*, o *"fui el #2 del colegio"*, o *"gané una beca Galileo"*, o *"soy miembro del equipo de Olimpíadas Cenamec"* y otros logros similares. Con esto había quedado claro que todos (empezando por Ana) estaban consciente o inconscientemente haciendo el mismo ejercicio que yo. Todos teníamos curiosidad de saber quién era el más brillante y eso era algo que estaba en la mente de todos, aunque nadie lo dijese. Haciendo un paréntesis, yo pensaba: -"Este mismo ejercicio lo deben hacer en las vivenciales de la Metro, solo que en vez de preguntarse quién es el más brillante, en el caso de ellos será: '*¿Quién aquí es el que tiene más dinero?*'; en la Católica es: '*¿Quién será el más cool?*'; en la Nueva Esparta es, '*¿Quién consume más droga?*'; y en la Santa María, '*¿Con cuál profesor tengo que acostarme para graduarme lo más rápido posible?*'

La ronda se puso interesante cuando le tocó el turno a una muchacha que dijo *"yo participé en las finales de las olimpíadas de Química y Física"*- y se puso aún más interesante cuando llegó el turno de hablar de un muchacho que, salvo su intensa mirada cuyos ojos rara vez parpadeaban, no daba grandes señales de ser algo especial o genial por encima de los demás. Él dijo: *"Mi nombre es Larry, soy originario de Sarría y vivo en Los Erasos[13]. Soy el ganador de mención honorífica de las Olimpíadas de Física y voy a estudiar Física pura[14]."*

Eso silenció al grupo por varios segundos. Creo que todos pensaron lo mismo que yo: *"*¿Cómo es que alguien que viene de Sarría y que vive Los Erasos, ganó las Olimpíadas de Física y más aún, quiera estudiar Física pura?*"* Segundos después, el chico rompió el silencio cuando dijo: –*"No se preocupen, llevo todo el año viendo esa misma reacción en la gente cuando les digo que voy a estudiar física"*, y echó una risa muy pequeña que de nuevo hizo reír al grupo.

Luego hablaron las dos chicas medio bonitas. Ambas dijeron: *"Quiero estudiar ingeniería química y no tengo novio"*, y luego vino mi turno. Por un momento pensé en decir: *"Hola, mi nombre es Héctor, vengo de El Cementerio, y voy a estudiar Matemáticas pura"*, pero me retraje porque sabía las implicaciones. En primer lugar, creo que hubiese habido un suicidio colectivo en el salón tras ver que había dos "genios locos" en el grupo, y que casualmente los dos venían de barrios pobres; y en segundo lugar, porque sabía que por el resto de mi carrera no iban a perdonarme si no sacaba A++ 100 de 100 en todas las asignaturas de Matemáticas, al igual a como no lo harían con Larry si no sacaba 100 de 100 con las asignaturas de Física. Debe tomar en cuenta de que dada la colección de egos, el ambiente competitivo en la Simón era bastante intenso, y a los dieciséis o dieciocho años (la edad de mis compañeros), había un poco de inmadurez en ese sentido, y si bien Larry y yo somos personas muy brillantes, no somos unos genios y nunca pudimos sacar A++ 100 de 100 en ninguna asignatura de Matemática o Física.

---

[13] Sarria y Los Erasos son barrios de gente muy pobre en Caracas. Eran zonas muy peligrosas, plagados por el hampa y delincuencia, mucho más peligrosos que El Cementerio y otras zonas pobres de Caracas.

[14] Forma coloquial que utilizábamos en la Simón para referirnos a las carreras de Física y Matemática.

Después de mí, le tocó el turno a un par de estudiantes más y luego habló un muchacho que… era un estudiante, pero más bien parecía un albañil: era bajito, rechoncho, regordete, fuerte y tenía unas manos muy gruesas. Su forma de hablar era ordinaria y estaba vestido como un obrero. Tenía una voz fuerte, grave, pesada, dura y seca: "*Mi nombre es Gaúl*" – dijo (también tenía frenillo y no podía pronunciar la 'R')- "*soy de Magacay[15], estudié en el Liceo Militag de Magacay, y bueno… no tengo más nada que decig de mí, ¡no tengo nada de qué alagdeag! ¡Ah! ¡Queigo a estudiag Ingeniegía Eléctgica!*" El grupo quedó estupefacto con lo que acababa de escuchar. ¿Conoce esa sensación cuando quedas en shock como para reírte por algo que da risa, pero no sabes si reírte porque no sabes si lo que escuchaste o lo que viste, era para reírte o no? Así quedamos al escuchar lo que dijo.

El motivo por el cual el grupo reaccionó de esa forma era porque Ingeniería Eléctrica en la Simón era la carrera de "lo peorcito", es decir, de los que tenían el promedio más bajo durante el primer año de la universidad y no pudieron estudiar otra carrera. Verá, el sistema para escoger carrera funcionaba de la siguiente forma: todos los alumnos ingresaban a un ciclo básico común donde cursaban las mismas asignaturas (excepto los que estudiarían arquitectura, urbanismo o biología). Durante ese primer año, la misión era alcanzar un índice académico alto para que al terminar el básico, el estudiante escogiese la carrera que quería estudiar, siempre que tuviese el índice exigido por dicha carrera. En mi época, el índice requisito para quedar admitido en las distintas carreras era el siguiente (la Universidad Simón Bolívar utiliza una escala del 1 al 5, donde 3 es la nota mínima aprobatoria):

1. Ingeniería de Producción   = 3.88
2. Ingeniería Electrónica   = 3.75
3. Ingeniería Química   = 3.7
4. Ingeniería Mecánica / Computación   = 3.6
5. Ingeniería Geofísica/Materiales   = 3.5
6. Matemáticas / Física / Química   = 3.3
7. ….
8. Ingeniería Electica   = 3.0 (haber nacido)

Fuente: Recolección de índices requeridos para la cohorte 1995 de la USB. Autor, 2021.

---

[15] Maracay es un pueblo habitado en su mayoría por gente clase baja, y que alberga una base militar.

Es decir que, si el índice no te alcanzó para entrar en electrónica, mecánica, computación o geofísica, bueno... qué más da, ¡podías estudiar eléctrica! Esto se sabía con antelación a las vivenciales, y al Raúl decir que quería estudiar eléctrica, estaba admitiendo que él era de lo peor, que no le iría bien en el primer año y que ni se le pasaba por la cabeza aspirar a ser un electronerd, un computista, y mucho menos un productista. Adicionalmente, volviendo a la pregunta de *"¿qué tan más inteligente soy comparado con el resto?"* que todos nos hacíamos en silencio, el mensaje que Raúl dio era que él era de los últimos a considerar; más aun viniendo de un Liceo Militar donde ve tú a saber que pésima preparación le dieron en matemáticas y física, en comparación con otros colegios reconocidos por su calidad académica como el *Moral y Luces*, el *Francisco Isnardi*, *El Peñón*, u otros colegios sifrinos como el Friedman, *Los Arcos* o el *Champagnat*. Tras conocernos ese día y compartir durante esa semana, así de rápido terminaron las vivenciales y las clases comenzaron.

Los primeros días del primer trimestre todo transcurre muy rápido. Un día estás viendo conceptos que nunca habías visto en tu vida en matemáticas y días después, ya tienes encima el primer parcial. El régimen trimestral es brutal y sientes la presión atrás de ti como una aplanadora persiguiéndote para hacerte trizas. El tiempo apremia y hay que estudiar para superar ese filtro llamado Matemáticas I (MA1111), o como se le conocía, Mate 1. Las otras asignaturas, Sociales, Inglés y Literatura, no importaban. Es en MA1111 donde se iba a saber quién era quién, y donde se iba a saber si esos alardes que salieron a relucir en las vivenciales eran ciertos. Mate 1 es la asignatura que separa a los "niños", de los "hombres". Es decir, a "los que son brillantes", de "los que son brillantes de verdad."

Durante las vivenciales, interactué con casi todos los muchachos del grupo como suele ocurrir en este tipo de actividades, y al final creé afinidad con un muchacho de San Felipe[16] llamado Carlos Luis Vargas, quién en principio me pareció un poco falso: se reía demasiado y con mucha facilidad, y eso es algo que nunca me ha gustado en las personas. En poco tiempo me di cuenta que confundí su falsedad con

---

[16] San Felipe es un pueblo en el interior de Venezuela, con una población de 200.000 habitantes.

sinceridad, nobleza y personalidad genuina. Entendí que, por lo general, la gente del interior piensa de forma distinta a la gente de la capital: no tienen malicia y asumen de entrada lo mejor de las personas. Vi que Carlos era una buena persona y creo que él vio lo mismo en mí. Debo admitir que me sorprendió ver que Carlos era brillante, muy brillante. Brillante que da miedo. Después de compartir e interactuar esos primeros días, vimos que podíamos hacer equipo de estudio.

No puedo hablar de la vida en las otras universidades, pero sí puedo afirmar que en la Simón era fundamental "casarse". Esto es: encontrar a alguien con quien pudieses estudiar durante tu carrera, y con alguien me refiero a una sola persona, tal como si fuese un matrimonio. Al terminar la primera semana de clases, Carlos y yo nos "casamos". Esto es algo que ocurría con casi todo el mundo, excepto con los "rechazados". Un "rechazado" era alguien que no consiguió con quien casarse por alguna razón: no le cayó bien a la gente, o era bruto/a (con bruto quiero decir: alguien inteligente, pero que no estaba a los estándares que uno esperaría de un estudiante de la Simón), o tenía problemas con el transporte y era complicado reunirse con él/ella, o cualquier otra razón. Un rechazado además era alguien que posiblemente iba a terminar expulsado de la universidad en un futuro no muy lejano. En síntesis, era alguien con quien no valdría la pena juntarse, porque no te sería útil.

Un día en la tercera semana, Carlos y yo fuimos a la biblioteca a sacar un libro y al fondo en una de las mesas vimos a unos compañeros del salón de vivenciales. Uno de los del grupo era Raúl, un "rechazado" y estaba con tres otros "rechazados". Los saludamos y sin mediar mucha conversación nos fuimos. Algo que recuerdo del encuentro es que le comenté a Carlos que durante los breves segundos que saludamos al grupo de cuatro, vi que Raúl parecía ser el único que estaba estudiando. Los otros tres no parecían estar haciendo nada: tenían los cuadernos en blanco, los lápices lejos de alcance de las manos y mal lenguaje corporal. Raúl en cambio, tenía un libro abierto y tenía sus notas de clase. No era mucho, pero al menos era algo y era el único que tenía un lápiz en su mano.

Si MA1111 era la materia donde se iba a saber quién era quién, el primer parcial sería –como su nombre le indica- el primer test. Había mucha expectativa porque se suponía que personas como Andrew Ostapovitch y Jacobo Bentolila (ambos campeones de las olimpiadas de matemáticas y física)[17], Félix Missel, la gente del colegio Hebraica y los del Isnardi, debían salir muy bien. Los rechazados por otra parte debían salir muy mal, al punto que quizás algunos abandonasen la universidad al obtener el resultado de ese primer examen. El resto era un gran gris, puesto que tal como la campana de Gauss, uno se encontraba en un promedio muy grande compitiendo contra cientos de otros que en teoría estaban al mismo nivel que el tuyo. ¿Habría sorpresas? Eso se sabría con el primer parcial en la "semana cuatro".

El primer parcial estuvo algo largo y difícil. Aquí haré un paréntesis. MA1111 –y en general todas las materias de primer año- se estudiaban en bloques. El bloque de la mañana en horario 1-2 (7:30am - 9:30), el bloque de la media mañana en horario 3-4 (9:30 – 11:30) y el bloque de la tarde en horario 7-8 (1:30pm – 3:30). Carlos, Raúl, Gilberto (mi compañero del Fray Luis) y yo estábamos en el bloque de la media mañana donde había unas veinte secciones. El primer parcial valía 20 puntos y la nota promedio del bloque de la media mañana fue 08. En la Simón cada asignatura se evalúa del 1 al 100, donde 50 es la nota mínima aprobatoria. Al finalizar la evaluación de la materia, el total acumulado se convierte a una escala del 1 al 5 con la siguiente tabla:

Evaluación Total (del 1 al 100)	Nota Definitiva Final
85-100	5
70-84	4
50-69	3
30-49	2
0-29	1

Fuente: Reglamento de la USB, 1995.

En el primer parcial de Matemática I, Carlos salió muy bien: él sacó 15 y yo 11. Los rechazados con quienes Raúl estaba, ninguno de los tres sacó más de 04 y uno en particular sacó 0; Andrew y Jacobo sacaron 20 como se esperaba, y mi amigo Gilberto también quedó entre las notas

---

[17] Andrew y Jacobo fueron campeones empatados en primer lugar en la edición de 1995 (una rareza).

más altas con un flamante 16. También hubo otras sorpresas como gente que no parecía tener la capacidad de salir bien y salieron bastante bien, y también hubo casos inversos. ¿Qué pasó con Raúl? Sacó 12. Raúl fue una pequeña y extraña sorpresa. Nadie esperaba que Raúl, un maracayero de un Liceo Militar que quería estudiar ingeniería eléctrica, aprobase el primer examen, mucho menos que su nota fuese superior al promedio del bloque (08 de 20 puntos).

Había otro factor a considerar: el profesor de Carlos era Bernardo Feijoo, quien corregía suave, y Gilberto veía clases con Rafael Bayón quien también era muy suave. Raúl y yo en cambio estábamos con uno de los profesores más estrictos y exigentes de la universidad: Jaime Hernández. Era uno de esos profesores que por ejemplo, si tenías el procedimiento bueno y al final un signo estaba malo, casi siempre te ponía cero en el ejercicio. Es decir, el 12 de Raúl era un posible 16 con otro profesor, así como mi 11 también podía serlo. Mucha gente atribuyó el 12 de Raúl a la suerte y no le prestó mayor atención, más bien empezando a respetar y hacerle reverencia a los X-Nerds con 16 y notas más altas.

Transcurrieron cuatro semanas más y llegamos al "jueves de la octava" (semana), al segundo parcial de MA1111 que valía 35 puntos. Aquí empezaban a jugar otros factores además de la preparación, el intelecto, el talento y la frialdad, como la experiencia y los patrones descubiertos utilizando exámenes de años anteriores. Por ejemplo: el bloque de la mañana tuvo un el primer parcial fácil; nuestro bloque de la media mañana tuvo un parcial algo difícil, y el bloque de la tarde tuvo un examen muy difícil. Tras ver los exámenes de años anteriores, nosotros esperábamos que el patrón se repitiese, como de hecho fue así: el examen estuvo difícil, pero pasó sin mayor contratiempo. Cuando nos dieron las notas, indicaron que el promedio del bloque de la media mañana había sido 15 sobre 35 puntos. Este parcial se suponía que debía ser de Carlos, puesto que él tenía un muy buen dominio del contenido, incluso mejor que yo, pero por alguna extraña razón se cayó en varias partes tontas y sacó 18 sobre 35; yo saqué 17, Andrew sacó 34 y Jacobo 33, Raúl sacó 18, y mi amigo Gilberto, en un increíble momento de inspiración (y también ayudado un poco por Bayón), sacó 34.

Con dos parciales listos, ahora venía la verdadera presión: ver cuánto te faltaba para aprobar Mate I, dado que el tercer y último parcial valía 45 puntos y evaluaba el contenido más difícil. Algunos estudiantes sumaban 30 ó 35 puntos acumulados de 55; otros un poco más o un poco menos. Los X-Nerds con 50 no tenían más de que preocuparse, y su única preocupación era sacar lo que hiciere falta para obtener 85 y tener el preciado 5; ó 70 y tener 4, aunque como decimos los americanos: *"si quieres llegar a la luna, apunta a las estrellas"*. Aquellos quienes estábamos en la franja de tener que sacar entre 15 y 25 puntos de 45 para sacar 3 y aprobar, anhelábamos llegar a 70 y obtener el 4, o llegar cerca de 67 ó 68 y rogarle al profesor para que nos pusiera el 4. En cualquier caso, yo me sentía cómodo con mis resultados, y con Carlos y yo necesitando más o menos lo mismo para pasar (él 17 de 45 y yo 22 de 45), continuamos con nuestra rutina de estudio.

El jueves de la novena semana, Carlos y yo coincidimos con Raúl en las canchas de la universidad y luego que una cosa llevase a la otra, empezamos a conversar sobre los ejercicios del libro de los esposos Giudici que utilizábamos para estudiar. Nos tomamos un café, cenamos y al terminar de comer, bajamos en el autobús para seguir analizando la materia. Durante la interacción, noté que Raúl conversaba con cierta propiedad y dominio de todos los temas, algo que Carlos también me compartió tras despedir a Raúl luego de que se bajó en su parada. Carlos y yo conversamos la posibilidad de incluir a Raúl y formar un grupo de estudio de tres, y al día siguiente le extendimos la invitación, la cual aceptó feliz, ya que como nos lo imaginábamos, él estaba estudiando solo.

Al pasar los días Carlos y yo notamos algo que inevitablemente tuvimos que preguntarle a Raúl -entre muchas cosas que había que preguntarle- como, ¿si de verdad quería estudiar ingeniería eléctrica?, ¿por qué no había conseguido a alguien con quien casarse?, y si ¿estaba pendiente de buscar alguna chica? Una a una, las contestó: le apasionaba ingeniería eléctrica, los generadores, la transmisión, y todo lo que tuviese que ver con la carrera; y sí, eso era lo que quería estudiar; no había conseguido a nadie para casarse; y no estaba interesado en alguna chica, al menos hasta ese momento… pero eso es parte de otra historia. Lo que de verdad queríamos preguntarle era:

La forma de estudiar de Carlos era activar un modo máquina de sentarse a conversar sobre la teoría conmigo, para en paralelo conforme hablábamos y avanzábamos en el contenido, él resolvía la mayor cantidad de ejercicios y problemas tipo examen. Mi método de estudiar era no resolver muchos ejercicios y más bien concentrarme en entender y discutir la teoría de la materia con Carlos, mientras le planteaba posibles rutas para llegar a la solución de los ejercicios. Ver a Carlos estudiar es ver el epítome del orden, la disciplina, la inteligencia y la brillantez, trabajando en conjunto al mismo tiempo. Raúl era distinto: Raúl se sentaba en un pupitre, miraba el techo y empezaba a desmembrar y disecar la teoría buscando construir una fundación base para entender la materia. Si alguien se bloqueaba en algún ejercicio, Raúl se dirigía hacía el núcleo y el corazón de la base teórica, razonaba los fundamentos, los separaba en partes, analizaba cada una de ellas, y luego armaba el modelo teórico; así iba hilando la solución en su mente, para por último plasmar la respuesta en un papel. Por ejemplo, si hablábamos de dominio y rango de una función, Raúl veía el techo y empezaba por analizar la definición de una función y a partir de allí construía la base para llegar al dominio y el rango. Era una forma que mostraba un intelecto natural para asimilar la teoría y resolver problemas: leer, digerir, interpretar, analizar y entender, para finalmente, resolver. Tras ver su metodología de estudio, Carlos y yo nos preguntamos lo siguiente: *"Raúl no es tonto. Tenemos dos semanas estudiando con él y hemos visto que más o menos está al mismo nivel intelectual nuestro. ¿Por qué sacó tan baja nota en los parciales anteriores?"* Raúl nos contestó:

"En el primeg pagcial, pog ejemplo, me tganqué en la pgegunta de la inecuación pogque jamás había visto un númego complejo. Ni siquiega sabía que existían…" (en efecto, una de las preguntas lidiaba con números complejos), *"…así que ni puta idea de cómo manejaglos. La otga pregunta, nunca había visto el contenido tampoco."*

Es decir, en teoría Raúl había sacado en nota justo lo que sabía. En principio nos pareció una excusa barata para no decir que se puso nervioso o que no dominaba la materia. Con fallas conceptuales teóricas de base en el primer parcial, nos dio un argumento similar para su 18 de 35 del segundo examen, pero a decir verdad, no nos convenció.

La semana antes del tercer parcial, Raúl se dedicó a leer libros teóricos de matemática de colegio, y a estudiar viendo el techo sin hacer ejercicios, más bien buscando entender la base teórica de la materia, y el contenido que supuestamente no había visto nunca en los dos primeros parciales, ni en el colegio. Carlos y yo en cambio nos enfocamos en resolver ejercicios, y debo decir que nos sentíamos muy bien preparados para el tercer parcial; yo particularmente me sentía mejor preparado que Carlos, y cuestioné el enfoque de Raúl de estudiar con libros teóricos del colegio. Si bien apreciaba que Raúl tenía un fuerte dominio de la teoría, en el mejor de los casos podía concederle que tal vez estaba un poquitito mejor preparado que yo para el tercer parcial en el aspecto teórico, pero no más de allí. Entra el tercer parcial.

Volviendo a la lógica de buscar los patrones de grado de dificultad que habíamos visto en los exámenes de años anteriores, nuestro bloque de la media mañana esperaba lo que en teoría debía ser un examen fácil. Las probabilidades jugaban a nuestro favor puesto que, en los años anteriores cuando los dos primeros parciales habían sido difíciles en un bloque, el tercer parcial era fácil; esto tenía sentido al considerar que el primer parcial del bloque de la mañana había sido fácil y el segundo parcial estuvo aún más fácil. La lógica apuntaba que debía tocarle un parcial muy difícil al bloque de la mañana, y por consiguiente a nuestro bloque de la media mañana, debía tocarle un parcial fácil. Esto pareció confirmarse cuando mientras nos preparábamos para entrar al salón, nos encontramos a los del bloque de la mañana saliendo de los salones llorando más lágrimas que Julieta al descubrir el cadáver de Romeo, ya que el parcial que les había tocado fue sumamente difícil. Nosotros nos alegramos porque asumimos que nuestro parcial definitivamente sería fácil y yo recuerdo que sentí una felicidad y un alivio enorme. La realidad no podía estar más lejos.

Cuando me entregaron el tercer parcial, lo primero que pensé fue que se habían equivocado de asignatura y me habían entregado un examen de Matemática V o Análisis I. Sentí que si me hubiesen entregado el mismo examen escrito en arameo o ruso, mi reacción de no entender lo que estaba en las hojas hubiese sido igual ya que no entendía nada de lo que estaban preguntando. La matemática es universal y cuando usted lee un problema, tiene una cierta idea de los conceptos y la teoría alrededor del ejercicio, pero en este caso las preguntas no tenían sentido alguno. La pregunta más fácil era la de máximos y mínimos, que se supone debía ser la más difícil. La función para estudiar era una expresión sumamente larga y compleja, y era obvio que iba a necesitar al menos una hora para resolverla, asumiendo que no cometiese algún error en la resolución. Las otras preguntas eran dos demostraciones incomprensibles. Pasé treinta minutos viendo el examen, intentando descifrarlo y tratando de diseñar una ruta para contestarlo de forma eficiente y sacar los 22 puntos que necesitaba. Adiós le dije al 42, o al 39 ó 40 para llegar a 67 ó 68. No había ninguna posibilidad que yo pudiese sacar más de 30 puntos en este examen. A las 10:05 am ya había perdido más de 25% del tiempo sólo en intentar entenderlo, lo cual logré hasta cierto punto. Al disponerme a resolverlo, me di cuenta que el tiempo no iba a alcanzar para responder todo el examen. Después de diez minutos trazando un plan de lo que iba a responder y cómo, había transcurrido casi una hora. Tomé el lápiz y empecé a resolver la pregunta de máximos y mínimos.

Escribí lo más rápido que pude ya que según mis cálculos, me tomaría entre 15 y 20 minutos terminar esa pregunta, lo cual dejaría un espacio de 15 a 20 minutos para dos de las otras tres. Mi situación era un desastre total. En un momento de descanso que tomé al terminar la pregunta de máximos y mínimos, volteé mi cabeza para ver a Raúl, quien estaba sentado seis filas a mi izquierda. Él no paraba de escribir; pero no escribía de forma frenética; no subía la cabeza, no volteaba, no pausaba y no saltaba de una hoja para otra. ¿Sabe esa escena cuando ve a alguien de la era medieval que escribe con una pluma sobre un pergamino y no mueve la muñeca, sino que es solo el brazo moviéndose lentamente de izquierda a derecha, como escribiendo una línea corrida, y luego baja para continuar la moción? Algo así era Raúl. Escribía como en un pergamino. Estuve viéndolo unos diez segundos y recuerdo que sentí lástima por él. Pensé: *"Va a reprobar. Está desesperado. Ve tú a saber qué estará inventando, para intentar sacar unos puntos. Creo que debe sentirse mal por no haber hecho ejercicios como Carlos. Tal vez su estilo de estudiar no fue el apropiado y ahora está en problemas. Le tocará devolverse a Maracay y ver que hará."* Volví a lo mío, continué con mi titánica batalla y no levanté la mirada hasta que el tiempo culminó.

Al salir, nadie dijo nada ni pronunció palabra sobre la masacre que había ocurrido; no porque no quisiéramos, sino porque habíamos hecho un pacto: nadie diría nada del examen hasta que publicaran la nota al día siguiente. Lo hecho, hecho estaba y no había razón para revolverlo, sobre todo porque las caras desmoralizadas de desolación eran terribles. Nos habían dado la paliza de nuestras vidas. Nos dieron en donde más nos dolía: en el ego. En una escala de dificultad del 1 al 10, con 1 siendo fácil y 10 siendo imposible, este examen fue un 29. Era la prueba más difícil que habíamos visto en nuestras vidas y aún hoy en mi caso, el segundo examen más imposible que me ha tocado presentar a lo largo de mi formación académica.

Fuimos a almorzar, nos fuimos de la universidad y salimos a celebrar. Nuestro objetivo era festejar que había terminado el trimestre, mas no celebrar que habíamos aprobado MA1111, porque eso era una gran interrogante. Lo que antes parecía ser algo que se podía dar por sentado, ahora era algo que tenía a casi todo el bloque de la media mañana en incertidumbre, ya que no sabías si habías siquiera obtenido diez puntos en el examen, o más si requerías de mayor nota para aprobar la materia. Si bien pasamos una noche agradable en un local con buena música y bebiendo cerveza, había una enorme tensión en el grupo, porque en el fondo necesitabas saber si habías pasado. Lo veía en los ojos de Carlos y también lo veía en los ojos de los otros chicos y chicas. En algún momento de la madrugada, me puse a mirar fijamente a Raúl para ver qué podía observar en él y determinar qué pasaba por su cabeza. Raúl estaba relajado como todos, pero no soltaba perla. Carlos se veía relajado, pero en el fondo podía verse que pensaba *"¿Habré pasado o no?"* Con Raúl, por más que lo veía, no podía determinar qué pensaba. Él estaba bromeando y bebiendo como todos, pero no lograba descifrar si estaba preocupado o resignado.

La cita para tener la respuesta a la pregunta que teníamos en nuestras mentes era la mañana siguiente a la misma hora a la cual la tortura, perdón el tercer parcial, había ocurrido: 9:30 am. El profesor había prometido publicar las notas en la puerta de salón, sin embargo, al nosotros llegar, no había nada pegado en ningún sitio. Al poco tiempo alguien del departamento de matemáticas bajó e indicó que pasásemos al salón y esperásemos al profesor, quien ya venía en camino. Pasaban los minutos, la tensión aumentaba y cada vez la gente hablaba menos. *"¡Quiero saber si pasé YA!"* era lo único que se escuchaba. El profesor llegó unos cinco minutos después. Parecieron quinientos, pero sólo fueron cinco. Pidió disculpas por el retraso y nos dio una pequeña lección de vida. Recuerdo sus palabras como si hubiese sido ayer y creo que nunca las olvidaré: *"No tuve tiempo de pasar las notas en limpio para publicarlas, así que vamos a hacer lo siguiente: voy a entregarles sus exámenes y ustedes mismos por favor sumen su acumulado y totalicen su nota definitiva, para que puedan tomar las decisiones que tengan que tomar. Aquellos que no recuerden las notas de los dos parciales anteriores, pueden acercarse y yo se las facilito."* Recuerdo muy bien la parte subrayada porque me marcó la forma como lo dijo: "para que puedan tomar las decisiones que tengan que tomar". Llamar a nuestras mamás no era una opción para ayudarnos a salir de ésta. Eso le daba un toque más de drama al ya tenso ambiente, como si lo necesitaba. Uno a uno entregaba los exámenes y una a una las caras se tornaban de desesperanzadas, a desmoralizadas y destruidas. Debo recordarle que el promedio acumulado era 23 puntos de 55 posibles (8 de 20 del primer parcial, más 15 de 35 del segundo). Es decir que, en promedio, un estudiante en teoría necesitaba sacar 27 puntos para aprobar la materia. La nota promedio del infernal tercer parcial fue: 11 de 45.

El profesor entregaba examen tras examen y las notas eran 5 de 45, 9 de 45, 10 de 45, 12/45, 8/45, 12/45, 9/45, 11/45, 14/45, 8/45, 10/45, 11/45, 13/45, 9/45... nadie llegaba a 15 puntos de 45. Cada vez veía más remota la posibilidad de que yo hubiese sacado los 22 puntos que necesitaba, o que Raúl hubiese sacado los 20 puntos que necesitaba de 45. Algunos estudiantes se quedaban de pie congelados frente al escritorio del profesor apenas recibían el examen; otros se iban al pizarrón a usar la pared como apoyo para no desmayarse y así el ambiente se tornaba en lo que parecía ser la fila para tomar el tren a Auschwitz. Era una escena que yo jamás había visto en mi vida y nunca he vuelto a ver: ver a tanta gente desmoralizada que parecía que, aunque estaban de pie, una simple brisa los podía derribar al suelo. En medio de la repartición de certificados de defunción, Carlos llegó proveniente de su salón y se acercó a mi puesto. La verdad es que ni me di cuenta cuando arribó:

–"*¿Cómo te fue?*" dijo. Yo le mostré mi examen y acto seguido dijo –"*yo saqué 18. Me dio 51.*" (es decir, había aprobado). La cara de Carlos era de '¡Cielos! ¡Pasé en la raya!'- y luego dijo –"*Gilberto sacó 11, y a casi todos los mega X-Nerds les fue igual de mal, 18, 17, 25… y un 33 vi por ahí.*"

–"Me imagino"- le contesté.

- "*¿Viste lo de Raúl?*"- dijo Carlos.

- "No, ¿qué pasó?"- respondí.

A lo cual Carlos respondió girando su cara, atónita, sin parpadear en señal de negación, reflejando una especie de estado de shock total con un silencio que rompió para decir: - "*Sacó 41…*"

****

Lo primero que pasó por mi mente antes de decir algo, fue:

"Este payaso me está vacilando. ¿41? ¿Raúl? ¡Imposible! No puede ser. Eso no puede ser." – Cuando hablé, fui algo más gráfico:

- "¿¡Que QuEEEeEEE!?"- exclamé.

- "*Sacó… 41…*"- dijo lentamente, como si yo necesitase escuchar esas dos palabras lentamente, y en realidad, sí lo necesitaba.

–"¿Cuarenta y uno? ¿41? ¿Cuarenta… y uno?"- le pregunté.

–"*Anda para que veas*"- dijo.

Aún hoy recuerdo que desde que me levanté del pupitre hasta llegar al puesto de Raúl, yo creí que Carlos me estaba jugando una broma muy pesada. Yo pensaba que Raúl había sacado justo los 20 de 45 puntos que necesitaba, ó 21 de 45; o bien… lo que me sonaba más lógico dentro de la "pesada broma de Carlos", que Raúl había sacado 11 de 45 puntos en el parcial y el acumulado total definitivo de la materia le había quedado en 41 (12+18+11). Pensé que era una broma pesada y de mal gusto, y por un momento la imagen noble, sin malicia e inocente que yo tenía de Carlos se había caído tras jugar con algo tan delicado en un momento tan serio. Era casi imposible que alguien

45

sacase más de 25 puntos en ese infernal examen del terror escrito en sánscrito, y era imposible que alguien sacase más de 30; mucho menos sacar más de 35 y por favor... ni siquiera Jesucristo con su poder de revivir muertos y multiplicar peces hubiese podido sacar 41 de 45 en este imposible examen del terror que parecía enviado por el propio Lucifer. En cuestión de segundos, mi mundo cambiaría para siempre.

Al llegar al puesto de Raúl, él estaba sentado con una tranquilidad y serenidad que yo a mis 17 años nunca había visto en alguien y que hoy a mis 35 años[18], jamás he vuelto a ver. Él no hacía más nada sino ver su examen. Su lenguaje corporal combinaba una mezcla de serenidad con satisfacción y alegría interior. No se inmutaba, ni se movía. Él estaba serio, con una mínima, casi imperceptible minúscula sonrisa y había que observar su rostro con mucho detenimiento para notarla. Fue en ese momento cuando me di cuenta, sin necesidad de ver su examen que, en efecto, Raúl había sacado 41 puntos de 45. Lo saludé y le pedí el parcial para mirar su obra maestra y ver el despliegue de su poder.

Por un momento viajé en el tiempo a mi examen del segundo lapso de química de cuarto año de secundaria, cuando yo necesitaba sacar 20 de 20 para que la definitiva me diese 17 y con ese 17, el promedio me quedase en 17.9, justo lo que necesitaba para ganarle a mi competencia en el salón: estudié y saqué 20. Fue un gran logro del cual me sentía orgulloso y que pensaba que nadie nunca podría repetir o emular, porque así decían los que me vieron y fueron testigos de que yo consiguiese ese 20 de 20: mis compañeros, la profesora que corrigió el examen, los otros profesores que se enteraron y los padres de mis amigos. Pero al final del día yo sabía que, si bien había sido un gran logro y algo extraordinario para los demás, para mí era algo normal. Era algo que no cualquier persona podía hacer, pero era algo que alguien como yo, o como Gilberto o Carlos podía y era capaz de hacer. Lo de Raúl en cambio, era algo que ni siquiera alguien como Gilberto, o Carlos o yo podíamos hacer.

---

[18] Este fue el tercer capítulo que escribí de este libro (en 2014). Para 2021 la afirmación sigue vigente.

Raúl no sólo sacó los 20 puntos que necesitaba para llegar a 50 y aprobar la materia; sacó 21 puntos más para totalizar 71 puntos y obtener un 4 en MA1111, contra todo pronóstico. Pero eso no es todo. Los X-Nerds de quienes se esperaban sacarían 30 o 35 puntos para obtener el 5 (o el 4 en otros casos), se cayeron en el parcial. Casi todos sacaron entre 20 y 25. Uno que otro se acercó a 28 y recuerdo haber visto un 31, y nada más. Casi todos perdieron el 5. Raúl en cambio, el maracayero del liceo militar que quería estudiar ingeniería eléctrica, la carrera de los brutos y por quien nadie daba nada, les mostró a todos quién era quién. En cuestión de minutos se regó la voz a todo el bloque y mientras más gente se enteraba, menos la gente creía que Raúl había sacado 41. En esa época no se acostumbraba a dejarle el examen al estudiante. El profesor lo entregaba y uno lo revisaba durante diez minutos, máximo quince y debías devolverlo para no volver a verlo jamás. Yo nunca he tenido la ocasión de ver los cuadernos de Da Vinci, pero le puedo asegurar que el examen de Raúl es el escrito más impresionante que he visto en mi vida. Carlos se acercó de nuevo al puesto de Raúl, y ambos nos quedamos viendo las hojas una y otra vez. La pregunta es: ¿Qué vimos?

Lo que Carlos y yo vimos fue algo casi indescriptible. Si ha visto la película *Amadeus (Forman, 1984)*, la escena cuando Salieri recibe a Constanza y examina los trabajos de Mozart, y ve que estaban transcritos de forma impecable, sin borrones, tachaduras, ni correcciones de algún tipo, como si alguien le hubiese dictado qué era lo que debía escribir. En este caso, el examen de Raúl era exactamente igual: no había un tachón; no había rastro de un borrón; no había la más mínima señal de alguna corrección o una enmienda. Era literalmente como si alguien se hubiese parado a su lado durante el examen y le hubiese dictado exactamente lo que debía escribir. Raúl no sacó 45 puntos porque en uno de los ejercicios al pasar de una hoja a la otra, dejó atrás un término de una solución y la respuesta le quedó incompleta por ese término. El profesor le quitó 4 puntos por eso, pero viendo como estaba el resto del examen, estoy seguro de que debió haberse arrepentido después de haberlo hecho, más aún cuando la ya existente leyenda del bloque de la media mañana logró trascender a los otros dos bloques: Raúl no sólo había sido la máxima nota del bloque de la media mañana. Raúl fue la máxima nota de los tres bloques. Es decir, fue la máxima nota de toda la cohorte 1995. A veces en la vida, el vivir del momento te hace nublar tu juicio, sobre todo cuando tienes ese ego muy grande que expliqué al principio. Ahora que veo las cosas en retrospectiva, Raúl no estaba "un poquitito mejor preparado que yo" para el tercer parcial de MA1111. Raúl estaba, infinitamente mejor preparado que yo. Me tomó casi veinte años aceptar esa realidad. A partir de ese momento, Raúl pasó a la categoría de leyenda y se convirtió en una referencia para comprobar resultados de resolución de problemas en exámenes.

Es en estos momentos cuando algún socialista o algún humanista que aboga que todos somos iguales, utilizaría el mismo argumento que llevo años escuchando: "*¡Es que existen distintos tipos de inteligencia!*", el cual no voy a refutar, pero que no puede utilizarse ni aplicarse al 100% de todos los casos, sólo porque un sociólogo o humanista no pueda reconocer que alguien con mentalidad científica orientada hacia las matemáticas, física e ingeniería, sea infinitamente superior a él en su campo de pensamiento humanista, como es el caso de Raúl: Raúl no solo es brillante para los números; tiene una mano prodigiosa para escribir. Es típico que en el primer año de la universidad estás buscando a alguien para enamorarte, darle unos besos, que sea tu pareja y pierdas la virginidad, y esa no fue la excepción para Raúl. Desafortunadamente, él no es muy apuesto y tampoco es muy simpático, pero eso es tema de otra conversación. El punto es que gustaba de una muchacha que era linda y simpática, y por una fuerte influencia de Pablo Neruda y de la película *Il Postino (Troisi y Radford, 1994)*, empezó a escribirle poemas. Yo era amigo de ella, y ella me mantenía al corriente de todo, incluso llegando a mostrarme los poemas que le había escrito. No quiero profundizar sobre algo tan bello como la literatura y la poesía, pero hacía mucho tiempo sin que yo leyese un escrito con tanta pasión, calidad literaria y brillantez, comparable a un escrito de alguno de los grandes poetas de la literatura romántica hispana; y yo me considero alguien que puede escribir bien, o al menos que sabe reconocer un buen escrito. Con el tiempo me enteré de que Raúl le había mostrado varios de sus escritos a una de sus profesoras de literatura, quien también emitió comentarios positivos acerca de ellos, al punto de impulsarlo a inscribirlos en un concurso literario, cosa que no hizo, puesto que su único interés era el de conquistar a su amada princesa.

Raúl y yo cursamos juntos 21 asignaturas y una de ellas fue Literatura II. Esa fue una de las pocas asignaturas en las cuales le pude ganar y pude obtener una nota más alta que él. Con nosotros estudiaba un muchacho de nombre Jorge García, también sumamente brillante. No compartí mucho con Jorge, pero le puedo asegurar que Raúl y Jorge estaban equiparados. La diferencia es que mientras Raúl escribía porque se sentía inspirado por el amor que él sentía hacia esta chica, Jorge escribía porque hoy es jueves, o porque el cielo estaba azul, o porque estaba nublado, o porque vio a alguien sonreír. Los escritos de Jorge eran sublimes. Años después supe que ganó un concurso literario de poesía y no me sorprendió, ya que a lo largo de esas doce semanas del trimestre que compartimos en Literatura II, pude ver que este chico podría haber sido tan buen escritor como Borges o Neruda.

En Venezuela había gente con mucho talento, evidenciado en chicos como Gilberto, Diego y Carlos Luis, y muchos de mis compañeros de estudio en la Universidad Simón Bolívar. Además de ellos, había personas especiales como Raúl, Jorge, Andrew Ostapovitch y Jacobo Bentolila, que tienen la capacidad de ser igual de brillantes, tanto para la rama científica, como para la humanista. Alguien como Raúl o Jorge es lo que yo llamo un ser superior. Un talento puro que es bueno para todo. No exagero cuando digo que ellos son el equivalente a lo que en el Renacimiento se conocía como un genio universal. Una especie de mini Leonardo Da Vinci. Es un tipo de persona que tenía dominio de todas las áreas y disciplinas académicas y que, de aprender una nueva, también la dominaría.

Si usted es un empresario y encuentra un talento de ese tipo, ¿qué hace con esa persona? ¿Lo contrata o lo desecha? ¿Lo contrata para maltratarlo y hacerlo a un lado? ¿Menospreciaría su talento? ¿O lo contrata para formarlo, adiestrarlo, y darle una remuneración acorde a sus logros? Análogamente poniéndote en los zapatos de Carlos Luis, Gilberto, Raúl, Jorge, Andrew y Jacobo, ¿Cómo esperarías que el mundo laboral te tratase?, habiendo demostrado que posees un talento e inteligencia muy por encima del promedio, incluso cuando ese promedio de por sí posee un talento e inteligencia muy por encima de la población normal, y sabiendo que el ego dentro de ti te dice que tú eres algo especial, y que no es cliché que tu digas *"su empresa tendrá en mí un activo sumamente valioso"* cuando vas a una entrevista de trabajo, porque en realidad es así, ya que sabes el valor que tienes y quieres que te valoren como tal, como le ocurrió a Rivaldo.

Lamentablemente, al igual como le pasó a Rivaldo con el FC Barcelona y el AC Milán, en Venezuela estos grandes talentos no eran valorados y, por el contrario, eran rechazados, mal tratados, y prácticamente los repelían y los obstinaban para que se fuesen del país, al punto que parecía era algo intrínseco en la sociedad y que lo hacían a propósito.

Veamos qué pasaba cuando Raúl, Jorge, Carlos Luis y en general el egresado de la Simón arribaba al campo de trabajo.

3

El campo de trabajo

El país donde Larry Page, Mark Zuckerberg y Elon Musk jamás hubiesen podido fundar Google, Facebook o SpaceX, y hubiesen terminado trabajando para un egresado de las Universidades Metropolitana o Santa María.

En 1999 los memes no existían, al menos no con ese nombre. En esa época lo que estaba de moda en internet eran los "correos-chiste-cadena". Un día recibí uno de esos famosos correos "chistes-cadena" que se titulaba *"Tipos de Currículo de Egresados de Universidades Venezolanas"*. El texto describía una oficina ficticia de reclutamiento que recibía los currícula y aplicaciones de trabajo de los recién graduados venezolanos, acompañados de una carta de presentación que variaba según la universidad de donde provenía la persona. Algunas de las referencias el lector podrá comprenderlas, dado el perfil que establecí en el capítulo anterior. A continuación, comparto el correo y una breve explicación del trasfondo del chiste en cada caso:

TIPOS DE CURRICULUM VENEZOLANOS (Cuando egresas de una Universidad y quieres empleo)

- **UCV (Universidad Central de Venezuela):** *Yo nací en el seno de una familia pobre, y sufrí penurias para ser el primero de mi familia en acabar una carrera, por eso le suplico que me contrate. Además, me gradué aguantando bombas lacrimógenas, tira piedras, los paros y huelgas, clases perdidas, y la horrible comida del comedor a Bs. 2 el plato.*

Sigue la tónica de la Central siendo el destino de los estudiantes inteligentes de clase media, que preferían tener una educación de una universidad prestigiosa, a riesgo de los constantes paros, manifestaciones y protestas. La otra parte del mensaje es hacer un chiste con el subsidio que se le daba a los estudiantes con la comida, la cual costaba Bs. 2 (unos $0.01 en los años 90).

- **ULA (Universidad de los Andes):** *Muy buenas tardes mí estimado futuro jefe. Me dirijo a usted muy respetuosamente para informarle que debe contratarme, ya que soy una persona amabilísima, venga y le explico. Como andino bien estudiado en los Andes, algo de bueno me quedó en la conducta. Usted se dará cuenta que puedo aguantar el aire acondicionado más frío de cualquier oficina sin necesidad de estarlo apagando y prendiendo ya que eso daña al aparatito, pues. Puedo crear un Centro Pro Chicha Andina, y un ASOGACA (Asociación de Gochos en Caracas) así que soy un líder en eventos corporativos, pues... usted, respetadísimo, caballero, flamante, etc., etc., jefe.*

Los gochos son venezolanos nativos de la región andina y son conocidos por ser muy educados, tener muy buenos modales y ser bastante despistados. Esta combinación hacía que cada vez que hablaban, lo hiciesen con argumentos llenos de razonamientos inverosímiles acompañados de elogios formales; de allí el chiste que pudiesen aguantar el frío del aire acondicionado sin necesidad de prender o apagar el aparato.

- **Universidad Metropolitana (escrito en Inglés Avanzado máximo):** *I guan to inconporate to llor enterpraise , ai am fri of serviciomilitar and i guan to cobrar money , if want, phone me to speak abaut mai experience working in Boston´s citi. Have a nice kiss. Senquius.*

Se hace un chiste del hecho que casi todos los estudiantes de la Metropolitana viajaban constantemente a Estados Unidos, y presumían tener un buen nivel del idioma inglés, aunque en la realidad, sus conocimientos del idioma eran muy pobres.

- **Universidad José María Vargas:** *O sea, yo he pagado mucho. O sea, si no puedes pagar un súper estudiante como yo, no has visto nada. O sea, yo he egresado de la JOSÉ MARÍA HARVARD de Sebucán Brigth, O sea, mi experiencia radica fundamentalmente en visualizar las altas cuotas que te dejan sin aire. ¡O sea!*

"O sea" es una muletilla utilizada por venezolanos que no tienen un buen vocabulario, o bien por personas de bajo rendimiento académico y profesional, y bajo nivel cultural. La José María Vargas acogía a este tipo de estudiantes.

- **Universidad Simón Bolívar:** *He terminado la carrera y ahora soy un DIOS. Todos sus empleados se hincarán ante mí y me harán reverencia. Por ello le concedo la posibilidad precedente. Es un privilegiado si me tiene como empleado. Yo le diré cuántos dólares quiero cobrar y el color de mi Ferrari.*

Se explica por sí misma, dado lo que establecí en el capítulo anterior.

- **IUTIRLA (Informática Avanzada):** *En el verano realicé un curso de tres horas y cuarto de duración sobre Windows 3.11 avanzado. Asimismo sé programar en Word y dibujar con el Microsof Paint, así como modelado avanzado con Excel. Pero en lo que realmente soy experto es en el retoque fotográfico, empleo indistintamente el Winzip y el Java. Tengo un primo en Mérida que tiene el Internet.*

El IUTIRLA era un instituto técnico que ofrecía carreras cortas y cursos básicos de computación a estudiantes de muy bajo perfil académico y social. De allí la burla al poco conocimiento que tenían acerca sobre sistemas de informática y tecnología.

- **UCAB (Universidad Católica Andrés Bello):** *Me debes contratar porque es necesaria la paz espiritual en la empresa. Yo hice X semestres de religión[19] I, II, III y avanzada, me preparé para ser recto*

---

[19] Parte del chiste es que en la UCAB no se ofrece la asignatura Religión en ninguna carrera a pesar de que la universidad se llama "Católica" y se dice de orientación Jesuita.

en mis labores, y emplear una conducta tipo colegio, con recreo, cantina, timbre y todo, en cualquier compañía que necesite de mi paz, amor y solidaridad. Además sigo en contacto con los padres para cualquier ayudita, o rezo extra en caso de quiebra. Además, soy super simpátic@ y conversador, puedo tocar guitarra y subir montañas como el Ávila. Ah y, ¡en las empresas siempre hace falta gente que planifique las fiestas! ¡Yo soy muy cool! :)

Se explica por sí misma, dado lo que establecí en el capítulo anterior.

- **Instituto de Nuevas Profesiones:** *Tengo un máster en la vanguardia, e implemento de nuevas vacaciones colectivas de las empresas, postgrado en bonos vacacionales, especialización en puentes de Carnavales y 19 de Abril, y ni hablar de Semana Zángana.*

El INP era un instituto que ofrecía carreras cortas técnicas (similar al IUTIRLA), y que era coloquialmente conocido como "Instituto de Nuevas Vacaciones", dado que su horario de clases y ritmo de estudio eran extremadamente flexibles.

En Venezuela se le llama "Puentes" a los feriados laborales que se daban en días martes, miércoles o jueves, ya que por lo general el día laborable entre el feriado y el fin de semana, también era utilizado como feriado. La Semana Santa consistía de dos días feriados, que por lo general se extendían a la semana completa. De allí el comentario de "Semana Zángana".

- **UNEFA:** *Ya que como bien sabe, no soy la única persona que quedó en esta universidad, y pase el CIU, un curso de inducción, uno de corte de cabello, uno de como soportar gritos de los militares AVANZADO y otro de Plantón super avanzado el cual después de 200.928.366.282 horas lo pase gracias a que me cambiaron de instructor y también me hicieron subir todos los pisos de la universidad cuando no había ascensor asi que debido a mi condición física tengo la capacidad de llegar a las juntas a tiempo sin contar que para llegar a la universidad tuve que hacer una cola de 10 KM para agarrar la camioneta para llegar temprano y por lo cual siempre estaré a tiempo en el trabajo, fui* *comandante de curso (delegado) y pague más plantón que soldado en FUERTE TIUNA, entre a la universidad con 235.663.674.999,5 compañeros pero solo me gradué con 2050 los cuales 1500 están en paralelo, vi 10 instrucciones militares más 10 que añadieron en el transcurso de la carrera, etc... pero le garantizo que conmigo su empresa va a tener mejor solidez, porque con eso demostré una gran supervivencia, tengo una maestria en el soporte de maltrato psicológico civil y un postgrado en evasión militar, y poseo una educación única; Estoy abierta al pueblo con excelencia educativa, Además se ezcribir,sumar y restar cosa que no sabía cuándo salí del colegio, y he visto a plena pepa e´sol millones de clases orden cerrado, asi que estoy capacitado para soportar lo que sea. He sobrevivido con gente de toda clase. Asi que soy el mejor para este trabajo.*

La burla consiste en hacer mofa de los estudiantes de clase baja que iban a esta universidad, la cual era administrada miembros por el ejército venezolano. Como mencioné, la UNEFA era una buena universidad en el interior del país, cuyos egresados podría decirse estaban al mismo nivel o incluso superior al de los profesionales de las universidades privadas famosas (la Católica y la Metropolitana), e incluso varios de sus egresados (no todos) podrían compararse con profesionales de la UCV.

- **Universidad Nueva Esparta:** *Bueno, después de calarme las colas pa' la Trinidad y/o montarme en los famosos Jeep llenos de cachifas, jardineros y albañiles grasosos y que huelen a fos creo que me merezco este trabajito, ¿no? Es prueba de mi paciencia, motivación y constancia.*

El chiste viene dado porque la Nueva Esparta quedaba ubicada Los Naranjos, una zona de clase alta en Caracas cuyo acceso por vía de transporte público es bastante difícil. El único medio disponible que había era por medio de autobuses particulares y Jeeps que siempre estaban en muy mal estado, y obviamente casi todos sus usuarios eran el personal obrero (albañiles, mucamas, conserjes) que laboraba en las casas de dicha zona.

- **UAH (Universidad Alejandro de Humboldt):** *Después de viajar de sede en sede demuestro que puedo adaptarme para cualquier departamento de la empresa, aparte vengo de una universidad nueva y del este de Caracas, osea, no tenemos esa mala reputación como sí tienen otras universidades nosotros somos nuevecitos de paquete. Ojo nosotros no somos sifrinos pero tampoco somos niches, ¡¡¿me captas?!!*

La UAH era una universidad similar a la José María Vargas, con la diferencia que tenía sedes en distintas partes de la ciudad.

- **USM (Universidad Santa María):** *Por tomarme tantas birras debajo del puente cerca de la uni en nombre de la universidad, por todas aquellas rumbas que nunca me perdí y por todos esos culitos que nunca rechacé, porque choqué 12 veces el carro que mi papá me regaló de cunpleaños merezco mi trabajo por ser tan solidario en las noches de caracas. Aquí tiene una foto de mis tetas. Soy una persona muy abierta a colaborar y trabajar nuevas posi...digo retos.*

Se explica por sí misma, dado lo que establecí en el capítulo anterior.

- **UC (Universidad de Carabobo):** *Por convivir con tanto niche, locos de la calle y culitos a la vez, porque las sedes de las facultades parezcan retenes, porque nos morimos de hambre siempre porque no hay un cafetin decente, por engordar 1000 kilos todos los dias con empanaditas grasosas y además por tener suerte para pasar porque TODOS los profesores son unos Cerebros (puentes rotos-nadie los pasa)...porque aunque tenemos todo eso SOMOS LOS MEJORES DEL CENTRO jejeje pero no somos echones !!!!! ;)....contrateme no encontrara ingenieros,medicos ni de demás profesiones como nosotros!!!! :D*
- **UJAP (Universidad José Antonio Páez):** *¡¡¡Porque somos los mas culitos de valencia o por lo menos lo pretendemos ser, porque todos somos unos rechazados de la carabobo y nuestra defensa es que la univ es más bonita y que nuestros profes son todos egresados de la carabobo con el cerebro fundido ya...porque nos creemos una univ caraqueña*

solo que nos ubicaron mal nos pusieron en valencia oops!!! ....porque no tuvimos vacaciones en X putos semestres huyy que niche eso que se me salió...por todo esto y mucho masahh y porque somos MUCHOOO mejor que la Michelena aunque los tratamos porque son culitos ....contrateme soy egresado de un clon de una univ caraqueña ...

- **UAM (Universidad Arturo Michelena):** *Por favor contrátenme o mi papa me mata. pagó X semestres en esta puta universidad y no se ni agarrar el micro-fono para hacer un reportaje!!! .....debo confesar que mi univ es experta en no ver clase y en estar en todas las rumbas ..contratame que seguro se preparar una buena fiesta de cumple a algún panita de la oficina y ser el alma de la fiesta... y en cuanto al trabajo no se preocupe alguno de la UJAP me ayuda!!!*

Los estudiantes de las tres principales universidades de la región central del país (Maracay y Valencia), tenían una competencia amistosa reflejada en el chiste. De las tres, la Carabobo era la mejor, además de la ya mencionada anteriormente, UNEFA. También se hace burla a la redacción y gramática, ya que por lo general las capacidades de escritura de sus estudiantes es pésima. Como pudo notar, esta parte del chiste también fue utilizada en el caso de los estudiantes de la UNEFA y de otras universidades.

Durante la misma época que recibí el correo-cadena, recuerdo que varios de mis compañeros y yo asistimos a charlas de "pre-pasantías" o "pre-reclutamiento" de empresas que iban a la Simón Bolívar durante un par de semanas de ferias de trabajo. Aunque muchos estábamos todavía a dos o tres años de graduarnos, queríamos sentir la experiencia de ser considerados para una pasantía y conocer lo que las empresas buscaban en los estudiantes de la Simón. Una de las charlas más reveladoras fue la dada por Schlumberger.

El ingeniero expositor –un francés que trabajaba en la sede de París- fue muy claro y no anduvo con rodeos. Dijo que el interés principal y primario de Schlumberger en Venezuela era contratar egresados de la Simón porque querían a lo mejor de lo mejor, y ellos sabían que lo mejor de lo mejor de Venezuela estaba en la Simón Bolívar. Sabían del ritmo de estudio trimestral que no te daba vida y sabían que el egresado de la Simón era alguien que aguantaría la presión de trabajar para ellos. Fue muy claro cuando dijo:

- *"A veces contratamos a gente de la Central, la Católica, la UNEFA o de la Metropolitana, pero eso es cuando nos quedamos sin opciones con los estudiantes de aquí. Nosotros le damos prioridad a los estudiantes de la Simón porque sabemos por lo que ustedes han pasado. Sabemos que mientras los de la Católica estaban de fiesta en Las Mercedes[20] y los de la Metropolitana estaban de fiesta en el Country Club, ustedes estaban estudiando para el parcial de la octava o de la semana doce. Por eso los queremos a ustedes."*

Supongo que tener una apretada agenda para visitar la universidad y hacer dos o tres diligencias de trabajo en los cuatro días que estaría en Caracas para luego devolverse a París, le permitía darse el lujo de ser así de crudo con sus palabras. Lo que el francés dijo me hizo recordar lo que yo había sentido en los días cuando estaba en el proceso de ingresar a la universidad, y sobre la opinión que teníamos acerca de nosotros mismos y de las demás universidades. Es por eso que siendo estudiante de la Simón, cuando vas a entrar al campo de trabajo recibías un pequeño shock laboral.

Al entrar al campo de trabajo, uno de los primeros pensamientos que pasaba por la cabeza del egresado de la Simón era: *"¿Dónde está la gente de la Simón?"* No solo los de la misma cohorte, sino los de dos, cuatro u ocho años atrás: *"¿Dónde están los ochosaurios[21]?"* A veces te topabas con uno que otro, pero en líneas generales, no los veías por ningún lado. Conseguías a gente de la Central, la Católica, la Metro, y de las otras universidades. Entonces uno se hacía la pregunta: *"¿Por qué no se consiguen los de la Simón?"* Parte de la respuesta estaba en el correo-chiste-cadena, el cual relacioné con la charla instantáneamente cuando el francés de Schlumberger inició la ronda de preguntas, ya que una de las primeras inquietudes que le preguntaron fue sobre el sueldo inicial.

---

[20] Las Mercedes es una urbanización donde había una gran cantidad de discotecas y locales nocturnos, muy frecuentada por estudiantes universitarios y profesionales de clase media, media alta, alta y pudiente.

[21] Juego de palabras para referirse a los estudiantes de cohorte de los años 80 como personas mayores.

Recuerdo que el francés rio y antes de contestarle al estudiante le dijo: "*Me gusta tu estilo. Ya estás pensando en el dinero que te mereces por lo que te has matado desvelándote aquí compitiendo contra tus amigos nerds.*" El francés fue tajante y sin titubear dijo: - "*Un egresado de la Simón por lo general puede aspirar a un sueldo inicial de $1.800 durante los primeros tres meses de capacitación y entrenamiento. Después se hace un ajuste que puede llevarte de $2.500 a $3.000, dependiendo del área. Para el tercer año hacemos un ajuste al paquete anual que puede estar por 25%*"- Recuerdo muy bien esa cifra como si hubiese sido ayer: $1.800 durante los primeros tres meses de entrenamiento (esto era en 1999). El auditorio quedó en silencio cuando dijo eso. Todos estábamos al tanto de que el sueldo promedio de un recién graduado en Venezuela era entre $500 y $700. Con suerte y dependiendo de la empresa, tal vez $1.000. El francés ofrecía $1.800: más del triple del promedio del sueldo de un recién graduado, por tres meses de entrenamiento y luego un ajuste a casi el doble. ¿Comprende la lógica del correo-chiste-cadena?

Desde que iniciaba el proceso de búsqueda de pasantías en la Simón, poco a poco te ibas haciendo la idea de que a ti se te debía pagar lo que valías porque lo merecías, puesto que terminaste la carrera y en efecto eres un "Dios". La charla de P&G fue similar y también la de Lucent. Nunca vi que en una charla se ofreciese menos de $1.500. De tal forma que cuando nos tocó entrar al campo de trabajo, tú tenías una expectativa de lo que merecías y no ibas a denigrarte a aceptar menos de lo que valías. La realidad de los escenarios sin embargo, era otra:

1. Una empresa grande que no fuese una trasnacional podía ofrecerte un "buen" paquete equivalente a $1.200 mensuales.

2. Una empresa pequeña/mediana existente te iba a tratar igual que la grande, con la diferencia que existían pocas posibilidades que te diesen trabajo, bien porque no tenían espacio para ampliar la nómina, o porque no querían arriesgarse a tener un egresado de la Simón Bolívar o la Central.

3. Una empresa pequeña cuyos dueños eran egresados de la Metropolitana o de la Católica, iba a contratar a egresados de la Simón Bolívar o de la Central para hacer realidad sus visiones, y los iba a explotar ofreciéndoles un sueldo bajo.

Varios de mis compañeros de la Simón vivieron en carne propia estos escenarios cuando salieron a buscar empleo y las respuestas que recibía eran las que describí. No pasó mucho tiempo para que entrasen en una crisis existencial en la cual cuestionasen si habían tomado la decisión correcta de haber dedicado seis años de estudio en la *"universidad de la excelencia"*, para luego no conseguir empleo, ni ser apreciado por el talento que son.

Este tipo de situaciones por lo general no ocurre con los egresados de universidades prestigiosas en otros países. Por supuesto que hay excepciones, casos atípicos y otras variables que resultan en que algunos egresados de universidades prestigiosas no consigan ese trabajo ideal de alta remuneración, al igual que hay casos de egresados de universidades no tan prestigiosas que son igual de brillantes que un egresado de Harvard o MIT, y consiguen un trabajo bien remunerado. Algunas de estas variables incluyen la ambición personal, los deseos de vivir en un ambiente profesional competitivo, objetivos de vida, y otros factores. Sin embargo, me atrevería a decir que, en términos porcentuales, la proporción de graduados de universidades prestigiosas en Estados Unidos y otros países que consigue empleos bien remunerados y que son debidamente valorados, es mucho mayor a la que había en Venezuela con los egresados de la Simón Bolívar y de la Central. Es decir, puedo afirmar que un chico que siempre fue buen estudiante desde el colegio, y que logró graduarse de Stanford, MIT o Yale, por lo general seguiría una línea de carrera en una empresa prestigiosa como P&G, McKinsey, Bain, Google, o Goldman Sachs, caso contrario, no tendría ningún sentido que dichas universidades sean tan estrictas con sus criterios de admisión, ni que esas empresas igualmente en líneas generales, se enfoquen en reclutar a los graduados de dichas universidades.

Por supuesto que queda de parte del estudiante si él desea seguir el sendero del éxito en su vida profesional, y de nuevo, no estoy afirmando que graduarse Harvard automáticamente implica o garantiza que serás millonario, o que tendrás un trabajo de ensueño; el punto es que una universidad prestigiosa le da a su estudiante las herramientas para conseguir el éxito, si es que él lo desea. Es decir que en general, sería extraño conseguir a un egresado de Harvard, MIT o

Yale, trabajando para una empresa de quinta categoría. Esta lógica era la que utilizábamos en la Simón: nosotros nos sentíamos al mismo nivel que Steve Ballmer y por eso esperábamos que nuestras vidas tuviesen un destino similar, pero en Venezuela eso no ocurría. Si hay algo que los que estudiantes de la Simón tenemos en común -además de ser personas brillantes- es que fuimos criados sobre la base de que *"gran esfuerzo conduce a grandes logros y eso conduce a una gran recompensa"*. Lograr buenas notas, implicaba recibir ese premio que le pediste a tus papás, y este razonamiento se trasladaba al área profesional, aunado a las ambiciones de cada persona. Salvo los casos de quienes lograban conseguir un trabajo en P&G, Microsoft u otra trasnacional, las respuestas que se recibían en las entrevistas de trabajo eran: *"La situación está mala"* o *"No podemos pagarte lo que vales."* Lo peor era ver que las empresas que valoraban al egresado de la Simón o de la Central eran las trasnacionales; es decir que, las empresas venezolanas que se suponía eran las que necesitaban del talento para crecer y equipararse con las trasnacionales, más bien lo repelían.

¿Usted imagina a un egresado de Harvard sin poder conseguir empleo dos o tres años después de haberse graduado? ¿Usted puede visualizar lo que puede sentir un egresado de Oxford, Harvard, Yale, MIT o Cambridge, que al salir al campo a buscar empleo, le digan que *"la situación está mala"* o *"no podemos pagarte"*, y que no pueda conseguir trabajo después de haberse matado estudiando para ser el mejor día tras día y demostrarlo año tras año durante más de quince años de su vida? O peor aún: que le ofrezcan $1.000 mensuales, que prácticamente equivalía a sueldo mínimo en Venezuela. ¿De qué valió tanto esfuerzo y sacrificio y ser llamado el nerd del salón, ser catalogado como el chico brillante de la familia, la promesa y el futuro, si el país que se supone que lo formó para ser el mejor, le negaba vez tras vez la oportunidad para demostrarlo?

Le invito a hacer el siguiente ejercicio: tómese unas dos horas de su tiempo e investigue el alma máter de los CEO, COO, CFO, SVP y demás cargos similares de empresas que forman el Fortune 500, o de los presidentes, senadores y representantes del Poder Legislativo de Estados Unidos. Va a encontrar que un alto porcentaje de ellos estudió en Harvard, Duke, MIT, Stanford, Columbia, Yale, University of

Michigan, Penn, Wharton, UCLA, Princeton, Berkeley o NotreDame, y tiene sentido, ¿no? Se supone que una persona brillante en el campo académico debería tener una línea de carrera brillante en el campo profesional. Veamos algunos casos:

- Harvard: Steve Ballmer, Jamie Dimon, Sheryl Sandberg, Conan O'Brien, Brian Greene, Kenneth Frasier.
- Columbia: Barack Obama, Michael Gould, James Gorman, Vikram Pandit, Robert Shaye, Warren Buffet, Robson Walton.
- Stanford: Marissa Mayer, Brian Acton, Len Bosack, David Filo, Jawed Karim, Mike Krieger, Sundar Pichai.
- Yale: George W. Bush, Francis Collins, Ben Silberman, Tin Zagat, Nina Zagat, Frederick Smith.
- Penn/Wharton: Elon Musk, Warren Buffet, John Sculley.
- Notre Dame: Brian Moynihan, Paul Charron, Mike Crowley, Larry Dolan, Andrew McKenna, Keith Sherin.
- Duke: Tim Cook, Eddy Cue, Howard Lerman, Melinda Gates, Betsy Holden, John Mack, Edmund Pratt.
- Princeton: Eric Schmidt, Richard Feynman, Paul Volcker, Steve Forbes, Meg Whitman, Ethan Coen, Jeff Bezos.

¿Es casualidad que Marissa Mayer, Brian Acton, Jerry Yang, Len Bosack, David Filo, Jawed Karim, Mike Krieger, Sundar Pichai, hayan estudiado en Stanford, y desarrollaron carreras cuyo éxito ni siquiera necesito mencionar? Imagine por un momento a Marissa Mayer saliendo de Stanford para trabajar como empleada de un egresado de la Universidad Metropolitana, ganando una cuarta parte de lo que debería en comparación con sus colegas.

El profesional egresado de la Simón Bolívar es una persona muy ambiciosa intelectual y profesionalmente, y esto implica que buscará una remuneración salarial acorde a su mérito. Perdería la cuenta de la cantidad de ideas y proyectos que se gestaban en la Simón, que no pudieron materializarse por falta de recursos, de apoyo, o porque eran descartados por gerentes de la Metro/Católica/Santa María/ José María Vargas. Sé que es crudo para mí decirlo y para usted leerlo, pero esa es la realidad que vi con casi todos mis compañeros.

La historia empeoraba cuando semanas o incluso días después que el egresado de la Simón Bolívar había visitado las empresas, se enteraba que habían contratado a uno o dos ingenieros recién graduados de la Católica o de la Metro. ¿Acaso la situación no estaba mala? A veces incluso ocurría que los ingenieros contratados eran familiares o amigos del dueño y necesitaban la "experiencia", y con experiencia quiero decir: llegar a una oficina, encender una computadora y alardear a los otros empleados el hecho que eran ingenieros. Esto es algo muy común en varios países del mundo; es decir, el hecho que algunas empresas contraten a familiares y amigos del dueño, y es discutible si está bien o no que eso ocurra. El asunto es que Venezuela no estaba en una posición para darse ese lujo, ya que el país necesitaba que los profesionales preparados y brillantes de la nación, tomasen el control de las industrias del país para enrumbarlas por el camino del progreso y del desarrollo. Pero en vez de eso, se le daba el poder a profesionales mediocres o poco calificados. Salvo las excepciones de los que eran contratados por trasnacionales, casi ninguno de mis compañeros consiguió un empleo decente tras graduarse. Me refiero a mis compañeros de cohorte, a mi novia y sus compañeras de cohorte, a mis preparadores y sus compañeros de cohorte, a mis alumnos y sus compañeros de cohorte, y así sucesivamente. Tras varias semanas de rechazos en entrevistas, el egresado de la Simón Bolívar se hacía una pregunta muy sencilla: *"¿A qué estamos jugando? ¿Por qué le abren las puertas a la mediocridad, y no la excelencia?"*, y ante este panorama, se planteaba una quinta opción para su futuro: *"¿Me voy del país? ¿Me voy a donde me paguen lo que valgo? Es obvio que aquí no valoran mi talento y me niego a trabajar para (o con) unos mediocres, o para un hijo de papá que se la pasa surfeando, mientras yo hago el trabajo."*

En el campo de trabajo venezolano, el profesional de la Simón era el nerd que creaba y resolvía todo, y a quien se le podía pagar poco. Era visto como un mecánico calificado, y no como un diamante en bruto y un activo para la empresa. Por ese motivo era raro encontrar un grupo de emprendedores de la Simón. Como siempre, había excepciones como Ángelo Burgazzi, fundador de DB Access (una conocida empresa de consultoría en Venezuela), pero al final del día personas como él eran una minoría, ya que el emprendimiento venía de los egresados de la Metropolitana, donde sus estudiantes contaban con el respaldo financiero para crear nuevas empresas, y ya puede imaginar lo que ocurría cuando un grupo de egresados de un nivel intelectual mediocre se juntaban y fundaban una empresa, lo cual es algo que profundizaré en el siguiente capítulo. De momento compartiré la ocasión cuando presencié una entrevista a uno de los fundadores y dueños de una empresa venezolana de la industria web. La persona era egresada de la Metropolitana y yo sin conocerlo ya lo sabía, pues se le notaba a leguas. El entrevistador le preguntó –entre otras cosas- ¿cuál había sido la mayor dificultad cuando estaban iniciando la empresa? La persona respondió:

- *"Wow (sí, dijo "Wow"), fue súper difícil. Al principio tuvimos que hacer muchos sacrificios personales, como vender la casa de la playa y dos carros, para tener capital y pagar los gastos de la empresa, el alquiler, comprar las computadoras, servidores, y pagarle a los empleados. Recuerdo que fuimos a la Simón Bolívar a postear anuncios buscando pasantes y estudiantes del último año de computación..."*

Apartando lo indignante que es darse cuenta que esta persona no tiene idea de lo que es hacer sacrificios personales, me sorprendió su sagacidad para contratar al personal de su empresa. Pensé en preguntarle por qué no fue a la Metro a colocar avisos para contratar empleados, o por qué no fue a la Universidad Nueva Esparta, o a la José María Vargas. No lo hice porque ya sabía la respuesta: ningún pasante de la Metro, la Nueva Esparta o la José María Vargas, querría trabajar para un recién graduado de la Metro, que tuvo que vender la casa de la playa para fundar su propia empresa, y menos para ganar $500 mensuales cuando podían ganar $1.500 con la empresa familiar, haciendo nada, entrando a las 11 am y saliendo a las 3 pm.

Luego estaba la inexistente línea de carrera para las personas brillantes en Venezuela. Había casos que yo veía de personas que habían trabajado tres o cinco años para una empresa, incluso en una trasnacional, y eran rechazados para ascensos y nuevos cargos por razones totalmente fuera de contexto. De nuevo, acoto que en condiciones normales hay una serie de variables a considerar, pero en Venezuela, parecía que el único factor a tomar en cuenta era: *"No puedo ascenderlo, porque dado lo brillante que es, me va a quitar el puesto a mí, y me va a dejar en ridículo"*, lo cual es algo que también sucede y se ve en empresas en países desarrollados, pero insisto que en primer lugar ocurre en menor proporción en comparación con Venezuela, y en segundo lugar aunque ocurriese, Venezuela no estaba en una posición para tener esa mentalidad, ya que para progresar se necesitaba explotar al máximo el talento de esas personas brillantes.

En vez de ello, el razonamiento que utilizaban los gerentes y dueños de empresas para justificar por qué no contrataban egresados de la Simón, o por qué no los promovían a cargos gerenciales era:

- *"Lo que pasa es que el profesional de la Simón no tiene preparación/no tiene perfil para cargos gerenciales. No tiene competencias blandas. Es un robot. No sabe socializar. No sabe gerenciar."*

...el cual escuché en cientos de ocasiones durante los años que viví en Venezuela. Es decir, bajo la lógica de los dueños de empresas y altos directivos en Venezuela, era más fácil que un egresado de la Metro / Católica / Santa María / José María Vargas estuviese posicionado en un cargo gerencial y se desempeñase de forma efectiva, sin tener conocimiento ni científico, ni técnico del área que gerenciaba, en vez de tomar a un egresado de la Simón y brindarle el apoyo para que pudiese prepararse, instruirse y crecer en el área gerencial. Los gerentes no entendían que nadie de la Simón Bolívar iba a tolerar por mucho tiempo estar por debajo de un egresado de la Metro / Católica / Santa María / José María Vargas, ni en términos de jerarquía en la empresa, y mucho menos en términos salariales.

Así de fácil y tras estas consideraciones, el egresado de la Simón Bolívar se planteaba irse de Venezuela, porque es algo innato en la persona tener hambre y ambición por algo mejor a lo que el país te estaba ofreciendo. Una cosa es una persona que sabe que puede dar más, tanto intelectual como profesionalmente, y otra muy distinta es un sifrino de la Católica o de la Metro que consideraba irse del país, solo porque podía hacerlo y tenía los medios económicos para hacerlo, y no por ambición profesional, académica e intelectual.

De esta forma es inevitable formular la siguiente pregunta: ¿Quiénes quedaban a cargo del barco? ¿Quiénes quedaban en las posiciones de ingreso de preparación con línea de carrera, o de gerencia media y gerencia alta, si eran pocos los egresados de la Simón Bolívar en las empresas pequeñas o medianas, e incluso algunas grandes? No estoy diciendo que obligatoriamente la gente de la Simón debiese o mereciese estar en esas posiciones sólo por ser de la Simón. Yo estoy a favor de la diversidad y de la necesidad de tener visiones distintas en una empresa. Lo que estoy diciendo es lo siguiente: ¿Para qué pasó el estado venezolano garantizándole educación casi gratuita al estudiante, e invirtiendo dinero y recursos durante un periodo de entre cinco a siete años para preparar a un profesional que era lo mejor de lo mejor que tenía que ofrecer el sistema educativo venezolano, que era lo mejor de lo mejor en términos intelectuales del país, para que al graduarse no fuese reconocido en el campo laboral de la industria pública, ni privada por sus méritos (a menos que consiguiese trabajo en una empresa trasnacional que eventualmente lo exportaría de Venezuela) y terminase frustrado y marchándose del país? Después de todo, la Universidad Simón Bolívar es pública y propiedad del estado, al igual que la Universidad Central.

Cuando digo *invirtiendo* es porque puedo estimar los costos de la inversión, calculando el gasto del estudiante durante su carrera y luego usar esa cifra como un estimado de lo que le costó al estado venezolano formar a un profesional de la Simón Bolívar: un trimestre en la USB en los años 90, costaba entre Bs. 480 y Bs. 700. Para hacer una equivalencia, el USDVEB estaba en Bs. 170 por $1. Es decir, que un trimestre costaba entre $3 y $5. A razón de 18 trimestres, el estudiante gastó un total de $90 en la matrícula de la universidad. Pongamos 21, pensando que se graduó en 7 años, serían $105 en el peor de los escenarios. Agreguemos dos o tres materias que el estudiante tuvo que tomar en curso intensivo de verano que costaba unos $100 cada uno, y el total en gastos de matrícula sería $405. Ahora vamos con otros gastos: un almuerzo en el comedor costaba Bs. 8; es decir, haría falta 22 almuerzos para haber gastado $1 en comida. Vamos a estimar que en total el estudiante comió 130 veces en la universidad, un almuerzo y uno de dos, desayuno o cena. El total gastado fueron $8. Suponiendo que comió durante los 21 trimestres, el total son $168, más los $405 de matrícula, nos arroja un gran total de $573 en gastos universitarios durante su carrera de siete años. Insisto que las carreras largas en la Simón son de cinco años, pero estoy suponiendo que el estudiante se tomó las cosas con calma, reprobó algunas materias y se graduó en siete años en vez de cinco (el promedio general era cinco años y dos trimestres, o seis años, y solo los X-Nerds se graduaban en cinco). En cualquier caso, el estudiante gastó $573 en 7 años. Pero ¿cuál fue el costo? ¿Cuál fue el costo para el estado de haber invertido en ese estudiante? Alguna cifra -$x, donde "x" es la cifra que resulta de sumar, el costo del subsidio más la ganancia esperada, o dicho de otra forma mucho dinero de la nación, con un signo negativo (-) precediéndolo: dinero perdido.

Como mencioné en el capítulo anterior, el hecho que la constitución garantizaba una educación casi gratuita y subsidiada para las universidades autónomas públicas controladas por el estado (la UCV y la USB) era una de las principales razones por las que ningún estudiante de rendimiento académico sobresaliente iría a estudiar a la Católica o a la Metropolitana, las cuales eran universidades privadas cuyas matrículas semestrales costaban alrededor de $2.000, en un país cuyo ingreso per cápita era $400 mensuales. Casi ningún estudiante sobresaliente en su sano juicio cambiaría a la Central y mucho menos a la Simón Bolívar, para endeudar a su familia por e irse a estudiar a una universidad de menor prestigio y categoría -a menos que fuese un estudiante sobresaliente de clase alta (que en Venezuela era menos de 10% de la población) para quien el dinero no fuese un factor de peso-, y esta es una de las razones más importantes por las cuales afirmé en el capítulo anterior que lo mejor de lo mejor de Venezuela iba para la UCV y sobre todo para la USB. Tristemente, este es uno de los motivos por los cuales una educación casi gratuita subsidiada por el estado no iba a funcionar en Venezuela, y mucho menos en un estado donde no existía el ingreso per cápita para justificar el subsidio, usando como argumento que no había retorno de inversión. Se supone que la Universidad Simón Bolívar debía preparar a los profesionales que servirían a la nación al graduarse, para que una vez que ingresaran al campo de trabajo, produjesen ingresos a la economía, directa o indirectamente, para que tanto su aporte productivo, como su aporte a los impuestos de la nación, arrojasen una ganancia a la inversión hecha por el estado. Esos son los números reales y dado que no existía incentivo para que personas como Gilberto, Carlos Luis, Diego o Raúl se quedasen, un alto porcentaje de mis compañeros de cohorte y de cohortes anteriores y subsiguientes, se marchó de Venezuela en algún momento dentro de los tres a cinco años posteriores a su graduación. La situación es aún peor cuando se analiza el caso de la UCV (cuya matrícula era similar a la de la Simón), ya que como expliqué anteriormente, el reglamento le permitía al estudiante tomarse veinte o treinta años para graduarse, mientras estudiaba y comía de gratis gracias al subsidio que recibían. Por supuesto que no todos los estudiantes de la Central se graduaron en veinte años, y yo estimo que quizás más de la mitad se graduaron como personas normales en cinco o siete años; pero, es innegable que en la Universidad Central había un lamentable, vergonzoso, importante y muy significativo grupo, no trivial, ni despreciable (es decir, más de 20% de sus estudiantes), de personas que se graduaron en diez años o más.

Una aclaratoria que debo hacer es que no tengo nada en contra de los egresados de la Metropolitana, la Católica, o la Carabobo. Son personas normales como el resto de los venezolanos, y son muy capaces e inteligentes. Trabajé e interactué profesional, académica y personalmente con ellos y puedo decir que varios de mis amigos más cercanos son dichas universidades; uno de ellos a quien aprecio, estimo y respeto como persona y como profesional, es ingeniero civil de la Metropolitana, y él mismo reconoce que existe una abismal diferencia de nivel entre un profesional de la Simón Bolívar y uno de la Metropolitana. Su hermano es ingeniero de producción de la Simón y cada vez que mi amigo tiende a referirse a él, lo describe utilizando una sola palabra: -"*Brillante. Ese carajito*[22] *es Brillante.*"

Por razones que no vienen al caso, mi amigo y su hermano nunca tuvieron una relación muy cercana, por eso él no sabía ciertas cosas de la vida universitaria de la Simón, y fui yo quien le contó anécdotas y situaciones que uno vive como estudiante. Por eso no le sorprendió

---

[22] Carajo/a, Chamo/a, Carrizo/a: Palabra para referirse a alguien de manera informal. Los diminutivos (carajito, chamito, carrizito) se utilizan si la persona es joven.

cuando yo le confirmé que muy probablemente su hermano en efecto es una persona brillante siendo "Productista" de la Simón, la carrera que exigía el más alto índice académico para ingresar. Sin embargo, el hecho que no tenga nada en contra, no quiere decir que no esté diciendo la cruda realidad que planteo sobre la brecha existente y la perdida de la inversión hecha por parte del estado en los estudiantes de la Central y de la Simón Bolívar. El hermano de mi amigo, cuatro años mayor que yo, también se fue de Venezuela al poco tiempo de haberse graduado porque rápidamente se dio cuenta que no le ofrecerían una línea de carrera profesional, ni un paquete de remuneración acorde con lo que él valía.

De mi cohorte de unos 1.000 alumnos, se graduaron unos 300. Del resto, yo estimo que quizás 600 no se graduaron porque se retiraron o fueron expulsados durante el primer o segundo año; no les gustó porque nunca se adaptaron; o bien, la única razón que no se debe a motivos de rendimiento académico: porque transfirieron sus créditos a otra universidad en el exterior y terminaron la carrera fuera del país. Quien no estudió en la Simón Bolívar, no tiene idea de la cantidad de talento que había allí y que gracias al pésimo trato y valoración que se les dio a sus egresados, éstos decidieron empacar sus cosas y se largaron a Europa, Asia, Canadá, Estados Unidos, o a cualquier lado menos a una oficina donde el jefe fuese alguien de la Metro o la Católica, para ganar un sueldo miserable en un trabajo sin estímulo. ¿De qué valió haber sobrevivido a tantos filtros como Matemática 1, 5 y 7, Física 1, 2 y 3, y haber librado batallas con otras asignaturas extremadamente difíciles como Redes III, Mecánica II o Reactores, para haber alcanzado la preciada meta de haberse graduado de la universidad más prestigiosa del país? En Venezuela, parecía que no valió para nada.

Otro punto que debo aclarar es algo a lo que yo llamo "el consuelo de los mediocres": en esta era de redes sociales, inclusión y pensamiento políticamente correcto, existe una férrea campaña masiva de frases, libros, videos, cursos motivacionales, filosofía barata, y similares recursos que aluden a situaciones que no son ciertas. Una de ellas es que *"cualquier persona es brillante"*, o *"todos somos inteligentes"*, o *"si él puede, yo puedo"*, y demás frases similares. La persona que dice y acepta ese tipo de frases es un mediocre, porque esas frases son el consuelo de los mediocres. La persona que dice eso, al igual que los que fomentan esa filosofía, no conocieron a Raúl, ni a Carlos Luis, a Ken Harima, Fernando Reátegui, Manuel Lauffer, Félix Missel, Jacobo Bentolila, o si llegaron a conocerlos, tienen que leer el capítulo anterior. Menciono esto porque en Venezuela no se valoraba la magnitud de la pérdida de individuos como Fernando Reátegui o Manuel Lauffer, porque para el venezolano, un egresado con 18 de 20 de promedio de calificaciones graduado de la Simón Bolívar, era igual que un egresado con 18 de 20 de promedio que era graduado de la Metropolitana, y por eso no se vislumbraba lo que pasaría en el largo plazo al perder a sus mejores talentos y permitir que se marchasen al exterior.

Una situación similar ocurría con los venezolanos que estudiaban en el exterior, inclusive con aquellos que no eran de la Simón Bolívar. Un conocido mío, egresado de la Metropolitana, hizo una maestría en el MIT. Se trataba de uno de los pocos casos que regresaron a Venezuela tras culminar sus estudios de postgrado, y al igual que los egresados de la Simón Bolívar, ahora él también era rechazado en empresa tras empresa: -"*Estás sobre calificado para este cargo.*"- era la respuesta que recibía. La traducción al español de ese diálogo era: -"*Tú lo que quieres es que te paguemos cien mil dólares al año, y ni de vaina lo vamos a hacer. Yo fácilmente puedo conseguir a diez chamitos de la Simón que por una décima parte harán el mismo trabajo que tú.*" – Énfasis en lo de "décima parte."

De esta forma, peor aún al hecho que Venezuela creaba y sostenía condiciones hostiles para que los profesionales valiosos ejerciesen su carrera, tampoco ofrecía estimulo, ni condiciones favorables para aquellas personas que realizaron algún tipo de estudio o tuvieron alguna carrera profesional en el exterior, y se regresaron a su país para aportar sus conocimientos y experiencias para contribuir a la mejora de la nación. Esto es lo que en el colegio se enseñaba como "*Venezuela es un país en vías de desarrollo*", es decir, ese proceso de convertirse en un país desarrollado entiendo yo, ¿no? Cualquier profesional que estudiase o trabajase en Estados Unidos o Europa y regresase a Venezuela, era visto primero como un anormal estúpido, y segundo como una carga onerosa para la empresa, algo que era lógico porque cualquier persona con experiencia académica o profesional en el exterior, iba a aspirar una remuneración o recompensa al esfuerzo y sacrificio que hizo tanto por sí mismo, como por su país -utilizando el argumento que se devolvió a Venezuela porque quería a su país-. Muy pocas empresas estaban dispuestas a pagar lo que esta persona valía, pudiendo pagarle un sueldo bajo a un recién graduado de la Simón Bolívar, la Central, o cualquiera de las otras. De esa forma, allí moría cualquier oportunidad de crecimiento o mejora del país; y los conocimientos y aportes positivos que la persona había aprendido de modelos exitosos en países desarrollados, y que traía para implementar en Venezuela se perdían por completo.

Yo invito a un venezolano a que nombre diez personas que hayan estudiado en Venezuela, que luego viajaron y estudiaron algún postgrado o trabajaron en el exterior durante los años 90, que luego se regresaron para Venezuela a traer esos conocimientos y experiencia, y que hayan sido debidamente remunerados. No podrá, porque en Venezuela eso no ocurría. Por esa razón casi nadie en su sano juicio consideró la posibilidad de terminar de estudiar su postgrado o terminar su experiencia profesional de doce meses en el exterior, y regresarse a Venezuela para contribuir al desarrollo del país, ya que sabían que en el sitio donde estuviesen, fuese Oklahoma, París o Melbourne, iban a tener un estándar de vida mucho mejor y más cómodo que el que podrían tener en Venezuela, donde habría que crear, desarrollar, levantar y reparar una infinidad de áreas. En la sociedad venezolana, los egresados de la Simón Bolívar y los profesionales que estudiaban en el extranjero representaban una amenaza, ya que podían quitarle el puesto de trabajo a un mediocre.

El asunto con la Simón Bolívar es que fue una universidad fundada por el estado venezolano con la mejor intención de educar a los jóvenes venezolanos más brillantes de la nación, ya que parte de las reformas de la era democrática bipartidista de 1958-98, incluían impulsar la educación de la población, por medio de la creación de nuevas casas de estudio que sirviesen de alternativas a la Universidad Central de Venezuela. Verá estimado lector, como mencioné en el capítulo anterior, la casa de estudios de la excelencia en Venezuela siempre había sido la UCV. Sin embargo, desde las dictaduras de Cipriano

Castro (1899-1908) y Juan Vicente Gómez (1908-35[23]), la UCV traía el antecedente de ser un foco de grupos de protesta en contra del gobierno. Esa imagen aumentó durante la dictadura de Marcos Pérez Jiménez (1948-58[24]), y se acrecentó aún más luego que iniciara el periodo democrático bipartidista en 1958. Es decir, durante los años 60 los políticos percibían a la UCV como el sitio donde se concentraban grupos opositores al gobierno, indistintamente de cuál fuese el partido político o ideología que estuviese en el poder y dentro de ese foco se encontraba el foco de ideología comunista que era cada vez mayor.

Es por eso que el gobierno de Raúl Leoni en 1967 fundó una universidad, con la premisa de que su criterio de admisión fuese extremadamente exigente, al punto de aceptar como máximo a 4% de los aplicantes, y que fuese más exigente aún en su régimen de estudios para que de esta forma, en la Central se quedasen los que no pudieron ir a la Simón, junto con los comunistas mediocres y los estudiantes que siempre protestaban en contra del gobierno, mientras que los nerds que sí querían estudiar, se iban a la Simón Bolívar. Para estar seguros de que se quedarían allá estudiando, que no molestarían al gobierno, y que no se verían afectados por el foco opositor y/o comunista que crecía como un cáncer en la UCV, decidieron ubicar el campus de la universidad lo más lejos posible del centro de Caracas: en el valle de Sartenejas. De esa forma era imposible que los estudiantes de la Simón Bolívar protestasen contra el gobierno (el lector debe tener en cuenta que esto fue en los años 60 y 70, una época en la cual los estudiantes en Latinoamérica eran los principales causantes de protestas y estallidos sociales). El problema era que una vez que el estudiante de la Simón Bolívar se graduaba y deseaba reintegrarse a la vida en Caracas, en vez de ser apoyado e impulsado, era rechazado por la sociedad venezolana, que ahora lo veía como un extraterrestre. Quizás fue porque en algún momento los políticos se dieron cuenta de que es fácil de manipular a una población ignorante, y que un grupo preparado y formado académicamente, era perjudicial para sus propios intereses.

---

[23] La historia menciona a varios presidentes entre 1908 y 1935, pero éstos eran títeres puestos por Gómez.

[24] La historia menciona a Carlos Delgado Chalbaud como presidente entre 1948-50 y Germán Suárez Flamerich como presidente entre 1950-52, sin embargo, informalmente se acepta a Marcos Pérez Jiménez como el gobernante de la nación durante el periodo 1948-58.

Al mismo tiempo el estado nunca tuvo la visión de cuantificar los recursos que se invertían en los estudiantes que iban para la Simón Bolívar o la Central (los $573 que mencioné unas páginas atrás), y quizás por ese motivo al estado nunca le importó invertir más de lo necesario para promover la mejora y superación de dichas universidades y sus egresados, algo sobre lo cual hablaré a fondo en el capítulo "____ *es un reflejo del país"*. Por ese motivo el modelo de una educación casi gratuita subsidiada por el estado no puede funcionar en una sociedad que no está amoldada completamente para sacar provecho de dicho modelo. Lo que debía ocurrir en Venezuela era que los egresados de la Central y sobre todo los de la Simón Bolívar fuesen valorados de inmediato como profesionales durante sus primeros años en el campo de trabajo, y remunerados acordes con sus méritos y logros para que se quedasen en el país y contribuyesen a que Venezuela se convirtiese en una nación desarrollada. Entonces, era como si en Venezuela el sistema estaba roto o nadie se dio cuenta que estaba incompleto y le faltaba una parte, la más importante: la retribución a la nación de la inversión hecha en el estudiante, por parte del estudiante, siempre y cuando la sociedad le abriese las puertas.

Esos primeros años en el campo de trabajo son fundamentales en la vida de un recién graduado, puesto que es cuando se supone que empiezas a ver los frutos del esfuerzo que has hecho a lo largo de tu vida académica (quince años). Sin embargo, el sistema venezolano estaba configurado para fomentar la mediocridad, para darle paso a los mediocres y apartar a las personas capaces y con habilidades para mejorarlo. Es por eso que afirmo que la mayor incoherencia es que el gobierno fundó la Universidad Simón Bolívar en 1967-70 para formar a los profesionales del futuro, para luego maltratarlos. Salvo algunas excepciones, para el resultado que le dio al país, habría sido más fácil no fundarla o no permitirle ser *"La Universidad de la Excelencia"*.

"Pero Héctor, ya basta de la lata con los egresados de la Simón Bolívar..."- podría pensar el lector, a lo cual yo le contesto: ese no es el punto. Este libro hay que leerlo, digerirlo e interpretarlo con visión macro del problema planteado. El problema no es solo que los nerds de la Simón Bolívar no hayan conseguido el Ferrari, ni el sueldo inicial de $3.000 que aspiraban al graduarse. La situación de los egresados de la

Simón Bolívar y los venezolanos que aprobaron postgrados en el exterior y se regresaron a Venezuela, hay que extrapolarla hacia el resto de la población activa de la sociedad. Esto es: el problema es que en Venezuela, la base de la población productiva, es decir, la gente con:

a) El poder intelectual y académico para asumir liderazgo y marcar la diferencia en Venezuela, y…

b) Las capacidades técnicas para ejecutar el liderazgo

…ninguno de los dos grupos se encontraba en una posición profesional en la que se pudiese decir que estaban satisfechos con su vida. Por ejemplo: ¿quiénes en Venezuela se hacían policías?

Para policía estudiaban o se reclutaban, los que no pudieron ser ingenieros, abogados, administradores, contadores, asistentes, secretarios, técnicos, albañiles, electricistas, choferes, entrenadores de gimnasio… o cualquier cosa. No es como en los países desarrollados donde hay gente que tiene el auténtico deseo e interés de llegar a ser policía -sargento, teniente, detective, capitán-, bien porque tienen la tradición en su familia o porque desean atrapar a los delincuentes y servir a la comunidad. En Venezuela llegaba a ser policía el que nunca pudo llegar a ser más nada en cualquier otra profesión o trabajo. Si a eso le suma que casi todos los policías vivían en zonas pobres marginales, es decir que, prácticamente ellos eran vecinos de los delincuentes, se terminaba conviviendo con el enemigo y de esta forma se creaba una distorsión de la semblanza que debía dar un policía: en vez ser de una figura imponente, que se hiciese respetar e hiciese respetar la ley, se tenía a un delincuente con uniforme de policía. Así era la policía en Venezuela en la década de los 80 y los 90, y así es hoy.

Mucha gente dice -con toda razón- que la actual Policía Nacional Bolivariana (PNB) y la Guardia Nacional Bolivariana (GNB) controlada por Nicolás Maduro está formada por delincuentes y esa afirmación es cierta: son delincuentes que viven en zonas marginales, a quienes el gobierno les dio un uniforme y les dijo algo como *"Ustedes ahora son policías. ¡Procuren no robar tanto!"*, y así fue como durante las protestas contra el gobierno de Maduro, se vio a una gran cantidad de policías y guardias nacionales antisociales disparándole a personas inocentes, incluyendo a ancianos y niños. La PNB y la GNB están formadas por gente de la peor calaña; pero la Policía Metropolitana y la Policía de Caracas[25] en los años 80 y 90 también estaba llena de malandros delincuentes. ¿Cómo va a funcionar la base de un país donde los representantes de la ley son a quienes la ley debe poner tras las rejas? Es una mentira decir que Chávez y Maduro fueron quienes destruyeron a los cuerpos de seguridad, porque estos ya estaban destruidos desde hacía largo rato y cuando Chávez arribó al poder, el daño era casi irreversible y prácticamente irreparable. En los años 80 y 90 en Caracas siempre morían veinte o treinta personas cada fin de semana a manos del hampa. Caracas siempre fue una ciudad peligrosa porque la policía nunca sirvió para nada. ¿Con qué motivación podía un policía disponerse a servir a la comunidad y hacer respetar las leyes y el orden, si ganaba apenas algo más de sueldo mínimo y además vivía en un barrio marginal? Le voy a dar una pista al lector: con ninguna. Los organismos de seguridad en Venezuela dejaron de funcionar desde que echaron a Pedro Estrada[26] del país.

El mismo caso de los policías ocurría con el personal obrero: bomberos, enfermeras, cajeros, maestros, es decir, la base de la sociedad. Si bien los maestros y enfermeras eran profesionales de un grupo heterogéneo, la realidad es que todas estas personas formaban un mismo grupo homogéneo. Los choferes de autobuses hacían lo que les daba la gana en sus vehículos: poner música a todo volumen, pegar etiquetas religiosas, pintar los vehículos, manejar con las puertas abiertas y permitirle a los pasajeros montarse y bajarse con la unidad en marcha, trabajar vestidos como les daba la gana, a veces en camiseta sin mangas y sin zapatos, y daban una imagen grotesca. Quien no vivió esa experiencia en Venezuela, difícilmente puede comprenderla.

De la misma forma como había policías delincuentes y choferes sin zapatos, había conserjes que eran tratados como la basura del edificio; y así cantidad de trabajadores desmotivados, sin algún tipo de norte ni

---

[25] La Policía Metropolitana y la Policía de Caracas, eran las policías de la ciudad durante los años 70, 80 y 90. Con la llegada de Chávez al poder, fueron disueltas y reemplazadas por la Policía Nacional Bolivariana y la Guardia Nacional Bolivariana, además de las Policías Municipales.

[26] Pedro Estrada fue el director de los organismos de seguridad durante la presidencia del General Marcos Pérez Jiménez.

orientación y que llegaron hasta allí porque no tenían a dónde más ir. Obviamente no se puede, ni se debe aspirar que un trabajador sin estudios universitarios tenga la misma remuneración que un profesional graduado de una carrera universitaria larga. El punto para considerar es que en Venezuela nadie sabía, ni valoraba la importancia del rol que cada persona tenía en la sociedad: me parece que un chofer de autobús en Gran Bretaña entiende su rol en la sociedad, así como el chofer de mi transporte escolar en Red Cedar lo entendía. En Venezuela, los policías estaban igualados con los delincuentes, los choferes estaban igualados con los albañiles, y los bomberos estaban igualados con las enfermeras, y no me refiero a su ingreso salarial, sino a la importancia de cada uno como miembro funcional de la sociedad. Ninguno de ellos era apreciado por su contribución a la sociedad, en consecuencia, les daba igual lo que aportaban, ya que *"¿para qué hacer más?"* o *"¿para qué necesito superarme más?"* Por ejemplo: el chofer de autobús en Venezuela perfectamente podía pensar: *"¿Para qué debo vestirme con ropa decente, tener mi unidad en perfecto estado de limpieza y tener un trato cordial y amable con los pasajeros, si nadie nunca me lo agradece, y nunca voy a salir de donde estoy?"* El policía se preguntaba: *"¿Para qué voy a arriesgar mi vida persiguiendo criminales que son mis vecinos, para una sociedad que no me valora?"* Y el albañil se preguntaba: *"¿Para qué voy a hacer un frisado como debe ser con los materiales correctos, si da igual si lo hago con arena en vez de cemento?"*

Lo mismo ocurría con los egresados provenientes de universidades mediocres. Después de todo, ¿qué se le podía pedir a un egresado de la Universidad Nueva Esparta, o de la José Antonio Páez, la Santa María, la Monte Ávila, la José María Vargas o Alejandro de Humboldt? En Venezuela, era mucho pedir si esa persona podía dar los buenos días y escribir "Cajón" con "J" en vez de con "G", entonces *"¿para qué necesito aprender a escribir correctamente?"*

Esa era la base de la sociedad en Venezuela: por una parte, un alto porcentaje de la población en el campo de trabajo, ocupando posiciones que daba igual quien las ocupase; y por otra parte un mínimo porcentaje que era la élite intelectual, mal pagada, maltratada, y que más bien consideraba como viable y lógico, marcharse del país. Quedaba un porcentaje restante donde agrupo a los abogados, a los médicos, y a algún otro profesional quienes quizás eran el único conjunto de personas que estudiaban y trabajaban en lo que querían, y tenían una remuneración acorde a sus aspiraciones. El resto, era una sociedad en un sistema insostenible y que con el pasar de los años, iba a tener el desenlace que eventualmente tuvo: ese alto porcentaje de la población frustrada profesionalmente, se dio cuenta que los egresados de la Simón Bolívar tenían razón en irse de Venezuela y en consecuencia eso fue lo que empezaron a hacer a finales de los 90, principios de la década 00, y por supuesto la consumación del éxodo en los 2010, donde ya el objetivo de vida de un venezolano nacido en los 90, era graduarse del colegio, graduarse de la universidad, legalizar sus documentos y largarse cuánto más pronto pudiese a cualquier lado, con algunos jóvenes incluso ya marchándose de Venezuela apenas terminaban el colegio.

Por eso fue que mis compañeros de la Simón Bolívar y otros de los mejores estudiantes de Venezuela se fueron del país. Mis compañeros se fueron porque no consiguieron un trabajo donde se les valorase, y Chávez no tenía ni dos años en el poder, repitiendo un patrón que venía ocurriendo desde estudiantes de cohortes anteriores a la mía. ¿Eso fue culpa de Chávez? No. Por eso no se puede afirmar que los mejores estudiantes del país se fueron por culpa de Chávez. La realidad es que un sistema que funciona bajo una configuración donde se menosprecia a lo mejor que tiene el país y se desprecia a la base que ejecuta y mantiene el día a día, es insostenible en el tiempo y el resultado solo puede ser el que terminó ocurriendo en Venezuela: el colapso total. En Venezuela no colapsó la economía, o la política; colapsó el sistema que estaba incompleto o roto desde un principio.

Por ese motivo la mayoría de los egresados de la Simón no le dio la oportunidad a Venezuela, ya que desde que éramos estudiantes, nuestra primera opción siempre era conseguir un trabajo en el exterior, o en su defecto en una trasnacional en Caracas. Muchos estudiantes ni siquiera llegaron a considerar esas opciones, y apenas se graduaron, empacaron sus cosas y se marcharon para más nunca volver. Eventualmente el efecto dominó alcanzó a los egresados de las demás universidades, quienes antes se preguntaban: "*¿Qué es de la vida de Félix Missel…?*" y la respuesta que le daban era: "*Él se fue para Inglaterra*".

La Gestación

Durante mucho tiempo, estos profesionales que no eran egresados de la Simón Bolívar, ni de alguna otra universidad prestigiosa, antiguamente pensaban algo como: "*Ah... ese es un muchacho brillante que no podía estar aquí porque iba a pudrirse. Allá es mejor valorado, pero yo no puedo hacer eso porque no soy tan brillante como él...*"

...pero con el tiempo, ahora consideraban la posibilidad de que tal vez, sí tenían alguna oportunidad de irse del país y conseguir algo mejor que lo que tenían en Venezuela, de obreros en Madrid o trabajando en Uber como hoy en día lo hacen en Miami u Orlando.

Para cerrar este capítulo, debo hacer cuatro aclaratorias: la primera es acerca de la perspectiva de un venezolano que estuvo ajeno a esta realidad. Alguien en Venezuela que tuvo un buen desempeño en el colegio, luego fue a una buena universidad como la Simón Bolívar o la Central, e inclusive podría incluir a la Católica y a la Metropolitana, y al graduarse fue contratado por una trasnacional que lo valoró y remuneró debidamente, era alguien que podía calificarse como una persona exitosa. Un venezolano con ese perfil podría decir que su vida fue ideal y que Venezuela era un gran país, sin embargo, el problema es que esa persona era alguien que estaba fuera del promedio, y por ello debo insistir que este libro no se trata de analizar a Venezuela desde el punto de vista de una persona, sino desde el punto de vista de lo que ocurría en toda la población, y cómo esto afectaba el desenvolvimiento de la sociedad.

En Estados Unidos en cambio, ser contratado por una empresa trasnacional es casi igual que trabajar para una empresa local, principalmente porque un gran porcentaje de las empresas trasnacionales son estadounidenses. Esos venezolanos que tuvieron una línea académica y profesional exitosa sin interrupciones eran comparables a decir que un genio hubiera estudiado en la Universidad Nacional Abierta, o la José María Vargas o la Monteávila, es decir, algo poco probable pero posible (alguien que quizás empezó tarde en la vida o afrontó vicisitudes, y no tuvo otra opción que estudiar en una universidad de tercera, cuarta o quinta categoría). Es incluso posible, aunque poco probable que en un país desarrollado haya alguien así, pero no son la norma, ni el promedio por el cual se mide el país.

Lo segundo que debo mencionar es acerca de los venezolanos de la generación de la postguerra, ya que durante las décadas de los 40, 50 y 60, la economía de Venezuela era bastante estable y las condiciones socioeconómicas le permitían a la población y al sistema funcionar de forma de que cada persona pudiese desempeñarse en la profesión que tenía con dignidad, salvo algunas excepciones. Sin embargo, a partir de la década de los 70 y en especial de los 80, la emergente crisis económica del país de la cual hablaré en la Parte II, produjo un incremento en la desigualdad social y esto hizo que fuese más difícil que las nuevas generaciones consiguiesen la calidad de vida que sus padres habían obtenido: es decir, un profesor universitario en los años 60 y 70 tuvo mejores oportunidades y una mejor calidad de vida que uno en la década de los 80 y 90.

La tercera aclaratoria es acerca del sistema de educación universitaria que había en Venezuela y del por qué no debe compararse con el de otros países. Cada país tiene una forma distinta de ofrecerle educación a su población: hay países que le garantizan educación gratuita a sus habitantes y eso les funciona a ellos porque el sistema está bien construido y es robusto; por otra parte, en Estados Unidos la educación es una decisión que involucra planificación financiera, sacar cuentas y estimar por cuántos años de tu vida permanecerás endeudado, y a ellos también les funciona ya que el sistema te engancha a trabajar en el mismo país en donde estudiaste. Lo clave en este punto es que el sistema educativo en otros países va de la mano con el sistema laboral, lo cual era algo que no ocurría en Venezuela.

La última aclaratoria que debo hacer es respecto a la clasificación de las universidades en Venezuela que he expuesto a lo largo de estos dos capítulos: Si el lector no venezolano hace una búsqueda en Google sobre *"ranking de las mejores universidades en Venezuela"* o *"ranking de las mejores universidades latinoamericanas"*, encontrará que en casi todas las listas la Universidad Central de Venezuela (UCV) aparece como la #1. Creo que solo encontré un artículo donde la Universidad Simón Bolívar (USB) estaba por encima de la UCV, ya que el orden que se consigue es #1 UCV, seguida de #2-#3 Universidad de Los Andes o USB, o a veces incluso algo como #1 UCV, #2 ULA, #3 Universidad Católica, #4 USB. El motivo es que estos rankings toman en cuenta factores generales que sopesan el nivel de calidad y exigencia académica para evaluar a las universidades, por ejemplo: el tipo de instalaciones, la cantidad de publicaciones hechas por sus profesores, la diversidad académica, la oferta de actividades extracurriculares, entre otras, y en ese sentido, la Universidad Central y la Universidad de Los Andes tenían una mejor infraestructura, instalaciones, equipos deportivos y diversidad de carreras que los que tenía la Simón Bolívar.

La Simón no era la universidad con las mejores instalaciones, ni con el mejor equipo de fútbol (de hecho, no recuerdo ni haberlos visto entrenar ni una vez), y es una universidad que como mencioné solo ofrecía las cuatro ciencias puras, arquitectura, urbanismo y solo diez carreras de ingeniería (y no ofrecía ingeniería civil, ni de ingeniería de petróleo). Adicionalmente, los estudios de postgrado en gerencia y administración de la Simón Bolívar eran mediocres en el mejor de los casos, por no decir que eran bastante malos, puesto que gerencia y administración no era el fuerte de la Simón Bolívar. Es por eso que la gente prefería estudiar gerencia y administración en el IESA, el cual era el mejor sitio para estudiar postgrados de gerencia en Venezuela (algo así como la USB, pero para postgrado). Ese es el motivo por el cual la UCV tiene el ranking #1, además de ser la universidad más antigua y de mayor tradición de Venezuela, y de que sus instalaciones son (o eran) de primera, y tenía (o tiene) una infraestructura y una historia muy superior a la de la USB. Pero en términos académicos y como ya establecí, la Universidad Simón Bolívar es (o era) el sitio donde iba a estudiar la crema y nata intelectual, y era la que establecía el estándar de calidad, valoración y remuneración que debía existir en Venezuela para el talento venezolano, y por eso ellos fueron los pioneros en irse de Venezuela tras negársele las oportunidades que buscaban. El resto de la población simplemente se les unió. ¿Qué cree usted que hacen los marineros cuando ven al Capitán saltar por la borda?

La discusión acerca del aporte que cada elemento de una sociedad funcional debe darle a un país, acerca de cómo y qué alcance de remuneración y reconocimiento deben tener los profesionales de carreras cortas y el personal obrero, y acerca de la meritocracia y la adecuada valoración de los egresados de ciertas universidades prestigiosas, podría extenderse a varias horas en países desarrollados como Estados Unidos, Suiza o Australia, donde ser enfermera, taxista, bombero, o técnico de reparación de ascensores, le permite a la persona sentirse bien con lo que está haciendo por su contribución y por la remuneración que recibe tomando en cuenta lo que ha hecho para llegar a donde está, porque me parece que existe cierta comprensión de la ecuación *"Mérito por dedicación y conocimiento vs. Recompensa"*; es decir, en líneas generales obviamente un profesional de una carrera corta no puede ganar lo mismo que un médico especializado, pero dentro de todo existe un cierto balance. Por ejemplo: en Estados Unidos un técnico de nivel básico (sin experiencia) de ascensores puede tener un salario inicial de $30.000 o $35.000 (algo superior al salario mínimo), mientras que un técnico senior de ascensores puede tener un sueldo superior a $120.000 anuales. En Venezuela, un técnico básico de ascensores ganaba un salario inicial de alrededor de $4,000 anuales (apenas más elevado que el salario mínimo), y un técnico de ascensores senior ganaba quizás, $8,000 anuales como máximo.

Países como Estados Unidos, Suiza, o Australia, además de Harvard, Stanford y MIT, tienen a NYU, UCLA, Cornell, Vanderbilt y muchas otras universidades que, si bien no son "top", son competitivas y gradúan a profesionales igual de competentes. El punto es que en esos países no todos los CEO y no todos los ascensos en el campo laboral tienen por qué ser de universidades *Ivy League*, puesto que hay otros factores más importantes que entran en juego por encima de las credenciales, como por ejemplo la contribución que esa persona le dé a la empresa. Pero en el caso de Venezuela, donde solo había una universidad de elite, seguida de una segunda universidad casi igual de prestigiosa, y luego quizás dos universidades más que valían la pena, creo que había que darle cierta preferencia a los egresados de esas dos universidades de elite, al menos hasta que el sistema educativo se volviese mucho más robusto, y que los egresados de la Simón y la Central viesen que valía la pena quedarse trabajando en Venezuela. Incluso podría considerarse que tal vez esos egresados ni siquiera querían ganar $120.000 o $150.000 anuales, y hubiesen quedado satisfechos con $60.000 anuales, siempre que hubiesen trabajado en un área que les gustase, que además se les respetase como lo merecían, y que fuesen incentivados a trabajar por Venezuela. Pero eso no ocurría.

Lamentablemente en Venezuela no solo la base obrera de la sociedad vivía una vida sin rumbo ni norte, donde daba igual si Pedro o Pablo hacía el trabajo de policía, maestro o chofer de autobús, sino que tampoco se tomaron las medidas para crear un sistema robusto para la generación de relevo que estaba naciendo producto de las reformas educativas ocurridas entre 1950 y 1980, gracias a la fundación de las nuevas universidades que debían preparar a los futuros líderes de la nación. Por no haber construido ese sistema robusto que necesitaba la sociedad venezolana, muchos de sus egresados prefirieron irse a otros países donde sí se les valorase, mientras que otro porcentaje decidió quedarse y correr el riesgo de apostarle al campo profesional en Venezuela. Algunas de estas personas con talento tuvieron la oportunidad de trabajar, tal vez no en P&G o Schlumberger como era lo que hubiesen querido, sino en empresas de capital venezolano. Veamos qué ocurrió con esos casos.

4

Visión a corto plazo y Visión a largo Plazo

"I can't afford you"

Una de las cualidades más comunes que vi en el venezolano mientras viví con ellos, era la visión cortoplacista que tenían en sus empresas, sobre todo en las posiciones gerenciales. Esta es una constante que vi en Venezuela y que fue reiterada por historias y anécdotas de personas con quienes tuve contacto en distintos ambientes académicos y profesionales. Estoy seguro que existen jefes ineptos y empresas ineficientes en Estados Unidos, Alemania y Japón, pero de nuevo, el porcentaje no es ni remotamente comparable al que había en Venezuela, donde un número significativo de los ambientes de trabajo estaban llenos de falta de profesionalismo y de visión.

Mi primera experiencia profesional fue como programador en el portal web Loquesea.com y lo digo con orgullo. Loquesea era un portal que formaba parte del Grupo Urbe, una empresa con un nicho de mercado orientado hacia los jóvenes adolescentes de cultura rock y rave. Era diciembre de 1999 e internet apenas estaba surgiendo. Había una enorme cantidad de empresas y portales que estaban tratando de abrirse un espacio en este nuevo mercado: a nivel global, Yahoo!, AltaVista, Geocities, AOL y Excite eran algunas de las empresas líderes, y luego había empresas como Terra y Loquesea que buscaban posicionarse como líderes en el mercado de hispano. Loquesea incluso había sido de las primeras empresas hispanas que además tenía un portal orientado al mercado americano y otro al mercado brasileño.

Recuerdo a Loquesea como una experiencia maravillosa, ya que tuve la fortuna de que mi primer trabajo me dio todo lo que estaba esperando: conocimientos, crear relaciones personales, experiencia y ganar dinero. Lamentablemente la alta gerencia no tenía la visión a largo plazo necesaria para aprovechar lo más importante que había en la empresa: el talento que muchas personas, incluyéndome, tenían para que la empresa pudiese ser exitosa. Loquesea era el hijo de cinco personas: Carlos, Michael, Sebastián, Adriana y un quinto accionista que era miembro de una conocida familia pudiente de Venezuela.

Carlos Lizarralde era el CEO y era, junto con Michael, el encargado de buscar inversionistas y vender la idea de Loquesea en los países donde teníamos presencia. De Michael conocí muy poco ya que su presencia en la oficina era virtual. Sabía que era uno de los mayores inversionistas y que era el patrocinante de Sebastián. Michael era una figura mística e incluso muchos en la empresa cuestionaban si de verdad existía, ya que con el pasar del tiempo, su presencia era menor.

Sebastián era el CTO. Venía de la Central y había programado el sistema que utilizábamos para operar el portal. Dando crédito a quien lo merece, Sebastián era muy inteligente y trabajador, a pesar de ser bastante presumido. No estoy seguro si era tan brillante como mi amigo Carlos Luis (de la Simón), pero no era un mediocre cualquiera. Tardó muchos años en conseguir el éxito, hasta que logró vender un startup por varios millones de Dólares. No me sorprendió cuando me enteré, porque si bien toda la oficina lo consideraba un apadrinado, me pareció que tenía la capacidad y el talento para triunfar por sí mismo.

Adriana era la dueña de Urbe y la supuesta encargada de trasladar la visión de Urbe a Loquesea. Dado que rara vez podía trasladar su propio cuerpo desde su casa a la oficina, casi toda la oficina tenía serias dudas de si podría trasladar la visión de una empresa a otra; mucho menos si nunca estaba presente en el día a día de Loquesea.

Finalmente quedaba el misterioso quinto accionista que nunca nadie en la empresa vio ni en persona, ni en forma virtual, y que apenas unos pocos sabíamos su nombre. En su lugar, voy a nombrar a Gabriel, quien, si bien no era accionista, era el Editor en Jefe y la voz de mayor peso en toda la empresa después de los cuatro accionistas que nombré. Yo estudié con Gabriel en el colegio y nos graduamos juntos. Casi todos mis grupos de trabajo durante mis estudios de secundaria consistieron en mis dos mejores amigos (Willis y Lorne), Gabriel y yo. Gabriel era parte de mi grupo, porque al igual como lo hice con Willis y Lorne, lo identifiqué como alguien inteligente, trabajador y que tenía un gran potencial, siempre que estuviese guiado apropiadamente. Nos fue muy bien en el colegio y casi siempre sacábamos 20 sobre 20, o la correspondiente máxima nota en todos nuestros trabajos, informes y exposiciones. También siempre socializábamos juntos: los cuatro íbamos a fiestas, conocíamos chicas y hacíamos actividades similares; digo esto porque puedo afirmar que lo conozco muy bien.

Gabriel es una persona… compleja –en el mejor de los cumplidos que puedo darle- y no hablaré de eso por respeto a su privacidad; pero sí afirmaré que Gabriel, si bien es una persona muy inteligente, no es una persona brillante como mi amigo Carlos Luis. Gabriel es el tipo de persona que *cree que es brillante* y hace todo lo posible para demostrarlo, pero al final del día, creo que él mismo sabe que por más que trate, no lo es. Es ese tipo de persona que trata de destacar, que siempre le sonríe a los jefes, y que habla, promete e impresiona mucho, pero que no entrega resultados en función a lo que ofrece, y que siempre vive prometiendo el éxito con su próxima brillante idea, para cubrir sus fallas. Es ese tipo de persona que copia y repite conductas de personas exitosas y auténticas utilizando su enfoque, intentando probar que él también puede serlo, pero rara vez lo logra. Por ese motivo afirmo que Gabriel sí tenía potencial, pero había que guiarlo. Siempre me pareció que Gabriel podría haber alcanzado todo su potencial en Loquesea, si: 1) Se hubiese codeado de personas igual o más talentosas que él; y 2) Si más importante aún, hubiese trabajado con ellos y los hubiese escuchado. Este detalle es importante para comprender lo que ocurrió con Loquesea. Habiendo establecido los pilares de la empresa, debo contextualizar el ambiente en el que vivíamos.

Para el año 2000, internet estaba surgiendo y en pleno crecimiento. En mi opinión aún no había explotado, pero el potencial estaba allí. El lector deberá contextualizar que no había Facebook, Twitter, YouTube, ni Instagram. Yahoo! era el portal líder en búsquedas y casi nadie conocía de la existencia de Google (salvo algunos geeks/nerds de la informática). Amazon era una tienda desconocida y solo servía para comprar libros y CDs. Tampoco había streaming. Sin embargo, existían dos empresas con presencia web y que hoy en 2021, veintiún años después aún se mantienen, porque apostaron a modelos de negocio que eran evidentes que serían exitosos: IMDb.com y Battle.Net

Uno de los motivos por los que me gustaba trabajar en Loquesea es porque era divertido trabajar en mi departamento. El resto de la empresa era distinta: Lizarralde era un sifrino engreído, Michael era una especie de Dios etéreo y legendario que nadie sabía si de verdad existía, Sebastián era un "genio" presumido, Adriana andaba de fiesta en fiesta, y a Gabriel se le habían subido los humos con el alto cargo que tenía y perdió la perspectiva de lo que debía ser la línea editorial, ya que al él quedar encargado del propósito fundamental de la empresa (proveer contenido en línea), y al ser alguien que se creía un genio (pero no lo era), casi ninguna de sus ideas eran productivas, ni arrojaban resultados. Lo peor era que Gabriel no escuchaba a quienes trabajaban con y para él: no los escuchaba porque *"yo soy el genio, yo tengo la visión, yo tengo la idea del siglo, y yo sé lo que la gente quiere"*, pero mes tras mes los números de las visitas al portal indicaban todo lo contrario ya que, a pesar de sus esfuerzos de copiar y repetir conductas de personas auténticas, las visitas eran cada vez más bajas. Entonces lo que ocurría era que el nicho de mercado de Loquesea, que ya de por sí era pequeño (los jóvenes de cultura rock y rave), ahora era más pequeño aún porque el portal le hablaba a un nicho que iba en función a la línea editorial que planteaba Gabriel. Por supuesto que obviamente hay un mercado para todo, pero el objetivo de Loquesea era llegarle a la mayor cantidad de personas para crear una audiencia significativa y producir ingresos. Adicionalmente, Gabriel empezó a vivir la vida del triunfador sin haber triunfado, sin darse cuenta que debía ser un poco paciente y vivir la vida del trabajador por un breve tiempo. Finalmente, casi todos los diseñadores eran terribles y los escritores eran menos que mediocres.

En mi departamento en cambio, yo diría que casi todos mis compañeros de trabajo eran personas capaces, responsables, disciplinados, trabajadores y profesionales. No eran *"genios de la Simón Bolívar"*, pero tenían cierto sentido de compromiso con la empresa, contrario a los cinco personajes clave que nombré. Verá, Lizarralde, Michael y Adriana no trabajaban con nosotros en Caracas, sino que estaban en Manhattan, y Sebastián se les unió a principios de 2000, dejando a Gabriel prácticamente solo al timón de un barco a la deriva. El pretexto de estar residenciados allá era que buscaban inversionistas, lo cual era algo cuestionable considerando que un alto porcentaje de las firmas de inversionistas tecnológicas están en Silicon Valley. Todo esto nos sonaba muy extraño, ya que la mayoría de las empresas startups (Microsoft, Apple, Google) empiezan desde abajo, en el garaje de sus casas o en ambientes de muy bajo perfil, y no en Manhattan. Si me preguntan el porqué de esa decisión de radicarse fuera de Venezuela, yo diría que estaban viviendo en Manhattan gracias al dinero de los inversionistas de Loquesea, esperando acertar con ese u otro negocio que quizás estaban desarrollando en secreto como pasó con la empresa de Sebastián que eventualmente logró vender, mientras que el resto del personal trabajaba en Caracas ganaba salarios insignificantes y en condiciones de trabajo cuestionables.

Volviendo a mis compañeros de trabajo, con todo gusto trabajaría con casi todos ellos de nuevo si tuviese o se presentase la oportunidad en un futuro. Me sorprendía mucho que un portal que era orientado a adolescentes rebeldes con tendencias rock y rave, fuese operado y mantenido por personas con tanto nivel de profesionalismo y ética de trabajo. En el fondo y pensándolo bien, nosotros éramos el motor y corazón que mantenía el barco a flote.

Una de las anécdotas más jocosas que recuerdo fue cuando dieron una instrucción gerencial que prohibía descargar mp3s de Napster[27] en horario de oficina. Un grupo de mis compañeros hizo caso omiso a la medida y continuó haciéndolo, lo cual activó un operativo tipo "redada" por parte del personal de seguridad informática que fue muy cómico: nos encontrábamos trabajando en nuestros cubículos cuando

---

[27] Programa utilizado en 1999, 2000, 2001, para descargar música de forma gratuita a tu PC.

"TERMINATOR" (ese era el Nick que utilizaba el chico de seguridad en ICQ), irrumpió en nuestro departamento y gritó: " *¡Aléjense de sus computadoras de inmediato! ¡Esto es un operativo anti-mp3! ¡TODOS AL SUELO YA!*" Los programadores nos levantamos y uno a uno TERMINATOR procedió a revisar quién estaba usando Napster en horario de oficina, y a elaborar un reporte de llamado de atención. Fue algo cómico, pero que dejaba ver el profesionalismo que había entre los empleados de nivel medio y bajo en nuestro departamento. Al caer la tarde, todo cambiaba a un ambiente relajado donde buscábamos entretenernos con el único recurso que teníamos a la mano: nuestras computadoras e internet. Pasadas las 6 de la tarde, alguien se encargaba de montar los servidores de dos juegos online: Quake 3 Arena (un juego tipo First Person Shooter), y Starcraft (un juego tipo Real Time Strategy), y por supuesto de enviar las respectivas invitaciones a los jugadores/gamers a unirse. En esa época ambos eran los juegos más populares a nivel mundial y por mucho, debido a que su fama se había disparado a niveles estratosféricos gracias a internet. Atrás había quedado el reto de jugar y ganarle a la computadora, o de terminar el juego superando todos los obstáculos que pudiese haber en los niveles, mundos, enemigos y monstruos finales. El nuevo reto de interactuar, enfrentarse a una persona y derrotarla, era mucho más excitante.

Muy posiblemente usted conozca IMDb.com, la página que recopila la información de todas las películas, actores, directores, editores, productores, es decir, cualquier cosa que tenga algo que ver con Cine y Televisión. Además de proveer información y de permitirle a los usuarios escribir sus propias reseñas de las películas. IMDb también tenía foros de discusión en línea donde los usuarios podían debatir acerca de cualquier cosa pertinente a la película, como qué tal había sido la actuación de Bruce Willis en *Duro de Matar (McTiernan, 1988)*, o si Hans Gruber es el mejor villano en la saga, y en general de cualquier idea. Es muy famosa hoy en día, pero en 2000 casi nadie la conocía. La palabra clave aquí en ambos casos (los juegos en línea y los foros de IMDb) es *interacción*. Para mí era evidente que el éxito de internet estaba en fomentar la interacción entre las personas, algo que unos años después Mark Zuckerberg también notaría y aprovecharía, al igual que muchos otros visionarios.

Un día en junio de 2000, unos colegas de la oficina y yo salimos del trabajo a tomarnos unas cervezas. Fue una de esas salidas típicas en las cuales, entre otras cosas, uno se dedica a hablar sobre lo que está bien o mal que andan las cosas en la oficina y cómo pudiesen ser mejorados los procesos y políticas gerenciales. En algún momento de la noche les hice el siguiente comentario a mis compañeros de trabajo:

"Loquesea necesita una división dedicada al gaming. Sería un éxito porque estamos en el momento justo para lanzarla. Podemos hacer un portal de juegos con secciones bien definidas para captar al público gamer que cada día crece más. Tenemos los recursos de la empresa y podemos presentarlo como un proyecto a Lizarralde cuando venga al final del mes a estrenar el *Interwoven*. Podemos presentarle una maqueta, explicarle el alcance y potencial que hay, y buscar su aprobación para que impulse la idea."

La propuesta le encantó a mis compañeros y en cuestión de cinco horas y unas cuarenta cervezas, habíamos hecho el mapa del portal, la estructura y el diseño, con objetivos de mercado definidos, y los productos y servicios que ofrecería.

Por cuatro semanas estuvimos trabajando horas extras y contra reloj, para tener una maqueta navegable para presentarle a Lizarralde cuando viniese en julio, y milagrosamente lo logramos. Lizarralde estaría en Caracas dos días: jueves y viernes, ambos para presentar *Interwoven*, que era el nuevo administrador de contenido que reemplazaría el sistema que había sido creado por Sebastián. Nunca entendí bien por qué necesitábamos reemplazar el administrador de contenido de Sebastián, y tampoco entendí por qué *Interwoven* había costado "millones de Dólares" si lo había programado Michelle, la hija de Michael. En fin, Lizarralde llegó el jueves en la mañana, acompañado de nada más y nada menos que de Michelle para dar el entrenamiento de *Interwoven*.

De Michelle se sabía muy poco: que era una chica brillante, que estaba a cargo de *Interwoven*, y que *Interwoven* era su hijo. La inducción no fue muy distinta a cualquier entrenamiento de nuevo administrador que puedan imaginar, y se veía a leguas que Michelle estaba orgullosa de su trabajo y lo expresaba con humildad y profesionalismo. El jueves fue día de entrenamiento intensivo y Lizarralde estuvo ocupado en reuniones con los directores de cada área de la empresa. Le pedí a uno de ellos que por favor le mencionase que yo deseaba conversar con él; horas después, la persona me dijo que Carlos ya sabía que yo quería hablar con él y que estaba buscando un espacio para atenderme. Yo lo tomé como una buena señal. Al día siguiente a la hora de almuerzo me topé con Lizarralde en uno de los pasillos de la oficina y recuerdo como si hubiese sido ayer que me dijo: - *"I know you have something to show me. They tell me it's good. I want to see it later, ok?"*[28]- Me sentí motivado.

Al caer la tarde del viernes llovía de forma torrencial. Dado que el entrenamiento había terminado antes de mediodía, decidí acercarme a Missy (Michelle) y después de felicitarla por el gran trabajo que había hecho, le mostré lo que nosotros habíamos creado. Le expliqué el mismo razonamiento que compartí con mis compañeros cuando ideamos el concepto y en esencia le hice la presentación que le haría a Lizarralde. No exagero cuando digo que quedó boquiabierta. Nuestra maqueta había quedado muy bien y todo el equipo que trabajó en ella estaba orgulloso. Missy pasó un buen rato navegándola, mientras en la otra pantalla de su computadora buscaba en internet sitios similares para compararla. Era evidente que le había impresionado y ella sabía que estaba en presencia de algo que valía la pena, quizás incluso más que *Interwoven*. En ese momento arribó Lizarralde y Missy se apartó para que él se sentase en su computadora y yo pudiese hacer la exposición. Allí estaba yo: un bebé de veintiún años; un empleado en uno de los escalafones más bajos de Loquesea, hablando de tú a tú con el CEO y dueño de la empresa. Hablé con confianza y determinación. Le mostré nuestra maqueta, el potencial de mercado que había, la visión para el proyecto, los objetivos definidos que teníamos, y lo que esperábamos en el largo plazo. No sé si quedó impresionado, apático, o decepcionado, pero la respuesta de Lizarralde fue:

"You know, I like it. I really like it. But I can't afford you. We can't afford it."

---

[28] Si el lector se pregunta por qué me habló en inglés, la explicación la encontrará en las Partes II y IV.

¿De qué rayos estaba hablando? Yo en ningún momento mencioné nada alusivo al dinero.

Lizarralde explicó que el objetivo que debía conseguirse para el corto plazo era la inmediata reducción de gastos y la subsistencia de Loquesea, porque el único propósito de la empresa debía ser enfocarse en productos que debían dar rentabilidad lo más pronto posible. Yo pensaba: *"Con rentabilidad quieres decir, ¿mantener los constantes viajes de Adriana, mantenerlos a ustedes viviendo y trabajando en Manhattan, y mantener los vicios de Gabriel? Si quieres reducir costos y gastos, ¿por qué no buscan una casa en New Jersey, donde los gastos de manutención sean $2,000 mensuales y no los $20,000 mensuales que ustedes consumen como si fuesen la segunda venida de la Mafia PayPal? Eso sin contar sus exorbitantes salarios, más la costosa e innecesariamente enorme y lujosa oficina que tenemos aquí en Caracas. That you can afford?"* – Todo eso pasó por mi mente, pero me contuve y le dije:

- "Carlos: yo no te estoy diciendo que nos pagues más o nos subas el sueldo. Te estoy diciendo que tenemos a un grupo de personas que están dispuestas a trabajar para este proyecto, que estoy seguro te dará rentabilidad en tres o cuatro años. *This is the next big thing.* Ni hablar en más de cinco años, esto va a ser sumamente lucrativo. El equipo de trabajo está motivado y quiere trabajar. Tenemos los recursos, tenemos el espacio (le mostré un área de la oficina que era perfecta), solo necesitas apoyarnos. Eso es todo. Ya tengo distribuidas las cargas de trabajo para que nuestras rutinas y asignaciones fluyan sin verse afectadas, y todos estamos dispuestos a asumir la responsabilidad porque estamos motivados y queremos hacerlo." – Carlos reiteró lo que acababa de decir, lamentándose que no podían invertir recursos en proyectos de largo plazo, y que el objetivo que debía conseguirse para el corto plazo era la inmediata reducción de costos y la subsistencia de Loquesea, y que el único propósito de la empresa debía ser dar rentabilidad lo más pronto posible. Tal vez fui emotivo, pero en ese momento tiré la toalla. La propuesta se había caído.

Durante muchos años me mantuve preguntándome qué había salido mal ese día: cuando coincidimos en la manana él me había dicho que había escuchado cosas buenas sobre mí y el proyecto, y en la tarde nos cerró la puerta por completo. ¿Qué había cambiado? ¿Acaso no hablé bien? ¿Hice o dije algo malo? ¿El producto no era tan bueno? Por varios meses reproduje la escena cientos de veces en mi mente: yo hice una excelente presentación; no dije o hice algo indebido, y el producto era simplemente extraordinario porque recuerdo que todos los asistentes, incluyendo Michelle, quedaron impresionados. Estuve pensando en ese día durante muchos años y después de haber visto y aprendido casi todo acerca de los empresarios venezolanos, la sociedad venezolana, la mentalidad del venezolano y la forma como funcionaban las cosas en Venezuela, me di cuenta que el fracaso no había tenido nada que ver conmigo o con el proyecto. Me di cuenta que si le hubiese hecho esa misma presentación a Peter Thiel o a Tom Draper, hubiésemos cerrado un trato con una inversión inicial por varios cientos de miles de dólares. No tengo la menor duda.

Me di cuenta de que Lizarralde estaba esperando que yo le dijese algo así como: -"*Carlos, este es el proyecto en el que he estado trabajando junto con mi equipo. Nos va a dar una participación de mercado de 80% y arrojará ganancias en los próximos tres meses. Estimo que unos $2.000.000 de utilidad neta, como es común con todas las empresas y negocios en las industrias de informática y tecnología.*" – Me di cuenta de que Carlos no tenía la menor idea de que el éxito en la industria de informática y tecnología y en general en casi todas las industrias, no llega de la noche a la mañana; demora años y a veces muchos años. Me di cuenta de que si Carlos hubiese visto a Arnold Schwarzenegger en *Hércules en Nueva York* (*Seidelman, 1970*), no hubiese apostado ni un centavo por él como futura estrella de cine. Me di cuenta de que Carlos solo tenía visión a corto plazo y no tenía nada de visión a largo plazo. Creo que lo peor de todo es, que me di cuenta de que quizás Carlos sabía que Loquesea era una pequeña mina de oro que estaba destinada a la bancarrota y que había que aprovecharla al máximo para impulsar algún otro proyecto para conseguir el éxito. Eso fue lo que aprendí tras ver a la mayoría de los venezolanos, y en especial a los empresarios venezolanos.

Meses después ocurrió lo inevitable: la subsistencia de la empresa estaba en riesgo y había que tomar medidas, dado que los recursos del departamento de tecnología no estaban siendo utilizados de forma óptima. ¿Quizás el hecho que el CTO Sebastián estaba con su patrocinante Michael en Manhattan tenía algo que ver? Pero ni hablar de que ellos viniesen a Caracas a liderar el departamento que ellos mismos crearon. En vez de eso, se decidió contratar a un costoso ejecutivo que provenía de la industria petrolera, experto en el área de Gerencia de Proyectos de Petróleo (hablo en serio). Esta era una decisión cuestionable a la cual nadie en el departamento le encontró pies ni cabeza, salvo por el hecho que era esposo de una de las programadoras del departamento, que a su vez era de las amigas más consentidas de Sebastián. Su paquete anual rondaba los $100.000. ¿Acaso no se supone que el objetivo a corto plazo de la empresa era la reducción de costos? Encima de todo, no tendríamos ningún problema si el director del departamento era alguien con conocimientos en el área de informática, pero ¿petróleo?

Era Sebastián quien debía estar en Caracas y no en Manhattan ganando una cifra exorbitante de dólares mensuales. Pero... ahora teníamos a Sebastián en Nueva York, y a este ingeniero de petróleo ganando otra cifra exorbitante de dólares mensuales... en Caracas. No hace falta decir que esto desmoralizó al grupo de trabajo y afectó el desempeño de todos en la empresa. Un mes después, ocurrió lo que era evidente que pasaría ante semejante sucesión de malas decisiones tomadas: una reducción de personal. ¿Sabe qué fue lo más irónico? Los empleados que quedamos en el departamento, quedamos con la misma asignación de carga de trabajo que yo le había propuesto a Lizarralde si nos hubiese dado luz verde con el proyecto.

Eventualmente meses después hubo una segunda reducción de personal, y finalmente en Julio de 2001, Loquesea cerró sus puertas en Caracas. El mantenimiento del resto de los recursos de la página se seguiría haciendo desde... ¡Manhattan! Me pregunto ¿por qué? Para esa época, Quake 3 y Starcraft contaban con tres veces la popularidad que tenían el año anterior, y su crecimiento apenas empezaba. Quake 3 le abrió las puertas a otros juegos FPS que servirían para celebrar competencias internacionales con decenas de miles de dólares en premios, y Starcraft se volvió un juego masivo y protagonista de las Olimpíadas de Cyberatletas, al punto que hoy es catalogado como uno de los mejores juegos de video en la historia, junto con Pac-Man, Super Mario Bros y Zelda. IMDb explotó de tal forma que hoy en día cuenta con una comunidad de más de diez millones de usuarios, al punto que la actividad en los foros era tanta que tuvieron que eliminarlos. Sin embargo, es obvio que gran parte del éxito de IMDb es gracias a los hoy desaparecidos foros que permitían la interacción entre usuarios y por ende fomentaron el crecimiento de usuarios registrados en la página.

Luego que cada uno del grupo que había trabajado conmigo en la propuesta partió por su lado, intentamos por distintas vías ofrecer el portal a inversionistas que pudiesen respaldarnos, pero en Venezuela pocas personas apostaban a inversiones de rentabilidad a largo plazo. Lo intentamos, pero no conseguimos a nadie, puesto que nadie estaba dispuesto a invertir en unos compunerds que querían fundar una empresa que daría ganancias millonarias en cinco o siete años. Quizás lo que pensaron fue que nos robaríamos el dinero, la cual era la mentalidad común en casi todos los venezolanos: la eterna desconfianza en la gente, algo de lo cual conversaré a fondo en la Parte II. Esa es una de las diferencias fundamentales entre los países desarrollados y países subdesarrollados como Venezuela. En Venezuela, todo el mundo quería resultados inmediatos y ganar dinero ya, con el mínimo esfuerzo y una mínima inversión.

Después de Loquesea conseguí un trabajo en DirecTV, en el departamento de informática y tecnología a tiempo parcial. Era un trabajo por contrato que consistía en mitad del tiempo en Caracas y mitad del tiempo en Estados Unidos. De más está decir que al trabajar con estadounidenses, la diferencia comparada con la experiencia que viví en Loquesea, era del cielo a la tierra. Dado que era un trabajo por contrato, me dediqué a buscar un segundo empleo que fuese a tiempo completo, y lo conseguí en una consultoría de proyectos de programación. Por una serie de razones que podrá interpretar a continuación, solo duré tres meses exactos con ellos.

La empresa había sido fundada por cuatro socios: dos mayoritarios y dos minoritarios. De los dos mayoritarios, uno era el hijo de un conocido Senador venezolano. El chico había estudiado administración en la Metropolitana y a los 22 años su padre le dio dinero para fundar su propia empresa. El otro socio no era hijo de alguien conocido, pero también venía de una familia pudiente. Ambos eran buenos amigos.

Los dos socios minoritarios eran compañeros de estudios de los dos mayoritarios, con la diferencia que ellos sabían lo que significaba:

<html><head><title> Hello World! </title></head>

<body><?php echo '<p> PHP Test</p>'; ?></body></html>

Quizás usted se pregunte por qué decidí tomar el trabajo, en vez de ser paciente y esperar a ver si me llamaban de Microsoft o IBM. El asunto es que habiendo visto lo que pasaba con mis compañeros de la Simón, y tomando en cuenta que en casa teníamos el dinero contado, preferí mantenerme produciendo así fuese en una empresa pequeña, una mentalidad que era compartida por varios de mis compañeros de la universidad. Supuse que una empresa pequeña con una oficina pequeña sería ideal y más tranquila, además de que en teoría me daría la oportunidad de crear vínculos más rápidos con los dueños.

Yo entré contratado como el tercer programador de un grupo de cuatro (queriendo decir que después de mí, contrataron a otra persona más para armar el equipo). En total éramos diez personas cuyas funciones delimitaré a continuación:

Socio Mayoritario #1 –el hijo del Senador-:

- En teoría: Buscar prospectos para nuevos proyectos de clientes, realizar presentaciones de ventas, elaborar planes de mercadeo y atender los requerimientos de los clientes existentes.
- En práctica: acostarse con cuanta mujer le pasase por enfrente, viajar a Los Roques o Miami los fines de semana, y llegar los lunes contando lo "brutal" que estuvo su fin de semana.

Socio Mayoritario #2 –de familia pudiente-:

- En teoría: Buscar prospectos para nuevos proyectos de clientes, realizar presentaciones de ventas, elaborar planes de mercadeo, y llevar la parte administrativa de la empresa.
- En práctica: pasear en velero, kayak o practicar kite-surfing todos los fines de semana, llegar bronceado y sonriente, compartiendo lo "brutal" que estuvo su fin de semana.

Socio Minoritario #1 –también de familia pudiente:

- En teoría: dirigir el departamento de programadores, establecer pautas, objetivos, responsabilidades, revisar los códigos de los proyectos, y hacer correcciones y sugerencias.
- En práctica: sostener una reunión semanal con el equipo por espacio de quince minutos (veinte en una ocasión), y preguntar si todo estaba *"¿demasiado power?"*, *"demasiado cool"*, para luego desaparecer el resto de la semana, y no volver a ser visto de nuevo hasta la siguiente reunión.

Socio Minoritario #2 –también de familia pudiente:

- En teoría: administrar los recursos tecnológicos de la empresa, como los servidores, software, hardware y estar disponible en caso de que hubiese alguna emergencia.
- En la práctica: vi a esta persona dos veces en los tres meses que estuve trabajando en la empresa. Las dos veces: 1) Una ocasión que llegué a la empresa a las 8 am, y él se encontraba allí desarmando y configurando unos servidores, estuvo hasta las 2 pm, y se fue; y 2) Una ocasión similar a la anterior, pero esta vez se marchó a las 11:30 am. Más nunca lo vi.

De los cuatro programadores:

Programador #1: era alguien con una ética de trabajo impresionante. No importaba que tan temprano yo llegase a la oficina, él siempre estaba antes que yo. Tenía un hijo de siete años, a quien levantaba temprano y llevaba al colegio. Vivía en Caricuao[29] y apenas llegaba, se sentaba a trabajar y no paraba hasta la hora del almuerzo; almorzaba en treinta minutos y luego seguía. Tenía colgada una foto de su hijo en el monitor y hablaba de él con un orgullo y un cariño envidiable. De hecho, era de lo único de lo que hablaba. Su filosofía era: *"Yo trabajo para darle calidad de vida a mi chamo."*

---

[29] Caricuao es una zona de gente pobre en Caracas, que queda una hora y media de la oficina.

Programador #2: él y yo casi siempre llegábamos a la misma hora y por lo general conversábamos de otros temas que no involucraban al hijo del Programador #1. El Programador #2 se sentaba a mi izquierda, y por lo general él era quien hacía mofas e imitaciones cuando los socios mayoritarios llegaban los lunes a sostener sus interesantes reuniones de compartir las inigualables experiencias que habían vivido en sus fines de semana. Mientras el Programador #2 hacía sus imitaciones y mofas, el Programador #1 se mantenía serio intentando evitar reírse, pero a veces muy de vez en cuando, soltaba una mínima sonrisa.

Programador #4: llegó dos semanas antes que yo me fuese de la empresa. No puedo decir mucho de él, pero parecía estar un nivel por debajo de nosotros tres. Llegaba temprano, trabajaba de forma diligente, y al igual que todos, también disfrutaba de las imitaciones y mofas que hacía el Programador #2 cuando los socios hablaban de sus placenteros, productivos y lujuriosos fines de semana.

Por último estaba la secretaria, que era una señora de unos cincuenta años; y el diseñador que era un muchacho joven, profesional y a quien aún le tengo estima y aprecio. Dicho esto, a continuación, voy a narrar un día cualquiera en la oficina suponiendo que estaban los dos socios mayoritarios y todos los programadores. Entro yo en escena un lunes a las 8:00 am, saludaba a la recepcionista, pasaba al área de trabajo, y saludaba al Programador #1 quien como siempre, estaba primero que yo:

- "Hola, ¡buenos días!"- y encendía mi computadora.

- "Hola Héctor, muy buenos días, ¿cómo estás?"

- "Muy bien gracias, y tú ¿cómo amaneces?"

- "Un día más, trabajando por mi chamo, para sacarlo adelante."

- "Que bueno. Me alegro. ¿Te parece si esta semana probamos la publicación de artículos del administrador de contenido?"

- "Sí. Programador #2 tiene casi lista su parte. Falta depurar unas líneas que dijo terminaría hoy. Creo que si los tres juntamos nuestras secciones, podemos hacer una prueba al final de la semana."

- "Me parece perfecto. Apenas llegue, revisaré con él el código."

- "Excelente Héctor. Voy a revisar lo que llevo hecho."

Minutos después, llegaba Programador #2:

- "¡Buenos días muchachos!" – saludaba de forma animada– "¿Cómo estamos hoy?"

- "Hola, bien, gracias"- contestaba Programador #1.

- "¡Hola! Bien, gracias. Empecé a revisar el avance que debemos entregar el viernes."- contestaba yo.

- "Ok, ok. Me faltan unas cosas que voy a agregar ahora y si gustas en la tarde podemos sentarnos a hacer una corrida en frío."

- "Perfecto, hagamos eso."- yo le contestaba.

En ese momento alguno de los dos -Programador #2 o yo- poníamos algo de música y comentábamos alguna que otra cosa trivial mientras trabajábamos. Aproximadamente una hora y media, o una hora y cuarenta minutos después de haber llegado el Programador #2, llegaba Socio Mayoritario #1:

- "¡BUENOS DÍAS A TODOS!"- Gritaba y saludaba con una enorme sonrisa, como si recién acabase de tener sexo, cosa que no me sorprendería hubiese sido cierta. –"¿CÓMO ME LOS TRATA ESTE JOVIAL LUNES/MARTES/el día que fuese?"- a lo cual contestábamos algo así como *"bien"* o *"bien, gracias"*.

- "¡PERFECTO!"- y aplaudía sus manos –"Esta semana tenemos reuniones IMPORTANTES con nuestros clientes y me gustaría presentar los AVANCES que tenemos hechos, ¿les parece?"

El Programador #1 contestaba (a veces lo hacía yo, a veces el Programador #2): - "Si, claro, seguro. Hace momentos estábamos conversando de hacer una prueba antes de finalizar la semana."

-"¡PEEEERFECTOO! Así me gusta muchachos. ¡Estamos llevando esta compañía al siguiente nivel! Ya vengo, voy a servirme mi café y a hacer unas llamadas. ¡EN SEGUIDA ESTOY CON USTEDES!"- Debe tener en cuenta que era cerca de las 10:00 am para ese momento. De más está decir, ese "en seguida" jamás ocurría y menos cuando llegaba el Socio Mayoritario #2, quien por lo general llegaba treinta o cuarenta minutos después de él.

Socio Mayoritario #2 entraba haciendo mucho más ruido a la oficina (es ese tipo de persona), pero no pasaba a donde estábamos nosotros los programadores, sino que iba directamente a la oficina de su amigo, la cual se encontraba a una pared de dry-wall de distancia del área donde nosotros estábamos.

- "BUENOS DÍAS SEÑORA X (la recepcionista), ¿CÓMO ESTÁ USTED? ¿CÓMO ME LA TRATAN?"- Todo esto se escuchaba desde donde estábamos nosotros.

- "Muy bien gracias Sr., y ¿usted cómo está?"

- "YO ESTOY EXCELENTE. MUY BIEN. ¡GRACIAS A DIOS!"

- "Me alegro, que bueno joven, me alegro de verdad."- me imagino que la pobre señora pensaría algo así como "*si yo tuviese tanto dinero como tú, también estaría excelente.*"

- "GRACIAS y usted también tiene que estar muy bien. PERMISO LINDA SEÑORITA, ¡voy a pasar para adentro!"

- "Vaya mijo, vaya… pase, feliz día." – respondió la señora.

- "GRACIAS…"- y se escuchaba una puerta abrir y cerrar (la de la oficina de Socio Mayoritario #1, y a continuación se escuchaba el grito de guerra: "BRO!!!!!!!!" – y luego se escuchaba un 'CLAP' de chocar manos tipo ¡vengan esos cinco! ¿Usted recuerda la escena al principio de *Depredador (McTiernan, 1987)* cuando Dutch y Dillon se saludan? Algo así. - "¿¿¿QUÉ MAS BROO???" – y de inmediato se escuchaba un abrazo con palmadas en la espalda, como si tenían catorce años sin verse.

- "¿QUÉ TAL EL FIN BROOOO?"

- "PFFFFF HEAVY METAL. NI IDEA tienes de la mega rumba que te perdiste."

- "¿DURO?"

- "¡PFFF! ¡DURISIMO!"

- "¡Dame todos los detalles Bro!"

- "SIÉNTATE, porque es pa' contarte… pero SIÉNTATE porque te puedes CAER si te quedas de pie."

- "Me voy a sentar. ME VOY A SENTAR. ¿ME SIENTO? ¿ES PARA SENTARME?"

- "Siiii, siiiiiiiiiiiiii. Siéntate, ¡es para que te sientes!"

Era más o menos a esta altura de la conversación cuando el Programador #2 empezaba las mofas e imitaciones del par de idiotas. Imitaba sus gestos, forma de hablar y sus acciones. Era muy gracioso.

- "¡OK ME VOY A SENTAR! ¡ME ESTOY SENTANDO! ¿DE VERDAD ES NECESARIO QUE ME SIENTE?"

- "TIENESSSSS que sentarte, porque es HEAVY METAL."

- "OK BRO! ME ESTOY SENTANDO, ME VOY A SENTAR. ¿DE VERDAD ME SIENTO?"

- "¡SI-ÉN-TA-TE!"

- "¡¡¡LISTO!!! YA ME SENTÉ. ESTOY SENTADO. AHORA CUEN-TA-LO TODO"

- "ESTÁS BIEN SENTADO ¿VERDAD?"

- "TE DIJE QUE ME IBA A SENTAR. ASI QUE DALE PLAY"

- "Pfffff. OKEEEY ¿Recuerdas el miércoles cuando estábamos curdeando[30] en mi casa?"

---

[30] Forma coloquial de decir que estaban bebiendo grandes cantidades de alcohol.

- "¿Y TAL QUE DESDE EL MIÉRCOLES LAS CUADRASTE?[31]"

- "Escucha, escucha el cuento. ¿Te acuerdas el miércoles que yo estaba diciéndole a Cesar que podíamos subir a Miami al día siguiente en el vuelo de la tarde? O sea sabes de mi papá... O sea, yo podía tener esos pasajes PFFFF así de rápido (chasquido de dedos)"

- "¡AHA! ¿¡Y las llamaron para cuadrarlas y que tuvieran sus maletas listas ese mismo miércoles EN LA NOCHE!?"

- "Cesar cuadró los culazos[32] para el ¡JUEVES EN LA TARDE!"

- "QUE BIENNN ¡CESAR EL GRANDE!"

- "Claro entonces yo le digo. Chamo, pero entonces las buscamos a mediodía en la universidad y de una ¡les decimos que nos vamos para Maiquetía!"

- "¡ESTÁN SECUESTRADAS!"

- "¡¡Están secuestradas!! ¡Ja-Ja-Ja!"- allí por lo general chocaban las manos de nuevo... 'CLAP!'

- "¿Y ELLAS QUE DIJERON?"

- "Pffff ¿qué van a decir? Sabes cómo se ponen, duras al principio, pero al final ceden."

- "JA-JA-JA-JA-JA, ¡son unas PERRAS!"

- "Nada. Yo les dije que les prestaba mi celular para que avisasen en sus casas que se iban a quedar haciendo un trabajo ¡muuuuy largo casa de una compañera!"

- "¡JA-JA-JA... un trabajo que es muy largo... MUUUUUY LARGO! ¡MUY LARGO Y MUY PELUO[33]!"

- "Venga, venga, ¡choca esos 5!"- y de nuevo chocaban las manos.

---

[31] Coordinar una salida con un grupo de mujeres, no necesariamente prostitutas.

[32] Culazos, Culos. Mujeres muy atractivas.

[33] Pelúo, Peludo: En Venezuela, pelúo se utiliza para describir algo que es muy difícil. Sin embargo, también se usa para describir algo que tiene mucho pelo (del inglés "Hairy"). En este caso obviamente se estaba refiriendo su órgano sexual masculino.

Por esta instancia de la conversación, el Programador #2 hacía una imitación muy jocosa sobre lo que habían hecho, haciendo la actuación de una escena en la cual ellos se reunían con importantes clientes en Miami para vender los productos y servicios sexuales que ofrecía la empresa. Voy a dar un salto a la reproducción de la escena, ya que creo que el lector tiene suficiente material para hacerse la idea de cómo continuaría el hilo, dependiendo del grado y lujo de detalle el cual, a veces llegaba a ser algo explícito. También hago la acotación que el Programador #1, si bien escuchaba la conversación al igual que nosotros y veía la imitación que hacía el Programador #2, siempre trataba de mantenerse trabajando, sin reírse y viendo la foto de su hijo pegada con teipe en el monitor.

- "…y aterrizamos EL DOMINGO en Caracas y nada, PFFFFF dejamos a las perras en sus casas…"

- "¡QUÉ BIEN! ¡QUÉ DURO LES DIERON A ESAS PERRAS!"

- "y ustedes ¿qué hicieron, se quedaron en Los Roques[34]?"

- "NOOOO. NOS VINIMOS EL VIERNES PORQUE ESTABA LADILLAO[35]… Y COMO SABÍA QUE TU HABÍAS CUADRADO ALGO, YO PENSÉ: *'TAMBIÉN TENGO QUE CUADRAR'* Y BUENO…"

- "Ajá, pero ¿qué hicieron?"

- "NAH… LLEGUÉ Y LLAMÉ AL BILL… Y DE UNA SE LO DIJE: ¿PENDIENTE DE UNAS?"

- "¡Bill siempre está activo!"

- "CLARO BRO. ¡¡POR ESO LO LLAME A ÉL!! Yo iba a llamar a este par de huevones" (refiriéndose a los dos socios minoritarios), PERO NAH ESTOS HUEVONES[36] ESTÁN MUY ZANAHORIAS[37]."

---

[34] Los Roques es un archipiélago de islas a una hora en avioneta de Caracas. Es un sitio turístico que siempre ha sido muy costoso.

[35] Aburrido, sin tener algo que hacer.

[36] Tontos, gafos, bobos.

[37] Persona que vive una vida monótona, rutinaria, aburrida, sin socializar: de la casa al trabajo y del trabajo a la casa.

- "Yo no sé qué les pasa a ellos…" (aquí es cuando el Programador #2 nos miraba y decía: *"lo que les pasa es una de dos: o es que ellos - refiriéndose a los socios minoritarios- no le pueden seguir el ritmo de vida a estos tipos, o es que las pocas neuronas que les quedan les están empezando a funcionar"*).

- "EQUIS. BILL LE DIJO A UN PAR DE AMIGAS Y LES DIJIMOS PARA SALIR EN LA NOCHE."

…y aquí voy a cortar la conversación, porque creo que ya usted tiene suficiente material como para extrapolar el resto de la escena. Palabras más o menos, ese era un lunes (a veces martes) típico en la oficina. Creo que Programador #1, Programador #2 e incluso Programador #4, y yo, ninguno de nosotros tenía inconveniente alguno con que estos sujetos disfrutasen de la vida, pero escuchar lo mismo una y otra vez cada semana era latoso. Variaban los destinos y la cantidad de mujeres, pero la esencia de la conversación era la misma, lo cual nos llevaba a hacernos las siguientes preguntas:

1. ¿No se supone que debían estar buscando clientes?
2. ¿No se supone que en la semana debían estar trabajando en actividades de la empresa y no seduciendo a muchachas de la Católica/Metro/Santa María y llevárselas a Miami?
3. ¿Qué clase de ejemplo motivacional daban este tipo de conversaciones a sus empleados?
4. ¿Será que estos tipos han rumbeado tanto al punto que están perdiendo la audición (además del cerebro), y no se daban cuenta que podíamos escuchar todo lo que decían?
5. La paga no era mala -de hecho ganaba mucho más que mi sueldo en Loquesea-, y podría decirse que era buena para los estándares de la industria en Venezuela, pero estaba muy por debajo de los estándares de un programador en Estados Unidos u otro país desarrollado. Si los clientes eran internacionales, ¿no sería una buena idea y una decisión gerencial motivadora, mejorarnos el sueldo y acercarnos a lo que ganaría un programador en Estados Unidos, o al menos darnos una pequeña participación de acciones en la empresa?

Hubo unos tres o cuatro lunes en los que ninguno de los dos fue, pero entonces al día siguiente se reanudaba la tónica. En dos ocasiones, el Socio Minoritario #1 arribó a la convención, y utilizando su jerga *"demasiado power"* o *"demasiado cool"*, asentaba y le rendía cumplidos a las aventuras de sus amigos. Con el transcurrir de los días, me enteré de que el Socio Minoritario #1 en efecto y tal como yo lo sospechaba, había estudiado con ellos, pero había embarazado a su novia en la universidad y ahora era un padre serio y responsable, y eso está bien y no tengo problema alguno con la paternidad temprana no planificada. Lo que no era, era un gerente serio y responsable. Jamás en mis noventa días en la empresa sostuvimos una reunión en el equipo de programadores, ni fijamos objetivos, establecimos metas, asignamos responsabilidades o siquiera nos reunimos para tomarnos unas cervezas y compartir como compañeros de trabajo. Jamás. Todas las decisiones pertinentes a los proyectos que manejábamos las tomábamos los tres programadores. Los productos y avances en los proyectos iban saliendo y nadie revisaba nada de lo que hacíamos.

El lunes de mi onceava semana en la empresa, ninguno de los dos galanes de Miami Beach vino a "trabajar." El martes estaban allí, temprano y tuvieron una breve reunión con nosotros:

- "Muchachos. Sería buena idea que busquemos un momento esta semana para probar la beta del proyecto Z. Voy a presentarlo al cliente y quiero ¡RESULTAADOOOOS!"- (énfasis en el grito).

…y esa fue toda la reunión. A continuación, se retiraron a su oficina para nuevamente compartir lo vivido el fin de semana: es decir, actualizar la más reciente versión de la película casera *"Perras de la Metro se dejan meter el metro en la puerta de atrás."*

Los proyectos de la empresa eran ambiciosos y complejos. Era increíble que la empresa tuviese tales proyectos, pero con el tiempo nos enteramos de que había sido el padre del Socio Mayoritario #1 quien había conseguido los clientes en Estados Unidos gracias a sus conexiones políticas. Es por eso que debo decir con pena y vergüenza que esa es la única experiencia profesional que tuve donde no llegué a terminar ni siquiera uno de los objetivos que había que completar. Los dejé avanzados, pero después de doce semanas escuchando vez tras vez las orgías en las cuales estaban involucrados este par de descerebrados, mientras que dos puestos a mi izquierda había un muchacho humilde, estudioso, inteligente, con un niño pequeño, viviendo en Caricuao, ganando una mera cifra irrisoria en comparación a los lujos que este par gastaban los fines de semana, me pareció demasiado. El viernes del tercer mes, cobré mi cheque y me fui sin siquiera decir adiós. Afortunadamente mi trabajo en DirecTV me permitió mantenerme a flote, y por eso mi currículo no muestra mi estancia en la empresa de los chicos ¡BRO! El resto de mis experiencias profesionales fue en empresas trasnacionales extranjeras, y más nunca trabajé como empleado en una empresa de capital venezolano. La cantidad de historias y anécdotas similares a las de Loquesea y los chicos BRO, me hizo cerrar esa puerta. En 2004 empecé a trabajar para una empresa del sector financiero en Estados Unidos y al poco tiempo me regresé para establecerme en mi país.

Esas eran en líneas generales, las personas emprendedoras y que estaban en posiciones estratégicas en Venezuela en el sector público y el privado: gente con visión a corto plazo y carentes de visión a largo plazo, o que bien estaban viviendo del dinero de los inversionistas mientras les pagaban bajos salarios a sus empleados. Siempre me enervaba y me hervía la sangre cuando me reunía con venezolanos que alegaban que sus amigos o conocidos presidentes, dueños de empresas, figuras conocidas o personas en altos cargos o que tuviesen alguna posición de alta jerarquía, eran gente brillante, como Héctor Navarro, Freddy Guevara, Pedro Tinoco, Rafael Ramírez, Leopoldo López, el Socio Mayoritario #1 y por supuesto, su padre… y así sucesivamente, solo porque el venezolano valoraba y respetaba la posición y el cargo, mas no a la persona. Casi todas estas personas alcanzaron los logros y posiciones que obtuvieron gracias a conexiones políticas, y no por esfuerzo y mérito propio. En una ocasión tuve que decirle a una amiga que adoraba a estas personas:

"Cuando tienes agrupados a una pila de personas brutas y mediocres, y aparece alguien que puede decir una oración de diez palabras de forma coherente, y que además puede multiplicar 4 x 4, es obvio que vas a considerar a esa persona como brillante, pero no necesariamente lo es"

105

Brillantes son Raúl, Jorge, Andrew, Jacobo, Félix, y casi toda la gente con quien estudié en la Simón Bolívar. Navarro, Guevara, Tinoco, Ramírez y López, no son brillantes y en las Partes II, III y IV explicaré por qué. Ellos son personas que *te hacen creer* que son brillantes, pero no son, tal como lo hacía mi amigo Gabriel, de Loquesea.

En muchos países desarrollados, cuando los niños están en la guardería y hacen el juego de *"¿Qué quieres ser cuando seas grande?"*, algunos niños contestan que desean ser doctores; otros dicen ingenieros, abogados, actores, policías, bomberos, cocineros, veterinarios, y así. En los países desarrollados se puede llegar a ser lo que quieras porque así lo decidiste y porque el sistema cuenta con la infraestructura para hacerlo realidad. La sociedad lo ve como que cada elemento forma parte de un enorme sistema en donde se requiere cooperación y funcionalidad de cada una de las partes, y que más aún, cada una de las partes es feliz con lo que está haciendo. En Venezuela eso pasaba muy poco. Muchos de mis compañeros de estudio de la Simón e incluso algunos de mis amigos de la Central y la Católica, tienen cientos de anécdotas similares a lo vivido por mí durante esos tres meses con los chicos BRO, o bien historias similares al despilfarro de dinero desenfrenado y a la falta de inversión en los empleados y de visión a largo plazo, como pasaba en Loquesea.

Tomemos el caso de -y voy a arriesgarme con alguien que no conozco y espero no se ofenda- Gabriela Rubera. Yo no conozco a Gabriela Rubera, pero puedo aseverar con certeza que sé quién es y sé lo que es capaz de hacer. Gabriela es una Ingeniero Químico Summa Cum Laude de la Simón Bolívar que trabajó con una amiga mía en una empresa consultora similar a la de los chicos BRO. El dueño era un patán, sucio y corrupto, similar al Senador padre del Socio Mayoritario #1, y que tenía la misma mentalidad de explotar a los programadores y cobrar 99.94% de la tajada del proyecto, para irse a Miami los fines de semana y bueno… ya puede imaginar la historia. Yo me enteré de la existencia de Gabriela porque mi amiga (llamada Patricia) me contó sobre ella. Patricia fue una de las personas que yo escogí para que leyese uno de los primeros borradores finales de este libro. En una de las conversaciones que tuvimos para depurar el manuscrito, ella me comentó lo siguiente:

- *"Me encanta tu análisis de las universidades, porque aciertas perfectamente. Yo soy de la Central y la gente de la Simón está un nivel por encima de los demás, incluyéndonos. Conmigo trabajó una muchacha llamada Gabriela Rubera, brillante, ingeniero químico."*

Cuando Patricia me dijo que Gabriela había estudiado Ingeniería Química, eso era más que suficiente información para yo saber que esa chica es sumamente brillante, y eso es porque ingeniería química es una de las carreras más difíciles de la Simón. Ella continuó:

- *"...pero yo nunca entendí que hacía Gabriela en esa empresa. Esa es una muchacha que debía estar en MIT, o en la NASA o mínimo Petróleos de Venezuela o algo así"* – Patricia dijo eso debido a que Gabriela Rubera fue una chica que mantuvo un promedio de 5 durante el ciclo básico de la Simón (primer año de la universidad); es decir, obtuvo 5 de 5 en todas las asignaturas de primer año, y terminó graduándose Summa Cum Laude, es decir, con un promedio superior a 4.80 de 5.

Si bien Patricia es una buena persona y le tengo mucho aprecio, ella es una venezolana más, es decir, entra en los cuatro de cinco. Ella un día me comentó que en una ocasión Gabriela tuvo un incidente con ella, en el cual Gabriela había demostrado que, si bien era alguien brillante, le faltaba "inteligencia emocional" o "competencias blandas", algo que me causó ruido. El punto es que Patricia me contó su versión de la historia y me dio curiosidad escuchar la otra cara de la moneda. Ocurrió que Gabriela le hizo un reclamo sobre alguna vicisitud del día y en síntesis, la hizo quedar mal frente al dueño de la empresa. Tras escuchar la historia, le pregunté:

- "Bien. ¿Por casualidad llegaste a ponerte en sus zapatos?"

- *"¿Qué quieres decir?"*- dijo ella.

- "Es obvio que reconoces que Gabriela es brillante. Mucho más que tú. Pero yo creo que aún no logras tener idea de lo brillante que es esa muchacha. Es una muchacha que tuvo 5 de promedio durante todo el ciclo básico de la USB. Es una muchacha, que no solo se graduó sin reprobar ni una asignatura; no se graduó Cum Laude o Magna Cum Laude... se graduó Summa Cum Laude, de Ingeniería Química, una carrera sumamente difícil. Esta es una mujer que flota[38]. Si ella te reclamó algo, quizás tenía razón, o quizás tú intentaste hacerla quedar mal a ella, y ella fue más inteligente y te supo ganar. Escucha lo que has dicho sobre lo que leíste en *El Talento Venezolano*, *El Campo de Trabajo*, y en *Visión a Corto Plazo*: Imagina lo decepcionada y la frustración que debe sentir esa muchacha. Es una chica que pasó su vida entera con un estándar de perfección que viene desde kínder. Siempre fue lo mejor, y es lo único que ha sabido hacer durante toda su vida: tres años en kínder, seis años en primaria, cinco años en secundaria, y luego cinco años en la universidad, siempre ella poniendo la barra, y no buscando alcanzar la barra, sino ella poniendo la barra y bien alta para que nadie la pudiera alcanzar, y ahora como tú dices, está con un montón de mortales comunes para ella, haciendo énfasis en que ustedes son muy inteligentes, pero ustedes están al menos tres niveles por debajo de Gabriela y eso es algo que debes entender."

"Esa pobre muchacha debe tener una frustración por dentro que para ti es imposible de imaginar, y que solo pueden entenderla las personas como ella. Habría que ver por qué ella estaba en esa empresa, en vez de en la NASA. Tal vez le pasó como a mí o como a cientos de mis amigos de la Simón, no lo sé... o tal vez era pedante y la gente no la soportaba en las entrevistas porque los intimidaba, los opacaba y los hacía ver insignificantes. En cualquiera de los escenarios, esa muchacha merece todas las glorias que deberían caerle, incluyendo un sueldo de $6.000 mensuales y como siempre, Venezuela nunca se lo quiso dar y lo que es peor, nunca se lo va a dar gracias a personas como tú. Tú no tienes idea de la frustración que esa mujer debe llevar consigo todos los días: pensar en cuánto tiempo estuvo estudiando, y tanta felicitación y tanto mérito de ser la mejor, y la #1... todo para nada. Todo a la basura gracias a que según tú, no tiene *"inteligencia emocional"* o *"competencias blandas"*, cuando en realidad es tu envidia la que les hace decir eso. Ahora es una mortal mediocre más dentro de la sociedad que la formó, y que pasó su vida entera diciéndole año tras año que ella era la #1, pero ahora es una más del montón, sabiendo que ella no es una más del montón, y ella es la #1. Tú no tienes idea, ni la podrás tener."

---

[38] Metáfora queriendo decir que levita, es decir, no camina entre los mortales.

En mi trabajo con los chicos BRO, yo no podía entender, cómo cada socio mayoritario ganaba $15.000 mensuales, y los minoritarios $7.500. Lo descubrimos porque un día salieron para una reunión y dejaron un portafolio que contenía la nómina y otros documentos financieros de la empresa. Programador #2 cogió el portafolio porque pensaba que habían dejado algo importante y quería ir a entregárselos. Fue así como nos enteramos de que ninguno de nosotros llegaba a $2.000 mensuales. Era una desproporción absurda, además de tomar en cuenta que iban a la oficina dos, máximo tres veces por semana, nunca permaneciendo ocho horas. No fue distinto el caso de mis compañeros en otras empresas similares porque lo sé. ¿Qué de malo había en digamos, ofrecer un salario de $4.000 mensuales? Lógicamente, además recibían regalías y dividendos por los proyectos ejecutados. Eso apartando el hecho que ya de por sí ellos eran pudientes. ¿Necesitaban de verdad ganar $15.000 mensuales, mientras le pagaban $1,500 a las personas que manteníamos el negocio a flote, mientras ellos pasaban fines de semana extendidos haciendo orgías en Miami? (no tengo problema con eso).

No estoy diciendo que deba haber igualdad de salarios pensando de forma socialista, porque estoy en contra del socialismo. Me parece bien cuando un CEO de Disney, Chase, o Google recibe bonos e incentivos de millones de Dólares, además de su alto salario de millones de Dólares. No tengo ningún problema en absoluto con eso, porque siempre he pensado que, para llegar a ser CEO de Disney, de Chase, de Google o de cualquier empresa similar, se requiere de talento, inteligencia, trabajo, dedicación, constancia y otras cualidades que estoy seguro el lector puede inferir. En consecuencia, Bob Iger, Jamie Dimon y Sundar Pichai merecen los altos ingresos que tienen. Lo mismo aplica para los otros cargos C, los SVP y los Vicepresidentes.

Mi problema es con los dueños o CEOs que tenían ingresos extremadamente altos y desproporcionados en relación con los empleados, y pasaban dos días de la semana en la oficina, y el resto haciendo orgías en Miami. Tengo cientos de ejemplos de personas que vivieron la misma situación, y de personas sobrecalificadas, que bien no pudieron conseguir trabajo por estar "sobrecalificados"; o de personas que tuvieron que aceptar un trabajo con gente como los chicos BRO!!, por mucho menos de lo que se supone debían ganar.

Todos mis jefes en los trabajos que he tenido en países distintos a Venezuela obviamente tuvieron salarios mayores al mío. Un SVP, un VP de Área, y ambos ganaban el triple que yo. Pero por encima de eso, eran: 1) Competentes; 2) Preparados en sus áreas; 3) Comprometidos con el horario; y 4) Involucrados con su personal. Muchas personas hacen carrera en las empresas porque entre otras razones, miran a sus superiores como inspiración para crecer. En Venezuela, había muy pocos jefes que podían ser una inspiración para los empleados. Ni hablar de los empleados que ganaban menos de $500 mensuales (la mayoría de la población), como la recepcionista de la oficina. La disparidad y brecha era demasiado grande, sobre todo porque la mayoría de los dueños o personas en altos cargos, eran personas pudientes de toda la vida. Por eso, no había alguien en quien inspirarse.

En Venezuela, yo nunca conocí el primer "self-made billionaire". Alguien que tuviese una historia similar a la de Bill Gates, Larry Page, Mark Zuckerberg o Elon Musk. Alguien que de niño fue un nerd y surgió de la nada para convertirse en un empresario exitoso tras haber fundado una empresa tecnológica que crease un producto que cambiara al mundo. En Venezuela los niños nerd eran vistos como niños leprosos. Por otra parte, en Venezuela nunca existieron firmas privadas de inversión llamadas VC (Venture Capitalist) cuyo propósito consiste en invertir en microempresas con proyectos de gran potencial que no tienen el capital para arrancar o expandir sus operaciones de la forma como quisieran. Ese es el motivo por el cual nuestro proyecto del portal juegos nunca pudo llevarse a cabo, al igual que cientos de proyectos de venezolanos amigos míos que obviamente iban a ser rentables, pero que nunca pudieron despegar gracias a la falta de visión a largo plazo que había en Venezuela.

Muchas empresas famosas tuvieron el apoyo inicial de firmas VC. Facebook existe en parte gracias a visionarios como Sean Parker y Peter Thiel, quienes realizaron una inversión temprana en la pequeña empresa, porque apostaron a su éxito futuro en el largo plazo y el resto es historia. Personas como Sean Parker, Peter Thiel, Tom Draper y muchos otros más que existen en Estados Unidos, no existían (ni existen en Venezuela. Así era muy difícil que Venezuela surgiese.

Otra consideración que debo hacer es que en Estados Unidos, Alemania y Japón existen empresas como Loquesea y la Consultora de los chicos BRO, ya que he conocido a personas con historias similares (dueños irresponsables, pésima gerencia), aunque no tan gráficas como las que describí. Sin embargo, en esas empresas los empleados tienen beneficios que compensan las cuestionables condiciones de trabajo, incluyendo un buen salario. Digamos que si la situación en la Consultora de los chicos BRO se hubiese dado en los Estados Unidos, los empleados hubiésemos tenido un salario de $60.000 o $120.000 anuales, y digamos que de esa forma hubiera sido un poco más tolerable el ambiente de trabajo, ya que al llegar a casa, verías tu cuenta de ahorros crecer, podrías comprar un auto, hacer un viaje al exterior, o podrías darle a tu hijo calidad de vida, y digamos te hubiera dado igual si los dueños de la empresa ganaban $15.000 o $150.000 mensuales, porque verías cierta mejora en tu vida. Pero en Venezuela, ganar menos de $1.500 mensuales no te permitía ninguna de esas posibilidades, y llegar todos los días a Caricuao sin ver un futuro claro de cómo ibas a hacer para salir de allí, no era nada fácil.

Finalizo este capítulo con una aclaratoria acerca de mi detallada explicación de mostrarle al lector el destino de los estudiantes de la Universidad Simón Bolívar que le dieron la oportunidad a empresas venezolanas. Mi exnovia es una de las mujeres más brillantes que he conocido en mi vida y ese fue uno de los motivos por los cuales me enamoré de ella. Me daba un gran placer conversar con ella todos los días sobre temas profundos y abstractos, y hacer chistes nerds que quizás solo alguien de la Simón Bolívar podría entender y reír, y creo que apartando las causas que ella pudiere decir por las cuales nuestra relación terminó, estoy seguro de que ella le diría lo mismo acerca de mí. Carlos Luis Vargas es un muchacho sumamente brillante y aunque tengamos diferencias en algunas cosas, disfruto enormemente de cada ocasión en la cual él y yo interactuamos. Raúl Carvalho es otro nivel de brillantez e inteligencia, tan alto que nos deja en ridículo a mi exnovia, a Carlos Luis, a mí y a cientos de nuestros compañeros de mi cohorte. Lo mismo aplica para Andrew Ostapovitch, Roberto Luongo, Jacobo Bentolila, Emmanuel Cabrera, Felix Missel, Fernando Reátegui, Maria Belén Cianciardo, Lotty Ackerman, Abby Bentata, y muchos otros más.

Ahora bien, el hecho de haber estudiado en la Universidad Simón Bolívar, no precisamente implicaba que esa persona fuese ese "venezolano *40-year-old-virgin*" del cual hablé en la introducción. Es decir, hay semillas podridas de la sociedad venezolana que son egresados de la Simón Bolívar, que se integraron a la sociedad venezolana al graduarse, que terminaron corrompiéndose, y que sin duda alguna terminaron formando parte del grupo de cuatro de cada cinco venezolanos que de una u otra forma destruyeron a Venezuela. Por eso debo ser objetivo, racional y sincero con el lector, ya que tal como Harvard tuvo a Jeffrey Skilling y Stamford tuvo a Elizabeth Holmes, la Simón Bolívar tuvo a Roberto Smith y a muchos otros.

Pasado un tiempo de haber obtenido experiencia profesional, llegaba el momento en el cual el venezolano (o el extranjero viviendo en Venezuela, como era mi caso) se encontraba en una disyuntiva: seguir trabajando en Venezuela, o viajar al exterior y hacer un postgrado (para luego más nunca regresar), o... hacer un postgrado en Venezuela, pensando que eso les ayudaría a escalar posiciones en el campo profesional del país. Para esta instancia era común que la persona se preguntase algo como: *"¿Será que necesito una Maestría para progresar en la empresa? Cielos, ¡qué bien se verá 'Magister' en mi currículo!"* y si la persona consideraba estudiar el postgrado en Venezuela y deseaba especializarse en gerencia, la lógica indicaba que la persona debía estudiar en el mejor instituto de postgrados gerenciales en administración de empresas, finanzas, mercadeo y políticas públicas; es decir, el equivalente de la Universidad Simón Bolívar para postgrados, y ese sitio era el IESA.

5

El IESA

Formando líderes, impulsando innovación, pero viviendo en hipocresía

Estados Unidos tiene a HBS, Wharton y Sloan; Inglaterra tiene a LBS, España tiene al IE y Venezuela tiene al IESA. El IESA era el instituto de estudios de gerencia y administración más prestigioso de Venezuela y contaba con los "mejores" profesores en gerencia y las distintas ramas empresariales, lo que lo hacía la mejor escuela de negocios del país. Su estricto y difícil proceso de admisión, además de su elevado costo, hacía que solo ingresasen profesionales calificados con excelente currículo, respetable línea de carrera, y referencias académicas. Al menos eso era lo que ellos decían y eso era lo que yo pensaba.

Tras haber estado viviendo en Estados Unidos desde hacía varios años, a mediados de 2012 tuve que establecerme en Venezuela temporalmente por motivos personales. Para esta segunda etapa de mi vida en Venezuela, yo ya tenía muchos años de experiencia profesional acumulados, los cuales me sirvieron para conseguir un valioso trabajo en la empresa trasnacional Schindler. Profesionalmente me sentía satisfecho, sin embargo, había un vacío en mi currículo que tenía pendiente por llenar: una Maestría. Para 2014 yo ya había planificado mi regreso a Estados Unidos para 2016 ó 2017, y dado que aún me quedaban dos años en Venezuela, supuse que sería una buena idea obtener un título de MBA. Obviamente mi objetivo para lograrlo, era cursarlo en el mejor sitio para hacerlo en Venezuela: el IESA.

Tras presentar el largo examen de admisión de siete partes (razonamiento verbal, interpretación literaria, matemáticas, cálculo, física, química, inglés y la redacción de un ensayo escrito), sentí que tenía buenas opciones de ser admitido en el prestigioso y exclusivo instituto. Semanas después y tras recibir una felicitación por haber sido la nota más alta del examen, recordé al expositor de una de las charlas de preadmisión, el profesor José Luis Giménez, quien recomendó acudir a cuanto método de financiamiento hubiera para cubrir el costoso postgrado. Fiel a mi mentalidad meritocrática, llené la solicitud para optar a algún financiamiento, y el IESA respondió informándome que mi resultado del examen y antecedentes académicos eran meritorios de una beca 100% que cubriría todo el postgrado. En mi mundo, esto es algo que tiene sentido: intelecto destacado combinado con resultados, implican beneficios, recompensa y reconocimiento. Al momento de pagar mi inscripción, en vez de desembolsar una cuantiosa cantidad de dinero, entregué un papel firmado indicando que yo estaba exento de pago por ser benefactor de una beca que subvencionaba el 100% de los gastos de matrícula.

En líneas generales, conocí profesores regulares en el IESA, como Ramón Piñango, sociólogo de formación, ex presidente del instituto y quien tenía un estilo particular de gritar y alzar la voz en medio de las clases sin razón aparente, así como también de menospreciar algunas exposiciones o intervenciones de los estudiantes. Él también era ese tipo de persona con actitud creerse más de lo que es, por ende, uno de los principales culpables de la mediocridad en el IESA. Era una de esas personas cuyas palabras no se correspondían con sus acciones, lo cual era algo que muchos otros profesores y directivos emulaban de él. Además del mal ejemplo que daba Piñango como profesor y directivo, había otras fallas en el IESA de las cuales hablaré a continuación.

Una de mis asignaturas del primer trimestre de la maestría fue Microeconomía, la cual era dictada por un joven recién graduado de la Católica, a quien para variar tildaban de ser "una persona brillante". Era lo mismo que había escuchado desde hace años: "*Héctor Navarro es una persona brillante*", "*Alí Rodríguez es una persona muy brillante*", "*yo conozco a una niña llamada Michelle que es un ¡CEREBRITO!*", "*Leopoldo López, el Senador Padre del Socio Mayoritario #1 son tipos brillantes*", y ahora *"Igor es un muchacho muy brillante"*. Siempre venía a mi mente la siguiente idea: "Si en Venezuela hay tanta gente brillante en puestos clave, ¿por qué el país esta tan hundido?" Lo cierto es que las clases de Igor eran un Valium a las 8 de la mañana cada lunes. Demás está decir que Igor jamás demostró algo remotamente cercano a ser una persona brillante como Raúl, Jorge o Félix, confirmando la lógica que establecí en los capítulos anteriores: es decir, es posible -pero poco probable- que alguien de la Católica sea una persona verdaderamente brillante.

Después de tres lunes pensando en que era más entretenido ver la grama crecer, que escuchar las aburridas clases de Igor, le compartí a los delegados de curso que no me parecía que Igor cumpliese los estándares del IESA, de tanto reconocimiento y prestigio nacional e internacional. Sugerí que Igor debía ser reemplazado o al menos que las clases las dictase acompañado de alguien que tuviese los tres requisitos fundamentales para ser un profesor de alta categoría: 1) Dominar el contenido de la materia; 2) Tener el talento para explicarlo; y 3) Tener presencia visual, hablada, porte y compostura.

Al tiempo nos enteramos de que el anterior profesor de Microeconomía se había jubilado, y que Igor era una apuesta a la creación de la nueva escuela. También lo nombraron coordinador del centro de energía y estudios de petróleo, y de nuevo insistían que era una persona "sumamente brillante", que era la primera vez que daba clases en un postgrado y por ende, debíamos darle una oportunidad porque estaba aprendiendo. Yo le pregunté a la delegada: *"Pero, ¿quién se supone que está aprendiendo? ¿Él o nosotros?"* Tampoco ayudaba que su asistente era otro chico de la Católica que también se creía más de lo que en realidad era, y a quien también tildaban de "brillante". Esta gente del IESA nunca conoció a Raúl, Andrew, Carlos Luis, Jacobo, Félix o Ken, o a alguien con un cerebro cercano a la definición de una persona brillante.

No sé cómo arribamos a la última semana del trimestre para presentar el examen final, al cual estoy seguro que 90% del salón no tenía la menor idea de los temas que iban a ser evaluados, no por la dificultad del contenido, sino por la incapacidad de Igor de explicar los conceptos más básicos de la asignatura. Por fortuna para mí, el contenido del examen era más matemático que económico, y si bien no podía encontrarle sentido a lo que me estaban preguntando desde un punto de vista económico, sabía que no tendría problema en resolver los ejercicios, pues su dificultad matemática era muy baja para mí. Hice mi mayor esfuerzo en intentar comprender la relación y análisis microeconómico del contenido, pero con seis asignaturas en curso, más un trabajo a tiempo completo en una trasnacional y además de los compromisos de mi vida personal, descifrar las aburridas notas de Igor había pasado a un noveno plano para mí.

El día del examen ingresamos al salón con ganas de salir de allí lo más pronto posible. Igor dio las instrucciones y tras repartir los exámenes, se excusó alegando que tenía un compromiso: *"Brillante y profesional"*, pensé yo. Comencé a resolver los ejercicios y en menos de diez minutos estaba en el tercer problema. Tras ver el enunciado, de inmediato identifiqué que la pregunta tenía un error matemático. El problema no tendría solución y por ende no se podría responder al análisis económico que requería la pregunta. Imagine usted dos curvas de oferta y demanda que jamás tienen intersección y la pregunta es: *"Halle el punto donde hay intersección entre las curvas de oferta y demanda, y analice el precio al incrementar la oferta o demanda."* Algo así ocurría.

En algún momento arribó el "asistonto" de Igor para cuidarnos. El chico maravilla estaba sentado en el escritorio mirando al resto de mis compañeros como si fuese Richard Feynman Jr. Alcé la mano para indicarle que me acercaría a hacerle una pregunta y él en una actitud pomposa, como si fuese el Papa concediéndole permiso a un mortal para hablarle, me indicó que me acercase:

- "Hola… hay un error en la pregunta #3. El problema no tiene solución matemática y no se puede responder para hacer el análisis."

- "¿Cómo que hay un error?"- dijo el joven maravilla, así como si yo fuese un vendedor de perros calientes que jamás había visto una ecuación lineal en mi vida.

- "Hay un error. Las ecuaciones de las rectas nunca generan una intersección. No hay solución para el problema. No se puede hacer el análisis que se pide."

- "Para ver, ah, ah, ah, ya entiendo"- Creo que ni siquiera prestó la menor atención a lo que dije.

- "Hay que avisarle a Igor." – le dije.

- "Yo no sé dónde está Igor." – contestó él.

- "¿Cómo que no sabes dónde está Igor? ¿Igor tiene un examen final y se marcha?"

- "No sé, no tengo idea de lo que hace con su vida."

- "Pero ¿tienes su número celular?, tal vez podrías avisarle, o enviarle un mensaje de texto."

- "No creo que deba llamarlo."

- "Bien, es tu decisión. Al menos, ¿no te parece que deberíamos notificarle al resto del salón?"

- "No veo que la pregunta este mal."

- "¿Cómo? Es fácil ver que no hay intersección en las rectas."

- "Lo más probable es que tengas un error tú. Deberías sentarte a revisar tu procedimiento."

Al ver que era fútil continuar, regresé a mi asiento. Resolví el resto del examen y en menos de media hora ya lo había terminado, excepto por el tercer problema, así que puse el lápiz en el escritorio y me quedé contemplando al resto de mis compañeros. Habían transcurrido unos treinta y cinco minutos, así que muchos de ellos estarían resolviendo o terminando el segundo ejercicio y en poco tiempo empezarían con el tercero. Tarde o temprano alguien encontraría un problema, sobre todo aquellos con buena base matemática, como algún ingeniero. Supongo que los humanistas habrían empezado a contemplar el suicidio como una opción, al no entender qué ocurría con el problema #3.

Cerca de la marca de la hora, una chica se levantó e hizo señas para hacerle una consulta a su majestad el chico maravilla, quien desde su altar le concedió audiencia. Observé cómo mi compañera bajaba las escaleras y veía en su rostro el reflejo de cara de duda. Estaba seguro de que se había trancado con el tercer problema y la seguí con la mirada hasta que llegó al escritorio donde se encontraba Feynman Jr. Leí sus labios y traté de escuchar lo que preguntaba para tratar de inferir su inquietud: era el problema #3. Estaba consultando cómo resolver algo que no parecía tener coherencia. Similar como hizo conmigo, Feynman Jr. hizo caso omiso a la posibilidad de que el Dios Igor hubiese cometido un error y le indicó que revisase su procedimiento. Luego bajó Miguel, luego Verónica, luego Carolina, y palabras más, palabras menos, todos hicieron la misma pregunta: Cómo resolver o cómo "empezar" el problema #3, porque había algo que no estaba bien. Después de que el quinto estudiante se levantó a hacerle la misma pregunta, finalmente Feynman Jr. se dignó a sacar una hoja de su bolso y empezó a escribir algunas cosas; obviamente intentaba resolverlo y no pasaron tres minutos para que su lápiz se detuviese por un momento y pusiese cara de extrañeza ante algo que no encajaba:

- "Disculpen, hay un error en el problema #3. Les recomiendo que paren y salten a otro ejercicio."

El salón entero respiró profundo y suspiró en señal de frustración. Acto seguido, Feynman Jr. salió por un momento. Dos horas después, casi llegando el momento de entregar, Igor entró por la puerta y dijo:

- "Muchachos, por favor disculpen. Me indican que hubo un error en el problema #3, por favor utilicen estos datos en vez de los que están en el examen."

Yo pensé: "Vaya, *'Me indican que hubo un error'* dice este payaso. Le cuesta mucho decir '¿me indicaron que YO cometí un error'? ¿Es tanta la glorificación que su masivo ego necesita?"

El trimestre terminó y una de las delegadas de curso nos aseguró que ya no habría más inconvenientes con los profesores del resto de la maestría puesto que todos eran reconocidos profesionales que contaban con amplia experiencia, y por lo tanto no habría ninguna sorpresa. Pero al empezar el segundo trimestre, fuimos informados que el profesor de Estadística no estaría disponible porque se había marchado del país, y que en su lugar habría un reemplazo. "Supongo que se le puede dar una oportunidad", pensé. Aquí haré un paréntesis:

En el IESA existe la modalidad MBA Tiempo Completo (seis asignaturas por trimestre) para las personas que no trabajan y pueden dedicar atención exclusiva a tener clases en la mañana y en la tarde; y MBA Tiempo Parcial (tres asignaturas por trimestre) para que las personas que trabajan puedan hacer la maestría tomando clases en horario nocturno. Yo inscribí el MBA a Tiempo Completo, al mismo tiempo que tenía mi trabajo a tiempo completo en Schindler. Lo hice debido a que existía la posibilidad de que mi regreso a Estados Unidos fuese antes de 2016, y por ende debía culminar el MBA lo más rápido posible. Por eso negocié con mi jefe -el Gerente General de Schindler- que me permitiese cursar el primer trimestre a tiempo completo, a cambio de trabajar en horario fuera de oficina. Para el segundo trimestre no quería abusar de dicha flexibilidad, así que decidí cursar tres asignaturas en la mañana con mi grupo tiempo completo y las otras tres las cursé con el grupo nocturno de tiempo parcial.

El primer día de clases de una de las asignaturas que cursaba con el grupo nocturno, yo arribé al salón y Ernesto Blanco (Presidente del IESA) estaba conversando con el grupo, intentando comprender una inverosímil situación que había acontecido el trimestre anterior con ellos en la asignatura de Microeconomía. *"¿Acaso las andanzas de Igor y Feynman Jr. también habían afectado a este grupo?"* pensé. Pero no fue así.

El profesor de Microeconomía del MBA Tiempo Parcial en horario nocturno (otro individuo que no era Igor), había renunciado del IESA en la última semana del trimestre, y a pesar de haber realizado las evaluaciones contempladas en el plan de estudios, envió las notas finales con retraso, días después de la fecha tope y con unos resultados finales que no tenían algún tipo coherencia con el desempeño del grupo a lo largo del trimestre. Es decir, personas que ni siquiera participaron en clase o que entregaron trabajos mediocres, habían terminado con la nota más alta, y personas que habían participado a lo largo del curso y tuvieron buenos resultados en las evaluaciones, terminaron con notas bajas. Una muchacha farmacéutica, atractiva y simpática, había recibido una calificación mucho mayor a la de un ingeniero, hombre, que había obtenido nota alta en los exámenes. Ernesto se disculpó por lo ocurrido y se comprometió a investigar e indagar en el caso, para arreglar lo que había pasado. Aquí cierro el paréntesis.

Una de las cualidades que admiro en cargos que están vinculados con exposición, comunicación y hablar en público, es la presencia: estar bien vestido es algo que la audiencia siempre agradece. Nuestro nuevo profesor de Estadística de nombre José Barreto, no cumplía con esa cualidad, ni con alguna de las tres que mencioné antes en el caso de Igor, quien al menos se vestía de forma decente. El profesor Barreto llegó el primer día de clase vestido como un mamarracho. Cargaba unas botas de montaña, un pantalón de jean desgarbado, una camisa percudida y un chaleco beige. Sé que es difícil y casi imposible de imaginar, pero así era. Tenía tres teléfonos celulares guardados dentro de los bolsillos delanteros del chaleco y un manojo de llaves de más o menos 30 llaves. Esa no es la presencia que debía tener un profesor y menos del IESA, y todo empeoró cuando el profesor Barreto empezó a hablar. Salvo una leve mención al plan de evaluación que ningún alumno comprendió, Barreto empezó a hacer algo que jamás he visto o escuchado en mi carrera como estudiante: empezó a promocionar su página web y su canal de videos de YouTube. Abrió su canal y nos mostró una buena cantidad de videos tutoriales, todos bastante patéticos en términos de calidad y contenido, y también mostró algunos videos personales, específicamente un video de él con su gato. Se repetía de nuevo la escena y la historia vivida con Igor, ¡pero peor!

Pasados unos minutos, decidí involucrarme en otros asuntos, como culminar algunas asignaciones de otras materias y ponerme al día con mis responsabilidades de trabajo. Sin embargo, miraba de soslayo al "profesor" hacer clic en los videos de su canal y veía cómo le explicaba al grupo las ventajas de YouTube y cómo utilizar las herramientas útiles, como la barra de buscar (quizás la herramienta que nadie utiliza). También veía a mis compañeros, quienes tenían cara de indignación similar o peor a la que ponían cuando asistían a las clases de Igor. Ese día yo tenía una reunión de trabajo, así que al salir del salón, a pesar de que mis compañeros empezaron a reunirse para buscar mi impresión y comentarios, acordé con ellos que enviaría un mensaje al grupo por correo, dando mi opinión sobre lo que habíamos presenciado. El mensaje que envié decía en concreto que me negaba a permitir que un profesor dictase clases a lo largo de todo un trimestre de la forma como este señor lo había hecho. Varios compañeros respondieron manifestando estar de acuerdo con lo que yo había expresado, lo cual condujo a que los delegados de curso convocasen a una reunión de emergencia para el día siguiente.

La reunión fue rápida y concreta. Un par de compañeros hablaron antes que yo, indicando preocupación sobre la metodología del curso y compartiendo mi opinión con un tono más suave y sutil. Cuando tomé la palabra, fui conciso y preciso: dado el vergonzoso espectáculo que habíamos presenciado, exigí la inmediata sustitución del profesor. Di a entender que me parecía injusto que la transmisión de conocimiento y los métodos para la evaluación, no estaban planteados de forma estructurada y menos para los supuestos "altos estándares" del IESA. A pesar de que el resto del salón coincidía conmigo, un desinterés generalizado abundaba en el grupo y al final acordaron darle una semana más de oportunidad. Me preguntaron qué opinaba de esa propuesta, a lo cual contesté que sería una semana más perdida y que en mi experiencia, estaba seguro de que no había motivo para darle una oportunidad, pero si esa era la decisión de la mayoría, yo me apegaba dejando en claro que no era lo correcto. Recuerdo que la delegada me comentó: *"¿Sabes lo que implica remover a un profesor y las consecuencias que puede haber?"*, a lo cual yo contesté: "No creo que peores a tener un grupo de alumnos que egresen con una pésima preparación académica en la asignatura."

La siguiente clase inició y yo sabiendo lo que se venía, abrí mi laptop y me puse a trabajar en mis asuntos. Barreto mantuvo la misma tónica del primer show: pésima apariencia, los celulares sonando, las llaves sonando, las clases de YouTube y los videos del gato. Concentrado en mi pantalla, a veces miraba lo que el resto del salón hacía, lo cual era leer trabajos de otras asignaturas, revisar internet o hacer cualquier cosa que fuese más productiva que ver cómo Barreto explicaba cómo hacer click a los enlaces de "My Channel" para descubrir los videos que un usuario tiene publicados en su canal. Pasada más o menos una hora, ocurrió algo sorprendente: Barreto abrió Microsoft Excel (literalmente dijo "Microsoft Excel"), y procedió a explicar cómo ingresar datos en una hoja de cálculo de Microsoft Excel, exponiendo que las celdas estaban identificadas según la fila y columna en la cual se encontraban.

Esta cátedra orientada a un grupo de profesionales estudiantes de postgrado duró casi una hora. Después explicó que el contenido de las celdas podía ser constante o variable, y que podían utilizarse referencias a otras celdas con el símbolo "$". Sin embargo, cuando el profesor quiso realizar un ejemplo práctico, se enredó un poco con el mouse, con el teclado, con la computadora y en general con su vida. Creo que ya puede imaginar cómo a veces la persona que expone se pone un poco nerviosa y torpe con el uso de las fórmulas y variables en Excel, lo cual es algo que le pasa a las personas que no saben usar Excel.

El profesor no podía quitar la referencia de la celda, a pesar de que intentaba borrar y reemplazar el contenido usando las teclas de Backspace y el ratón. Mauricio, uno de mis compañeros, ya un poco harto, pero con tono político y sutil le indicó:

- "Profesor, disculpe, si pisa la tecla F4, el símbolo de "$" se reposiciona en la coordenada de la celda, a la fila y la columna, la fila, la columna o es eliminado por completo."

- "¿Qué cómo dice joven?"

- "F4 profesor, pisando F4 se puede agregar y remover $."

- "¿Efe, y luego cuatro? ¿Me dice?"

- "No profesor, la tecla F4, la tecla F4 de arriba en el teclado."

- "Uish no le comprendo, ¿dónde se busca eso?"

Mauricio se levantó de su puesto y se acercó al podio donde se encontraba la computadora del salón para mostrarle al profesor. Pisó F4 y ¡PUM! El $ desapareció.

Barreto exclamó: - "¡Uish! ¡Cómo se aprenden cosas nuevas cada día!"- como si Mauricio le hubiese mostrado permanganato de potasio, o una fusión de hidrógeno en una cantimplora, mientras que el resto del salón aguantaba las carcajadas tapándose la boca para evitar burlarse del desorientado profesor.

Barreto siguió la clase con más consejos de Excel que cualquier estudiante de octavo grado ya sabía desde 1998. Yo seguía enfocado en lo mío, pero podía sentir que dado que todo el mundo sabía que yo respetaría mi palabra de no ser el primero en hablar, alguien distinto a mí iba a levantarse para decir algo, lo cual ocurrió cuando una chica pidió la palabra mientras que Barreto explicaba cómo Guardar los archivos de Excel usando la complicada función "Guardar Como…". Ella, de una forma muy política y educada, le manifestó su preocupación por el hecho que había transcurrido una clase entera la semana anterior y casi el total de la segunda, y no habíamos visto nada pertinente a la materia: no habíamos visto qué era una población, una muestra, una media, una mediana, una moda, ni nada referente a Estadística. Continuó diciendo que estaba preocupada, primero porque no sabía en qué consistiría el examen parcial y el resto de las evaluaciones, y segundo porque no estaba aprendiendo nada de Estadística, y que si bien le importaba la nota, también le importaba mucho aprender. La respuesta de Barreto fue:

- "Tranquilos, ¡todo lo que necesitan está en mis YouTube videos!"

La muchacha le contestó que estaba en desacuerdo y a continuación sobrevino una serie de intervenciones de otros compañeros que respaldaron lo que la chica reclamaba. El profesor Barreto sin embargo no se inmutaba ante los reclamos e insistía que no había de qué preocuparse:

- "Uish. No tienen por qué preocuparse ninguno de ustedes. El contenido de la clase está en los videos en mi página web. Lo pueden revisar cuando gusten. ¡Aquí venimos es a pasarla bien!"

Fue allí cuando tuve suficiente. Esto fue lo último. Cerré la laptop y sin mediar palabras ni alzar la mano, ni pedir permiso para intervenir, exclamé en tono alto, fuerte y tajante:

- "¡No profesor! ¡NO! Aquí no venimos a pasarla bien. Aquí venimos a aprender y a usted se le paga para que venga aquí a enseñar. Aquí hay gente que está haciendo un enorme sacrificio para pagar este costoso postgrado para venir aquí a aprender y esas personas son las que le pagan su sueldo."

Barreto de inmediato se molestó y asumió una postura defensiva, afirmando que "¡uy no! ashí con faltas de respeto hashia mi persona, no voy a hablar…", lo cual fue la gota que derramó el vaso para que yo recogiese mis cosas y me retirase del salón. No pasaría mucho tiempo para que varios compañeros también tomasen la misma decisión. Uno de ellos se acercó a mí y me dijo:

- "Ahora sí hay que hacer algo."

- "¿Ahora sí? Se los dije hace una semana. Perdona, pero ustedes pasan mucho tiempo pensando y poco tiempo resolviendo. Hay que tener visión a largo plazo." – le contesté.

No sé cómo se desenvolvieron los eventos que le siguieron a esa clase, pero lo cierto es que la semana culminó con el despido de Barreto y el anuncio que tendríamos un nuevo profesor: alguien con muchas credenciales y referencias. Yo pensé: "*¿Por qué no lo contrataron a él primero?*" La respuesta está en los dos capítulos anteriores.

La siguiente semana, arribaron al salón Ernesto Blanco, su esbirro Celsa (directora de postgrados), y el nuevo profesor. Una vez que el grupo ya estaba en el salón, Ernesto tomó la palabra para expresar que el interés primordial del IESA era mantener el prestigio y la calidad de sus profesores y por ende, sus clases. Pidió disculpas y se responsabilizó por haber sido él quien contrató al profesor Barreto, alegando que se vio obligado por estar apremiado de tiempo, y que tal error no volvería a ocurrir. Lo clave es que Ernesto no sabía que yo había escuchado el discurso que dio en el otro salón. Yo pensé: - "*Que descarado. Lo mismo dijo a los muchachos del grupo nocturno. Me pregunto dónde se metería este farsante, si yo en este momento me levantase, contase lo que pasó y lo que le dijo al otro grupo.*"- Ernesto continuó con su discurso por algunos minutos y cuando iba terminando dijo algunas palabras, más o menos dentro de las siguientes líneas:

- "*No quiero retirarme sin antes dejar bien en claro que el IESA es la institución de mayor prestigio en Venezuela y nos mantenemos de esa forma porque los problemas que afrontamos incluso en esta difícil situación país, los afrontamos con comprensión, profesionalismo y respeto, y debo decir que si bien lo ocurrido con el profesor Barreto fue una situación que no debió haber pasado, aquí hubo un alumno que le faltó el respeto y esa persona es un FALTO DE RESPETO. En el IESA no vamos a tolerar este tipo de conductas y hacemos un llamado a que tal actitud no vuelva a repetirse. Tomaremos las medidas pertinentes para que el respeto hacia nuestros profesores y alumnos se mantenga en todo momento."*

Nadie se inmutó mientras Ernesto pronunciaba esas palabras. Fue allí cuando entendí el motivo de la presencia de su esbirro. Supuse que querían ver si tanto yo u otra persona, haría, mostraría o daría alguna señal por medio de lenguaje corporal, o diría algo al respecto a lo que había pasado. Me mantuve inmóvil, frío e inerte, al igual que el resto de mis compañeros, quienes creo que vieron lo mismo. Al terminar varios compañeros me comentaron de forma jocosa: *"Wow, esquivaste esa bala"*, y *" ¡Qué forma de lanzarte indirectas!"* El mejor comentario vino de Verónica, una psicóloga de la Católica a quien estimo mucho. Se acercó a mí en privado y me dijo:

- "Hola Héctor, ¿qué te pareció el nuevo profesor?"

- "Excelente. Es muy competente. Nos va a ir muy bien con él."

- "¡Qué bueno estoy aliviada entonces! Confío en tu criterio. ¿Qué te pareció lo de Ernesto?"

- "Ni me va, ni me viene."- le contesté.

- "A mí me decepcionó."

- "¿Por qué?"

-"Empezó bien. Hizo lo correcto al venir, dar la cara y disculparse. Pero se le cayó todo cuando empezó a referirse a ti. Fue obvio que el verdadero propósito de venir a hablar con nosotros, en realidad fue señalarte, llamarte la atención y hacerte quedar mal frente al salón. Si quería hacerlo, esa no fue la forma correcta."

- "Eres lista. Gracias"- le contesté sonriendo.

- "De nada. Cuentas conmigo y tienes mi apoyo para cualquier cosa, si te hacen algo"- Me dijo.

– "Muchas gracias, Verónica."

Esa noche recibí en mi correo del IESA una invitación para presentarme en la Gerencia de Postgrados al día siguiente, sin dar mucho detalle sobre los motivos. Me presenté en la oficina de Celsa y me dijo que *"había que revisar las condiciones de mi estatus como alumno del postgrado"*. Acto seguido, me entregó un documento de tres páginas el cual ella indicó que debía firmar de inmediato. Habiendo yo estado en suficientes negociaciones como para saber que todo documento que se firma debe ser leído y releído, tomé los papeles y comencé la lectura silenciosa. Mientras lo hacía ella dijo: - *"Es algo estándar, puedes firmar sin problema."* Mi experiencia me ha enseñado que 93% de las veces cuando alguien te dice *"¡Puedes firmar sin problema!"*, definitivamente habrá un problema si firmas.

En efecto parecía un documento estándar que no decía nada fuera de lo común, primero identificándome y luego mencionando lo esencial de yo ser beneficiario de una beca que cubría el 100% del costo del programa, y que por ende debía cumplir con asistir a todas las clases, y las responsabilidades pertinentes a las asignaturas. Todo lógico. Sin embargo, y como lo imaginé, encontré dos ordinales que digamos en términos coloquiales, me lanzaban por un precipicio:

SÉPTIMO: Se exigía que mi promedio de cada trimestre estuviese por encima de un cierto índice, y que mi promedio general acumulado del programa estuviese por encima de otro índice.

NOVENO: éste era el más grave. Decía que yo me comprometía a cumplir con lo establecido en el contrato a partir de la fecha de su firma, la cual era el 2 de abril de 2014, fecha en la cual habíamos iniciado el postgrado. El problema era que la fecha en que yo estaba sentado en la oficina de Celsa era 29 de julio de 2014[39].

A continuación, describo la conversación entre Celsa y yo:

- "Disculpe profesora Celsa, tengo una consulta."

---

[39] Si bien la memoria del autor es excelente, el autor no puede asegurar que las fechas exactas fueron "2 de abril" y "29 de julio"; pero sí puede asegurar que dichas fechas están cercanas a las reales en cuestión.

- "Dime, ¿en qué tienes duda?" – dijo Celsa con sus ojos viendo su monitor y no a mí.

- "El ordinal noveno dice que yo me estoy comprometiendo a cumplir con lo establecido en este contrato desde el 2 de abril de 2014, la fecha de inicio del postgrado."

- "Sí, ¿cuál es la duda?"

- "Hoy no es 2 de abril, hoy es 29 de julio. 116 días después."

- "¿Qué quieres decir?"

- "No puedo viajar en el tiempo. No puedo retroceder y cumplir algo que ya pasó."

- "No te comprendo lo que quieres decir Héctor."- dijo. No sé si se estaba haciendo la tonta.

- "Permítame profesora, le explico. Mi índice actual es X. Es alto, pero no alcanza para cumplir con la cláusula séptima para el promedio del primer trimestre, ni para el total acumulado. Más aún, para cumplir con la cláusula del índice acumulado hasta el segundo trimestre, yo tendría que elevar mi índice aún más. No estoy diciendo que yo sea un estudiante promedio, o debajo del promedio, pero como comprenderá, estamos en la tercera semana del segundo trimestre. Lo más lógico y justo para las partes que firman este contrato que usted me está entregando hoy 29 de julio, es que el documento diga:

> Me comprometo a cumplir con todo lo establecido en el documento/contrato, a partir de la fecha de la entrega, recepción, aceptación y firma del documento.

...corrigiendo a la fecha de hoy y no antes. Eso incluiría la aceptación de la cláusula Séptima, con la cual no tendría problema."

Celsa puso cara de extrañeza, y de nuevo no tengo claro si me estaba faroleando o si estaba siendo sincera, así que le repetí mi argumento. Ella contestó:

- "Eso es un evidente error de impresión Héctor. No creo que haya problema alguno con la interpretación y con lo que dices. Es obvio. Es un obvio error de impresión."- dijo Celsa.

- "Esta bien, eso lo entiendo. Si es un error de impresión, ¿qué tal si mejor para curarnos en salud, se imprime un nuevo ejemplar del documento con la corrección que indico?"

- "Lo que pasa Héctor, es que el trimestre pasado estuvimos muy complicados con las protestas[40] y no tuvimos tiempo de entregarle esto a los becados."

-"Entiendo, pero no es nada que no se pueda reparar, ¿cierto? Hay que hacer la corrección. Incluso, usted tiene una impresora allí." – y le señalé hacia su impresora.

-"Esos documentos son documentos estandarizados que son iguales para todos Héctor, por favor fírmalo porque el documento es así, y así como está, está bien."

…y con eso tuve suficiente. Despegué mi cuerpo del espaldar de la silla y me acerqué a su escritorio.

-"Vamos a ver Celsa, yo entiendo que el país se encuentra en una situación difícil y el IESA no escapa de eso. También entiendo que para mantenerse, ustedes se han visto en la necesidad de bajar sus estándares y por eso están recibiendo a algunas personas que tú y yo sabemos que no tienen las credenciales, ni académicas, ni profesionales para estudiar aquí. Con eso quiero decir que ustedes saben que tienen a un montón de gente sin experiencia profesional. Desafortunadamente para ti, ese no es mi caso."

En ese momento Celsa dejo de ver su monitor y se volteó a escucharme. Yo continué:

-"Yo he estado en suficientes negociaciones con personas de diversa índole y poder, tanto económico como político, para saber que no se firman documentos mal redactados, con errores o que debieron

---

[40] Las protestas en contra del gobierno que se dieron en Venezuela en Febrero-Abril en 2014 conocidas como "La Salida", de las cuales conversaré en la Parte III del libro.

haber sido entregados en un momento y no fueron, solo para buscar el beneficio o perjuicio de una de las partes involucradas. Si yo firmo este documento, estoy cavando mi propia tumba. Estoy entregándoles en bandeja de plata la oportunidad a ustedes de quitarme la beca, que si bien no la necesito, es algo que me gané con mérito propio. Yo me comprometo a cumplir con lo establecido en este papel, a partir de HOY; no a partir de hace tres meses atrás para que ustedes puedan tener la oportunidad de usar algo en mi contra.

Yo sé y entiendo que ustedes están enfadados conmigo por lo que pasó con el profesor Barreto, pero esta no es la forma de reflejarlo, ni de hacer las cosas. Tú sabes o al menos creo que debes saber quién soy yo. Yo estoy cursando el MBA tiempo completo, al mismo tiempo que mantengo un cargo gerencial en una trasnacional a tiempo completo. Estoy trabajando y estudiando entre 18 y 20 horas diarias. Mis compañeros lo saben y no tienen idea de cómo me las ingenio para hacerlo, y hacerlo bien tanto en mi trabajo, como bien en el IESA; los profesores con quienes he visto clase se sorprenden cuando se enteran que estoy cursando seis asignaturas y mantengo un trabajo a tiempo completo, y me preguntan cómo lo hago, ya que doy un buen rendimiento en sus materias. Tú sabes que yo soy una persona responsable y de compromiso, y lo estoy demostrando. Tú sabes que soy una persona brillante y eso lo demostré en el examen de admisión. Es un logro monumental tener el índice que tengo y no sé si calificarlo de milagro o de enorme mérito. No es extraordinariamente alto, pero lo considero alto dadas las circunstancias. Te apuesto lo que quieras que 90% de mis compañeros no podría hacer lo que yo estoy haciendo. Eso te debe decir leguas acerca de mí y el compromiso que tengo con la maestría. Este documento no se trata de eso. Aún yo teniendo el índice en el máximo valor posible, no es ético, ni justo, ni correcto que yo consienta y acepte firmar algo sobre lo cual no tuve control nunca. Esto es un asunto de principios. Ustedes creen que yo soy uno de los chicos que acaban de graduarse ayer y que no tienen la más remota idea sobre la forma cómo se manejan los negocios, ni saben ni tienen experiencia para negociar algo o para cuestionar un contrato, y por ende firmarían cualquier cosa que tuviese sus nombres, porque se dejan intimidar por la figura que tienen enfrente. Yo no. Yo no voy a firmar este documento y podemos llevar esto hasta donde tú quieras. Yo trabajo con abogados para quienes este caso sería un tiro al suelo y créeme que de necesitar asesoría legal para cualquier instancia a donde quieras llevar esto, la voy a tener y va a ser muy superior a la de ustedes y te puedo asegurar que voy a ganar. Esto es un caso tan sencillo, que hasta yo que no soy abogado, sé que lo puedo ganar y lo voy a ganar."

Concluí mi exposición y retrocedí para recostarme en el espaldar de la silla. Después de un silencio de algunos segundos, Celsa rompió el silencio y dijo: - "¿Y qué propones?". Ese es uno de esos momentos cuando sabes que ya tienes la negociación ganada. Celsa era mía. Le contesté:

-"Vamos a redactar la cláusula novena para que pueda leerse como estoy indicando. Yo me llevo un ejemplar de este documento, voy a contestar al correo que me enviaste, con copia a todos los destinatarios, indicando que sostuvimos esta reunión donde recomendé corregir la cláusula con el texto que propongo. No voy a mencionar lo demás. Luego, tú vas a contestarle a todos, afirmando que aceptas mi corrección. Imprimes el nuevo documento y yo vengo a firmar en la fecha y hora que dispongas."

Quisiera saber qué pasó por la mente de Celsa cuando escuchó lo que le planteé. Ella se limitó a bajar la cabeza y decir: "Está bien."

Años atrás aprendí de un Gerente de uno de mis clientes que, en este tipo de ocasiones, aun cuando la otra parte ha aceptado las condiciones, siempre es bueno repetir los términos de lo acordado, y así lo hice: - "¿Te parece entonces bien? Al llegar a mi casa, yo envío el correo indicando que yo propuse una corrección a la cláusula novena, la cual incluiré en el texto del correo, y tu responderás con copia a todos que aceptas mi propuesta, y que me indicarás la fecha cuando puedo venir a firmar el documento."

- "Perfecto."- dijo.

- "Muy bien. Gracias Celsa, que tengas un feliz día."

- "Igual para ti."

Esa noche envié el correo y al día siguiente ella contestó aceptando mi propuesta. Por mucho tiempo pensé yo había sido una de las personas más perjudicadas o mejor dicho, a quien intentaron perjudicar más en el IESA, hasta que años después escuché la historia de mi amiga Liliam.

Si bien podría argumentarse que yo era un alumno "polémico" (con "polémico" queriendo decir, alguien que no se deja pisotear y que reclama sus derechos cuando debe), Liliam era lo más cercano a una estudiante modelo del IESA. Liliam es una muchacha con porte y presencia, linda, Ingeniero de Producción de la Simón Bolívar, brillante, con buenas calificaciones y que pasaba el día a día sin dar problemas. Durante su antepenúltimo trimestre en el IESA, Liliam recibió la noticia que sería trasladada por su empresa a Panamá. Esto había ocurrido con otro par de compañeros en instancias tempranas del postgrado, donde no tenía ningún sentido para ellos continuar con el programa y en esos casos era mejor hacer de tripas corazón, aceptar la oportunidad de crecimiento profesional, y abandonar la maestría. El caso de Liliam era difícil porque estaba terminando ya que, como alumna del grupo nocturno a tiempo parcial, sólo le faltaban seis asignaturas en dos trimestres, de las cuales dos eran talleres que se cursaban un viernes y sábado. No tenía sentido para ella abandonar el postgrado estando tan cerca de la meta, más aún al considerar que el IESA tiene una sede en Panamá. Era lógico que Liliam pensase que podría terminar el resto de las asignaturas a distancia, o en el peor de los casos, en Panamá. Nada más lejos de la realidad.

Liliam me compartió que al igual que yo, ella había entendido que se suponía que el IESA era el instituto más prestigioso, y progresista en gerencia de Venezuela: un instituto que ofrecía una maestría triplemente acreditada en el mundo y que incluso parte del programa incluía cursar una materia que llamada "Gerencia de Innovación y el Cambio", facilitada por la profesora María Elena Jaén. Ante este enfoque, ella le planteó a Ernesto, a Celsa, y a María Elena, decenas de ideas y opciones para cursar las seis asignaturas que le faltaban para culminar la maestría, como por ejemplo utilizar la plataforma virtual del IESA para ver clases por video conferencia desde algún salón en la sede en Panamá. Pero no solo rechazaron todas sus propuestas, sino que en ningún momento le ofrecieron ayuda o alternativas viables. Por el contrario, más bien reflejaban desinterés e indiferencia hacia su situación, y la actitud general de los antes mencionados era: *"Aquí se hace lo que yo digo y punto."*

Tras recibir excusa tras excusa por parte de Ernesto, Celsa y María Elena, Liliam sintió que la jerga teórica que predicaba el IESA de ser un instituto innovador y abierto al cambio, era de la boca para fuera. El lector podría pensar que quizás fue una enseñanza de vida tener que afrontar las vicisitudes durante su formación académica, pero ese argumento falla cuando se profundiza en lo que sucedió:

- De las asignaturas obligatorias, una era dictada por Ernesto, y Liliam tuvo que suplicarle para que pudiese verla vía remota.
- De las electivas libres, Liliam no tuvo otra opción que escoger un pequeño listado de asignaturas, de donde ella debía comunicarse con cada profesor por separado y plantearle la misma situación, esperando que el profesor aceptase cursar la materia a distancia. Esto resultó en que Liliam tuviese que cursar electivas libres que no eran de su interés, ni de su área.
- Liliam tuvo que trasladarse en tres ocasiones a Venezuela para asistir a los talleres cuyos profesores no aceptaron ninguna de sus propuestas, y le exigieron asistir a las clases presenciales, con la implicación que conlleva ausentarse de su trabajo por tres semanas, además de gastar en tres pasajes aéreos para ir a Caracas por dos días, sin necesidad, y con dinero de su bolsillo que obviamente no era despreciable, ni repuesto por el IESA.

Es frustrante para cualquier persona que vivía en Venezuela ver que el instituto de mayor renombre y prestigio del país, que presumía de formar a los líderes para el futuro del país fomentando el cambio y la innovación, solo le diese dos opciones al caso de Liliam: 1) Quedarse en Caracas hasta terminar el MBA, o 2) Mudarse al exterior y no terminar el MBA, cuando ellos tenían las herramientas y recursos para darle la posibilidad de terminar el postgrado en el exterior. La mayor decepción que Liliam sintió fue que parecía que Ernesto, Celsa y María Elena la trataban como si fuese gafa, tonta o estúpida, al igual como ocurrió conmigo para la firma del contrato de la beca mal redactado. Afortunadamente (o desafortunadamente para el IESA), ni Liliam ni yo somos gafos, tontos, o estúpidos; somos perseverantes, afrontamos los retos y nos gusta terminar lo que empezamos.

Finalmente, compartiré la historia de una amiga a quien llamaremos Fernanda. Ella es alta, esbelta, muy hermosa, con un cuerpo espectacular y un rostro muy lindo. Tiene porte y tiene presencia, y tiene lindas piernas y senos lindos y vistosos. De igual forma como es hermosa, es muy inteligente. Fernanda me compartió que un día estaba viendo clases en una asignatura del área de finanzas y su profesor, de nombre Santiago Fontiveros, se dispuso a explicar el concepto financiero conocido como BIMBO (Buy In Management Buy Out). El profesor Fontiveros se dirigió a Fernanda y le dijo: - *"Tú debes saber lo que es BIMBO, ya que tienes toda la pinta. ¡Encajas perfectamente*[41]*!"*

Por buena fortuna del profesor Fontiveros, yo no conocí a Fernanda sino años después que ella y yo nos graduamos del IESA. Por mayor fortuna del profesor, yo no estaba en ese salón cuando él hizo ese comentario porque de haber estado, le hubiese exigido disculparse de inmediato. De haberse disculpado, acto seguido yo le hubiese informado que iba a reportar su conducta al departamento de postgrados, por acoso sexual, por haber ofendido a una estudiante, y por humillarla frente al resto de sus compañeros, y también hubiese instado a Fernanda a demandar al Instituto. De no haberse disculpado el profesor, le puedo asegurar que las consecuencias hubiesen sido mayores. El punto al cual quiero llegar aquí además de resaltar el irrespeto que hubo, es que el venezolano no solo es sumiso para darse a respetar; también lo es para exigir respeto cuando han ofendido a alguien que está a su lado. Fernanda me contó que nadie en el salón hizo el intento de objetar el comentario del profesor. Es muy difícil que un país progrese si la sociedad no tiene el valor de reclamar respeto en las más simples circunstancias, y en cambio aquel que lo hacía, era visto como alguien polémico, controversial y un inconveniente para el sistema.

---

[41] Bimbo es un término despectivo para describir a una mujer hermosa, alta, con linda, de cuerpo espectacular, grandes senos y hermosas piernas, pero que es bruta y no tiene nada en el cerebro.

Eso, mi estimado lector, era el IESA. El mejor instituto educativo de gerencia en Venezuela:

- Un profesor que redactaba exámenes con errores y se marchaba el día del examen, con un preparador presumido y engreído.
- Un Presidente que contrató a un profesor sin ningún tipo de referencias académicas, ni profesionales, que se dedicaba a mostrar videos de su gato en YouTube.
- Una Gerente de postgrados que intentaba chantajear a sus estudiantes cuando éstos reclamaban sus derechos, excusándose en errores de impresión.
- Profesores incapaces de actuar en base a lo que tanto pregonaban: innovación y cambio.
- Un profesor que le decía Bimbo a sus estudiantes mujeres.
- ...y los babosos Carlos Jaramillo y José Luis Giménez, y el respetable Ramón Piñango que condonaba sus actitudes haciéndose la vista gorda, y que nadie del IESA puede negar.

Al acercarse la graduación, varios compañeros me propusieron dar el discurso de orden de los estudiantes. Yo les agradecí el ofrecimiento, pero les dije que no me prestaría a seguir el juego del IESA. De haber dado el discurso, varias verdades hubiesen salido a flote y lejos de ser una ceremonia memorable por lo agradable, hubiese sido otra excusa más para que fuese etiquetado como alguien que pensaba distinto en un sistema donde la mediocridad, incluso en la enseñanza académica de postgrados gerenciales, era la reina. Lamentablemente, el IESA resultó ser una decepción, para nada comparable con lo que viví en la Simón Bolívar. Para mí fue obvio que fuera de la Simón Bolívar, el sistema educativo en Venezuela estaba corrompido, podrido y contaminado.

En la Universidad Simón Bolívar yo viví momentos muy difíciles y desagradables, que vapulearon mi autoestima y mi ego como sólo un estudiante de la Simón lo puede saber, y para ello voy a compartir la anécdota de Carlos Luis (mi amigo y de Raúl). Carlos cursó Estadística con uno de los dos profesores considerados "Dioses" de ése área: Adolfo Quiroz era uno y José Luis Palacios –el profesor de Carlos-, era el otro. Ambos eran un par de leyendas vivientes, sumamente respetados, no sólo en la Simón, sino en todo el país e incluso en algunas universidades en el exterior. Quiroz venía del MIT y Palacios hacía trabajos para varias corporaciones internacionales. Eran un par de eminencias, y además eran excelentes docentes; sin embargo, así como eran excelentes y explicaban de forma perfecta, así mismo eran exigentes en sus dos exámenes de 50 puntos cada uno.

Carlos como comenté antes, es una persona muy metódica con su estudio y Estadística le encantó desde el primer día; por eso se propuso aprobar la asignatura con 5. En el primer examen Carlos obtuvo un flamante 50 de 50, y su intención era repetir su excelente desempeño en el segundo parcial, pero no sólo quería repetirlo: quería mostrarle a todos lo que él que era capaz de hacer. Carlos no quería sacar un 5 en Estadística con 85 u 89. Quería sacar 5 con 100. Esto era personal.

Palacios llegó al último día de clase antes del último examen, con la intención de motivar a sus alumnos indicando que no era su intención reprobar a nadie y que, por el contrario, él recompensaría el esfuerzo de los estudiantes. Por eso les dijo que tomaría las preguntas del examen de un oscuro libro ruso con 500 ejercicios (como solía suceder con los exámenes en la Simón), para aquellos estudiantes que quisiesen estudiar por allí. Esto era perfecto para Carlos, quien se dedicó a estudiar todos los ejercicios del oscuro libro ruso y, uno a uno, los resolvió, a excepción de un problema que era muy difícil. Por varios días y noches, intentó llegar a la resolución del problema sin poder lograrlo. La noche antes del examen, mientras indagaba entre otros oscuros libros rusos de los que estaban en la biblioteca, Carlos logró conseguir un complicado cambio de variable que podía aplicarse en el problema para resolverlo. De esta forma, había resuelto 500 problemas de Estadística, y estaba literalmente, hecho un monstruo en Estadística.

La mañana siguiente, Palacios entregó los exámenes y la cara de felicidad de Carlos fue suprema al ver que los cinco problemas del examen eran exactamente iguales a cinco de los ejercicios que él había resuelto. Uno de ellos era nada más y nada menos que el problema imposible que no había podido resolver sino la noche anterior. Carlos me contó que en ese momento se dio cuenta de dos cosas:

1. Iba a sacar 5 en Estadística con 100.
2. Iba a ser el único estudiante con el examen perfecto en todo el salón. Nadie absolutamente tendría la menor idea de cómo resolver el problema imposible que él sí había resuelto.

En menos de una hora Carlos había resulto el examen y se dedicó a revisar sus respuestas para asegurarse que no hubiese algún detalle que pudiese manchar su perfecta nota. Carlos me cuenta:

- *"En eso me llama Víctor y me dice: 'Carlos, como se hace el # 4?', que era el problema imposible. Víctor estaba muy mal con su acumulado, y él necesitaba pasar la materia; si no, le tocaría verla el año próximo y se iba a atrasar un año en la cadena de materias de Comunicaciones. Como podrás imaginar, era imposible que le pudiese explicar el problema, porque ni yo mismo entendía bien el cambio de variable. Sabía aplicarlo, pero no explicarlo y mucho menos a alguien que no estaba claro en la materia. Me dio lástima y lo que hice fue que saqué una hoja, le resolví el problema y se lo di. A la salida, me dio las gracias y me abrazó con lágrimas en sus ojos. Estaba feliz. También me dijo que le había pasado la solución del problema a otro compañero que también necesitaba pasar. Yo no le di importancia, ya que si necesitaban pasar la materia, más bien me sentí bien de haberlos ayudado. Si tan sólo hubiese sabido lo que se me venía..."*

Pasaron dos días –me contó Carlos- y llegó el día de la entrega de calificaciones finales. Palacios llegó al salón y sin entrar en rodeos, repartió los exámenes a todos, menos a cinco estudiantes: Carlos, Víctor, su amigo, un amigo de éste, y otro amigo de éste. Mientras el resto del salón revisaba sus exámenes corregidos y sus notas definitivas, los cinco muchachos se miraban pensando si Palacios había olvidado sus parciales. Carlos me contó que Víctor le preguntó a Palacios: -*"Profesor, disculpe, me parece que le falta mi examen..."*, a lo cual Palacios le hizo señas de *"Tranquilo, tranquilo... ya voy contigo."* Al ver esto, los demás –incluyendo Carlos- presintieron que algo no andaba bien, y a partir de ese momento no se atrevieron a decir ni 'pío'. Palacios serenamente esperó a revisar los exámenes de los demás alumnos, hacer correcciones, entregar definitivas, y esperar a que el salón completo saliese, hasta quedar él solo con los cinco muchachos.

Al retirarse el último alumno que quedaba y cerrar la puerta, Palacios, un tipo refinado, intimidante, con clase, presencia, porte y seguridad al pararse y al caminar, abrió la boca y dijo:

- *"Caramba, caramba… ¿Cómo están ustedes?"*

Uno de los muchachos contestó: "Bien, profesor…"

- *"Bien…"*- dijo Palacios lentamente, con sarcasmo y asentando la cabeza, y repitió de nuevo –*"Bien…"*

Palacios los miró fijamente, con esas miradas intimidantes que envían un mensaje claro, y les dijo:

- *"Ustedes se estarán preguntando por qué no tienen sus exámenes en sus manos. Yo los tengo aquí como deben imaginar y se los voy a entregar, pero antes de hacerlo, permítanme por favor… porque quiero compartirles algo."*

En ese momento Carlos pensó: *'Houston, tenemos un problema…'*

Palacios siguió: - *"Este examen parcial consistía como ustedes saben de cinco preguntas. Yo me considero una persona y un profesor justo. Dos de las cinco preguntas estaban a una dificultad manejable. El estudiante que había comprendido el contenido del curso, las podría contestar con facilidad; ese es el estudiante que sacaría 3 en la materia, y digamos que se conformaba con pasar Estadística conmigo; eso está bien, y yo lo respeto. Luego había dos preguntas de dificultad alta, destinadas para el estudiante que quisiese aprobar la materia con algo más que un 3…"*- y alzando el tono de voz un poco, exclamó airado: - *"…digamos ¡CON UN 4!"*- y sonrió de forma pícara y bajó su tono de voz al volumen normal: –*"Un 4 es una nota para alguien que hizo algo más que estudiar para pasar la materia. Por último, había una quinta pregunta, de una dificultad muy alta, sumamente alta, para el estudiante que quisiera demostrarme que le había echado bolas*[42] *a la materia, y que se había matado investigando y estudiando, y había buscado hasta en el más recóndito estante del más recóndito lugar de la biblioteca, el más oscuro de los libros para entender a profundidad la materia y tener dominio absoluto del contenido. Esa quinta pregunta pelúa*[43] *yo la escogí adrede. ¿Saben por qué?"*

---

[42] Dedicarse de lleno, con mucha ética y profesionalismo a una tarea en específico.

[43] En este caso se trata de un problema de dificultad extrema, sumamente complicado de resolver.

Todos giraron su cabeza indicando que no tenían idea.

- *"Me imaginé..."*- dijo Palacios –*"Bueno... el asunto es que yo pongo la pregunta en el examen y estoy jurando que NADIE, NINGUNO de los ochenta y tantos estudiantes que hay en esta sección iba a resolver ese problema. Yo estaba seguro de eso."*

A continuación, hubo unos segundos de silencio, de esos que crees que ha pasado una eternidad pero que apenas van tres segundos. Palacios rompió el silencio y alzando la voz, exclamó: -*"¡PERO NO! Resulta que en MI salón, ¡aparecieron CINCO INMACULADOS QUE PUDIERON RESOLVER EL PROBLEMA!"*- y sonriendo, calló de nuevo. Hubo otros segundos de silencio.

Palacios prosiguió, retornando su tono de voz al volumen normal: - *"...y además ¡con el mismo procedimiento! ¡BUENO! Vamos a hacer una prueba. Yo quiero estar seguro de que aquí hay de verdad, cinco inmaculados."*- y procedió a entregarles una hoja con un ejercicio en ella a cada uno. Como podrá suponer, el ejercicio que tenía la hoja era el problema en cuestión: - *"IMPRESIÓNENME. Tienen quince minutos"*, y caminando con pasos firmes y seguros, dio la vuelta y salió del salón. Carlos resolvió el problema -por tercera vez en una semana-, y los otros cuatro payasos ni siquiera intentaron rayar algo en la hoja. A los quince minutos, Palacios ingresó de nuevo al aula y recogió las hojas:

- *"¡AJÁÁ! En blanco, blanco, blanco, ah... fuiste tú entonces, y...para ver el último... en blanco."*

Me cuesta imaginar la escena y ponerme en los zapatos de cualquiera de los cinco. Yo en lo personal, creo que me hubiese desmayado o hubiese reventado a llorar. Palacios siguió:

- *"Muy bien. Esto era lo que me temía. ¡Bueno! Nada más que hacer aquí... salvo el hecho que, tú, tú, tú y tú- señalando a cada uno los cuatro –tienen la materia reprobada con 1. ¡SÁLGANSE! Y ni se les ocurra cruzarse en mi camino otra vez en su vida. Si la próxima vez que inscriban la materia les toca conmigo, ¡retírenla de inmediato!"*-

Los cuatro salieron arrastrados y Carlos quedó solo.

Palacios se pasaba la mano por el rostro; yo imagino que estaba tratando de evitar que la sangre se evaporase de su cuerpo, mientras veía a Carlos como el león ve a la gacela antes de acabar con su vida:

- "*¿Tú sabes quién soy yo?*"- le preguntó a Carlos, con Carlos quedando tieso sin modular palabra.- "*¿TIENES ALGUNA IDEA de QUIEN soy yo?*"- preguntó de nuevo, con Carlos mudo.

- "*Yo he estado siguiendo tu desempeño en el curso, y debo reconocer que ha sido impecable. Pero tú no sabes con quien te estás metiendo, carajito. Yo pensé en llevarte a DACE[44], al decanato y al rectorado, y te lo juro por mi madre, que iba a levantar un expediente para que te expulsaran, a ti y a tus amigos. Tú no sabes con quien te metiste carajito. Pero cuando vi que se trataba de ti, que has tenido un desempeño IMPECABLE desde el día uno en mi materia y que se ve a leguas que le echaste un camión de bola para sacar las notas que obtuviste, y que se nota que lo que quisiste fue intentar ayudar a tus amigos, me contuve y decidí no hacerlo. Considera esto tu única y última advertencia. Pero no te vuelvas a equivocar. ¡Conmigo NO TE VUELVAS A EQUIVOCAR!*"

Carlos me cuenta que el color de su piel cambió de clara a transparente y la contextura de la materia que constituye su cuerpo, pasó de sólida a líquida. Ni hablar de su esfínter.

- "*Es todo. Puedes irte.*"- dijo Palacios.

Mientras Carlos aún temblando, sacaba fuerzas de donde no tenía para salir, Palacios agregó: - "*Ah, lo olvidaba: tu castigo es que perdiste el 5. ¿Recuerdas la pregunta que hice acerca de por qué puse adrede ese problema en el examen? Bueno, es porque a mí NADIE me saca 5 con 100.*"

****

---

[44] DACE = Dirección de Admisión y Control de Estudios.

Esas son el tipo de anécdotas y situaciones que yo vi en la Simón Bolívar. Profesores exigentes que no daban una calificación regalada (salvo algunas excepciones de unos afortunados alumnos que pasaron algunas asignaturas con 48 -me incluyo-), parciales escritos en sánscrito de doce horas de duración un sábado, e historias similares. En la Simón yo jamás vi algún tipo de irregularidad, favoritismo, ceguedad, terquedad, o mentalidad obtusa y retrógrada, como la que vi en el IESA o que escuché o me enteré por amigos que estudiaron en la Católica, la Metropolitana, la Santa María, la José María Vargas y el resto de las universidades. Recuerdo que una profesora de la Simón Bolívar muy cercana a mí me comentó que así como era exigente el proceso para llegar a ser estudiante de la Simón Bolívar, era aún mucho más exigente el proceso para llegar a ser profesor de la Simón Bolívar. Tenía sentido porque a la crema y nata, debes formarla con profesores que son la crema y nata. Es por eso que en la Simón había leyendas como Palacios, Quiroz, Lázaro Recht, Jaime Hernández, los Giudici, los Viola, Stephen Andrea, Hummelgens, Calatroni, Sebástiá, Douglas Figueroa, Hugo Goering, Estrella Laredo, Krazuk, Dassori, Galiasso, Di Mercato, Bounnano, Juan León, Nila Montbrum, Lisbuska Juricek, Renzo Boccardo, Alejandro Müller, Donoso, Victoria Bálsamo, Rastelli, Violeta Rojo, Daniel Bailey… son tantos que pido me perdonen si no menciono alguno, y por favor no crean que obvié su nombre. Eran profesores de un nivel intelectual y académico muy superior, y asistir a sus clases era más que un honor; era un verdadero placer. Jaime Hernández era alguien que además de matemáticas, daba enseñanzas de vida, de filosofía, de historia, de biología, y en general de cualquier tema. Nosotros decíamos: *"Si Jaime Hernández abre una materia donde sólo sea él hablando y le asignan el auditorio, te aseguro que el auditorio se llena."*

Jaime Hernández era un individuo extremadamente culto y leído. Yo diría que de las cinco personas más cultas que he conocido en mi vida, muy por delante de cualquiera que conozca, incluso de gente que se dice "culta". Lo mismo pasaba con el resto de los profesores. Tal vez habría alguno de los que nombré que eran más cultos que él, pero Jaime Hernández era tan efectivo y eficiente dando clases de matemáticas, que se permitía el lujo de perder media hora para enseñarnos filosofía, historia, biología o física. Era alguien que sabía de todo. Era alguien que podría ir a *"Quién quiere ser millonario"* y ganarlo sin usar ni un comodín, dos veces. Era impresionante, e igualmente los demás. Además de eso, eran personas con una conducta intachable y ejemplar, y te inculcaban principios y valores. Eran personas correctas que intimidaban con sólo verlos. Daban miedo. Me daba lástima pensar que alguien de la Metro o de la Católica, viese clase con Lázaro Recht o con Donoso; lo más probable es que se le fundiría el cerebro.

¿Había profesores piratas (malos) en la Simón? Por supuesto que había. Nada es perfecto. Pero ¿sabe qué, estimado lector? El pirata más pirata de la Simón Bolívar era alguien que había estudiado en Rusia, en MIT, o en Cambridge y tenía una o dos maestrías, o un Ph.D. No eran Igor, Barreto, Ernesto o Celsa. Una cosa es ser pirata porque no tienes la habilidad natural de dar clase como conducir una sinfonía, como la tenían Sebástiá, Calatroni o Jaime Hernández, pero eres una persona extremadamente brillante y tu fuerte está en la investigación y desarrollo en el departamento donde trabajas, como pasaba con el profesor Alberto Mendoza; y otra cosa muy distinta es que seas un pirata que estudiaste en la Católica, o que enseñas tus videos de YouTube durante tus clases, en vez de dar clases.

Yo vi clases con Alberto Mendoza y créame que así como puedo afirmar que Jaime Hernández fue uno de los mejores profesores en la historia de la Simón Bolívar, puedo con la misma certeza decir que Alberto Mendoza tenía bien merecido el apodo que muchos estudiantes le pusieron, *"Mierdoza"*, porque eso es lo que era: una mierda dando clases. A nivel de investigación era un monstruo, ya que publicaba artículos excelentes y de muy alto nivel intelectual, pero ver clases con él era peor que ser torturado por La Inquisición. Mendoza siempre me dio curiosidad porque muchos amigos vieron clase con él y en cambio a mí nunca me tocaba en ninguna materia. Yo les preguntaba a mis amigos: "¿Qué tan malo puede ser?", y ellos no contestaban y más bien salían corriendo despavoridos. Finalmente y por suerte para satisfacer mi curiosidad, me tocó cursar Matemática VI con él y créame, era peor que cómo lo describían. Pero en el peor de los casos, yo jamás supe de un profesor pirata que le dijese Bimbo a una alumna. No estoy diciendo que no haya ocurrido alguna irregularidad comparable, es muy probable y quizás sí hubo varias, pero en los seis años que yo estuve en la Simón, más los años que estuvieron las personas de cohortes anteriores y posteriores a mí con quienes interactué, bien durante la universidad o al salir al campo de trabajo, jamás supe de algún comportamiento anti-ético o irrespetuoso hacia un estudiante, comparable con las que vi en el IESA y mucho menos con la frecuencia con la que las vi (más de quince irregularidades en un año que estuve allí). Así es: compartí cinco anécdotas y tengo diez más.

En retrospectiva, debo reconocer que mi experiencia en el IESA fue positiva: amplié mis conocimientos, hice nuevas amistades, y logré obtener mi Magister en Administración de Empresas (MBA). Al finalizar el postgrado, sin embargo, me quedó un mal sabor de boca porque tuve que dedicarle un capítulo a cinco de las muchas irregularidades que vi, cuando ninguna debió haber ocurrido, ni deberían ocurrir en cualquier otra casa de estudios. El IESA, el lugar de donde se suponía que preparaba a los futuros gerentes del país, y que fomentaba las ideas para los emprendimientos de Venezuela, era solo una fachada y un nombre para tener en tu currículo, ya que no cumplía ninguna de las dos.

El mal sabor de boca se acentúa más cuando alguien ve mi currículo y quizás no sabe si felicitarme, o mirar con degradación el hecho que tengo un MBA del IESA, ya que tal como pensó Liliam, válidamente podría pensarse que el IESA presumía de ser el Harvard Business School de Venezuela, pero la realidad es que no era ni la sombra. Es esa la razón por la cual HBS, Sloan y Wharton tienen su prestigio merecido. Por jugadas del destino, lamentablemente no pude tener el privilegio de estudiar allí, pero creo que quizás ellos no contratan a profesores que se dicen genios cuando no lo son ni remotamente, o a profesores que muestran videos de YouTube donde juegan con sus gatos; no chantajean a sus estudiantes con contratos que son trampas caza-bobos, no los tratan como estúpidos, y no tienen profesores que les dicen "Bimbos" a alumnas atractivas, porque si lo hiciesen, la demanda sería tan notoria y pública, que su reputación quedaría manchada de por vida; eso apartando de que dado que los supuestos altos estándares del IESA en realidad eran ficticios, en mi promoción había personas que no reunían los requisitos para siquiera ser admitidos al postgrado, y hoy su título vale lo mismo que el mío.

Si eso era el IESA, ¿qué quedaba para las demás instituciones de postgrado? ¿Cómo podía evitarse el colapso de un país donde el mejor instituto de formación gerencial estaba plagado de profesores y líderes de mentalidad retrógrada y obtusa, que contradecían lo que tanto predicaban con orgullo; donde ocurrían irregularidades a las cuales siempre se les iba a hacer seguimiento, pero nunca se solucionaba nada; donde las calificaciones eran asignadas a dedo y rara vez por mérito académico, tal como el gobierno que ellos mismos criticaban repartía cargos y beneficios económicos y sociales a dedo? Para 2014, ¿esos problemas eran culpa de Chávez o de Maduro?

Es por eso que en Venezuela no había un sitio para formar a los gerentes del futuro, ni para fomentar la puesta en práctica de ideas innovadoras para negocios y empresas como Amazon o Google. Eso jamás iba a pasar en Venezuela con el IESA. Fue así como me quedaron claras las razones por las cuales era preferible hacer un postgrado en el exterior. Si alguien se pregunta por qué las cosas en Venezuela no salían bien o no resultaban, y empeoraban con cada día que pasaba, la respuesta es fácil: mala gerencia, porque salvo algunas excepciones, las personas a cargo venían con mala formación, eran mediocres, y porque su sistema estaba funcionando a base de corrupción, chantajes, bajos principios, poca visión a largo plazo para el país, y de no practicar lo que vendían.

Le dejo al lector el ejercicio de determinar por qué incluí la anécdota de Carlos Luis con su profesor de Estadística, José Luis Palacios, y por qué Palacios le dijo que a él nadie le sacaba 5 con 100. Con esto concluye la primera parte donde compartí mis experiencias de primera mano en Venezuela.

La Gestación

Parte II

El Día a Día en Venezuela

La historia de cómo supe que Venezuela colapsaría.

6

La Historia de la Hacienda Venezuela

"En una ocasión, un joven militante líder de las facciones que buscaba removerme de la presidencia, de nombre Rafael Caldera, convocó un mitin en una barriada popular de Caracas, algunos días después de que mi gobierno había inaugurado la Autopista Caracas-La Guaira[45]. Después de hablar por varios minutos, criticando y despotricando a mi persona y a la gestión de mi gobierno, el joven Rafael Caldera le dijo a los que se encontraban allí:

> "...y ahí está el dictador (el General Marcos Pérez Jiménez), malversando los recursos del estado, malversando los recursos que le pertenecen a la gente, al pueblo, construyendo una autopista para que por allí transiten él, y los Cadillacs de su grupo de amigos. Ustedes tienen hambre, ¿verdad? ¿Acaso la autopista se come? ¿Acaso el pueblo come autopista?"

Es verdad que el asfalto de la autopista no se come. Pero con la autopista se redujeron los fletes y tiempos de la cadena de distribución de alimentos que necesitaba el pueblo. Yo quisiera saber, cuántas veces usó el Doctor Rafael Caldera esa autopista y le puedo asegurar que Rafael Caldera nunca fue parte de mi grupo de amigos."

General Marcos Pérez Jiménez (expresidente de Venezuela [1952-58]) en una entrevista hecha en 1998.

En vista que era muy peligroso para un niño salir solo por la calle en el vecindario El Cementerio, mi pasión por los libros aumentó y lo menos que podía hacer para entender y adaptarme a esta nueva cultura, era aprender sobre ella. Al poco tiempo llegó a mi casa el Diccionario de la Fundación Polar, el cual es una enciclopedia elaborada por decenas de académicos e historiadores, que trataba la historia de Venezuela de forma concisa y que procedí a devorar conforme pasaron esas primeras semanas en mi hogar temporal.

---

[45] La Autopista Caracas-La Guaira conecta a la capital del país con el aeropuerto y el puerto marítimo de la costa central. Antiguamente la única forma de comunicación por vía terrestre era una carretera de un canal, cuyo trayecto se transitaba en algo menos de dos horas. Con la nueva autopista construida por el gobierno de Pérez Jiménez, el trayecto se hacía en treinta minutos.

Yo siempre explico la aventura de aprender historia utilizando un capítulo de la serie original *Beverly Hills 90210 (Hunter, Star y otros)*, cuya trama consiste en que Brandon Walsh -el joven estudiante de secundaria y protagonista de la serie-, le cuestionó a su profesor de historia la absurda dificultad de sus exámenes, los cuales consistían en memorizar cientos de páginas de contenido. El profesor le argumentó a Brandon que: *"La memorización es la fundación esencial para conocimientos que serán explorados en clases posteriores"*, a lo cual Brandon le dijo: *"Difiero de usted profesor, porque nadie está aprendiendo nada si solo debes memorizar nombres, fechas y lugares. Para aprender historia debes leer, interpretar, analizar y pensar acerca de las acciones ocurridas y razonar sobre sus causas y consecuencias."* Ese diálogo siempre me pareció excelente, ya que no se debe aprender historia y repetir a ciegas lo que un autor transmite. Se debe leer, interpretar, analizar y pensar, para poder comprender. Solo se puede repetir algo si existe total certeza de lo que ocurrió, o si el argumento es convincente y demostrativo. Con esa premisa, empecé aprendiendo sobre el descubrimiento de América, la colonización, la lucha por la independencia, el establecimiento de la República de Venezuela después de 1830, la era de los caudillos, la dictadura de veintisiete años de Juan Vicente Gómez, la era de López Contreras, Medina Angarita, el trienio adeco, la dictadura de Pérez Jiménez, y la era de la democracia bipartidista (1958-98).

Uno de los principales factores para entender el presente de Venezuela -y en general de cualquier país- es comprender su pasado a través de su historia, y contrastarla con la de otros modelos similares que tuvieron un destino distinto, digamos exitoso. De tal forma que a medida que yo leía la historia de Venezuela, trazaba paralelismos con la historia de Estados Unidos para determinar por qué los destinos de ambas naciones tuvieron desenlaces tan distintos. Quisiera dejar de utilizar a Estados Unidos como punto de referencia, pero me parece que la comparación es válida ya que, por una parte, fueron dos de las primeras naciones en independizarse, y por otra parte porque algunos de los eventos ocurridos durante la independencia y los primeros años como nación de Estados Unidos, produjeron una clara y fuerte influencia en varias naciones alrededor del mundo, incluyendo a Venezuela. Por ese motivo es imposible no utilizar a Estados Unidos como marco de referencia al momento de comparar y entender las diferencias de qué pasó con Venezuela, y cuál fue el resultado de haber hecho las cosas bien y contrastar ese escenario con no haberlas hecho bien. En ese sentido, este capítulo será un resumen de sesenta páginas de la historia de Venezuela, para que el lector pueda comprender cómo Venezuela llegó desde Simón Bolívar en 1812, a Hugo Chávez en 1998, analizando el trasfondo de varias de las conductas que eventualmente surgieron en el día a día de la sociedad venezolana y que explicaré a lo largo de esta Parte II.

Estados Unidos declaró su independencia el 4 de julio de 1776, luego de que las grandes mentes de Thomas Jefferson, Benjamín Franklin, Samuel Adams, John Adams, John Witherspoon y otros célebres personajes acordasen que era necesario forjar una nueva nación basada en la libertad y los derechos del hombre. El pequeño ejército de la nueva nación estuvo en guerra contra la monarquía británica desde 1775, hasta la paz de París en 1783 y luego pasaron seis años para que se constituyese la base sobre la cual hoy en día se posan los tres poderes del estado. Hay que tomar en cuenta que tras lograr su independencia y surgir como una nueva nación, Estados Unidos estaba sentando las bases de un nuevo modelo de estado, incluyendo una figura que hasta ese momento era desconocida por el mundo: un presidente. La independencia de la Capitanía General de Venezuela y su fundación como estado, fue un poco más errática y menos planificada.

En Venezuela, tras varios intentos de independencia de la Corona española ocurridos entre a finales del siglo XVIII y principios del siglo XIX, el 19 de abril de 1810 en un cabildo abierto el pueblo de Caracas destituyó al Capitán General de Venezuela, el español Vicente Emparan. A partir de ese momento, el cabildo asumió el gobierno de Venezuela, hecho que se consolidó un año más tarde, el 5 de julio de 1811, mediante la firma del Acta de Independencia, con no precisamente las más grandes mentes de la nación, ya que por lo que mencioné en *El Talento Venezolano*, Venezuela no contaba con una infraestructura educativa comparable a la de Estados Unidos, siendo la Universidad Central la única casa de estudios que había en el país. Por ese motivo, los firmantes del acta fueron un grupo de personas que simplemente tenían poder económico en Venezuela. Aquí compartiré algo interesante: el Acta de Independencia de Venezuela fue firmada por cuarenta y tres personas, y cada vez que converso con mis amigos y conocidos venezolanos sobre la historia de su país, siempre hago el ejercicio de preguntarles: *"Nombra cinco personas que firmaron el Acta de Independencia de Estados Unidos"* – y las respuestas que usualmente recibo son: Jefferson, Washington, Franklin, y Abraham Lincoln. Al escuchar sus respuestas, les digo: *"Perfecto, nada mal, acertaste con dos. Ahora por favor, nombra cinco personas que hayan firmado el Acta de Independencia de Venezuela, sin mencionar a Francisco de Miranda."* La respuesta que recibo siempre es: _____ (grillos). El motivo por el cual excluyo a Francisco de Miranda se debe a que es el único prócer de la independencia que aparece en un muy famoso cuadro pintado por Juan Lovera en 1838, donde se representa la firma del Acta de Independencia, y que casi cualquier venezolano ha visto y debería conocer. Siempre me pareció interesante que el venezolano es capaz de nombrar dos o incluso tres padres fundadores de Estados Unidos, pero no puede nombrar ni una persona que haya firmado el Acta de Independencia de su propio país.

Tras declararse Venezuela independiente en 1811 se estableció la Primera República, cuyo gobierno fue presidido por Cristóbal Mendoza, un nombre que muy pocos venezolanos conocen. La Primera República fue rápidamente derrotada por España, debido a conflictos internos en el nuevo gobierno y a fuertes derrotas infringidas por parte del ejército de realistas españoles, a los venezolanos patriotas. En 1812, Francisco de Miranda firmó la capitulación y de esta forma se restituyó la Capitanía General controlada por el Reino de España. Es aquí cuando Simón Bolívar se convierte en un personaje de gran importancia en la guerra de independencia.

Bolívar era un general venezolano que había emergido como un líder que obtuvo notables victorias al mando de las fuerzas patriotas del Virreinato de Nueva Granada (actual Colombia), quienes también luchaban por independizarse de España. Tras sus victorias en Nueva Granada, Bolívar inició la Campaña Admirable para liberar a Venezuela en 1813. A lo largo de dicha campaña, Bolívar fue derrotando a las fuerzas españolas partiendo desde Cúcuta, pasando por la región andina y central del país, y culminando con la liberación de Caracas. Al llegar a la capital se estableció la Segunda República, la cual también fue derrotada por España un año después (en 1814), y de esta forma se restituyó nuevamente la Capitanía General.

Tras algunas victorias de los patriotas venezolanos, en 1817 se estableció la Tercera República, y en 1819 nació la Gran Colombia, una nación creada en el Congreso de Angostura como la unión de Venezuela y Nueva Granada (actual Colombia) para luchar en contra de España, a la cual luego se anexarían Ecuador y Panamá, que también luchaban contra los realistas españoles. En dicho Congreso, Simón Bolívar se autoproclamó presidente, debido a que según él, no había nadie más calificado. A diferencia de George Washington, quien tras firmarse el tratado de paz entre Gran Bretaña y Estados Unidos en 1783 se retiró a su hogar, Simón Bolívar asumió que el título de *Libertador* que le había sido conferido tras la Campaña Admirable de 1813 automáticamente le otorgaba el derecho de ser el Dios de Suramérica. Mientras que la elección para escoger al primer presidente de Estados Unidos en 1789 consistió en un esfuerzo colectivo de convencer a George Washington para que regresase de su retiro y se convirtiese en el líder de la nueva nación, en Venezuela Simón Bolívar simplemente le dijo a todo el mundo: *"Yo soy el único y más calificado ser sobre la faz de la Tierra para gobernar esta nueva nación."*

George Washington perdió muchas batallas durante la guerra de independencia de Estados Unidos, sin embargo, fue humilde, se rodeó de hombres brillantes y fue abierto a escuchar a sus subordinados. Bolívar en cambio simplemente dijo: *"Necesitamos un Super País que sea toda Suramérica, y lógicamente yo seré su presidente, y mis mejores amigos tendrán los cargos más altos. Todo el que se oponga y piense distinto a mí es un traidor a la patria, y será fusilado."* ¿Le suena similar el discurso? Es por eso que siempre he pensado que las acciones de las personas dicen más que sus palabras. Mi resumen es basado en las acciones tomadas por Simón Bolívar durante la lucha de la independencia, ya que Bolívar había sido altamente influenciado por Napoleón Bonaparte, así que quizás por ese motivo se vio a sí mismo como el *Emperador de América.*

Para el momento de la fundación de la Gran Colombia, Venezuela llevaba casi ocho años combatiendo a los españoles, similar a como los estadounidenses habían librado batallas contra los ingleses. Dos años después, el 24 de junio de 1821, la Batalla de Carabobo selló de forma definitiva la independencia de Venezuela, luego de que las fuerzas patriotas derrotasen al último contingente importante que quedaba del ejército español en Venezuela. Acto seguido, Bolívar se propuso liberar o integrar a la Gran Colombia a Ecuador, Perú, Bolivia, Argentina, Chile, y quizás si se lo hubiesen permitido, hubiese también liberado e integrado al Polo Sur, Costa Rica, Haití, Japón, Corea del Este, Alaska, Australia, y por supuesto Birmania.

La idea de Bolívar de crear una Súper Nación no fue bien recibida por los neogranadinos (colombianos), puesto que Bolívar quería implementar un tipo de gobierno centralista en el cual todo el poder reposase en él, contrario a lo que los Generales Francisco de Paula Santander (de Nueva Granada) y José Antonio Páez (de Venezuela) querían para la Gran Colombia, es decir, un gobierno donde las provincias tuvieran mayor autonomía. También gran parte de la población de la Gran Colombia estaba en desacuerdo con la ideología y la política de Bolívar, y es aquí donde debo hacer una mención importante: en Venezuela se enseña que Simón Bolívar era una especie de ángel de la guarda y los alumnos de los salones de los colegios venezolanos debían repetir estas enseñanzas. Sin embargo, al leer, analizar e interpretar las acciones de Bolívar, es fácil ver que estaba completamente loco y que similar a todos los hombres perversos que anhelan poder, quería tener cada vez más y más poder en sus manos: *"Conquistemos esto, y agarremos aquello, ¡todo por la Súper Nación!"*

Para 1826, Bolívar había intentado expandir las fronteras de la Gran Colombia, había fundado un país que llevaba una variante de su nombre y del cual también fue su primer presidente, y dado la férrea oposición que afrontaba por parte de Santander, Páez y sus seguidores, se autoproclamó dictador de la Gran Colombia, emulando lo que Napoleón había hecho antes que él. Bolívar continuó con su política de nombrar a dedo a sus seguidores más cercanos a puestos importantes en la Súper Nación y con el pasar del tiempo el descontento y rechazo aumentó cada vez más en la población. De esta forma, los opositores de Bolívar respondieron con intentos de asesinato hacia su persona y hacia sus allegados, siendo Antonio José de Sucre, uno de sus más fieles colaboradores, la víctima más notable de este periodo de inestabilidad tras ser asesinado en Colombia, lo cual sería un golpe letal para las aspiraciones de Bolívar en América del Sur.

Solo y sin aliados, Bolívar claudicó y la Gran Colombia se disolvió en 1830, producto de las diferencias entre sus líderes y por el rechazo que Páez y Santander tenían hacia él y su política de estado centralista basada en Colombia. A partir de ese año es cuando Venezuela se convierte en el estado que actualmente conocemos. Es decir, que mientras Estados Unidos llevaba cincuenta y cuatro años de progreso y avance en política de estado, Venezuela en 1830, diecinueve años después de su independencia, estaba arrancando desde el día cero. Su primer presidente fue el General José Antonio Páez, quien era el líder del partido político Conservador, siendo su oposición constituida por el llamado partido Liberal, lo cual era algo similar a lo que ocurría en Estados Unidos con los Federalistas y los Republicanos (y posteriormente los Republicanos y Demócratas). Sin embargo y nuevamente, aquí había otra pequeña diferencia: en Estados Unidos los partidos políticos en líneas generales estaban integrados por personas educadas y de formación profesional, es decir, por políticos. En Venezuela ocurría algo distinto: el término "partido político" en realidad era una fachada para cubrir el verdadero nombre de la agrupación de personas que se juntaban bajo esa figura. Asimismo, los presidentes de Venezuela no eran políticos calificados. La realidad es que Venezuela fue gobernada por personas que la historia les dio un interesante calificativo que siempre llamó mi atención: *Caudillos*. Desde 1830 hasta 1935, Venezuela no estuvo regida por políticos estadistas en la presidencia, ni tuvo partidos políticos, sino que tuvo *Caudillos*.

Un "caudillo" era un líder de un estado o una región, que tenía a su disposición un puñado de miembros del ejército que le servían a sus intereses. A diferencia de Estados Unidos, el ejército de Venezuela no existía como tal, puesto que no había una cohesión entre los generales líderes de las tropas de las distintas regiones. Es decir: el General "A" tenía un grupo de tropas que le eran fieles a él en la región "norte"; el General "B" tenía un grupo de tropas que le eran fieles a él en la región "sur"; el General "C" tenía un grupo de tropas que le eran fieles a él en la región "sureste"; y así sucesivamente. Cuando un general lograba amasar suficiente poder, se alzaba en armas en contra del gobierno central, y si tomaba la capital (Caracas), entonces automáticamente asumía la presidencia. Las tropas que se encontraban regadas en las provincias y estados fuera de Caracas nunca le respondían al poder central, ni al presidente y no había una cadena de mando; en consecuencia, cualquier General que tuviese doscientos hombres podía alzarse en contra del gobierno en cualquier momento.

De esta forma Venezuela fue gobernada desde 1830 hasta 1908 por los Generales José Antonio Páez, Carlos Soublette, los hermanos Monagas, Juan Crisóstomo Falcón, Antonio Guzmán Blanco, Joaquín Crespo y Cipriano Castro. Incluso había instancias en las cuales el General que ocupaba la presidencia tenía que dejar el cargo de presidente en manos de un títere civil, porque él debía ir al campo a encargarse de combatir los alzamientos de los Generales que intentaban quitarle el poder. Fue así como hubo presidentes transitorios, entre ellos Guillermo Tell, quien gobernó Venezuela en tres ocasiones porque el General Joaquín Crespo estaba ocupado peleando contra quienes querían derrocarlo. Lo importante que se debe aprender en este punto es que, a excepción de casos como el de Tell, las transiciones de gobierno, es decir, la entrega del cargo de presidente de un gobernante a otro, no se hacían por medio de elecciones, sino que por lo general eran por: 1) Sucesiones; 2) Golpes de estado, o 3) Revoluciones.

Exploremos los presidentes de Venezuela desde 1830 hasta 1908:

Mandato	Presidente	"Partido"	Motivo de su salida
1830-35	Gral. José Antonio Páez	Conservador	Eligió a Soublette como sucesor
1835	Andrés Navarte	Conservador	Presidente interino mientras decidían al sucesor de Páez.
1835	Dr. José Maria Vargas	Conservador	Presidente interino mientras decidían al sucesor de Páez.
1835	José Maria Carreño	Conservador	Presidente interino mientras decidían al sucesor de Páez. Se eligió al Dr. José Maria Vargas.
1835-36	Dr. José Maria Vargas	Conservador	Derrocado por seguidores de Páez.
1836-39	Gral. Carlos Soublette	Conservador	Eligió a Páez como sucesor.
1839-43	Gral. José Antonio Páez	Conservador	Eligió a Soublette como sucesor
1843-47	Gral. Carlos Soublette	Conservador	Páez eligió a Monagas como sucesor
1848-51	Gral. José Tadeo Monagas	Conservador Liberal	Eligió a su hermano como sucesor
1851-54	Gral. José Gregorio Monagas	Liberal	Eligió a su hermano como sucesor
1854-58	Gral. José Tadeo Monagas	Liberal	Derrocado por Julian Castro
1858-59	Pedro Gual / Gral. Julian Castro	Independiente/ Militar	Derrocado por revolución
1859-60	Manuel Felipe Tovar / Pedro Gual	Liberal / Independiente	Derrocado por José Antonio Páez
1861-63	Gral. José Antonio Páez	Militar	Derrocado por Juan Crisóstomo Falcón
1863-68	Gral. Juan Crisóstomo Falcón	Liberal	Derrocado por José Ruperto Monagas.
1868-70	Gral. Jose Ruperto Monagas	Liberal	Derrocado por Antonio Guzmán Blanco
1870-77	Gral. Antonio Guzmán Blanco	Liberal	Eligió a Francisco Linares como sucesor
1877-79	Francisco Linares / José Gregorio Valera	Liberal	Muerte de Linares. Renuncia de Valera al retornar Guzmán Blanco
1879-84	Gral. Antonio Guzmán	Liberal	Eligió a Joaquín Crespo como sucesor
1884-86	Gral. Joaquín Crespo	Liberal	Derrocado por revolución.
1886-87	Gral. Antonio Guzmán	Liberal	Renunció por retiro.
1887-88	Hermógenes Lopez	Sin afiliación	Eligió a Juan Rojas como sucesor.
1888-90	Juan Pablo Rojas	Liberal	Culminó su mandato.
1890-92	Raimundo Andueza	Conservador	Renunció para combatir a Joaquín Crespo.
1892-92	Guillermo Tell y Guillermo Tell Villegas	Liberal	Presidentes interinos mientras Crespo luchaba contra rebeldes.
1892-98	Gral. Joaquín Crespo	Militar	Eligió a Ignacio Andrade como sucesor
1898-99	Ignacio Andrade	Liberal	Derrocado por Cipriano Castro
1899-08	Gral. Cipriano Castro	Militar	Derrocado por Juan Vicente Gómez

Fuente: Autor, 2021.

Notas:

1. Después de Juan Pablo Rojas culminase su mandato en 1890, pasarían setenta años para que un civil volviese a ocupar la Presidencia de Venezuela (sin contar los Presidentes interinos).

Dado que es muy sencillo darse cuenta de la inestabilidad política que Venezuela vivió durante el siglo XIX, y que lógicamente esta inestabilidad tuvo repercusiones económicas y sociales sobre las cuales no necesito profundizar por razones obvias, es aquí donde empezaré a ahondar en el análisis necesario para comprender la llegada de Chávez a la presidencia de Venezuela.

La diferencia entre la Venezuela del siglo XIX a la del siglo XX, es que Cipriano Castro (un General andino que se hizo del poder en 1899 tras invadir Caracas en una campaña iniciada desde el estado Táchira), se dio cuenta que era clave establecer a Venezuela como nación en el siglo XX. Castro reconoció que la existencia de Generales con ejércitos bajo mando regional no podía continuar y que debía haber un único ejército estructurado con una cadena de mando en la cual todos sus miembros le respondiesen al presidente. Por ese motivo, la estructura del ejército fue modernizada siguiendo una estricta influencia europea, la cual incluyó la creación de la Academia Militar de Venezuela, para formar a los militares del nuevo ejército de la nación en miras al siglo veinte, y brindarles una adecuada educación y preparación académica.

Una de las mayores dificultades afrontadas por Castro fue tener que enfrentarse a las poderosas naciones Francia y Gran Bretaña, quienes impusieron un bloqueo económico a Venezuela a principios de su gobierno como acto de rechazo a su gobierno dictatorial, en lo que podría calificarse como la primera participación de Venezuela en un conflicto mundial del cual pudo salir con cierta estabilidad y respeto por parte de la comunidad internacional, en lo que parecía sería una posible transición de Venezuela hacia una estabilidad nunca antes vivida en su historia. Lamentablemente Castro fue traicionado por su amigo y segundo al mando, el General Juan Vicente Gómez, quien se hizo del poder cuando Castro tuvo que salir de Venezuela para hacerse un tratamiento médico en Europa. Con la ayuda de varios títeres, Gómez gobernaría durante veintisiete años ejerciendo una férrea dictadura, mientras que Castro fue exiliado y moriría sin volver a Venezuela. El año era 1908, y mientras Estados Unidos se encontraba metido de lleno en un proceso de industrialización, Venezuela apenas finalmente estaba empezando una etapa de estabilidad política en su gobierno, al mismo tiempo que vivía de la importación de café y cacao.

El General Gómez afrontó algunos alzamientos menores en su contra, pero ninguno de ellos llegó a convertirse en una amenaza para su gobierno, ya que los caudillos regionales desaparecieron producto de la represión y de la recién adquirida institucionalidad del ejército iniciada por Castro. Gómez fue un General educado en la calle y el campo, mas no era un general con formación académica. Era un hombre sagaz, de gran carácter y astucia, y supo aprovechar el descubrimiento de petróleo en Venezuela en 1914. Con el Zumaque I[46], Gómez inició la otorgación de concesiones a empresas extranjeras para la extracción del recurso natural, lo cual le trajo cuantiosas riquezas y aún más estabilidad a su gobierno.

Quizás la acción rebelde más notable que Gómez enfrentaría irónicamente no vendría de fuerzas militares, sino de un sector que por primera vez en más de cien años apareció en el panorama político de Venezuela: los estudiantes "intelectuales". Tal como mencioné en el capítulo *"El Talento Venezolano"*, La Universidad Central de Venezuela, aunada a otras universidades regionales como La Universidad del Zulia y la Universidad de Carabobo, pasaron de ser casas de estudio a sitios que albergaban focos de grupos opositores los gobiernos de Castro y Gómez. Dichas universidades fueron producto de continuos allanamientos y cierres por parte del gobierno. Por ejemplo, la Universidad Central de Venezuela permaneció cerrada desde 1912 hasta 1922; y la Universidad del Zulia y la de Carabobo, permanecieron cerradas desde 1904 hasta 1946 y 1958 respectivamente (creo que no necesito explicar el daño que se le causó al país con estas reprochables acciones, al negarle la educación universitaria a la población, y cerrar las tres principales universidades país). La Central logró abrir sus puertas en 1922, dado que se encontraba en la capital, y Caracas era la ciudad con mayor población que necesitaba de formación profesional; sin embargo, después de su reapertura, varios de los estudiantes "intelectuales", continuaron ejerciendo acciones de protesta en contra del gobierno desde la universidad. El motivo por el cual escribo intelectuales entre comillas lo explicaré dentro de algunos párrafos, aunque estoy seguro que el lector podrá imaginar por qué.

---

[46] Primer Pozo Petrolero descubierto en Venezuela en 1914.

A este grupo de estudiantes "intelectuales" se les conoció con el nombre de *"La Generación del 28"*, debido a una serie de protestas que protagonizaron durante las Fiestas de Carnaval de 1928. Algunos de los miembros más notorios de la *"Generación del 28"* fueron Rómulo Betancourt, Jóvito Villalba y Raúl Leoni, además de una larga lista de estudiantes aspirantes a políticos, progresistas, comunistas, y algunos pocos que sí merecían el calificativo de intelectuales. Las protestas del Carnaval de 1928 desembocaron en una rebelión militar que perseguía derrocar a Gómez, pero fueron derrotados fácilmente por el ejército del gobierno liderado por el Ministro de Guerra y Marina, el General Eleazar López Contreras, quien era uno de los tantos nuevos militares que provenían de la Academia Militar fundada por Castro, y que contaban con una excelente formación académica. Las reformas progresistas de Castro y Gómez en el ejército habían funcionado, y gracias a la formación de generales que eran respetados por la población y que ahora podían manejar un ejército con estructura, orden y respeto, Gómez pudo permanecer veintisiete años en el poder con casi absoluta estabilidad en su gobierno. Después de la rebelión militar, casi todos los miembros de la Generación del 28 fueron asesinados, encarcelados o desterrados.

Además de López Contreras, la Academia Militar produjo a varios de los personajes más influyentes en la política de Venezuela en los años por venir, incluyendo a Isaías Medina Angarita, Carlos Delgado Chalbaud, Luis Felipe Llovera y Marcos Pérez Jiménez. Todos ellos tenían una visión moderna del siglo veinte para Venezuela y tras la muerte de Gómez en 1935, se encargarían de hacerla realidad en el país.

López Contreras le sucedería a Gómez, culminando de esa forma lo que según algunos historiadores se conoce como "la era del caudillo" y con ello, la Venezuela del campo, de las haciendas, de la pobreza y de una población donde el 90% de sus habitantes no sabía leer, ni escribir. Uno de los mensajes más claros que López Contreras le dio al pueblo de Venezuela y que perseguía transmitir era el hecho de que su política sería antidictatorial y antigomecista. Ello lo evidenció al entrar a Caracas vestido como civil para tomar posesión del cargo de Presidente de Venezuela, a pesar de que al momento de asumir la presidencia, aún se encontraba como militar activo. Los Generales

López Contreras, quien gobernó Venezuela desde 1935 hasta 1941, e Isaías Medina Angarita quien gobernó desde 1941 hasta 1945, sentaron las bases de la Venezuela del siglo veinte... treinta y seis años después que el siglo veinte había iniciado.

El General López Contreras comprendió que la Venezuela de 1936 no podía seguir siendo un país exportador de café y cacao, y que debían sentarse las bases para iniciar ese largo camino que consistía en alcanzar los estándares de un país desarrollado, ya que mientras Europa y los Estados Unidos habían estado inmersos en una guerra mundial, Venezuela continuaba siendo un país exportador de café y cacao, y de unos cuantos barriles de petróleo, un nuevo recurso natural que representaba el corazón de la economía mundial. Debido a este trasfondo, López Contreras promulgó varias leyes y reformas progresistas que contribuyeron al rápido desarrollo de la nación.

En 1941, el General Isaías Medina Angarita sucedió al General López Contreras. Medina continuó la serie de reformas progresistas para Venezuela, incluyendo entre otras el inicio hacia una transición democrática en la cual se celebrasen elecciones presidenciales mediante el voto popular, y la legalización de los partidos políticos. Es decir que, mientras los Estados Unidos llevaban más de 150 años en democracia, Venezuela en 1941 apenas contaba con el primer partido político que por primera vez estaba constituido por políticos y no por militares: Acción Democrática[47], el cual fue fundado por el principal artífice y culpable de casi todas las desgracias de Venezuela: Rómulo Betancourt. Debo acotar que cuando digo "primer partido político constituido por políticos", en realidad quiero decir "idiotas que no eran militares."

Acción Democrática se definía como un partido socialdemócrata de tendencia de derecha popular. Ser miembro de AD era como ser socio de un club de gente pobre. AD era conocido por sus mítines y verbenas populares, las cuales consistían en enormes derroches de comida y bebidas alcohólicas. Contaban con edificios sede en varios

---

[47] Técnicamente, Acción Democrática fue el segundo partido político que se fundó en Venezuela, siendo el Partido Comunista de Venezuela (PCV) el primero, habiendo sido fundado en 1931. Sin embargo, se acepta a AD como el primero ya que el PCV nunca fue legalizado sino hasta después de la aparición de AD, porque la dictadura de Juan Vicente Gómez prohibía la existencia de los partidos políticos. Adicionalmente a diferencia de AD, el PCV nunca tuvo una gran cantidad de miembros o seguidores.

lugares de Caracas y el resto del país, y en esencia tenían un despliegue que estaba orientado a captar a las masas populares, es decir, a la gente de los barrios, los analfabetas y los obreros. Ser miembro de AD, es decir, "tener carnet de Acción Democrática", le daba la sensación a la persona de que eso lo hacía ver como alguien importante. Era una falsa ilusión de poder que al final del día no servía para nada, excepto para entrar a las verbenas. Por supuesto que a cambio el partido exigía que sus militantes estuviesen comprometidos con ellos a patria y muerte (¿le suena similar el discurso?). Había que votar por los candidatos del partido, apoyar al partido, ayudar en la campaña electoral y demás aspectos del día a día de los jefes.

Desafortunadamente para algunos jóvenes, López Contreras y Medina Angarita representaban la herencia del caudillismo y si bien promulgaron leyes para reformar la política, economía y sociedad venezolana, ambos eran vistos como amenazas a Venezuela o al menos eso le argumentaban los aún existentes miembros de la *"Generación del 28"* a la población venezolana de la época. Finalmente el 18 de octubre de 1945, apareció en escena el causante de todos los males de Venezuela: Rómulo Betancourt, el líder y fundador de Acción Democrática, quien coordinó el golpe de estado que derrocó a Medina Angarita, y que puso el país a cargo a una Junta Cívico Militar encabezada por los Tenientes Coroneles Carlos Delgado Chalbaud (hijo de Román Chalbaud, un conocido luchador político antigomecista), Marcos Pérez Jiménez (un muy destacado oficial de la academia militar) y Luis Felipe Llovera Páez (compañero de Delgado y Pérez Jiménez), y por los civiles Raúl Leoni y Gonzalo Barrios, y por supuesto presidida por Rómulo, quien gobernaría a Venezuela durante tres años en un periodo conocido como el trienio adeco.

Cualquier persona que esté en desacuerdo con mi afirmación de tildar a Rómulo Betancourt como el mayor causante de todos los males de Venezuela, es por una de tres opciones: 1) Es miembro de AD y/o fanático ciego de Rómulo; 2) No ha leído, ni ha comprendido el papel de Rómulo en la historia de Venezuela; 3) No comprende que las acciones de las personas dicen más que sus palabras, en especial en la historia de un país, lo cual es algo que debe estudiarse a fondo en el caso de Betancourt. Rómulo es una figura interesante en la historia de

Venezuela, ya que murió habiendo convencido a varias generaciones de venezolanos de que él fue el Padre y Fundador de la Democracia en Venezuela; sin embargo, tras hacer el análisis de las acciones de Betancourt y no sus palabras, se puede concluir que fue alguien tan genocida como Hitler, Pol Pot o Stalin, por haber creado el sistema que hoy tiene a Venezuela destruida, que generó pobreza y crisis, y que en consecuencia, hizo que surgiese Hugo Chávez. Así es estimado lector: estoy afirmando que Hugo Chávez es el hijo de Rómulo Betancourt[48].

Aún hoy no logro entender las bases para el golpe de estado de 1945, y mientras el resto del mundo por una parte estaba recuperándose de haber combatido a los Nazis y japoneses, y por otra parte se establecían nuevos países que contaban con sistemas y procesos políticos de gobernabilidad ejemplares a emular, a Rómulo le pareció poco viable el gobierno de Medina Angarita y sus planes para el futuro de Venezuela. Por eso se asoció con varios oficiales de alto renombre en las fuerzas armadas y los manipuló para su propio beneficio. Sagaz, es la palabra que yo utilizaría para describir a Rómulo, igual que a Chávez; pero nunca inteligente, ni visionario; y me tiene sin cuidado los cientos de libros donde adulan a Rómulo Betancourt como una figura suprema digan y lo designan como una figura suprema. Los venezolanos llaman a Rómulo *"El Padre y Fundador de la Democracia"*, pero yo pregunto: si fue Medina Angarita quien permitió la fundación y legalización de los partidos políticos y además tenía previsto efectuar las primeras elecciones presidenciales democráticas… ¿Por qué el crédito se lo lleva Betancourt, quien más bien dio un golpe de estado? ¿No se supone que los golpes de estado son antidemocráticos?

Rómulo Betancourt es el hombre que derrocó uno de los mejores presidentes que tuvo Venezuela y fundó el partido político bajo cuyos mandatos sus líderes hicieron que Venezuela se hundiese en una profunda crisis económica y social (la cual expondré en las siguientes líneas), la cual a su vez produjo que apareciera la desgracia llamada Hugo Chávez, quien terminó de hundir al país definitivamente y para siempre. Pero ¿qué exactamente había ocurrido en Venezuela para que

---

[48] Metafóricamente hablando, el autor indica que Chávez es un producto de Rómulo Betancourt. Es la fruta que germinó de la semilla sembrada por Rómulo y su partido Acción Democrática.

Rómulo Betancourt quisiese dar un golpe de estado en 1945? La respuesta es nada. Rómulo llegó al poder haciendo justamente lo contrario por lo que él estaba luchando, de manera similar a como años después lo haría un Teniente Coronel de nombre Hugo Chávez, el 4 de febrero de 1992 de quien hablaré en breve. Interesante, ¿no?

Después del golpe de estado de 1945, transcurrieron casi tres años del gobierno de Rómulo para que al final de 1947 se convocase a las primeras elecciones presidenciales libres, directas y secretas. En un breve paréntesis, debo destacar que durante las protestas de abril-julio 2017 sobre las cuales hablaré a detalle en la Parte III, la oposición se quejaba que el CNE controlado por el gobierno de Maduro, demoró seis meses en anunciar las elecciones presidenciales; los funcionarios equivalentes al CNE en el gobierno de Rómulo demoraron tres años, y cierro paréntesis.

Entre los logros más notorios del trienio adeco 1945-47, destacó la aparición de un joven llamado Rafael Caldera, quien era un fiel amigo, aliado y seguidor de Rómulo, y que por diferencias ideológicas se separó de él, lo cual resultó en que Caldera fundase su propio partido en 1946, el Partido Social Cristiano COPEI. El motivo por el cual Caldera se alejó de Rómulo fue porque tenía intereses personales de convertirse en Presidente de Venezuela, y quizás se dio cuenta de que jamás podría ser Presidente en tanto estuviese asociado con Rómulo Betancourt. Otro fiel amigo de Betancourt llamado Jóvito Villalba, quien también había sido miembro de la Generación del 28, también se alejó de él, siguió otra corriente distinta y fundó su propio partido llamado Unión Republicana Democrática (URD).

Hecha la convocatoria para las elecciones de 1947, Rómulo obviamente enfocó sus esfuerzos para que alguien de su partido fuese elegido presidente, y el candidato elegido para optar por Acción Democrática a la presidencia de Venezuela fue el escritor Rómulo Gallegos, quien derrotó a Rafael Caldera del partido Social Cristiano COPEI. En ese sentido a continuación, voy a realizar un análisis acerca de esas primeras elecciones presidenciales en Venezuela.

Yo entiendo que Rómulo Betancourt fue miembro de la generación de estudiantes que se opuso a la dictadura de Gómez, y que luchó para implementar una democracia libre y universal en Venezuela y lo entiendo muy bien, aún considerando el hecho de que Rómulo lideró un golpe de estado en 1945. Sin embargo, viendo la lógica de sus acciones no me queda otra opción que concluir que su lucha por la democracia en Venezuela no fue una lucha desinteresada por la democracia y la libertad, sino que simplemente fue una lucha para quitarle el poder a las personas que sí eran capaces de gobernar el país, para obtener el poder en Venezuela para él. Verá, antes de 1948 el proceso para escoger al presidente de Venezuela era el siguiente:

1. La población elegía a los concejales.
2. Estos concejales votaban por los miembros de la cámara baja del poder legislativo.
3. Los miembros de la cámara baja del poder legislativo elegían a los senadores.
4. Los senadores elegían al presidente.

En mi interpretación de la historia de Venezuela, posiblemente esto se debía a que como mencioné desde 1810 y hasta 1935, solo uno de cada diez venezolanos sabía leer y escribir, lo cual quiere decir que 90% de la población era analfabeta, en parte gracias a la casi inexistente infraestructura del sistema educativo. Lo que era peor, era el hecho que un alto porcentaje de ese 90% de venezolanos analfabetas vivía en la pobreza. De tal manera que se podría pensar que un candidato presidencial con apego a las masas pobres e ignorantes, y con un discurso prometiendo villas y castillas, podría haber tenido el atractivo para captar millones de votos de personas que no tenían la menor idea de a quién estaban eligiendo, salvo por el hecho que esta persona les ofrecía villas y castillas, y les lavaba el cerebro con promesas que luego no cumpliría. ¿Le suena familiar el discurso?

Ese es el motivo por el cual yo afirmo que la lucha de Rómulo Betancourt se enfocó en lograr que se celebrasen elecciones presidenciales en las cuales cualquier venezolano que fuese mayor de 18 años pudiese votar, como si la mayoría de edad fuese sinónimo de capacidad para escoger al presidente de un país, sobre todo si el elector no sabía leer, ni escribir, y lo que tal hecho implicaba. Mi interpretación se ve reforzada al razonar que Acción Democrática era un partido político de derecha de orientación social, es decir, con tendencias a buscar contacto con el pueblo, con la gente pobre, y con los campesinos y obreros. Es muy fácil darse cuenta de que al lograr Rómulo este cometido de "elecciones libres en las que cualquier analfabeta pudiese votar", el resultado no sería otro distinto a que Rómulo, o cualquiera de sus aliados, obtendría la presidencia de Venezuela, puesto que es obvio que bajo las condiciones que Venezuela traía desde 1936, ningún electores (los Senadores del Congreso) iba a votar por un político ignorante de Acción Democrática, que ni siquiera se había graduado de secundaria, que había pasado su vida entera protestando en contra del gobierno y sin producir algún aporte positivo a la nación, o que eran profesionales que no tenían ningún tipo de calificación para ocupar un cargo público y que no tenían experiencia laboral ni en el sector público, ni el privado, como era el caso de la mayoría de los miembros y militantes de AD, URD y COPEI. Por el contrario, los electores (los Senadores del Congreso) iban a continuar eligiendo como Presidente de Venezuela a personas que estuviesen dentro del mismo círculo y que reuniesen calificaciones similares a las de los Generales Eleazar López Contreras e Isaías Medina Angarita, es decir, personas con experiencia, formación académica y preparación profesional.

La realidad es que en 1947, la población electoral Venezuela no estaba preparada para celebrar unas elecciones presidenciales de voto universal, libre y secreto, cuyos electores únicamente debían ser mayores de 18 años. Lo que debió haber ocurrido era que por una parte el Senado, el cual hasta ese momento estaba formado por miembros que contaban con cierta preparación académica e intelectual, continuara encargado de designar al presidente de Venezuela, y por otra parte se debía iniciar una intensa política de inversión en el desarrollo educativo de la población, para eventualmente lograr a mediano plazo una transición democrática hacia lo que Betancourt quería (el voto popular), pero quizás dos o tres décadas después de 1947. Lamentablemente, un pueblo ignorante, pobre y analfabeta no puede elegir, ni debería tener la posibilidad de elegir a sus líderes: lo que ocurrió en Venezuela, es la evidencia. Finalmente, debo mencionar la carrera universitaria de la cual Rómulo Betancourt se graduó: ninguna. Salvo el innegable hecho que tenía ciertas experticias como líder político, Betancourt era un ignorante sin profesión, igual que el actual chofer presidente de Venezuela, Nicolás Maduro.

En este marco político, Rómulo Gallegos ganó las primeras elecciones presidenciales de 1947 con voto universal, directo y secreto, obteniendo casi 900.000 votos ante 260.000 de Caldera, en un país cuya población era de 4.600.000 habitantes. De esta forma, el plan de Rómulo Betancourt había funcionado: las masas eligieron a un candidato al cual le habían inducido elegir. Mientras que los Estados Unidos llevaban más de cien años efectuando elecciones presidenciales, la población de Venezuela en 1947 lo hacía por primera vez.

Gallegos, quien asumió la presidencia en febrero de 1948, fue un hombre de carácter muy débil y apenas duró ocho meses en la presidencia. Fue derrocado por los antiguos aliados de Rómulo Betancourt: Carlos Delgado Chalbaud, Luis Felipe Llovera Páez y Marcos Pérez Jiménez, quienes probablemente se dieron cuenta que Rómulo Betancourt era un caudillo más, al igual que Juan Vicente Gómez, Cipriano Castro, Juan Crisóstomo Falcón y Antonio Guzmán Blanco, con la diferencia de que ahora estaba disfrazado de político, que eventualmente se haría del poder nuevamente, y que su intención era que sus amigos analfabetas, ignorantes, ineptos, ineficientes, corruptos y ladrones miembros de Acción Democrática gobernasen Venezuela para siempre. Por eso en Noviembre de 1948 derrocaron a Gallegos, y de nuevo los militares producto de la respetable Academia Militar, quienes habían sido muy bien formados y que tenían una visión progresista para Venezuela, volvían al poder.

La Junta Militar que derrocó a Gallegos gobernó Venezuela durante tres etapas: la primera etapa fue presidida por Carlos Delgado Chalbaud desde 1948 hasta 1950, cuando fue asesinado en extrañas circunstancias aún hoy no aclaradas; tras el magnicidio de Delgado Chalbaud, la segunda etapa fue presidida por el civil Germán Suarez Flamerich (aunque para muchos el verdadero gobernante era el General Marcos Pérez Jiménez), y tras dos años de mandato se convocaron a elecciones libres que fueron celebradas el 30 de noviembre de 1952, donde los candidatos fueron Jóvito Villalba por URD y el General Pérez Jiménez por la Junta de Gobierno. Luego de que el gobierno desconociese los resultados del Consejo Supremo Electoral, donde supuestamente el vencedor había sido Jóvito Villalba, se anunció la renuncia de la Junta de Gobierno y el nombramiento de Pérez Jiménez como Presidente de Venezuela. De esta forma iniciaba la tercera etapa de la ahora disuelta Junta Militar con Pérez Jiménez como único miembro, y el país de nuevo caía en dictadura.

Como dictador, Pérez Jiménez se encargó de iniciar la más férrea persecución a los políticos de derecha e izquierda. ¿Podría ser que Pérez Jiménez tuvo la suficiente visión como para proyectar el cáncer que serían Acción Democrática, URD, COPEI y los subsiguientes partidos que aparecerían? Quiero pensar que sí. Quiero pensar que Pérez Jiménez reconoció que ninguno de esos políticos estaba capacitado para gobernar a Venezuela, algo a lo que el tiempo le dio la razón, y por eso se enfrascó en perseguirlos, apresarlos, exiliarlos y exterminarlos. Después de todo, ¿usted qué hace cuando ve una cucaracha en su casa?

El General Marcos Pérez Jiménez era un hombre muy inteligente. Era alguien a quien podía llamársele "Un Hombre de Estado" y quizás lo más cercano a Otto von Bismark que Venezuela tuvo. Durante su gobierno, Pérez Jiménez se rodeó de personas más inteligentes que él, algo que no ocurría con los líderes de los partidos políticos AD, COPEI y URD, quienes estaban formados por gente ignorante que se rodeaba de gente tanto o más ignorante que ellos.

Durante el gobierno de Pérez Jiménez la economía alcanzó estabilidad y fortaleza, se solidificó la seguridad social, se expandieron las inversiones nacionales y extranjeras, se invirtió fuertemente en la infraestructura del país, y se construyeron decenas de obras de categoría mundial, casi todas vitales para el establecimiento de Caracas como ciudad y metrópolis de clase mundial. Algunas de sus obras incluyen la autopista Caracas-La Guaira, la Avenida Bolívar, el Hospital Clínico Universitario, el Paseo Los Próceres, el Teleférico del Ávila y el Hotel Humboldt, el balneario de Macuto, el anteproyecto de un metro subterráneo para Caracas, y el anteproyecto de una idea para generar electricidad con el rio Caroní, que hoy en día se conoce como embalse Raúl Leoni, o represa del Guri. En síntesis, Pérez Jiménez hizo en cinco años, más de lo que todos los gobiernos desde 1810 hasta 2020 hicieron. En mi experiencia, solo he escuchado malas cosas del gobierno de Pérez Jiménez viniendo de personas que pertenecían a uno de los siguientes dos perfiles: 1) Comunistas y Socialistas perseguidos por Pérez Jiménez, y 2) Políticos de derecha perseguidos por Pérez Jiménez; ambos argumentando que no se podía vivir en esa época porque el gobierno era una dictadura y no había libertad de expresión. A cambio, había educación, economía y seguridad. No estoy diciendo que Pérez Jiménez fuese lo ideal, dado que lo ideal era tener un gobierno democrático con libertad de expresión, pero es imposible de negar el aporte que Pérez Jiménez le dio a Venezuela.

Año	Inflación
1950	5.02%
1951	3.91%
1952	0.42%
1953	-1.67%
1954	1.27%
1955	-0.84%
1956	0.84%
1957	1.26%
Promedio	1.28%

Inflación en Caracas (1950-57). Fuente: Banco Central de Venezuela y Autor.

Como lo bueno en Venezuela no dura mucho, el error de Pérez Jiménez fue que falló en conectarse con las masas populares, y con el pasar de los años, su frialdad, distanciamiento de la gente y su tajante forma de gobernar le ganó demasiados enemigos. Pérez Jiménez era visto como alguien de sangre fría, a quien solo le importaban los resultados y no la gente, a pesar de que los resultados eran para el beneficio de la gente. Es por eso que incluí la anécdota del mitin de Rafael Caldera al principio del capítulo, y es por eso que es en este momento cuando nombro a Caldera como el segundo mayor responsable del daño y el colapso de Venezuela, ya que se supone que Caldera, un hombre educado, que estudió leyes en la Universidad Central de Venezuela), y que se vendía como un gran orador y un líder visionario, fue incapaz de ver y de transmitirle a las masas de venezolanos lo que Pérez Jiménez estaba haciendo por Venezuela, y lo que es peor, les hacía ver que Pérez Jiménez era un corrupto que solo actuaba para su propio beneficio con las cuantiosas inversiones en infraestructura que se estaban haciendo en Venezuela, y cuyo propósito eran hacer que se convirtiese en una nación desarrollada, como lo era la Autopista Caracas-La Guaira y el objetivo de reducir los tiempos de flete en la cadena de distribución. Yo creo que es casi imposible estimar la cantidad de tiempo y dinero que se ahorró con la ejecución de dicho proyecto, así como la cantidad de mejoras directas e indirectas al funcionamiento urbano de Caracas y La Guaira, sobre todo considerando que el Aeropuerto y el Puerto quedaban en La Guaira, todo esto en la década de 1950, es decir, que la Autopista era una obra pensada hacia el futuro; pero para Rafael Caldera, Pérez Jiménez estaba construyendo la autopista para él y los Cadillacs de sus amigos. Un hombre educado, no dice este tipo de estupideces (o al menos no debería decirlas), y si las dice, es porque únicamente tiene un interés egoísta que lo motiva y porque es un ser vil y maligno. Existen otras razones que se dieron entre 1958-98 por las cuales califico a Caldera como el segundo mayor culpable, y profundizaré sobre ellas más adelante en este mismo capítulo. De momento, volviendo a la década de los 50, Caldera junto con Jóvito Villalba, más la ayuda de Betancourt desde el exilio, se encargaron de lavarle el cerebro a un grupo de militares para ponerlos en contra de Pérez Jiménez. Tras una serie de alzamientos militares, manifestaciones, protestas populares y una huelga general, Venezuela vio un nuevo golpe de estado el 23 de enero de 1958, y Pérez Jiménez fue derrocado, decidiendo huir del país. Por segunda ocasión Rómulo Betancourt *"El Padre de la Democracia"*, había derrocado al mejor presidente que Venezuela había tenido.

Sobre este punto quiero enfatizar lo siguiente: el argumento perenne de la oposición de sacar a Chávez y actualmente a Maduro, es que son unos brutos, ineptos, ladrones, basuras, y que sus aliados son igual o más brutos, y que todos ellos tienen al país en un estado de desgracia absoluta, pobreza extrema, economía destruida y pésima condición social. Yo estoy más que 200% de acuerdo con esa afirmación: no sirven para nada, sus súbditos no sirven para nada, y todo lo que tocan lo destruyen, es decir, no hay ninguna razón por la cual Chávez debió continuar en la presidencia de Venezuela después de haber terminado su primer periodo, así como tampoco hay razón por la cual Maduro deba ser presidente de Venezuela por más de treinta segundos (salvo por el hecho que cada país tiene el presidente que se merece), y este es el motivo por el cual había que sacar antes a Chávez, y ahora a Maduro. La premisa de esta decisión es: <u>sacar a alguien que NO SIRVE, para poner a alguien que SÍ SIRVA</u>. Es decir: si sacas forzosamente a alguien por medio de un Golpe de Estado, es porque vas a reemplazarlo con alguien mejor, ¿cierto? Bien. Entonces debo asumir que el argumento para sacar a Pérez Jiménez debió haber sido algo similar, ¿o no? Ubiquémonos en diciembre de 1957:

- *"¿Pérez Jiménez no sirve para gobernar?"* Tiene temple, carácter, presencia, porte, es una persona formada y educada. Es un mandatario y representa. Es un hombre de estado.

- *"¿Pérez Jiménez es bruto?"* No. Según los entendidos, Pérez Jiménez es muy inteligente. Además, se codea con profesionales brillantes y sabe hablar en público. También tiene visión progresista y de futuro para el país. No es bruto.

- *"¿Pérez Jiménez es un inepto?"* Hay un documental que narra la historia de cómo construyeron el Teleférico del Ávila y el Hotel Humboldt. Uno de los contratistas compartió que cuando recibió la orden de terminar la etapa final del proyecto, le pareció imposible lograrlo. Por eso pensó que probablemente terminarían presos (lo cual era la amenaza en caso de fallarle a Pérez Jiménez) y apostó con su hermano que no lo lograrían. Increíblemente lograron terminar el proyecto en el tiempo justo. Esto pasaba con el resto de las obras que ejecutó Pérez Jiménez. Parece que no era un inepto. Parece que más bien era eficiente.

- *"¿Pérez Jiménez es un corrupto?"* Está bien, es válido. Pero ¿qué político no lo es?

- *"¿Pérez Jiménez es una basura?"* Ciertamente parece que su objetivo principal era exterminar a todos los Adecos, URDistas,

Copeyanos y comunistas[49], así que podría calificársele como un asesino desalmado. Considerando lo que se desenvolvió en Venezuela después que AD y COPEI tomaron el poder entre 1958 y 1998 -que unas líneas más abajo explicaré-, pudiera decirse que que más bien él se estaba encargando de sacar a la verdadera basura.

- *"¿Hay pobreza extrema con Pérez Jiménez?"* Todos los indicadores económicos y sociales demuestran que no.
- *"¿Está destruida la economía de Venezuela?"* Tras revisar la historia de los indicadores económicos, es fácil concluir que la mejor época de la economía de Venezuela es durante el gobierno de Pérez Jiménez.
- *"¿Está en pésima condición social Venezuela en la época de Pérez Jiménez?"* Ni un venezolano considera que el país está en pésima condición social.
- En conclusión, *"¿Pérez Jiménez tiene a Venezuela en un estado de desgracia absoluta?"* Analizado lo anterior, parece que no. Por el contrario, salvando el inconveniente de la libertad de expresión, la censura y la persecución a los partidos políticos, Venezuela se ve relativamente bien.

...entonces yo pregunto en 1958: ¿Por qué sacaron a Pérez Jiménez?

El país estaba bien, se vivía bien, la economía estaba en su mejor momento, se respiraba un aire de progreso y Venezuela era la envidia del mundo, al punto de que si bien existía el problema de la libertad de expresión y la persecución a los opositores del gobierno, decenas de miles de europeos y suramericanos no dudaron en emigrar a Venezuela, dado que en ese momento Venezuela era la tierra de las oportunidades y el país para prosperar: Venezuela era el "Estados Unidos de Latinoamérica". Venezuela le abrió las puertas a los inmigrantes porque era el sitio donde se respiraba progreso y existía la necesidad de traer mano de obra calificada. Es decir, la dictadura de Pérez Jiménez no era una dictadura comparable a la de Juan Vicente

---

[49] Adecos: Miembros de Acción Democrática; URDistas: Miembros del Unión Republicana Democrática (URD). Copeyanos: Miembros de COPEI.

Gómez, o a la de otros dictadores del pasado y el presente como Gubanguly Berdimuhamedov, Kim Jun Il, Nicolae Ceauşescu, o Fidel y Raúl Castro, cuyos gobiernos eran (son) caracterizados por fuerte censura, represión, pobreza extrema y además, la población entera está sometida por completo al mandato de un tirano que es un ser completamente irracional. Con Pérez Jiménez, parecía que los únicos que vivían mal eran los adecos, URDistas, copeyanos y comunistas. Yo admito que Pérez Jiménez era un asesino que censuraba la libertad y los partidos políticos. Bueno perfecto, ¡vamos a sacarlo! Pero si ese es el plan, entonces por favor continúen con la línea de gobierno que se llevaba en lo relativo a política económica y social. Se supone que sacas a alguien, para tú hacerlo mejor. Pero eso no fue lo que pasó.

Tras la salida de Pérez Jiménez, la presidencia fue asumida por una Junta Cívico Militar que en seis meses convocó a elecciones presidenciales, y ¿a que no adivina estimado lector quiénes se postularon como candidatos?: Rafael Caldera y Rómulo Betancourt. Y mayor sorpresa, qué casualidad… adivine quién resultó elegido presidente para el periodo 1959-64. ¿Quién más podía ser? El único y desinteresado… Rómulo Betancourt, como si no había tenido suficiente con los tres años que estuvo haciendo nada entre 1945 y 1948. Rómulo hizo lo mismo que hizo Simón Bolívar ciento cuarenta años atrás: *"¡Lo siento chicos, pero sobra decir que yo soy el más calificado para gobernar este país!"* Supongo que fue su recompensa por haber sido desterrado, y por supuestamente haber sobrevivido a varios intentos de asesinato. Fue de esa forma como Rómulo y AD consiguieron la presidencia de Venezuela por segunda vez en su historia, y primera en la llamada *"Era Democrática bipartidista"* de AD y COPEI (1958-98).

Nunca he entendí la idolatría y reverencia hacia Rómulo Betancourt. Nunca entendí el calificativo de "Padre y Fundador de la democracia", ni por qué se le califica como el político de mayor prestigio en la historia venezolana, ni el personaje más emblemático de la historia contemporánea venezolana. Excepto por el hecho de solidificar a Acción Democrática como partido líder en Venezuela, no veo mayor diferencia entre la idolatría ciega hacia Rómulo Betancourt, la idolatría ciega hacia el Che Guevara, la idolatría ciega hacia Hugo Chávez y la actual idolatría ciega hacia el actual líder opositor

Leopoldo López (sobre la cual profundizaré en la Parte III). Por más que intento, no veo el aporte positivo que Rómulo Betancourt le dio a Venezuela y mucho menos veo cómo, el haber cambiado a Isaías Medina Angarita y a Marcos Pérez Jiménez en ambas ocasiones por Rómulo Betancourt y sus subsiguientes sucesores, haya resultado en un beneficio para el país. ¿Un logro importante del gobierno de Rómulo? Logró la extradición de Pérez Jiménez, encarcelándolo en Caracas. La expansión económica de Venezuela se detuvo, la pobreza aumentó y empezaron las primeras divisiones políticas y sociales.

Después de Rómulo vino el gobierno de… adivine quién estimado lector. Pues nada más y nada menos que Raúl Leoni de Acción Democrática. ¿Lo recuerda de la Junta Cívico Militar de 1945? El gobierno de Leoni (1964-69) en mi colegio se conocía como el gobierno más inadvertido de la historia. Recuerdo que hubo un examen de historia en mi colegio en el cual se nos pedía enumerar los logros positivos o efectos negativos del gobierno de Leoni. Tal era nuestra incomprensión este quinquenio, que varios de mis compañeros respondieron "Nada" en el examen, puesto que fue un gobierno que hizo exactamente eso: nada. Varios historiadores (principalmente fanáticos de Acción Democrática), argumentan que Leoni se encargó de eliminar los focos de guerrilla y del comunismo que existían en el interior del país, lo cual técnicamente es cierto, aunque eso no sea la realidad. Verá, Leoni no hizo algo concreto para que pueda afirmarse que en efecto erradicó los focos de guerrilla y del comunismo en el país.

La verdad es que los guerrilleros y comunistas, entre los cuales se encontraba el "brillante economista" Teodoro Petkoff (de quien hablaré en breve), simplemente se dieron por vencidos ellos mismos, ya que ninguna de sus insurrecciones resultó en lo más remoto a lo que pudiera calificársele como "victoria", ya que el comunismo en los 60 tenía sus bases arraigadas en un solo sitio en Latinoamérica: Cuba. Al resto de los países nunca les interesó y nunca quisieron relacionarse con las ideas revolucionarias del Che, ni la revolución de los campesinos, ni nada de esa basura, lo cual es otra evidencia más del fracaso de Guevara, pero eso es un tema de otro libro. Lo más cerca que estuvo Suramérica de un gobierno comunista fue en Chile con Salvador Allende, y Augusto Pinochet se encargó de resolver ese problema.

La "guerrilla" en Venezuela consistía de un pequeño grupo de ineptos mal armados y sin formación, que huía a la primera señal de una confrontación con el ejército. Nadie en el campo los quería y por eso nunca pudieron surgir. El mayor susto que recibió el gobierno de Leoni fue un desembarco de doce mamarrachos en una playa de Machurucuto[50]: ocho cubanos y cuatro venezolanos procedentes de Cuba. En un interesante giro del destino, uno sobrevivientes, Fernando Soto Rojas, terminaría siendo presidente de la Asamblea Legislativa durante el gobierno de Chávez, similar a la recompensa que Rómulo Betancourt había recibido tras ser elegido presidente. El punto es que Venezuela en los 60 era un país que podía catalogársele de cualquier forma e ideología menos socialista o comunista. Contaba con demasiada influencia de Estados Unidos y Europea Occidental. ¿Un logro importante del gobierno de Leoni? Después de pasar cinco años en la cárcel, el General Pérez Jiménez fue condenado a cuatro años de prisión, tras haber sido acusado de peculado y malversación del Erario Nacional; sin embargo, salió en libertad el mismo día que le dictaron sentencia por haber cumplido la condena estipulada, y partió del país residenciándose en España. También debo darle crédito a Leoni por haber decretado la creación de la Universidad Simón Bolívar en 1967, aunque la universidad abriría sus puertas en 1970. Con Leoni la economía empeoró, la inflación aumentó, la inversión en infraestructura se redujo y empezaron a aparecer las primeras fisuras que generarían el colapso de Venezuela.

Leoni vino y se fue, y en 1968 la población sintió que hacía falta un cambio, que diez años con los Adecos a cargo de la hacienda Venezuela habían sido suficientes, que había que darle el turno a COPEI y por eso eligieron a adivine quién… ¡por supuesto, el único! Rafael Caldera. Algo sumamente importante a destacar sobre las elecciones de 1968, es que esta transición de AD a COPEI fue la primera vez que un gobierno le entregaba la presidencia a un bando opositor por la vía pacífica y democrática en la historia de Venezuela. Mientras Estados Unidos había tenido 18 cambios pacíficos de gobierno de corrientes opositoras (Republicano a Demócrata o viceversa, o Whig), a Venezuela le costó

---

[50] Machurucuto es un pueblo costero a unas dos horas y media en carro de Caracas

160 años hacerlo por primera vez. Otro detalle acerca de las elecciones de 1968, es que un grupo de venezolanos que ya habían descubierto los esquemas de corrupción de los políticos de Acción Democrática y COPEI, consiguió postular a Pérez Jiménez como Senador para el Congreso, quien resultó elegido con gran facilidad. Sin embargo, la Corte Suprema de Justicia invalidó su elección basándose en el tecnicismo de que "había sido ilegal porque Pérez Jiménez no se había inscrito como votante en el régimen electoral". Interesante, ¿no?

Fue así como tras haber fracasado dos ocasiones (1947 y 1958), en 1968, Rafael Caldera por fin pudo conseguir su sueño de convertirse en Presidente, emulando lo que Rómulo Betancourt había logrado (fundar un partido, presidirlo, y llegar a ser Presidente de Venezuela). Algo interesante de Caldera era su afán y delirio de creerse igual a Rómulo, lo cual incluso yo debo reconocer que no eran ni remotamente cerca. Rómulo tenía carisma, era astuto, manipulador y sagaz. Caldera en cambio era un orador mediocre, insípido y con quien nadie podía conectarse, además de ser un pésimo líder.

Similar a su predecesor, Caldera fue un cero a la izquierda y no hubo mayores logros durante su gobierno. En vez de ello, continuaron los problemas económicos y las brechas políticas y sociales, y se solidificaron las bases para la corrupción de los gobiernos que le seguirían. Un hecho interesante de su gobierno fue que el mismo grupo de venezolanos que había vislumbrado el decaimiento de la situación del país, inició el proceso para postular a Marcos Pérez Jiménez como candidato presidencial para las elecciones de 1973, apalancándose en los 400.000 votos que había obtenido en su elección como Senador, esto a pesar de que Pérez Jiménez se encontraba alejado de la escena política e incluso alejado físicamente de Venezuela (queriendo decir que ni siquiera vivía en el país). Yo considero que es una señal importante en la política del país, cuando un Senador es elegido para el congreso y éste ni siquiera vive en el país.

Los seguidores de Pérez Jiménez se organizaron en un partido político llamado Cruzada Cívica Nacional, y no me cabe la menor duda de que habrían ganado las elecciones presidenciales de 1973, puesto que para ese año, la población de Venezuela estaba un poco cansada de las mentiras de AD y COPEI, que prometían mejoras año tras año, pero no producían resultados. Para detener el avance de Cruzada Cívica Nacional, el poder legislativo actuó en seguida y dado que el congreso estaba formado casi exclusivamente por adecos y copeyanos, se redactó una enmienda constitucional que inhabilitaba la candidatura de Pérez Jiménez (o de cualquier venezolano) para cualquier cargo público (Presidente, Senador o Diputado), a quienes hubieran sido condenados a una pena superior de tres años por delitos cometidos en el desempeño de funciones públicas.[51] Menuda casualidad, ¿no? De esa forma, Pérez Jiménez abandonó definitivamente cualquier empresa de regresar a Venezuela y se residenció en España para más nunca volver a su patria. Hasta allí llegó la carrerea política de quien quizás fue el único presidente que de verdad sí quiso a Venezuela. Como nota interesante, nunca se hizo ni una enmienda constitucional para impedir que alguien que participase no en uno, sino dos golpes de estado, se lanzase como candidato a la presidencia (Rómulo Betancourt y Hugo Chávez).

Tras empeorar la economía del país alcanzando una inflación récord de 5.31% para ese momento, el gobierno de Caldera fue tan ineficiente, que la población en 1973 de nuevo sintió que el país necesitaba un cambio y dado que inhabilitaron a Pérez Jiménez, los venezolanos optaron por devolverle el poder a los adecos, eligiendo como Presidente a Carlos Andrés Pérez, quien lideraría un gobierno en el cual la brecha social aumentó aún más. "El gocho", como se le llamaba a Pérez, era uno de los pupilos de Rómulo Betancourt, y sería el equivalente al Nicolás Maduro de Acción Democrática puesto que no estudió, ni se graduó de ninguna carrera, y en general era casi tan ignorante y bruto como Betancourt y Maduro. Sin embargo, él se encargó de convencer a los venezolanos de que él era el mejor hombre para el cargo de presidente de un país, incluso mejor que Pérez Jiménez, quien en cinco años había construido prácticamente toda Venezuela. A partir de 1974, Pérez encabezó el que sería conocido como el "gobierno de la bonanza" por la abundancia de recursos que inundaron al país durante los primeros años de su gobierno, y que le permitieron desarrollar un plan económico orientado a desarrollar las industrias

---

[51] Diccionario Fundación Polar. Tomo 3. Pág. 57.

básicas y la mejora y ampliación de los servicios públicos, lo cual se traducía en una inyección de recursos hacia la economía que resultó en un incremento de las inversiones del país. En general, la demanda del sector público y el consumo privado se elevó, y aumentó la disponibilidad de financiamientos e inventivos para la inversión. Es en esta época cuando los venezolanos aprendieron a utilizar los mecanismos para protegerse de la creciente inflación, como la adquisición de viviendas, o la más perjudicial para el país, la adquisición de Dólares. Al mismo tiempo, el gobierno implementó una cantidad de programas sociales que le hacían ver a la población que Venezuela estaba viviendo un momento de grandes riquezas que les permitía darse el lujo de repartir el dinero a diestra y siniestra.

Desafortunadamente con la misma bonanza con la que se repartía el dinero, también se perdía (¿le suena similar?), y numerosos casos de corrupción empezaron a salir a flote. Irónicamente, uno de los más conocidos fue el caso un "aparato" que se suponía que debía salir a flote: el *Sierra Nevada*. El *Sierra Nevada* fue un buque frigorífico que el gobierno de Pérez compró a sobreprecio (aproximadamente al triple del valor que debía pagarse), y por el cual sería investigado por el congreso por malversación de fondos. Al final de la investigación Pérez fue absuelto por un estrecho margen, y el *Sierra Nevada* desapareció y nunca se supo cuál fue su destino. Por muchos años se le enseñó a los venezolanos que el gobierno le había regalado el buque *Sierra Nevada* a Bolivia, pero en vista de que nunca se consiguió algún registro que corroborase que el buque estuviese en Bolivia, a principios del siglo veintiuno surgieron otras teorías como que había sido abandonado en el río Orinoco, o que fue absorbido por la armada y permaneció varios años recibiendo reparaciones; o la más insólita de todas: que el buque fue utilizado como práctica de objetivos por la armada y fue desmantelado o se hundió en algún lugar del Mar Caribe. Solo en Venezuela podía ocurrir que un buque pudiese desaparecer sin dejar rastro, como si se hubiese perdido en el Triángulo de las Bermudas.

El caso del Sierra Nevada es un hecho muy notorio en los libros de historia de Venezuela, ya que fue la primera ocasión en la cual se abría una investigación contra un Presidente de Venezuela, y se suponía que debía establecer el estándar de cómo se manejaría la corrupción en el país. Al Pérez quedar absuelto y el buque haber desaparecido sin dejar rastro, fue evidente que cualquiera podría cometer hechos de corrupción, ya que si incluso el Presidente podía quedar a salvo, cualquiera podría. Las circunstancias alrededor de la votación para determinar la responsabilidad y culpabilidad de Pérez fueron muy extrañas y ambiguas, ya que estuvieron rodeadas de alianzas y conflictos entre varios personajes de partidos y corrientes ideológicas distintas, y que años más tarde también serían vinculados con sus propios casos de corrupción o ineficiencia en cargos del poder público: José Vicente Rangel, Teodoro Petkoff, Leopoldo Díaz Bruzual y David Morales Bello, por nombrar a algunos. Otro famoso caso de corrupción fue la apropiación de una serie de terrenos en Caracas por parte de Diego Arria (de quien hablaré en la Parte III), quien había sido el asesor de imagen de Carlos Andrés Pérez y uno de los hombres más cercanos al Presidente. De nuevo, el destino de los terrenos fue incierto, y Arria quedó a salvo de cualquier responsabilidad. La conclusión que el venezolano sacó fue que *"entre los políticos no se pisan la manguera"*, queriendo decir que si Pérez o Arria eran condenados, quizás saldrían a flote muchos otros casos, la cual era la misma actitud que años después yo vería en el IESA y en otros escenarios en Venezuela.

A pesar de la gran "bonanza", el gobierno de Pérez registró otro récord en la inflación anualizada con 12,16%. Esta fue la primera ocasión en la era democrática en la cual la inflación cerraba con una cifra de dos dígitos. A partir de allí el IPC empezó a mostrar el inicio de la debacle de la economía venezolana. Los años que yo viví en Venezuela, siempre me llamó la atención la cantidad de conferencias, estudios, debates y ruedas de prensa donde los más prominentes economistas de la nación pasaban horas analizando las causas de la crisis económica de Venezuela y trataban de encontrar el momento cuando inició la crisis. Nunca entendí como estos sabios e iluminados economistas, no eran capaces de identificar la respuesta que para mí era obvia: 1973 y 1974 o tal vez un poco antes, entre 1970 y 1972, ya que se debe tomar en cuenta que la inflación es el resultado de las políticas económicas ejecutadas para el largo plazo, y en este caso fueron las politicas del entonces Presidente Rafael Caldera y su gabinete que gobernó Venezuela entre 1969 y 1974, el cual estuvo encabezado por

Pedro Tinoco como Ministro de Finanzas, alguien de quien hablaré a detalle dentro de un par de páginas.

Durante los últimos años del gobierno de Pérez, los venezolanos fueron testigos de cómo se agravó el panorama económico como consecuencia del debilitamiento del mercado petrolero internacional, además del desabastecimiento de materias primas y la escasa disponibilidad del potencial de producción en varias empresas, lo cual produjo un incremento en las transferencias de fondos al exterior, incrementando la adquisición de dólares e iniciando de esta forma la llamada "fuga de capitales", por medio de la cual los venezolanos le perdieron la confianza a su moneda y prefirieron invertir en activos en el extranjero. Adicionalmente, la deuda externa aumentó de $10.000 millones en 1977, a $16.400 millones para 1978. Esta serie de acontecimientos irregulares en la política venezolana hizo que apareciese en el panorama político una de las figuras que quizás siempre representará la mayor especulación del "qué hubiese pasado si...", como lo fue la incursión de Renny Ottolina como precandidato presidencial para las elecciones presidenciales de 1978.

Renny era un conocido y sumamente respetado comunicador social de radio y televisión que, a falta de Pérez Jiménez, aparecía como una opción distinta ante el bipartidismo que Acción Democrática y COPEI mantenían en Venezuela desde 1959. Es casi imposible predecir qué hubiese pasado si Renny hubiese seguido con vida para las elecciones de 1978; como un observador objetivo, no me parece descabellado decir que probablemente tenía una buena oportunidad de resultar elegido presidente de Venezuela, sobre todo considerando a las opciones principales que eran sus rivales: Luis Herrera Campins (un político de COPEI con fama de corrupto) y Luis Beltrán Prieto (un político corrupto de AD con fama de corrupto). Renny era lo contrario a ambos: tenía carisma, tenía popularidad, y al menos en papel, parecía tener la intención de presentar un plan de gobierno que recuperase los ideales nacionales de lo que debía ser un venezolano. Mucha gente lo veía como una especie de Pérez Jiménez demócrata: es decir, el Presidente ideal para Venezuela. Una anécdota que encontré al preparar este capítulo fue que un periodista le preguntó a Renny su opinión de los precandidatos que en repetidas ocasiones en las campañas anteriores, violaban las normas del Consejo Supremo Electoral y entre otras cosas, pintaban paredes y pegaban afiches sin respeto por la propiedad privada o la estética y belleza de la ciudad. Renny, inteligente como siempre en su expresar, lamentó que en Venezuela las personas que acataban la ley eran calificados como "bobos" y contestó: "*Yo acato la ley, yo soy un bobo*". Nunca se sabrá qué hubiese hecho Renny de haber sido presidente, pues falleció en un accidente aéreo en circunstancias cuestionables cuando viajaba a un foro de precandidatos presidenciales. Muchas personas fallecieron en accidentes aéreos en circunstancias cuestionables durante el gobierno de Carlos Andrés Pérez, algo sobre lo cual profundizaré en el capítulo "_____ *es un reflejo del país.*"

Harto de los escándalos de corrupción del gobierno de Carlos Andrés Pérez y de las pequeñas fisuras en la economía del país que empezaban a mostrar los inicios de una grave crisis económica, en 1978 el pueblo de Venezuela otra vez dijo "necesitamos un cambio" y por segunda vez le tendió la mano a COPEI, dándole la oportunidad a Luis Herrera Campins, quien gobernó desde 1979 a 1984 y de quien se tiene el grato recuerdo de haber sido el iniciador de la debacle económica del Bolívar, tras lograr un nuevo récord inflacionario con 20% en 1979 y posteriormente devaluar la moneda el 18 de febrero de 1983, un día que quedó marcado en la historia de Venezuela como "El Viernes Negro." A partir de esa fecha, quedó erradicada toda posibilidad de que el Bolívar pudiese volver a ser la moneda que fue en los años 50 durante el gobierno de Pérez Jiménez ya que, exceptuando breves retrocesos puntuales, el Bolívar nunca dejó de devaluarse. De Bs. 4,30 por Dólar Americano que era el valor cambiario en enero de 1983, la moneda se devaluaría a Bs. 12,00 al final del año. Herrera también ordenó la creación del primer mecanismo de control de cambio llamado RECADI, que fue un precursor de los mecanismos de control de cambio que años después implementarían Rafael Caldera en 1994, y Hugo Chávez en 2003. Salvo la inauguración de un tramo de la línea del Metro de Caracas, el cual era un proyecto que estaba contemplado desde el gobierno de Pérez Jiménez, el gobierno de Luis Herrera fue visto como un completo desastre, y el peor de la era democrática hasta ese momento debido a sus funestos resultados: se redujeron los ingresos fiscales provenientes de la industria petrolera, se duplicó el desempleo, aumentó la fuga de capitales que había iniciado con el gobierno de Pérez, y la deuda externa aumentó a $27.500 millones para finales de 1983. Es por ello que en las elecciones presidenciales de ese año, los venezolanos otra vez dijeron "¡hace falta un cambio!" Acción Democrática lo ofreció y de esa forma volvieron al poder.

Dicen que peor fue el remedio que la enfermedad y en este caso, quizás se trata de una nueva ironía, dado que el nuevo presidente de Venezuela sería un médico de quien se puede decir dejó la ética de médico en el consultorio o en la universidad, pues eso fue justo lo que nunca hubo durante su gobierno. El quinquenio del Dr. Jaime Lusinchi (1984-89) se caracterizó por cientos de actos de corrupción, partidas secretas desaparecidas, barraganas, infidelidades, más devaluaciones a la moneda, la disolución de RECADI, regulaciones de precios a decenas de productos con las cuales cientos de empresarios se volvieron millonarios (algo que exploraré en la Parte III), y una inflación que en ningún momento dejó de aumentar. Al momento de dejar el poder, Lusinchi dejó a Venezuela con 35% de inflación (la mayor hasta ese momento desde el inicio de la era de la democracia bipartidista), el tipo de cambio ubicado en Bs. 39,30 por Dólar, una mayor crisis económica y social, mayor pobreza, y una sombría imagen en los partidos políticos cuya reputación había quedado manchada y denigrada por las acciones de corrupción que se habían cometido hasta ese entonces. Así, Venezuela acumulaba veinte años de gobiernos mediocres entre 1958 y 1978, más diez años de gobiernos pésimos entre 1978 y 1988.

Para las elecciones de 1988 el pueblo de nuevo pidió un cambio, pero el cambio consistió en volver al pasado, ya que eligieron al "*Gocho*" Carlos Andrés Pérez con la ilusión de que su regreso a la presidencia traería de vuelta los tiempos de la bonanza vividos durante su primer gobierno. Es interesante que, a pesar de mantener al mismo partido en el poder, el pueblo venezolano tenía la percepción de que en toda la era democrática bipartidista desde 1958, el mejor presidente que Venezuela había tenido había sido Carlos Andrés Pérez. El "cambio" venía por el hecho que Lusinchi no quiso apoyar a Pérez, sino que apoyó a Octavio Lepage, un adeco con una corriente e ideología distinta a la de Pérez. Sin embargo, Pérez fue lo suficientemente fuerte como para vencer a Lepage en las elecciones primarias de AD y después a la joven promesa de COPEI, Eduardo Fernández *"El Tigre"* en las presidenciales, quien era un candidato que tenía mucha energía y porte para sentarse en la presidencia de Venezuela. Sin embargo, *"El Gocho"* con un fuerte apego a las masas pobres y un discurso popular que le hizo recorrer cuanto caserío y barrio pudo pisar, incluyendo un extraordinario e impresionante mitin de cierre de campaña celebrado en una popular barriada de Caracas, terminó adjudicándose el triunfo en las elecciones de diciembre, haciéndose notar como la esperanza del pueblo ante la existente crisis que se vivía en el país. Era obvio que Venezuela no quería a un presidente de la élite como Eduardo Fernández, un abogado egresado de la Universidad Católica que era visto como un candidato de la clase pudiente, pretencioso y alejado de la realidad del pueblo, habiendo tenido la mala experiencia de haber escogido a un médico. Por eso el pueblo quiso que uno de los suyos volviese a Miraflores [52]: un presidente campesino, corrupto y sin educación, para un pueblo de campesinos corruptos y sin educación. De esta forma, Pérez se convirtió en el primer presidente en ser elegido por segunda ocasión por la vía democrática para el periodo 1989-94, solo que esta vez no tendría la suerte que tuvo en su primer gobierno.

El gobierno de Pérez comenzó con una toma de posesión presidencial parecida a la Coronación de Napoleón, en el sentido que fue un espectáculo que contó con la presencia de decenas de líderes mundiales en un ambiente de lujo completamente innecesario en un momento en el que Venezuela estaba sumergida en una grave crisis económica y social. Su toma de posesión fue seguida de la boda que unía a dos de las familias más poderosas, elitistas y ricas de Venezuela en otro espectacular derroche de lujos, que hizo que la población empezase a cuestionar el tamaño de la brecha social existente en el país y qué tanto la crisis le afectaba a la clase pudiente.

Las familias en cuestión eran los Tinoco y los Cisneros: los primeros controlaban gran parte del sector bancario de Venezuela, y los segundos controlaban gran parte del sector de comunicaciones y redes de distribución de productos alimenticios en el país. El patriarca

---

[52] Palacio de Miraflores: Sede del Poder Ejecutivo y Despacho Presidencial.

de la familia Tinoco era Pedro Tinoco, quien como mencioné anteriormente fue el Ministro de Finanzas del gobierno de Rafael Caldera (el lector debe recordar que Caldera era el líder del partido COPEI, opositor a Acción Democrática), y quien era uno de los hombres más ricos de Venezuela. Tinoco había amasado una fortuna multimillonaria gracias sus conexiones políticas que databan de los años 60 y que se solidificaron durante el primer gobierno de Pérez (1974-79). Fue durante ese primer gobierno que surgió el denominado grupo conocido como *"Los Amos del Valle"*, quienes eran los equivalentes a los oligarcas de la Rusia moderna, es decir, los patriarcas de las doce familias más poderosas de Venezuela, y que en consecuencia controlaban el destino del país. La boda unía al sobrino de Tinoco con la hija de Oswaldo Cisneros, quien era el presidente de Pepsi Cola Venezuela, y junto con su primos Gustavo y Ricardo, constituían el grueso de la familia Cisneros, quienes eran dueños de decenas de empresas en Venezuela incluyendo el canal de televisión Venevisión, una fábrica de plásticos llamada Gaveplast, varias empresas del sector alimenticio como Alimentos Yukery, Helados Tío Rico, Gerber, Minalba, Pampero, Automercados CADA, Fisa, Pharsana, Kapina, además del Circuito audiovisual Radiovisión, una empresa de producción musical llamada Rodven, la producción del certamen Miss Venezuela, las franquicias de Burger King y Pizza Hutt, y la representación de Apple Computers en Venezuela.

Si bien la historia de la relación de Carlos Andrés Pérez y Pedro Tinoco inició en la década de los 60 cuando Pérez era Ministro del Interior del entonces Presidente Rómulo Betancourt, ésta se solidificó en la década de los 70, luego de que Tinoco dejase el cargo de Ministro de Finanzas del gobierno de Caldera. En 1974, Tinoco fue nombrado Presidente del Banco Latino, el cual era uno de los bancos más grandes del país y una de las entidades que causó el inicio de la debacle económica de Venezuela por razones que explicaré en breve, siendo una de ellas el hecho que al mismo tiempo que Tinoco servía como Presidente del Banco Latino, también trabajaba como agente de los intereses de la familia Cisneros con empresas e inversionistas extranjeros, y como soporte financiero de los objetivos políticos de Pérez. El motivo de este último punto se debe a que una vez que fue establecida la democracia en Venezuela, los partidos políticos no contaban los recursos para financiar una campaña presidencial, ni remotamente, y es allí donde las riquezas, conexiones, influencias y el poder de Tinoco entraron en el juego político de Venezuela.

Como ya establecí en la Parte I del libro, Venezuela nunca fue un país caracterizado por tener a las mentes más brillantes en posiciones importantes, y esa es una de las razones por las cuales para 1988 Tinoco había llevado al Banco Latino al borde de la bancarrota, siendo su única salvación que Carlos Andrés Pérez obtuviese la presidencia Venezuela nuevamente. Al ser elegido presidente para el periodo presidencial de 1989-1994, Pérez nombró a Tinoco como Presidente del Banco Central de Venezuela, de esta forma entregándole las llaves de las reservas de la nación ya que el BCV controlaba (y todavía controla) prácticamente la totalidad de los Dólares del país, en especial los generados por Petróleos de Venezuela y la renta petrolera. Con Tinoco en el Banco Central, la Junta Directiva del Banco Latino quedó formada por dos de los hermanos Cisneros, Francisco Pérez Rodríguez -hermano del presidente Pérez-, dos grandes empresarios que no son relevantes para el texto, y el nuevo Presidente del banco, Gustavo Gómez López, quien era un pupilo de Tinoco. El objetivo de la nueva Junta y de Tinoco: salvar al Banco Latino y convertirlo en el banco más poderoso del país.

Tras la lujosa toma de posesión de Pérez, la boda que unía a las familias "reales" Tinoco y Cisneros, y el nombramiento de Pedro Tinoco como Presidente del Banco Central de Venezuela, los venezolanos empezaron a darse cuenta de que no importaba lo que hiciesen, parecía que la llegada a la presidencia de Pérez era un preludio a una nueva era en la cual los ricos se volverían más ricos, y los pobres se volverían más pobres. Adicionalmente, los indicadores económicos que para febrero de 1989 mostraban una situación alarmante producto de la pésima gestión de las personas que habían gobernado a Venezuela entre 1958 y 1988, ahora ya no mostraban fisuras sino visibles grietas de la crisis de la nación: las reservas internacionales habían alcanzado su punto más bajo desde 1973; los ingresos petroleros disminuyeron al caer los precios del petróleo, y aunado a la falta de visión a largo plazo del daño que causaría una economía no diversificada y únicamente dependiente del petróleo, se produjo un aumento del déficit fiscal y de la deuda externa que ahora sobrepasaba los 30 billones de dólares, además de un estancamiento del Producto Interno Bruto en 500 billones de Dólares, y una disminución del ingreso per cápita de $4,200 en 1981, a $3,220 en 1989. Con este aterrador panorama que se vivía apenas unos días después de haber asumido la presidencia de Venezuela, Pérez no tuvo otra opción que dictar una serie de medidas económicas que impactaron directamente el bolsillo de la población que lo eligió.

Las medidas habían sido el resultado de un acuerdo con el Fondo Monetario Internacional, e incluían: un aumento de 30% en el precio de la gasolina (lo cual produjo un aumento en el costo del pasaje del transporte público), la eliminación de subsidios y regulación de precios a los alimentos, un aumento o liberación de precios de la mayoría de los productos de la canasta básica, la eliminación del tipo de cambio preferencial, además de una serie de revisiones a las políticas económicas existentes; a cambio, Venezuela recibiría un préstamo de 4.5 Billones de Dólares. Una vez que las medidas económicas fueron implementadas apenas días después de la toma de posesión de Pérez y de la boda Tinoco-Cisneros, éstas se sintieron de inmediato: nunca olvidaré el día cuando fui con mi abuela a hacer las compras del mercado, y vi que el P.V.P. (precio de venta al público) de una (1) lata de atún que hacía una semana era Bs. 8, ahora era Bs. 27. Tengo esa imagen tan fresca en mi mente como si hubiese sido ayer y jamás la olvidaré, ya que quedé en shock por varios segundos, incrédulo y dudando de si mis ojos estaban funcionando bien. Así, muchos otros productos sufrieron incrementos similares, duplicando o triplicando su precio de un día para el otro. Imagine que usted es un analfabeto que no entiende conceptos básicos de economía, y que va al supermercado mañana y ve que todos los precios de los artículos que usted había comprado el día anterior, triplicaron sus precios. Eso era lo que pasaba en Venezuela. En mi casa al menos entendíamos lo que estaba pasando, y apenas podíamos pagar el incremento haciendo algunos ajustes, y estoy seguro de que un buen porcentaje de la clase media también; pero 60% de la población ignorante de Venezuela que vivía en pobreza, no podía. Pérez no tenía ni un mes en la Presidencia y el país atravesaba el peor momento en la historia de la era democrática bipartidista.

Las medidas económicas habían sido impulsadas por Pedro Tinoco, quien era un promotor del libre mercado, y preparadas por el Ministro de Coordinación y Planificación, Miguel Rodríguez, y es por eso que durante la presidencia de Chávez, se le conocería a estas reformas como "Paquete Neoliberal", ya que en efecto lo era. El rechazo a la economía de libre mercado y al "Paquete Neoliberal" de Pérez, Tinoco y el Fondo Monetario Internacional, fue lo que le sirvió a Chávez como apalancamiento para su campaña presidencial de 1998 y su posterior plan económico como presidente de Venezuela.

La ironía de la historia es que las medidas económicas tomadas por Pérez eran necesarias, ya que en primer lugar Venezuela no tenía más opción y en segundo lugar, eran un paso obligatorio que debía darse hacia la descentralización del gobierno, que para ese momento era productor de bienes y servicios, inversionista, financista y ejecutor de obras, interventor directo en la actividad económica privada, distribuidor de la renta petrolera, administrador de los recursos del país y decisor unilateral de las políticas públicas, y lamentablemente el gobierno había desempeñado todos estos roles de forma pésima. Lo correcto era que el gobierno fuese el responsable de una prestación eficiente de los servicios públicos y sociales ajustados a los requerimientos del mercado, el responsable del desarrollo de la infraestructura y de proyectos estratégicos (en conjunto con el sector privado), el promotor y regulador (si fuese necesario) de la actividad privada, el generador de condiciones macroeconómicas adecuadas para que el país funcionase de forma adecuada, el concertador en la toma de decisiones con los agentes económicos y sociales, y en suma un administrador eficiente del presupuesto público.

También debo resaltar que el problema con las medidas de Pérez es que fueron muy mal explicadas a la población, y peor aún, fueron ejecutadas con una pésima planificación, y esas son las razones por las cuales Chávez siempre detestó a Estados Unidos, al Fondo Monetario Internacional, y a la economía de libre mercado. Igualmente lamentable, es que el motivo por el cual Tinoco abogaba por la economía de libre mercado, era porque su hijo, el Banco Latino, necesitaba liquidez para evitar irse a la quiebra, y ahora con las tasas de interés liberadas, Tinoco desde la Presidencia del Banco Central de

Venezuela, concentraría sus esfuerzos en garantizar que el banco se salvase, lo cual pudiera debatirse si fue lo correcto o no, de no ser porque Tinoco, Cisneros y Pérez, sus familiares, socios y allegados, multiplicaron sus fortunas a niveles estratosféricos a costa de la población de Venezuela, y esa es la parte que estuvo muy mal, ya que pensaron en ellos primero, en vez de pensar en el país.

Por eso fue que el pueblo que eligió a Carlos Andrés Pérez como Presidente sintió que las medidas económicas fueron una traición. Se suponía que Pérez iba a solucionar los problemas en Venezuela e iba a lograr un clima conciliatorio en la gran brecha social y económica que había entre ricos y pobres. Se suponía que Pérez iba a solucionar la crisis que venía acentuándose en Venezuela desde 1983, especialmente el grave problema de la pobreza y que el dinero en Venezuela no alcanzaba; pero al liberar los precios de casi todos los productos y servicios del mercado, y al duplicarse y triplicarse sus precios en cuestión de unos pocos días, el pueblo interpretó que las medidas iban enfocadas a enriquecer más a los ricos y empobrecer más a los pobres.

En consecuencia, a menos de un mes de haber tomado posesión de la Presidencia y de haber implementado el paquete del Fondo Monetario Internacional, surgieron las protestas populares del 27 de Febrero, que fueron una serie de saqueos que se extendieron durante cuatro días en Caracas y las principales ciudades del país, y que iniciaron con una protesta estudiantil por el alza de los pasajes en un 100% a la cual se unió la protesta de los transportistas por el alza de la gasolina. Tras quemar varios autobuses en varias calles de la ciudad capital y del interior del país, gran parte de la población se lanzó a las calles a destruir, saquear y robar tiendas y centros comerciales. Pérez fue tan bruto que no fue capaz de darse cuenta de que tras dictar esas medidas, estaba cavando su propia tumba y la de su partido Acción Democrática. A la par de la crisis económica que se vivía en el país, Caracas había caído en un estado de anarquía y violencia criminal que nunca se había visto. Durante esos primeros años del gobierno de Pérez, era común ver en los titulares de los periódicos que "ASESINARON A CHICO DE 16 AÑOS PARA ROBARLE LOS ZAPATOS / RELOJ", además de que se volvió común ver que todos los fines de semana ingresaban veinte o treinta muertos a la morgue de

Bello Monte, víctimas del hampa. La policía parecía inerte e impotente en sus esfuerzos para luchar contra la delincuencia, y el sistema judicial no parecía tener el menor interés en perseguir a los criminales y ponerlos tras las rejas. Los barrios, que albergaban a decenas de mafias y pandillas de delincuentes, se multiplicaban con cada día que pasaba trayendo a su vez más armas, más drogas, más secuestros y más violaciones en Caracas y en todo el país. En apenas dos meses, la situación en el país se estaba saliendo de control desde todo punto de vista y sobre todo en el aspecto de gobernabilidad.

Pasaron los meses sin que la población viese una mejora en el país, y dado que el gobierno de Pérez continuó desconectado de la realidad del día a día del venezolano común, continuaron las protestas estudiantiles y el descontento de la población, lo cual desembocó en el 4 de febrero de 1992: el día en el que un Teniente Coronel de nombre Hugo Chávez lideró un fallido golpe de estado. A pesar del fracaso del golpe, el mensaje había quedado claro: Venezuela necesitaba un cambio urgentemente. Tras rendirse, Chávez dio un mensaje profético: *"Por ahora los objetivos que nos planteamos no fueron logrados en la ciudad capital"*, y de esta forma, Chávez no solo había enviado el mensaje de que Venezuela necesitaba un cambio urgentemente; Chávez le hizo ver a la población que ese cambio era él. Fue así como Venezuela alcanzó el punto de inflexión más importante de la era bipartidista de 1958-98, y sobre este punto debo destacar dos puntos que pasan inadvertidos en muchas personas cuando se habla de la llegada de Chávez a la presidencia en 1998.

El primer punto es que, hasta el 3 de febrero de 1992, casi nadie en Venezuela esperaba, aspiraba o imaginaba que la madrugada del día siguiente habría un golpe de estado. El motivo por el cual destaco esto es porque los golpes de estado ya habían sido una etapa superada para Venezuela. Se suponía que con la de caída de Pérez Jiménez el 23 de enero de 1958, más el establecimiento de una era democrática que inició en 1959 con Rómulo Betancourt, más la promulgación de una nueva Constitución en 1961 que sentaba las bases para un estado democrático, más el acuerdo de los principales partidos políticos de respetar las bases de la democracia, Venezuela no volvería a experimentar este tipo de inestabilidad política que había vivido durante gran parte de su historia y de la cual el resto de los países de Latinoamérica había sufrido por mucho más tiempo que Venezuela, inclusive hasta 1992. Por muy profunda que era la crisis económica y social en el país para ese momento, el venezolano confiaba en que la solución a los problemas iba a ser por vías legales, constitucionales y electorales. Es por eso que el 4 de febrero fue un evento totalmente inesperado, y significó un retroceso a la evolución política que Venezuela había logrado durante treinta y cuatro años.

El segundo punto es que el Hugo Chávez que dio el golpe de estado del 4 de febrero de 1992, no es el mismo Hugo Chávez que usted conoció, que fue candidato presidencial y que fue elegido Presidente en las elecciones de 1998. El Chávez de 1992 era un Teniente Coronel; un militar de rango medio, sin experiencia en política, ni en alta gerencia, que lideró a un puñado de militares que compartían la misma frustración que casi todos los venezolanos sentían con los políticos de AD y COPEI, y especialmente con Carlos Andrés Pérez. Es imposible predecir qué hubiese pasado si el golpe de estado hubiese sido exitoso, pero creo que es válido decir que posiblemente el destino de Venezuela hubiese sido distinto al que tuvo. Mi afirmación se basa en el hecho de que el Chávez de 1998 es el producto de cuatro personas: José Vicente Rangel, Jacinto Pérez Arcay, Luis Miquilena y Fidel Castro. Ellos fueron los mentores del Chávez político de 1998 y fueron quienes sembraron en él las semillas de ideología socialista y comunista, así como también el repudio hacia Estados Unidos.

Yo creo que el Chávez de 1992 tenía buenas intenciones para Venezuela, con la diferencia que creo que hubiese sido más radical en ejecutar acciones judiciales en contra de los políticos corruptos que hasta ese momento estaban destruyendo a Venezuela, mientras que el Chávez de 1998 que todos conocimos los acabó sistemáticamente (como explicaré en Parte III). Es fundamental comprender esta diferencia entre el Chávez de 1992 y el de 1998, ya que yo siempre he pensado que la expresión *"las personas no cambian"* no es correcta, y que lo correcto es decir *"la esencia de las personas no cambia, lo que cambia es su personalidad"*: el Chávez de 1992 era un militar ignorante igual al de 1998, solo que el de 1998 era un poco más político y menos militar, mucho más demagogo y menos tajante, y con un ego mucho más inflado que ese humilde paracaidista que intentó derrocar a Carlos Andrés Pérez, porque había sido indoctrinado y amoldado por las cuatro personas que nombré, pero en esencia seguía siendo y siempre fue un militar ignorante. No fue un militar de gran inteligencia como fueron López Contreras, Medina Angarita o Pérez Jiménez.

Después del golpe de estado del 4 de Febrero, el año continuó con rutinarias marchas y protestas en contra del gobierno, incluyendo dos cacerolazos (y era la primera vez en mi vida que yo escuchaba la palabra "cacerolazo"), y la lógica indicaba que debía haber un cambio en las políticas del gobierno, y en efecto lo hubo: algunos intencionales y otros inesperados. El más notorio fue que Pérez perdió a su patriarca Tinoco, quien se vio forzado a renunciar a la Presidencia del Banco Central por un cáncer que le fue diagnosticado. Aún con el nombramiento de un nuevo gabinete, incluyendo a "brillantes genios" Frank De Armas, Ricardo Hausmann y Pedro Rosas que reemplazaron a otros "brillantes genios" como Moisés Naím, Miguel Rodríguez y Egle Iturbe, los cambios no resultaron en ningún efecto positivo y nueve meses después del 4 de febrero, un segundo golpe de estado sacudió al país el 27 de noviembre. El ejército defendió el orden constitucional como pudo y gracias a terribles errores cometidos por los insurrectos, el gobierno de nuevo escapó victorioso; pero antes de finalizar el año, Pérez afrontó un nuevo problema: el periodista José Vicente Rangel (futuro Ministro de Relaciones Exteriores, Vicepresidente y Ministro de la Defensa durante la presidencia de Chávez) denunció a Pérez por malversación de fondos públicos, lo cual inició una serie de eventos que cambiarían a Venezuela para siempre. Cuatro meses después del 27 de noviembre y casi un año después de haber dejado el Banco Central de Venezuela, en marzo de 1993, murió Pedro Tinoco, el tercero de los tres más grandes culpables de que apareciese Chávez en Venezuela.

Con Tinoco fuera del panorama, en mayo de 1993 el Fiscal General de la República y la Corte Suprema de Justicia iniciaron un "Antejuicio de Mérito" en contra de Carlos Andrés Pérez, quien solo, sin Tinoco y traicionado por sus propios compañeros de partido, se vio obligado a renunciar a la presidencia, ocurriendo así la segunda fractura en la base de concreto de la democracia venezolana. Diez meses después de la muerte de Tinoco, su hijo, el Banco Latino, el segundo banco más grande del país, quebró, dando inicio al colapso financiero de la economía de Venezuela que arrastró otros diecisiete bancos. De los más de trescientos banqueros y ejecutivos que participaron en este enorme esquema de lavado de dinero que ocurrió aproximadamente durante veinte liderado por Tinoco, Pérez y la familia Cisneros, años, y quienes huyeron de Venezuela y nunca fueron apresados o enjuiciados, el único que fue encarcelado fue el Presidente del Banco Progreso, Orlando Castro, un cubano inmigrante que hizo fortuna en Venezuela de la mano de Tinoco, y quien fue condenado junto con su hijo y su nieto a dos años de cárcel en Estados Unidos. El destino de algunos de los "brillantes genios": Ricardo Hausmann hoy trabaja en Harvard, Moisés Naím dirige un programa de televisión, y Carlos Andrés Pérez pasó el resto de su vida viviendo en Miami y Nueva York. Todos rehicieron sus vidas en el exterior, probablemente con las riquezas que obtuvieron de Venezuela, y todos dejaron atrás a su país en las manos de Chávez, el monstruo que ellos mismos crearon y que terminaría de ejecutar lo que ellos empezaron: la destrucción de Venezuela.

El asunto con Pedro Tinoco, la familia Cisneros y el resto de las familias poderosas de Venezuela, es que los venezolanos tenían la percepción de que "se pagaban y se daban el vuelto" entre ellos, ya que además de tener el control de la economía del país, también tenían el poder político, lo cual garantizaba que cada vez se volviesen más ricos aun cuando sus empresas se desmoronaban. ¿Tenía sentido haber nombrado Presidente del Banco Central de Venezuela a una persona que fue Ministro de Finanzas del Presidente que tú mismo habías sucedido, que era del partido opositor al tuyo, y que había empeorado la economía de la nación? ¿Cuál es la explicación lógica detrás de semejante decisión? La única es: favor político y nombramiento a dedo. El resultado de tal torpeza: el colapso financiero de un país y dar los motivos perfectos para el surgimiento de Chávez. Si bien Pedro Tinoco estaba en lo correcto en favorecer una economía de libre mercado en Venezuela, fue una decisión que debió haber sido tomada mucho antes de 1989, y que él mismo pudo impulsar o al menos haber utilizado sus influencias para haberla impulsado, pero no lo hizo, y esperó a hacerlo solo cuando ello favorecía sus propios intereses. Usted no llama a los bomberos cuando tiene su casa ardiendo en llamas, ¿cierto? Usted los llama apenas se dispara la alarma contra incendios. El punto es que Caldera, Tinoco, Pérez, Herrera y Lusinchi, esperaron demasiado tiempo para implementar las medidas, reformas y políticas que eran necesarias en Venezuela para asegurar la estabilidad de la economía venezolana y que no hiciese falta la aplicación del "Paquete Neoliberal" de febrero de 1989. En consecuencia, la población interpretó sus acciones considerando que ellos pensaron de la siguiente forma: *"Nos volvimos ricos antes con las regulaciones, y ahora nos vamos a volver más ricos con el libre mercado."* Ese es el motivo por el cual Rómulo Betancourt y Pedro Tinoco fueron dos de los tres principales culpables del colapso de Venezuela: Betancourt por haber creado el cáncer llamado Acción Democrática que produjo células malignas como Carlos Andrés Pérez, y Tinoco por haber ideado el cáncer financiero que destruyó a Venezuela. De ambos cánceres, nació Hugo Chávez.

No nombro a Pérez como uno de los principales culpables, porque debo ser justo en la interpretación de la historia y eso significa que el lector venezolano deberá tomarse una píldora muy difícil de tragar: Carlos Andrés Pérez era un pobre ignorante igual que el actual Presidente Nicolás Maduro. ¿Qué se le puede pedir a un pobre idiota que ni siquiera se graduó de secundaria? Pérez fue manipulado por Tinoco, ya que fue identificado como un recurso que podía utilizar para su provecho, la cual fue la filosofía empleada para convencer a la famila Cisneros para apoyarlo, y la mayoría del resto de las familias poderosas de Venezuela simplemente le siguieron el juego a Tinoco. Es por ese motivo que este capítulo se titula *La Historia de la Hacienda Venezuela*, ya que ciento ochenta años después de su independencia, Venezuela no era un país: era una hacienda manejada por diez o doce familias. La diferencia entre Pérez y Maduro es que al primero le enseñaron a hablar, a vestirse y a comportarse para que diese la imagen del hombre pobre e ignorante que había salido de Rubio, Táchira (un pueblo pobre), y que ahora era un político exitoso que entendía y se conectaba con los pobres, y que si se bien vestía de traje y corbata, en el fondo seguía siendo un representante de la masa popular de Venezuela. Con Maduro no hizo falta, ya que Chávez y Maduro se sentían orgullosos de su ignorancia y de su imagen de orígenes marginales.

El crimen del cual Carlos Andrés Pérez es culpable fue el de haber sido cómplice de los intereses personales de Pedro Tinoco. Afirmo esto, ya que dudo mucho que Pérez se enteró el 2 de febrero de 1989, que la situación del país estaba tan grave que tendría que acudir al Fondo Monetario Internacional para pedir $4.5 Billones, mucho menos considerando que su gabinete estaba formado además de Tinoco, por los "brillantes genios" Moisés Naím, Miguel Rodríguez y Gustavo Roosen, y posteriormente por Humberto Calderón Berti, Roberto Smith y Ricardo Hausmann, así que lo más probable es que todas estos grandes "brillantes genios" sabían de antemano, desde la campaña electoral de 1988 que el país estaba en graves aprietos y que requerían tomar medidas drásticas, y si no lo sabían, ya no sé qué más pensar.

Más aún es que suponiendo que sabían lo que ocurriría, lo más lógico era que actuasen en función a ello antes de que población se enterase: es decir, si sabes que de un día para otro vas a anunciar la liberación de precios regulados, incluyendo el control de cambio, lo más lógico es que colocases todo tu dinero a comprar dólares y a abastecerte de los productos cuyos precios evidentemente se dispararían. La otra opción como dije es que todos eran unos idiotas y no lo sabían, la cual dudo mucho fue el caso.

En cualquier caso, el punto que quiero plantear es el siguiente: ¿estos grandes genios no pudieron negociar un mejor acuerdo con el Fondo Monetario Internacional, que no implicase implementar todas las condiciones que le impusieron a Pérez al mismo tiempo? ¿O acaso no fueron capaces de visualizar las consecuencias que derivarían de eliminar todas las regulaciones y permitir la liberación de precios como parte del paquete de medidas en la población de Venezuela? Digo esto porque en primer lugar, parte de su trabajo era saber las respuestas a este tipo de preguntas; y en segundo lugar, porque de los catorce millones de habitantes del país, estoy bastante seguro que a ellos no les afectó en lo absoluto el alza de la gasolina o la liberación de precios de los productos alimenticios. Es por ese motivo por el cual afirmo que Tinoco pensó en él primero y en el Banco Latino, que en el país, y lo mismo aplica para Ricardo Hausmann, Miguel Rodríguez, Moisés Naím y los demás.

Como sea que se mire, este grupo de personas, al igual que decenas de otros, quedaron muy mal parados ante los venezolanos. Lamento mucho que Moisés Naím, haya publicado un libro cuya tesis plantea lo fácil que es obtener y perder el poder, cuando en realidad debió haber escrito un libro explicando cuánto dinero fácil obtuvieron los Ministros del gabinete de Pérez gracias a las reformas de 1989; al igual que quisiera saber qué puede sentir Hausmann tras haber dedicado años de su vida a la investigación, pero poco pudo hacer para rescatar a Venezuela de la crisis económica. Lo más irónico es que Hausmann estudió en Cornell, Rodríguez obtuvo un postgrado en Yale, y Naím si bien es egresado de la Metropolitana, obtuvo un postgrado en MIT. Entonces, no me queda claro si es que de verdad son unos "brillantes genios"; o fue que lograron ser admitidos a dichas prestigiosas universidades por algún tipo de patrocinio, o apalancamiento político o económico, y se graduaron copiándose y haciendo trampas; o es que justamente los tres peores alumnos de Cornell, Yale y MIT, terminaron regresándose a Venezuela para la destruirla entre 1989 y 1993. Me parece increíble que un gran porcentaje de egresados de Cornell, Yale y MIT le arrojan prominentes resultados a Estados Unidos, pero los venezolanos que se fueron a estudiar para allá y a prepararse para servir como funcionarios públicos en Venezuela, fracasaron rotundamente. Creo que la respuesta a mi duda es que a veces en la vida, erróneamente se respeta el título y el cargo, y no a la persona.

Con toda sinceridad creo que mis compañeros de la Simón (Lotty, Raúl, Jacobo) quienes sí son brillantes genios hubiesen hecho un mejor trabajo que Hausmann, Rodríguez, Naím, y varios otros ministros que entre 1958 y 1998 tuvieron una gestión menos que mediocre. El hecho de que Hausmann hoy trabaje en Harvard y Naím sea un "reconocido pensador y autor", es una enorme contradicción y una triste ironía que solo puedo ejemplificar con la siguiente analogía: imagine que dentro de diez o veinte años, varios de los pasados y actuales Ministros de Chávez y Maduro, quienes por años fueron duramente criticados dada su pésima gestión y terribles resultados (con toda razón, debo acotar), consigan empleos en Harvard, publiquen libros "*Bestseller*" que sean recomendados por Mark Zuckerberg, participen en el Foro Económico Mundial, y sean catalogados como "brillantes genios".

Tras la renuncia de Carlos Andrés Pérez, el Presidente del Congreso -Octavio Lepage- le sucedió como Presidente interino, como ordenaban los cánones de la Constitución. Lepage gobernó por un mes hasta que el Congreso de la República eligió al Senador Ramon José Velásquez para concluir lo que quedaba del periodo 1993-94, un pobre hombre que parecía que no podría conseguir el camino a su casa, aunque su vida dependiese de ello y quien mientras ocupó la silla presidencial, vio pasar debajo de su nariz: 1) Un indulto a un peligroso narcotraficante, y 2) La quiebra del Banco Latino. Por fortuna Velásquez solo gobernó Venezuela durante ocho meses, porque quién sabe qué otros errores habría cometido de haber continuado durante cinco años. ¿Esta era la persona que el Congreso escogió porque se supone que era una figura intelectual, brillante y capaz de gobernar? Le dejo en qué pensar.

Los meses en los cuales Velásquez estuvo a cargo de la presidencia entre 1993 precedieron las elecciones más intrascendentes en la historia de Venezuela, y prepararon la llegada definitiva de Chávez al poder cinco años más tarde en las elecciones que siguieron. Para estas elecciones de 1993, por primera vez ninguno de los poderosos partidos tradicionales de mayor trayectoria, presencia y liderazgo en el país (AD y COPEI), contaban con un fuerte candidato para la contienda electoral, puesto que los incontables escándalos de corrupción y la pésima situación del país habían dañado su reputación, y por supuesto la de sus líderes. Por primera vez en Venezuela, cuatro candidatos -uno peor que el otro- tenían la misma probabilidad de ganar la presidencia: Claudio Fermín (Alcalde de Caracas) de AD, Octavio Álvarez Paz (Gobernador del Estado Zulia) de COPEI, Andrés Velásquez (un sindicalista que era Gobernador del Estado Bolívar) del partido Causa Radical y el eventual ganador, Rafael Caldera quien se había separado de COPEI y ahora era el líder de un recién creado partido político llamado "Convergencia".

Caldera se había separado de COPEI por una serie de divisiones internas que venían arrastrándose desde la década de los 80, y de las cuales AD también fue afectado. *Convergencia* era un partido político carente de filosofía, ni ideología política. La realidad es que *Convergencia* era el resultado de la sumatoria de esa serie de pequeños partidos y agrupaciones políticas insignificantes que habían sido el resultado de las divisiones y subdivisiones de AD y COPEI. Para explicarlo en términos coloquiales, *Convergencia* era como el grupo de los "rechazados" de la Simón Bolívar que mencioné en *"El Talento Venezolano"*. Caldera se asoció con ellos y los miembros de *Convergencia* a su vez se arrimaron a él, puesto que se dieron cuenta que, a falta de una mejor opción, lamentablemente él iba a ganar las elecciones de 1993. A esa relación simbiótica (tendiendo a parásita), se le conocía como *"Convergencia"* en esferas formales, electorales y legales, pero coloquialmente en la calle era conocida como *"El Chiripero"*, en primer lugar porque que como dije, los partidos y asociaciones políticas eran tan pequeños, que metafóricamente eran vistos como *Chiripas*[53], en comparación con los monstruos AD y COPEI, que si bien tenían su reputación mermada, aún tenían su fama de partidos de gran dominio político; y en segundo lugar, por la obvia asociación del comportamiento normal de una *"Chiripa"* (una cucaracha pequeña), es decir, un insecto que busca alimentarse de restos y residuos y que tienen predilección por alimentos "blancos" como el pan y la harina. En este caso, Caldera era visto como un "residuo blanco", ya que para 1993 contaba con setenta y siete años, se veía físicamente acabado y mucha gente percibía que su imagen era un residuo de lo que había sido durante la década de los 40, hasta quizás los años 80.

Dada la falta de opciones entre el grupo de candidatos ineptos y de pésima trayectoria política, las de 1993 fueron las peores elecciones presidenciales del país desde la instauración del voto libre, directo y secreto. Sobre este punto haré un breve paréntesis: ¿Qué opinaría usted estimado lector, si yo le digo que conozco a alguien que se postuló como candidato para la Presidencia de Venezuela no una vez, ni dos veces, ni tres veces, sino… SIETE veces? Ese alguien es Rafael Caldera. Si bien Betancourt creía que estaba destinado a ser presidente y manipuló a cientos de miles de personas para conseguirlo, yo debo concluir que Caldera tenía algún tipo de obsesión con ser presidente, quizás porque Rómulo lo había sido, y dado que Rómulo era un analfabeto, Caldera siendo abogado no podía permitir tal humillación.

---

[53] La Chiripa (*Blattella germanica*) es una especie de cucaracha muy pequeña.

Caldera fue candidato presidencial en las elecciones de:

- 1948 y perdió contra Rómulo Gallegos.
- 1958 y perdió contra Rómulo Betancourt.
- 1963 y perdió contra Raúl Leoni.
- 1968 y finalmente ganó.
- En 1973 no pudo postularse, puesto que la Constitución no permitía la reelección, pero de haber podido, lo habría hecho.
- 1983 y perdió ante Jaime Lusinchi.
- 1988 y perdió en las elecciones primarias de su partido (COPEI), contra el joven Eduardo Fernández "El Tigre".
- 1993, de nuevo ganando la Presidencia, y pudo haber perdido. Caldera ganó porque literalmente no había una mejor opción.

Estimado lector: yo no sé mucho de sociología, ni de psicología, ni del pensamiento humano, pero estoy completamente seguro de que una persona que se postula siete veces como candidato a la presidencia, tiene algo mal en su cabeza. Adicionalmente, hay que considerar que las dos veces que Caldera ganó las elecciones presidenciales fue por un mínimo margen, puesto que en 1968 el candidato de AD iba a ser Luis Beltrán Prieto Figueroa, quien fue desvinculado del partido por tener diferencias con la alta directiva y en su lugar fue sustituido por Gonzalo Barrios, quien era la versión adeca de Rafael Caldera. Ese año Caldera fue elegido Presidente con 1.083.000 votos, por encima de Gonzalo Barrios quien obtuvo 1.050.000 votos y de Luis Beltrán Prieto quien obtuvo 719.000 votos. Es aceptable pensar que si Prieto hubiese sido el candidato de AD, quizás hubiese ganado. Volviendo a las elecciones de 1993, Caldera resultó elegido tras haber obtenido 1.710.000 votos, contra 1.335.000 de Claudio Fermín, 1.276.000 de Oswaldo Álvarez Paz y 1.232.000 Andrés Velásquez.

La victoria de Caldera en 1993 se debió a tres razones fundamentales: la última en orden de importancia, fue que simplemente no había una mejor opción entre todas las posibles pésimas opciones, ya que aparte de ser un sindicalista, Andrés Velásquez no contaba con el apoyo financiero; y dado el pésimo historial que traían AD y COPEI, era claro que ningún candidato de AD y COPEI iba a regresar a la presidencia. La segunda razón fue que tan solo horas después de haber sido derrotado el golpe del 4 de febrero liderado por Hugo Chávez, Caldera dio un discurso que fue muy bien recibido tanto por el Congreso de la República, como por el pueblo de Venezuela, en el cual dijo textualmente:

"Es difícil pedirle al pueblo que se inmole por la libertad y por la democracia, cuando piensa que la libertad y la democracia no son capaces de darle qué comer y de impedir el alza exorbitante en los costos de subsistencia, cuando no ha sido capaz de poner un coto definitivo al morbo terrible de la corrupción, que a los ojos de todo el mundo está consumiendo todos los días la institucionalidad."

Palabras de Rafael Caldera en sesión del Congreso el 4 de Febrero de 1992.

Su discurso fue seguido por David Morales Bello (Diputado de AD), quien fue un poco menos sutil y dijo: *"¡Muerte a los golpistas!"*

…con lo cual Caldera expresaba de forma implícita que entendía las razones para que hubiera un golpe de estado, y pudiera decirse que muy en el fondo hasta lo justificaba, siendo esta una conducta hipócrita al considerar que él mismo había creado y formaba parte del sistema que produjo los incrementos en los costos de subsistencia, y el morbo terrible de la corrupción, al cual se refería. Finalmente, la primera y más importante razón por la cual Caldera ganó la presidencia fue porque durante su campaña presidencial prometió liberar a los militares que habían participado en los golpes de estado de 1992, incluyendo por supuesto a Hugo Chávez quien, aunque estaba preso, había logrado convertirse en la auténtica esperanza de los venezolanos que querían un cambio. Yo considero que es una señal importante para tomar en cuenta de la grave situación política de un país una nación, cuando un candidato presidencial promete liberar a convictos como promesa de campaña, en especial cuando el candidato es respaldado por una agrupación que se autodenomina *"El Chiripero"*.

De igual forma y tal como ocurrió con su gobierno anterior, Rafael Caldera pasó por Miraflores como si no hubiese pasado, con la diferencia que ahora tenía veinte años más (aunque como dije dado su desgaste físico, parecía que eran ciento veinte). Dado lo que establecí de sus nuevos aliados políticos, Caldera se vio obligado a trabajar con un tren ministerial que estaba conformado por los miembros de *"El Chiripero"*, es decir, un grupo de rechazados, reprimidos, ineptos, ignorantes y resentidos, quienes trataron de hacer milagros con una economía que tuvo que lidiar con desigualdad social, bajos precios del petróleo, un segundo control cambiario, y la crisis del sureste asiático, entre otras cosas. Durante su gobierno, el país alcanzó otro récord inflacionario en 1996 con 103%, y cerraría con 37% y 29% de inflación para 1997 y 1998 respectivamente. Mucha gente reclama con validez, que es inaudito e inaceptable que haya una inflación de tres dígitos en Venezuela como se alcanzó durante el gobierno de Maduro en 2015; pero esa misma gente que válidamente reclama que Maduro estaba arruinando el país en 2015 con una inflación de tres dígitos, olvidó que el gran Rafael Caldera y su tren ministerial formado por los "genios" Teodoro Petkoff, Carlos Silva, Julio Sosa, Luis Matos Azócar y Freddy Rojas, fueron los primeros en conseguir una inflación de tres dígitos mucho antes que Maduro, y sus "no menos genios" Nelson Merentes y Marco Torres. Recuerdo esa inflación de 103% en 1996 como si hubiese sido ayer, ya que la frase emblemática del gabinete de Caldera para calmar a la población fue pronunciada por el Ministro de Coordinación y Planificación, el famoso comunista guerrillero de los años 60 y "brillante economista" Teodoro Petkoff, quien en plena crisis dijo: *"estamos mal, pero vamos bien"*, la cual supongo utilizó para referirse a sí mismo, a sus cuentas bancarias y a su patrimonio, ya que la economía venezolana nunca se levantó bajo su gestión.

Es así como el lector debe comprender la importancia de Rómulo Betancourt, Pedro Tinoco y de Rafael Caldera como los tres mayores responsables directos de la debacle de Venezuela, siendo Hugo Chávez el hijo de ellos tres, y por supuesto el cuarto mayor responsable. Sin embargo, aquí debo hacer una importante observación: si bien Betancourt fue un egoísta, mentiroso y manipulador que hasta ahora la historia lo guarda como el héroe de la democracia en Venezuela, y Tinoco fue un egoísta, mentiroso y manipulador que se hizo billonario a cuesta de Venezuela, lo indignante del caso de Caldera es que de todas las posibles promesas que AD, COPEI, Rómulo Betancourt, Pedro Tinoco y los demás "genios" le hicieron a los venezolanos y nunca cumplieron, y de las cuales el mismo Caldera fue copartícipe por medio de sus propias conductas mal intencionadas, egoístas y mentiras que le dijo a los venezolanos durante más de cuarenta años, Caldera vino justamente a cumplir la única promesa que NO debía cumplir, en efecto indultando y liberando a Chávez y a sus aliados. Lo peor fue que Caldera no esperó hasta el último día de su mandato para cumplir su promesa, o al menos hasta a la última semana de 1999, o a mediados de 1998, para al menos impedir que Chávez fuese candidato presidencial en las elecciones presidenciales de 1998; Caldera indultó a Chávez en febrero 1994, es decir, prácticamente apenas asumió la Presidencia. "¿Arreglar la economía? No hay tiempo para eso ahorita. Es más importante indultar a Chávez." Supongo que el pueblo come indultos.

Fue así como Caldera cerró con broche de oro una serie de acciones deleznables a lo largo de toda su vida, empezando con la férrea oposición hacia Pérez Jiménez y criticando los aportes positivos de su gobierno -los cuales tenían el objetivo de transformar a Venezuela en un país desarrollado-, continuando con sus vínculos con el corrupto Pedro Tinoco, y culminando con pavimentar el camino para uno de los mártires más grandes y letales en la historia de Venezuela. ¿De qué sirven las leyes si se va a indultar a los criminales que merecidamente deberían estar tras las rejas? Espere un momento estimado lector, acabo de tener una idea fenomenal: ¿Qué le parece si indultamos a todos los violadores y asesinos bajo la premisa de que la libertad y la democracia no son capaces de darles qué comer? Siento lástima por todo aquel que no quiera ver o entender lo genocida que Rafael Caldera fue.

Al Chávez salir en libertad en 1994, fue lo mismo que entregarle la banda presidencial. De hecho, era preferible que se la hubiesen dado de una vez y de esa forma se ahorraba el sentimiento de falsa esperanza de que alguien pudiese derrotarlo en una contienda electoral. Ese único alguien era Irene Sáez, y esto es algo que exploraré en detalle en el capítulo *De cómo Chávez se perpetró en el poder*. El resultado fue que en diciembre de 1998 Chávez fue elegido Presidente de Venezuela, y así se materializó la desgracia que estuvo gestándose por cuarenta años: el inicio del fin. Fue así como Venezuela pasó de Simón Bolívar, un libertador absolutista quien se creía el Dios de América del Sur, a Hugo Chávez un autoproclamado libertador absolutista quien pasaría a creerse el Dios de América del Sur.

Debo hacer una aclaratoria acerca de los gobiernos de Betancourt, Leoni, Caldera, Pérez, Herrera y Lusinchi durante la era bipartidista de los años 1958-98. Tuvieron algunos logros positivos y aportes a la nación, además de la construcción de la Represa del Guri, el Metro de Caracas y la creación de la Universidad Simón Bolívar. Por ejemplo: se nacionalizó la industria petrolera, la tasa de analfabetismo disminuyó a 20%, se invirtió en programas educativos universitarios para que los venezolanos estudiasen en el exterior, se instauraron programas sociales y se construyeron decenas de obras públicas que mejoraron la infraestructura del país, aunque ninguna de una magnitud comparable a las logradas durante el gobierno de Marcos Pérez Jiménez. Por ese motivo debo ser justo y reconocer que hubo algunos logros positivos entre 1958 y 1998, así como también hubo logros positivos durante los gobiernos de la era de los caudillos (1830-1935).

Lamentablemente la cantidad de aspectos negativos durante la era bipartidista fue tan enorme, impactante y tuvo un peso más significativo en la población y en el país, que éstos opacaron los logros obtenidos. Por ejemplo: los proyectos de infraestructura demoraban años en concluirse; muchos quedaron inconclusos por corrupción, y los que se culminaban quedaban mal; los servicios de electricidad, agua, teléfono y gas, funcionaban cada vez peor (los tres últimos eran controlados por empresas que eran propiedad del gobierno); el sistema de salud pública iba en decadencia gracias a miles de problemas operativos y administrativos, incluyendo los extremadamente bajos salarios que los médicos percibían (apenas un poco más del salario mínimo), una situación que el Presidente de la Federación Médica de Venezuela, el Dr. Fernando Bianco, jamás pudo o nunca quiso resolver, y para variar era él (y su patrimonio) quien siempre terminaba mejor parado en las negociaciones. Esta situación también ocurría con los profesores universitarios, quienes también ganaban el doble del salario mínimo en promedio, y por ello efectuaban frecuentes paros.

Finalmente, si bien se invertía en infraestructura a nivel micro, se descuidó la infraestructura macro de la nación. Había una enorme impunidad para los criminales y corruptos, y podría decirse que en líneas generales al culminar cada uno de los periodos presidenciales, la población quedaba con un mal sabor de boca del gobierno saliente.

Para el lector extranjero que esté familiarizado con los cambios de liderazgo y partidos políticos en otras naciones con antecedentes históricos bipartidistas, por ejemplo, en Estados Unidos (Republicanos y Demócratas), y en Gran Bretaña (Conservador y Labour), el motivo por el cual en Venezuela ocurrían los cambios de Acción Democrática a COPEI se debía a que el país terminaba en peor condición a como había iniciado el quinquenio: con una inflación mayor, un índice per cápita menor, una moneda que cada vez se devaluaba más, mayores índices de pobreza, mayor desigualdad social, y ningún tipo de logro significativo con el cual la población pudiese sentir que el país estaba bien encaminado hacia ese anhelado destino que era convertirse en una nación desarrollada. En síntesis, no se apreciaba un progreso significativo y se percibía que el país se estancaba en el tiempo, tal y cómo le había pasado durante el siglo diecinueve.

En Venezuela, como lo mencioné anteriormente, la Constitución no permitía la reelección presidencial; por ese motivo y aunque se hubiese permitido, no había ninguna posibilidad de que Leoni hubiese sido reelegido en 1969, ni tampoco Caldera, Pérez, Herrera o Lusinchi, dado de que sus gobiernos fueron percibidos como un fracaso, y si usted ve que su equipo fracasa en la temporada regular, muy probablemente despedirá al Director Técnico y querrá probar con uno nuevo. Al contrastar esto con la historia de las elecciones presidenciales en los Estados Unidos (en especial con la de los últimos setenta años), solo ha habido tres presidentes que no fueron reelegidos (Ford, Carter y Bush). El cambio de liderazgo de un partido a otro se debió a que la población estadounidense votó por el mejor candidato y no por la afiliación hacia el partido, lo cual era lo que ocurría en Venezuela. Ford no fue reelegido por su inmensa impopularidad dado el mal manejo del caso de Richard Nixon; Carter no fue reelegido por la crisis de los rehenes; y Bush no fue reelegido porque le mintió a los americanos con el alza de los impuestos, pero ninguno de ellos había dejado a Estados Unidos como una nación en peor posición política, económica y social a como la habían recibido. Por ejemplo: entre Reagan y Carter, Regan era la mejor opción; entre Bush y Clinton, Clinton era la mejor opción; es decir, el algoritmo era: "pasamos de algo bueno para algo mejor". En Venezuela, en cambio el algoritmo era: *"Este Señor no sirvió, vamos a probar con el otro para ver"*, hasta que en 1998 simplemente se acabaron las opciones, y hubo que probar con una nueva opción distinta a las dos disponibles que siempre había y que poco a poco habían pasado de ser opciones a conformidades.

En los Estados Unidos se enseña que los padres fundadores, George Washington, Thomas Jefferson, John Adams y Benjamín Franklin fueron grandes mentes que crearon una nación basada en los derechos del hombre, y sentaron las bases para un sistema que encaminaría a la nueva nación por el sendero del éxito. Cien años después de haberlo hecho, Estados Unidos se convirtió en una potencia mundial, y cincuenta años después se convirtió en el país más poderoso del planeta; es decir: el resultado respalda lo que la historia enseña. En Venezuela se enseñaba que Simón Bolívar era el padre de la patria, pero ciento cincuenta años después de su independencia, Venezuela seguía operando como una hacienda colonial. También se enseñaba que Rómulo Betancourt era el padre de la Democracia, que Pedro Tinoco fue el empresario venezolano más brillante del siglo veinte y que Rafael Caldera fue el padre de la constitución, y que los tres constituían los pilares fundamentales de la Venezuela próspera de la segunda mitad del siglo veinte. Yo hago una muy sencilla pregunta: si fueron tan brillantes y grandes, ¿por qué entonces Chávez apareció en el destino de Venezuela? También se enseña que Ricardo Hausmann, Gustavo Roosen y Moisés Naím eran unos genios, pero ninguno de ellos pudo hacer nada para encaminar a Venezuela por el camino del desarrollo, y lo único que hicieron fue abandonar el país y aceptar puestos de trabajo en países que no necesitaban de sus supuestos talentos, y que por el contrario, sí hacían falta en Venezuela (si de verdad eran genuinos sus talentos). Es por ese motivo que la historia debe aprenderse interpretando los hechos y no repitiendo lo que te hacen a aprender.

Una vez que Chávez asumió la presidencia de Venezuela, finalmente llegaba al Palacio de Miraflores la fruta podrida que surgió de la mala semilla que fue plantada por Rómulo Betancourt, Rafael Caldera, Pedro Tinoco, y todos sus aliados. Por favor, tómese unos momentos para darle las gracias a ellos tres.

Atentamente, La Gerencia de Venezuela

Para finalizar este capítulo, hay algo que debo dejar en claro acerca de Ricardo Hausmann, Teodoro Petkoff, Pedro Rosas, Moisés Naín y el resto de las personas que intentaron conducir la economía de Venezuela, para no hacerle ver al lector que es muy fácil ver en retrospectiva las consecuencias de los errores y la mala gestión que tuvieron del país. Además de que tomaron decisiones incorrectas (o bien tomaron decisiones correctas de forma o en el momento incorrecto), siempre existió una perenne contradicción entre ellos mismos, como por ejemplo la sugestión dada por Pedro Palma ("brillante economista" y profesor del IESA al igual que Hausmann y Naín), quien en su libro *La Economía Venezolana* recomendó que en 1981 debió implementarse un control de cambio, algo que a la postre la historia demostraría que traía mayores perjuicios que beneficios a la economía de país. Esto quizás se deba a que además de que probablemente estas personas no eran las más calificadas para estar en los puestos donde estaban, tampoco tomaron en cuenta el factor humano en Venezuela para la implementación de sus políticas.

En la vida no todo puede resumirse en gráficas, ecuaciones matemáticas, y estudios estadísticos y económicos sin tomar en cuenta el factor social, sobre todo en un país como Venezuela que para 1935 tenía una tasa de analfabetismo del 90% de la población, que luego en la década de los 50 experimentó una época ideal para que los inmigrantes europeos y suramericanos mejorasen su calidad de vida, y que a partir de 1960 estuvo gobernada por políticos ineptos y diez o doce familias. Por ejemplo: a finales del primer gobierno de Carlos Andrés Pérez cuando los precios del petróleo empezaron a caer, en Venezuela había un exceso de demanda de mano de obra que causó un desequilibrio en el mercado laboral, y que en consecuencia trajo un aumento en la remuneración de la mano de obra especializada aunada a la asignación de tareas especializadas a personal no capacitado para desempeñarlo. Esto a su vez trajo como consecuencia un aumento en el ausentismo laboral, ya que las leyes en Venezuela reunían condiciones ideales para que los trabajadores prefiriesen ser despedidos porque las indemnizaciones que cobraban eran extremadamente elevadas, algo que se mantuvo por el resto del siglo veinte e incluso los primeros años del gobierno de Chávez, quien a su vez le dio mayor protección a los trabajadores al momento de ser despedidos. De tal forma si hay que algo que debo decir en defensa de Hausmann, Petkoff, Rosas, Naím, y el resto de las personas que intentaron conducir la economía de Venezuela, es que quizás no tomaron en cuenta factores que conducían a casos como el que acabo de comentar, aunque no se si deba decir en su defensa que también fallaron en eso, ya que me parece que no sabían a quienes afectarían implementando sus políticas, ni tampoco conocían a su población. Así cuando vaya a estudiar sobre Venezuela, o la próxima vez que se encuentre con algún conocido suyo venezolano que le diga que el culpable del colapso y de todas las desgracias de Venezuela fue Chávez, desafíelo y pregúntele: ¿Qué pasó antes de Chávez? ¿Cómo llegó Chávez al poder?, y ¿Qué tan buena fue la gestión de los gobernantes antes de Chávez?

En este sentido, habiendo analizado el daño causado por Betancourt, Tinoco, Caldera y el resto de los políticos que sembraron las semillas para que Chávez surgiese, la segunda parte de este libro a partir del siguiente capítulo analizará el daño causado por la población común, revisando aspectos de su día a día que quizás el lector no conozca. Como dije en el prefacio y la introducción de este libro, además del gran daño que hicieron Chávez, Maduro, Betancourt, Tinoco y Caldera, el principal culpable fue el venezolano común que usted conoce.

7

La identidad perdida

"Jamás de me iré de Venezuela. Este es mi país. Yo lo quiero mucho y yo me quedo aquí"

- Casi cualquier venezolano que se fue de Venezuela.

Uno de los primeros elementos que identifiqué como una de las razones por las cuales Venezuela colapsaría, fue la falta de identidad que los venezolanos tenían hacia su país. La historia ha demostrado que en ocasiones, la falta de lealtad hacia una nación es una de los causas de su colapso, como le sucedió a Valente cuando utilizó a mercenarios inmigrantes para defender al Imperio Romano, quienes le eran leales al dinero que percibían como soldados, y no a Roma. Eventualmente, concluí que en el caso de Venezuela, la falta de lealtad de los nativos de ese país que generó su falta de identidad, fue producto de la inmigración que ocurrió en Venezuela durante el siglo veinte.

La inmigración ha sido una constante en la historia de la humanidad, y el continente Americano no es la excepción. Las naciones americanas que conocemos hoy en día están formadas por inmigrantes que arribaron durante la época de la colonia y la conquista. El factor principal y el elemento diferenciador que creo que hace que el tema se vuelva sensible y controversial para un porcentaje de la población, es la etapa y el origen del inmigrante

Hasta la primera mitad del siglo veinte, un venezolano típico era el resultado de una mezcla de razas que databa de la época de la colonia que se dio primero entre los blancos europeos, los indígenas y los negros africanos, y luego entre los varios tipos de mestizos que surgieron a raíz de esta mezcla (mestizos, mulatos, zambos, criollos, moriscos, y otros). Esta tendencia cambió a partir de la segunda mitad del siglo veinte, debido a la gran cantidad de inmigrantes que arribó a Venezuela en tres etapas y de tres orígenes distintos entre 1940 y 1980.

La primera etapa estuvo compuesta por los italianos, portugueses y españoles que huían de la guerra y de la pobreza que azotaba al Europa en los años 40 y 50; la segunda etapa estuvo compuesta por los argentinos y chilenos que huían de las dictaduras que gobernaban sus países en la década de los años 70; y la tercera etapa estuvo formada por la oleada de sur y centroamericanos que venían de zonas rurales y de pobreza extrema de sus países, y que buscaban mejores oportunidades en Venezuela. El resultado de estas tres oleadas produjo que un gran porcentaje de venezolanos nacidos a partir de 1960 descendientes de estos inmigrantes, tuviesen un fenotipo no tan fácil de identificar a diferencia de otros gentilicios, y una identidad que exploraré en este capítulo.

Esta mezcla de distintas nacionalidades que convergió en Venezuela fue la que logró producir niños blancos de pelo negro y ojos azules, rubias exóticas y morenas exquisitas, gracias a las distintas combinaciones de padres: portugués con italiano, italiano con francés, español con argentino, y alemán con venezolano, por nombrar algunas. Esta población de venezolanos de la "Generación X" y "Millenials" fueron el resultado de cruces de genes extranjeros y por este motivo buscaban aferrarse hacia ellos, ante la ausencia de una conexión directa con Venezuela. En vista que los padres de un venezolano no eran nativos de Venezuela, sus hijos tenían mayores vínculos con el país originario de sus padres, que con Venezuela. De tal forma que esta población de los venezolanos se dividía en dos grupos:

1. Aquellos cuyos ancestros inmigrantes aún estaban vivos.
2. Aquellos que tenían cuatro o más generaciones de conexión directa con otro país.

Con el pasar de los años, me di cuenta de que ninguno de los dos grupos se sentía identificado con Venezuela, y de una u otra forma, ambos sentían la necesidad de conectarse con los principios y valores que sus padres, abuelos o ancestros traían desde su país de origen, o incluso con Estados Unidos, dada la fuerte influencia que dicho país ejercía en Venezuela por su música, sus películas y series de televisión. Algunos de los héroes de los venezolanos eran Ross, Chandler y Rachel de *Friends (Burrows y otros, 1994-2004)*, o Nirvana y los Red Hot Chili Peppers, y celebridades similares de origen anglosajón, así como también cientos de otros vínculos estadounidenses, brasileros o europeos que estaban muy lejanos la cultura y el folklore venezolano.

Una de mis primeras interacciones con la sociedad venezolana fue durante Mundial de Fútbol México '86. Era la época de la guerra fría y había bloques geopolíticos distintos a los que existen hoy. Venezuela aún era vista como el país con el mayor potencial para convertirse en un país desarrollado, por encima de México y Brasil los cuales se encontraban sumergidos en escándalos de corrupción y graves crisis socioeconómicas. El resto de los países latinoamericanos se encontraban en un atraso político del cual Venezuela había salido treinta años atrás, mientras esos países eran gobernados por dictaduras que se habían encargado de forjar un acérrimo nacionalismo y orden social, a cambio de fuerte represión: En Chile estaba Pinochet; en Panamá estaba Noriega; si bien en Argentina estaba Alfonsín, aún quedaban vestigios de las dictaduras que habían dejado a Argentina hundida en un proceso que la llevaría a la hiperinflación; en Perú estaba Alán García –quizás el peor presidente de Perú-, y en México estaba Miguel de la Madrid. Venezuela era por mucho, el epítome de la democracia y el orden social (en comparación con esos países).

Mi diversión en México 86 no iba más allá de ver los partidos emocionantes y los jugadores estrella. Mi país, el país por el cual yo haría barra y apoyaría -Estados Unidos-, no había clasificado, por ende, no tenía el mínimo interés en apoyar a otra nación. Había partidos como por ejemplo Dinamarca vs. Uruguay, en donde podía tener cierta preferencia hacia uno porque me gustaba un jugador o una camiseta me parecía más bonita que la otra, pero nunca iba más allá de eso y al final del día me era indiferente quien ganaba.

Debo admitir que me llamaba la atención el juego de Brasil, con su fútbol muy vistoso y jugadas fascinantes que traían desde España 82, así como también me parecía genial el despliegue de Michel Platini como líder de Francia, pero nunca pasó por mi mente la idea de tener, cargar u ondear una bandera brasilera o francesa. Casualmente uno de los cuartos de final los enfrentó y ese partido lo vi en un restaurante con un compañero del colegio y sus padres. Era una de las primeras veces que salía solo de mi casa y era la primera vez que veía un partido de fútbol de ese calibre en la calle. Recuerdo que me sorprendieron dos cosas: 1) La cantidad de venezolanos en carros y caravanas que estaban uniformados, pintados, con banderas, y pancartas de Brasil, a lo largo del trayecto, en el restaurante y en las zonas aledañas; y 2) El hecho que hubiese venezolanos en carros y caravanas uniformados, pintados, con banderas y pancartas de Francia, a lo largo del trayecto, el restaurante y en zonas aledañas. Yo me pregunté: *"¿Estamos en Venezuela, en Brasil o en Francia? ¿Por qué hay tantos venezolanos vestidos como si fuesen brasileros? ¿Por qué hay venezolanos vestidos apoyando a Francia?"* En el restaurante, de diez personas que había: siete estaban uniformados de Brasil, uno de Francia, uno estaba vestido normal y el otro era el mesonero. El partido lo ganó Francia, lo cual dejó en mi mente la pregunta de qué hubiese pasado en la ciudad con la cantidad de caravanas que saldrían a celebrar si Brasil hubiera ganado. El evento crucial al cual quiero referirme, sin embargo, es el partido que se jugaría al día siguiente: Argentina vs. Inglaterra.

En mi casa nunca había habido interés en el mundial, hasta que llegó ese Argentina vs Inglaterra. Mi mamá –uno de los seres más apáticos e indiferentes al fútbol- me preguntó si veíamos el juego juntos. Yo asenté y en seguida ocurrió algo que nunca le había visto hacer a mi mamá y que me tomó por sorpresa: *"¡Hay que apoyar a Argentina! ¡Esos ingleses son unos asesinos!"*- y lo repitió varias veces. *"¿Asesinos?"* pensé yo. *"¿No fueron los ingleses quienes, junto con los americanos, ganaron la Segunda Guerra Mundial y derrotaron a los Nazis, quienes sí eran unos asesinos?"*- pensé. Investigué su comentario y descubrí por qué un simple partido de fútbol estaba cargado de alta tensión entre ambas naciones: cuatro años antes, Inglaterra había humillado a Argentina en la Guerra de las Malvinas –un conflicto bélico con una justificación dudosa iniciado por Argentina al invadir las islas Falkland de posesión británica y reclamarlas como suyas-. Bajo la lógica de mi mamá, los latinos *"debían estar unidos"*, algo similar a lo que Bolívar decía y que luego Chávez repetiría. Esa tarde decidí que yo apoyaría a Inglaterra, pero en realidad me daba igual quien ganase y solo lo hice para ir en contra de ella. Por mala suerte para los ingleses, ese día Maradona tenía en sus planes hacer historia.

Hasta ese entonces el deporte para mí había sido lo más parecido a una meritocracia en el entorno social y nunca debía ser utilizado como herramienta política para fines educativos o ideológicos. Me tenía sin cuidado si Argentina había sido humillada por Inglaterra en una guerra. Según mi mamá, los ingleses *"se robaron las Malvinas"*, pero el asunto es que ninguno de los libros de historia que consulté respaldaba su teoría (a excepción de las fuentes argentinas que habían reescrito la historia a su conveniencia), y por ese motivo no podía unirme a su causa. Yo no iba a apoyar a Argentina solo porque había que apoyar a una causa a ciegas o porque los latinos deben estar "unidos" como dice Rubén Blades. Eso para mí no tenía sentido en lo absoluto.

El Mundial de México 86 me enseñó que el venezolano necesitaba tener una identidad extranjera para sentirse ciudadano de ese otro país al cual apoyaba. No era como alguien que no le importaba quien ganase entre Brasil y Francia, o entre Argentina e Inglaterra, y los mundiales siguientes demostraron mi teoría. En Italia 90, recuerdo la cobertura que los canales de televisión hacían de los partidos de España, Portugal e Italia, en la Hermandad Gallega, el Centro Portugués o el Centro Ítalo (clubes privados de patrocinio español, portugués e italiano), donde se veía a cientos de venezolanos apoyando a España, Portugal e Italia. Una cosa es apoyar a Italia ciega y apasionadamente por ser hijo de italianos y otra cosa es apoyar a Italia ciega y apasionadamente, aunque no tengas nada que ver con Italia, y es aquí donde entra el segundo grupo de los venezolanos que mencioné: un grupo que en vista que no tenían lazos recientes en su genealogía con el viejo continente, apuntaba a cualquier otro país que no fuese Venezuela para sentirse identificados, como Argentina, Chile, México e inclusive el siguiente sitio de quien recibía mayor influencia extranjera: Estados Unidos.

Para ilustrar este capítulo utilizaré varios ejemplos como elementos para describir a esta generación de venezolanos nacidos después de 1960, y comenzaré con una chica a quien llamaré Carol.

De Petare[54] para el mundo...

Conocí a Carol en el año 2005 e instantáneamente nos llevamos bien. No para tener una relación sentimental, sino para sostener una amistad de mucha confianza. Carol era muy pobre, vivía en un rancho en Petare y estudiaba Comunicación Social becada en la Universidad Católica (UCAB). Carol era linda e inteligente para estudiar comunicación social, pero no más de allí (bajo la premisa establecida en la Parte I sobre cómo los estudiantes escogían su carrera y universidad).

Carol iba a los partidos de la Vinotinto[55] y del Caracas FC[56] cada vez que podía. Por un momento pensé que había conocido una venezolana patriota, nacionalista y con identidad propia, hasta que llegó el mundial de Alemania 2006, cuando apoyó de principio a fin, camiseta puesta y cachetes pintados, a la Squadra Azurra. Se sabía el himno, los nombres de los jugadores titulares y suplentes, los números, las posiciones y fechas de nacimiento. Eso llamó mi atención, ya que Carol no sabía tanta información de los jugadores del Caracas FC, ni de la Vinotinto. Carol se consideraba una venezolana patriota y orgullosa que alardeaba de su país, del Caracas FC y de la Vinotinto, pero celebró como nunca la había visto, cuando Italia ganó el Mundial Alemania 2006. Carol tenía cero ancestros italianos. Ni uno. Así como se sabía los nombres, posiciones y fechas de nacimiento de los jugadores de la selección italiana, se sabía los nombres, trabajos, fechas de nacimiento y datos similares de los personajes de *Friends, How I met your mother* (Fryman y otros, 2005-14), así como también de varias bandas de música rock como *Metallica, Guns and Roses, Red Hot Chili Peppers*, por nombrar algunas, pero Carol no sabía mucho acerca de los programas de televisión y películas venezolanas, ni tampoco de los cantantes de música típica venezolana. Quizás es justificable que las producciones del entretenimiento anglosajón tienen una gran influencia no solo en

---

[54] Petare es un barrio de gente pobre en el este de Caracas, quizás el de mayor población en el país.

[55] Nombre con el cual se conoce al seleccionado nacional de fútbol de Venezuela.

[56] El club de futbol de Caracas, cuya sede se encuentra en el estadio de la UCV.

Venezuela, sino en el mundo entero, y que la falta o baja calidad las de producciones en Venezuela hacían que la persona no tuviese motivos para crear vínculos con Venezuela. Lo que no era justificable era que la persona desarrollase una identidad que estuviese más conectada con otros países, que con el suyo propio.

Unos años después del mundial y de graduarse, Carol y yo salimos un día a cenar. Tras varias copas de vino, la miré a los ojos y le pregunté: - "¿Cuáles son tus planes de vida?" Ella divagó un poco y lanzó varias ideas al aire que no tenían sentido, pero que me hicieron concluir que Carol quería que le solucionasen la vida. En el momento, no estaba seguro si quería que yo específicamente le solucionase la vida, pero lo que sí estaba claro era que eso era lo que buscaba. Lo deduje tras analizar su lenguaje corporal, su forma de contestar, su mirada, su tono de voz y los gestos que hacía. Continuamos conversando y para mantener el hilo, yo le pregunté si ella consideraría emigrar a los Estados Unidos. Quería conocer su respuesta sólo por curiosidad. Ella negó la posibilidad escudándose en su patriotismo *ipso facto*. Entre las tantas frases que dijo, recuerdo: *"Yo nunca me adaptaría a la forma de vida de tus compatriotas"*. Carol jamás había ido a Estados Unidos y no conocía a ningún ciudadano americano salvo a mí.

Otras frases similares siguieron como *"Los gringos son muy fríos, ustedes sólo están pendientes de trabajar, se creen los reyes del mundo, ese es un país muy hostil, ahí se va es a puro trabajar…"* y demás frases similares que escuché de muchos otros venezolanos durante muchos años. Tras quedarme mirando sus lindos ojos un rato, le respondí: "Tú nunca has ido a Estados Unidos, ¿cierto? Estoy seguro de que si vas, harás todo lo posible para quedarte." Ella lo negó enseguida: - *"Nooo, imposible. Yo quiero mucho a mi país, y aquí hay que quedarse a luchar hasta sacar a estos degenerados* (refiriéndose a los chavistas). *Aquí hay muchas oportunidades y ¡Venezuela es el mejor país y el país más bello del mundo! ¡Yo me quedo aquí!"* Yo le dije que ella era una hipócrita y que no tenía idea de lo que estaba hablando. Le dije lo que aprendí de mis viajes alrededor del mundo: que al venezolano se le enseña una página del libro y para poder opinar, hay que leer el libro completo. Ella se molestó y me juró con lágrimas en sus ojos y que después cayeron sobre su rostro, que jamás se iría de Venezuela.

Meses después, Carol retomó el contacto con un exnovio a quien llamaremos Daniel. Daniel, un matemático, es un muchacho brillante; nos conocimos en una ocasión en la cual interactuamos poco. Daniel publicó una compleja teoría matemática en su tesis universitaria que llamó la atención de una universidad en Estados Unidos, y la cual posteriormente lo becó para que fuese a hacer su Maestría y Ph.D. allá. En cuestión de un par de meses, Daniel le pagó a Carol un pasaje para que fuese a visitarlo por tres semanas, tiempo suficiente para que la chica de Petare conociese Estados Unidos. Al volver, le pregunte *"¿Qué te pareció?"* Y ella dijo: *"Wow no sé..."* En un abrir y cerrar de ojos tenía puesto un anillo de compromiso: Daniel le patrocinó la Visa de Fiancée.

Después de un breve romance que incluyó un trabajo para una empresa estadounidense, Carol se separó de Daniel, y tanto Daniel, como su empleador le removieron el patrocinio de la Visa y ahora ella afrontaba dos escenarios: permanecer ilegal o ser deportada. Allí conoció a otro venezolano y en cuestión de semanas se casaron. Pasado un tiempo, Carol había conseguido legalidad, un apartamento e independencia económica. Al poco tiempo Carol se separó de su esposo y semanas después empezó a salir con un americano pudiente. Con menos de treinta años, Carol estaba en un yate navegando por la costa este de Estados Unidos... de Petare para el mundo: la chica que una noche me juró con lágrimas en sus ojos que jamás se iría de Venezuela, y que había que quedarse a luchar por él.

Usted dirá que la de Carol es una historia aislada y es allí donde empezaremos la discusión ante la negación y la realidad: no lo es. Es una historia de muchas. Yo soy una persona poco sociable y tengo un círculo social reducido. Aun así, conozco al menos quince mujeres venezolanas con historias similares a la de Carol: la que se fue y se casó con un "gringo" y le pagó para sacar la Visa; la que hizo lo mismo pero el "gringo" estaba en Venezuela e hicieron el trámite vía la embajada; la que se acostó con algún empresario allá; y así sucesivamente. Si yo conozco al menos quince personas, alguien mucho más sociable que yo debe conocer al menos treinta. Así de fácil Carol vendió la identidad venezolana que tenía. Profundizaré más a detalle sobre los motivos detrás de las acciones de Carol en el próximo capítulo; de momento, compartiré la historia de Andrea, quien también hizo algo parecido.

"Estaré un mes en Estados Unidos …"

Mientras estaba estudiando en el IESA en 2015, conocí a una chica, médico, bonita e inteligente. La inevitable llegada al tema migratorio ocurrió en una de nuestras citas, en la cual me contó que estaba muy preocupada por su seguridad en Caracas, ya que una de sus amigas había sido secuestrada. Ella dijo: *"Héctor, qué haces que no te terminas de ir de aquí…"* a lo cual prosiguió con *"perdona, no debí decir eso, pero a veces entro en un rol de querer correr a todo el mundo de aquí"*. Después de eso, no pasó mucho tiempo para que me comentase sus planes de emigrar. A continuación, comparto un extracto de nuestra conversación:

-*"Yo estoy estudiando a diario preparándome para presentar los exámenes de validación y equivalencia del título de médico en Chile."*

-"Entiendo, y ¿qué te gusto de Chile?"

-*"Es un país donde hay apoyo al médico venezolano y tengo compañeros allá que les va bien. He estado investigando en otros países y es muy difícil. Estados Unidos por ejemplo es muy costoso y tienes que estudiar la carrera casi desde cero. Igual no me iría a vivir para allá, ya que el sistema americano no me agrada. Mi hermano vive allá desde hace muchos años y ya está americanizado. Él es un gringo más, pero yo soy muy latina"*.

-"Pero tu mamá y tu hermano están en Estados Unidos…"

-*"Si, pero yo soy muy independiente y ya tengo el pasaje comprado. En octubre me voy. Estaré un mes en Estados Unidos para visitarlos y de allí sigo a Santiago a empezar una nueva vida."*

Ella partió a Miami dos meses después de esa noche, y hoy sigue viviendo allá. No tengo los detalles exactos, ya que poco a poco la relación fue distanciándose, pero estudiando su comportamiento, asumo fue por una de dos razones (o las dos): le daba vergüenza admitirme que ya no se iría a Chile y se quedaría en Estados Unidos después de negármelo en infinitas ocasiones, o había conseguido algún novio y entró en modo "restringir comunicación con otros hombres."

Creo que lo que pasó fue que después de pasear por *Publix* y *Target*, planificar fiestas, hacer tortas y preparar parrilladas, lo más probable es que la doctora que tenía planificado irse a Chile a trabajar y empezar desde cero, concluyó lo mismo que los inmigrantes ilegales que se vienen para Estados Unidos por carretera, atravesando Centroamérica y buscando cruzar la frontera de noche: "*Yo no me puedo ir de Estados Unidos, aquí se vive demasiado bien, y vivo con demasiada comodidad. En Chile, jamás podré vivir así. Jamás.*"

Al igual que Carol, Andrea también se sabía todo acerca de *Friends, Lost, Game of Thrones, Nirvana y Aerosmith*, y no sabía casi nada de los cantautores venezolanos Simón Díaz o Gualberto Ibarreto. Así de simple, un médico se igualaba con el inmigrante ilegal carente de formación académica y que llegó a Estados Unidos cruzando la frontera desde Guaranda. En unos años, Andrea será estadounidense, al igual que Carol. Dos amigos míos a quienes llamaré Roberto y Javier, también lograron obtener otra nacionalidad más fácilmente:

"¡Ya soy Español! ¡De pura cepa!"

Uno de mis amigos a quien llamaré Roberto, también vendió su identidad venezolana. Roberto nació, fue criado, creció y estudió en Venezuela y sus padres nacieron, se criaron, crecieron y estudiaron en Venezuela. En 2009, Roberto consideró emigrar a España, de donde son sus abuelos. Realizando los respectivos trámites, obtuvo la nacionalidad y ahora era "español". Sin embargo, nunca había ido a España en su vida, no se sabía el himno, ni los símbolos patrios de España y sabía tanto de la historia España, como yo sé de biología marina, pero ahora Roberto era "español", y le iba a España durante el Mundial de Fútbol. Un día le pregunté: "*Vamos a ver si entendí: no te sabes el himno, ni los símbolos patrios, ni su historia o significado, ni sabes nada de la historia de España, ni de la Guerra Civil que digamos es lo más reciente, y encima, en tu vida has puesto pie en España, pero ahora ¿tú no eres venezolano, y eres español?*"

Yo entiendo el tema de la globalización y el movimiento de decirle "no a la discriminación" y el sentir que todos somos habitantes de un mismo planeta, pero yo considero que una persona no puede proclamar que es de una nacionalidad sólo porque lo diga un papel. Si bien obtener una nacionalidad es un trámite, también debe haber algo de lógica que la respalde, caso contrario Ronaldinho y Messi podrían alegar que son españoles de cepa. Luego estaba el caso de Javier.

Javier es un programador que conocí en mi primer trabajo. Él es 100% anticomunista (al menos de la boca para afuera), y cuando Chávez ganó las elecciones en 1998, Javier vislumbró la debacle de Venezuela y empezó los trámites para obtener el pasaporte de la comunidad europea. Un día, un amigo y yo coincidimos con Javier, quien venía saliendo del consulado español, y nuestro diálogo fue:

- *¡Hola Javier! ¿Cómo está todo? ¡Tiempo sin verte!*

- *He estado ocupado con los trámites para el pasaporte de la comunidad.*

- *Vale que bien, y ¿cómo van?*

- *Listo, me lo acaban de dar hoy ¡Ya soy español ¡Ahora, puedo registrarme para pedir el paro forzoso!*

Es decir que, para ese momento, Javier no solo se encontraba desempleado en Venezuela, sino que para fines legales, también lo estaba en España y pensaba sacar provecho de eso. Lo peor es que el paro forzoso es un beneficio social. ¿Acaso no era anticomunista? Javier era programador. ¿No podía encontrar un trabajo freelance? Todo esto sin haber puesto un pie en España en su vida, al igual que Roberto. Conozco cientos de casos de venezolanos que hicieron lo mismo que Carol, Andrea, Roberto y Javier, y que estaban más pendientes de crear vínculos con otros países que con Venezuela, a pesar de haber nacido, crecido, estudiado y trabajado en Venezuela toda su vida. Por mucho tiempo estuve tratando de determinar por qué les había sido tan fácil para Carol, Andrea, Roberto y Javier abandonar sus vínculos con Venezuela, y logré encontrar una de las razones en una vivencia de mi adolescencia, que le demostrará cómo se le enseñaba al adolescente venezolano a rechazar su cultura.

Durante los años 90, una de las emisoras venezolanas de radio más populares era el dial 92.9 FM, conocida como *"La 92"*. Por muchos años el eslogan de *"La 92"* era una frase que evidenciaba la forma cómo se renegaba de la cultura venezolana:

(Con tono musical): *"¡¡TU F.M.!! NOVENTA Y DOS PUNTO NUEEVEEEEE"*-, y luego alguien en tono serio, un tanto sifrino y pretencioso pero serio, decía: *"¡Cien por ciento LIBRE de gaitas!"*

El slogan de 92.9 fue algo que siempre llamó mi atención. Las gaitas son un género musical originario del estado Zulia, el cual se vuelve popular durante Navidad. *La 92* era quizás la emisora más *"cool"* en el segmento de mercado adolescente de Caracas, y al mismo tiempo, el adolescente *"cool"* de Caracas en los 90 (en especial los universitarios de la Católica y la Metropolitana) detestaba las gaitas. Al venezolano *"cool"* de los 90 le gustaba Nirvana, Metallica, Aerosmith, Guns 'n Roses, Green Day, R.E.M., y los grupos de rock anglosajón. Podía gustarle algo de Carlos Vives, Maná o el primer disco de Shakira y música similar, pero el fuerte en los años 90 era el rock, inclusive en español, como Soda Stereo, Los Fabulosos Cadillacs y otros grupos. Escuchar o tener un CD de gaitas era, *"la raya máxima[57]"*.

Una aclaratoria antes de continuar, porque estoy seguro que más de un venezolano hará el comentario: *"¡Usted está bien equivocado Sr. Ruiz! ¡Yo siempre fui a todos los Gaitazos[58]! ¡Y yo soy de la Católica/Metro!"*, o bien: *"¡Eso no es verdad! En mi casa siempre hacíamos fiestas y poníamos música con tambores y joropo"*, o bien: *"¡En mi colegio tocábamos Gaitas!"*

Las fiestas con tambores y joropos en una casa están bien. Tengo una amiga que siempre celebraba su cumpleaños con tambores y joropos en su casa, pero eso era una ocasión puntual. Verá estimado lector, aun cuando una mujer construya una barrera inexpugnable a su alrededor, la realidad es que ellas bailan lo que sea. Las letras de las canciones de reggaetón podrán ser lo más vulgar, asqueroso, sexista y denigrante que hay hacia la mujer, con el *"perreo"* y el *"sandungueo"*, pero usted pone un reggaetón en una fiesta y le aseguro que las mujeres lo van a bailar, así la letra diga la mayor vulgaridad imaginable.

Los *"Gaitazos"*, al igual que las *"Gaitas Colegiales"* eran como esa dolorosa visita anual que se hace al dentista. Los *Gaitazos* eran:

1. Una excusa más para ir a una fiesta o diversión distinta.
2. Un medio para poder "salir" con una chica a un hotel.

---

[57] Jerga de un adolescente venezolano que significa "una humillación o vergüenza muy grande."

[58] Serie de conciertos que reunía en un mismo día en Caracas, a varias agrupaciones musicales que interpretaban gaitas. Se celebraban anualmente en diciembre.

La prueba es la siguiente: estando en Venezuela, si usted llevaba a su novia o le decía que tenía entradas para *"El Gaitazo"*, ella se iba a emocionar, iría encantada y la pasarían fenomenal. Pero si pasada una semana, si usted le decía a su novia: -*"Mi amor, ¡tengo entradas para El Gaitazo de nuevo! ¡Podemos ir otra vez esta semana!"*- probablemente ella diría: -*"¿Qué?, no bueno... ¿y mejor no podemos hacer otra cosa?"* Por el contrario, estoy 100% seguro, que si le dijese a su novia algo como: *"Tengo entradas para Radiohead"*, y la otra semana *"tengo entradas para Aerosmith!"*, *"Backstreet Boys"*, *"Soda Stereo"*, *"Oasis"*, le puedo asegurar que irían a cada uno de esos conciertos. No así con las gaitas. La razón es porque las gaitas son un poco fastidiosas. Tienen casi el mismo ritmo, tempo, tono, y todos los años suenan las mismas canciones. Las gaitas son una colección de grupos musicales que son famosos sólo por una canción. Por eso nadie soporta las gaitas después de haberlas escuchado y bailado una vez al año, y por ese motivo para el venezolano las gaitas eran un compromiso por obligación, más que un gusto. Si yo hubiese puesto un disco de gaitas en el tocador de CDs durante una fiesta en Venezuela en Julio, alguien me hubiese gritado: *"¡MARICO QUÉ HACES, QUITA ESO!"*

Volviendo a la historia de 92.9 FM, pasó un tiempo y no tengo claro si fue la emisora o alguna sanción de un ente regulador de los medios de comunicación, pero lo cierto es que 92.9 modificó su slogan a:

(En tono musical): *"¡¡¡¡TU F.M.!!!! NOVENTA Y DOS PUNTO NUEEEVEEEEEEEEEEE"*-, y luego alguien decía en tono serio, un tanto sifrino, pero serio: *"¡Cien por ciento LIBRE!"*

Evidentemente, alguien se dio cuenta que expresar rechazo hacia uno de los géneros más icónicos de la cultura musical venezolana era contraproducente al fortalecimiento de los lazos afectivos a Venezuela. ¿Cómo se llegó a esa modificación del slogan?:

1. Alguien en la estación se dio cuenta: alguien tuvo un cargo de consciencia sobre ser despectivo contra un género que, si bien estaba asociado con un estrato social que era diametralmente opuesto al segmento de mercado de la estación, debía reconocerse su importancia y relación con la cultura

venezolana, sobre todo en Diciembre, que era la época donde las gaitas sonaban con mayor frecuencia, o…

2. Alguien de un ente regulador se dio cuenta y le dio la orden a la emisora: este es el escenario menos favorable y que está muy mal. Primero que nada, se supone que Venezuela es un país con libertad de expresión. Segundo, se supone que si va a haber una modificación a un slogan que es despectivo contra la cultura del país, el cambio debió haber venido de parte de la estación. La buena crianza viene de la casa y no de la calle. Este tipo supervisión del contenido editorial de un medio audiovisual, va en contra de lo que se supone debe ser la base de la libertad de expresión, y el nacimiento y el cultivo del amor hacia la nación y el país de donde eres, que debe tener la persona dentro de su corazón por naturaleza propia.

Otras emisoras en Venezuela tenían slogans, temas, programas o contenidos que poco a poco educaban al joven venezolano a rechazar la cultura musical de Venezuela, y a aceptar y adorar la de otros países (tal como lo hacía 92.9 FM). Fue de esa forma como se le hizo fácil a Carol, Andrea, Roberto y Javier abandonar sus vínculos con Venezuela y crearlos con Estados Unidos o España. Estas historias que compartí, así como muchas otras, me llevan a contrastar a los venezolanos con una experiencia que viví en 2008 cuando tuve que viajar a México.

En esa época yo trabajaba para una empresa del sector financiero en los Estados Unidos y habíamos adquirido un sistema administrativo que debía implementarse en el área operativa del cual estaba a cargo; entre ellos se encontraba una división en México. Era la primera visita que yo hacía a Ciudad de México, pues hasta ese entonces la interacción de mi parte con el equipo era por la vía virtual.

A pesar de la diferencia jerárquica que había entre el equipo y yo, traté de que la relación fuese de tú a tú, y eso se tradujo en que el entrenamiento fuese fluido y efectivo. Por ese motivo, los tres primeros días fueron bastante fructíferos, y si bien siempre mantuve la distancia jerárquica, pudimos lograr todos los objetivos. Al cuarto día, una de las chicas del equipo tuvo la idea de sacarme a pasear por la ciudad.

El equipo estaba integrado por siete personas: cuatro mujeres y tres hombres entre 24 y 32 años. Si me piden hacer la comparación con alguien de Venezuela, yo diría que era como salir con muchachos de buena familia, de clase media o media alta, y graduados de la Católica o la Metropolitana. Primero fuimos a cenar a un restaurante típico y la pasamos fenomenal: excelente comida, bebida y atención. Tras romper el hielo, conversamos sobre varios temas, incluyendo el tipo de música que me gustaba para saber a dónde me llevarían luego. Después de debatir opciones, escogieron un sitio que, según ellos, me encantaría.

Llegamos a un local con barra y mesas, ideal para beber tragos y estar sentado escuchando música, compartiendo una mesa con tus amigos. Un equivalente en Caracas sería un local en una urbanización de clase alta como Las Mercedes o Altamira. Ellos insistían: *"¡Aquí ponen música padre! ¡Led Zeppelin, los Biiiitels, los estooons!"* y en efecto así fue. También pusieron ABBA, Chic y los Bee Gees. Creo que a todos nos encantaba el ambiente y las canciones, pero después de un par de horas, pasó algo interesante: de estar en un momento escuchando *Le Freak*, el ambiente musical cambió a… quisiera decir ¿Vicente Fernández? No tengo la menor idea de quién era, pero lo que sé es que eran rancheras mexicanas *"trancadas[59]"*. Jamás en mi vida las había escuchado. Es normal conocer las canciones rancheras clásicas, pero esto era algo nuevo. Lo más sorprendente es que esta gente empezó a cantar la canción. Hicieron lo mismo con la que siguió y la otra que siguió, y la otra. Luego empezaron a pedir canciones y autores: *"¡Póoongale a…!"*, y yo que sé qué diantres decían, o ni decían el cantante porque el DJ ya sabía. *"¡Póoongale una de Pancho Cuernavacas!"* Yo pensaba: *"¿quién rayos se supone que es Pancho Cuernavacas?"* Lo que quiero decir es que eran canciones que sólo un mexicano conocería. Lo primero que pasó por mi cabeza fue: - *"Yo jamás vi esto en Venezuela"*.

Cuando digo *"Yo jamás vi esto en Venezuela"*, me refiero a que jamás lo vi en un ambiente comparable. Es decir, yo jamás vi una fiesta, donde hubiese gente de la Católica, la Metro, de la Simón, y de repente en el medio de la noche se excitasen con canciones desconocidas de

[59] Música trancada o ruda: expresión venezolana para describir canciones representativas de un género, que son sólo conocidas por eruditos del género en cuestión, o bien representan al extremo el género. Un ejemplo es el rock progresivo y *"The Sailor's Tale"* de *King Crimson*.

Aldemaro Romero, Soledad Bravo, Gualberto Ibarreto, Simón Díaz o Pastor López, Un Solo Pueblo o Serenata Guayanesa[60]. Es evidente que si ponían la única canción comercial como *"Enfurecida"* de Luis Silva[61], la iban a cantar puesto que era una canción muy comercial que además era el tema de una popular novela, pero estoy seguro de que nadie se sabría la letra de cinco canciones de Aldemaro, Soledad, Gualberto, Simón, Pastor o Serenata, y menos unos chicos de la Católica o la Metro.

Por supuesto que hay excepciones, como una persona que conozco que era dueño de una finca con cabezas de ganado y vivía en el llano[62]. En su caso, una persona así es más dada a conocer canciones llaneras o intrínsecas del folklore venezolano como los cantantes que estoy nombrando. Pero quitando esos casos puntuales, yo jamás vi a un grupo de venezolanos de cualquier clase social, que clamasen que el DJ les quitase Pitbull, Vengaboys, LMFAO o Katy Perry, y pusiese el *"Alma llanera"* de Simón Díaz en un bar de Las Mercedes o Altamira. Insisto que las canciones que escuché no eran artistas comerciales como si por ejemplo hubiesen puesto Franco de Vita, Yordano, Los Amigos Invisibles, Aditus[63]. No quiero ofender, pero los cantantes y grupos que nombré son comerciales, de allí que la analogía la haya hecho con Aldemaro, Soledad, Gualberto, Simón, Pastor, Pueblo y Serenata, que son artistas representativos de la música venezolana. Lo que escuché en ese local eran rancheras *"trancadas"* de folklore mexicano a su máxima expresión. Asombrado, le pregunté a una de las muchachas:

- "Disculpa, ¿ustedes se saben todas estas canciones?"

- *"¡¡Pos claro!! ¡¡Son la neta!!"* – dijo ella.

- "Yo nunca las había escuchado y yo viví un tiempo en Venezuela. Allá ponen algunas canciones mexicanas famosas...pero estas no las había escuchado."

---

[60] Cantantes de música típica del folklore y la cultura venezolana.

[61] Luis Silva es un cantante de música típica llanera venezolana, pero era muy comercial y solo tuvo éxito con unas pocas canciones. Por ese motivo el autor no lo considera como una verdadera referencia cultural.

[62] Los llanos es una región de Venezuela que agrupa los estados centrales, donde hay cantidad de fincas y la población tiende a escuchar música venezolana.

[63] Cantantes y bandas venezolanas de pop y rock comercial, poco vinculadas al folklore venezolano.

- *"¡Siii! ¡¡Me imagino que conocerás algunas de las clásicas más famosas, pero éstas así que son padrísimas no las vas a escuchar allá!! ¡Esto es de nuestra tierra! ¡¡Esto sólo lo puedes escuchar aquí!! ¡¡Por eso te trajimos para acá!! ¡¡Para que conozcas el verdadero México!!"*

Tres horas después eran las dos de la madrugada y por el resto de la noche, el DJ no volvió a colocar una canción que no fuese una ranchera *"trancada"*. Le tuve que volver a preguntar a la chica:

- *"¿De verdad se saben todas estas canciones?"* - Ella rio, pidió una canción para dedicármela y siguió cantando. A las 5 am nos fuimos; unas seis horas después de la primera canción de *"Pancho Cuernavacas"*.

No sé si me estoy haciendo explicar con el contexto que quiero construir. Yo jamás había visto una demostración de amor a su folklore tan férrea de un grupo de jóvenes que se supone son tendencia en la moda actual. Por supuesto que también conocían y se sabían las canciones anglosajonas que estaban a la moda, pero cuando ponían las canciones de la cultura intrínseca de su país, casi lloraban de alegría. Yo quedé sin palabras. Esa noche esos muchachos me demostraron que a ellos les nacía del corazón cantar las canciones de *"Pancho Cuernavacas"*, algo que nunca sucedía con los jóvenes venezolanos y su propia cultura. Yo estoy seguro de que no muchos venezolanos podrían entonar con pasión tantas canciones típicas de su país, como esos chicos lo hicieron esa noche con las suyas, pero en cambio sí podrían cantar *"Sussudio"*, *"Californication"*, *"Cryin'"* o *"One"*. El lector podrá preguntar si nunca hubo algún intento de inculcarles honor y respeto hacia algún aspecto intrínseco de la cultura de Venezuela. La respuesta es "Sí"; pero como todo en Venezuela, se hacía mal.

Durante muchos años en la década de los 90 y hasta los 2000, estaciones como *La 92* (92.9 FM), *Hot 94* (94.1 FM), *Éxitos 99* (99.9 FM) y *La Mega* (107.3 FM) transmitían casi exclusivamente canciones anglosajonas en su programación diaria, algo con lo cual no tengo ningún problema. Pero creo que un país que pregonaba tener tanta identidad y amor por su tierra y su gente, debía hacer un mínimo esfuerzo para educar a los venezolanos a querer la música de su país y fomentar los valores nacionalistas que debían hacer el venezolano adorase a Venezuela, más de lo que adoraba a los Estados Unidos.

221

Eventualmente en 2004 el gobierno de Chávez promulgó la "Ley de Responsabilidad Social en Radio y Televisión", la cual obligaba a todas las emisoras de radio a difundir obras musicales venezolanas en su programación diaria. De esta forma, usted podía tener sintonizada 99.9 FM en su dial y escuchar *Child in Time* de Deep Purple, seguida de *July Morning* de Uriah Heep, seguida de *Aqualung* de Jethro Tull, seguida de *Supper's ready* de Genesis, seguida de *Ladrón de tu Amor* de Gualberto Ibarreto, lo cual era una mezcla demasiado surrealista que creaba un efecto muy extraño. Lo peor era que las introducciones a las canciones venezolanas eran hechas por medio de una grabación, es decir que ni siquiera el locutor que estaba transmitiendo en vivo se dignaba en al menos dar alguna información que pudiese contribuir a aumentar la cultura hacia las obras musicales venezolanas. En consecuencia, el resultado era que la forma arruinaba el propósito.

El caso de 99.9 FM es interesante ya que era una emisora que contaba con el staff de locutores más respetados de Venezuela como César Miguel Rondón, Iván Loscher, Jesús Leandro, Carlos Eduardo Ball y Pedro Penzini Fleury, conocidos tanto por su larga trayectoria en la radio, como por la producción de sus espacios, por su gran conocimiento de la historia del rock anglosajón, y por ende podría decirse que eran ejemplos o mentores para emular. Hubiese sido una muy bonita oportunidad de escuchar a Penzini Fleury, Loscher o César Miguel Rondón contar la historia detrás de *Ladrón de tu Amor* o algo acerca de la biografía y la importancia de Gualberto Ibarreto, pero en vez de eso, lo que quedaba era el slogan de cierre del programa de Rondón: "*...para variar, Beatles.*"

El asunto con la "*Ley RESORTE*" no es que era una mala idea, pero tampoco era buena ya que "no se puede obligar a que algo te guste" y menos de la forma como se hizo. Por consiguiente, así como una emisora de radio podía pasar de colocar *Come Together* de Los Beatles, a poner *Angie* de los Rolling Stones, a un surrealista cambio radical y poner *Mi Querencia* de Simón Díaz, algo muy similar pasaba con la forma como el gobierno obligaba a los venezolanos a escuchar constantemente el Himno Nacional.

En una ocasión en 2014 conversaba con la futura esposa de uno de mis mejores amigos y me llamaba la atención que tanto ella como su familia eran 100% opositoras y antichavistas, pero le agradecían a Chávez haber tenido una excelente política de inculcar a diario el respeto hacia los símbolos patrios de la nación: el Escudo, la Bandera, los Próceres de la Independencia y escuchar el Himno Nacional a mediodía y a la medianoche. Hay tres problemas con esta idea:

1. La idea no es original:

Tocar el Himno Nacional a mediodía y a media noche no era una idea nueva, y Chávez no fue el primero en instituirla. En los años 80 el Himno lo tocaban en radio y televisión cada seis horas empezando a la media noche. Por algún motivo que desconozco, esa costumbre cuestionable desapareció a principios de la década de los 90 y Chávez lo que hizo fue resucitarla. Digo "cuestionable", porque...

2. Es impráctico:

Algo que me impactó de niño al llegar a Venezuela, era la obsesión que había con el Himno Nacional, empezando por entonarlo en la fila del colegio a las 7 de la mañana antes de entrar a clases, y al salir de clases a las 12:45 pm. Yo supuse que se hacía de esa forma, para reemplazar las dos emisiones que se hacían a las 6 de la mañana y al mediodía en radio y televisión, pero yo a las 6 de la mañana ya estaba levantado y a mediodía se escuchaba el himno en alguno de los radios que alguien cargaba en el colegio. En total, un niño escuchaba el Himno seis veces al día, al punto de que parecía una gaita diaria.

Esa práctica está mal ya que cae en el principio de sobreuso de las cosas. Cualquier cosa o acción que repitas con frecuencia sin modificar nada, se vuelve monótona e impráctica. Cierre los ojos por un segundo e imagine que está en una fiesta: aun cuando la fiesta esté excelente y por muy buena que sea una canción, repetirla seis, ocho o diez veces seguidas, va a aburrir a todo el mundo. En algún momento alguien va a gritar: "¡Cambia la canción!", y eso es así para *Despacito*, *La Macarena*, *We like to party*, y cualquier canción, comercial, trancada o de cualquier género, así esté en una fiesta o en su casa con su pareja (en líneas generales, y por supuesto, nada es absoluto y hay excepciones).

3.   No se puede obligar a que algo te guste.

Uno de los primeros golpes o traumas que recibes en la vida, ocurre cuando te enamoras perdidamente de alguien y no te corresponde, a pesar de que haces lo que sea para que te quiera: le envías flores, le dedicas canciones, te vistes como a él/ella le gusta, te pones perfume, le envías cartas, pero nada surte efecto. Le dices *"Vamos a intentarlo, dame un beso y verás que te gustará, y con el tiempo te enamorarás de mí"*, y a veces uno llega a caer a lo más bajo con: *"¿Qué es lo que tengo que hacer para me quieras?"*, pero el rechazo es constante hasta que se llega a un punto donde te das cuenta que no importa cuánto esfuerzo inviertas, ella o él, jamás se enamorará de ti. Con el tiempo consigues a alguien que te dice una de las primeras crudas verdades que debes asimilar en la vida: no se puede obligar a que alguien te quiera. Lo mismo aplica para el Himno y el resto de los símbolos patrios, y en general para todo.

Repetir el Himno de forma tan seguida, hacía que la persona terminase sintiendo rechazo hacia él y de esta forma, el venezolano terminaba sintiendo rechazo hacia cualquier cosa relacionada con el fomento de la cultura y los temas típicos venezolanos. Por eso el venezolano nunca honraba sus fechas patrias, y por eso ni siquiera sabía cuándo nació Bolívar o qué se celebra el 24 de junio.

En los Estados Unidos no tocan el himno seis veces al día por radio y televisión, dos de ellas una vez antes de entrar a clases y una al salir (no sé cómo sea en Perú, Argentina o Polonia). Lo que quiero decir es que un americano se siente patriota porque le nace hacerlo, no porque alguien lo haya obligado. Los americanos se sienten orgullosos de lo que han hecho y de lo que tienen gracias a su esfuerzo, como el Empire State Building, Google y el Dream Team de Basketball de Barcelona 1992; es por eso que los americanos gritan cada vez que suena *"for the land of the free"* en su himno, así como los franceses están orgullosos de la Torre Eiffel, del Louvre y de haber ganado el Mundial Rusia 2018. Un país se enorgullece de lo que tiene y lo que ha logrado, y el sentimiento de sentirse orgulloso de en país es algo que no se inculca a la fuerza, sino algo que se inculca, se enseña, se muestra y se modela con acciones, hechos y resultados con los cuales el ciudadano pueda desarrollar un vínculo emocional que desemboca en nacionalismo.

Los argentinos están orgullosos de Maradona, de Messi, de su selección y de que fueron campeones mundiales dos veces. Eso les hace estar orgullosos de ser argentinos y les hace estar orgullosos de su país y de sus símbolos patrios. Messi era duramente criticado cuando jugaba para Argentina y las cámaras lo filmaban con la boca cerrada cuando sonaba el himno mientras que sus compañeros sí entonaban las estrofas, porque percibían que Messi no sentía la camiseta de la selección, y en consecuencia no sentía el himno, y en consecuencia no sentía al país. Una cosa conduce a la otra. No lo criticaban por no cantar el himno; lo criticaban por la cadena de implicaciones que se deriva de ver a alguien como Messi no cantar el himno, y que al final lo mostraban como alguien que se mantenía callado en vez de cantarlo.

Un par de amigos venezolanos siempre se burlaban de los mexicanos nacionalistas con su selección de fútbol, "EL TRI". En el Mundial del año 2006, los reporteros ancla de ESPN Deportes fueron tan lejos como correr una encuesta que decía: *"¿Cuál será el desempeño de EL TRI en el Mundial? A) Campeón; B) Final; C) Semifinal; D) Cuartos de Final"*, y nos daba risa el ego que tenían de tan solo pensar que su selección, EL TRI, sería capaz de llegar a la final del mundial, pero recordando aquella noche en Ciudad de México, entendí que no era ego sino patriotismo y amor a su país. El mexicano es muy nacionalista con su música y sus equipos deportivos, igual que el español y el argentino. El venezolano no.

En Venezuela, los venezolanos se sentían avergonzados de su música y de sus equipos deportivos. Históricamente Venezuela siempre ha tenido un desempeño pobre en competencias deportivas, y si bien a partir de la segunda mitad de los noventa cuando la selección venezolana de fútbol inició una serie de cambios e innovaciones que resultaron en una mejora de sus desempeños como combinado nacional, siempre me llamó la atención que aun así los venezolanos afrontaban los partidos de su selección con cierto pesimismo y apatía, como dando por sentado que perderían, y que sería un milagro si ganaban, algo sobre lo cual elaboraré a mayor detalle en el capítulo *"Hamburguesas vs. Arepas"*, lo cual hacía que los venezolanos le diesen poco apoyo a su país, y en consecuencia para ellos era más lógico apoyar a España, Argentina, Holanda, Brasil o a Italia que a Venezuela.

Para finalizar este capítulo, debo mencionar la fijación que los venezolanos tenían con el idioma inglés: como el lector seguramente pudo notar por varios fragmentos de capítulos anteriores, en Venezuela era *"cool"* hablar en inglés: *"Demasiado power"*, *"Cool"*, *"Lol"*, *"Eso estuvo heavy metal"*, *"Whatever"*, *"Amazing"*, *"I know you have something to show me"*, eran palabras y expresiones intrínsecas en el día a día del venezolano. Esto era algo que me llamaba la atención, ya que era una clara evidencia de la fuerte influencia indirecta que Estados Unidos ejercía sobre Venezuela. Para el venezolano era preferible mercadearse en inglés por encima de su propio idioma, y me parecía que tal y como ocurría con la estación 92.9 y las gaitas, de nuevo se cultivaba el rechazo hacia la cultura venezolana.

En Venezuela había un problema con la desconfianza y falta de credibilidad que daba la imagen y la identidad "Venezolana". Había una gran cantidad de empresas y marcas que eran de capital venezolano, cuyos nombres eran en inglés porque parecía que el venezolano asumía que una marca con un nombre en inglés como *"AutoCrazy"* o *"Marketing DLM"*, era más confiable que *"Autos Pérez"* o *"Mercadeo DLM"*. No estoy diciendo que no pueda haber marcas con fonética anglosajona en un país de habla hispana, lo que estoy afirmando es que creo que debería haber mayor énfasis en cultivar los vínculos con el idioma nativo del país en el día a día de la sociedad.

Nunca olvidaré el día que iba de paseo con mi novia en su auto, y estábamos escuchando el programa de Pedro Penzini Fleury en Éxitos 99.9 FM, quien le hacía publicidad a varias marcas extranjeras. Ese día mi novia y yo escuchamos el estreno de una de las cuñas publicitarias que Penzini le hacía al Honda Accord, el cual fue descrito por Pedro como *"The Power of Dreams"*, solo que no era un "The Power of Dreams" como usted pudiera leerlo en este momento o aún con la mejor modulación que un respetable locutor pudiera darle, sino que la forma como lo pronunciaba era algo que rayaba en lo absurdo. Era como: "THE PAAAWWEERRR OFFF DRIIIIIIIIMMSSSS." Mi novia y yo quedamos atónitos ante lo que acabábamos de escuchar, y nos preguntamos si había sido un chiste o una mofa sobre algo que no entendíamos. La cuña quedó y en el tiempo se le sumaron otras marcas de las cuales Pedro hacía gala de impecable pronunciación del inglés.

Yo no tengo problema con que se hable inglés en un país de habla hispana. Carlos Eduardo Ball era mejor conocido como Charlie Ball, así como también en España a mucha gente llamada Carlos les dicen Charly (o Charlie); incluso otros locutores de 99.9 que también le hacían cuñas a marcas extranjeras lo hacían con una pronunciación normal, pero lo de Penzini Fleury era algo inaceptable. La forma de moderar su programa y la forma como hablaba, era como sintiese una adoración ciega hacia el inglés y un rechazo absoluto hacia el español, y esto es algo que los venezolanos escuchaban día tras día. ¿No le parece que se hubiese visto mejor que la cuña dijese que el Honda Accord es el vehículo que *"libera El Poder de Tus Sueños"* o algo así? Mi novia y yo nunca entendimos por qué era *"The Power of Dreams"*, ni por qué Penzini hablaba en la forma en que lo hacía, y estoy seguro que muchos venezolanos tampoco lo entendían.

El patriotismo de los españoles a veces es intenso hasta cierto punto, y si bien a veces usan inglés, yo me quito el sobrero ante ellos y el nacionalismo que sienten por su patria, su cultura y su idioma. No estoy diciendo que no haya uno que rechace el español y adore el inglés, seguramente debe haberlo, pero en líneas generales, el nativo de España tiene un cierto sentido autentico de su identidad y eso incluye el amor hacia la lengua española y no siente vergüenza de su idioma.

Con la explosión de las redes sociales, siempre me llamó la atención conductas como que los venezolanos publicaban noticias, comentarios y fotos, con descripciones en inglés en vez de español. Yo tengo más de veinte años interactuando en redes sociales en internet y entiendo que una cosa es un debate abierto en un foro público donde interactúan personas de todas partes del mundo con digamos el idioma global (inglés) y otra cosa distinta es una interacción personal entre amigos. Conozco y estoy seguro que usted también conoce a personas con doble nacionalidad que hablan dos idiomas y que siempre que interactúan con sus compatriotas, lo hacen en su idioma nativo. No puedo imaginar a una de mis mejores amigas, alemana, publicando algo en inglés, o contestando algo que le hayan escrito en alemán, en inglés, o hablando en inglés con su familia o amigos alemanes. En cambio, en Venezuela había una enorme fijación con hablar, interactuar, socializar y tratar de que todo girase en torno al inglés.

Ese era el motivo por el cual los chicos BRO decían *"HEAVY METAL"* o *"Demasiado POWER"*, para referirse a sus fines de semana, en vez de decir *"¡La pasamos excelente!"* o *"¡Nos fue increíblemente bien!"*, o el motivo por el cual Carlos Lizarralde me dijo *"I know you have something to show me. They tell me it's good. I want to see it later, ok"*, en ese lluvioso viernes en Loquesea.com. Años después de ambas situaciones, yo recuerdo que en una actividad virtual que hubo hicimos en el IESA, se abrió un foro de discusión y aún hoy sigo sin comprender como toda la interacción de uno de los grupos de estudiantes fue en inglés. Nunca supimos por qué, y lo peor fue que ninguno de los profesores les llamó la atención, lo trajo a colación o hizo algún tipo de corrección. Supongo que como expliqué en el capítulo *El IESA*, probablemente nunca revisó el foro y en ese caso las calificaciones de la asignatura del salón fueron también puestas a dedo.

A la postre, muchas de estas personas vendieron su supuesto "amor por Venezuela" a cambio de un puesto de trabajo en el extranjero y al día siguiente le juraron lealtad a la bandera americana o cualquier otra bandera. Creo que en realidad nunca les interesó ser venezolanos, porque era más *"cool"* decir que vives en San Francisco, a decir que vives en Guarenas, Los Teques o Guatire[64]. Yo entiendo que el inglés es el idioma universal (mundial) y que es el estándar que actualmente tenemos para comunicarnos los negocios. Sin embargo, una cosa es utilizar el inglés para promover un negocio, una empresa, un blog, o algo orientado a un segmento de mercado mundial, y otra es tener a una sociedad entera que prefería comunicarse en inglés porque era *"más cool"* que su propio idioma. Son dos cosas muy distintas.

Fue así como supe que Venezuela colapsaría: gracias a que los venezolanos estaban más pendientes de rechazar su cultura, que de cultivar el cariño hacia ella, y por ese motivo en el siguiente capítulo veremos qué cosas había para aprender, emular y copiar de la cultura de Venezuela, producidas por los agricultores de la cultura venezolana.

---

[64] Ciudades satélite de Caracas, habitados principalmente por gente de clase media baja y baja.

8

Los agricultores del subdesarrollo

José Ignacio Cabrujas, Cesar Miguel Rondón, y Er Conde del Guácharo

Hay hechos en la vida que, aunque no les guste o no esté dispuesto a reconocer su importancia en nuestra historia, debe aceptar. Por ejemplo: Ciudadano Kane, las películas de Akira Kurosawa, Los Beatles y Los Simpson son tres de los productos más influyentes en la historia del entretenimiento y en nuestras vidas. Pueda que no les gusten, pueda que no los haya visto o escuchado, pero la probabilidad de que su influencia se sienta en muchas de las cosas con las cuales hoy en día interactúa es muy alta. Algunos ejemplos incluyen el hecho de que la mayoría de las películas modernas derivan de *Ciudadano Kane (Wells, 1941)* o de la filmografía de Akira Kurosawa en términos y técnicas de filmación; la mayoría de los grupos de rock derivan de Los Beatles y de la invasión británica; y muchas series de televisión a partir de 1990 derivan de Los Simpson.

En su momento, mucha de la innovación que trajeron fue confrontada con resistencia y oposición por parte de grupos que no comprendían el valor que estaban aportando, pero con el tiempo, estos productos se convirtieron en parte de la cultura global y contribuyeron a formar las siguientes generaciones. El ser humano es seguidor por naturaleza, y busca copiar patrones y conductas que ve en los pocos seres humanos líderes que influyen en la sociedad. Por ese motivo (gústele o no), los programas de televisión y películas que usted ve, los canales de YouTube que usted sigue, y los cantantes que usted escucha, dicen mucho sobre quién es usted. Si alguien ve canales, series y películas que están destinados para ignorantes, entonces ese alguien quizás sea un ignorante

Hoy vivimos en una época en la cual podría debatirse que los medios audiovisuales han desplazado la importancia de obras excelsas de la literatura como *La Divina Comedia*, *Don Quijote*, *Historia de Dos Ciudades*, o *La Guerra y La Paz*. Ha habido consecuencias positivas como el aumento de la influencia cultural en nuestras sociedades y el llamado a la concientización en temas sensibles actuales o de nuestra historia, pero por otra parte ha habido una repercusión negativa, ya que muchas personas en el mundo han elevado la importancia de las producciones audiovisuales al punto de utilizarlas como su única fuente de referencia y conocimiento. El problema con esto es que muchas películas y series biográficas o basadas en hechos de la vida real, presentan etapas de la vida de una persona o un evento con cierta licencia para crear drama dentro de la producción para transmitir algún mensaje o enseñanza, y a lo largo de dicho proceso tergiversan los eventos reales.

Hace muchos años tuve que sostener una larga discusión con Wilhelm (mi otro mejor amigo) porque él creía ciegamente que Beethoven había dirigido el estreno de su Novena Sinfonía recibiendo instrucciones de una chica que estaba escondida entre la orquesta como lo muestra la película *Copiando a Beethoven (Holland, 2006)*, y tuve que explicarle que dicha escena había sido un simple evento de ficción; así como tengo otro amigo a quien también tuve que explicarle con libros en mano, y sacarle de la cabeza su creencia de que William Wallace había embarazado a la Reina Isabel de Francia como sugiere el film *Corazón Valiente (Gibson, 1995)*. Estoy seguro de que usted conocerá a alguien similar, o que quizás incluso usted mismo cree en hechos que las películas y series muestran, pero que en realidad jamás ocurrieron.

Lo que quiero decir es que las series, las películas, y el streaming, son herramientas que influyen a las personas porque dan enseñanzas y construyen mundos, estándares y realidades que la gente acepta o utiliza para aprender y para construir sus propios mundos, estándares y realidades. Esto se puede hacer siempre que la persona tenga la capacidad de distinguir y determinar qué contenido va a absorber porque le agrega valor, y qué contenido debe descartar no solo porque no le agrega valor, sino porque lo vuelve un zombi que vivirá en un estado continuo de involución, y esta es la parte más difícil ya que muchas personas piensan que no son zombis cuando en realidad sí son.

Durante los años 80 y 90, los televidentes venezolanos tenían la imagen de que Estados Unidos era todo lo que ellos veían en las series y películas americanas: policías como los de *Sérpico (Lumet, 1973)*, *Arma Mortal (Donner, 1987)* y *Duro de Matar (McTiernan, 1988)*; bailes como los de *Fiebre del Sábado por la Noche (Badham, 1977)* y *Footloose (Ross, 1984)*; y familias felices como las de *¿Quién manda a quién? (Persky, 1984-92)*, *Full House (Zwick y otros, 1987-95)* y *Alf (Patchett y otros, 1986-90)*. Por ese motivo el venezolano aprendía que el joven americano tenía la posibilidad de, con trabajo y esfuerzo, llegar a ser un adulto con un hogar feliz y una linda casa en el típico suburbio americano. La pregunta es: ¿qué aprendían de lo que veían en Venezuela?

Las personas nombradas en el subtítulo de este capítulo constituyen otra parte de los principales responsables de la debacle de Venezuela. Se me revuelve el estómago al pensar que en múltiples ocasiones tuve que escuchar a personas educadas afirmar que estos individuos eran *"intelectuales"*, *"valiosas mentes"* y *"pilares de la cultura venezolana"*. Si Betancourt, Caldera y Tinoco, junto con el resto de las personas que mencioné en *La Historia de la Hacienda Venezuela*, fueron quienes cultivaron el sistema que destruyó política y económicamente a Venezuela, fueron Cabrujas, Rondón, Rausseo y muchos otros los agricultores encargados de cultivar la ignorancia, la desigualdad, el resentimiento y el subdesarrollo en la mente y la sociedad venezolana, ya que este es el grupo de personas que creó la mayoría de las novelas, series, películas y espacios de entretenimiento en Venezuela.

Como mencioné en *Where is the Disney Channel?*, desde que llegué a Venezuela me di cuenta de que un país cuyas televisoras transmitían cinco horas diarias de novelas no solo estaba en proceso de sosegar y entontecer a la población, sino que también estaba en proceso de formar a una futura población de arribistas, inútiles, ignorantes, resentidos y de baja capacidad intelectual, dado que ese era el material que tenían para aprender y construir sus mundos en Venezuela. Si bien las películas y series americanas dibujaban mundos ideales, para ese momento esos mundos eran inalcanzables para los venezolanos, ya que se escenificaban en un ambiente que estaba muy lejos de ellos. Por ese motivo, el venezolano aprendía y copiaba lo que veía en televisión que sí se escenificaba en su propio ambiente real para ellos: Venezuela.

En Venezuela se transmitían dos bloques de novelas: el de la tarde (1:00 pm - 4:00 pm), y el de la noche (9:00 pm - 11:00 pm). Eso tal vez no sería un problema si al menos las tramas de las novelas fuesen distintas, pero tras treinta años repitiendo la misma fórmula, la posibilidad de crear algo nuevo se iba al despeñadero y salvo en muy pocas excepciones, en Venezuela nunca se apreciaba algún vestigio de calidad en las producciones de programas dramáticos. Dicho esto, casi todas las novelas venezolanas seguían la siguiente fórmula:

1. La introducción de los protagonistas.
2. La presentación de las adversidades.
3. El periodo de preparación para superar a las adversidades.
4. Las pruebas a la relación.
5. La superación de todos los escollos.
6. El final feliz.

No voy a comparar esta fórmula con la de otros países, ya que no me siento en capacidad de hacerlo, además de que me parece que cada país va a cultivar y nutrir su propia e intrínseca cultura. Es por eso que las novelas estadounidenses eran percibidas en Venezuela como *"aburridas"* y *"fastidiosas"*, dado que sus protagonistas eran fríos, distantes, parecían hechos de porcelana y vivían en un mundo utópico, incompatible e inimaginable dada realidad venezolana. Las novelas en Venezuela en cambio, tenían dos tipos de protagonistas:

1. Personajes ricos viviendo en un mundo de ricos.
2. Personajes pobres viviendo en un mundo de pobres.

Permítame explicar a fondo mi planteamiento, compartiendo algunos conceptos[65]:

En cualquier tipo de producción audiovisual, la audiencia necesita a alguien con quien conectarse y sentirse identificado. A esta persona se le conoce como "Protagonista". Una producción venezolana (novela o película) casi siempre trataba de una chica pobre o desafortunada que se enamoraba de un hombre rico, y este personaje femenino era el que quedaba encargado de guiar a la audiencia a lo largo de la novela. Por supuesto que esta teoría no aplicaba a todas las producciones, pero en líneas generales podría afirmarse que una novela venezolana tenía el mismo principio y estructura que tienen películas como *Duro de Matar*, *Alien (Scott, 1979), Cazadores del Arca Perdida (Spielberg, 1981)* y *Rocky (Avildsen, 1976)*. Por ese motivo John McClane, Indiana Jones, Ellen Ripley y Rocky Balboa -los protagonistas-, son vistos como héroes.

El protagonista es alguien que empieza como una persona común y corriente que trata de vivir su vida al mejor compás de lo que puede, con sus sonrisas y tristezas de cada día. Por lo general, es alguien que no ha tenido suerte en su vida o que está atravesando un momento bajo, o es alguien a quien las cosas no le salen bien, y quien será confrontado por algún tipo de obstáculo, reto o dificultad con la cual tendrá que lidiar. Si el protagonista nos atrae y nos gusta, entonces (la audiencia) empezaremos a vincularnos con él y es así como surge en nosotros el deseo de que triunfe. El drama en la novela o la película es el resultado de involucrarnos emocionalmente con el protagonista, con su lucha contra las adversidades, y de nosotros querer que triunfe. Se llegará a un punto en el cual el protagonista estará en una situación donde parece que todo se ha perdido, pero sacará lo mejor de sí y superará cualquier obstáculo o barrera que se interponga entre él y su meta (en el caso de las novelas, estar con su amor). Es satisfactorio para la audiencia cuando nuestro héroe logra triunfar ante las adversidades. El héroe es una persona que cambió y ya no es la misma persona que era al principio de la historia. A esto se le llama "arco del personaje".

---

[65] Si bien la forma como a continuación el autor explicará los conceptos es tomada de una de las críticas y reseñas hechas por Mike Stoklasa (un conocido crítico de cine y productor de contenido audiovisual), dichos conceptos son fundamentos comunes en la teoría y práctica de las producciones audiovisuales.

Casi todas las producciones audiovisuales aplican esta fórmula y es por eso que uno de los requisitos para que una producción sea exitosa, es que tenga un protagonista con el cual la audiencia se sienta vinculada emocionalmente. Una de las principales razones por las cuales *Duro de Matar, Alien, Cazadores del Arca Perdida* y *Rocky*, fueron películas exitosas y son catalogadas como clásicos del cine, es por lo bien construidos y elaborados que están sus protagonistas, algo que puede comprobar haciendo el siguiente ejercicio: describa al siguiente personaje SIN mencionar su apariencia física, la ropa que usan, su profesión o el rol que tienen en la película. Mientras más cualidades pueda decir del personaje, más robusta es su construcción y en consecuencia, más impacto a nivel emocional logrará generar, y mejor será la conexión con la audiencia. Intente con John McClane, Rocky Balboa, Indiana Jones o Ellen Ripley.

Como podrá haber descubierto, la fortaleza y lo memorable de un personaje de ficción radica no solo en lo bien definido que esté el personaje, sino también en el efecto que las acciones que ese personaje producen en la audiencia. Es por eso que algunos personajes de ficción se sienten tan reales en nuestras vidas, al punto que llegamos a sentirnos identificados con ellos y querer ser como ellos. ¿Quién no ha deseado vivir un día como Michael Corleone, Indiana Jones o John McClane? (o como cualquier otro protagonista famoso de ficción). También hay que considerar otro tipo de personajes que, aunque son bien elaborados y logran producir el impacto deseado en la audiencia, no necesariamente quiere decir que la audiencia se sienta identificada con ese personaje como tal, sino con la idea del personaje. Voy a contrastar a Rocky y a Indiana Jones para explicar esta diferencia.

En el caso de Rocky Balboa, al inicio de la primera película, Rocky es un don nadie. Es un tipo que no puede dar con piedra en el camino sin que las cosas le salgan bien, trabaja distintos oficios y es explotado a diario. En su vida un miércoles es igual a un domingo, hasta que un día las cosas empiezan a cambiar para Rocky cuando una luz se abre en su camino y se encuentra con la oportunidad de su vida. En paralelo conoce a una linda mujer, con buenos principios y valores, y poco a poco su vida empieza a mejorar.

El personaje de Rocky está tan bien logrado que, si recuerda bien la primera película, él termina derrotado en la pelea contra Apollo Creed, pero es triunfador en la pelea de la vida. Su camino es un camino que podría ocurrirle a cualquier persona. Obviamente no igual en el sentido de que algún campeón mundial de cualquier deporte lance un desafío abierto a cualquier persona, y es en ese sentido que se debe ver a la trama de *Rocky* como una metáfora de la vida, similar a como ocurre con la trama de la película *"En Busca de la Felicidad" (Muccino, 2006)*. Es allí donde radica el éxito de *Rocky* puesto que es una película donde no hay final feliz (relativamente), y su historia podría ser una historia real. Por ese motivo es que muchas personas se identifican con Rocky como protagonista, al punto de que puede ser considerado como un ejemplo a seguir en la sociedad. Si hizo el ejercicio que le sugerí, es probable que para el caso de Rocky su respuesta haya sido algo como:

> *Es un sobreviviente, un luchador de la vida que trabaja todos los días por una vida mejor, es alguien que se levanta cuando cae, que aguanta los golpes que le da la vida y se mantiene firme, y sigue adelante; es alguien torpe y bruto, pero está motivado por buenos sentimientos, cariñoso, con valores, con principios.*

Con Indiana Jones la audiencia logra conectarse con él como protagonista, pero ocurre de una forma muy distinta a como sucede con Rocky. Si hizo el ejercicio que le sugerí, su respuesta para el personaje de Indiana Jones probablemente debió haber sido algo como:

> *Es un galán, inteligente, seductor, audaz, listo, sexy, aventurero, brillante, sabe pelear, sabe disparar, es muy leído, culto, es un hombre de mundo, le gusta pelear por la justicia, es cómico, ¿seductor dije?, decidido, cazador, se acuesta con decenas de mujeres, busca tesoros, resuelve problemas, ¿seductor dije?*

La diferencia entre ambos es que cualquiera de nosotros puede ser Rocky y le puede pasar lo que a él, pero con Indiana Jones en cambio, no. No existe, ni existirá una persona con el tipo de vida que lleva Indiana Jones, porque es imposible. La audiencia no se conecta con el personaje de Indiana Jones, sino que se conecta con la idea de un personaje como Indiana Jones. Él es todo lo que un hombre quiere ser:

galán, inteligente, seductor, sexy, aventurero, sabe pelear, sabe disparar, es muy leído, es culto, es un hombre de mundo, es cómico, ¿seductor dije?, se acuesta con mujeres hermosas, busca tesoros, resuelve problemas, y análogamente, a toda mujer le atrae la idea de estar con un hombre como Indiana Jones.

¿Cuán distinta cree usted que sería *Rocky*, si al final de la película, Rocky hubiese derrotado a Apollo? En primer lugar, le puedo asegurar, que no habría habido una secuela, ya que no habría tenido sentido filmar Rocky 2, 3, 4, ó 9, porque de Rocky haberle ganado a Apollo, hubiese conquistado todo lo que tenía que hacer, además de que le hubiera restado significado al mensaje de la película. Ganarle a Apollo hubiese sido cruzar el hilo entre la realidad y la fantasía, y hubiese hecho que Rocky se volviese un protagonista irreal, que hubiera terminado convirtiéndose en un nuevo tipo de Indiana Jones: fuerte, galán, apuesto, supera las adversidades, derrota al campeón del mundo en boxeo, y además se queda con la chica. De esa forma, la conexión hubiese sido con la idea del personaje y no con el personaje.

Otra forma de verlo es la siguiente: imagine que mañana filman *Indiana Jones Parte 7*, pero Indiana en esta película no usa su sombrero, ni su chaqueta, ni su látigo, sino que usa una computadora. Usted sentiría que está viendo otra película con otro personaje. Otro ejemplo es una película de *El Zorro*, donde Diego de La Vega no utiliza el icónico disfraz, ni la marca de la Z, ni su espada, y en vez de eso utiliza un esmoquin y una pistola de calibre 9 mm. Este razonamiento de la conexión de la audiencia con un protagonista bien construido es el que voy a utilizar para analizar a los protagonistas de las novelas venezolanas y para demostrar cómo los patrones de los personajes se cumplen perfectamente, en algunos casos para uno como Rocky y en otros casos para uno como Indiana Jones. Pero antes de iniciar el análisis, primero debo hablar acerca cómo funciona la segmentación de mercado en las producciones audiovisuales americanas en general (series y películas), y por supuesto en venezolanas.

Cuando una empresa como Victoria's Secret lanza al mercado un sostén, está apuntando a que las personas que van a comprar sus productos pertenecen a un cierto segmento de la población: mujeres entre 20 y 50 años que prestan atención a la apariencia de su ropa íntima, tanto o más que a la de su ropa exterior. Lo mismo aplica para los zapatos Nike, que apuntan a hombres entre 15 y 45 años, que buscan zapatos para sentirse identificados con su ídolo y que les haga creer que podrán jugar mejor, saltar más alto, correr más rápido o podrán realizar clavadas. Algo similar ocurre en las mentes de las personas que crean películas de cine y series de televisión: los productores, directores y escritores, lo cual me lleva a diferenciar a un productor, un director y un escritor comercial, de un artista.

Un productor, director o escritor comercial, crea su obra para un tipo específico de audiencia, la ejecuta en función a esto y por lo general lo logra. Un artista no. Un artista crea su obra y no le importa si la audiencia consiste en una persona, diez o cien mil. No le importa si vende un disco, o diez o un millón. No le importa si solo dos personas van a ver su película o quinientos mil. El artista produce su obra y piensa en la contribución que va a hacer al arte. Es por eso que existe una gran diferencia entre las películas que siguen la fórmula de dirigir una obra a un tipo de audiencia, y las obras de David Lynch, Stanley Kubrick, Terry Gilliam, Ingmar Bergman y otros artistas del cine.

David Lynch es un artista. Michael Bay y J.J Abrahams no lo son. Cuando David Lynch filmó *Lost Highway (1997)* o *Mulholland Dr. (2001)*, él estaba cultivando el arte del cine. Cuando Michael Bay filmó las películas de *Transformers (cualquiera)*, o cuando J.J. Abrahams filmó la nueva saga de la *Guerra de las Galaxias (2015 o 2019)*, ambos no estaban cultivando el arte del cine. Su objetivo era cultivar éxito en taquilla y por eso repitieron la misma fórmula exitosa para generar apego a la mayor cantidad de masas posible. A David Lynch no le importa si solo diez personas ven sus películas, pero a Michael Bay o a J.J. Abrahams sí. Es por eso que el éxito en taquilla no necesariamente se traduce en el valor artístico de una obra de entretenimiento audiovisual, y lo mismo aplica para las novelas venezolanas. Por este motivo en Venezuela no había artistas; había productores, directores y escritores como Michael Bay y J.J. Abrahams. Las novelas venezolanas eran iguales al modelo de *Transformers*, o de la nueva trilogía de *La Guerra de las Galaxias*, pues tenían el objetivo de lograr apego a la mayor cantidad de masas posible, lo cual me lleva a preguntar: ¿cuáles masas?

El principal objetivo de mercado de las novelas venezolanas eran las mujeres, en especial de los estratos sociales medio, medio bajo y bajo. Siento decirlo pero si no estaba enterado, la televisión es un negocio y como todo negocio hay que vender, y las ventas vienen por los ratings. Mientras más alto sea el rating, mayores serán las ventas. En Venezuela la moral y las buenas costumbres en el mundo del entretenimiento quedaban a un lado, ya que "negocios son negocios".

De allí la importancia de los ratings y del hecho de que en Venezuela no se desviaran de la fórmula que ya se sabía era exitosa para las novelas, orientándose al segmento femenino del mercado, y buscando captar el mayor número posible de mujeres, algo muy tentador cuando se revisa una pirámide poblacional que muestra la composición demográfica de Venezuela en la década de los 80 y los 90:

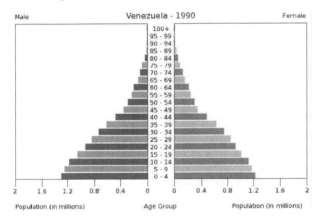

Fuente: Recuperado de: http://populationpyramid.net/es/venezuela/1990/

… la cual puede combinarse con la composición social del país para el año 1990, en la cual menos del 10% de la población pertenecía a la clase alta, quizás 20% o 30% pertenecía a la clase media, y el restante 60% o 70% eran de clase media baja y baja: gente pobre, ignorante, sin formación académica ni educación, como obreros, campesinos y servicio doméstico. Al combinar a este grupo con la información del cuadro anterior, es fácil ver dónde estaba la mejor oportunidad para captar a un segmento de la población para que fuese el objetivo perfecto de las novelas. Después de todo, ¿qué estaba haciendo una venezolana de la clase obrera, de servicio doméstico o campesina a la 1 de la tarde? Estaba cocinando o almorzando y viendo la televisión mientras tanto.

¿Y qué estaba haciendo a las 9 de la noche? No estaba jugando bridge o practicando tenis con sus amigas; estaba viendo la televisión mientras estaba sentada en la sala o acostada en su cuarto soñando con un futuro mejor. La televisión era su refugio; era su vía de escape de la realidad y del mundo de pobreza donde vivía y también lo era para su hija. Y sí estimado lector, estoy afirmando que incluso los niños (hembras y varones) veían novelas. Entonces, las novelas venezolanas tenían:

1. Un protagonista fuerte, sólido, robusto y bien construido, con el cual las masas podían involucrarse emocionalmente y sentirse identificadas.

2. Un objetivo de mercado bien definido, que eran las mujeres venezolanas de los estratos sociales clase media, media bajo y bajo (incluso algunas de clase media alta y alta).

Para explicar mi teoría, utilizaré a *Por Estas Calles*, la cual es considerada una de las mejores y más famosas novelas venezolanas, donde el mérito de su escritor Ibsen Martínez fue haber creado a protagonistas sólidos, robustos y bien elaborados, y lograr que la audiencia se conectase con ellos por ambas rutas: la del protagonista y la de la idea del protagonista, incluso con los personajes de reparto, que llegaron a ser tan o más importantes que los protagonistas. *Por Estas Calles* fue estrenada en 1992 y su trama principal era la misma que las otras novelas venezolanas: la pobre y linda doncella en estrés que vivía en un barrio, que por alguna casualidad conoció a un hombre rico y terminó enamorándose de él. Dicho esto, a continuación voy a analizar a los seis personajes principales de *Por Estas Calles* y con los que la población tuvo mayor apego a lo largo de la novela:

- Eurídice Briceño (protagonista): chica que vive en el barrio.
- Álvaro Infante (protagonista): juez de clase alta, de quien Eurídice se enamoró.
- Eudomar Santos: el malandro de barrio, grosero, ordinario.
- Eloína Rangel: la novia de Eudomar, mujer de barrio, enfermera que ve en su jefe, un adinerado doctor, una oportunidad para cambiar su vida.

- Doctor Valerio: un ambicioso y mujeriego médico adinerado, jefe de Eloína.

- Natalio Vega, *"El Hombre de la Etiqueta"*: un policía que también era asesino a serie, y que ajusticiaba criminales que se encontraban en libertad porque habían escapado de la ley (algo así como un *Dexter [Cuesta y otros, 2006]* venezolano). A estos criminales, él los llamaba "irrecuperables".

Por Estas Calles fue exitosa por una diversidad de motivos: uno de ellos fue que la selección de la actriz Marialejandra Martin para interpretar a Eurídice fue inmejorable, así como fue inmejorable escoger a Franklin Virgüez para interpretar a Eudomar (un hombre negro, pobre, marginal), a Gladys Ibarra como Eloína (una mujer negra, pobre y marginal), a Roberto Lamarca como el Dr. Valerio (un macho alfa, patán de la clase alta) y a Carlos Villamizar en el papel de su vida como Natalio Vega *"El Hombre de la Etiqueta"* (un idealista luchador por la justicia). El personaje de Álvaro Infante pudo haber sido interpretado por cualquier actor y no hubiese habido diferencia. Ahora haré el ejercicio con los principales personajes de *Por Estas Calles* y voy a exponer por cuál ruta se conectaba la audiencia, si con su personalidad, o con la idea de que el personaje existiese.

Eurídice Briceño, la protagonista, era la típica doncella en estrés que vivía en un barrio pobre y aspiraba a conseguir un príncipe azul y adinerado, que la sacase del barrio y le solucionase la vida. Eurídice era igual al protagonista femenino de todas las típicas novelas venezolanas. Es por eso que *Por Estas Calles* es el epítome del arte de cultivar el subdesarrollo en la mente de la población femenina venezolana, y por favor estimada lectora venezolana, no venga a decirme que usted no vio novelas, porque usted y yo sabemos muy bien que eso no es cierto (y esto también aplica para algunos hombres).

Un día un amigo que vive en los Estados Unidos me comentó que desde que había emigrado se le había hecho cuesta arriba *"conquistar a una gringa"*. Le expliqué a mi amigo que quizás estaba utilizando estrategias incorrectas para conquistar a las americanas. Para ser más preciso, le dije que estaba utilizando la estrategia que se emplea para conquistar a las venezolanas y que eso difícilmente le resultaría. Le expliqué que la mujer venezolana (en líneas generales) es muy básica, ya que viene condicionada del lavado cerebral que recibió de *Por estas calles* y el resto las novelas que vieron por décadas.

No deseo, ni quiero, ni es mi intención ofender a ninguna mujer venezolana que no entre, ni calce dentro de esta muestra, pero con toda sinceridad debo decir que de toda la población de mujeres venezolanas, un gran porcentaje de ellas posee un patrón bien definido, sencillo, básico y elemental cuando de cortejarlas se trata, el cual fue modelado por las novelas venezolanas. Para conquistar a una mujer venezolana en Venezuela, solo había que cumplir con los siguientes requisitos:

1. Tener un buen carro. Preferible una camioneta Toyota y mejor si era blindada.
2. Vivir en una buena zona. Mejor si tenías casa en la playa.
3. Tener un muy buen ingreso. Preferible si era en dólares.
4. Tener apellido/venir de buena familia.
5. Tener dinero. Preferiblemente, mucho.
6. Tener casa en EE. UU. Preferible si era en Miami Beach.
7. Tener iniciativa de comprar regalos. Preferiblemente joyas.
8. Tener lancha. Preferible si estaba fondeado en Miami.
9. Ser socio de un club. Preferible que el nombre del club tuviese las palabras *"Country Club"* y mucho mejor si era el *Caracas Country Club* o *La Lagunita Country Club*.
10. Tener diversiones y hobbies costosos como "rustiquear" [66] o surfear. Preferible motos de agua y mejor si tenías una propia.
11. Ser joven, apuesto e inteligente era un valor agregado.

En un país desarrollado es un poco más difícil cortejar a una mujer porque por lo general no necesitan que le solucionen la vida. En esos casos, la mujer tiene los medios para conseguir bienes materiales y una buena posición económica y social. La mujer en un país desarrollado está en búsqueda de un compañero de vida con su correspondiente serie de requisitos, pero no al punto que una Toyota 4Runner y una

---

[66] Coloquio venezolano que significa pasear en vehículos rústicos a lugares exóticos.

tabla de surf las va a poder conquistar a todas, como era el caso que ocurría con un grupo significativo de mujeres venezolanas (insisto, salvo algunas excepciones). Es aquí donde entran Eudomar y Eloína.

Eudomar y Eloína eran dos personajes de barrio, pobres, ignorantes, grotescos, mal hablados, marginales, groseros, y de piel negra. Él era flojo, alegre, echador de broma, holgazán, bebedor, mujeriego, y de la mentalidad *"A vivir la vida y a disfrutar, que fastidio trabajar"*. Su lema de vida era *"Como vaya viniendo, vamos viendo"*, una frase que se volvió muy popular en Venezuela a raíz de *Por Estas Calles*. Como Eudomar, casi cualquier hombre en Venezuela daría lo que fuese por vivir bebiendo, estar con cualquier mujer, bailar, sonreír, nunca trabajar, vivir la vida como si no hubiese mañana, sin plan de vida, aunque viviesen en un barrio pobre sin tener con qué comer, como vivía Eudomar. Eloína era la mujer que trabajaba para mantener el rancho, pero que en el fondo quería salir del barrio, aún a costa de su propia dignidad como casi toda mujer venezolana, y cuando digo "salir del barrio", no me refiero al barrio de ranchos y casas de zinc y de cartón como por ejemplo Petare donde vivía Carol del capítulo anterior. "El Barrio" es Venezuela. En los años 80 y 90, casi cualquier venezolana hubiese dado lo que fuese por conseguirse a un "gringo", o a un alemán, a un español, o a un suizo, que las sacase de ese gigantesco barrio de 916.445 km2 llamado Venezuela y les diese una casa, carteras, vestidos, joyas, carro y viajes sin tener que trabajar, como soñaba Eloína (y esta tendencia aumentó en los años 2000 y 2010). He ahí la base del éxito de *Por Estas Calles*. El venezolano desarrolló una conexión con ellos, puesto que Eudomar y Eloína eran la representación del típico venezolano que encajaba dentro de esos perfiles casi a la perfección. Sume a eso las excelentes actuaciones de Virgüez e Ibarra, y el resultado fue un excelente lavado cerebral que duró dos años cultivando la semilla del subdesarrollo en la mente de los venezolanos que eran el objetivo de mercado de la novela.

El personaje del Dr. Valerio era un típico macho "alfa" explotador y abusador de mujeres. Valerio era un representante de la clase alta en Venezuela: alguien que pensaba que con dinero podría solucionar todo, especialmente pisotear y manipular a las personas de la clase baja. Tuvo un romance con Eloína, y también estaba implícito que andaba con otras mujeres. No pagaba impuestos, sobornaba a quien fuese necesario para conseguir lo que quería y le buscaba el camino fácil a todo. En esencia, era la representación de la manera cómo los venezolanos veían a las personas de la clase alta. Valerio era un contraste con Álvaro Infante -el protagonista masculino-, quien era un juez de la clase alta, cuyo personaje era descrito como *"el último juez justo y honesto"*, lo cual era una fuerte crítica hacia el hecho de que para 1992 el poder judicial en Venezuela estaba totalmente corrompido.

El personaje de Infante fue visto con indiferencia porque para el momento en el cual la novela se escenificaba, la posibilidad de que existiese alguien como él era prácticamente cero, ya que como dije en la introducción, la honestidad en Venezuela era algo atípico y una rareza, al punto que podría decirse que no existía. Por eso Infante era un personaje irreal, incluso dentro de un contexto de ficción. Finalmente, quedaba Natalio Vega, el policía que ajusticiaba a los criminales y quien antes de acabar con sus vidas los obligaba a amarrarse una etiqueta con el escrito *"Soy irrecuperable"*.

Como mencioné en *La Historia de la Hacienda Venezuela*, en 1992 Venezuela se encontraba en una pésima situación social tras la serie de protestas populares del 27 de febrero de 1989, las protestas menores que ocurrían semanalmente, el golpe de estado del 4 de febrero de 1992, además de la profunda crisis económica que azotaba al país. La población sentía un fuerte odio y rechazo hacia los políticos de Acción Democrática y COPEI, quienes hasta ese entonces habían tenido el control del poder ejecutivo y legislativo, y que como expliqué, habían defraudado a la población durante muchos años debido a la ineficiente gestión de la nación y a las decenas de acusaciones de corrupción que quedaban impunes y sin culpables, además de tener al poder judicial corrompido e incapaz de hacer justicia con los políticos corruptos y los criminales. Los tribunales funcionaban sin ley, ya que no había justicia para nadie excepto para hacerle daño al inocente y permitir que los políticos corruptos y criminales anduviesen libres.

Adicionalmente y como expliqué en *El Campo de Trabajo*, la policía estaba contaminada y llena de malandros mal pagados en quienes la población no podía confiar. Se sentía una impotencia generalizada en la población ante el hecho de saber que en Venezuela no había justicia para el crimen. La idea de que un justiciero anónimo pudiese existir y que acabase con los políticos corruptos y criminales que se burlaban de la ley, era provocativa y encantadora en la mente del venezolano que estaba harto de la injusticia y la impunidad, y que quería que de una u otra forma, los políticos y los criminales pagasen sus fechorías. Es allí donde entra la necesidad de un personaje como Natalio Vega *"El Hombre de la Etiqueta"*: el justiciero y verdugo de los que escapaban del sistema. La gente no se identificaba con Natalio Vega porque le gustasen sus cualidades como persona. La gente se sentía atraída con *"El Hombre de la Etiqueta"*, porque la idea (o la esperanza) de que existiese alguien como él en la vida real, en un sistema corrupto y retorcido, donde la justicia y las leyes no servían, y que ajusticiase a los "irrecuperables", encajaba perfectamente en la trama de la novela y en el día a día del país. Para 1992 los venezolanos no querían ver presos a Carlos Andrés Pérez, a Moisés Naím, a Pedro Tinoco y a Ricardo Hausmann; los querían ver muertos. Esto es algo que en su momento, ni AD ni COPEI, ni los hoy líderes de la actual oposición al gobierno de Maduro, nunca han podido entender. El lector extranjero podrá pensar que exagero y que mi interpretación es un poco cruel, pero si estuviese equivocado, el personaje no hubiese sido creado, o no hubiese tenido receptividad y lo hubiesen sacado de la novela al poco tiempo de haberse estrenado, y no fue así. Adicionalmente, hay que tener en cuenta de que a lo largo de la novela, *"El Hombre de la Etiqueta"* ajustició a personajes que representaban a criminales y políticos reconocidos del día a día en el acontecer de Venezuela, lo cual me lleva al último punto: en analizar el ambiente donde se escenificaba *Por Estas Calles*.

Si bien la trama de *Por Estas Calles* era la misma a lo que los venezolanos estaban acostumbrados con novelas como *Cristal, Topacio, La Dama de Rosa* y cualquier otra historia de la doncella en estrés por su pobreza enamorada del príncipe azul que la sacaría del barrio, el ambiente de *Por Estas Calles* se desenvolvía en un mundo paralelo que iba de la mano con la realidad del país. Es decir, que además de la subtrama de *"El Hombre de la Etiqueta"* que reflejaba parte de la realidad de Venezuela, el mundo en el cual se desenvolvían Eurídice, Álvaro, Eudomar, Eloína, el Dr. Valerio y Natalio Vega, era el mismo mundo en el cual se desenvolvían los catorce millones de venezolanos: una inflación que no bajaba, devaluaciones a la moneda, continuas alzas de precio, delincuencia, inseguridad, y otras cualidades intrínsecas en el día a día de Venezuela para 1992, 93 y 94 sobre las cuales profundizaré en los próximos capítulos del libro.

Más aún, *Por Estas Calles* servía como medio de crítica a las situaciones inverosímiles que ocurrían en el día a día del país. Por ejemplo: cuando se abrió el proceso judicial que llevó a que Carlos Andrés Pérez tuviese que renunciar a la Presidencia, y el Congreso eligió a Ramón José Velásquez como Presidente para culminar el periodo presidencial de Pérez (como expuse en *La Historia de la Hacienda Venezuela*), la novela agregó una subtrama en la cual el "Presidente de Venezuela" también se vio obligado a dejar el cargo y fue reemplazado por un personaje que los escritores llamaron "Antón J. Vásquez" y a quien apodaron como *"El Viejito Vásquez"*, haciendo mofa de que en la vida real Velásquez era visto como un anciano senil, fácilmente manipulable e inútil.

Otros paralelismos incluían la inclusión de un personaje que era un mafioso colombiano llamado Mauro Sarría, que representaba a Pablo Escobar Gaviria y que aludía a los vínculos que los carteles de la droga colombianos tenían en Venezuela; y también la inclusión de un multimillonario empresario llamado Don "Chepe" Orellana, quien probablemente era la representación de Pedro Tinoco, la familia Mendoza, la familia Cisneros o de alguno de los patriarcas que manejaban el destino de la "Hacienda Venezuela", o bien era un personaje híbrido que los representaba a todos. En síntesis, *Por Estas Calles* pintaba en la televisión de lunes a sábado a las 9:00 pm, un mundo paralelo que mostraba la realidad del escenario que se vivía en Venezuela todos los días, veinticuatro horas al día.

El resto de las novelas venezolanas contenía algunas esporádicas referencias a lo que sucedía en el acontecer nacional, pero ninguna comparable al grado de detalle que *Por Estas Calles* alcanzó. Sus tramas principales, sin embargo, mantuvieron por al menos tres décadas un continuo lavado cerebral en los venezolanos, donde producción tras producción se repetía el mismo guion, a veces incluso con los mismos actores en los mismos papeles. De tal forma que el norte de una venezolana eran Eurídice y Eloína, el norte de un venezolano eran Eudomar y el Dr. Valerio, el anhelo era Natalio Vega, y Álvaro Infante era el sueño imposible.

Actualmente, muchos venezolanos se quejan y se sienten indignados de que el canal de televisión controlado por el gobierno, Venezolana de Televisión (VTV Canal 8), ejerce un continuo lavado cerebral a su audiencia, pero nadie menciona que José Ignacio Cabrujas, Ibsen Martínez, Cesar Miguel Rondón hicieron lo mismo durante décadas con más de mil quinientas horas anuales de novelas, cuyas tramas eran reforzadas por las canciones de Sergio Pérez o Guillermo Dávila y que produjeron el mismo efecto que ochenta horas consecutivas de programación que apoya al gobierno producen en la audiencia del Canal 8. *Por Estas Calles* fue tan popular y exitosa[67] que incluso estratos sociales de clase alta la veían, incluyendo a los niños, y ese sería el mismo estrato que años después emigraría de ese barrio llamado Venezuela, junto con los sectores de clase media y baja quienes les siguieron. La mayoría de las películas venezolanas no eran muy distintas a las novelas, así que no invertiré tiempo en ellas, además de que tenían muy bajos estándares de producción.

Hoy en pleno 2021, a un venezolano le sorprende cuando ve a una chica de barrio bajarse de un BMW para entrar a algún restaurante lujoso en Caracas; o cuando se entera que una chica de barrio hoy está viviendo en Miami u Orlando, cuando hace veinticinco años esa misma chica estaba en su rancho, o en alguno de los cientos de edificios de alguna urbanización de clase baja (como El Silencio, San Agustín, El Valle, Caricuao, Petare), viendo *"Por Estas Calles"*, *"Cara Sucia"* o *"De mujeres"*, imaginando algún día encontrar a un hombre millonario, que la llevase a sitios caros, restaurantes lujosos y que la vistiese con ropa costosa. Esa cosecha es el resultado de mil quinientas horas anuales de novelas: Carol es una de ellas, Andrea es otra, y así sucesivamente.

---

[67] Una novela promedio en Venezuela duraba entre 120 y 150 capítulos en espacios de una hora diaria de lunes a viernes. El éxito de Por Estas Calles fue tal, que se su duración fue 401 capítulos.

Con relación a la programación humorística de la televisión venezolana, que consistía principalmente de los programas *Radio Rochela, Bienvenidos, El Show de Joselo y Cheverísimo*. Por un tiempo en los años 80, *Radio Rochela, El Show de Joselo y Bienvenidos* tenían un humor aceptable con segmentos humorísticos variados, pero al arribar los 90 se llenaron de sketches que giraban en torno a la explotación de la sexualidad de la mujer como premisa principal, y que contenían un exceso de vulgaridad y racismo implícito en su contenido. Era gracioso hasta cierto punto, pero de nuevo, hay que enfocarse en el largo plazo y pensar que la población ve, absorbe y repite lo que aprende, sobre todo si son personas fácilmente influenciables, sin identidad, poco cultas o de mente débil, y que creerían que Beethoven dirigió el estreno de su Novena Sinfonía, como pasaba con mi amigo Wilhelm.

A medida que transcurrieron los 90, *Radio Rochela*, que era el programa clásico de humor sano en Venezuela los lunes a las 8:00pm, se transformó en una colección de segmentos vulgares, chovinistas al mismo tiempo que eran racistas, sexuales y estaban llenos de ignorancia. Lo único que mantenía cierta decencia era el segmento de imitación de los políticos venezolanos y uno que otro segmento que era la excepción a la regla. *El Show de Joselo*, que era transmitido los martes a las 8:00 pm, siguió el mismo camino que *Radio Rochela*, hasta que fue reemplazado por *Cheverísimo* que acrecentó esta tendencia. Finalmente quedaba *Bienvenidos*, que pasó de ser un espacio en donde se escenificaban chistes agradables y cómicos, y que incluso dejaba pequeñas enseñanzas, a un programa que escenificaba chistes malos que casi siempre involucraban a mujeres desfilando en pantaletas y sostén cada jueves de 8:00 pm a 9:00 pm de la noche.

Yo los veía muy poco y eventualmente dejé de verlos en algún momento cerca de 1992. Solo sabía de ellos bien porque mis amigos del colegio llegaban al día siguiente repitiendo lo que la noche anterior habían aprendido de alguno de sus sketches, o por alguna propaganda que aparecía mientras estaba viendo otro programa. Pero olvidémonos de mí por un momento porque yo soy un estadounidense de mente fuerte, que le encantaba leer y que venía con una influencia norteamericana anglosajona establecida, y analicemos el caso de ese niño que sí era cien por ciento venezolano, que nació, se estaba criando y estaba viendo un modelo y roles a seguir que fomentaban vulgaridad, chovinismo combinado con racismo, sexo e ignorancia: ese era su estándar. Eso era lo que para él era algo gracioso y normal: ver a una mujer con senos 36DD en sostén y pantaletas, diciendo algo que era meramente gracioso solo porque estaba en sostén y pantaletas; o bien ver a un actor venezolano, personificando a un inmigrante portugués, y haciendo mofa de que "los portugueses son brutos y que solo sirven para vender pan y pescar bacalao"; o bien, un chiste cuya gracia proviene de decir una palabra vulgar o una palabra que contiene una referencia implícita a algo vulgar ("¡AFLOOJAAA!", queriendo decir *"Dame tu trasero para que recibas sexo anal"*). Ese era el humor en Venezuela. Eso era lo que aprendían los venezolanos.

No quiero que el lector piense que estoy hablando desde un punto de vista puritano, porque yo entiendo las vulgaridades y no voy a negar que en ocasiones haya situaciones, chistes, programas y películas vulgares que dan risa, y yo puedo verlos sin problema. Pero creo que todo debe manejarse primero que nada con una variedad de opciones, queriendo decir: no habría problema si digamos *Radio Rochela* era vulgar, pero *Cheverísimo* no, y *Bienvenidos* fuese esporádicamente vulgar. El problema era que todos los programas eran casi iguales y todos tenían el mismo grado de contenido que degradaba los valores de la sociedad. Segundo, si consideramos que el bloque estelar de novelas era de 9:00 pm a 11:00 pm, y adicionalmente *Radio Rochela*, *Cheverísimo* y *Bienvenidos* eran de 8:00 pm a 9:00 pm, tenemos que el bloque estelar exclusivo de producciones venezolanas en realidad era de 8:00 pm a 11:00 pm, y en total le sumamos 150 horas más al lavado de cerebro que cultivaba el subdesarrollo en los venezolanos. Y tercero, que para agravar aún más la manera como se cultivaba la mentalidad de subdesarrollo en los venezolanos, repentinamente y de la noche a la mañana, todos los comediantes, locutores de radio, caricaturistas y otros afines que habían pasado años denigrando a mujeres de forma sexista, creando sketches racistas, y promoviendo la vulgaridad y la ignorancia en Venezuela (como Emilio Lovera y Laureano Márquez), intentaban al mismo tiempo presentarse ante la población como serios portavoces políticos de alto renombre o grandes mentes intelectuales. Todo empezó con la aparición de Benjamín Rausseo.

Benjamín Rausseo es un comediante y un personaje del entretenimiento venezolano, mejor conocido por su nombre artístico *"Er Conde del Guácharo"*. La primera vez que yo escuché a *"Er Conde"* fue en un vinil en 1989. Yo tenía poco tiempo en Venezuela, pero ya estaba empezando a familiarizarme con el idioma, la debida forma de comunicarme, y qué errores no cometer y qué palabras no decir, entre ellas las groserías. Nunca he sido una persona vulgar y no me gusta utilizar groserías. No tengo problemas con ellas, pero rara vez las empleo porque no les veo el propósito y pienso que el idioma español es muy rico y cuenta con suficiente vocabulario como para emplear palabras indeseables.

Cuando el vinil de *"Er Conde"* empezó a sonar, me pareció lo más repugnante, ordinario, vulgar y detestable que había escuchado en mi vida –tanto en español como en inglés-. La rutina de *Er Conde del Guácharo* consistía en personificar a un venezolano típico de clase baja, mal vestido, mal hablado, con pobre cultura y bajo aprecio por su país, ordinario, y lleno de una gran cantidad de vulgaridades y groserías; en esencia, era un precursor de Eudomar Santos de *Por Estas Calles*. En este caso, *Er Conde* le transmitía a la audiencia la visión de su día a día como lo haría un venezolano cualquiera: con ignorancia, y un vocabulario soez, vulgar y sucio. En este sentido, existe una diferencia entre ser vulgar en una rutina de comedia y personificar a alguien que es el común denominador de la población en una rutina de comedia.

Cuando yo vivía en Michigan, en más de una ocasión vi los especiales de Richard Pryor y debo decir que existe una monumental diferencia entre *Er Conde del Guácharo* y él. No voy a ir tan lejos como decir que Pryor es un artista, pero sí voy a decir que fue un gran comediante. Pryor era una persona vulgar y racista, sin embargo y a diferencia de Er Conde, él no estaba interpretando a un personaje, sino que estaba siendo él mismo. Mucho de su material estaba basado en las experiencias de su vida y era allí donde residía el secreto de su éxito: en la sinceridad que contenían sus historias y la pasión con la cual las narraba y compartía. Qué mejor ejemplo, que cuando elaboró una rutina burlándose de sí mismo tras haber intentado suicidarse prendiéndose fuego. ¿Excéntrico? Sí; ¿Vulgar? Sí; pero muy por encima, estaba siendo auténtico. Por otra parte, Jerry Seinfeld, quien quizás es uno de los comediantes más respetados, exitosos y multimillonarios del entretenimiento en Estados Unidos, alcanzó el éxito sin emplear ni una vulgaridad en su serie a lo largo de nueve años y ciento ochenta capítulos, ni tampoco en alguna de sus presentaciones en vivo. En Venezuela no había alguien como Seinfeld.

Er Conde en cambio, era excéntrico, excesivamente vulgar, supra ordinario, y por encima de todo, le daba vida a un personaje. Pero la pregunta es: ¿qué personaje estaba creando? ¿Alguien que le sumaba puntos positivos a la cultura del venezolano, o alguien que le restaba? ¿Alguien que representaba lo mejor del venezolano, o lo peor?

La rutina de *Er Conde del Guácharo* estaba llena de lenguaje soez, ordinario, vulgaridad y en resumidas cuentas, de los peores atributos que el venezolano tiene. El personaje que representa es un individuo mal vestido, mal educado, y era un mal ejemplo para el mundo; era justo lo que no debería ser un rol o un modelo. Esto es una rutina de comedia que más temprano que tarde, alcanza un punto en el cual aburre y se vuelve tediosa. Es por ese motivo que con el pasar del tiempo *Er Conde*, redefinió su rutina para adaptarla a los aconteceres político-económico-sociales de Venezuela, como por ejemplo su álbum "*Er Gorpiao*". Con ese tema, *Er Conde* tomaba una situación seria y de importancia para el momento que vivía el país en 1992 (el golpe de estado de Hugo Chávez a Carlos Andrés Pérez), y lo transformó en una serie de bromas pesadas, con groserías, vulgaridades y chistes de mal gusto. ¿Acaso Rausseo olvidó que en el golpe de estado murieron personas inocentes? Por más que busco jamás he visto a un prestigioso comediante haciendo una rutina de "*Er Holocausto*", ni de "*Er 11 de Septiembre*" con la cantidad de groserías, vulgaridades y ordinarieces con las que estaban llenas las rutinas de *Er Conde*.

Por supuesto que no voy a responsabilizar solo a *Er Conde* de ser uno de los gestores del culto al subdesarrollo en la mente de los venezolanos, aun cuando podría decir que él fue quien pateó las puertas que resguardaban el respeto por la sociedad y los valores y principios que debían tener los venezolanos por su propio país. Lo digo porque un día y sin advertencia previa, en un abrir y cerrar de ojos, lo siguiente que los venezolanos supieron de *Er Conde*, perdón Benjamín

Rausseo es que era un respetable y honesto empresario, y ahora toda la población lo adoraba. Peor aún fue cuando se postuló a candidato presidencial, en un momento en el que lo menos que Venezuela necesitaba era comedia y situaciones inverosímiles para definir su futuro. Fue un chiste de muy mal gusto y si bien la incursión de *Er Conde* en la política fue inesperada e incluso de corta duración, *Er Conde* había creado una escuela: la de irrespetar los momentos de seriedad y la de destruir los valores de respeto, dignidad y autoestima del venezolano, con un humor donde un comediante hilaba oraciones llenas de groserías y vulgaridades.

Los siguientes que pisaron los mismos pasos que *Er Conde*, fueron dos de las personas más detestables de la televisión venezolana que venían de la escuela vulgar, chovinista, racista, sexista y cultivadora del subdesarrollo que era *Radio Rochela*: Emilio Lovera, quien es una versión menos grotesca de *Er Conde del Guácharo*; y Laureano Márquez, quien era el compañero de Lovera en casi todas sus rutinas de comedia, y quienes ahora se proponían y se presentaban como respetables intelectuales y brillantes genios. Cualquier persona que califique a Márquez o a Lovera como "brillantes" o "personajes respetables", es igual a las ovejas que tildan a los pastores o líderes de las sectas como "seres sagrados o iluminados". Laureano Márquez es alguien con un rango muy limitado de actuación, que al ver agotado el alcance de su rutina como comediante racista, no tuvo otra opción que asociarse con la rutina vulgar y sexista de Emilio Lovera, para crear un personaje que, por vestir un buen traje, tener un lindo peinado y unos lentes elegantes, hacía las veces de un brillante intelectual. De esta forma, los cientos de miles (quizás millones) de venezolanos que por años estuvieron hipnotizados siguiendo, admirando, imitando y venerando a Lovera y a Márquez como comediantes vulgares y racistas durante su estancia en *Radio Rochela*, ahora habían sido adoctrinados a ver a Laureano Márquez como un "respetable intelectual y brillante genio político".

Así fue como Lovera, Márquez, Rausseo, Claudio Nazoa, Kiko, Cesar Miguel Rondón, y muchos otros pasaron de ser genios creadores de la vulgaridad, a genios y representantes de la "brillantez intelectual". El problema es que ellos intentaban hacer la transición, pero no la lograban porque al final del día seguían siendo comediantes o locutores que abordaban un problema político-económico-social, desde el mundo que crearon. Es como si en 1980 Ronald Reagan se hubiese postulado a la candidatura de la Presidencia, pero siguiese enfocado en su carrera como actor. Es difícil (aún hoy) tomar en serio las opiniones de Lovera, Márquez, Kiko y Rondón, debido a que son los productores de entretenimiento cuyas bases expuse en las páginas anteriores, y sus opiniones siempre están llenas de un trasfondo de humor, en un momento en el que Venezuela no lo necesita, eso sin contar que esa transición a la política les sirvió para ampliar su público y aumentar la asistencia de sus espectáculos y presentaciones.

Venezuela no era un país que podía darse el lujo de Estados Unidos, o Australia o Inglaterra, que tienen fallas a nivel político y las situaciones jocosas de su día a día permiten que los comediantes saquen provecho de ellas para sus programas (como lo hacen John Oliver, Seth Myers y Trevor Noah). Una vez que Venezuela llegase a ese estado de desarrollo, tal vez podía ser viable y comprensible que se hiciese una burla del día a día del país, ya que el humor es una ruta de escape. Sin embargo, no es correcto hacer que el humor vulgar y racista sea una ruta de escape cuando un país vive un continuo estado de crisis social, y menos de la forma como se hacía en Venezuela con el deplorable humor de Rausseo, Lovera y Márquez. Me parece que lo correcto era llegar a un nivel de desarrollo, donde los problemas del país sean que eligieron a un presidente que parece una toronja y no que haya la cantidad de problemas políticos, económicos y sociales que había (y todavía hay) en Venezuela.

Con el pasar de los años y al arribar el nuevo siglo, se llegó a una zona gris que Rausseo, Lovera, Márquez, Nazoa, George Harris, y otros más crearon, donde era aceptable burlarse de la miseria de Venezuela y de los venezolanos. Fue así como se llegó a un punto donde actualmente se confunde y se tergiversa una opinión seria, de un chiste de mal gusto. Dígame estimado lector, si a usted le parece correcto que haya una rutina de comedia que gire en torno a que en Venezuela no hay comida en los supermercados, medicinas en las farmacias, que no haya elecciones libres, y que haya apagones y gente muriendo a diario.

"Lo que pasa es que así es el venezolano, ¡el venezolano es alegre!"

...es lo que respondería un venezolano. Esa es su excusa para justificar la pésima calidad de las producciones venezolanas: las pésimas novelas y películas; y el humor, que por un tiempo fue aceptable pero que terminó corrompiéndose y se convirtió en un veneno que, combinado con las novelas, destruyó cualquier intento de inculcar buenos valores y principios en la sociedad venezolana.

Uno de los programas que tenía mayor rating en Venezuela era un programa de variedades llamado *Sábado Sensacional*, el cual se transmitía los sábados de 4:00 pm a 9:00 pm en donde se presentaban distintos grupos musicales y otras personalidades del mundo del entretenimiento. Su objetivo de mercado eran las clases media, media baja y pobre del país, las cuales constituían entre 70% y 80% de Venezuela. *Er Conde del Guácharo* era un invitado habitual en *Sábado Sensacional*, y la gente lo aplaudía, lo amaban y lo adoraban. En total, doscientas cincuenta horas más de subdesarrollo al año. Gran Total = 1.960 horas anuales, solo contando tres bloques de programas: los tres más importantes en Venezuela. En vez de fomentar actividades que cultivasen el desarrollo, crear producciones que arrojasen valiosas enseñanzas y estimular a su audiencia a abrir un libro de vez en cuando, los agricultores del subdesarrollo lograron sosegar a la población venezolana, hipnotizándolos con sus producciones, anclándolos frente a un televisor por horas, inculcándoles valores y principios que iban en contra de lo que debía ser la educación de un ciudadano ejemplar en una sociedad funcional, como lo mostraré en el próximo capítulo.

En Venezuela había pocos programas que valían la pena y que intentaban cultivar algo de amor hacia el país. Uno de ellos era *Bitácora* de Valentina Quintero, que presentaba potenciales destinos turísticos y paisajes de Venezuela de una forma educativa y valiosa, que transmitía el amor que los venezolanos debían sentir hacia Venezuela, y que fomentaba a que la población apoyase el turismo local de dichos destinos; pero *Bitácora* era el *40-year-old-virgin* de la televisión venezolana. Otro valioso programa era *Contesta por Tío Simón*, presentado por Simón Díaz, el cual fomentaba la música venezolana e inculcaba ciertos valores y principios, pero de nuevo... muy poca gente veía *Contesta por Tío Simón*, y uno de los motivos era porque estaba en el canal de menor sintonía y en el peor horario compitiendo contra programas o series de muchísima mejor producción: series americanas, y por eso el venezolano prefería ver programas americanos que les mostraban escenarios utópicos, en vez de aprender acerca de su país.

La lección es que la proporción de programas similares a *Bitácora* o *Tío Simón*, comparada con los programas que cultivaban el subdesarrollo como *Radio Rochela*, *Cheverísimo*, *El Show de Joselo*, *Bienvenidos*, *Sábado Sensacional*, *La Guerra de los Sexos*, más las tres novelas en la tarde, más las dos novelas en horario estelar, y el resto de la programación venezolana, era extremadamente desbalanceada. Debo insistir que el problema no es que había una situación de vulgaridad, racismo o explotación sexual puntual; el problema es que casi todos los elementos que conformaban la sumatoria del sistema creado por los agricultores del subdesarrollo, estaban llenos de estas cualidades negativas y que más aún, éstas eran la premisa principal y basamento fundamental del elemento "artístico".

A lo largo de la historia ha habido programas y películas de comedia o drama que han explotado la sexualidad de la mujer a mayor o menor grado, desde las películas de Buster Keaton, pasando por las de Billy Wilder, Groucho Marx, hasta el programa de Benny Hill, pero en esos casos la broma era parte de una historia más grande donde la importancia sexual pasaba a un segundo plano, o bien la picardía de la escena no estaba llena de malicia que denigrase los valores de los protagonistas o de la audiencia. Pero cuando la mitad de la pantalla está ocupada por los voluptuosos senos y las diminutas pantaletas que mostraban las enormes nalgas de una mujer vestida en lingerie, y la otra mitad está ocupada por elementos que fijaban su atención en la mujer, se pierde la esencia de lo gracioso y se cae en lo vulgar. De tal forma que aun cuando el televidente esté consciente o no, su cerebro está recibiendo información y lo están alimentando de esos valores.

Por supuesto, el lector podrá pensar que, bajo esa lógica, escuchar *Guilty Conscience* de Dr. Dre y Eminem puede inducir a la persona a comportarse como un matón y un violador, pero de nuevo, todo depende de las proporciones y del tipo de objetivo de mercado, y por supuesto de la fortaleza mental, el nivel de cultura, el tipo de crianza y el entorno de la persona. Una mente débil fácilmente influenciable creerá que lo que pregonan las canciones de *gangsta rap* son un estilo de vida ejemplar a seguir, mientras que una persona educada fácilmente entenderá que no son más que unas simples canciones. Por ese motivo, es bienvenido tener una variedad de opciones y diversidad en el entretenimiento en una sociedad, preferiblemente si las opciones son de buena calidad, y mejor aún si la audiencia tiene la educación y la capacidad intelectual de discernir entre la línea de lo gracioso, lo ficticio y lo comercial, de lo real: alguien que escuche *gangsta rap* todo el día, día tras día va a recibir una mayor influencia, que una persona educada que de vez en cuando escucha a Dr. Dre y a Eminem, y que también escucha Los Beatles, Stan Getz, Dave Brubeck, Serrat y Beethoven; así como una persona sin educación que todos los días veía las novelas venezolanas, más *Radio Rochela*, *Cheverísimo*, *El Show de Joselo*, *Bienvenidos*, *Sábado Sensacional*, *La Guerra de los Sexos*, iba a actuar distinto a alguien educado y que tuviese un espectro más amplio de entretenimiento audiovisual.

Finalmente debo mencionar la influencia hacia la producción y creatividad: como dije anteriormente, si bien *Por Estas Calles* fue una novela creativa por su paralelismo con la realidad venezolana, era una repetición de la misma fórmula exitosa que había funcionado durante años en la televisión venezolana. En ese sentido, estoy seguro que decenas de directores fueron influenciados por *Ciudadano Kane*, así como *Los Simpson* inspiraron a decenas de comediantes, y *Rocky*, *Indiana Jones y Alien* posiblemente inspiraron a decenas de guionistas y directores. Dicho esto, ¿Qué tipo de humor cree usted que un venezolano que desee ser comediante podría producir tras haber visto años de *Radio Rochela*, *Cheverísimo*, *El Show de Joselo*, *Bienvenidos*? ¿Qué tipo de producción dramática cree usted que un venezolano podría crear tras haber visto décadas de novelas con la misma fórmula? ¿Qué tipo de presentaciones de comedia podrían producir tras haber visto años de sketches sexistas y racistas producidos por *Er Conde del Guácharo*, Emilio Lovera y Laureano Márquez?

En Estados Unidos los americanos tenemos una variedad de opciones para absorber cultura por medio del entretenimiento, desde *Saturday Night Live*, pasando por los especiales de Richard Pryor, por

Eminem, Lady Gaga, Frank Sinatra, Nirvana, Barbra Steisand y Garth Brooks; y en Europa también hay una gran diversidad de opciones, además de la influencia de la cultura estadounidense. En Venezuela, a los venezolanos se les enseñó a anhelar a *Friends*, a los *Red Hot Chili Peppers*, y se les inculcaron los valores de *Por Estas Calles* y el humor de *Radio Rochela* y *Bienvenidos*, sin alguna otra opción posible.

En Venezuela había una única opción mayoritaria en el conglomerado de las producciones que ofrecía la televisión y las películas venezolanas: la basura.

9

Educación vs. Democracia

"Ayyyy… ¡déjeme donde pueda señooooor!"

Una de las frases más comunes que los venezolanos vocean con orgullo desde que iniciaron el éxodo de su país, es que *"los países deben sentirse afortunados de recibir inmigrantes venezolanos, ya que el venezolano que emigra es un profesional con educación* (universitaria)". Esta afirmación es debatible, ya que podría argumentarse si es preferible acoger a un inmigrante profesional universitario, a uno que no lo sea. Cada vez que escucho la frase, pienso en una ocasión en la cual Lorne, mi amigo médico, se encontraba en un seminario y desde su puesto lanzó un chicle que estaba masticando a la papelera del auditorio. Dado que logró "encestar la canasta", el salón entero lo aplaudió y estalló en risas, excepto por el médico que estaba dictando el seminario, quien por suerte vio lo que sucedió y detuvo lo que estaba haciendo para dirigirle la palabra firmemente:

- *"Existe una diferencia entre tener formación, y tener educación. Una persona que tiene formación tiene un título universitario. Con preparación, disciplina y estudio, puede incluso llegar a tener un postgrado. Por lo general es una persona inteligente, perseverante, estudiosa, leída e intelectual. Una persona que tiene educación, pueda que no tenga títulos universitarios, incluso puede ser que ni siquiera se haya graduado de secundaria, pero sabe cómo comportarse en el entorno que le rodea. ¡Usted NO TIENE educación!"*- Ese médico quizás era un *40-year-old-virgin*.

El venezolano que pronuncia orgulloso la frase de los "inmigrantes venezolanos", es una persona que confunde los términos "formación" con "educación". Esto es algo que trataré en este capítulo, donde le mostraré al lector cómo un pequeño y trivial detalle que era muy mal manejado en Venezuela y que se da por sentado en el día a día de un país desarrollado, fue capaz de generar un efecto dominó que resultó en una serie de consecuencias que destruyeron cualquier logro universitario, profesional o académico que el venezolano tuviese ya que, si bien los venezolanos tenían formación, no tenían educación.

En enero de 2003, mi amigo Willis -Ingeniero Naval de profesión- consiguió un trabajo por seis meses en Alemania que iniciaría ese mismo mes, es decir, en invierno. El viernes antes de que Willis partiese para Alemania, nos reunimos en un restaurante en Caracas, Willis, su hermano Wilhelm, Lorne, su hermano Darwin y yo, para despedirlo y desearle buena suerte. Él partiría al día siguiente y nosotros estábamos seguros de que él haría lo posible para quedarse allá y que no regresaría a Venezuela. Cuál fue nuestra sorpresa que el viernes siguiente yo me encontraba trabajando y recibí una llamada de Willis. Estaba en Maiquetía y quería que fuese a buscarlo: se había regresado.

De inmediato llamé a Lorne, a Darwin y a Wilhelm, ya que esto era una primicia y debíamos reunirnos para saber qué había pasado. Tras encontrarnos los cinco en el mismo sitio donde apenas siete días antes estábamos despidiéndolo, impacientemente esperamos a que nos contase los motivos de tan repentina decisión. Nos dijo que desde el primer día había tenido problemas con los alemanes por la puntualidad y la hora. Antes de salir de Caracas, Willis había recibido una notificación que un chofer lo esperaría a las 12:45 pm en el aeropuerto y que en caso de no encontrarse con él en un plazo de diez minutos, el chofer se marcharía. Nos contó que al salir del aeropuerto, en vez de ubicar y contactar al chofer, decidió recorrer algunas tiendas y cuando vio el reloj, la hora que marcaba era la 1:00 pm. Decidió llamar al chofer, quien le respondió –en tono un poco molesto- que se había marchado. Tras pagar un taxi hasta su residencia y contactar a sus jefes, Willis recibió un regaño. Tal vez era el tono del idioma alemán, pero nos dijo que el llamado de atención "se sintió fuerte".

El lunes de su primer día de trabajo, Willis se levantó, se aseó, desayunó y salió de la casa para caminar en medio del frío alemán hasta la parada de autobús. Nos dijo que llegó a la parada exactamente a las *"Siete y Media"*, con la intención de tomar lo que él *"había entendido"* era el autobús de las *"Siete y Media de la mañana"*, excepto que había un pequeño detalle: no había tal autobús de las *"Siete y Media"*. La parada del autobús mostraba en su leyenda de rutas que había un autobús a las 7:26 am, y que el próximo sería el de las 7:53 am. Incrédulo, mi amigo pensó que el autobús estaba atrasado, y se sentó a esperar –en medio del invierno alemán-. Pasaron diez minutos, quince minutos y lejos de llegar el autobús, llegó una persona. Willis, "en alemán roto", le preguntó a la persona si había habido algún problema con el autobús de las *"Siete y Media"*, a lo cual el alemán le contestó que no tenía la menor idea y que él estaba allí para tomar el autobús de las 7:53 am. De inmediato mi amigo comprendió la situación: algo menos de 240 segundos le habían costado el *"autobús de las Siete y Media"*, y que cuando una parada dice que el autobús va a pasar a las 7:26 am, significa que va a pasar a las 7:26 am, y no a las *"Siete y Media"*. Eso lo constató al día siguiente, cuando arribó a la parada a las 7:25 am y segundos después con precisión increíble, el autobús llegó a las 7:26 am en punto y ni un minuto después. Ese primer lunes Willis fue "regañado" de nuevo por sus jefes. Esta vez el llamado de atención fue un poco más fuerte, con frases como *"¿Qué se ha creído usted?, ¿Cree que puede venir aquí a hacer lo que le dé la gana y llegar a la hora que quiera?"*

El miércoles en la mañana Willis tuvo un pequeño retraso al salir de su casa, y corrió para tratar de llegar a la parada a las 7:25 am. Mientras se acercaba unas cuadras antes, podía ver que el autobús le pasaba por al lado e iba llegando, así que le hizo señas para que se detuviese, cosa que no ocurrió. A la distancia vio como el autobús llegó a la parada y aceleró el ritmo de correr para intentar alcanzarlo mientras veía a lo lejos cómo el autobús recogía pasajeros en la parada. Tras unos pocos segundos, el bus cerró sus puertas y siguió su ruta. Willis le gritó y le hizo señas para que se detuviese, pero eso nunca ocurrió. Frustrado, se detuvo a unos 10 metros antes de llegar a la parada y vio su reloj: 7:27 am. Al llegar tarde al trabajo (la segunda vez en sus primeros tres días), de nuevo le llamaron la atención. Al día siguiente Willis llegó a tiempo al autobús, pero pasó parte del día con malestar, debido a que había hecho corriendo su rutina de despertar y arreglarse, y se le había revuelto el estómago corriendo intentando alcanzar el autobús. Esa mañana del jueves Willis decidió que había tenido suficiente y que no valía la pena matarse para alcanzar un autobús que llegaba a las 7:26 am. Buscó el pasaje que más pronto podría llevarlo de regreso a Caracas y después de mediodía, presentó su renuncia. Nos dijo que Alemania no le había gustado, nos dijo que no se podía vivir así, y que el sistema alemán era una dictadura. Argumentó que Venezuela sí era una democracia porque todo el mundo podía hacer lo que le diera la gana, incluyendo detener a los autobuses en el medio de sus rutas en sitios no designados para detenerse a la hora que él quisiese. Yo le argumenté que lo que él calificaba como "Dictadura", yo lo calificaba como "Educación, Orden y Respeto", y que lo que él calificaba como "Democracia", era en realidad "Caos, Desorden y Anarquía."

****

La falta de educación en Venezuela es una de las causas de su colapso y es un crimen del cual casi todos los venezolanos son culpables, desde los que elaboraron las leyes, hasta los encargados en hacer que se cumpliesen, y por supuesto los que debían cumplirlas: la población. Esto es algo que a mí particularmente me molestaba porque las leyes y normas no consistían en entender abstractos conceptos de física cuántica, sino unas simples leyes y normas básicas. Mi indignación partía del hecho de que si a los venezolanos tanto les fascinaba Estados Unidos, Japón y/o Europa por su orden, estructura, y eficiencia, ¿por qué entonces no copiaban lo que hace que esas sociedades funcionen? La respuesta es: porque era más fácil tener una ley o una norma que no sirviese de nada, que nadie respetaba, que nadie velaba por su cumplimiento, y que en caso de cualquier complicación con algún representante de la ley, lo que hacía falta era *"mojarle la mano*[68]*"* a la autoridad. Eso es lo que para el venezolano significa la palabra "Democracia": hacer lo que le dé le gana, como quiera, cuando le dé la gana, donde quiera, incluyendo botar basura en la calle, autopistas y playas, jugar con el tiempo de las demás personas, comportarse de forma inadecuada en ambientes donde se requiere orden, y actuar como alguien que cree estar por encima de la ley, incluyendo detener autobuses en cualquier sitio a cualquier hora. Peor aún era que las acciones de las personas que irrespetaban y quebraban la ley no ameritaban consecuencia, ni castigo.

Algo tan sencillo y elemental como el servicio comunitario que se hace en Estados Unidos cuando una persona comete delitos pequeños como una infracción de tránsito menor, donde se castiga al infractor con cien horas para que limpie las autopistas y recoja la basura, era algo que nunca funcionó en Venezuela. Sin embargo, si la persona tuviese que hacerlo en Brickell, probablemente sí lo haría. La pregunta es: ¿Por qué? ¿Porque no tiene otra opción? ¿Porque las leyes de tránsito en Estados Unidos "funcionan"? ¿Porque hay consecuencias mayores si se intenta sobornar a un policía? La respuesta es porque en Estados Unidos hay educación, mientras que en Venezuela lo que había (y todavía hay) es caos, desorden y anarquía, es decir, "Democracia".

Ninguno de los Ministros de Transporte en Venezuela a partir de 1958 tuvo la iniciativa de mejorar el sistema de leyes de tránsito o de darle la importancia que ameritaba el velar por su cumplimiento, considerando el papel fundamental que jugaban dentro de la sociedad. En Venezuela la acción de conducir un vehículo automotor no es un privilegio otorgado por el Instituto Nacional de Tránsito Terrestre, sino un derecho de cualquier persona que pudiese alcanzar los pedales y el volante de un vehículo. Por este motivo, los autobuses podían estacionarse y recoger o dejar pasajeros en cualquier sitio sin afrontar consecuencias, así como salir y llegar a la hora que quisiesen de sus sitios de partida o destinos.

En Venezuela no había, ni hay un robusto sistema de puntos en la licencia de conducir, el cual se encontrase entrecruzado con la base de

---

[68] Expresión coloquial venezolana que significa "sobornar".

datos de las aseguradoras de vehículos. Esto significa que no había razón de cargar o quitar puntos acumulados en la licencia, y que esto a su vez impactase en el costo y las cuotas de una póliza de seguros para hacerlos mucho más elevados que el de una persona con un buen historial en su expediente como conductor. Los venezolanos nunca comprendieron que tener un sistema como el que propongo, resultaba en que de esa forma todos ganaban: ganaba el Estado, las aseguradoras de la empresa privada y lo más importante de todo, ganaba la sociedad. En Venezuela ha podido surgir cualquier cantidad de mecanismos para forjar y ayudar a formar a la sociedad en términos de conducta al transitar las calles, avenidas y autopistas del país, tanto para choferes, como peatones, como pasajeros a bordo de un autobús, con el objetivo general de enseñar respeto en la sociedad. En vez de eso, lo que surgió en Venezuela fue el famoso…

"Ayyyy señoooor … ¡déjeme donde pueda!"

Una de las primeras cualidades que más me sorprendió en el día a día de los venezolanos era el frecuente uso de la coloquial frase con la que subtitulé este capítulo, y por supuesto la acción que ésta implicaba: lograr que un vehículo de transporte público se detuviese en cualquier lugar posible de una calle, avenida e incluso una autopista, según al pasajero o al chofer le conviniese.

El problema del transporte público es algo complejo incluso en los países desarrollados. Sin embargo, de una u otra forma lo han sabido resolver y lo más importante es que el usuario, es decir el residente o visitante de Nueva York, Tokio o Madrid, por nombrar algunas de las ciudades que dependen del transporte público, puede utilizarlo con confiabilidad. Voy a obviar las complejas variables del problema del transporte público, como rutas, pagos, sindicatos, presupuesto, rentabilidad y viabilidad, y voy a enfocarme en analizar la sencilla acción de detener un autobús en cualquier sitio desde tres puntos de vista: el del chofer, el del pasajero y el del sistema:

- Chofer: ¿Es más cómodo para un chofer detener su unidad de trabajo en el lugar donde el pasajero diga? De ser cierto esto, quiere decir que el chofer trabaja para el pasajero, y no para el sistema. El pasajero al pagar su tarifa se siente empoderado de poder señalar cómo y cuándo va a llegar a su destino y el chofer se vuelve, un chofer del pasajero. Al ser chofer de treinta pasajeros o más, se convierte en el empleado de treinta o más jefes, en vez de ser empleado del sistema.

- Pasajero: por lo explicado en el punto anterior, el pasajero quiere su comodidad. Mientras más cerca el chofer pueda dejar al venezolano de la entrada de su habitación, mejor. En los países desarrollados, el ciudadano americano, español, alemán o japonés, entiende que la comodidad se paga. El transporte público de autobuses es económico, y si bien logra su objetivo, a veces es incómodo y lento en algunos casos. El tren es más costoso porque es más rápido y eficiente. El taxi es aún más caro porque es mucho más rápido y cómodo. En Venezuela, el venezolano quería que sus autobuses operasen con la calidad de un Uber VIP Luxury, y la tarifa costase $0.50.

- El Sistema: sin un orden establecido y una anarquía absoluta, donde tanto el chofer como el pasajero hacen lo que les venga en gana, ¿cómo puede un país marchar de una forma normal?

Examinemos cómo era lo que en teoría debía ser la forma más eficiente y cómoda de transportarse en Venezuela: el taxi. Cuando yo llegué a Venezuela muy pocos taxis utilizaban un taxímetro. Habiendo vivido en los Estados Unidos, donde casi todos los taxis estaban identificados, tenían un distintivo color amarillo y contaban con taxímetro, puede imaginar el shock que sentí al montarme en un cacharro que lejos de ser un taxi, más bien parecía el auto de alguien que tenía más apariencia de violador que de taxista, en un auto que circulaba sin identificación, sin placas, que tenía su pintura deteriorada y que no contaba con un taxímetro. En vez de ello, el pasajero le preguntaba *"¿Por cuánto me lleva hasta 'x' lugar?"*. Así funcionaban los taxis en Venezuela en la década de los 80, los 90 y parte del nuevo siglo.

Nunca pude entender el hecho de que además de la existente inseguridad en la peligrosa Caracas de finales de los 80 y los 90, ahora se sumaba la aventura de abordar el auto de un perfecto extraño sin saber nada del vehículo, ni el costo del traslado. Indistintamente si el carro era de un extraño o si lucía bien o mal, lo que yo no podía entender era la idea que un taxista no tuviese taxímetro: ¿Por qué no lo tenían o por qué no lo utilizaban? La respuesta es la típica conducta venezolana que cultivaba la mentalidad subdesarrollada: hacerse el vivo y ganar más dinero al cobrar una tarifa superior a la que hubiese marcado el taxímetro. El razonamiento del taxista era: *"Necesito especular* (robarle a mi cliente), *para que él pague lo que yo considero es el precio que vale mi servicio como taxista. Mi propio beneficio va por encima del de la sociedad."* En consecuencia, tomar un taxi era como ir al médico, a un abogado, o ver clases con un profesor de piano, ya que el chofer simplemente imponía las tarifas a su conveniencia, y el venezolano tenía dos opciones: tolerarlas o esperar el próximo taxi.

Durante gran parte de la década de los años 80 y los 90 en Venezuela, los taxistas podían hacer lo que quisiesen, incluyendo caer en un ciclo eterno de reclamarle al gobierno y declararse en huelga cada vez que éste consideraba regular las tarifas de los taxis o sugerir la implementación del taxímetro, ya que el argumento de los taxistas era que las tarifas que el gobierno impondría serían sumamente bajas y no traerían rentabilidad. Es aquí donde surge la fundación del transporte público como alternativa a la comodidad de los taxis, ante la premisa principal del contraste entre ambos medios: *"¿Cuánto vale el tiempo de un pasajero?"* A mayor rapidez y comodidad, mayor es el valor. A mayor cantidad de viajes que la persona necesite con menor comodidad, menor será el costo por viaje, por ejemplo, los pases de ruta semanales, quincenales o mensuales, de autobús o tren. Este es el basamento del transporte público en autobuses y trenes en los países desarrollados: existe un orden y los choferes de autobuses son empleados y cobran un sueldo, en consecuencia, no existe la posibilidad de la especulación; es decir, no hay forma alguna en que puedas negociar con el chofer de un autobús o de un tren para que haga algo que salga del protocolo de reglas y normas que debería cumplir.

El asunto era que en Venezuela, los autobuses de transporte público provistos por el Estado eran sumamente escasos y por una enorme cantidad de factores, incluyendo la mala planificación urbana de Caracas, sus rutas no cubrían ni 10% de la ciudad. Por ese motivo, surgió una gran cantidad de "Cooperativas Privadas de Transporte", las cuales buscaban cubrir el enorme vacío de rutas y la cantidad de fallas del transporte público del estado. Fue así como surgieron las líneas privadas *Cementerio-Silencio*, *Cementerio-Plaza Venezuela*, *Casalta-Cafetal*, *San Luis–Turmerito*, y cientos más. A estos autobuses se les llamaba "Camioneticas-Por-Puesto." Como puede imaginar, cualquier líder, presidente o representante de una de estas Cooperativas Privadas de Transporte, era un chofer de autobús; es decir, gente sin educación, ni preparación académica para administrar o ser gerente de una empresa de este calibre. Al ser las Cooperativas Privadas de Transporte y los sindicatos de transporte público liderados por un grupo de ignorantes (uno de ellos sería el actual presidente de Venezuela), los choferes siempre estaban un paso atrás de la realidad económica y siempre generaban más problemas de los que resolvían.

Uno de los principales problemas que crearon fue que estas líneas privadas no tenían paradas establecidas en ningún punto de la ciudad y por eso dejaban y recogían pasajeros en cualquier lugar posible. En consecuencia, fueron los primeros en fomentar la distorsión del orden y estructura que necesita el transporte público del Estado, que en cambio apenas tenía unos pocos lugares designados como paradas. Dada la desproporcionada cantidad de "Camioneticas-Por-Puesto" en comparación con las pocas unidades de transporte público del estado, eventualmente las pocas "paradas" legítimas que existían, desaparecieron y los autobuses públicos del estado seguirían la lógica de las "Camioneticas-Por-Puesto", deteniéndose a dejar y recoger pasajeros en cualquier lugar. De allí que cualquier pasajero podía abordar o bajarse de la unidad en cualquier sitio según le conviniese. Este pequeño y trivial detalle que se da por sentado en otros países desarrollados, en Venezuela se volvió el catalizador del caos, el desorden y la anarquía, y nunca tuvo solución.

Si bien los choferes de autobús de Cooperativas Privadas ganaban buen dinero, obviamente no podían (ni debían) ganar lo mismo que un profesor universitario o un médico, y esto hacía que hubiese frecuentes huelgas, paros y protestas en Caracas ya que los choferes siempre alegaban que las tarifas de los pasajes eran muy bajas y que en consecuencia, sus ingresos no eran lo suficientemente altos para lidiar con la creciente inflación. No conforme con eso, tenían en su contra otro problema que nunca pudo resolverse: el famoso pasaje estudiantil, que voy a ejemplificar con una anécdota que viví durante mi último año de secundaria en el colegio en 1995.

Un día, un grupo de compañeros de mi salón planificamos ir a la Plaza Altamira[69] a conocer un grupo de chicas que alguien había citado. Debo elaborar el contexto para que el lector extranjero y para que el lector venezolano que nunca tomó una "camioneta por puesto", entienda el trasfondo de la situación que aconteció:

El pasaje estudiantil en los 90 siempre fue visto como un subsidio o un regalo para la gente miserable, verdaderamente pobre, marginal, gente de barrio y que de verdad no tenían dinero, o bien para los que eran unos tacaños. Yo estudié en uno de los mejores colegios del Municipio Libertador y si bien nuestro entorno era el de una clase social media y media-baja, había muchos de mis compañeros que eran sifrinos que mostraban más de lo que tenían y que se creían más de lo que eran (como mi amigo Gabriel de Loquesea.com). Por ese motivo, usar el pasaje estudiantil en nuestro colegio era una muestra de que no eras nadie, de que eras pobre, y de que tu familia no tenía dinero para comer. Era una vergüenza y era humillante. Quisiera utilizar otras palabras, pero lo digo con la mayor sinceridad. Pagar pasaje estudiantil era: "ASCO". Esa es la razón por la cual muchos estudiantes se abstenían de pagar el pasaje estudiantil, en especial si no estaban vestidos con su uniforme escolar y andaban vestidos de civil.

El grupo de los que íbamos a Plaza Altamira consistía de seis muchachos y todos estábamos vestidos de civil. Los cinco primeros abordamos la camioneta y pagamos el pasaje completo sin decir palabra. El último en abordar fue César, quien era uno de esos muchachos del salón con actitud de ser *"el más cool"*, "el arrecho y estafador", el "chico guapo" y el *"bully"*; tenía el corte de cabello de la moda y si bien no era un buscapleitos, era muy contestador y nunca se le quedaba callado a nadie cuando le buscaban problemas, así fuese un profesor, un representante, el padre Director, o quien fuese, y mucho

---

[69] Plaza Altamira era un sitio de encuentro común de jóvenes adolescentes en Caracas.

menos si alguno de nosotros estábamos cerca para verlo lucirse. Desde el primer día que lo conocí en primaria, hasta el último día que lo vi en nuestra graduación del colegio, tuve la misma imagen de él: *"César es un perro que ladra pero no muerde, y este es un chico que cuando sea adulto, va a ser una de dos: 1) O se enseria y estudia una de estas carreras aburridas como administración o contaduría, y será un hombre serio y familiar; o 2) Va a ser un corrupto, ladrón y estafador."* Ahora que escribo estas líneas, me da mucha curiosidad saber cuál de las dos se materializó.

César era un tacaño miserable. Aparte de ser cool, nice y todo lo demás, todos los días le pedía dinero prestado a casi todo el mundo para comer en la cafetería, a pesar de que su familia no era pobre; de hecho, era de las mejores del colegio. Afortunadamente a mí me respetaba y nunca tuvimos problemas. Retomando la anécdota, César abordó de último y de forma sorpresiva pagó pasaje estudiantil. Tenía sentido que abordase de último para que nadie viese que él estaba pagando pasaje estudiantil. Nadie se hubiese percatado, de no ser por el intercambio que se desenvolvió:

-"¡CÓBRESE!"- César siempre hablaba con voz alta, áspera y con seguridad. Le dio el dinero al chofer y siguió de largo hacia atrás.

Dado que era cerca de las tres de la tarde y andábamos vestidos de civil, el chofer cuestionó que César pagase pasaje estudiantil: -"¿Qué es esto muchacho? ¿Tú me está pagando etudiante? A dónde va tú a etudiá a esta hora muchacho, ¡tú no etá ningún etudiando chico!"

-"¡Eso no importa! ¡Soy estudiante y pago estudiante a toda hora los días si me da la gana!"

-"Eso no es así muchachito. Etudiante paga su pasaje na' más en horario de clase y con calné etudiantil. ¿Dónde está tu calné?"

-"¡Eso es mentira, chico! Yo soy estudiante, no necesito carnet."

-"¡Claro que sí necesita'! Todo etuiante paga su pasaje etudiantil si calga su calné y su unifolme. ¿Cómo sé que tú está etudiando?"

A todas estas, la camionelica seguía estacionada en la "parada", deteniendo el tráfico de vehículos que se encontraba detrás.

Digo "parada" porque como establecí anteriormente, no existía una parada de autobuses como tal, y en efecto la "Camionetica-por-puesto" estaba detenida en el medio de una avenida muy transitada en Caracas, a plena luz del día. César continuó discutiendo:

-"Bueno, pero ¿tú no ves que soy un chamo? Además, ¿qué te importa a ti para dónde voy? ¡Puede ser que voy a la biblioteca a hacer un trabajo para una exposición para mañana! No voy a salir del colegio para ir a la casa y salir de nuevo con la misma ropa. ¿Ahora tú eres mi papá que me vas a decir con que ropa debo salir?"

-"¡Yo no soy ningún papá tuyo! Yo lo que digo e' que tú no pueee' pagá estudiante a esta hora poque usté no está etuiando."

César, ya un poco harto de la situación de burro argumentando con burro, decidió acercarse al chofer y pagó la diferencia del pasaje completo: -"¡Toma chico! Si eres muerto de hambre, yo no necesito los Bs. 15 que querías del pasaje completo. Mi papá me da Bs. 500 de mesada semanal. ¡Gran vaina me jodiste, me quitaste Bs. 15!"

El chofer no se iba a quedar callado: -"Ningún te jodí. ¡Sino que la cosa son como son!"

En ese momento fue cuando yo pensé: *"¿Las cosas son como son? Pero exactamente, ¿cómo son?"*

El chofer siguió: -"Ustede los etudiante son uno abusadore y quieren hacé lo que les dé la gana".

A todas estas, la camionetica seguía detenida en la "parada."

César, ya sentado atrás con nosotros en la última fila de asientos de la camionetica, también siguió la discusión: -"No, no tranquilo... no es lo que nos da la gana, sino que uno es estudiante, pero uno esta jodido en esta mierda de país es por ustedes". – Recuerdo específicamente y nunca olvidaré lo que César dijo: *"uno esta jodido en esta mierda de país, es por ustedes."*

El chofer contestó: -"Ningún jodíos. Hay que hacé la cosas como son. Utede los etudiante son los que nos tienen jodíos a nosotro los trabajadore. Utede siempre buscan la folma de jodelo a uno."

A todas estas, la camionetica seguía estacionada en la "parada", todavía deteniendo el tránsito. Cesar seguía contestando:

-"Sí, sí claro, dale pana, tranquilo, tranquilo... ya ya, ya. Te intenté joder, y no pude... me jodiste."

Fue aquí cuando el chofer se dispuso a manejar. Quitó el freno de mano, puso primera velocidad y la camionetica por puesto arrancó la marcha lenta. Los autos esperando también empezaron a moverse, y mientras el chofer manejaba, continuaba con la discusión:

-"No no, no te jodí, la cosa son como son. Utede quieren abusar y eso no es así. ¡Uté tiene que pagá su pasaje completo como é! Y te lleva pa' la casa una lección de cómo son la cosa como son."

Cesar contestó: -"Sí, sí, dale tranquilo... ¡dale maneja, maneja!"- dijo haciéndole mofa con las manos, imitando al chofer manejando.

...y esto fue lo último para el chofer. Habríamos avanzado unos... ¿cincuenta metros? Sin dudarlo, el chofer frenó en seco la camionetica por puesto, puso freno de mano y se volteó hacia atrás:

-"¿¿CÓMO ES LA VAINA?? ¡A MI TU NO ME VAS A MANDAR A MANEJAR MI MIERDA! MUCHACHITO DE MIERDA DEL @$*$/8728739824 ·"/("/& ·!! ·& ·&/! ·d!dh!(h ...."

(la cantidad y magnitud de insultos era admirable). El chofer continuó con sus improperios, al punto que se había convertido en una especie de Gabriel García Márquez, pero con vulgaridades. Incluso, inventó algunas frases que yo nunca había escuchado:

"@#$(@$ ¡@%@#*(¡# ... ¡¡¡¡Y TE ME BAJAS DE MI MIERDA!!!!"

César se quedó calladito y se tuvo que bajar de la camionetica.

El incidente de "¿¿CÓMO ES LA VAINA?? ¡A MI TU NO ME VAS A MANDAR A MANEJAR MI MIERDA!", fue motivo para reír por el resto del año escolar e incluso meses después de habernos graduado. Desde un punto de vista serio y en retrospectiva, fue una muestra de cómo y por qué la ineficiencia del pasaje estudiantil en la sociedad venezolana había quedado al descubierto, luego de que ambas partes expusieran sus argumentos y no se pudiese haber llegado a un acuerdo, quedando como única resolución del conflicto, la confrontación, y el caso de César fue uno de literalmente, cientos, por no decir miles que vi mientras viví en Venezuela. De igual forma, quedó al descubierto por qué el país necesitaba de verdaderas "Paradas de Autobuses", ya que mientras César y el chofer discutían, la camioneta por puesto tenía detenido el tráfico de la avenida, afectando a conductores que nada tenían que ver en el problema.

Pero ¿por qué se había llegado hasta ese punto? Porque en Venezuela la gente abordaba un bus y hacía lo que le daba la gana. Los usuarios podían subirse y bajarse de las camionetas por puesto donde quisiesen, podían pagar pasaje estudiantil si les daba la gana o podían caer en una retahíla de insultos con el chofer de la camionetica sin importarles el tráfico de la avenida. Todo era parte del mismo problema, a pesar de que eran detalles triviales disjuntos que en otro país podrían darse por sentado. En Venezuela, para montarte en un autobús público o una camioneta por puesto, lo único que había que hacer era levantar el brazo en cualquier calle o avenida y la camionetica por puesto o el autobús se detendrían a recogerte; para bajarse, lo único que había que hacer era gritar *"¡Ay señor déjeme por donde pueda!"* o alguna variante y listo, el chofer detenía el autobús. Las excepciones eran el Metrobús y el Metro[70] que, si bien tenían paradas fijas, también tenían sus propios problemas con el subsidio del pasaje estudiantil.

La gestión para adquirir el boleto estudiantil azul del Metro era sumamente complicada y tediosa. Se debía llevar una constancia de estudios, copia del carnet del colegio, ir con el uniforme del colegio y hacer una cola que duraba de tres a cuatro horas en dos estaciones de ubicación extremadamente remota. Esto le permitía al estudiante comprar un boleto azul que era un pase de un número finito de viajes, a un precio 70% menor al costo normal del boleto anaranjado Multi Abono de Metro y Metrobús, el cual le daba al usuario adulto regular, una cantidad finita de viajes a precio regular, y era aquí donde ocurría el problema para la empresa.

---

[70] El Metro es el sistema del subterráneo. El Metrobús era un sistema de autobuses que cubría extensiones de las rutas del Metro. Funcionaban con paradas asignadas, pero sin horario definido.

El Metro de Caracas asumía que el estudiante tenía una cantidad finita de viajes relacionadas a su estudio, sin que necesariamente éstos ocurriesen dentro de sus horas de estudio. Esa era la lógica de Metro de Caracas al vender un boleto a precio preferencial, es decir, creer en la buena fe del estudiante y en su buen proceder. Sin embargo, era común que muchos estudiantes revendiesen sus boletos azules a personas adultas para ganar dinero. El problema que se generaba era que ahora había adultos utilizando boletos azules en vez de anaranjados y esto, además de ocasionarle pérdidas a la empresa, hacía que los empleados del Metro tuviesen que perseguir a adultos que presentaban boletos azules para atravesar los torniquetes. De tal forma que además de paradas y horarios inexistentes en los autobuses de transporte público y las cooperativas privadas de transporte, ahora se sumaba un nuevo elemento al caos: adultos utilizando boletos estudiantiles porque la sociedad no tenía educación. Es por ese motivo que el pasaje estudiantil nunca funcionó en Venezuela, ni cualquier otro subsidio estudiantil, incluyendo el *Vaso de Leche Escolar*.

El *Vaso de Leche Escolar* era un envase que contenía ¼ litro de leche que se entregaba en algunas escuelas, y que sabía a leche cortada o vencida. Era como si de alguna forma, los científicos habían descubierto la forma de licuar el azúcar, de ese licuado sacaban un concentrado, y ese líquido terminaba como el *Vaso de Leche Escolar*. La mayoría de las estudiantes que lo recibían nunca lo tomaban, y más bien lo revendían a adultos de la clase baja y pobre que no podían comprar leche común y corriente. Había otros beneficios y subsidios creados por el gobierno para los estudiantes, como uniformes, bolsos horribles, y útiles escolares de pésima calidad. Ninguno de ellos era utilizado por los estudiantes y más bien eran revendidos.

La premisa detrás de los subsidios del pasaje estudiantil, el *Vaso de Leche Escolar* y los demás beneficios para los estudiantiles que los gobiernos otorgaban durante la década de los 80 y los 90, era similar al razonamiento de haber construido el sistema de Metro Cable Teleférico que el gobierno de Chávez construiría en 2010 para trasladar personas desde la estación del Metro de Parque Central, hasta el corazón de los barrios de San Agustín del Sur y Roca Tarpeya, y que cualquier persona con visión de progreso razonaría de la siguiente forma:

¿Por qué le siguen dando motivos a la gente que vive en los ranchos, para que siga viviendo en ellos? Deberían darles las herramientas para que salgan de esos barrios; pero en vez de eso, se les provee de los mecanismos para que afiancen su posicionamiento demográfico y su clase social pobre."

Siempre pensé que era mejor abrirle opciones en la economía a las personas de clase baja para que pudiesen prosperar, crecer, y generar los ingresos para lidiar con comodidad con los costos vinculados a su rutina de vida, y evitar depender de subsidios y de boletos estudiantiles revendidos, pero en Venezuela nunca hubo esa iniciativa. Fue mayor el daño social y el distanciamiento que los subsidios crearon entre las clases, ya que promovieron la existencia de dos economías y dos sociedades: una ficticia donde el valor de los bienes y servicios era producto de una distorsión del mercado, y otra donde los bienes y servicios tenían un valor real. En síntesis, promovían el caos, el desorden y la anarquía.

Con el pasar del tiempo, un país con distorsiones y caos de este tipo acumulaba y cultivaba factores negativos perjudiciales a la sociedad, ya que se forjaban valores como el irrespeto, la impuntualidad, el desorden, la falta de educación y en esencia, la mentalidad venezolana que era común en el día a día: *"Yo hago lo que a mí me da la gana"*, lo cual es la actitud del venezolano. Vivir en Venezuela era una extrapolación diaria de lo que ocurría al abordar una camioneta por puesto: *"Me monto donde me da la gana, y me bajo donde me da la gana"*, y si por casualidad el chofer no se detenía donde el pasajero había hecho el llamado, le mentaban la madre.

En la mayoría de los países desarrollados, el transporte público funciona con planificación de horarios y paradas, y el pasajero se adapta a lo que ofrece el transporte público, y no al revés. El tren se va a las 5:27 pm con o sin pasajeros y no te espera. Willis se devolvió de Alemania porque nunca entendió eso. Es mi mejor amigo y lo quiero, pero es un venezolano sin educación que nunca entendió que no tener una hora y una parada establecida, generaba una cadena de consecuencias negativas que afectaban a su país. Willis se regresó de Alemania porque, como venezolano, le encantaba su país donde podía hacer lo que le daba la gana. Eventualmente, dado que Willis tampoco recibió el valor que él consideraba que tenía (tal como establecí en la Parte I), y que al final se dio cuenta de que en Venezuela no se podía vivir con ese caos, desorden y anarquía, con el tiempo emigró a un sitio un poco más permisivo que Alemania. Al no tener respeto por el orden y por la puntualidad que necesitas en un sistema, se pierde el concepto de una frase que es la base de toda sociedad funcional: el tiempo es dinero. Todo porque *"el venezolano es alegre"*, la cual era la excusa que utilizaban para justificarse. Mientras estuve en Venezuela, yo perdí la cuenta de la cantidad de reuniones a las cuales asistí que:

1. Eran convocadas para las 9:00 am y empezaban a las 9:30 am, o bien eran canceladas a las 8:55 am.
2. Debían durar una hora y se extendían hasta tres horas.
3. Consistían en hablar estupideces y chismes un 80% del tiempo, y sólo se aprovechaba un 20%.

Raros eran los venezolanos que respetaban y apreciaban el valor del tiempo, de una parada, y del orden en la sociedad, como una amiga venezolana y excompañera de trabajo en Schindler, a quien llamaré Stella, quien pertenece a ese pequeño percentil que estaba fuera del promedio en Venezuela. Por este motivo y tal como dije en la introducción, por ser distinta, ella era muy mal vista en el trabajo: era puntual, no le gustaba hablar chismes en los pasillos y no entregaba resultados mediocres en sus asignaciones. Es decir, iba al trabajo, a trabajar. Un día nuestro Jefe -un expatriado español- convocó a una reunión para las 9:00 am, y a las 8:45 am Stella ya había llegado. Dos o tres personas llegaron a las 9:02 am y dos más a las 9:10 am. Nuestro Jefe llegó puntual a las 9:00 am y como era costumbre en las reuniones en Venezuela, sugirió esperar 15 minutos "para que llegasen los que faltaban." Stella no se contuvo y dijo:

- "¡No entiendo por qué la gente no puede llegar temprano! ¿Acaso es muy difícil llegar puntual?"

En ese momento entró un colega, justo en el preciso instante en que Stella exclamó su desahogo. El muchacho llegó sudando y pensó que Stella había dicho lo que dijo a título personal contra él. Parecía que había sido así, pero fue una coincidencia. Él le contestó:

- *"Stella disculpa, yo salí a tiempo, pero me atrapó el tráfico. No puedo hacer nada si salgo a tiempo a la hora que siempre salgo y me atrapa el tráfico."* - La cual era una típica excusa venezolana. Stella le contestó:

- "Entonces no estás saliendo a la hora correcta. Si quieres llegar a tiempo a un sitio, debes salir de tu casa más temprano".

Uno de los capítulos de la guía de estudio para obtener la licencia para manejar en varios estados en los Estados Unidos, trata el tema de manejar a exceso de velocidad para llegar a tiempo a una reunión. Recuerdo que el texto dice algo como: *"Si usted quiere llegar temprano a su destino, entonces salga temprano de su casa. Salga más temprano de lo que usted estima que es el tiempo desde su casa hasta su destino. Es decir, si usted estima que la ruta desde su casa son 30 minutos y tiene una reunión a las 8:00 am, entonces no salga de su casa a las 7:30 am. Salga a las 7:00 am. Los beneficios superan las contras: 1) Aumentará las probabilidades de que llegará a tiempo; 2) No tendrá la necesidad de conducir a alta velocidad en caso de que haya un contratiempo, y en consecuencia la posibilidad de ocasionar un accidente; y 3) Más aún, se acostumbrará a forjar el hábito de la puntualidad y el respeto por el tiempo de los demás."*

Esta es la forma correcta de utilizar la gestión de un trámite de un documento identidad para inculcar en la persona lo beneficioso del hábito de ser puntual, y esto es algo que cualquier entidad o cualquier persona con poder de influencia puede lograr, es decir, fomentar buenos valores. Esto no ocurría en Venezuela, como por ejemplo:

Fuente: Cuenta de redes sociales de Erika De La Vega, 2018.

Erika de la Vega es una conocida personalidad venezolana, locutora de radio y animadora de televisión. En mi opinión, ella nunca debió haber sido locutora, ni animadora de nada, ya que con publicaciones como la indicada la cual fue compartida treinta años después de que yo pisé Venezuela por primera vez, y con el trasfondo de que continuaban las mismas fallas que venían ocurriendo pero ahora en mucho mayor proporción, se observa que en vez de utilizar su poder de influenciar a las masas de forma positiva y contribuir a inculcar buenos valores y respeto hacia el orden y el tiempo, Erika no solo defiende la cultura de llegar tarde, sino que además la justifica y la fomenta. Esto es porque todo es un chiste para el venezolano; todo es *"echar broma"* o una *"mamadera de gallo."* Me gustaría saber a cuántas reuniones Erika llegó tarde, y a quiénes culpó para excusarse, en vez de ser valiente y decir: *"Soy una mal educada, irrespetuosa e impuntual, y esto es algo que debo corregir para ser una mejor venezolana."*

Contraste esa actitud con la de llegar puntual a la hora a una reunión con japoneses, lo cual ya es considerado una ofensa. ¿Usted no piensa que tal vez por esa puntualidad de los japoneses -además de otros cientos de razones- es uno de los motivos por los cuales Japón es la tercera economía del planeta y una de las sociedades más exitosas del mundo, y Venezuela es... Venezuela? ¿Acaso será que detalles intrínsecos en la sociedad japonesa como la puntualidad, fueron un factor positivo contribuyente para superar la derrota de la Segunda Guerra Mundial, y que en menos de treinta años se convirtiesen en una economía líder? ¿Será que por llegar puntual las cosas funcionan en Japón? ¿O acaso tal vez ser puntual es vivir en dictadura? ¿Se puede ser impuntual y ser educado al mismo tiempo?

Un día me topé con una noticia que mencionaba algo alusivo a un incidente con la puntualidad de los trenes en Japón, el cual decía: *"Compañía de Trenes Japonesa Se Disculpa Luego Que Uno De Sus Trenes Parte 20 Segundos Antes De La Hora Prevista"*. Ocurrió que el tren que se suponía debía haber partido a las 9:44:40 am de Minami, dejó la estación a las 9:44:20 am y la empresa consideró que este error era lo suficientemente grave para emitir una disculpa pública. Esta es la sociedad japonesa que los venezolanos admiraban y envidiaban, pero que nunca hicieron algo para implementar esas cualidades positivas en

Venezuela. En Venezuela, la impuntualidad era y es vista como algo normal, y por eso los venezolanos la aplaudían y la celebraban. Es de esa forma, con líderes como Erika de la Vega, y venezolanos como Willis, César, el chofer de la camionetica, Lorne y cientos de otros, era como los venezolanos pretendían que Venezuela se convirtiese en una potencia mundial: teniendo hábitos sociales negativos en el ámbito profesional e incluso personal.

Llegar tarde es una ofensa desde cualquier punto de vista y no tiene excusa. Es por eso que afirmo que los inmigrantes venezolanos tienen formación, pero casi todos carecen de educación. Imagine una sociedad japonesa igual a la actual, con corporaciones y conglomerados como Toyota, Lexus, Mazda, Honda, Mitsubishi, Nissan, Sony, Panasonic, Aiwa, Toshiba, Nintendo, y el sistema de trenes de alta velocidad. Todo igual a excepción de un detalle: las reuniones siempre empiezan veinte o treinta minutos después de la hora, los trenes nunca llegan a tiempo, y los autobuses se detienen a recoger y dejar pasajeros donde les da la gana, porque los pasajeros los abordan y se bajan donde les da la gana, y además los estudiantes y choferes protagonizan intercambios verbales diarios llenos de riqueza literaria. Eso era lo que el venezolano quería que fuese Venezuela. ¿Cómo cree que sería el desempeño de esas corporaciones bajo esas condiciones?

Para cerrar este capítulo le compartiré algo que le ocurrió a un amigo a quien llamaré José. A pesar de que llevaba unos dos años viviendo en Caracas, José proviene del interior del país y con eso quiero decir que es una persona similar a Carlos Luis (mi amigo de la universidad), es decir, que no tiene la malicia, ni la chispa que tiene la gente de Caracas. En 2009 José vino a pasar unas vacaciones conmigo en mi casa en Estados Unidos en Orlando. Por razones que no vienen al caso, José compró su pasaje de ida por Copa Airlines (siendo la ruta Caracas-Panamá-Orlando), y el regreso lo hizo con American Airlines (siendo la ruta Orlando-Miami-Caracas). José, siendo un joven del interior (inocente, ingenuo, despistado), jamás había pisado un aeropuerto como el de Miami, y me preocupaba un poco que perdiese su conexión hacia Caracas por no saber cómo desplazarse entre los terminales, así que el día que me tocaba despedirlo, decidí hacerle un mapa con instrucciones y procedí a explicarle lo siguiente:

- *"Las alas C, D y E son exclusivas de American y cada ala tiene entre 20 y 30 puertas. Cuando el vuelo haya aterrizado, la aeromoza leerá algunas de las conexiones y las puertas. Trata de escuchar, si dice Caracas, el terminal y el número de la puerta. Si no lo dice, quiere decir que la puerta no está asignada y debes esperar a que digan dónde van a abordar."*- Fue entonces cuando recordé algo que yo había notado de mis múltiples viajes a Venezuela desde Miami y decidí darle un consejo infalible: - *"En el peor de los casos, recorre el ala rápidamente y si ves una puerta donde hay alboroto, desorden, gente quejándose y haciendo desastres… esa es la puerta"*. Él rió y me dijo que yo exageraba y que no debía burlarme de esa forma de los venezolanos. Lo dejé en el aeropuerto y dijo que me llamaría al llegar.

Esa noche José me llamó a la hora que yo había previsto que debía llegar a su casa en Caracas. Después de saludarnos, dijo algo que creo que le sorprendió más a él que a mí:

- *"Chamo, lo que me dijiste fue tal cual lo que pasó."*- y echó a reír.

–*"¿En qué sentido?"*- le pregunté, a lo cual él contestó:

- *"Lo del gate, marico[71]. Dijeron el gate en el avión y no entendí un coño. Le escuché 'D algo' y me puse a recorrer el ala, hasta que vi una puerta donde había un coge-culo[72], un montón de gente, mal humorada, con mala cara y haciendo escándalo y con un desorden ahí con las maletas. Cuando veo la pizarra, decía Caracas. Marico ¡me cagué de la risa! ¡Qué bolas! ¡Qué cagada!"*

José es un muchacho noble, una persona normal con defectos, pero ser mentiroso no es uno de ellos. Yo reí y contesté: - *"Te lo dije."*

- *"Me dieron una lección: hoy aprendí lo subdesarrollados que somos."*

Yo le contesté: - *"Te lo dije."*

–*"Por ejemplo marico, se montó una chama, tendría 30 y algo de años, con dos carajitas de 5 y 9 años, algo así … no joda, cada carajita cargaba dos mega bolsos de carry-on, más la mamá cargaba dos bolsos full, más dos bolsas de Duty Free. Marico, ¡las carajitas no podían cargar los bolsos! Cargaban un verguero, ¡las maletas eran más grandes que las carajitas!"*

---

[71] En Venezuela, se utiliza "Marico" al empezar una oración para referirse a un amigo.

[72] Expresión coloquial venezolana que significa desorden de grandes proporciones.

Yo le contesté: - "Te creo."

–"… y lo peor fue que ya llegando a Maiquetía, el avión apenas tocó la pista, la gente empezó a aplaudir, y aún estaba frenando del aterrizaje y una gente se levantó y se pusieron a sacar los bolsos. El avión no había parado y ¡la gente se puso a sacar las maletas y los bolsos! Una aeromoza se arrechó y ¡tuvo que mandarlos a sentar! Lo arrecho es que ya cuando el avión estaba estacionándose, que sabes… va lento, ¡la gente volvió a levantarse!"

Yo le contesté: - "Lo sé, lo vi varias veces."

–"Marico no entiendo, ¿para qué se levantan a sacar los bolsos de arriba? ¿No hay que hacer la fila de inmigración, la de recoger las maletas y después la de aduana? Qué brutos son maldita sea, actúan como animales, parecen monos del zoológico, ¡parecía un avión lleno de monos! Marico, la tipa de las dos niñas se levantó mientras el avión se estacionaba y la aeromoza la mandó a sentar, era como si la tipa quería salir de primero a como dé lugar. Qué vergüenza chamo, que cagada…"

Finalmente, José dijo algo que quedará marcado en mi memoria para siempre. Todo lo que dijo y cada palabra usada fue perfecta:

- "Marico, te digo una vaina. Aquí en calma analizando la situación, me di cuenta de algo. Hubo un momento cuando estábamos haciendo la cola en inmigración en Maiquetía, que me quedé pensando:

> 'Mierda, esto, todo esto, esta gente que estaba conmigo, es lo mejor que el país tiene para ofrecer. A partir de aquí, lo demás es en picada. Si un montón de sifrinos de Prados del Este, La Lagunita y La Castellana, se comportan como unos monos mal educados, imagínate cómo actuarían un montón de marginales de Petare o el 23 de enero.'

Es impresionante, lo que me dijiste… lo de la puerta en Miami… los venezolanos estaban en la puerta y todos hablaban duro, estaban sentados en el suelo con una quejadera, había uno con unas cornetas y una música puesta. La gente de las otras puertas en cambio, peruanos, ecuatorianos, noruegos, que se yo, estaban súper tranquilos y se nos quedaban viendo. Mierda, yo solo pensaba: esto es lo mejor que el país tiene para ofrecer."

El motivo por el cual José utilizó la frase *"un montón de sifrinos de Prados del Este, La Lagunita y La Castellana"* para referirse a *"lo mejor que el país tiene para ofrecer"*, es porque los pasajes de *American Airlines* eran los más costosos del mercado, y por lo general la mayoría de los venezolanos que viajaban por *American* eran de clase media alta y alta que vivían en buenas zonas como las que José mencionó. Por lo general, los venezolanos de clase media y media baja utilizaban aerolíneas que ofrecían precios más económicos como *Santa Bárbara* o *Copa*. Por eso José asumió que la mayoría de los pasajeros que iban con él eran de clase alta. De nuevo y como siempre he insistido a lo largo del texto, no todo aplica al 100% y obviamente había excepciones, como gente de clase alta que viajaba en *Santa Bárbara* para gastar menos en el pasaje.

- *"Marico, el gate de al lado, iba para Ecuador, y había un coñazo de indios cholitos con ruanas. Estaban de lo más tranquilos los cholitos, no hacían ruido y eran muchos más que los venezolanos. Había otra puerta con unos argentinos y también, súper tranquilos. Había otra de un vuelo que iba para Frankfurt, Paris, Oslo, no sé ni para donde era que iba, pero también, la gente sentada, tranquila, escuchando su música bajita o leyendo un libro. Si hubiese habido un gate con unas hienas yendo pa' África, las hienas hubiesen estado más tranquilas."*

"*Esto es lo mejor que el país tiene para ofrecer*". Siempre recordaré eso.

Hay cientos de temas que pude haber utilizado para demostrar la falta de educación del venezolano, pero preferí analizar el sistema de transporte, ya que me parecía lo más idóneo para ilustrar cómo esos pequeños hábitos negativos en una parte del proceso que parece pequeña, trivial e insignificante, produjeron un efecto dominó que resultó en una población venezolana sin educación en estas facetas de la sociedad, lo cual era algo que incluso se reflejaba en las conductas de los venezolanos de todas las clases sociales.

Para finalizar, debo decir que puedo ser comprensivo con el lector que piense que el incidente del tren de Minami fue excesivo, ya que creo que no es necesario vivir en una utopía donde todo funcione a la perfección y sin errores para que una sociedad sea eficiente. Tal vez es necesario un poco de desorden en los sistemas, y está bien que de vez en cuando haya alguna cancelación de un tren, o que un autobús deje a un pasajero en un sitio que no es una parada, pero estos deben ser eventos muy puntuales y no la norma. El problema era que en Venezuela las irregularidades que fomentaban el caos, el desorden y la anarquía se volvieron la norma, y he ahí una de las causas de la falta de educación del venezolano: que los hábitos de su rutina eran contraproducentes a la sociedad. Actualmente en el exterior es difícil ver estos hábitos en los venezolanos ya que están regados en distintas partes del mundo, pero le puedo asegurar que, si un día hubiese un autobús manejado por un chofer venezolano, cuyos pasajeros sean todos venezolanos, muy probablemente el autobús tendría salsa a todo volumen y se detendría a recoger y dejar pasajeros en cualquier lado.

En Venezuela el problema no era solamente que los autobuses no tenían paradas, se detenían en cualquier sitio, y causaban demoras en el tráfico de vehículos, incluso arriesgándose a que hubiese un accidente. El problema en Venezuela era que los límites de velocidad en las autopistas eran unos avisos a los cuales los conductores les prestaban menos atención que a una valla publicitaria. El problema era que los semáforos eran luces que parecían adornos de la ciudad, en vez de elementos indicadores de dirección del flujo vehicular. El problema era que al no haber parquímetros, cualquier persona podía estacionar su vehículo en cualquier lugar, sin consideración hacia nadie, en doble o triple fila, sin ningún tipo de consecuencia. El problema era que se hacían carreras de piques en cualquier parte, incluso en avenidas y autopistas principales, a cualquier hora, al punto de que detenían el tráfico a plena luz del día o en la noche, sin importarles nada, ni que hubiese una autoridad que lo evitase. En una de estas carreras de piques fue que una camioneta Hummer embistió el vehículo de Rafael Vidal, un galardonado nadador venezolano, matándolo al instante.

El problema era que en Venezuela circulaban camionetas rústicas equipadas con mataburros, que lo último que hacían era "matar burros" y por el contrario mataron a cientos de personas en cientos de accidentes de tránsito, y cuyos conductores casi siempre quedaban impunes. El peor de todos los problemas era que al sumar la falta de paradas de autobuses, con el irrespeto hacia los límites de velocidad, con el irrespeto hacia los semáforos, con la posibilidad de estacionar en cualquier lado, más las carreras de piques, más los mataburros, más los estudiantes que discutían con choferes de autobús todos los días, con la constante impuntualidad del venezolano, con muchos otros factores de los cuales conversaré en los siguientes capítulos, el resultado era una sumatoria de factores se combinaba para dirigir al país hacia un destino inevitable: el colapso. Así fue como supe que la falta de educación del venezolano sería una de las causas principales del colapso de Venezuela.

Imagine por un momento que mi primer día en Venezuela (o el suyo, o el de cualquier persona), yo hubiese tomado una "Camionetica-Por-Puesto" y casualmente hubiese sido la camionetica donde ocurrió el incidente de "¿¿CÓMO ES LA VAINA?? ¡A MI TU NO ME VAS A MANDAR A MANEJAR MI MIERDA!", o alguna otra, ya que como expuse, esto era un incidente que ocurría prácticamente a diario en Venezuela. ¿Qué clase de imagen le daba semejante escena a un extranjero que pisaba por primera vez Venezuela? Creo que en otros países desarrollados, uno puede abordar un autobús y dar por sentado que existe una muy baja posibilidad de que ocurra un incidente similar. En Venezuela en cambio, era al contrario y había una muy alta posibilidad de que ocurriese un incidente entre chofer y un pasajero, o entre pasajeros, o incluso entre los mismos choferes; de la misma forma como todas las inverosímiles situaciones que describí y nombré, también eran contrarias a lo que los habitantes de otros países desarrollados darían por sentado, incluyendo algo tan simple como que una reunión empezase puntual y a la hora a la cual fue convocada.

En vez de seguir el ejemplo y el exitoso modelo de los japoneses, los venezolanos prefirieron seguir el ejemplo de Erika de la Vega. Al lector venezolano le pido por favor se tome un momento para darle las gracias a Erika por cultivar el subdesarrollo en su país.

10

Las Hamburguesas de McDonald's vs Las Arepas, Caraotas y Empanadas venezolanas

"Pete Sampras y yo tenemos los mismos golpes"

– Jimy Szymanski, tenista venezolano cuyo máximo ranking en la ATP fue #160 del mundo. Su ranking promedio era entre #300 y #400. En toda su carrera en la ATP ganó 17 partidos y perdió 31. Jamás ganó ni un título ATP como profesional.

Una noche cuando Pete Sampras tenía apenas 17 años y era un joven que nadie conocía, se encontraban cenando en su casa, sus padres y su entrenador Pete Fisher. En medio de la cena, Fisher (quien había estado entrenando a Sampras desde que tenía 11 años) le propuso a los padres de Sampras algo inimaginable, considerando los pésimos resultados que llevaba en el circuito juvenil hasta ese momento:

-*"Sr. y Sra. Sampras, llegó el momento que Pete se haga profesional, y quiero que de una vez sepan las condiciones de mi contrato, ya que obviamente voy a seguir siendo su entrenador: cuando Pete gane su primer Wimbledon, mi pago será un Ferrari Testarossa."*

La mesa se enmudeció porque para ese momento Sampras: 1) No tenía un buen saque; 2) No tenía un golpe de revés consistente; 3) Fallaba más voleas de las que hacía bien; y 4) Perdía más partidos de los que ganaba, especialmente contra sus rivales más importantes Michael Chang y MaliVai Washington. A los padres de Sampras, que reconocían y habían apoyado continuamente el talento de su hijo, les pareció temeraria la propuesta de Fisher, e inició una fuerte discusión de adultos, mientras Pete (Sampras), introvertido y callado pensaba:

-*"¿De qué rayos está hablando Pete (Fisher)? Yo ni siquiera puedo mantener 3 pelotas en la cancha y llevo cinco torneos seguidos perdiendo en primera ronda, y ¿está hablando que yo voy a ganar Wimbledon? ¿y que su pago será un Ferrari Testarossa?"*

La anécdota con la que abrí este capítulo es tomada del libro autobiográfico de Pete Sampras *"A Champion's Mind"*. Fisher descubrió a Sampras cuando tenía once años. Lo vio jugando y según sus palabras, vio algo especial en Sampras que no había visto nunca en nadie, mucho menos en un niño. Por seis años consecutivos, Fisher fue el creador y estratega del juego de Sampras, hasta *"la noche surrealista"* en 1988 (como Sampras la denominó en su libro) ya que hasta ese momento, no había ganado ni un torneo importante como juvenil. Quince años después de *"la noche surrealista"*, Pete se retiró con 64 títulos como profesional, incluyendo catorce torneos de Grand Slam: cinco Abiertos de Estados Unidos, dos Abiertos de Australia, y siete títulos de Wimbledon. También se retiró como el único jugador que ha terminado como #1 del mundo en seis años consecutivos, un récord aún vigente y que Roger Federer, Rafael Nadal y Novak Djokovic no pudieron, ni podrán romper.

Mi papa tenía una absurda teoría en la cual él decía que: *"Las hamburguesas de McDonald's alimentaban más y mejor que las arepas, las empanadas y las caraotas venezolanas."* Su argumento giraba en torno a que Venezuela era un "cero a la izquierda" en las competencias deportivas internacionales, y que los atletas venezolanos eran incapaces de producir un alto desempeño, contrario a lo demostrado por atletas de otros países. Estados Unidos en cambio, siempre destaca en casi todas las disciplinas, de casi todas las citas deportivas mundiales. Mi papá entonces decía satíricamente: *"Debe ser que el Big Mac de McDonald's alimenta más que las arepas, las empanadas y las caraotas venezolanas"*.

Mi papá expandió su teoría exponiendo que el resto de los países de Latinoamérica eran superiores a Venezuela. Por ejemplo: Colombia, Ecuador, Chile, Perú y México, casi siempre tenían un mejor desempeño que Venezuela, tanto los atletas individuales como en competencias grupales. Tomemos el caso del tenis y hagamos una comparación entre Venezuela y los países que se encuentran dentro de su rango, viendo una lista por países de los tenistas más destacados en la historia de cada país y entre paréntesis el ranking más alto que llegaron a conseguir en sus carreras:

- **Argentina:** *Guillermo Vilas (#2), David Nalbandian (#3), Guillermo Coria (#3), Gastón Gaudio (#5), Juan Martin del Potro (#4).*
- **Chile:** *Marcelo Ríos (#1), Fernando González (#5), Nicolás Massu (#9).*
- **Colombia:** *Alejandro Falla (#48), Santiago Giraldo (#28)*
- **Ecuador:** *Pancho Segura (#3), Andrés Gómez (#4), Nicolás Lapentti (#6)*
- **Paraguay:** *Víctor Pecci (#9), Ramón Delgado (#52)*
- **Perú:** *Jaime Yzaga (#18), Luis Horna (#33), Pablo Arraya (#29)*
- **Uruguay:** *Pablo Cuevas (#16), Diego Pérez (#27), Marcelo Filipini (#30)*
- **Venezuela:** Nicolás Pereira (#74), Maurice Ruah (#82)

Es decir, el tenista de ranking más bajo en la lista llegó a ser mejor que el mejor tenista en la historia de Venezuela. Veamos ahora el resultado del esfuerzo en colectivo en la siguiente tabla del desempeño de cada país en la Copa Davis:

Equipo	Apariciones en el Grupo Mundial y Mejor Desempeño
Argentina	24 apariciones. Campeón en una ocasión. Cinco veces finalista
Chile	9 apariciones. Finalista una vez.
Colombia	Nunca. Frecuente en el Grupo I
Ecuador	5 apariciones. Cuartos de final una vez.
Paraguay	4 apariciones. Cuartos de final cuatro veces.
Perú	1 aparición.
Uruguay	Nunca. Frecuente en el Grupo I
Venezuela	Nunca. Frecuente en el Grupo II

Fuente: Autor, 2021.

Entre todos los países, Venezuela es el que ha tenido peor desempeño. Veamos qué tal en el fútbol:

Equipo	Apariciones y Mejor Desempeño	Jugadores famosos
Argentina	24 apariciones. Campeón (x2). Finalista (x2)	Lionel Messi, Diego Maradona, Diego Simeone, Juan Román Riquelme, Fernando Redondo, Gabriel Batistuta, muchos más...
Chile	6 apariciones. Cuartos de Final	Alexis Sánchez, Arturo Vidal, Elías Figueroa Brander, Marcelo Salas, Iván Zamorano, Carlos Caszely, David Pizarro
Colombia	4 apariciones	Carlos Valderrama, Freddy Rincón, Faustino Asprilla, Radamel Falcao, James Rodríguez
Ecuador	3 apariciones	Antonio Valencia, Edison Méndez, Ulises de la Cruz, Agustín Delgado
Paraguay	2 apariciones	Roque Santa Cruz, José Luis Chilavert, Celso Ayala, Salvador Cabañas, Arsenio Erico
Perú	2 apariciones	Teófilo Cubillas, Paolo Guerrero, Jefferson Farfán, Hugo Sotil, Claudio Pizarro
Uruguay	10 apariciones. Campeón (x2).	Luis Suárez, Juan Alberto Schiaffino, José Leandro Andrade, Diego Forlán, Obdulio Varela
Venezuela	Nunca	Tomás Rincón, Stalin Rivas, Juan Arango

Fuente: Autor, 2021.

…y también podemos revisar el medallero olímpico:

1.	Cuba	78	68	80	226
2.	Brasil	30	36	63	129
3.	Argentina	21	25	28	74
4.	México	13	24	32	69
5.	Colombia	5	9	14	28
6.	Venezuela	3	4	10	17
7.	Chile	2	7	4	13
8.	Uruguay	2	2	6	10
9.	Perú	1	3	0	4
10.	Ecuador	1	1	0	2
11.	Paraguay	0	1	0	1

Fuente: Autor, 2021.

Viendo estos resultados es válido preguntarse, ¿por qué Venezuela acumula un desempeño tan pobre en las competencias deportivas? Si incluyese a Estados Unidos en la comparación ya que, obviamente la balanza se inclinaría hacia un solo lugar. Por ejemplo: Estados Unidos ha producido seis tenistas #1, además de decenas de tenistas top 10, ha ganado la Copa Davis en 32 ocasiones; y en las olimpíadas acumula 1127 medallas de oro, 907 de plata y 793 de bronce. ¿Acaso era cierta la teoría de mi papá de que las hamburguesas y papas fritas de McDonald's alimentaban mejor que las arepas, empanadas y caraotas venezolanas? Usemos el tenis como ejemplo.

En Venezuela, el tenis siempre fue un deporte de personas cuyo estatus social era de elite o pudiente. El tenis en cualquier parte del mundo es un deporte costoso, pero en Venezuela, estaba al mismo nivel del golf y la equitación. Quiero hacer énfasis en que cuando digo *"deporte de elite"*, no tengo ningún problema con eso. El problema es que para el resto de las clases sociales que no eran personas pudientes, incluyendo a personas de clase alta, se les hacía casi imposible mantener y fomentar la carrera de un tenista de alta competencia.

Pete Sampras, Novak Djokovic, Monica Seles y Jimmy Connors, quienes son cuatro de los mejores jugadores en la historia del tenis, aprendieron a jugar en canchas públicas o en clubes locales, al igual que muchos otros jugadores famosos. No venían de un trasfondo de familias multimillonarias pudientes, ya que sus padres pertenecían a una clase media trabajadora. Menciono esto por la siguiente anécdota compartida por Sampras en su libro, la cual parafraseo:

Hamburguesas vs. Arepas

Cuando era pequeño, mi papa me pasaba buscando por el colegio, me llevaba a almorzar y luego salíamos de la casa para ir a la clase de tenis. Pasábamos por el cajero automático del banco y él se bajaba del carro y me dejaba adentro, mientras sacaba el dinero para pagar la clase. Se montaba en el carro, me daba el dinero y seguíamos. Esto lo hacía todas las veces que íbamos a clase de tenis. Cada vez que mi papa se acercaba al cajero, yo lo veía desde la ventana del carro mientras él retiraba el dinero: "¡cha-ching!" Cada vez que íbamos a clase, hacíamos la parada en el cajero y entonces "¡cha-ching!" y me daba el dinero para pagar la clase.

Algo que debo aclarar es que mi papá nunca se quejó, ni pronunció alguna palabra o siquiera emitió un ruido pertinente al dinero, a las idas a las clases, a mis clases como tal, o a algo que tuviese alguna remota queja con mi tenis. Siempre me apoyó y, aunque nunca iba a los partidos cuando me tocaba jugar y no era muy expresivo, siempre supe que contaba con su apoyo. Pienso que parte de mi madurez como jugador se debe gracias a haber hecho esas paradas en el camino entre la casa y las canchas de tenis, para sacar dinero en el cajero del banco. Cada parada, cada día, era un "¡cha-ching!" más. Un "¡cha-ching!" más que sonaba y tenía mi nombre escrito en el recibo del cajero. Yo sabía y estaba consciente que ese dinero estaba siendo invertido en mí, y que mi familia estaba haciendo un enorme sacrificio en mi preparación como tenista. Yo sentía ese "¡cha-ching cada vez que mi papá bajaba del carro!"

Creo que está claro que los padres de Sampras no eran pobres, pero tampoco eran pudientes; eran personas trabajadoras que apoyaban a su hijo con el fruto de su trabajo. La mayoría de los jugadores de tenis en Venezuela, eran personas cuyos padres no tuvieron que hacer paradas en cajeros para sacar dinero para pagar las clases de tenis. Como siempre, hay excepciones como Ricardo Omaña, Yohnny Romero, Ricardo Salas, Abraham Sojo, mi papá, o los profesores de El Pedregal o de La Paz, pero el resto eran de familias pudientes, y no hay nada malo con eso. Lo que quiero exponer es que no es igual el hambre que siente un chico de clase media con deseos de superación y que tenga deseos de crecer, que el que pueda tener una persona que desde que nace cuenta con un sólido respaldo profesional, económico y personal. Esa hambre y esa ambición de querer ser un gran tenista que tuvo Pete Sampras, nunca se la vi a ningún tenista venezolano. Tener un *"head-start"* a veces hay que aprovecharlo en la vida, pero eso no pasaba con los tenistas venezolanos.

287

Conozco una persona muy cercana al tenista venezolano José Antonio De Armas (ranking promedio #400-500 del mundo, ranking más alto #236, cero títulos ganados como profesional), y me compartía que él era *"un sifrinito rumbero de familia pudiente con una raqueta"*, y que muchas veces tenía un torneo o un entrenamiento, y la noche anterior estaba bailando, tomando y disfrutando en alguna fiesta, mientras que Pete Sampras ni siquiera fue al baile de graduación de su escuela. No sé si usted alguna vez vio jugar a José Antonio de Armas en persona o en televisión, pero era evidente que lo que me afirmaba la persona que lo conoce, era cierto. De Armas era un malcriado en la cancha que se molestaba a la primera pelota que fallaba; perdía la concentración, en consecuencia, el ritmo, y en consecuencia el set, y eventualmente, el partido. Cualquier persona que lo haya visto jugar debería estar de acuerdo conmigo. No me alcanzan las manos para contar con los dedos la cantidad de partidos que lo vi perder, en los cuales el juego estaba parejo y repentinamente por fallar una simple pelota en un punto que ni siquiera era importante, perdía la concentración por completo y se iba mentalmente de la cancha. Esas son conductas que se ven en el tenis, donde un breve lapso de concentración te puede hacer perder el partido. Pero en el caso de De Armas, no era que él perdiese: ¡era que los regalaba! El partido estaba 4-4 y José Antonio fallaba un revés en la malla, torcía los ojos, miraba al cielo, perdía el foco, y perdía su servicio, el set y el siguiente set, para que el resultado final terminase 4-6/0-6. ¡Game, set y match, oponente de De Armas! Había días en los cuales yo sentía que incluso yo podía ganarle a José Antonio De Armas. Lo único que tenía que hacer era mantenerme con él hasta que el marcador estuviese 4-4 y una vez allí, debía hacer que fallase una pelota fácil, y listo, me regalaría el partido. Marcador final: ¡Ruiz vence a De Armas 6-4/6-1!

Siempre vi una actitud similar en casi todos los tenistas venezolanos, como Nicolás Pereira, Maurice Ruah, Jimy Szymanski, David Navarrete y muchos otros. Era como si no necesitaban ganar, o como si no les importaba perder. Era como si no tenían algún deseo de superación o motivación para mejorar. Siempre me preguntaba cómo se suponía que Venezuela iba a tener un buen desempeño en la Copa Davis, si a estos chicos nunca les interesaba ganar.

Peor aún era que cuando perdían no le daban crédito a su oponente, como un día en 1997 cuando yo estaba entrenando con una amiga y al rato arribó Jimy Szymanski a entrenar en la cancha de al lado. En uno de los descansos, nos acercamos a él y le preguntamos, "qué se sentía haber jugado contra Pete Sampras en el US Open" (de 1996). Su respuesta fue: - "*Pete Sampras y yo tenemos los mismos golpes. La única diferencia es que él no falla.*" Recuerdo como si hubiese sido ayer que al irnos, mi amiga me dijo:

- "¡Cielos! ¿Qué nivel de idiotez mental tiene ese tipo en su cerebro? Decir que '*él tiene los mismos golpes de Pete Sampras*', pero que '*la única diferencia es que Sampras ¿no falla?*' ¿Qué clase de comentario es ese? ¡Qué falta de humildad! Qué le costaba decir: '*Caramba, Pete Sampras está en otro nivel muy por encima del mío. Es un sujeto con un servicio imposible de devolver, con una potencia y precisión muy superior, y me hizo dar cuenta que debo trabajar mucho más en mi tenis para poder alcanzar un nivel decente*'...o al menos algo similar."-. ¡Pero no! Según Jimy Szymanski, Pete Sampras y él tienen "*los mismos golpes*".

Debo mencionar que vi jugar a José Antonio en persona no menos de diez ocasiones. Algunas veces ganó y ganó bien, pero cuando perdía por lo general el guion era el mismo, e imagino que cuando José Antonio iba a jugar a torneos en el extranjero, su desempeño era igual. ¿Por qué habría de ser diferente? Ganar es una sensación impulsada por el hambre. Si no se tiene hambre, no se puede ser un ganador. Entonces ¿cuál era el problema con el deporte en Venezuela? Contestar esa pregunta me lleva de forma inevitable a afirmar que el deporte en Venezuela estaba controlado por una sociedad subdesarrollada.

En Venezuela, apartando el hecho de que la indumentaria esencial para practicar tenis era costosa, como las raquetas, las pelotas, los zapatos y las cuerdas, el simple hecho de acceder a una cancha de tenis en Caracas no era fácil, ya que casi todas las canchas de tenis se encuentran en clubes privados. Invito al lector venezolano (o al extranjero que haya vivido en Venezuela) a que haga el ejercicio de nombrar más de diez lugares con canchas públicas en Caracas en los años 80 y 90 (que no estuviesen en clubes) en menos de cinco minutos. Probablemente, los sitios que vinieron a su mente fueron los siguientes:

- **FTV:** canchas buenas, iluminadas, ubicado en una zona clase alta.
- **San Luis (antes de ser expropiado):** era quizás el mejor sitio para jugar tenis con acceso público, hasta que fue expropiado por el gobierno de Chávez. Estaba ubicado en una zona clase alta.
- **La Cinta:** canchas buenas, iluminadas, en una zona clase alta.
- **Hermanos Coronado:** pésimas canchas, ubicadas en una zona peligrosa de un vecindario clase alta.
- **La Boyera/VA:** pésimas canchas sin luz, en una zona clase alta.
- **Centro de Tenis La Paz:** pésimas canchas, en La Paz, en una zona clase media de la ciudad, y tienen una autopista al lado.
- **Cumbres:** canchas buenas, iluminadas, en una zona clase alta.
- **Hotel Ávila:** el equivalente de Cumbres del lado norte de la ciudad, en una zona clase media alta.
- **El Laguito:** equivalente de Cumbres para el suroeste de la ciudad, en una zona clase media baja.
- **Cocodrilos:** el único sitio público con canchas techadas, ubicado en la Cota 905, una zona de clase pobre y muy peligrosa en Caracas, a dos minutos de La Paz.

Al ver la lista suena como si fuesen muchas, pero había menos de 50 canchas, para una ciudad de cinco millones de habitantes (e incluí a La Cinta, que no existía en los 80, ni los 90). Suena como un número gigante, pero no lo es. Cualquier pueblo en Estados Unidos tiene al menos un complejo de canchas públicas de al menos veinte canchas. Adicionalmente, todos los sitios nombrados cobraban un alquiler bastante costoso, a excepción de La Paz que era más económico, y de El Laguito que era gratuito. Por ese motivo, encontrar un sitio para jugar tenis en Caracas era una auténtica odisea si no eras socio de un club y, por lo general, los socios de clubes eran personas clase alta o pudiente. Analicemos a La Paz, el cual era un centro de tenis que estaba ubicado en una zona de clase media en Caracas, donde por ejemplo hubiesen podido jugar de niños, Sampras, Djokovic, Connors o Seles.

La Paz era un centro de tenis respetado en la comunidad tenística. Sus usuarios eran personas de clase media y si bien no contaba con recursos económicos comparables a los de clubes como La Lagunita, el Ítalo o el Hebraica, tenían un equipo de tenistas con muy buen nivel, como Ricardo Salas, José Mosquera y mi papá, que podían vencer a cualquier equipo de Caracas, incluyendo a los clubes. Sin embargo, en el mejor de los cumplidos que puedo hacerle, la infraestructura del Centro de Tenis La Paz daba asco. Las paredes siempre estaban sucias, la iluminación rara vez funcionaba, no había donde sentarse, los baños olían mal y usarlos era enfrentarse a cualquier cantidad de hongos y enfermedades. De las seis canchas para jugar, solo una estaba en condición decente para jugar un partido normal de tenis. Con "normal" quiero decir, que la pelota rebotase en la cancha y no diese un rebote inesperado por los desniveles de la superficie. Había otra cancha en una condición regular y el resto de las canchas no cumplían con los estándares mínimos para jugar, como por ejemplo, tener el piso adecuado y una malla. Siempre que yo iba a jugar para allá, le hacía la misma pregunta al administrador de las canchas: "¿Por qué no arreglan este lugar? ¿Por qué no compran unos bombillos, unos galones de pintura, piden un préstamo bancario y arreglan el piso de las canchas?" Aparentemente era muy difícil que los jugadores se organizaran y compraran unos galones de pintura para reparar las canchas entre ellos, y por eso la respuesta siempre era: *"No hay plata, es muy difícil"*.

La Paz tenía una academia de tenis. Bueno, "academia": había clases con instructores pasándole pelotas a niños que querían aprender a jugar tenis. Algunos tenían potencial y ganas de aprender, pero las perdían al jugar el primer torneo infantil o juvenil, tras ser derrotados 6-0/6-1 por algún chico de un club privado, que contaba con mejor preparación, indumentaria y respaldo en todos los aspectos.

El tenis en la etapa de aprendizaje no es tanto un deporte mental como después evoluciona en la etapa profesional. En la etapa de aprendizaje -en especial en las categorías infantiles- un partido lo gana el chico que pase más pelotas, y en decenas de ocasiones vi perder al chico de La Paz, porque había roto las cuerdas de la raqueta y se había quedado sin raqueta para jugar, o porque se había quedado sin suela de zapatos; escenas surrealistas que no debían ser la causa de terminar un partido de tenis. Así como también vi a niños en partidos de fútbol que no tenían tacos o tenían franelas rotas, y no me refiero a niños que vivían en barrios de pobreza extrema, sino a niños de clase media. Para mí era clara la situación; en Venezuela había una sola forma de surgir en el deporte: tener mucho dinero o estar apadrinado políticamente.

Fue de esta forma como Pastor Maldonado, alguien que tiene suficiente talento para manejar un auto de velocidad de alta competencia, estuvo en la F1: por fines más políticos, que por meritocracia. Pastor es un apadrinado de la era chavista, al igual que Adrián Solano el esquiador[73], así que no hace falta que hable de ellos. Otro ejemplo de politización del deporte fue en 2014, cuando la Federación Venezolana de Tenis hizo un esfuerzo por intentar convencer a Garbine Muguruza para que jugase la Fed Cup representando a Venezuela en vez de España, justo después de que Muguruza derrotase a Serena Williams y ganase el torneo Roland Garros. ¿Hubiera la Federación Venezolana hecho la oferta, si Garbine hubiese perdido en primera ronda de Roland Garros?

Eventualmente, una vez alcancé la edad adulta y tenía un buen ingreso salarial, me hice socio de un club privado, y descubrí que ahora la mayoría de los tenistas eran versiones amateurs de Jimy Szymanski y José Antonio de Armas. Fue así como concluí que en Venezuela no había apoyo al deporte (en general) por cuatro motivos fundamentales:

1. Los deportistas no tenían motivación ganar.
2. No era lo suficientemente político.
3. No había real pa' eso.
4. No había un sistema establecido que incentivase y apoyase al deporte, y tampoco los deportistas lo incentivaban.

Los americanos eran buenos en basquetbol en los 80 y los 90, porque tenían un sistema que funcionaba casi a la perfección: los jugadores que eran buenos desde chicos eran impulsados y motivados para que jugasen en el colegio y fuesen a la universidad. Allí jugaban en la NCAA y después de pasar unos años adquiriendo experiencia, los equipos grandes de la NBA se acercaban a buscar el talento de la NCAA. Fue así como Magic Johnson, Larry Bird, Michael Jordan, Isiah Thomas y Shaquille O'Neal llegaron a la NBA, y no directamente desde el vientre de sus madres. Cada uno de ellos cumplió su cuota de aprendizaje en el colegio y en la NCAA.

---

[73] Adrián Solano es un esquiador que el gobierno de Venezuela envió al Campeonato Mundial el Esquí Nórdico de 2017. Le recomiendo que investigue acerca de él en YouTube.

Los americanos son buenos en natación porque hay piscinas en todos lados, con agua climatizada, abiertas todos los días, y provistas con los instrumentos necesarios para entrenar. Los venezolanos no eran buenos en natación porque casi ninguna piscina servía, o porque las piscinas tenían una temperatura cerca del punto de congelación, o porque las mensualidades de la Academia Teo Capriles [74] eran impagables, y en consecuencia las pocas piscinas decentes se encontraban en clubes privados. Hay excepciones, como los muy exitosos nadadores Rafael Vidal, Alberto Mestre y Francisco Sánchez, pero aun así ellos complementaron una parte de sus carreras en Estados Unidos, ya que sus talentos como nadadores no les hubiesen servido de nada en Venezuela. El Instituto Nacional del Deporte, es decir, el sitio que se suponía que debía tener la infraestructura y el respaldo para apoyar a los atletas venezolanos durante los años 80 y 90, era una pocilga de mala muerte, con sus instalaciones en el peor estado del abandono y con empleados a quienes no les importaba en lo absoluto el deporte y que además estaban mal pagados por el estado. De las diecisiete medallas olímpicas que ha obtenido Venezuela, diez provienen de deportes donde lo único que hace falta para entrenar, lo tienes en tu cuerpo: Boxeo y Tae Kwon Do. *"Usted cáigale a golpes con todo lo que tenga, ¡a darle con la zurda!"* Las otras siete: una de esgrima, dos en triple salto, una en halterofilia, una en natación, una en tiro y una en ciclismo. Nado sincronizado, clavados, basquetbol, gimnasia, tenis, golf, futbol, voleibol... eran deportes que estaban demasiado fuera del alcance del éxito para un venezolano. Tal vez Venezuela tenga practicantes de equitación exitosos, que la practican en Florida.

Algo similar pasaba con la música. Como comenté en la Parte I, Gabriel -el editor de Loquesea.com- y yo éramos bastante unidos en el colegio. Como mencioné antes, él es una persona inteligente mas no brillante, y esta cualidad se traducía en su amor por la música. Como pasó con muchos adolescentes en los 90, Gabriel a los catorce años sintió atracción por el rock y aprendió a tocar guitarra eléctrica. Lo hacía bien, pero al igual que su carrera profesional como editor de Loquesea, escritor, y luego "celebridad de YouTube", no era nada

---

[74] El Teo Capriles es una academia de natación en Caracas, cuyas mensualidades eran muy costosas.

brillante o espectacular. Como todo adolescente músico con pasión por el rock, Gabriel formó una banda con otros cuatro muchachos. Quisiera decir que eran buenos, pero la verdad es que sonaban mal; no eran pésimos, ni muy malos, pero sí sonaban mal. En una ocasión Gabriel compartió en una entrevista, una interesante anécdota que le ocurrió durante un festival de música en la Universidad Católica, donde él estudiaba Comunicación Social:

"(…) Una vez tocamos en un festival de la universidad y cuando nos llamaron para tocar, la banda que estaba tocando no se quería bajar de la tarima. Eran unos sifrinos con instrumentos y equipos infinitamente mejores a los nuestros y sentí que eso los hacía creerse merecedores de permanecer todo el tiempo que quisieran en la tarima, sobre todo por encima de una banda de insignificantes marginales de un barrio de San Agustín o El Paraíso como éramos nosotros."

Yo estaba entre el público y recuerdo que tuve exactamente la misma percepción, y Gabriel y yo jamás conversamos acerca del incidente. La banda en cuestión tenía una mejor presencia que la banda de Gabriel, pero sonaban igual de mal. No querían bajarse de la tarima y seguían cantando sus pésimas canciones. Detalles más detalles menos, Gabriel les reclamó y en cuestión de segundos se desató una tángana en la tarima y en el público involucrado, la cual desembocó en decenas de heridos. Extrapolemos la situación que vivió la banda de Gabriel con el resto de las bandas de rock en Venezuela.

Cuando yo digo la frase "bandas de rock de Venezuela", lo más probable es que se mencionen bandas como: *Desorden Público, Aditus, Sentimiento Muerto, Zapato 3* y *Caramelos de Cianuro*. Casi todos los miembros que formaban estas bandas eran un grupo de *sifrinos* de algún colegio *sifrino* de Caracas. Verá estimado lector, el movimiento del género rock en Venezuela era tan emblemático, como decir el género de música country en Japón. Era algo carente de identidad y existía únicamente porque era una mala copia al carbón del modelo exitoso creado por la banda argentina *Soda Stereo*, y es allí donde radica la importancia de dicha banda y por supuesto la de Gustavo Cerati como íconos del rock latinoamericano. Los músicos venezolanos en cambio, se creían leyendas pero no lo eran… ni remotamente.

La realidad es que Pablo Dagnino[75] no era el 10% de Cerati; así como Carlos Segura[76] no era el 5% de Sid Vicious; Cayayo Troconis[77] no era él mítico y talentoso músico que murió muy joven antes de mostrar todo su talento; y Dermis Tatú no iba a ser el *"Nirvana"* o el *"The Doors"* de Latinoamérica. No es una cuestión de gustos porque la música sea subjetiva. Hay música buena y mala, y eso es indiscutible. Tal como pasaba con la banda de Gabriel, o la banda de sifirinos que no querían bajarse de la tarima, *Sentimiento Muerto* y *Zapato 3* no eran tan malos, pero no era para compararlos con *Soda Stereo*, y mucho menos Dagnino, Segura, Troconis y los demás cantantes venezolanos de rock, podían considerarse como leyendas.

Soda Stereo tiene presencia, porte y producción. Las canciones de *Sentimiento Muerto, Zapato 3* y *Caramelos* en cambio eran lloriqueos y malcriadeces de un grupo de *sifrinos*, acerca de por qué su papá no les compró el BMW que ellos querían para la graduación del colegio, o que a la piscina de su casa se le dañó el calentador. Las letras de sus canciones eran poco imaginativas y no tenían creatividad. Esto es un punto difícil de explicar, ya que como mencioné, el arte es abstracto y a veces subjetivo, pero creo que puedo explicarlo haciendo una sencilla analogía: no se puede comparar el talento de John Lennon y Paul McCartney con el de Ringo Starr, y si *Soda Stereo* era Lennon y McCartney, entonces *Sentimiento Muerto* y *Zapato 3* eran peor que Pete Best. Otra forma de verlo es comparando una canción "exitosa" como *"El Ego Falso"* de una "famosa" banda venezolana como *Trance Nuance*, con una canción desconocida de una banda famosa como *"The Fountain of Salmacis"* de *Genesis*. De verdad me gustaría decir que *Trance Nuance* es una excelente banda, pero creo que existe una evidente la diferencia entre el talento del baterista Guillermo García, quien apenas está marcando un sencillo ritmo, y el de Phil Collins quien para ese momento era un desconocido chico de apenas veinte años, pero que tenía un dominio absoluto de la batería.

---

[75] Vocalista de Sentimiento Muerto.

[76] Vocalista de Zapato 3.

[77] Guitarrista de Sentimiento Muerto y Fundador de Dermis Tatú.

Esta es una píldora muy difícil de tragar para el lector venezolano, ya que es difícil que acepte que el estándar al cual estaba acostumbrado era muy bajo, pero siguiendo el hilo del razonamiento que traigo desde *Los Agricultores de las Semillas*, ésta una realidad que se debe aceptar: así como las producciones audiovisuales eran mediocres en el mejor de los casos, las bandas de rock venezolano también eran. No eran pésimas, sino simplemente mediocres porque estaban formadas por gente sin talento. Cuando *Sentimiento* y *Zapato 3* estaban en su "apogeo", muy poca gente los escuchaba: apenas sus amigos del colegio y alguno que otro gótico. Su grupo de fans era mínimo por la sencilla razón de que la persona que escuchaba música razonaba: "*¿Por qué habría de quitar The Cars, The Beatles, U2, Boston o Soda Stereo, para poner Sentimiento y escuchar 'NECESITO TOCAARTEEE… ¡ESTOY QUE SUDOO!'?*"

Por supuesto que hay un mercado para todo, y dado que yo toco guitarra, bajo y piano, estoy seguro de que podría fundar una banda de rock, y que podría reunir a cien fanes como lo hacían *Sentimiento, Zapato* y *Trance Nuance*. Pero estoy seguro de que existe un motivo por el cual *Aerosmith, Genesis* y *Red Hot*, llenan estadios con cincuenta mil personas, mientras que *Sentimiento Muerto* y *Zapato 3* apenas podían meter a 500 personas en una plaza con entrada libre durante su mejor época a finales de los 80 y principios de los 90, y el motivo no es que *Aerosmith, Genesis* o *Red Hot*, tuvieron más respaldo que Pablo Dagnino; es que Steven, Joe, Peter, Phil, Tony, Mike, Steve, Anthony, Flea, John y Chad son personas con muchísimo talento, y además recibieron el apoyo para explotarlo. Pablo en cambio, no es talentoso en nada.

Podría decirse que *Desorden Público* era la "menos mala" de las bandas musicales porque han logrado mantenerse por muchos años y sus canciones tienen cierto legado. Grabaron dos discos en los 90 que eran un reflejo exacto de la Venezuela de esa época. Si bien sus letras no son muy profundas, al menos contienen un mensaje contundente, puesto que transmiten una crítica social muy fuerte de lo que se vivía en Venezuela. El lector venezolano recordará que en los años noventa, los titulares de noticias y periódicos mostraban casi a diario que, "*MATARON A ADOLESCENTE DE 15 AÑOS PARA ROBARLE LOS ZAPATOS NIKE JORDAN/ BARKLEY*"; de allí la letra "*¿Quién nos salva? MICHAEL JORDAN*", de una de sus más conocidas canciones.

Por supuesto que es difícil establecer parámetros para comparar a *Genesis* con *Sentimiento Muerto* o *Trance Nuance*, ya que como mencioné en el capítulo *Los Agricultores de las Semillas*, existe un factor en el entretenimiento que es la *influencia*, y por eso casi cualquier banda de rock en el mundo fue influenciada por Los Beatles. Sin embargo, existe una diferencia entre *"influencia"*, y *"mala copia"* o *"plagio"*, lo cual era lo que ocurría con las bandas en Venezuela: había músicos sin talento componiendo canciones mediocres, o había músicos que plagiaban a bandas extranjeras y que además lo hacían mal. Esto no le debe extrañar a cualquier persona que sepa de lo que estoy hablando, ya que años después, Pablo Dagnino lanzaría la canción *Viernes* con su grupo *Los Pixel*[78], la cual es particularmente parecida a una famosa canción de una cierta banda británica que es su principal influencia.

Toda esta situación ocurría por el mismo razonamiento de la formación de Pete Sampras contrastada con la de los tenistas venezolanos. En Venezuela, la mayoría de las bandas musicales estaban formadas por un sifrino que no servía para nada en el colegio, a quien no le interesaba surgir en la vida, y dado que no quedó en ninguna universidad decente, le compraron una guitarra, batería y amplificadores, y luego se reunía con su grupo de amigos sifrinos que tampoco servían para nada. Eventualmente, alguno conseguía una conexión en el mundo artístico que les permitía producir un álbum, o presentarse en algún sitio de mala muerte donde cincuenta personas que no saben nada de música los adoraban como dioses, porque así como no había otra opción que valiese la pena entre las producciones audiovisuales venezolanas, tampoco había una opción que valiera la pena en la música rock venezolana.

Los Beatles eran unos adolescentes cuyas familias eran de clase trabajadora. Brian Epstein los descubrió, vio su potencial, tuvo visión a largo plazo, y el resto es historia. Michael Jackson tuvo una historia similar. En Venezuela no había un Brian Epstein o una empresa como Motown, y de esa forma, solo quedaba el género comercial que como expliqué en el capítulo anterior, buscaba capturar a las masas.

---

[78] Banda fundada por Dagnino en 2000, tras de haber tocado con *La Puta Eléctrica* (lindo nombre).

Hasta la aparición de músicos como Chino y Nacho, y Gustavo Dudamel, se podría decir que Oscar De León era el músico venezolano con mayor proyección internacional. Pero Oscar era un cantante de salsa, y la salsa en Venezuela era un género cuya demografía estaba orientada hacia las clases sociales bajas. Así fue como concluí que el problema general con el deporte y la música en Venezuela era porque:

1. No se daba apoyo al talento.
2. Se le daba apoyo a las personas que NO tenían talento.

Ese es el clásico caso de la persona incorrecta en el asiento incorrecto[79], similar a como hoy en día Nicolás Maduro es el Presidente de Venezuela. Es imposible que un país surja así, ni en música, ni en el deporte. Nadie fue hombre para decirle a Pablo Dagnino, a Carlos Segura o a Cayayo Troconis: *"Hijos, su música apesta. Ustedes no sirven. Ustedes no tienen talento para la música. Dedíquense a otra cosa".* Caramelos de Cianuro aprovechó una ola comercial que los llevó a los Grammy Latinos; pero son los "Grammy Latinos" y la realidad es que Caramelos no es más talentoso que Desorden Público, aunque de nuevo, es discutible por la subjetividad del arte.

No puedo dejar de enfatizar el hecho que no tengo problema con que haya canchas de tenis en clubes privados o que los hijos de papá sean los que funden bandas musicales. Mi problema es que, exceptuando esos rangos demográficos, es muy difícil que las personas que no tienen los medios o facilidades para surgir, puedan cultivar el talento que tengan, deportivo o musical. No es un argumento de izquierda o derecha, de socialismo o capitalismo, ni de chavismo u oposición, sino que es simple matemática (o finanzas), mucho menos, si no existía la forma de que se le prestase atención a estos sectores demográficos, donde posiblemente había el talento para hacer algo grande, pero era imposible descubrirlo ya que aguantar el ritmo de tener un hijo con talento musical o deportivo para una familia venezolana de clase media, era casi imposible.

---

[79] El autor parafrasea una cita tomada de Collins, J. "Good to Great" (2001). La cita correcta es:
"Necesitamos a la gente correcta en los asientos correctos, y a la gente incorrecta fuera del autobús".

Una familia de clase media en Venezuela en los años 90 podía ganar $1.000 mensuales, máximo $1.400 entre dos. En ese orden de ideas: una guitarra eléctrica debajo del promedio cuesta $300. Una guitarra promedio, cuesta $600. Un amplificador $200-$250. Cables, cuerdas, capo, estuche y demás accesorios, $50. Una raqueta de tenis cuesta $200 y al menos hay que tener dos; un juego de cuerdas cuesta $35; grips, forro, ropa, pelotas, pueden llegar a los $80. Una clase promedio de tenis costaba $40 la hora (equivalente en Bs.), solo una hora, una vez a la semana. Lo normal es recibir dos o tres clases a la semana: eso significaría un gasto de $480 mensuales: tantos gastos no son sostenibles, y eso es solo en la etapa para aprender a jugar; ni hablar si el muchacho tiene talento y quiere competir a alto nivel.

Era imposible para una familia de clase media aguantar el ritmo de gasto de un niño con talento musical o talento tenista, y ni hablar si la familia era como la mayoría de la población de Venezuela que, durante la década de los 80 y los 90, tenía un ingreso per cápita de $5.000. Peor aún era el hecho de que los profesores, solo estaban pendientes de cobrar su hora de clase, sin importarles la proyección a futuro que pudiese tener el alumno. Al profesor, solo le interesaba cobrar su hora de clase del día y eso le ponía una presión muy fuerte en los padres del niño. El problema era que ni los profesores, ni el sistema tenían la visión a largo plazo para apostarle a personas con talento, y en vez de ello le apostaban al único sector demográfico que tenía la capacidad financiera, mas no el talento para desempeñarse en la disciplina, así fuese música o el deporte: la gente pudiente, que tal vez tenía el respaldo, pero no las ganas, ni el hambre de querer triunfar.

A mediados de los años 80, el padre de Andre Agassi envió al joven Andre a la academia de tenis de Nick Bollettieri, con una maleta de ropa y un sobre que contenía el cheque de tres meses de pago, lo cual era lo máximo que el padre de Andre podía pagar. Nick Bollettieri recibió a Andre y le indicó que fuese a una cancha a golpear unas pelotas con un profesor. Lo vio jugar y cinco minutos después fue a su oficina a enviar una carta a Las Vegas. Unos días después de vuelta en casa, el padre de Agassi recibió el sobre conteniendo la carta que Nick había escrito y que a su vez también contenía el sobre que en principio él le había enviado a Bollettieri. La carta decía:

Estimado Mike,

Su hijo es el mayor talento que he visto en mi vida. Él entrenará en la academia por tiempo indefinido y sin costo hasta que gane un torneo de Grand Slam. Adjunto le regreso su cheque.

Atte., Nick Bollettieri

No era que las *"hamburguesas de McDonald's alimentan más que las arepas, las empanadas o las caraotas venezolanas"*, como decía la burlista teoría de mi papá. Lo que ocurre es que en los países desarrollados, los jóvenes con talento tienen oportunidades de explotarlo, porque hay personas con visión a largo plazo. En Venezuela, el sistema estaba configurado para hacer que nadie que no perteneciese a clases pudientes, considerasen la música o el deporte como una carrera. Al no haber apoyo al deporte, a las instituciones, al talento, a la cultura musical, y a nada del sector público ni del privado, era imposible que Venezuela sirviese para algo en el deporte o la música.

¿Por qué cree que tantos estudiantes deportistas de colegios en Venezuela desean irse a estudiar a Estados Unidos desde hace décadas? Porque saben que tendrán todas las comodidades y recursos para explotar su talento (además que tienen la excusa perfecta para quedarse). Si lo hacen y sacan provecho de eso o no, es decisión de ellos, pero al menos no pueden decir que fracasaron por falta de apoyo. La logística y nivel de organización y complejidad que hay en los países desarrollados, así como el interés por prestar el máximo apoyo posible tanto al deporte como a la música, eran incomprensibles para el venezolano y es porque afuera hay visión, mientras que en Venezuela no había.

Otro problema que había en Venezuela era la falta de un objetivo claro para enfocar sus esfuerzos y abocarse de lleno a una meta. A finales de los años 90, Richard Páez, el nuevo Director Técnico de la selección nacional de fútbol, le cambió la cara a la selección venezolana. Si bien en el fondo yo creo que los venezolanos sabían que era imposible que Venezuela llegase al mundial de fútbol, por lo menos por un breve tiempo el venezolano tuvo la oportunidad de soñar y tener la esperanza de que tal vez podían lograrlo.

Por muchos años Venezuela era conocida como "*La Cenicienta*" de la CONMEBOL o "*los tres puntos que regala la liga*". Esto cambió gracias a Richard Páez, a un giro a la imagen del uniforme de la selección, y a un puñado de jugadores que empezaron a creer en sí mismos y en que podían hacer algo más que el ridículo en las eliminatorias del mundial. Esta camada de jugadores liderados por Juan Arango fue la que les faltó el respeto a selecciones como Argentina, Uruguay, Perú y Colombia, y le cambió la imagen futbolista de Venezuela de ser un chiste, a al menos ser considerada como un rival decente, en el que muchos entendidos del deporte señalan que es el grupo más difícil de eliminatorias para clasificar al mundial de fútbol.

Yo veo imposible que bajo el formato actual, Venezuela algún día pueda clasificar a un mundial de 32 países. Lo digo porque Suramérica es un continente de una enorme tradición futbolística, donde Brasil y Argentina siempre estarán disputándose las primeras plazas, o bien en el caso de Argentina, siempre tendrá una especie de pacto con el diablo que les hará clasificar en la última jornada. Luego están Uruguay y Chile que siempre son peligrosos; y Ecuador, Perú, Paraguay y Colombia, que son países de una larga tradición futbolística. Para rematar está Bolivia, que ganarle en su casa es muy difícil; y por último está Venezuela, que es, bueno... Venezuela, es decir, un país sin tradición futbolística, que nunca ha ganado nada, que no tiene jugadores insignia y en esencia, no tiene nada. ¿Se está haciendo un esfuerzo en los años recientes? Sí, y el fútbol poco a poco se ha ido globalizando, pero aun así veo imposible que algún día puedan clasificar a un mundial con el formato actual de la CONMEBOL. Tal vez me callen la boca y clasifiquen a Qatar 2022.

El punto al cual quiero llegar es que Venezuela es un país con tradición de béisbol, y es aquí donde me llamaba la atención que Venezuela en vez de concentrar sus esfuerzos en el béisbol, parecía más bien que no le prestaba atención a ese deporte, a pesar de contar con jugadores de categoría mundial como Luis Aparicio, Cesar Tovar, Víctor Davalillo, David Concepción, Andrés Galarraga, Antonio Armas, Oswaldo Guillen, Jesús Marcano Trillo, y muchos otros que respaldan una larga tradición desde los años 50.

Cuando Venezuela fue a jugar el primer Mundial de Béisbol en 2006, era considerada como amplia favorita para ganar el campeonato. Por primera vez en su historia, Venezuela tenía la posibilidad de coronarse campeón en algo que no fuese un certamen de belleza (dado que su fama y cantidad de coronas en el Miss Universo y Miss Mundo son irrefutables), sobre todo en una competencia deportiva internacional de alto prestigio. El resultado fue que una vez más en el deporte y ahora en béisbol, el equipo hizo el ridículo y les fue casi tan mal como a la selección de fútbol en la CONMEBOL. Guiados por Luis Sojo, un mánager cuestionado por cualquier persona con mínimos conocimientos de béisbol, la selección venezolana fue a hacer el ridículo en el Mundial de Béisbol: apenas pudieron ganarle a Australia, a Italia, y eso fue todo, ya que perdieron contra todo rival a quien debían ganarle. Cuando les tocó enfrentar un rival que era su igual (Cuba y República Dominicana), flaquearon y perdieron:

"Ya va, tampoco así, ¡¡Cuba y Dominicana son equipos muy fuertes!!" diría un venezolano para justificarse, pero la realidad es que las excusas son para los perdedores. Cuba y República Dominicana son fuertes, pero Venezuela también lo es. Es como decir Inglaterra vs Alemania, o Brasil vs. Argentina en el fútbol. En béisbol Venezuela está a la par con Cuba, República Dominicana, Estados Unidos y Puerto Rico.

El Mundial de Béisbol es un torneo entre naciones que es relativamente nuevo, y podría decirse que se encuentra en esa fase de tratar de encontrar su identidad. En los dos Mundiales siguientes, los organizadores le hicieron cambios al formato del torneo y en ninguno de los casos Venezuela vio la luz. De hecho, en 2013 quedaron eliminados en primera ronda. Era increíble: finalmente se habían quitado la imagen de hacer el ridículo en fútbol, y ahora lo hacían en el deporte donde se suponía que debían destacarse: el béisbol.

Un equipo deportivo que yo admiro y me quito el sombrero es Alemania en fútbol, ya que es admirable que cada vez que sus jugadores se juntan, se visten con el uniforme negro-rojo-amarillo-blanco, y es como si se acoplasen y se convierten en una máquina aplanadora que no se inmuta ni se detiene ante nada ni nadie en casi todas las competencias internacionales.

En Brasil 2014, mucha gente cuestionó la decisión de Joachim Löw, de poner a Miroslav Klose como titular en la semifinal ante Brasil, siendo Klose un delantero de casi 40 años cuya única misión en su vida era superar el récord de los 15 goles en mundiales de Ronaldo El Fenómeno, y Klose le calló la boca a todos marcando un gol que lo dejó como líder solitario con 16 goles. Es increíble, impresionante y admirable como los jugadores alemanes sienten la camiseta de su país. Eso no pasaba con Venezuela, ni siquiera en el Mundial de Béisbol, que era la oportunidad perfecta para que Venezuela se titulase campeón de ALGO en su vida, aparte del Miss cualquier cosa. Como siempre he insistido, nada es absoluto: en el Mundial de Rusia 2018, Alemania quedó eliminada en primera ronda por primera vez en toda su historia, pero salvando esa excepción, sus resultados en mundiales y Eurocopas son prácticamente intachables. Para finalizar, voy a compartir una anécdota en la cual se puede apreciar la importancia de apoyar a un equipo que no era favorito para ganar la Serie Mundial de Béisbol.

En 1988 los Atléticos de Oakland eran los amplios favoritos para ganar la Serie Mundial contra los Dodgers de Los Ángeles. Tenían un equipo que intimidaba: José Canseco venía de la mejor temporada de su vida, Mark McGwire igual, Dave Henderson igual, además de los temibles lanzadores Dave Stewart, Bob Welch y por supuesto, el cerrador estrella que había liderado la temporada en juegos salvados, Dennis Eckersley. Los Dodgers en cambio, apenas habían podido clasificar a los playoffs, y salvo Orel Hershiser -su lanzador estrella-, y su emblemático mánager Tommy Lasorda, no tenían más estrellas en el equipo. Sin embargo, tenían a alguien que era más que una estrella: tenían a un líder llamado Kirk Gibson, un temible bateador zurdo que había llegado firmado proveniente de los Tigres de Detroit.

Gibson era una presencia invaluable en los camerinos y en el campo, no sólo con su bate y su defensa, sino por su liderazgo en el equipo. Si bien no había tenido una temporada como la de Canseco, McGwire o Henderson, Gibson era el motor motivacional y de liderazgo de los Dodgers. Sin embargo, las lesiones le jugaron una mala pasada y quedó inhabilitado para jugar el primer juego de la serie mundial que se jugaba en la sede de los Dodgers en Los Ángeles. Al iniciar el juego había rumores acerca de si Gibson jugaría, pero las continuas tomas de televisión enfocándolo con ambas piernas vendadas, hicieron concluir a todos que Gibson se quedaría en la banca apoyando al equipo desde allí.

Cualquier fanático del deporte debe saber la importancia de ganar como visitante en este tipo de instancias de series de campeonato y es por eso que los Atléticos se sentían casi ganadores de ese primer juego, estando arriba 4 carreras a 3, en el cierre del noveno inning, con dos outs y con Dennis Eckersley en el montículo. En el peor de los escenarios, si los Atléticos ganaban pero perdían el siguiente juego llegarían a su casa con la serie al menos en 1-1, y tres juegos consecutivos en Oakland, para definir el campeonato[80]. En el mejor de los casos, si los Atléticos ganaban este y el segundo juego, se irían a Oakland con ventaja de 2 juegos a 0. Cualquiera de esos dos escenarios era lo que el guion indicaba en ese momento.

Para el lector que no esté familiarizado con la complejidad estratégica del béisbol, debe tener en cuenta que es un deporte donde el más mínimo detalle cuenta y afecta lo que sucede durante el juego. Por ello le pido preste atención a las siguientes líneas: con 2 outs, Tommy Lasorda envió a batear a un bateador emergente de nombre Mike Davis, y envió al círculo de espera a un bateador de nombre Dave Anderson, quien era el titular que le correspondería batear de siguiente. Eckersley le dio base por bolas a Davis y cuál fue la sorpresa de Eckersley que en vez de Anderson aproximarse a batear, más bien se devolvió a la banca, y es nada más y nada menos que Kirk Gibson quien viene. ¿Qué había pasado? ¡Anderson era el que estaba en el círculo de espera, no Gibson!

Eckersley procedió a lanzarle a Gibson y rápidamente se puso en cuenta a favor de 0 bolas 2 strikes; después de un par de fauls, Gibson logró sacarle dos malos lanzamientos para ponerse en 2 y 2. Eckersley lanzó una vez más al plato y la pelota terminó lejos de la zona de strike: bola afuera, ¡cuenta máxima 3 y 2! Cierre del noveno inning, Atléticos 4, Dodgers 3, 2 outs, 3 bolas, 2 strikes, Dennis Eckersley –el mejor cerrador de las Grandes Ligas- en la lomita, y Kirk Gibson –zurdo,

---

[80] Un equipo se corona como campeón de la serie mundial al ganar cuatro juegos.

extremadamente peligroso bateador y el líder de los Dodgers- en el plato; la carrera del empate en segunda base y la de la victoria en las piernas quebradas forradas en vendajes de Gibson. Cuando Eckersley se preparaba para lanzar, Gibson pidió tiempo y se alejó del plato por unos segundos. Esto es algo que muchos bateadores hacen para recomponerse mentalmente en estas situaciones de tensión y presión absoluta. Gibson dio unos pasos atrás y después de respirar un poco, regresó al plato. Eckersley se acomodó y se dispuso a lanzar.

El siguiente lanzamiento de Eckersley fue una slider que intentó romper hacia afuera. Gibson, haciendo un swing poco ortodoxo, casi con una mano, puso todo lo que tenía y mandó la pelota a las gradas con una contundencia que ni siquiera Canseco hizo el menor esfuerzo de buscarla. Recuerdo como si hubiese sido ayer que el narrador del juego, el mítico Vic Scully, sin dudarlo dijo: - "*She's gone!*" Se me erizan los vellos de recordar ese momento. Resultado final: Dodgers 5, Atléticos 4. Eckersley y el resto de los Atléticos quedaron en shock, desmoralizados y nunca pudieron recuperarse de lo que pasó en esos minutos. Perdieron el segundo juego y dos de los siguientes tres, y fue de esa forma como los Dodgers de Los Ángeles, contra todo pronóstico, se titularon Campeones de la Serie Mundial de 1988. A continuación, voy a compartir los detalles de trasfondo, ya que hay dos importantes eventos que contribuyeron a la victoria de los Dodgers.

El primero fue el movimiento de Lasorda de enviar a Anderson al círculo de espera. Lasorda no tenía la menor intención de enfrentar a Anderson contra Eckersley, ya que siempre tuvo en mente que si Davis lograba llegar a primera base, Gibson sería el próximo bateador. Lasorda envió a Anderson para servir de señuelo. Cuando Eckersley perdió a Davis, él estaba confiado que podría dominar a Anderson y estaba preparado mentalmente para eso. Ver a Gibson fue una sorpresa y algo inesperado: se había arruinado su plan de pitcheo. El objetivo de Lasorda fue poner a Eckersley nervioso y lo logró. En ese nivel de competitividad, el mínimo detalle hace una enorme diferencia, y poner nervioso a Eckersley –el mejor cerrador de las Grandes Ligas- y romperle su esquema de pitcheo era un logro monumental, mucho más al saber que enfrentaría al mejor bateador y líder insignia de los Dodgers. ¡Hablemos de presión! Aquí haré un paréntesis:

Existe un concepto manejado por entrenadores y atletas de alta competencia, el cual es el *"reflejo condicionado ante la presión"*. El *reflejo condicionado ante la presión* ocurre cuando un ser humano se ve confrontado por un momento de presión, y la respuesta del individuo surgirá por un reflejo que está grabado en su subconsciente. Es una decisión internalizada que se dará por instinto. Por ejemplo: el lector tenista amateur debe saber que la mayoría de las veces que un tenista zurdo está ante un punto de quiebre de su saque en el lado de la ventaja, el tenista zurdo casi siempre va a sacar abierto con curva hacia afuera al cuadro de la ventaja (primordialmente en niveles amateur). Eso en tenis se conoce como "el saque automático del zurdo, abierto con curva", porque es un saque que en un alto porcentaje de las veces hace que el jugador zurdo gane ese punto. No es como el resto de los puntos del partido en los que hay que pensar "¿Le saco fuerte al centro? ¿O a su revés con efecto? ¿O con curva al cuerpo? ¿O con kick a la T?..." Lo que quiero decir es que la mayoría de las veces que un tenista zurdo amateur se encuentra en la situación de punto de quiebre en el lado de la ventaja, ni siquiera piensa el saque que va a hacer. Sacar abierto con curva, es su *reflejo condicionado ante la presión*. En competiciones de alto desempeño, hay muchos otros factores a tomar en cuenta de los cuales no hablaré. Cierro paréntesis.

El segundo detalle ocurrió cuando Eckersley lanzó la tercera bola mala y la cuenta de Gibson se puso en 3 bolas y 2 strikes. Cuando Eckersley se preparaba para lanzarle, Gibson pidió tiempo y se alejó del plato. Sucedió que días antes de la serie mundial, Mel Didier, un scout de los Dodgers de Los Ángeles, sostuvo una reunión con el equipo en la cual presentó los resultados de su informe acerca de los lanzadores de los Atléticos. En dicha reunión, Didier con su típico acento sureño, fue enfático cuando recalcó una sección de su reporte que trataba el análisis del lanzador Dennis Eckersley:

- "¡HELMAAAAANO! Le digo taaaaaan seguro como que estoy aquí para'o respirando que contra Eckersley, ¡usté va a vel una slider rompiendo hacia afueeeeraaaaaaa en cuenta de 3 y 2!"

Años más tarde Gibson en una entrevista compartió lo siguiente:

"Si ven el partido grabado pueden ver que cuando la cuenta llegó a 3 y 2, yo pedí tiempo y me alejé del plato, (Gibson ríe) jejejejeje, y es que... yo sentí que podía verlo (a Mel Didier) como si estuviese frente a mí hablándome y diciendo: -'HELMAAAAAAANO! Le digo taaaaaaaan seguro como que estoy aquí para'o respirando que contra Eckersley, ¡usté va a vel una slider rompiendo hacia afueeeeeraaaa en cuenta de 3 y 2!'- y recordando sus palabras, fue entonces cuando me dije a mí mismo, 'va a lanzar una slider rompiendo hacia afuera. Es tuya'. Le di con todo lo que tenía. El resto es historia."

Ese fue el reflejo condicionado ante la presión de Eckersley. Si busca las entrevistas que le hacen a Eckersley, él mismo admite que ni siquiera estaba consciente de que lanzaba sliders rompiendo hacia afuera ante bateadores zurdos en cuenta de 3 y 2. Así fue como los Dodgers ganaron la Serie Mundial de 1988. El home run de Gibson es uno de los momentos más icónicos y emblemáticos de toda la historia del béisbol de las Grandes Ligas y es gracias en parte a Tom Lasorda y en gran parte a un héroe anónimo: Mel Didier.

Hubo una competencia de Tae Kwon Do a la cual yo fui en Venezuela, donde uno de los muchachos que le tocaba competir era zurdo y siempre cambiaba de guardia para acomodarse con su pierna zurda para encarar al rival. En esa ocasión, recuerdo que antes de empezar la pelea final, nuestro Sabom[81] le dio agua, le habló y le dijo algunas cosas. Cuando iba a empezar la pelea, le dijo:

- *"¡Este tipo es difícil! Yo sé que no pudimos practicar cambio de postura, pero bueno... yo sé que eres derecho, pero trata de cuadrarte a la zurda, y bueno... ¡pégale con la zurda!"*

A lo que el chico contestó: - "Sabom, yo soy zurdo..."

Si esa situación de los Dodgers contra los Atléticos hubiese sucedido en Venezuela, de más está decir que los Atléticos hubiesen ganado la serie. Difícilmente un mánager venezolano hubiese tenido la brillante idea de hacer una sustitución para poner nervioso al cerrador y mucho menos algún equipo venezolano de béisbol hubiese contado con un scout dando un reporte preciso 99.9% infalible del lanzamiento

---

[81] Profesor de Tae Kwon Do en coreano.

que iba a tirar el pitcher en cuenta de 3 y 2. Nada de eso hubiese pasado. Lo más probable que hubiese pasado era que el mánager le hubiese gritado al zurdo Gibson desde la banca del equipo: - "*¡Pégale con la zurda!*" Esos eran los motivos por los cuales Venezuela estuvo llena de gente como Pablo Dagnino, José Antonio de Armas, Jimy Szymanski y otros cientos de personas que no estaban, ni nunca debieron ser músicos o atletas de alta competencia. Para ser un atleta de alta competencia o músico, hay que tener deseos y hambre de ganar. Hay que tener ganas de superarse y eso solo se logra si la persona tiene hambre. No estoy diciendo que haya que ser pobre para ser un campeón o un gran músico. Estoy diciendo que a veces, el no ser rico o de familia pudiente, es un elemento motivador muy poderoso impulsado por el hambre y los deseos de ganar.

Es imperdonable e inaceptable que al Sol de hoy Venezuela no haya ganado el Mundial de Béisbol, de la misma forma como es imperdonable el hecho de que Venezuela tenga tantas opciones para destacarse en el ámbito deportivo y no consigue hacerlo en ninguna de ellas, por la falta de identidad de los venezolanos, por la falta de apoyo y visión a largo plazo en el deporte y la cultura en general.

Ir al Instituto Nacional del Deporte era una experiencia deprimente. El estadio Brígido Iriarte era tétrico. El Parque Naciones Unidas y el Parque Miranda eran decentes en el mejor de los casos. Los estadios de béisbol y fútbol de la Universidad Central, que eran utilizados por equipos de ligas profesionales, se les hacía muy poco mantenimiento, y gracias a esto sus estructuras cayeron en deterioro. Gustavo Dudamel es de lo pocos venezolanos sobresalientes que ha producido Venezuela, ya que combina un talento que raya en genio y que tuvo un inmenso apoyo de parte del sistema. Desafortunadamente, es un simpatizante del gobierno de Chávez y Maduro, y en una ocasión en particular dirigió un concierto en el Teatro Teresa Carreño[82], al mismo tiempo que a menos de cinco kilómetros, las fuerzas del orden bajo el mando de los dirigentes que asistían a su concierto estaban asesinando a venezolanos que marchaban y protestaban en contra del gobierno, y Dudamel lo sabía y guardó un repudiable silencio.

---

[82] Un complejo cultural donde se representan conciertos sinfónicos y espectáculos diversos.

Dudamel debe ser una persona enferma e insana. Un genio loco, de quien los venezolanos irónicamente se sienten orgullosos cuando dirige la Orquesta Sinfónica de Viena, a pesar de ser cómplice de las personas que entre 1999 y el presente se han encargado de materializar la destrucción de Venezuela, porque necesitaba de su apoyo.

Dudamel es parecido a Diego Maradona, a Sean Penn y a Danny Glover. Son personas que se destacaron en su profesión, pero mentalmente no sé qué sucede con ellos: sus discursos están llenos de incoherencias e hipocresía, ya que tienen una extraña adoración ciega hacia el socialismo y el comunismo, y siempre abogan por que los ricos abandonen sus estilos de vida llenos de opulencia y se dediquen a la causa de ayudar a los pueblos pobres, pero no son capaces de entregar sus propias fortunas. El caso de Danny Glover es particularmente interesante, ya que después de haber pasado años expresando admiración hacia Hugo Chávez, eventualmente logró convencerlo para que le patrocinase una película acerca de la vida de Toussaint Louverture, y en 2007, la Asamblea Legislativa controlada por el partido de Chávez aprobó $18 millones para financiarle la película. Hasta el Sol de hoy no hay el más mínimo indicio de que haya algún tipo de avance en la etapa preproducción, o que se haya filmado ni un minuto, y Glover nunca le ha dado razón a los venezolanos de qué pasó con el dinero, excusándose en que tiene *"una larga lista de historias"* que reflejan las dificultades que ha habido para iniciar el proyecto. Es una lástima, porque películas como *Glory (Zwick, 1989)* y *Amistad (Spielberg, 1997)*, las cuales son dos de mis películas preferidas, han sido importantes para ilustrar las adversidades y luchas que han afrontado los negros, y ambas se filmaron con presupuestos cercanos al que recibió Glover. Sería muy interesante ver su película de Louverture, pero todo parece indicar que solo nos quedaremos con saber que era un fan de Chávez, que recibió el dinero y que nunca pudo filmarla.

Dudamel, quizás al igual que Glover, pasó muchos años expresando una admiración y adoración ciega hacia Chávez, al igual que Maradona y Penn también lo hicieron. Debo reconocer sus grandes talentos, pero nunca comprenderé su incapacidad de ver la realidad de lo que estaba pasando con Chávez en Venezuela, y el daño que muchos venezolanos sufrieron.

Si Dudamel no hubiese sido pudiente o partidario del gobierno, nunca hubiera recibido el apoyo que necesitó para catapultarse adonde se encuentra hoy, y probablemente estaría tocando violín en alguna estación del Metro. Qué ironía, que uno de los más grandes talentos que ha producido Venezuela, sea precisamente una imagen a quien nadie debería admirar como persona y estoy siendo lo más honesto posible, ya que Dudamel es uno de los directores más geniales en la actualidad, y sus conciertos son realmente majestuosos. Supongo que después de todo, se debe separar al profesional de la persona.

Si bien Dudamel es un genio loco y adorador de Chávez, que recibió apoyo político y quizás económico, y que triunfó gracias a su talento más sus conexiones con el gobierno, siempre pensé que si en Venezuela había gente extremadamente brillante como Raúl, Andrew, Lotty, Jacobo y Félix de la Simón Bolívar, es decir, gente que en teoría no necesitaba de apoyo político y que yo pondría de tú a tú con cualquier genio del Cambridge o del MIT, también debía haber gente igual de talentosa en el deporte y en la música que no necesitase de apoyo político para triunfar. Pero de nuevo se repetía el mismo guion que ocurría con los egresados de la Simón Bolívar, o quizás peor ya que en este caso ni siquiera había la posibilidad de descubrir si había alguien talentoso en el deporte o la música. Es de esa forma como en Venezuela se apoyaba al equivalente de los egresados de la Metropolitana, la Católica y la Santa María, en el deporte y la música, y nunca se sabía en dónde estaban los que de verdad tenían el talento y necesitaban el apoyo para sobresalir.

Por eso Venezuela nunca tuvo a un tenista de clase similar a Argentina, Paraguay o Chile, mucho menos a un Pete Sampras o a un Paul McCartney. Aunado a la falta de visión a largo plazo, a la falta de identidad, y a la falta de educación, poco a poco iba entendiendo cómo se solidificaban las diferencias entre un país desarrollado del primer mundo y un país subdesarrollado del tercer mundo: no era un problema de las arepas, las empanadas o las caraotas venezolanas. Era algo que iba más allá de eso. Mucho más allá…

11

Primer mundo...

Tercer mundo

Las bicicletas que no rodaban.

Una de las peores emociones del ser humano es la envidia. Las personas que miran de abajo hacia arriba a aquellos que han conseguido el éxito siempre ven los logros: la enorme mansión, los autos lujosos, los contratos o salarios de millones de dólares, pero no ven el trabajo que se hizo para conseguir el éxito. Lo mismo aplica para las sociedades. Los venezolanos miraban de abajo hacia arriba a países como Alemania, Japón y Estados Unidos, imaginando que todo había aparecido de la noche a la mañana, sin darse cuenta de que había sido por las formas de pensar y de afrontar las vicisitudes, tanto las inesperadas causadas por fenómenos de la naturaleza, como las que ocurren en el día a día de una sociedad. Uno de esos venezolanos era la esposa de mi amigo José (quien mencioné al final del capítulo *Educación vs. Democracia*), a quien llamaré Ana.

La conocí en 2002 y estaría siendo moderado cuando digo que sus sentimientos hacia mí fueron de odio a primera vista. Yo le caía muy mal por diversos motivos entre los cuales incluyen mi tipo de personalidad y por ser nativo de "*El Imperio*[83]", siendo ella chavista por naturaleza y "*antimperialista*". El hecho de que ella trabajase en el Ministerio de Relaciones Exteriores con Alí Rodríguez y que estuviese rodeada de un entorno chavista tampoco ayudaba. Apartando el protocolo formal de saludarnos cuando coincidíamos, más que todo por respeto hacia José (un muchacho de corriente ideológica opositora al gobierno y totalmente antichavista), por espacio de cinco años yo creo que habré cruzado palabra con Ana dos veces y en ambas ocasiones la conversación se limitó a "*¿cómo estás?*", seguido de "*bien*".

Con el tiempo y quizás a través de largas conversaciones con José, creo que ella empezó a digerir que yo no era tan malo como ella pensaba y poco a poco Ana y yo empezamos a tratarnos un poco más allá del "*¿cómo estás?*" Aun así, las conversaciones nunca duraban más de dos o tres minutos y nunca tocaban algún tema concreto o profundo. Esa situación cambió un día en 2010 cuando le ofrecí a José pasar unas vacaciones con Ana, con ellos quedándose en mi casa en Orlando. Me gustaría pensar lo que ella pensó cuando José le transmitió el ofrecimiento que yo había hecho.

Yo soy una persona ácida, con un humor negro y retorcido, que a veces llega al punto de quebrar incluso hasta a los más duros. Cuando parece que voy a detenerme o que ya la broma, la burla o el chiste llegó al punto suficiente, yo sigo, profundizo, y me afinco más sobre la víctima, y apenas estoy empezando. Esto saca de quicio a mucha gente y en ocasiones ha habido llantos, desmayos, ataques de ira, platos volando hacia mí y conductas similares. Parte de esa conducta fue la que contribuyó a que Ana me odiase en años anteriores. No puedo imaginar lo que pasaba por su mente días antes de pisar mi casa, al asimilar que estaría conviviendo veinticinco días conmigo en lo que para ella era mi terreno: "*El Imperio*". Menciono esto porque para el momento que Ana llegaba de vacaciones a mi casa, ella había sido despedida del Ministerio. Hubo un cambio en la dirección de su

---

[83] Calificativo que utilizan los Chavistas para referirse a Estados Unidos.

departamento y como suele ocurrir en cargos políticos, la persona que entró sacó al personal viejo, incluyéndola en este caso a ella. Para el momento del viaje al "Imperio", ella llevaba más de seis meses desempleada, algo que a mí me sorprendía puesto que se supone -o al menos yo lo pensaba- que los chavistas no le hacían daño a su propia gente (así como también pensaba que los venezolanos no le hacen daño a su propia gente).

Cuando Ana trabajaba en el Ministerio, yo siempre bromeaba, me burlaba y le hacía chistes a José acerca de lo inútil del Ministerio, lo inútil del departamento de Ana, y sin tapujos ni pena acerca de lo inútil del cargo de Ana, y lo que sea que estuviese haciendo en ese trabajo inútil rodeada de ineptos o corruptos. Las bromas y burlas se triplicaban cuando ella viajaba a países como Bolivia, Brasil y Uruguay, (entre otros), para "firmar importantes acuerdos de cooperación". José y yo frecuentemente hacíamos conferencias telefónicas y de vez en cuando yo soltaba algún comentario alusivo a Ana. Entre mis comentarios burlas y bromas estaban los siguientes:

- Exactamente, ¿qué dicen esos acuerdos que firma Ana?
- Quiero ver uno de esos acuerdos para ver que dice. Dile a Ana que le saque una copia a uno. ¡Yo le pago la fotocopia!
- ¿En qué consisten esas cooperaciones?
- ¿Cómo es que esos acuerdos van a mejorar la situación del país?
- ¿Quién redactó ese acuerdo? ¿Usaron el corrector ortográfico antes de imprimir?
- ¿Quiénes firman el acuerdo?
- ¿Ana pasó cinco años estudiando una carrera profesional para ser mensajera de Alí (Rodríguez)?
- ¿Qué estupidez es la que firmaron ahora?
- ¿Cuánto petróleo le van a regalar a Bolivia a cambio de coca?
- ¿Cuánta más energía le van a seguir regalando a Brasil?
- Me sobran unos cables en la casa de unas extensiones que compré y nunca utilicé. ¿Las necesitan para el acuerdo de cooperación energética que firmaron con Uruguay?

- ¿Qué estupidez está haciendo Ana ahora en Brasil, aparte de comprar CDs de Bossa Nova?
- ¡Mis impuestos pagan la cena de Ana esta noche en un costoso hotel en Brasil!
- ¿Cuántas personas trabajan en ese departamento por Dios?
- ¿Esos chavistas usan Excel para redactar cartas?

Ana sabía de estos comentarios, y eso era parte de lo que le molestaba de mí. Cuando fue despedida buscó trabajo en otra institución del gobierno, pero como comprenderá, los cargos en la política se obtienen y se pierden con las conexiones. Decepcionada, se resignó a que su propia gente la había abandonado y dejó de buscar trabajo con el gobierno, aceptando que más nunca trabajaría con Chávez y que quizás debía separarse de ese entorno. Aun así, si bien yo fui comprensivo con ella, lo que de verdad quería mostrarle era que sus ideales no servían de nada y que había tomado la decisión correcta alejándose de esa gente. Su visita a mi país, "*El Imperio*" según ella, me caía como anillo al dedo en el momento más oportuno. Adicionalmente, Ana es una chica humilde originaria de Turmero[84] y hasta ese momento, en su vida había pisado Estados Unidos.

Ana llegó a Orlando con José a eso de las tres de la tarde y luego de salir del área de seguridad del aeropuerto, puso la misma cara de asombro que todo venezolano pone la primera vez que pisa Estados Unidos o casi cualquier país desarrollado. No había salido del aeropuerto y ya estaba sorprendida del orden, la limpieza, lo agradable, lo bonito y bien conservado de las instalaciones, y más aún, de la amabilidad de las personas. Al salir, llegar al estacionamiento y mientras yo conducía en la vía hacia mi casa, el rostro de Ana reflejaba cada vez más asombro e incredulidad ante lo que veía. Durante el trayecto yo mantuve mi compostura, seriedad y calma. Era la primera vez que Ana se montaba conmigo en un automóvil y más aún sentada en el asiento de copiloto a mi lado. Debo quitarme el sombrero ante Sergio, pues la verdad hizo un excelente trabajo en preparar a Ana para interactuar conmigo.

---

[84] Turmero es un pueblo de unos 50.000 habitantes, a una hora y veinte minutos en auto de Caracas.

Mi casa quedaba en Lake Mary, en el extremo norte de la ciudad, lejos de los parques y las atracciones turísticas. La ruta que yo tomaba para ir a mi casa desde el aeropuerto es distinta a la que toman los turistas para llegar a sus hoteles. Esas rutas turísticas muestran a lo largo del camino, las atracciones de la ciudad y son el reflejo de Orlando como ciudad turística. La ruta hacia mi casa es tomando la 417 Norte y no se aprecia ni un solo aviso alusivo al turismo, sino que se aprecia a la ciudad normal. Lejos de ver vallas de Universal, se ven lagos, árboles, más lagos, más árboles y casas bonitas. Mientras manejaba, Ana se deleitaba con el paisaje y hacía una que otra pregunta sobre la belleza de la ciudad. Se veía a leguas que quería bombardearme a preguntas y que también estaba aguantando expresarse sobre la belleza del ambiente que le rodeaba, radicalmente distinto al que se ve en la Autopista Regional del Centro, la Autopista Valle Coche o la Autopista Francisco Fajardo[85].

Les comenté que había dejado la nevera vacía a propósito para que los tres fuésemos a hacer mercado y que ellos pudiesen comprar lo que quisieran, algo que me parecía ideal para romper el hielo y que Ana y yo pudiésemos interactuar. Después de todo, yo sabía que ellos cocinaban muy bien y que más aún, lo disfrutaban y lo hacían con placer. Es decir, cocinar no sería una tarea que les arruinaría sus vacaciones, sino que por el contrario, las haría placenteras. Ir al supermercado sería tan divertido como ir a Disney.

Llegamos a mi casa y luego los llevé a *Publix*. Entramos a las cuatro y salimos casi a las siete de la noche. En total, Ana pasó tres horas viendo todos los cereales, las frutas, jugos, condimentos, carnes, pollos, pescados, sopas, papel sanitario… sumergida en los pasillos del supermercado. Es decir, ella vivió el mismo efecto que yo cuando pisé *Central Madeirense* de El Cementerio por primera vez, pero al revés. Después fuimos a *Best Buy* ya que José quería comprar memorias para su cámara. Ana, de nuevo impresionada ante la abundancia y diversidad de productos, comentó: -"*¿Mañana podemos volver con más calma?*" La misión del primer día había sido lograda.

---

[85] Tres de las principales autopistas de acceso a Caracas.

El segundo día fuimos a los parques. No voy a ahondar mucho en esto, ya que el lector puede hacerse la idea de lo que puede sentir una chica humilde de Turmero al pisar *Disney* por primera vez en su vida. Durante todo el día, me mantuve frío, con calma y con cordura.

El tercer día fuimos a los Outlets, ya que Ana tenía planificado comprar algunas cosas para su casa. Al finalizar el día le comenté: "Si gustas, mañana podemos ir a *Target* para que se hagan una idea final de dónde pueden comprar lo que buscan." Para esta instancia Ana estaba muy abrumada con todo lo que había visto.

El día siguiente fuimos a *Target* y apenas entramos, los ojos de Ana –grandes de por sí- se abrieron como dos faros paseando entre los pasillos de la tienda, sin rumbo ni destino definido, maravillada de la abundancia, riqueza y recompensa al poder adquisitivo. Se podía ver en su mirada que estaba a merced del capitalismo. -*"Amor"*- le dijo a Sergio - *"¿Será muy caro si pedimos un contenedor y compramos todas las cosas que necesitamos para la casa?"* Yo sonreí por dentro: estaba acabada. Ahora solo tenía que esperar el momento adecuado en el que no tuviese escape alguno y el momento llegó un par de horas después en el camino hacia los parques de *Disney*. Mientras conducía, miré a Ana y vi que su mirada continuaba perdida y estaba en shock. Creo que hasta José se dio cuenta, de la misma forma como imagino que se dio cuenta de lo que pasaría cuando abrí mi boca para finalmente encararla:

- "¡Ana! Cuéntame. Has pasado tres días en '*El Imperio*', ¿qué opinas de todo esto?"

Ella volteó a verme en silencio y con el gesto que hizo concedió su derrota: alzó su mano derecha lo más alto que pudo pegándola al techo del auto, como simulando una barra y dijo: *"Primer mundo…"*, y luego procedió a bajar la misma mano, lo más bajo y cerca que pudo al piso y dijo: *"Tercer mundo"*. José y yo soltamos una carcajada de risa, a la cual ella no tuvo más otra opción que unirse. Costó ocho años, pero por fin el hielo se había roto entre Ana y yo. Finalmente podría hacerle todas las preguntas que yo quería, que antes las hacía a través de José, y que ella sabía que yo hacía.

Después de las risas le reiteré la pregunta: - *"En serio Ana, dime ¿qué opinas?"* Ana dio una respuesta titubeante igual a la que Pedro Carreño[86] dio cuando le preguntaron que cómo era posible que él hablase de socialismo y odio a la riqueza, cuando él vestía unos zapatos *Gucci* y una corbata *Louis Vuitton*. En esencia, Ana alegó que se rendía y que no salía de su asombro ante la abundancia, riqueza y despliegue de poder del capitalismo, pero que la diferencia entre Estados Unidos, y Venezuela y el resto de los países subdesarrollados que ella había conocido, se debía a la explotación por parte de "El Imperio" de los países más pobres y desafortunados. Obviamente yo no la iba a perdonar. Estuve esperando este momento por mucho tiempo y creo que en parte José también. En esencia, Ana reconoció que Venezuela era algo muy insignificante comparado con el poder de "El Imperio".

"Ana"- le dije –"¿Cuántos años tiene *Disney* de fundado? *Disney* tiene 40 años. Mira esta autopista, mira esta ciudad – le dije señalando el centro de Orlando y el estadio de los *Orlando Magic* - "¿Crees que esos edificios nacieron allí? ¿Crees que esto existía cuando no estaban los parques? Observa esta autopista. ¿Cuántos canales tiene? ¿Ves cola o tráfico que no ruede? Esta autopista comenzó con solo dos canales; hoy tiene seis y pronto van a ampliarla a ocho. ¿Sabes cuál es la historia de *Disney*? A principios de los años 60, Walt Disney quería construir un parque en Florida y empezó a comprar extensiones de tierra de cientos de acres, cuyo valor por metro cuadrado era ridículo. Era un pantano lleno de lodo, matas y agua. No había nada en lo absoluto. Con el tiempo, empezó a construir lo que sería *Magic Kingdom*. Eso puso a Orlando en el mapa, y llegaron los turistas. Luego *Disney* construyó *Epcot*, y aumentó la cantidad de turistas y Orlando explotó. Mira todo esto Ana. Nada de esto se construyó explotando a países pobres menos privilegiados. Esos edificios, ese estadio, esta autopista, los parques a donde vamos, nada de eso se construyó explotando a nadie. ¿Y sabes una cosa? Tampoco se construyó firmando acuerdos de cooperación

---

[86] Pedro Carreño es un Diputado, Ministro y militante chavista, notorio por la cantidad de brutalidades y estupideces que dice cada vez que habla en público, como una ocasión en la cual sugirió que los decodificadores de DirecTV tienen videocámaras espías instaladas en el dispositivo, y cuya función es grabar a las familias hablando en contra del gobierno, para enviar la data a EE. UU. En la ocasión cuando ocurrió la entrevista con el periodista al cual el autor se refiere, Pedro Carreño quedó varios segundos titubeando y sin poder modular palabra. El lector puede ver la reacción de Carreño en YouTube.

bilaterales de decenas de millones de dólares. La construcción de los parques trajo miles de empleos directos a Orlando y cientos de miles indirectos. Para construir los parques hacía falta cemento, cabillas, electricidad, transporte y mano de obra. Los obreros necesitaban casas para vivir y eso en consecuencia hizo que desarrolladores construyeran casas en la ciudad. Los nuevos habitantes ahora tenían necesidades. Necesitaban supermercados para comprar sus alimentos. Llegaron las tiendas de comida como las que acabas de ver. El transporte necesitaba reponer gasolina y llegaron las estaciones de gasolina. Había que enviar carga y mensajería y llegaron las empresas de mensajería. Esto implicaba nuevos empleados y más nuevos empleados para operar las gasolineras, las tiendas de comida y las tiendas de mensajería. Esos empleados necesitarían distracciones, así que llegaron los restaurantes, salas de bowling, cines, discotecas, y canchas deportivas. Para cuidar toda esa infraestructura hace falta personal, y más nuevos empleados llegaron a la ciudad.

Hoy en día *Disney* tiene siete parques: cuatro insignias, dos parques de agua y un downtown, y *Universal* tiene dos parques y un downtown. *SeaWorld* tiene un parque. Hasta Dios tiene su propio parque. Hace poco inauguraron el *Centro de Convenciones Orange*, el cual es el más grande de la costa este de Estados Unidos. Cientos de empresas celebran sus eventos allí. Hay un equipo de básquet y pronto va a haber un equipo de fútbol. ¿Puedes intentar imaginar cuántos empleos directos e indirectos genera esta ciudad? Ninguno de estos edificios, nada de esto se logró firmando acuerdos de cooperación bilateral con otros países. Todo esto se logró con trabajo. Puro y simple trabajo y ganas de hacer las cosas bien. Hoy, solamente los parques emplean a decenas de miles de personas directamente y millones de forma indirecta. ¿Cuántos de tus acuerdos de cooperación bilateral trajeron millones de empleos lucrativos a los países que los firmaron? ¿Cuántos hicieron que una ciudad llena de pantanos y lodo pasase de ser un cero a la izquierda, a ser el centro de convenciones y turismo más importante de su país?"

Ana quedó muda y pensativa por varios segundos que parecieron ser una eternidad.

- "Estoy esperando Ana. Respóndeme. Esto no es una de esas situaciones de película en las cuales yo pregunto algo y tú te quedas callada y suena una música de suspenso. Contéstame, ¿cuántos de los acuerdos que firmaron en el Ministerio sirvieron par…?"

- "¡NINGUNO!"- gritó, sin dejarme terminar.

Después de unos tres segundos de silencio que parecieron eternos, yo tenía que seguir. Ya no podía detenerme: - "¿Eso significa que ya puedo preguntarte lo que siempre he querido?"

- "Sí…"- dijo resignada, con una sonrisa, como sabiendo lo que le venía. –"Pregunta lo que quieras, ya que más da."-

- "Está bien, en serio: ¿cuántos de tus acuerdos de cooperación bilateral trajo millones de empleos a los países que los firmaron?"

- "Ninguno, Dick[87]. Ninguno. ¿Qué quieres que te diga? Todos los acuerdos eran una basura. Yo recuerdo que yo te escuchaba cuando tú hablabas con José por Skype, y te maldecía. Recuerdo que le preguntabas si en mi oficina usaban el corrector ortográfico de Word y recuerdo que te burlabas… y ¿sabes qué es lo arrecho Dick? ¿Quieres saber qué es lo arrecho? NO lo usaban. NI SIQUIERA USABAN EL MALDITO CORRECTOR DE WORD. Yo te escuchaba hablando con José y me hervía la sangre. Me cansé de ver contratos y documentos con errores, burradas, bestialidades de ortografía, redacción y gramática. Pero eso no es todo. Lo peor es lo que tú dices: ninguno de los acuerdos que se firmaban, servían para un coño. Nada servía, nada avanzaba, nadie hacía nada. Era plata y plata y millones de dólares por todos lados; millones de dólares que pasaban de proyecto en proyecto, uno tras otro, y absolutamente ninguno se concluía. Yo los vi. Los vi con mis propios ojos. Ningún acuerdo, ni ningún proyecto servía para nada. Todo era un desastre. Siempre había un problema, un inconveniente, algo que impedía que se completasen por algún motivo u otro. Uno a uno, los dejaban archivados en alguna parte para

---

[87] Una variante del sobrenombre del autor *"Cerebelo"* o *"Cerebro"* (como se expuso en el Prólogo). La variante *"Dick"* fue inventada por Darwin López (hermano del autor del Prólogo, Lorne), y resulta de un interesante juego de palabras entre el español y el inglés, dado que el autor es nativo de los Estados Unidos. Al igual que *"Cerebro"*, o *"Cerebelo"*, también quiere decir *"una persona muy brillante"*.

solucionarlos más adelante, pero eso nunca pasaba. Se quedaba engavetado y poco a poco se iban olvidando de él, hasta que llegaba otro proyecto nuevo, que supuestamente ese sí iba a funcionar y sí iba a salvar la patria; firmábamos todo y cuando llegábamos a algún punto donde se encontraba una traba, la persona o los que se supone debían ayudarnos no aparecían y todo se quedaba parado. No te imaginas cuántos proyectos vi que iban a solucionar lo que el proyecto o acuerdo anterior había dejado inconcluso, y luego ese mismo proyecto se quedaba varado, y al mes siguiente alguien presentaba otro acuerdo para arreglar ahora sí definitivamente, de una vez por todas y para siempre todas las fallas, para de nuevo quedar varado otra vez por algún motivo, alguna instrucción que no se entendió, o alguna cláusula que nadie leyó, y que requería otra cosa más, o había que pagar más plata. Era una hilera sin fin de proyectos, acuerdos y contratos, uno tras otro y nunca, nunca se terminó ni uno. Nunca, ni uno solo chamo."

- "Y de todos los millonarios proyectos inconclusos, ¿cuál fue el que más te impactó?" – le dije.

Ella sin dudarlo contestó en menos de un segundo: "El de las bicicletas, ¿recuerdas mi amor?"- dijo, volteando a ver a José, dejando ver que ella ya le había contado a él.

- "¡Seeeeeeh!"- Contestó José, afirmando que sin duda alguna ese había sido el peor.

- "¿Bicicletas?" – dije yo.

Ella continuó: "Sí. Había un proyecto de unas bicicletas populares para el pueblo, para educar a la gente a que manejase bicicletas y bueno, cuidar la naturaleza, no contaminar, reducir el tráfico y ya te puedes imaginar. El primer pedido de las bicicletas costó dieciocho millones de Dólares."

- "¿Diez y ocho millones de Dólares?"

- "Sí."

"¿Cuántas bicicletas iban a comprar? ¿900.000?"

- "Un millón."

- "Y ¿qué pasó?"

Ana sonrió: - "Dick. Íbamos a comprar un millón de bicicletas, pero nadie nunca las había visto. Para hacerte corta la historia, nos llegó una caja a una reunión que teníamos y nos pusimos a armarla en plena reunión. Sergio estaba allí."- Ana reía y volteó para preguntarle a José si recordaba el fiasco: - "¿Recuerdas mi amor?"

- "¡Seeeeeeh!"

- "Eso fue un desastre. La bicicleta era imposible de armar. Sergio ayudó como pudo pero que va, era tan mala, pero tan recontra mala, que cuando parecía la tenías lista, ¡se desarmaba sola!"

- "¿En serio?"- dije volteando a ver a José.

- "Te lo juro." – contestó José.

- "Pero ¿y qué pasó, las repararon o reclamaron al proveedor?"

- "Nada, para la gaveta. Una coordinadora dijo que se haría cargo, pero nunca se supo más del caso. Pero la plata se pagó porque yo misma vi la emisión de la orden de pago y la transferencia."

- "Y ¿quién era el proveedor?"

- "No sé, un carajo ahí."

José agregó - "Cualquier cosa, Pablo Pérez. Cualquier cosa."

Con Pablo Pérez, José se refería a su primo. Dijo Pablo Pérez, porque su primo es exactamente eso: un mortal que nadie conoce. Alguien con un nombre común y corriente como Pablo Pérez, o Gabriel Torres, o Miguel Castillo, y que nunca se supo quién es y nunca se sabrá. Fue una persona que propuso un proyecto de un millón de bicicletas al Ministerio de Relaciones Exteriores, le fue aprobado, cobró su dinero y desapareció para siempre.

Yo continué: - "¿Ese fue el mayor robo que viste?"

- "Pfffffffffffff... ojalá. Ese fue el que más me impactó, pero para nada fue el mayor."- dijo Ana.

- "¿Cuál fue el más grande?"

- "Héctor, ya déjala"- dijo Sergio, insinuando que ya había sido suficiente; al menos por hoy.

- "Por favor solo esa y te dejo" – contesté.

- "Tranquilo, ya abriste la caja." – Contestó ella.

- "¿Puedo seguir con confianza?" – dije yo.

- "Sí"- dijo ella riendo, ya relajada.

- "¿Cuál fue el mayor?"

- "El de las válvulas."

- "¿Qué tipo de válvulas?"

- "Eran unas válvulas para unas tuberías, unos gasoductos o algo de eso que iban a ser instaladas en Bolívar (estado fronterizo con Brasil), para una cooperación energética con Brasil."

- "Espera. ¿De bicicletas pasamos a válvulas para gasoductos? ¿En el Ministerio de Relaciones Exteriores, se manejaban proyectos que iban desde bicicletas, hasta válvulas para tuberías para gasoductos con Brasil?"

- "Pa' que tu veas, Relaciones Exteriores."

- "Bien, y ¿qué pasó con las válvulas?"

- "Ese fue un proyecto súper complicado, porque estábamos trabajando con brasileros, y para empezar no había alguien que hablase bien portugués y mucho menos que estuviese familiarizado con las estrategias de negociación de los brasileros."

- "Los brasileros son muy astutos negociando."

- "Demasiado, jamás pierden una. El cuento es que eran para mejorar algo de las tuberías de Venezuela a Brasil, yo asumo que era la distribución, no me preguntes la parte técnica porque no la sé, ni la entendí. Lo que sí entendí fue la parte cuando el proyecto se trancó y se perdió todo. En este caso las válvulas sí se pidieron y llegaron. Lo que pasó es que el contrato decía que solo se pagaba el suministro de las válvulas, pero no la instalación, ni tampoco el know-how del software que se encargaba del funcionamiento. Es decir, lo pertinente a poner las válvulas en su sitio y ponerlas a funcionar había que pagarlo aparte y por separado."

- "Hay veces que es así."

- "Claro, eso lo aprendí yo después. El asunto es que todo el mundo involucrado en el proyecto entendió que despacharían las válvulas, las instalarían, las pondrían en funcionamiento, y nos darían soporte técnico y entrenamiento para que nosotros mismos pudiésemos usarlas. Pero los brasileros nos mandaron al carajo."

- "¿Cuánto fue la cifra?"

- "Más de cien millones de dólares y ya lo vamos a dejar hasta aquí por hoy Dick."- contestó, dejando saber que necesitaba un respiro para no deprimirse por los años que pasó trabajando en ese sitio, viendo cómo decenas de personas se hacían multimillonarias mes tras mes, para que ninguna de las obras se concluyese, y al final le diesen una patada en el trasero y la despidiesen como si fuese una basura. Algo muy similar a lo que Ana vivió en el Ministerio de Relaciones Exteriores, también ocurría durante la era bipartidista previa a Chávez (1958-98). Mucha gente lo olvidó y solo se acuerdan de la corrupción en la era chavista, pero yo no lo olvidé.

Es posible que haya corrupción en Estados Unidos, Suiza, Alemania, Japón, China, los Emiratos Árabes y otras naciones desarrolladas. Es incluso posible que haya habido corrupción durante los gobiernos de Isaías Medina Angarita y Marcos Pérez Jiménez (quizás los dos mejores de Venezuela), y sería un interesante debate si es aceptable condonarla si y solo si los proyectos vinculados con ella se ejecutasen en el plazo previsto, de forma eficiente, quedasen impecables, y su aporte al país fuese valioso y significativo. Yo particularmente pienso que no debería haber corrupción, pero puedo entender la lógica de condonarla bajo esas circunstancias.

El problema en Venezuela era que gracias a casos como los que Ana me compartió, durante muchos años desde la década de los 80 y los 90 el venezolano asociaba la ejecución de proyectos de cualquier escala e índole con actos de corrupción, y tras ver lo mal que funcionaba el país, era válido pensar así. En Estados Unidos es un poco más difícil pensar así, ya que por ejemplo en Estados Unidos denotan con unas "X" las aceras que necesitan ser reparadas y a la semana siguiente de haberlas marcado, las X ya no están y la acera está reparada, y algo similar ocurre cuando se procede a pavimentar una avenida o una autopista. En Venezuela el proceso de reparar una acera, o pavimentar una avenida o autopista en los años 80 o los 90 era muy distinto.

En Venezuela, luego de adjudicar la licitación se hacía la escarificación, pero solo pasaban la máquina por una franja de cien metros de un canal de la autopista de digamos tres canales. Luego pasaba un mes -a veces dos- para que echasen un poco de asfalto de mala calidad sobre el área en cuestión, y ¡voilà! El resultado era similar a cuando un niño juega en el piso de su casa y crea una avenida con plastilina: quedaba el pavimento viejo, y ahora parte de la autopista con pavimento nuevo en un plano más alto, creando un relieve anormal. A la semana siguiente, publicaban un anuncio que decía: "¡OBRA CULMINADA EXITOSAMENTE!" De allí el origen del chiste del americano que visitaba Caracas y que cuando se preparaba para regresarse a Estados Unidos, decía: "*Oh, muy linda ciudad Caracas, yes, pero ¡yo volver cuando esté terminada de construir!*"

Así era como pavimentaban las calles, avenidas y autopistas en Venezuela en los años 80 y los 90, y lo hacían una vez cada tantos años, aunque la autopista estuviese llena de cientos de huecos y baches. Luego de que Chávez asumió la presidencia con su nuevo gabinete, la franja a la cual le hacían escarificación ya no era de cien metros, sino que era cincuenta o treinta metros. A veces hacían los treinta metros en tres secciones separadas de diez metros, y así sumaban el total; y ya no era un mes o dos meses para poner el asfalto, sino que a veces eran tres o cuatro meses. Cualquier persona que haya cruzado la Autopista de Prados del Este o la Fajardo puede certificar lo que estoy diciendo. Algo similar ocurría con los derrumbes y daños causados durante la temporada de lluvias en Venezuela.

En Caracas había frecuentes derrumbes ocasionados por las lluvias, y siempre demoraban semanas y hasta meses en remover las obstrucciones de los árboles caídos y el pantano que se acumulaba en las vías principales, por cualquier cantidad de pretextos y excusas: no había máquinas, no había personal, es muy caro, no hay donde botarlos, no hay esto y no hay aquello, y se repetía la misma situación que ocurría con los proyectos para pavimentar o reparar aceras, calles, avenidas y autopistas. Al venezolano le parece increíble que la nieve que cae tras las tormentas que azotan a Nueva York sea removida en menos de 24 horas. El venezolano diría algo así como: *"Es que la nieve es más fácil, con el barro de los cerros y los árboles es más difícil"*, negado al hecho de que si no fuese nieve y fuese barro, pantano o lo que sea, de igual forma a la mañana siguiente todo estaría recogido, como si hubiese sido obra de un hechizo o un milagro hecho por un arcángel.

Si en Venezuela cayese una tormenta de nieve de similares proporciones a las que caen en el norte de Estados Unidos o Canadá, se hubiese declarado una emergencia nacional por un mes, se hubiese paralizado el país por dos meses, se hubiesen comprado unas máquinas especiales que hubiesen costado millones de dólares, las máquinas hubiesen llegado y no hubiesen servido, o se hubiesen dañado con el tercer uso, y hubiesen pasado seis meses para recoger la nieve de las calles.

Ese es el motivo por el cual Ana y el venezolano en general piensa que las autopistas interestatales en Estados Unidos, los edificios de sesenta pisos, los parques de Disney, los cientos de miles de empresas multimillonarias y generadoras de empleo aparecieron por obra y gracia del Espíritu Santo o algo así, o por la explotación de los países pobres. Ese es el motivo por el cual el venezolano no tiene idea de la cantidad de trabajo, tiempo, dinero, esfuerzo, compromiso, visión, ética, empeño y dedicación que hay detrás de todo lo que Estados Unidos, Japón, Alemania, Suiza, Canadá, Corea del Sur y otros países desarrollados tienen hoy en día, y que cada uno de esos logros son gracias a la sociedad que tienen, y que la sociedad está formada por personas y que esas personas tienen entre otras cualidades, trabajo, esfuerzo, visión, ética, compromiso, empeño, disciplina y dedicación, las cuales no existían en Venezuela.

En Venezuela, era un milagro lograr que un albañil se colocase el chaleco de seguridad. En una obra en Venezuela había escombros, aserrín, cemento, arena y piedra regada por todos lados. Tal vez por eso es que en Estados Unidos se levanta un complejo de viviendas en seis meses, mientras que en Venezuela levantar una sola torre de un complejo de tres edificios demoraba seis años. Eventualmente, dado que trabajé en el sector de la construcción durante mis últimos años en Venezuela, me enteré de los motivos por los cuales esto ocurría y constaté que si bien la corrupción era parte del día a día, no era más que una excusa para justificar la mentalidad subdesarrollada de los venezolanos que trabajaban en esa industria y en muchas otras.

La mayoría de mis reuniones con "constructores reconocidos" en Venezuela, fueron un fiasco. Un "constructor reconocido", en Venezuela era alguien que en algún momento de su vida reunió algo de dinero, un maestro de obras y un montón de inmigrantes ilegales; le pagó tres mangos a algún arquitecto para hacer unos planos, y logró construir un edificio de diez o quince pisos. La mayoría de esos constructores no eran ingenieros civiles, no tenían conocimientos de ingeniería civil, no eran profesionales universitarios (algunos incluso habían sido albañiles previamente), y trabajaban bajo la mentalidad de la ley de mínimo esfuerzo. Voy a ahondar en esto último, dado que los dos primeros puntos se justifican por sí solos.

El tiempo que yo viví en Venezuela (y aún hoy), una construcción se manejaba casi sin regulaciones. La mayoría de los permisos se conseguían con sobornos, no había cultura de seguridad, ni uso de equipos de protección personal, no había señalización de áreas peligrosas, los obreros iban vestidos como les daba la gana, sin camisa o sin zapatos, y no había un ente regulador que se encargase de dar el visto bueno a la zonificación, a la instalación eléctrica, a los ascensores, y a nada, y casi no había regulaciones de contaminación o daños al medio ambiente. De los pocos entes reguladores que había, casi ninguno hacía su trabajo y casi todos estaban sumergidos esquemas la corrupción. Ante este escenario, era obvio que sería imposible haber construido un edificio similar al Burj Khalifa en Caracas, ya que hubiese demorado treinta años en edificarse y su construcción hubiese estado rodeada de incontables escándalos de corrupción.

A finales de los años 90, un amigo mío que había culminado un postgrado en los Estados Unidos en Ingeniería Civil, intentó crear un modelo de negocio en Caracas que consistía en prestar servicios de Consultoría en Gerencia de Proyectos de Construcción. Mi amigo intentó venderle esta idea a los "constructores de renombre", ya que después de haber aprendido cómo se gerenciaban los proyectos en Estados Unidos, él pensaba que el venezolano debía aprender conceptos de gerencia de construcción y estándares internacionales, y por supuesto implementarlos, y también pensó que el constructor venezolano valoraría poder contar con un ente que le brindase asesoría en cómo hacer las cosas <u>bien</u>. De más está decir que la empresa de mi amigo fracasó y no pudo vender ni un solo proyecto. Las respuestas que recibía de los "constructores de renombre" eran:

- *"No hay real pa' eso."*
- *"Pa' que necesito yo eso? Yo tengo construyendo toda la vida y nunca me ha pasado nada"*
- *"Gerencia, ¿para qué? Gerencia es pa' una tienda"*
- *"Obrero no necesita gerencia. ¡Obrero solo quiere cobrar!"*

Es por eso que cuando se le pregunta a un venezolano que explique la diferencia entre Venezuela y un país desarrollado, su argumento es que en los países desarrollados *"el sistema funciona"*. Para el venezolano, si vas a construir un edificio en Miami, debes seguir los canales regulares, o como dicen ellos, *"como debe ser"*, o *"como Dios manda"*, porque las normas, las regulaciones y las leyes *"allá sí funcionan y se respetan."* En este sentido yo planteo lo siguiente: el venezolano se refiere a "el sistema" como una especie de entidad etérea, omnipresente y omnipotente que está sobre nosotros y que mantiene la energía del universo. El venezolano nunca se dio cuenta que "el sistema" es la gente. En mi experiencia profesional, nunca me ha ocurrido que cuando estoy en presencia de un incumplimiento de una norma, se aparece ante mí una entidad poderosa que flota, que no tiene forma definida y que me castiga con rayos por haber cometido una infracción. Lo que ocurre es que aparece ante mí un ser humano con una serie de normas respaldadas por su ética y valores, y ésta es la persona capaz de hacer cumplir lo que está establecido por a su vez otras personas.

En Venezuela existían normas, pero no había ni la cultura, ni la ética, ni la educación, ni la formación, ni los valores para hacerlas cumplir. En Caracas no había edificios de setenta pisos porque les hubiese sido imposible construir un proyecto de semejante magnitud al mismo tiempo que se verían en la necesidad de acatar todas las normas, regulaciones y leyes para ejecutarlo. Un enorme porcentaje de los edificios que yo conocí en Caracas tenían cientos de errores garrafales arquitectónicos y de ingeniería, los cuales aunados a una absoluta falta de cultura de cuidado, y mantenimiento preventivo de las instalaciones del edificio, resultaban en un desastre catastrófico, con las excusas siempre siendo las mismas: *"No hay dinero, eso es muy complicado, eso es una pérdida de tiempo."* Lo sé gracias a que mi trabajo en el sector de la construcción en Venezuela me permitió visitar y conocer a detalle cientos de edificios y construcciones, algo sobre lo cual ahondaré en el capítulo "_____ es un reflejo del país".

Por estas razones era cuestión de tiempo para que cualquier área pública o privada en Venezuela se deteriorase y alcanzase un estado de abandono, descuido, dejadez y desidia absoluta, y eso incluye el Metro de Caracas, que por muchos años era catalogado como la envidia del mundo por ser un metro limpio, eficiente y un modelo a seguir. Por un breve periodo en los años 80, el Metro de Caracas era lo único de lo cual los venezolanos se sentían orgullosos, ya que era lo único que tenía una remota semejanza a lo que se encuentra en un país desarrollado. Lamentablemente esa realidad no duró mucho.

El Metro de Caracas fue inaugurado en 1983 y La Hoyada era quizás la estación de Metro más importante y transitada de Caracas, comparable a Grand Central Terminal o Penn Station en Nueva York. Hoy en día es una de las zonas más peligrosas de la ciudad, pero aunque usted no lo crea, hubo una breve época en la cual llegó a ser un ejemplo de limpieza, orden y pulcritud. Sin embargo, para finales de los 80, La Hoyada y sus alrededores empezaron a convertirse en una zona que albergaba a los comerciantes informales que eran conocidos como *"buhoneros"*, quienes eran gente que llegaba sin ningún tipo de permiso, se tiraban en el suelo con mercancía barata y la vendían a los transeúntes. Primero llegaron diez buhoneros y luego esos diez pasaron a ser treinta. Con los buhoneros y el comercio informal, llegó la basura, el hambre, drogas, prostitución, violencia y demás aspectos negativos de una sociedad informal disfuncional. En ocasiones la policía se presentaba de sorpresa y los buhoneros salían corriendo con su mercancía; en minutos la zona quedaba totalmente vacía, pero media hora después de que la policía se marchaba, ellos regresaban como si nada hubiese pasado y se quedaban allí por el resto del día.

Eventualmente se llegó al punto en el que los policías ya no se presentaban de sorpresa, sino que simplemente llegaban caminando con la mayor calma del mundo, hablaban con los buhoneros, los *"matraqueaban*[88]*"*, y se iban. Con el tiempo los buhoneros aumentaron a más de cien, y en algún momento construyeron ranchos de cartón y zinc en la salida y alrededores de La Hoyada. Para 1995, el área estaba totalmente tomada por los buhoneros y el comercio informal, con las respectivas consecuencias que mencioné, y ya para esta instancia sacar a todo ese montón de parásitos de allí ya no era una simple orden, ya que para ese momento vivían familias enteras en las casas rurales construidas de cartón y zinc, y el problema había escalado a un punto en el cual tendría que haber intervenido el ejército o algo así.

Quizás el lector venezolano recuerde un famoso tiroteo de bandas que vivían en La Hoyada que ocurrió en 1998, en el que murieron dos personas, entre los cuales había una estudiante de medicina de la Universidad Central, que estaba saliendo de la estación del Metro junto con su mamá e iban camino a su casa. Esa chica era prima de una muchacha que luego sería mi novia. La chica, abaleada y herida mortalmente, murió en los brazos de su madre. Sus últimas palabras mientras su madre la sujetaba, fueron: *"Mami, me estoy muriendo…"*

Los culpables de que esa chica muriese fueron el siguiente grupo de personas: el inepto Presidente Rafael Caldera; el inepto Ministro de Coordinación y Planificación Teodoro Petkoff; el inepto Ministro del Interior, Asdrúbal Aguiar; y el inepto Alcalde del Municipio Libertador, Antonio Ledezma, así como también todos aquellos que les precedieron en sus respectivos cargos desde el primer día que empezó el problema de los buhoneros, es decir, Ricardo Hausmann, Carlos

---

[88] Expresión que significa pedir dinero a cambio de hacerse la vista gorda a un crimen o algo ilegal.

Andrés Pérez, Miguel Rodríguez, Hernán Anzola, Edgar Pisani, Carmelo Lauría, Virgilio Ávila Vivas, Alejandro Izaguirre y Ramón Escovar Salom. Así como soy justo para decir que Luis Tascón, Rafael Ramírez, Jesse Chacón, Luis Motta y muchos otros funcionarios del gobierno de Chávez y Maduro fueron (o son) unos ineptos, también debo decirlo del otro grupo de personas. Lo digo porque el tiroteo que ocurrió no fue el primero, ni el último: fue uno de decenas.

Es imposible afirmar que Caldera, Petkoff, Aguiar y Ledezma no sabían lo que pasaba en La Hoyada, porque para ir desde sus casas hasta sus respectivos despachos (Miraflores, Cordiplan, Interiores y la Alcaldía), debían pasarle a La Hoyada por al lado y, a menos que fuesen ciegos, era imposible no ver el problema que estaba gestándose allí. Todo se pudo haber evitado con el primer buhonero, o cuando llegaron los primeros diez, pero no se hizo.

Eventos como el que compartí son parte de una realidad que muchos venezolanos jóvenes que nacieron después de 1980-85 ignoran, ya que eran muy pequeños para entender lo que estaba ocurriendo en Venezuela en la década de los 80 y los 90. Este es el grupo de venezolanos que alcanzó la pubertad y/o la madurez mental después de que Chávez llegó a la presidencia de Venezuela, y por consiguiente se les enseñó a rechazar a Chávez y a acusarlo como el único culpable de los males de Venezuela, al igual que se le muestra y se le intenta enseñar a mucha gente en el exterior, sin entender el trasfondo de subdesarrollo que se venía gestando desde la década de los años 70, 80 y 90, gracias a las personas que nombré.

Por eso señalo con nombre y apellido a quienes fueron culpables en su condición de Presidentes de Venezuela, Alcaldes de Caracas, Ministros de Fomento, Planificación (encargados de fomentar y planificar el desarrollo social y económico de la nación), y Ministros del Interior (encargados de la política interior y seguridad ciudadana), como culpables. Ellos fallaron en sus respectivas gestiones: fallaron en el poder ejecutivo, fallaron en controlar las actividades de los ciudadanos, fallaron en formular políticas para desarrollar a Venezuela, y fallaron en garantizar la seguridad ciudadana. Todos ellos vivieron o viven largas vidas felices llenas de riquezas y placeres, algunos fuera de Venezuela desde hace mucho tiempo luego de que destruyeron el país y le dieron vida a Hugo Chávez. Mientras tanto, la prima de mi novia, una estudiante de medicina, murió abaleada en brazos de su madre a los diecinueve años. Por supuesto que Chávez también es culpable del colapso de Venezuela, pero él fue la semilla que fue sembrada por los agricultores del subdesarrollo. Para 1998, el año en el cual asesinaron a la prima de mi novia, Chávez no era culpable de nada.

El tiroteo en cuestión fue una balacera entre delincuentes. Digo esto para contextualizar al lector que no conoce Caracas: no fue como esos tiroteos que ocurren en las escuelas en los Estados Unidos, ni fue un atentado terrorista. Adicionalmente, me parece más difícil predecir y prevenir un tiroteo en una escuela, por una serie de factores que no vienen el caso. Por ese motivo, usar proyección como mecanismo de defensa es recusar la realidad, porque es inaceptable e inadmisible que tal situación haya ocurrido en La Hoyada. Un equivalente sería como si en Gran Central Terminal, en Penn Station o en Gare du Nord hubiese un mercado de buhoneros, lleno de cientos de buhoneros sentados en el suelo obstaculizando el paso, vendiendo ropa, pulseras de cuero y zapatos, abarrotando la estación y sus alrededores, al punto de que los pasajeros y transeúntes no tengan espacio para caminar, y al punto de que los buhoneros necesiten "protección" y contraten a bandas de delincuentes. Al haber varias bandas protegiendo a distintos buhoneros, era cuestión de tiempo para que hubiese disputas.

No estoy justificando los tiroteos en las escuelas o los tiroteos entre bandas de delincuentes, ya que obviamente son eventos que no deberían ocurrir; pero de eso, a que haya un tiroteo de delincuentes en quizás la estación más importante del Metro de la ciudad por una situación que pudo resolverse a tiempo por parte de las autoridades, es imperdonable. El punto es que Gran Central Terminal, Penn Station o Gare du Nord en Venezuela en los años 90 hubiesen estado llenas de casas de cartón y zinc, y de buhoneros y delincuentes.

En Estados Unidos construyeron un monumento a los caídos del 11 de septiembre, víctimas de una guerra de la que no tenían nada que ver. En La Hoyada en cambio, no hay el más mínimo indicio que una niña de 19 años, estudiante de tercer año de medicina, murió como una pobre pendeja en brazos de su madre, llorando, diciendo como últimas palabras *"mami, me estoy muriendo..."*, abaleada por unos delincuentes que se disputaban, quizás $50, por culpa de unos ineptos que nunca quisieron afrontar el problema, y que si bien estaban a cargo de ministerios clave, gobernaban la alcaldía, el municipio, el distrito y el país, nunca les importó, ni tuvieron el menor cariño por Venezuela, ni el objetivo de convertir a Caracas en una ciudad segura y vivible.

Asdrúbal Aguiar, Antonio Ledezma, Ramón Escovar Salom y Teodoro Petkoff, quienes ocuparon los Ministerios del Interior, Cordiplan y la Alcaldía de Caracas durante el gobierno de Caldera entre 1994 y 1999, han debido solicitarle al Presidente dar la orden al ejército de detener y desalojar a ese montón de parásitos de la sociedad; pero no lo hicieron. Ricardo Hausmann, Carmelo Lauría, Virgilio Ávila, y otros políticos que ocuparon dichos cargos durante el gobierno de Carlos Andrés Pérez entre 1989 y 1993, han debido ordenarle a la policía que sacase a los veinte o treinta buhoneros que para ese momento había en La Hoyada. Pero no lo hicieron, y por eso fallaron.

Octavio Lepage, Simón Consalvi, José Ciliberto, Luis Piñerúa, Rafael Montes de Oca, Luciano Valero, Luis Matos Azócar, Leopoldo Carnevali, Maritza Izaguirre, Lorenzo Azpúrua y otros políticos que ocuparon dichos cargos durante el gobierno de Lusinchi y de Herrera entre 1979 y 1989, han debido de haber creado las condiciones sociales y económicas para evitar que surgiese la economía informal, y trabajar con sus homólogos de Transporte y Comunicaciones para utilizar a los medios de comunicación para educar a la población, en vez de permitir que se les inyectasen 1.500 horas anuales de novelas que cultivaban el subdesarrollo en sus mentes. También han debido de trabajar con sus homólogos de Cultura y Deporte para fomentar dichos ámbitos con el fin de reducir y evitar la proliferación del hampa, y educar a los venezolanos a que tirarse en el suelo de la plaza de la salida de la estación más importante del Metro de Caracas era contraproducente para el desarrollo de la nación. Pero no lo hicieron, y por eso fallaron. Ninguna de esas ideas era complicada de ejecutar, y de allí mi planteamiento en el cual afirmo que Raúl, Jacobo, Lotty, Carlos Luis y yo, hubiésemos hecho un mejor trabajo que cualquiera de ellos.

Una de las obras de la construcción de la estación del Metro de La Hoyada era un pasadizo que estaba debajo de la Avenida Fuerzas Armadas, el cual separaba las dos plazas de la estación. La idea del pasadizo era que los peatones lo utilizasen, y evitar que cruzasen la avenida atravesando el tráfico, dado que era una vía de circulación de vehículos con dos canales en ambos sentidos y que siempre estaba muy congestionada. Los venezolanos rara vez utilizaban el pasadizo y en vez de ello cruzaban corriendo la avenida, entorpeciendo la circulación de vehículos y enlenteciendo el tráfico. En vista que no usaban el pasadizo, el gobierno optó por construir unas defensas de concreto de algo más de un metro de alto para dividir la avenida e impedir el paso, pero aun así había gente que brincaba las defensas y seguía cruzando la avenida. En vista de esto, el gobierno instaló una cerca metálica de algo más de un metro de altura por encima de las defensas. Con el tiempo la gente rompió la cerca, rompió las defensas y siguió cruzando la avenida, y rara vez se utilizó el pasadizo que había sido construido para cruzar sin entorpecer la avenida. Al final, el pasadizo quedó de guarida para los delincuentes.

Entre 1979 y 1984, durante el gobierno del Presidente Luis Herrera, en Venezuela hubo un Ministerio llamado "Ministerio para el Desarrollo de la Inteligencia". Su personal consistía de tres personas: dos secretarias y el Ministro Luis Alberto Machado, quien ganaba un salario de $40.000 anuales ($105.000 ajustados a 2020), el cual era un ingreso bastante elevado para un venezolano en esa época, tomando en cuenta que el ingreso per cápita $4,100. El Ministerio fue cerrado con el cambio de gobierno en 1984, y nunca hubo mayor aporte al "desarrollo de la inteligencia" en Venezuela, pero sí hubo un aporte de $200,000 ($500,000 ajustados a 2020) al patrimonio de Machado por aportarle casi nada a la nación. Si ese fue el destino del Ministerio para el Desarrollo de la Inteligencia, ¿qué se supone que debo pensar de otros Ministerios como Interior, Hacienda, Educación, Ambiente, Sanidad, Turismo, Coordinación, Planificación, Fomento, Transporte y Comunicaciones? ¿Cuánto dinero ganaron sus ministros a cambio de un mínimo aporte a la nación? Machado era considerado un genio, al igual que Hausmann, Naím, Calderón y otros ex ministros de Venezuela que hoy tienen altos cargos en empresas o institutos de prestigio en el extranjero. Quizás lo sean, pero en mi libro, por haber fallado en sus gestiones y por haber prosperado ellos antes de que prosperase su país, son el epítome y la representación del fracaso y de todo lo que no debe ser un empleado público y un buen gerente. El lector puede bien tomar mi palabra o investigar por su cuenta acerca de la corrupción que había en Venezuela en los años 70, 80 y 90. Siempre me impresionó que por más que creía que estaba enterado de todos los casos ocurridos, me enteraba de uno nuevo al punto de que, en todo mi entorno de venezolanos, no existe una sola persona que no sepa de al menos un caso de corrupción con conocimiento de causa, y que pueda identificar directamente a la persona que incurrió en el acto.

Creo que no hace falta ser un gran analista para darse cuenta de que así como Ana vio a decenas de personas volverse multimillonarios con proyectos que nunca se llevaron a cabo o se ejecutaron mal durante su estancia en el Ministerio de Relaciones Exteriores, es muy probable que alguna otra chica originaria de Turmero u otro pueblo del interior y que trabajó en los Ministerios mencionados durante la era bipartidista 1958-98, vio exactamente lo mismo; caso contrario, Venezuela para 1998 hubiese sido otra, La Hoyada sería el Grand Central Terminal de Suramérica y la prima de mi novia hoy sería una valiosa médico en ejercicio profesional. A partir de 1999 con Chávez en la Presidencia, la existente ineptitud y corrupción simplemente se salieron de control, al igual que la situación de inseguridad que ya venía azotando a Caracas desde los 90, y por ese motivo hoy en vez de 40 muertos cada fin de semana, ahora hay 100; en vez de 100 secuestros semanales, ahora hay 1.000; y en vez de haber un robo diario a los usuarios en el Metro, ahora hay un robo cada 10 minutos.

Es muy difícil que un país subdesarrollado llegue a ser un país desarrollado con la mentalidad que había en Venezuela, y fue así como a finales de los años 80 supe que Venezuela colapsaría. Años después, cuando supe el trasfondo y las circunstancias detrás de la muerte de la prima de mi novia en 1998 (el cual nunca tuvo justicia), lo confirmé, ya que La Hoyada era, o mejor dicho es…

12

"_____" es un reflejo del país
(inserte cualquier sustantivo en el espacio)

"Eso no se puede, porque 'orita no hay real pa' eso..."

Durante los años que viví en Venezuela en mis dos etapas (de joven y luego de adulto), rutinariamente escuchaba una frase que era recurrente en todos los ambientes donde me encontraba: un colegio, una empresa, un club, una asociación de vecinos, el IESA, Telefónica Movistar, la Alcaldía de Chacao o una fiesta en un vecindario de cualquier clase social; usted nombre el escenario y cada vez que se hablaba de algún problema que acontecía en ese sitio en cuestión y que podía relacionarse con alguna situación de la crisis económica, política o social de Venezuela, la frase que emergía de boca de alguno de los asistentes siempre era:

- *"Lo que pasa es que <u>Telefónica Movistar</u> es un reflejo del país"*
- *"Aquí, el <u>condominio en este edificio</u> es un reflejo del país"*
- *"Es que <u>los vecinos en esta urbanización</u> son un reflejo del país"*
- *"<u>La gente en esta empresa</u> es un reflejo del país"*
- *"De verdad que el <u>IESA</u> es un reflejo del país"*
- *"<u>Este parque/gimnasio/club</u>, es un reflejo del país"*

Siempre escuché dichas frases de forma aislada, pero conforme pasaba el tiempo las oía con mayor frecuencia. Llegó el punto en el que cada vez que alguien pronunciaba esas palabras, yo le contestaba: *"pero si la empresa es un reflejo del país, entonces por qué no hacemos algo para cambiar a la empresa y de esa forma contribuir a que cambie el país?"* Las respuestas que siempre recibía eran de indiferencia, apatía, desgano o promesas de cambio que luego no serían cumplidas. Hubo un tiempo en el cual yo estaba convencido que podía cambiarle a los venezolanos esa forma de pensar e intenté luchar contra su mentalidad lo más que pude, ya que yo no soy una persona que se rinde fácil y doy el cien por ciento en cualquier tarea en la que estoy involucrado, pero como verá a continuación, por más que lo intenté, no pude.

Dicho esto, en este capítulo el lector podrá apreciar cómo *"(inserte cualquier sustantivo de su gusto) _____ era un reflejo del país"*, y que Venezuela es lo que hoy es, gracias a que la sumatoria de todos esos ambientes y escenarios que eran un reflejo del país, resultaban en precisamente eso: el país. Si la mayoría de los elementos que formaban parte de la sumatoria eran un acumulado de mediocridad, basura, gente miserable, mal educada, irrespetuosa e incompetente, entonces la sumatoria del todo era un país lleno de mediocridad, basura, gente miserable, mal educada, irrespetuosa e incompetente. Empezaré compartiendo la historia del condominio de un edificio, el cual era un ambiente perfecto que reunía todas las cualidades de la sociedad venezolana y que en consecuencia, era un reflejo del país. Pero antes de empezar debo contextualizar el escenario.

En Venezuela, la mayoría de los bienes inmuebles como edificios residenciales, de oficinas o comerciales y centros comerciales, son manejados bajo la figura de una *"Junta de Condominio"*. Una Junta de Condominio es una entidad que se rige por la *Ley de Propiedad Horizontal* para gerenciar la operación y funcionamiento de un inmueble. La LPH estipula que las Juntas de Condominio deben estar integradas por seis personas en tres cargos oficiales (Presidente, Vicepresidente y Tesorero) y tres suplentes. Los miembros de la Junta son copropietarios o residentes autorizados del inmueble.

Eran muy pocos los edificios y centros comerciales que eran manejados por empresas que se ocupan de la gerencia de bienes inmuebles, así fuese una pequeña empresa o una trasnacional como JLL, CBRE o el FVI (el Fondo de Valores Inmobiliarios, una empresa venezolana), o bien bajo la figura de una entidad jurídica administrativa que operaba bajo la supervisión de la Junta de Condominio; y luego había un porcentaje aún menor de edificios que simplemente contrataban a una persona que tenía el cargo de "Gerente o Administrador de Operaciones del Edificio", y que era alguien que trabajaba a tiempo completo dentro del edificio encargándose de llevar las operaciones del inmueble.

Ni JLL, CBRE, FVI, ni la gerencia vía la entidad administrativa, ni tampoco la figura del "Gerente de Operaciones del Edificio" tuvieron éxito en Venezuela, ya que como verá a continuación, la mentalidad del venezolano impedía que tales figuras funcionasen de forma efectiva. Finalmente, debo mencionar que casi nunca las Juntas de Condominio contaban con seis miembros como lo estipulaba la LPH y casi siempre estaban formadas por dos o tres personas.

Voy a partir de la premisa principal del problema que era la siguiente: casi nadie quería formar parte de la Junta de Condominio de un edificio; pero en cambio, les gustaba reclamar, exigir, pedir, molestar, quejarse y señalar, y nunca colaborar. Lo que pasaba con los edificios en Venezuela era similar a lo que sucedía en el país: a los venezolanos les encantaba vivir como en Estados Unidos, Suiza o Japón, pero nadie hacía lo necesario para que Venezuela fuese como los Estados Unidos, Suiza o Japón. Volviendo al punto, en Venezuela nadie quería formar parte del condominio principalmente por dos razones: la primera razón era porque la mayoría de las personas tenía muy poco conocimiento sobre la gerencia de un inmueble. No conocían la LPH, no sabían acerca de las responsabilidades de un condominio, ni conocían el edificio, ni los dispositivos mecánicos o de seguridad, ni tenían experiencia en procesos de control, manejo de inventario, suministros, almacenaje, ni mantenimiento. En conclusión, no estaban calificados para gerenciar el condominio de un edificio. Esto era suficiente para empezar con mal pie la gestión de un condominio, ya que se tenía en el timón a un grupo de personas que no tenían la menor idea de lo que estaban haciendo y que peor aún, se codeaban con personas igual o más incompetentes que ellos, o bien con personas que buscaban aprovecharse de ellos. Era como tener a Maduro en la Presidencia: la persona incorrecta, sentada en el asiento incorrecto.

La segunda razón era porque la persona se basaba en la excusa más común que podía conseguir: *"tengo otras responsabilidades / no tengo tiempo."* El condominio para el venezolano era una calamidad por obligación y algo molesto con lo cual nadie quería lidiar. ¿Usted se postularía a un cargo para el cual no está preparado y mucho menos quiere ejercer? En consecuencia, la mayoría de los condominios estaban formados por uno de los siguientes perfiles:

El primer perfil estaba formado por señoras de la tercera edad. El segundo perfil eran las Juntas donde los miembros eran: la señora que siempre se metía en todo (asociación de vecinos, asociación de mamás del fútbol, asociación de mujeres al poder) pero que no sabía de nada, junto con señoras de la tercera edad. El tercer perfil estaba conformado por algún sabelotodo que creía que sabía de todo y en realidad no sabía nada, más señoras de la tercera edad. Por último, estaba un perfil muy pequeño de edificios con Juntas de Condominio cuyos miembros querían formar parte del condominio, porque sí les importaba la propiedad y tenían la preparación, la formación y la experiencia para formar parte de un condominio, o si no la tenían, se rodeaban o asesoraban con personas que la tuviesen.

Como mencioné en el capítulo *El IESA*, la segunda etapa de mi vida en Venezuela transcurrió entre 2012 y 2017, durante la cual trabajé en Schindler primero como Ingeniero de Ventas y luego en la Gerencia Nacional del portafolio de clientes de Venezuela. Dado que mi trabajo consistía en atender y gerenciar proyectos de obras nuevas, y atender y gerenciar las necesidades de edificios residenciales y comerciales, esta valiosa experiencia me permitió sostener una gran cantidad de reuniones con cientos de clientes de diverso perfil, incluyendo constructores (como mencioné en el capítulo anterior), y Juntas de Condominio. Conocí al menos quinientas Juntas y por ello puedo hablar con propiedad del tema. Puedo nombrar a cada una de las personas con quienes estuve reunido y calificar el grado de capacidad que tenían para ocupar y ejercer el cargo de miembros del condominio, y puedo asegurarle que menos de 5% de los que conocí tenían consciencia, capacidad de trabajo y objetivos para gerenciar un edificio. El otro 95% eran la crónica de un desastre anunciado.

Dado que el condominio es una responsabilidad más y bajo el esquema que al venezolano le gusta que todo se lo hagan sin pagar un centavo y que todo quede de la mejor calidad posible, esa mentalidad no podía producir otro resultado más que el edificio terminase en un completo grave estado de deterioro (o en vía hacia eso). Cuando aparecía ese *40-year-old-virgin* que quería arreglar, reparar o mejorar el edificio, se encontraba con dos factores de resistencia al cambio:

1. Debía reparar todo ya que las juntas anteriores no lo hicieron.
2. Debía incrementar el gasto –y en consecuencia aumentar el recibo del condominio- ya que las juntas anteriores no invertían en ningún gasto de mantenimiento del edificio, salvo en gastos irrisorios como comprar bombillos para las áreas comunes.

Ambos factores ocurrían en una comunidad que esperaba que un edificio residencial o comercial de veinte o treinta años funcionase de forma impecable, con el mínimo de gastos. Pierdo la cuenta de la cantidad de reuniones que tuve con Juntas de Condominio donde el edificio estaba abandonado y se encontraba en un grave estado de deterioro por mala gestión y gerencia, incluso en zonas de clase alta de Caracas como Valle Arriba, Altamira, Los Naranjos, La Lagunita y San Román, por nombrar algunas. De todas las reuniones a las cuales fui, hubo una que me marcó porque sabía y estaba consciente de las consecuencias que iba a traer al edificio después de reunirme con ellos, y sabía cómo se verían afectadas las vidas de sus residentes.

Se trataba de un edificio de diecisiete pisos en El Cafetal[89], que presentaba continuos problemas y fallas con sus ascensores. Ellos llamaron a Schindler porque deseaban una inspección de una empresa imparcial, ya que sospechaban que la empresa que les estaba prestando servicio de mantenimiento no estaba haciendo un buen trabajo, además

---

[89] El Cafetal es una urbanización de clase media alta en Caracas

de que estaban considerando una posible modernización de sus equipos. Fui al edificio con mi grupo de trabajo y mis implementos para hacer la inspección y también para evaluar la posibilidad de firmarlos como un nuevo cliente en el portafolio que yo manejaba.

Al ingresar a la sala de máquinas junto con mis dos técnicos, quedé asombrado, ya que estaba en presencia de la sala de máquinas que se encontraba en el peor estado que había visto en mi vida. Esto era mucho decir, considerando que había visto salas de máquinas sirviendo como vivienda para indigentes, y con ratas y murciélagos. En este caso el grado de deterioro era absoluto: había cables sueltos, brocales rotos, el techo cayéndose, grietas, tuberías de agua rotas… era el récipe para un desastre. El pozo no estaba muy distinto y el foso era un recogedero de cadáveres de animales, además de la habitual basura. Lo peor de todo era la cantidad de violaciones a normas de seguridad que amenazaban la integridad física de los usuarios de los ascensores y que detecté sin mayor esfuerzo. Siempre les pedía a las personas de la Junta que me acompañasen en mi recorrido cuando hacía mi trabajo, y en este caso creo que era la primera vez que estas chicas subían a la sala de máquinas, o veían el pozo y foso de sus ascensores. Fue fácil ver que ellas estaban avergonzadas de lo que estábamos viendo. Al culminar el recorrido, decidí que de inmediato debía conversar con ellas. Para no entrar en la parte técnica, había suficientes normas incumplidas para cerrar los ascensores ese mismo día por al menos seis meses.

Los miembros de la Junta eran tres chicas: una ingeniera, una administradora y una profesora; entraban en la última categoría que nombré, es decir, no sabían cómo arreglar el edificio, pero querían hacerlo a toda costa y estaban haciendo lo correcto asesorándose con personas calificadas. Les expliqué que si bien mi cargo en Schindler era Ingeniero de Ventas, y que por ende una de mis competencias era vender y capturar nuevos clientes, yo tenía una obligación moral con el cliente ante todo, y que antes de engañarles o buscar el beneficio de la empresa y una jugosa comisión para mí, yo siempre me enfocaba en mi transparencia ante el cliente, y en ese sentido, tenía una responsabilidad con ellas. La noticia no era fácil y yo siempre he creído que mientras más tajante y menos sutil sea, más claro llega el mensaje:

"Muchachas hay algo que debo decirles. Si bien mi empleador es Schindler y mi función es traer nuevos clientes a la empresa en cualquiera de las líneas de negocio, en este momento no les voy a hablar como empleado de Schindler. Les voy a hablar como profesional. Estos ascensores deben ser clausurados hoy. Aquí puede haber un accidente fatal hoy. Quiero que por favor me entiendan bien: No estoy diciendo que va a haber un accidente hoy. Estoy diciendo que todas las condiciones están dadas para que en cualquier momento haya un accidente, posiblemente fatal, si alguien utiliza estos ascensores. Yo no tengo el poder hacerlo, ya que el organismo encargado de eso es SENCAMER[90]. Si dudan de mi palabra, pueden llamarlos y pedirles una inspección para que evalúen sus equipos, y no me cabe la menor duda de que les dirán lo mismo que yo y les van a clausurar los ascensores de inmediato, y con toda razón[91]."

Les expliqué cada uno de los puntos que violaban las normas de seguridad que comprometían la vida de los usuarios, y sus rostros reflejaron una profunda preocupación. Sentí lastima por ellas, ya que en esa época yo era miembro del Condominio de mi edificio y sabía lo difícil que sería enfrentar a su comunidad de vecinos con esta noticia. Ellas plantearon convocar a una reunión de emergencia y yo me ofrecí para explicarle la situación a la comunidad de ochenta familias que allí residían. Este tipo de reuniones yo las había sostenido antes, y por supuesto después, pero el objetivo en esos casos era más orientado a yo vender algo de Schindler, o en otros bien ser sincero con el cliente y exponerle que sus ascensores habían llegado al fin de su vida útil y debían ser modernizados con Schindler o cualquier otra marca.

Hubo otro par de casos, como un edificio de clase alta muy exclusivo en El Pedregal donde también era inminente que debían modernizar sus ascensores, y aunque en ese caso los equipos se encontraban en muy mal estado, no estaban al grado de que requiriese que fuesen clausurados de inmediato. Nunca me había tocado, ni me volvió a tocar mientras estuve en Schindler, asistir a una reunión donde mi objetivo único era convencer a la comunidad de vecinos que debían

---

[90] Servicio Autónomo Nacional de Normalización, Calidad, Metrología y Reglamentos Técnicos. Ente del gobierno encargado de regular estas disciplinas.

[91] El autor utiliza la frase *"Con toda razón"*, ya que SENCAMER era un ente controlado por el gobierno, y dado que El Cafetal es una zona habitada por venezolanos de tendencia opositora, las muchachas del condominio (y casi cualquier venezolano) podrían haber pensado que SENCAMER les cerraría los ascensores como retaliación por las diferencias ideológicas, y no por razones reales.

clausurar sus ascensores de inmediato, por el altísimo riesgo de que hubiese un accidente fatal. Les propuse hacer la reunión más por compromiso y principios que por otra cosa. No podía marcharme sin saber que ni un residente había recibido mi mensaje.

Para tratarse de una reunión de emergencia, el cuórum fue casi total, lo cual era algo atípico en las convocatorias de reuniones de propietarios en Venezuela. Las chicas de la Junta trataron algunos temas previos al principal y dieron una introducción para explicar por qué me encontraba yo allí. Tras presentarme, hice mi exposición en la cual les expliqué a los ochenta copropietarios la situación en la cual se encontraban los ascensores y los riesgos que conllevaba mantenerlos en funcionamiento, y utilizarlos en las condiciones en las cuales estaban. Casi toda la comunidad entendió el mensaje y asimiló el peligro en el cual se encontraban, tanto ellos como todo residente o visitante. Reiteré que la razón por la cual había decidido ofrecerme para apoyar a las chicas del condominio, era una simple obligación ética como profesional. Eso les extrañó bastante, por lo que expliqué en la introducción del *40-year-old-virgin*, pero creo que al final quedaron convencidos de que les decía la verdad, y que ya no me interesaba ofrecerles nada de Schindler. Fui transparente y les invité a que buscasen opiniones de otras empresas y de SENCAMER. Al finalizar, me quedé atendiendo a sus dudas mientras decidían cual sería el próximo paso que darían. Los miraba con lastima, pensando en la forma cómo iban a hacer estas personas para dejar de usar estos ascensores en un edificio de diecisiete pisos, y más aún, cómo ejecutarían una modernización sabiendo que el mínimo plazo de un proyecto de este tipo en Venezuela era entre quince a dieciocho meses, eso sin contar lo cuesta arriba que sería reunir la cantidad de dinero que necesitaban (unos $400,000 en el peor de los escenarios). Me puse a la orden para apoyarles en lo que necesitasen, me despedí y me fui.

Mientras manejaba hacia a mi casa pensaba sobre lo difícil que había sido esa jornada de trabajo, pero dentro de todo tenía mi consciencia tranquila de haber hecho lo correcto. Me preguntaba cómo habían dejado deteriorar un edificio hasta ese punto, ya que la cantidad de fallas y violaciones a normas que había encontrado era exorbitante:

casi cada norma de la EN81-70 [92] y SENCAMER estaba siendo incumplida. ¿Cómo se había llegado hasta allí? Un auto no se vuelve una chatarra de la noche a la mañana. Unos cables de tracción no se deshilachan por completo de la noche a la mañana. Unos cables de electricidad pelados los puede ver cualquier persona y con algo de sentido común, puede concluir que eso no está bien. ¿Cómo esta comunidad de propietarios de más de ochenta apartamentos en una zona de clase media alta de Caracas había dejado que su edificio se deteriorase a tal grado? Lo que probablemente ocurrió fue que las Juntas anteriores nunca le prestaron atención a lo que debían, o confiaron ciegamente en quienes le hacían mantenimiento de sus ascensores, cuando en realidad los estafaban. En cualquier caso, la defensa de Jeffrey Skilling[93] no aplica, puesto que la persona a cargo es quien en última instancia tiene la responsabilidad. Fue entonces cuando me di cuenta de que la respuesta volvía a ser la misma frase recurrente que escuchaba todos los días mientras viví en Venezuela: *"El edificio de El Cafetal era un reflejo del país."*

Cuando las chicas del condominio me comentaron la razón por la cual se habían propuesto formar parte de la Junta, era porque las señoras que habían sido miembros del Condominio por varios años no habían invertido nada en el edificio, lo habían dejado descuidar, y habían manejado mal los fondos del inmueble. Aclaro que con "manejar mal" no estoy diciendo "robar", sino que administraban mal el dinero: no tenían planificación financiera, ni tenían previsión administrativa de algún tipo. Extrapolando la situación a otros edificios en Caracas (residenciales, oficinas, comerciales, centros comerciales, clínicas y hospitales), me di cuenta de que esa misma realidad ocurría en cada uno de esos casos. A continuación describiré cómo el edificio de El Cafetal llegó a alcanzar ese grado de deterioro, utilizando un relato de primera mano: mi propio edificio.

Como mencioné al principio del libro, cuando llegué a Venezuela a finales de los 80, yo solía vivir en El Cementerio, el cual es un barrio

---

[92] Normativa que regula los equipos de transporte vertical en Venezuela.

[93] CEO de Enron que fue apresado por fraude a los inversionistas. El argumento de su defensa fue que él no sabía lo que estaban haciendo los gerentes a su cargo.

en una zona pobre donde vivía gente de bajo estrato social, sin educación, ni formación profesional, además de una gran cantidad de delincuentes. Desde el primer día que pisé El Cementerio, me propuse como meta mudar a mi familia de allí apenas empezase a trabajar y reuniese el dinero para hacerlo, lo cual logré a finales de 2006 cuando compré un cómodo, amplio, espacioso y lujoso apartamento en una urbanización de clase alta de Caracas. Otra de las razones por las cuales quería mudar a mi familia, era porque yo estaba preparando mi regreso a los Estados Unidos, y quería dejarlos viviendo en una comunidad tranquila y segura, con vecinos de buen estatus social. Mis nuevos vecinos eran personas de clase alta, con varias propiedades (en algunos casos en el exterior), vehículos lujosos y ya puede hacerse la idea, al punto que llegué a sentirme como el marginal del edificio. Finalmente había conseguido mudarme a un sitio donde mis vecinos eran personas profesionales, civilizadas, educadas y decentes, con visión de desarrollo y progreso... o al menos eso era lo que yo pensaba. Mentalmente era otra la historia: recuerde que la marginalidad y el subdesarrollo están en la mente, y no en el patrimonio.

La primera asamblea de propietarios a la cual asistí en mi edificio al poco tiempo de haber llegado fue para presentar un proyecto que buscaba ampliar la cantidad de puestos de estacionamiento. Algo que debo mencionar es que uno de los requisitos que yo establecí para mi nuevo hogar era que debía tener dos puestos para mis dos vehículos. Los apartamentos en mi edificio cuentan con un puesto, excepto cuatro que tienen dos (incluyendo el mío). El asunto era que casi ningún propietario tenía un automóvil; tenían dos, tres o incluso cuatro autos, y aquí hay dos problemas para identificar. El primero es bastante obvio: ¿Cómo estacionaba un propietario sus cuatro vehículos, cuando apenas tenía un solo puesto de estacionamiento?

1. Estacionaban dos autos en un puesto, logrando la comodidad del propietario y la incomodidad del resto de los vecinos.

2. Estacionaban un auto en el puesto que le correspondía y el otro vehículo en la calle, logrando la comodidad del propietario y la incomodidad del resto de las personas al sobrepoblar la calle.

En el caso 1, si tres o más vecinos hacían lo mismo, era obvio que el desorden y el caos en el estacionamiento aumentarían y habría menos comodidad para los vecinos que respetaban y cumplían con la normativa de estacionar un vehículo en un puesto.

En el caso 2 el desorden se expandía hacia la calle, congestionando el acceso e incomodando el tránsito de una calle ciega con un solo canal de circulación: "*¡Por eso es que estamos como estamos!*" era una frase que escuchaba casi a diario de mis vecinos cada vez que colapsaba el tránsito en mi calle, ya que una calle ciega de un solo canal de circulación, y que apenas tenía suficiente espacio para estacionar veinte vehículos, ahora debía acomodar sesenta. Esto ocurría porque la mentalidad del venezolano funciona de la siguiente forma: si su propio beneficio va en perjuicio de la comunidad, pues no le importa en lo absoluto. Lo importante es su propio beneficio.

El segundo problema está más vinculado con el capítulo anterior, porque involucra a los famosos "constructores de renombre" de los años 70, 80 y 90, que mencioné. La pregunta es: ¿Qué estaba pensando la persona que construyó un edificio en una urbanización de clase alta al ofrecer apenas un (1) un puesto de estacionamiento para un apartamento multifamiliar? Al investigar la historia de la construcción en Venezuela se encontrará la respuesta: constructores ineptos involucrados con corrupción, estafas y una gerencia de proyectos enfocada en el máximo beneficio del constructor y máximo perjuicio del proyecto en el largo plazo, y por ende, de sus residentes. Esta mentalidad (que se extendió a la era de Chávez) dio pie a infinidad de garrafales errores de construcción en cientos de edificios que yo mismo vi. La situación de apartamentos multifamiliares con apenas un puesto era uno de decenas de errores absurdos que mi edificio, que le harían pensar a cualquier persona que el edificio fue construido por alguien que no solo no tenía ningún conocimiento de Arquitectura ni de Ingeniería Civil, sino que tampoco tenía sentido común.

Parecía que el venezolano estaba modelado de forma perfecta para refutar todos los descubrimientos científicos logrados tras cientos de años de evolución intelectual. Era como si el venezolano quisiese hacer todo lo posible para quebrar las reglas de Teoría del Juego y buscar el máximo beneficio propio, al mismo tiempo que buscaba el máximo perjuicio del grupo, en vez de buscar el beneficio propio y el del grupo; s eso se le llama *Equilibro Nash*. En Venezuela, eso no ocurría. En Venezuela había "*Anti-equilibrio Nash*".

Transcurrieron algunos meses y el proyecto nunca pudo ejecutarse, debido a que se descubrió que el edificio no podría soportar una modificación de tal calibre (lo cual confirma lo que mencioné en los dos párrafos anteriores). También se descubrió la razón por la cual el Condominio, específicamente su Presidente -un muchacho llamado Guillermo y que encajaba en el perfil #3-, promovía el proyecto: Guillermo estaba vendiendo su apartamento y lo había ofrecido indicando que tenía dos puestos de estacionamiento, a pesar de que en realidad solo tenía uno (esto para aumentarle el valor al inmueble). Fue en esta época cuando regresé a Estados Unidos y me mantenía enterado de la situación del edificio gracias a mi familia, mis vecinos y los mensajes informativos del condominio. Terminó el periodo de la junta de condominio de Guillermo y lo reemplazó una nueva junta que tenía el perfil #2 cuya gestión pasó inadvertida, excepto por una reparación que tuvieron que hacerle al piso de la entrada el cual inexplicablemente se había deteriorado por una mala instalación previa.

La siguiente Junta tenía el perfil #4. Su presidente era una chcia llamada Mary Fernández, quien tenía muy claro lo que significaba formar parte del Condominio. Cuando yo me mudé al edificio, el área de la piscina estaba en muy mal estado: el piso estaba destruido, la piscina tenía grietas y los baños estaban abandonados. Mary presentó un proyecto para remodelar el área, incluyendo construir baños nuevos, reemplazar el piso, y colocarle cerámica nueva a la piscina. El proyecto fue aprobado por los propietarios, pero durante la ejecución de la obra, empezaron a circular rumores sobre malversación y robo de fondos. Esto era común en los condominios en Venezuela, ya que como mencioné en el capítulo anterior, el venezolano asociaba "*ejecución de proyectos*" con "*corrupción*" por las razones que expliqué, tanto en escenarios macro (el país), como en escenarios micro (un condominio). La situación alcanzó un punto tan álgido que el proyecto se paralizó y hubo que efectuar una auditoría en la cual no se encontró ninguna evidencia de la supuesta malversación y las acusaciones de robo. Dado que la situación había caído en un interesante círculo vicioso que explicaré en breve, frustrada, Mary renunció al Condominio y entregó su gestión. Así de fácil se desmoralizaba y se desmotivaba a la gente que quería trabajar en Venezuela.

La siguiente Junta tenía el perfil #2 y fue presidida por una chica llamada Rosa. Se dedicaron a terminar los proyectos iniciados por Mary, pero dado que tenían una muy mala planificación financiera que se basaba en evitar incrementar el costo del condominio, los proyectos avanzaban con bastante lentitud y apenas culminaron unos pocos. Uno de ellos fue redecorar una abandonada jardinera de dos metros cuadrados que quedaba al lado de mis dos puestos de estacionamiento: le pusieron plantas nuevas, flores y un arreglo paisajista muy bonito.

Cierto día Guillermo, el presidente de la Junta anterior que mencioné, estacionó uno de sus dos vehículos en un área común del edificio donde estaba prohibido estacionarse, lo cual era algo que varios vecinos hacían, dada la escasez de puestos que establecí. Al día siguiente se suponía que el puesto debía estar vacío porque Guillermo saldría, pero el auto seguía allí. El auto no salió el día siguiente, ni la semana siguiente. La situación se volvió más compleja cuando un día amaneció la camioneta de Guillermo en el puesto, y el auto que en principio estaba estacionado en el área común, ahora estaba en su puesto correspondiente; y algunos días después, los autos amanecieron intercambiados. Con el tiempo, los vecinos se hicieron la idea de que Guillermo había tomado posesión del área común, tal como Chávez había tomado posesión -por medio de las expropiaciones- de bienes privados en el país. Fue así como surgieron cuatro tendencias:

1. Vecinos que opinaban que había que sacar el auto de Guillermo.
2. Vecinos indiferentes que no les importaba.
3. Vecinos que, aceptaban el hecho que Guillermo "se había robado un área común" del edificio.
4. Vecinos que sabían que Guillermo "se había robado un área común" y en retaliación rompían otras normas del edificio, bajo la premisa: *"Si aquí todo el mundo hace lo que le da la gana, ¡yo también!"*

... y así de simple era como una persona con la mentalidad del beneficio propio generaba una reacción en cadena que destruía a una comunidad de vecinos de "buen estatus social", algo que se debe extrapolar a toda Venezuela. Durante todo este tiempo, mi mamá me contaba lo que ocurría y yo no le creía, o bien me parecía que era algo único de nuestro edificio. Fue en esta época cuando por motivos personales, tuve que mudarme a Venezuela en la segunda etapa de mi vida que viviría allí (2012-17), y en la cual como mencioné trabajaría en Schindler. Debo agregar que de todas las reuniones que como empleado de Schindler sostuve con Juntas de Condominio, no hubo una sola en la cual no me comentasen que tenían al menos un vecino igual de problemático a Guillermo, y que había causado los mismos problemas que él con el estacionamiento u otro asunto, siguiendo la mentalidad de *"Si aquí todo el mundo hace lo que le da la gana, ¡yo también!"*

Los vecinos dentro del grupo #4 empezaron a generar más desorden en el edificio, como estacionar dos autos en un solo puesto, o permitirle a los visitantes que estacionasen en las áreas comunes, y en cuestión de semanas el estacionamiento se volvió un desastre. Así de fácil Venezuela se volvía un desastre: nadie respetaba las reglas, ni tenía aprecio, ni respeto por el orden. Dado lo que mencioné en los capítulos anteriores, no había una autoridad a quien acudir o que pudiese resolver un problema tan sencillo, así que no quedaba otra opción que resolverlo entre los vecinos. Lo más increíble era que pasaban los días y la indiferencia de los vecinos ante el caos que se vivía seguía como si nada, todo esto en un edificio de clase alta donde vivían personas profesionales y de "buen estatus social". Ante semejante desastre que se estaba viviendo en el edificio (un estacionamiento abarrotado, la calle de la urbanización colapsada, el proyecto de la piscina aun sin concluir, y las áreas comunes en un estado deplorable), decidí ser proactivo, me leí la Ley de Política Habitacional, y dada mi experiencia en el sector construcción y en el manejo de inmuebles, me postulé para formar parte de la siguiente Junta, ya que no podía permitir que el edificio continuase decayendo como lo venía haciendo.

Nuestro plan de trabajo consistía en culminar los proyectos que estaban inconclusos y poner orden en el edificio, lo cual incluía arreglar la situación con los vehículos estacionándose en áreas comunes, sobre todo con Guillermo, quien tenía dos años de haber tomado posesión del área donde aparcaba su segundo auto. Por supuesto, solucionar el problema de Guillermo implicaba hacerlo con el resto de los vecinos que también estaban estacionándose en áreas prohibidas o que estaban rompiendo cualquier otra regla en el edificio. Yo no soy abogado, pero en una ocasión asistí a un taller de leyes, y una de las enseñanzas que me dejó el abogado expositor es que por encima de la ley y las normas, hay algo muy importante que es la ética y el sentido común. Esto me pareció algo con todo el sentido del mundo: matar no está bien y tampoco robar o violar, y no hace falta tener una ley que lo diga para darse cuenta que matar, robar o violar no está bien, y ese fue el razonamiento que utilicé para negociar con los vecinos una solución al tema del estacionamiento y la violación de las normas del edificio.

Uno a uno mi equipo de trabajo y yo conversamos con cada uno de los vecinos que estaba incumpliendo alguna regla del edificio, incluyendo aquellos que estaban utilizando áreas comunes como estacionamiento. De la misma forma, les explicamos que si bien, nosotros éramos el Condominio, la seguridad y funcionalidad del edificio eran temas que debían ser preocupación de todos, y que cualquier persona estaba en absoluta capacidad de reclamar sus derechos. Todos los vecinos acordaron sacar sus vehículos de las zonas no designadas, excepto Guillermo que nunca asistió, ni aceptó ninguna de nuestras convocatorias. No fue sino hasta dos meses después cuando se convocó a una asamblea de propietarios, cuando Guillermo se dignó a dar la cara, justificándose e indicando que él había sido una víctima de abusos en el edificio. Fue allí cuando una vecina le dijo: "*¿Cómo puedes tú hablar de abuso en este edificio? ¡El primer abusador eres tú con el puesto que te robaste!*" De inmediato la comunidad en pleno estalló y le exigió que moviese su carro. Acorralado y sin salida, Guillermo después de dos años finalmente movió su auto del área común. Por fin se habían resuelto todos los problemas con los vecinos abusando o creyendo tener más derechos por encima de los demás... o al menos eso pensé.

Al poco tiempo, el primer nuevo problema que surgió fue con el Sr. Pierre, quien un día se acercó a mí y luego de felicitarme por la gestión de la Junta de Condominio, me comentó que él consideraba que era mejor para "quitarme trabajo de encima", que le buscase un puesto para su auto en un área común para su uso exclusivo, ya que había muchos vehículos en la calle. Yo no podía creer lo que me estaba proponiendo: permitir que alguien se estacionase en un área común, luego de todo lo que había ocurrido con Guillermo apenas unas semanas antes. Me alegó que su hijo era cantante y necesitaba un puesto dentro del edificio porque llegaba muy tarde. Yo le contesté que así fuese cantante, bombero o doctor, para mí era indiferente y por ende, no podía aceptar su propuesta. El Sr. Pierre no se tomó nada bien que yo no haya aceptado su sugerencia y me calificó de "dictador", lo cual me hizo recordar la experiencia de mi amigo Willis en Alemania.

El segundo problema surgió cuando le informamos a la comunidad que habíamos tomado la decisión de formalizar la clausura de las áreas comunes para evitar que ningún vecino o visitante estacionase sus autos allí. Dos vecinos que antiguamente estacionaban dos o cuatro carros en cada uno de sus respectivos puestos, y que a su vez disputaban estacionar sus vehículos en una de esas zonas, se tomaron mal la decisión y así de fácil nos ganamos dos enemigos más en el edificio. Yo no lo comprendía: semanas antes ellos mismos celebraban haber sacado el auto de Guillermo. ¿Acaso ellos tenían la esperanza de estacionarse en las áreas comunes?

El tercer y último problema que para mí colmó el vaso -además de decenas de otros- fue el siguiente: dado que el edificio y la asociación de vecinos estaban en la quiebra debido a que las juntas anteriores no tuvieron planificación financiera para prever cuotas especiales para fondos de trabajo y de reserva, le planteé a mis vecinos crear cuotas especiales para ejecutar proyectos en beneficio de ambas comunidades. Fue allí cuando me di cuenta de lo miserable que eran mis vecinos, y el venezolano en general, ya que nuestro equipo le propuso a la comunidad pagar 30% más de condominio mensual (equivalente a unos $200), y eso les pareció un exabrupto. Sé que suena como un aumento significativo, pero hay que tomar en cuenta de que mi edificio estaba habitado por personas de clase alta que no tenían problema en comprar otro auto, viajar a Estados Unidos, a Europa o a Asia, comer semanalmente en restaurantes costosos y presumir de haberlo hecho, y otro tipo de gastos similares, en las cuales gastaban mucho más del 30% que nosotros les estábamos pidiendo para mejorar nuestra comunidad: su casa. Para mis vecinos, pagar $260 de condominio era inviable, un abuso dictatorial y algo insostenible para un grupo familiar de profesionales con altos ingresos y que vivían en un lujoso apartamento en una zona de clase alta de Caracas. Mantener el estatus individual era más importante que mantener a la comunidad en donde vivían.

Durante mucho tiempo en nuestra calle había un árbol que estaba muy poblado de ramas que amenazaban la integridad y seguridad de los vecinos, ya que ante una fuerte lluvia podrían caerse y causar un accidente. Para esa época además de Presidente del Condominio de mi edificio, yo era Presidente de la Asociación de Vecinos de la urbanización, donde había un total de 168 unidades habitacionales: tres edificios y dieciocho casas. El procedimiento normal en Venezuela era hacer la solicitud al Municipio para que ellos viniesen y podasen el árbol. Dado que yo conocía la burocracia, lentitud e ineficiencia de la Alcaldía, le propuse a mis colegas de la asociación encargarnos de tramitar el permiso ante la Alcaldía para podar el árbol y una vez nos lo aprobasen, haríamos una colecta de dinero entre la comunidad y buscaríamos a un contratista para hacer la poda. ¿Qué tanto podía costar? Costaba $220 / 168 = $1,30 por unidad habitacional. Esta era la primera vez que esto se hacía en la urbanización porque el venezolano estaba acostumbrado a que todo se lo hiciesen y a que todo se lo diesen, lo cual es una ironía, ya que esa es la filosofía de un gobierno socialista como el que para 2014, ellos deseaban remover del poder. Tras explicarle la situación a la comunidad de vecinos, hicimos la gestión y logramos podar el árbol. Días después de la poda, la Alcaldía respondió a nuestra solicitud y nos dio fecha para podar el árbol para dentro de seis meses.

La lógica que utilizábamos para justificar por qué nosotros debíamos ejecutar los trabajos que correspondían a la alcaldía se basaba en tres razones: 1) Podar el árbol antes que hubiera un accidente; 2) Instaurar a la comunidad la cultura de que no podíamos depender del gobierno para solucionar nuestros problemas; y por último, 3) Creábamos la cultura de que para mantener la urbanización, debíamos poner algo de dinero, así como se aparta dinero para viajes, comidas en restaurantes costosos, y otros placeres. De esa forma, demostrábamos que, organizándonos como vecinos, podíamos atender cualquier problema y resolverlo como comunidad.

Bajo esa misma filosofía, por un tiempo logramos recolectar una buena cantidad de dinero a través de las cuotas especiales, que nos permitió ejecutar varios proyectos en la Asociación de Vecinos que debían ser competencia del gobierno municipal pero nunca los hacían, y fue así como adecuamos un terreno para construir un parque, arreglamos los postes de luz que llevaban cinco años averiados, construimos una cerca para delimitar los linderos de la urbanización y darle mayor seguridad, instalamos un sistema de cámaras de seguridad, reparamos y pintamos las aceras y la calle, y celebramos una serie de eventos comunitarios para fomentar la acción de compartir entre los vecinos (misas, recolectas para ayudar a comunidades menos privilegiadas, grupos de ayuda vecinal), además de otros proyectos menores que se reflejaron en una inmediata mejora de la urbanización.

Lamentablemente, no pasó mucho tiempo para que alguien empezase a decir que la Asociación de Vecinos se estaba robando el dinero de la comunidad. Por ejemplo, en el caso de la poda del árbol, había vecinos que decían que aportar $1,30 era demasiado dinero y que había que proteger el bolsillo de la comunidad de las malversaciones: *"Aportar $1,30 es demasiado dinero. De dólar en dólar se va y eso es mucha plata, para ustedes* (La Asociación de Vecinos). *Eso es peligroso, y además, 'orita no hay real pa' eso."* Cuando les decíamos que podíamos reunirnos para revisar los libros contables de la asociación, su respuesta era que *"no tenían tiempo"*, pero sí tenían tiempo para esparcir rumores de que nos estábamos robando el dinero; no sé cómo, ya que la contabilidad de una Asociación de Vecinos es una contabilidad de colegio. Adicionalmente, para evitar caer en un <u>círculo vicioso</u> en el cual cayó Mary -y que explicaré en breve- parte de nuestra gestión consistía en obtener hasta cinco presupuestos de distintos proveedores para ejecutar el trabajo, y en varias ocasiones, se sometía a votación de la comunidad la decisión de a quién se le iba a otorgar el proyecto.

Dado que el vecino ocioso no tenía nada que hacer más que hablar con otros vecinos a diario, poco a poco les lavaba el cerebro y, aunado a los vecinos miserables, el resultado era que tenías a la urbanización en tu contra. Al final, tu labor comunitaria se volvía una lucha en contra de la corriente de un río con el caudal del Amazonas, y dado que quedabas sin ganas de volver a formar parte del Condominio o la

Asociación, preferías desvincularte para darle la oportunidad a otro vecino de que solucionase los problemas, o bien para esperar a que el gobierno se dignase a funcionar de forma eficiente y cumpliese con sus deberes. La realidad es que en Venezuela, ninguna de las dos ocurría.

Hartos de tanta negatividad y mentalidad subdesarrollada, mi equipo y yo decidimos renunciar a la Junta de Condominio. Sentimos lo mismo que Mary Fernández, quien a su vez supongo que sintió lo mismo que Pérez Jiménez sintió en la madrugada del 23 de enero de 1958: el venezolano no come logros, come con promesas y palabras bonitas, aunque sean mentiras. El venezolano "no come autopista".

Con la siguiente junta volvimos al patrón de las juntas mediocres: su perfil era el #1 y fue presidida por una señora llamada Marianna quien lideró a un equipo formado por personas miserables e irresponsables. Su primera y única decisión fue detener todos los proyectos y la planificación financiera de la Junta de la cual fui miembro para luego dejar al edificio a su suerte, como era la tendencia normal de las Juntas en Venezuela. Adicionalmente, dado que nunca tuvieron tiempo para reunirse con mi equipo para hacer una transición efectiva, tenían un gran desorden con las gestiones y la oficina del condominio. Su periodo transcurrió sin un solo logro de mantenimiento preventivo, con Marianna y dos de los otros miembros de la Junta permaneciendo más de la mitad del tiempo viajando alrededor del mundo, que en Caracas. La pregunta que yo me hacía era: ¿Para qué se postularon si iban a hacer un mal trabajo? En poco tiempo desapareció la impresora del edificio y la opción que hubo fue acusar a los miembros de mi equipo de que nos la habíamos robado.

Un día llegaron al edificio dos gatos callejeros y poco a poco fueron marcando su territorio en los estacionamientos. Uno de los sitios era la jardinera de dos metros cuadrados que quedaba justo al lado de mis dos puestos (la misma que tenía un bonito paisajismo). En lo personal me gustan mucho los gatos, sin embargo, los gatos callejeros en una propiedad privada no son una buena idea. Eventualmente pasamos de acoger dos a ocho gatos que orinaban y defecaban en la jardinera y al poco tiempo el espacio bonito y agradable, se volvió un chiquero asqueroso lleno de excremento, que olía terrible y que daba vergüenza recibir a una visita y que pasase por enfrente de un área en ese estado, ya que la jardinera quedaba en la entrada al edificio. Fue así como el edificio permaneció a la deriva durante la pésima e ineficiente gestión de esta Junta. De nuevo me hice la pregunta: ¿Para qué se postularon si iban a hacer un mal trabajo?

La siguiente Junta fue presidida por una señora llamada Diana, que pertenecía al perfil #2, y su gestión consistía en gastar lo mínimo necesario para el edificio, sin siquiera considerar la planificación de reparaciones o mejoras. Si había tres bombillos quemados en las áreas comunes, ellos compraban dos. Si había algo que reparar, había que esperar semanas e incluso meses para arreglar lo que estaba averiado. Era como si el edificio no les importaba en lo absoluto. No tenían planificación, no manejaban inventario, nunca fueron proactivos en nada, y su filosofía era vivir el día a día. Dado que para esta instancia la jardinera estaba en muy mal estado, les pedí varias veces arreglarla, ya que los excrementos y el mal olor eran insoportables. Su respuesta siempre era: *"No es prioridad en este momento"* o *"No hay dinero para eso"*. Cabe destacar que cuando yo digo "reparar la jardinera", me refería a cambiar la tierra, plantas y adornos viejos, por un paisajismo nuevo. No les estaba pidiendo construir los Jardines Colgantes de Babilonia, o la fuente del Burj Khalifa que costó 200 millones de Dólares. Tras un año, nunca tuvieron tiempo de hacer ni eso, ni ningún otro proyecto.

La siguiente Junta pertenecía al perfil #3 y fue presidida por un chico llamado Sven. Este equipo era mucho peor que los anteriores: además de que no tenían organización, no manejaban inventario, nunca elaboraron planes financieros y su filosofía era vivir el día a día, nunca contestaban ningún mensaje que la comunidad les enviaba. Les hice la solicitud para que arreglaran la jardinera, pero nunca respondieron. Tras pasar unas semanas de su gestión, alegaron que no tenían tiempo de ejecutar esa reparación, ni algún otro proyecto. Eventualmente el descuido del edificio fue tan evidente y palpable, que fueron fuertemente criticados por casi todos los vecinos quienes, tras una serie de roces e incidentes, les exigieron su renuncia. Tras unas semanas y hartos de las críticas y quejas, decidieron renunciar y convocaron a elecciones para elegir a una nueva Junta. Dado que habían transcurrido tres Juntas, donde la gestión de cada una había sido peor que la anterior, decidí nuevamente postularme para el condominio. Me parecía que si se cumplía el patrón de que nadie se preocupaba por el edificio, no quedaba otra alternativa que formar parte del condominio, caso contrario terminaríamos transitando el mismo sendero que el edificio de El Cafetal.

El día de las elecciones la Junta saliente no asistió a la asamblea; ni siquiera su presidente, quien se excusó diciendo que no tenía tiempo. Simplemente dejaron los documentos y las llaves de la oficina, y se marcharon. Adicionalmente, el administrador responsable de levantar el acta se retiró e indicó que era problema de los vecinos en el edificio resolver la continuidad del condominio, ya que él tampoco tenía tiempo para eso. Me propuse como integrante de una nueva Junta con el compromiso de mejorar el edificio, ejecutar las reparaciones que debían realizarse y mejorar las áreas comunes, ya que al final del día el edificio era nuestro hogar. Dos vecinos se ofrecieron a integrar la nueva Junta conmigo y acordamos informarle a la comunidad vía la emisión de una carta consulta para ratificar la elección. También le explicamos a la comunidad que dada la situación en la cual se encontraba el edificio, nos veríamos en la necesidad de incrementar el gasto y las cuotas del condominio para tener dinero para ejecutar las reparaciones que estaban pendientes desde hacía al menos dos años. El incremento era de $50 mensuales adicionales a los $200 que pagábamos y debo insistir que esto es una cifra irrisoria en un edificio de personas de clase alta donde casi todos mis vecinos viajaban mensualmente a Estados Unidos y/o Europa, o eran médicos, abogados, dueños de empresas y expatriados. Algo positivo de ese día fue que entre los artículos que la Junta saliente entregó, estaba la impresora que supuestamente mi equipo se había robado, la cual habían descubierto que estaba guardada en uno de los cuartos de depósito del edificio, junto con otros archivos. Es decir: en tres años, ninguna de las dieciocho personas se tomó el tiempo para siquiera recorrer los cuartos de depósito y conocer las instalaciones de su propio edificio.

Días después, la Junta anterior –que había dejado muy en claro su intención de renunciar- envió un comunicado a los vecinos, indicando que ellos habían constituido una "plancha electoral", y que debían sostenerse nuevas elecciones. Se presentaron con el nombre de

"Plancha Activa" e indicaron que ellos seguían siendo la Junta vigente del edificio. Declararon nulas las elecciones que habían ocurrido en la asamblea y dijeron que, si a nadie le interesaba formar parte del Condominio, ellos quedarían reelegidos automáticamente. De más está decir que en ningún lugar de la LPH, ni del Documento Constitutivo del edificio aparecía algo similar a lo que ellos planteaban. Tras recibir este comunicado, mi equipo le envió una carta a los miembros de la "Plancha Activa", donde entre otras cosas, les preguntábamos:

1. *¿Ustedes de verdad consideran que están capacitados para gestionar el condominio del edificio, afrontar la cantidad de inconvenientes y vicisitudes, y resolverlos de forma expedita y efectiva, al mismo tiempo que ejecutan proyectos de reparación y mejora del edificio?*

2. *O, ¿ustedes se están postulando para formar parte del condominio, con la simple y mera intención de que yo no forme parte del condominio porque saben que mi equipo va incrementar el costo del condominio, porque queremos ejecutar proyectos para la mejorar el edificio, la urbanización y el bienestar de la comunidad, antes de que esto colapse? Por favor pónganse una mano en el corazón y sean honestos.*

Nunca recibimos respuesta. Dos días después coincidí con una de las chicas de la "Plancha Activa", quien me encaró para confrontar lo planteado por mí en el comunicado, puesto que se había sentido "ofendida". Ella me recitó su currículo profesional y social, y me enumeró decenas de razones por las cuales ella estaba infinitamente mejor capacitada que yo para ser parte de la Junta. También cuestionó nuestra carta alegando lo injusto que habíamos sido al atacarles de esa forma tan "agresiva". Su discurso fue algo como:

- *"Ya armamos la plancha para el condominio y yo soy una profesional muy seria."* (Cuando un venezolano dice que es un profesional muy serio, la realidad es que no es nada serio). –*"...y nuestro equipo trabajará muy cohesionado para mejorar el edificio."*

Yo pensaba: *"Pero es que ustedes mismos estuvieron a cargo del condominio por varios meses, y no mejoraron nada. Ni siquiera la jardinera de dos metros cuadrados. ¿Qué va a ser distinto ahora?"* Dado que no tenía ganas de caer en disputas legales por algo que no valía la pena, me reuní con mi equipo y acordamos darles la oportunidad de continuar a cargo del condominio. Al término de su gestión, de más está decir que nunca arreglaron nada en el edificio, incluyendo la jardinera de dos metros cuadrados, aun cuando yo les ofrecí pagar la reparación y comprar los materiales, y no aceptaron ninguna de mis propuestas.

La Junta de la *Plancha Activa* presidida por Sven culminó su periodo y nunca resolvió nada, ni ejecutó una sola mejora al edificio, siempre utilizando el pretexto de que no había dinero. Manifestaron continuamente que tenían la intención de arreglar y mejorar el edificio, pero como dice Ned Flanders, *"No se puede vivir de buenas intenciones."* Durante más de tres años y tres juntas de condominio distintas, nunca se pudo arreglar un área común: una jardinera de 2m² que no solo estaba descuidada, sino que olía mal, se veía mal, daba una mala impresión a los visitantes del edificio y reunía todas las condiciones para atraer insectos y plaga. Nunca hubo tiempo, ni recursos, nunca fue prioridad y era mejor dejarlo para después. Creo que está de más decir, que tampoco hubo tiempo para arreglar la piscina, la pintura de las paredes, los jardines comunes, la iluminación o la seguridad del edificio, un edificio ubicado en una urbanización de clase alta de Caracas y que, a excepción de una vecina cuya situación era muy particular, estaba habitado por personas de "buen estatus social" y financiero. Fue en esta época en 2017 cuando me marché de Venezuela.

Así fue como entendí que para explicar los motivos por los cuales Venezuela es un país donde nada funciona, lo que debía hacer era escoger un sitio descuidado, colocar a cualquiera de las Juntas de mi edificio (o de cualquier otro edificio), imaginarla a cargo de ese sitio, e insertar la frase *"_____ es un reflejo del país."* Cada vez que pasaba por las autopistas y veía los postes sin luz, la grama sin cortar, el rayado blanco incompleto, o cuando pasaba por las aceras y las veía rotas, y veía las calles llenas de huecos, basura en el suelo, suciedad en todas partes, piscinas sin cerámica, o con el calentador averiado desde hacía años, sótanos a oscuras, ascensores en pésimo estado, o cuando iba al estadio de beisbol y veía las gradas sin asientos, o cada vez que iba al Parque del Este, al Terminal de Autobuses, a la estación del Metro en La Hoyada, y a muchos otros sitios que habían caído en descuido y abandono, yo pensaba: *"La persona encargada de esa zona es alguien como*

Sven, o Guillermo, o Marianna, o Diana, o Rosa", y sus excusas para justificar por qué todo estaba tan descuidado eran: *"No hay real pa' eso"*, y *"No es prioridad"*. La realidad es que no les importaba ni su edificio, ni su país, y querían que el edificio fuese como el Burj Khalifa, pero no estaban dispuestos a invertir un centavo para conseguir esa meta.

El venezolano nunca entendió que si invertía un poco de dinero en su propiedad, ésta iba a mantenerse segura, y lejos de deteriorarse, sería agradable a la vista para los copropietarios y visitantes, y que también iba a mantener su valor e incluso podría revalorizarse. Pero volviendo a lo que establecí en el capítulo anterior, era entendible que pensasen que cualquier inversión adicional fuera de lo normal, estuviese asociada a robos, estafas y corrupción, y aquí donde explicaré el problema que había con el círculo vicioso.

Cuando nos acusaron de que nos habíamos robado el dinero de la poda del árbol (y de los demás proyectos) por haber ejecutado el trabajo con contratistas privados en vez de con la Alcaldía, lo que más me sorprendió fue lo absurdo de la acusación considerando la cantidad de dinero que estaba poniéndose en tela de juicio, pero considerando el precedente al cual estaban acostumbrados a ver en el país, entendí que más que una acusación, era un reflejo condicionado. Ellos pensarían que nosotros éramos una copia de Luis Alberto Machado, Ricardo Hausmann, Moisés Naím, Carlos Andrés Pérez, Rafael Ramírez, Jesse Chacón, Nelson Merentes o de cualquier otro político corrupto o ineficiente. Por eso me parecía irónico que el venezolano se opusiese al gobierno socialista de Chávez, pero quería que su sociedad funcionase bajo el esquema de que el gobierno se encargase de arreglar y mantener todo, al mismo tiempo que desconfiaba de los encargados del sector público y privado, porque existía un enorme historial que acumulaba miles de casos de ineficiencia y corrupción desde hacía muchos años. De esta forma, se creaba un círculo vicioso donde no había ganadores (excepto por los corruptos que sí desfalcaron a la nación) y solo había perdedores, y donde la enseñanza que quedaba era que como no les importaba el edificio, mucho menos les importaba el país, y por eso *(cualquier sitio)* era un reflejo de Venezuela.

Así de fácil se destruye un país: no reparando una jardinera de 2m² alegando que no hay tiempo, no hay recursos, no es prioridad, es mejor dejarlo para después, y además bloqueando las oportunidades cuando alguien tiene las ganas e intención de hacerlo. Yo podría entender que en un edificio de gente clase baja o pobre, no hubiese dinero para reparar la jardinera. Pero en un edificio de clase alta con gente de mucho dinero no hay pobreza, a excepción de la pobreza mental.

Usted no tiene idea la cantidad de edificios en zonas de clase alta, media o baja, que se encontraban descuidados, y abandonados; edificios que se notaba a leguas que en su momento eran una obra impecable, pero que con el tiempo tuvieron el mismo destino que el Teleférico del Ávila, el Hospital Universitario, el Domingo Luciani, Los Próceres y el resto de las obras y sitios emblemáticos de Venezuela, como Las Torres del Silencio, la Avenida Bolívar, La Hoyada, Baruta, Chichiriviche, el Helicoide, el Hospital de La Paz, el edificio de El Cafetal, el edificio donde yo vivía, el parque cerca de la casa, el edificio de la oficina y así infinidad de lugares. De esa forma es como el edificio era un reflejo del país, el lugar de trabajo era un reflejo del país, la asociación de vecinos era un reflejo del país, y el club era un reflejo del país. Por ese motivo me causa gracia cuando leo o escucho a los venezolanos decir que Venezuela pudo haber sido una potencia, o que era el país más rico, o que era el país que lo tenía todo para llegar a ser como los Emiratos Árabes en términos de infraestructura. ¿Cómo se supone que iban a instalar y poner en funcionamiento una fuente que costó $200 millones, si no podían arreglar una jardinera de 2m²?

Debo mencionar tres aclaratorias: la primera es que yo enumeré las tres razones principales que fueron las que nos hicieron renunciar a mí y a mi equipo, pero hubo decenas de razones, al punto que podría escribir un libro dedicado exclusivamente a contar mi experiencia como Presidente del Condominio y de la Asociación de Vecinos. En esencia mi equipo y yo nos hartamos de trabajar para gente mal agradecida, exigente, miserable, chismosa, que nunca ayudaba y más bien entorpecían nuestra gestión, y que ni siquiera nos agradecía los esfuerzos que hacíamos por el edificio, los cuales debo decir eran muchos y notorios, y que había que rogarles para que pagasen $30 más al condominio para mantener y mejorar el edificio donde vivían.

La segunda aclaratoria es que el lector se preguntará, por qué yo como vecino no miembro del Condominio podía arreglar la jardinera por mi propia cuenta. El motivo es porque la Ley de Propiedad Horizontal fue redactada por alguien que parece que no tenía idea de cómo gerenciar un condominio, ni de cómo funciona un edificio; peor aún era que la Ley se encontraba completamente desfasada con las necesidades de un edificio en el siglo veintiuno, dado que fue promulgada en 1981. En síntesis, la Ley impedía que un vecino fuese proactivo en el inmueble, inclusive con la aprobación de la Junta de Condominio, al mismo tiempo que le daba todo el poder a la Junta de hacer o de no hacer nada en el edificio donde ejercía sus funciones.

La tercera aclaratoria es que utilicé el caso de la jardinera como un ejemplo para ilustrar como ni siquiera algo elemental era atendido en mi edificio, y pude haber escogido cualquiera de los cientos de problemas que había que solucionar y que nunca se atendieron.

Extrapolando el submundo de mi edificio y mi urbanización al ambiente macro del país, la mentalidad de *"Eso cuesta mucho dinero"*, *"eso no es prioridad ahorita"*, y *"orita no hay real pa' eso"* eran las excusas utilizadas por cualquier Presidente, Ministro o Rector a cargo de algún presupuesto para a mantener, preservar o incluso incentivar y promover la mejora del país porque tristemente, la inversión en Venezuela y en su gente era vista como una carga onerosa. Esa fue la mentalidad que hizo que La Hoyada decayese, las canchas de tenis de La Paz estuviesen descuidadas, y la que producía que Venezuela siempre tuviese un desempeño pobre en competencias deportivas.

En mi edificio había dos vecinos llamados Franz Semprún y René Morazzani. Ambos eran pudientes, pero eran incapaces de invertir un centavo para mejorar o al menos cuidar el edificio donde vivían. Además, se encargaban de adoctrinar al resto de los vecinos de que lo correcto era no invertir en el edificio, ni gastar dinero en el condominio, ni en la asociación de vecinos. *"…'orita no hay real pa' eso"* era lo que siempre decían el Sr. Semprún y el Sr. Morazzani cuando había que ejecutar alguna mejora o mantenimiento: -*"¿Acaso yo uso la piscina del edificio? ¿Por qué debo pagar un mantenimiento carísimo de una piscina que yo ni uso? Yo me niego a pagar ni un Bolívar, y los vecinos tampoco deberían.*

Aquí no hay dinero pa' eso."- era lo que decían el Sr. Semprún y el Sr. Morazzani. Uno era un "constructor de renombre" como los que mencioné, y otro era un contratista del gobierno de Carlos Andrés Pérez: saque sus propias conclusiones.

Esa es la historia de la mayoría de los edificios que eran operados por Juntas de Condominio con personas con perfiles como los que describí, y que no eran operados por empresas de gerencia de inmuebles como JLL, CBRE, o por entidades administrativas. Cada vez que se proponía la posibilidad de cambiar a este tipo de figura, el Sr. Semprún y el Sr. Morazzani, decían: *"Nooo, eso es muy caro, no hay real pa' eso. Vamos a nombrar una nueva Junta que nos sale gratis, y que además saben manejar muy bien el dinero del edificio".* Debo reconocer que los servicios de JLL y CBRE no eran económicos, pero aquí es donde el lector debe preguntarse qué vale más: ¿Tener a un grupo de personas incapaces a cargo del mantenimiento de un inmueble del cual no tienen la menor idea de cómo manejar y mucho menos tienen las ganas para hacerlo?; o ¿tener a una empresa con experiencia en el manejo de inmuebles, y que te da la tranquilidad de que tu propiedad estará en manos de profesionales que saben hacer su trabajo? Como podrá imaginar, el Sr. Semprún, el Sr. Morazzani y el resto de los vecinos siempre escogían la primera opción, y lo mismo pasaba en la mayoría de los edificios.

La otra opción era la que mencioné de contratar a una persona que trabajase a dedicación exclusiva para el edificio como *"Gerente del Edificio"*, y en este caso podían ocurrir tres escenarios: El primero era que los propietarios se quejaban de que era muy costoso por las implicaciones de pago laborales que había que asumir, como un muy buen salario, más los bonos, liquidación, inamovilidad y otras obligaciones. El segundo era el hecho de que en cada uno de los edificios que conocí que operaban bajo esta figura, aun cuando el *Gerente* estuviese haciendo un muy buen trabajo en la operación del inmueble, eventualmente alguno de los propietarios iniciaba una campaña de averiguar las múltiples formas como el *Gerente* estaba robándoles materiales de construcción, inventario, artículos de oficina, u obteniendo comisiones a través de los contratistas de mantenimiento o del personal al cual le adjudicaban trabajos en el edificio. Con el tiempo algún propietario descubría algo, y si no descubrían nada, igual lo despedían porque de nuevo volvían a caer en el famoso círculo vicioso; es decir, aunque nunca consiguiesen pruebas, a los propietarios se les había metido en la cabeza que el *Gerente* los estaba robando *"Sí o Sí"*, por el razonamiento que establecí de que el manejo de proyectos y fondos era igual a corrupción. Y por último el tercer escenario era que la persona *"Gerente"* no hacía un buen trabajo.

Así fue como decayeron edificios como el de El Cafetal, y cientos de otros sitios en Venezuela. Fue con esa mentalidad como decenas de agrupaciones culturales vieron cerradas sus puertas o truncados sus sueños por actitudes miserables de las personas encargadas de conducir su crecimiento al negarles apoyo, mientras que los jefes, gerentes o ministros gozaban (o robaban) el dinero de la nación. ¿De qué estoy hablando? Del accidente de Las Azores. Al igual que todas las desgracias ocurridas en Venezuela, y tal como ocurriría con la clausura de los ascensores del edificio de El Cafetal, la historia del accidente de Las Azores es un reflejo del país.

Corría el año 1976 y el Orfeón de la Universidad Central de Venezuela había sido invitado a cantar en un festival en Barcelona, España. Vinicio Adames en su rol de director acudió a las autoridades universitarias para solicitar la posibilidad de que la universidad tomase parte del presupuesto dedicado a actividades culturales para costear los pasajes, y como siempre la respuesta que le dio el equivalente al Sr. Semprún y el Sr. Morazzani en la UCV fue que *"Ehhh…'orita no hay real pa' eso."* El simple hecho que el director del Orfeón tuviese que acudir a las autoridades para pedir dinero, es una muestra de lo denigrante que era el sistema cultural en Venezuela.

Resignado ante la posibilidad que ir a España sería un sueño y nunca un hecho, Vinicio se fue de vacaciones con su familia. Mientras tanto el grupo de orfeonistas de estudiantes, que promediaban veinte años, que tenían la moral por el cielo y el sueño aún latente por la emoción de cantar en el exterior, se esforzó en buscar por todos los medios necesarios la forma de obtener los recursos para costear el viaje. Eventualmente se llegó a la figura de Pastor Heydra, quien era un alto ejecutivo del gobierno muy cercano al Presidente Carlos Andrés Pérez, y quien le pidió a Pérez que interviniese para apoyar al orfeón. La solución que Pérez ideó fue facilitar el uso de un avión de carga de la Fuerza Aérea Venezolana para llevar al coro de la UCV.

¿Usted puede imaginar que el orfeón de Harvard o de Oxford, sea invitado a cantar a un festival y el rector les diga que no hay dinero, y que haya que involucrar al presidente del país para enviar al orfeón al festival en un avión militar? Lo que debía pasar era que las autoridades de la UCV daban un paso al frente y decían algo como: *"Estimado Vinicio, fuimos informados que han sido invitados a cantar en España. Estamos gestionando la compra de los pasajes y sus viáticos para que tú y los muchachos de la UCV hagan una excelente presentación. La universidad dispondrá de los recursos para que ustedes vayan a España a dejar en alto el nombre de la UCV y de Venezuela."* Digo eso porque como expliqué en *El Talento Venezolano*, la UCV es una universidad pública y autónoma, y su presupuesto es controlado por el estado; es decir, resolver este asunto era competencia del gobierno. Si las autoridades de la UCV no encontraban una solución, había que acudir al Ministerio de Educación, hasta tener una solución, pero no se hizo. En vez de eso, el Sr. Semprún y el Sr. Morazzani de la UCV dijeron: *"…'orita no hay real pa' eso."*

Pero vamos a ser creativos: supongamos que el Estado estaba en la quiebra y no tenía dinero, y seamos proactivos tal como yo fui con el problema de la poda del árbol en mi comunidad: ¿Acaso alguna negociación con la aerolínea VIASA (que también era propiedad del Estado) no era posible? ¿Tal vez algún tipo de patrocinio de parte del gobierno con la línea aérea emblemática de Venezuela? ¿Tal vez que los estudiantes comprasen los pasajes con algún financiamiento, e ir descontando el monto por medio de pagos con intereses de alguna de las miles de partidas gubernamentales asignadas a proyectos absurdos? ¿Qué tal llegar a un acuerdo donde la UCV le permitiese patrocinio gratuito a VIASA en los eventos de la universidad, descontando el monto para cubrir el viaje en plazos trimestrales? ¿O tal vez llegar a un acuerdo donde la UCV le proporcionase a VIASA pasantes para que trabajasen a una paga descontada? Esas son solo algunas ideas que vinieron a mi mente en los treinta segundos que me demoró escribir estas líneas. ¡Pero no! Pérez optó por llamar a la Fuerza Aérea, cuyas competencias incluían servirle de Uber a la UCV.

Un avión de carga C130 fue el escogido para llevar al orfeón a Barcelona (yo digo "escogido" como si hubiese de donde "escoger"). Cuando los muchachos del orfeón recibieron la noticia, se procedió a avisarle a Vinicio Adames quien se encontraba en Miami. Días después alguien involucrado en el festival le ofreció a Adames viajar él solo en un vuelo comercial directo a Barcelona, a lo cual el director respondió: *"No gracias, yo me voy con mis muchachos."*

El C130 Hércules es un avión militar de carga que no está concebido para llevar estudiantes de un orfeón universitario. Me cuesta imaginar la reacción de Vinicio Adames al llegar a Maiquetía y ver cuánto apoyo le daba el presidente Pérez a la cultura musical de Venezuela. El avión despegó de Maiquetía rumbo a Palo Negro y después a Bermudas para recargar combustible. A partir de allí aún hoy no están muy claras las circunstancias de lo que ocurrió a continuación tras partir con rumbo hacia Barcelona. La hipótesis más aceptada es que el vuelo se encontró con una tormenta y tras maniobrar por más tiempo del que podía, el Capitán intentó aterrizar en el aeropuerto de Lages en Las Azores, donde no había buena visibilidad. Lo que sí está claro es el avión militar C130 que Carlos Andrés Pérez amablemente consiguió se estrelló a 200 metros de la pista de aterrizaje cobrándole la vida a sesenta y ocho personas: la tripulación del avión, el orfeón de la UCV y su emblemático director Vinicio Adames.

Tal como pasaría con Renny Ottolina dos años después, el gobierno de Venezuela nunca emitió una disculpa ante los hechos, ni hubo una investigación a fondo sobre la tragedia. Supongo que así sería el cargo de consciencia de Carlos Andrés Pérez y de Pastor Heydra, así como de muchos otros responsables, que prefirieron llevárselo a la tumba. Esto es todo lo contrario a lo que ocurre en otras culturas donde el cargo de consciencia es tan grande que en ese caso las personas involucradas se humillan públicamente disculpándose ante la nación, incluso renunciando a sus cargos.

El accidente de Las Azores fue un triste hecho en la historia de la UCV y de la política de Venezuela; digo política porque al estar involucrado el presidente, quiere decir que la situación se volvió política y eso nunca debió ocurrir. Lo que debió haber ocurrido era:

- La UCV hacía lo imposible para conseguir los fondos para costear los gastos y viáticos del viaje, para que fuesen sin lujos, pero al menos como personas, en un avión comercial. Quizás el avión comercial se hubiese caído, pero al menos hubiese quedado la imagen de que se utilizaron los canales regulares, a diferencia de con la negligencia cómo pasó, que se envió al Orfeón de la UCV en un avión de carga, como si eran la basura.

- Si llegaban a involucrar al presidente, éste diría: "*¿Cómo es posible que ustedes me piden dinero a mí para esto? ¿Dónde está el rector de la UCV? ¡Tráiganmelo para ver cómo vamos a conseguir ese dinero!*" o bien, "*Vamos a solicitar al congreso nos permita usar el presupuesto de educación y cultura para que estos muchachos viajen tranquilos y dejen en alto el nombre de Venezuela.*"

- La Fuerza Aérea diría "*Presidente, nuestros aviones no están en condiciones de trasladar civiles. Nuestros aviones están hechos para llevar cochinos, perdón carga militar, y no estudiantes universitarios, ni a alguien de la categoría y el prestigio de Vinicio Adames*"

…pero, lo que paso fue:

- La UCV dijo "*…'orita no hay real para eso…*"
- El presidente dijo: "*Busquen en la Fuerza Aérea cualquier perol para darle la cola a esa gente tan fastidiosa del orfeón de la UCV. ¡¡Hasta cuando la UCV fastidiándome!!*"
- La Fuerza Aérea dijo: "*Abróchense los cinturones, recojan la mesa de comida y pongan sus asientos en posición vertical, ah perdón, ¡no tenemos cinturones!... y ¡coño!, ¡tampoco tenemos asientos!*"

El resultado: el Orfeón entero de la UCV desapareció junto con uno de sus más emblemáticos directores. Venezuela había quedado en alto, sí, pero no por haber cantado en el festival de Barcelona, sino por haber sido ejemplo de qué tan miserable puede ser un gobierno y el sistema en lo que respecta a fomentar la cultura de su país. Nadie entre esas sesenta y ocho personas debió haber muerto de la forma como pasó. Para ponerlo en perspectiva en términos actuales, es como si hoy en este momento usted se enterase que el orfeón universitario de la UCV, estuviese dirigido por Gustavo Dudamel, fuese invitado a cantar en un festival internacional, los enviasen en un avión militar y se estrellasen: ¿Qué le dirían a Nicolas Maduro? ¿Qué diría la masa de venezolanos de la oposición y los líderes opositores? ¿Qué diría la comunidad internacional? Le dirían "maldito asesino", "genocida", "algún día vas a arder en el infierno" y frases similares. Estoy completamente seguro de que eso sería lo que pasaría. En 1976, nadie dijo nada.

Peor aún al hecho que el accidente no debió haber ocurrido, es que no hubo consecuencias. Debió haber habido una investigación, en la cual se determinase quiénes habían sido los causantes de que Vinicio Adames y el Orfeón de la UCV (la universidad más "prestigiosa" de Venezuela), no tuviesen otra opción que viajar en un camión de cochinos con hélices, para ir a un festival internacional. Debió haber habido consecuencias y prisión para todos los involucrados en ese vergonzoso episodio, incluyendo a Pastor Heydra y a Carlos Andrés Pérez. Pero, al igual a como veinte años después ocurriría con la prima de mi novia que murió abaleada en La Hoyada, no hubo; ni uno. Y mientras sesenta y ocho personas perecieron en un accidente funesto, Pérez vivió cómodamente los últimos años de su vida en Miami.

El accidente de Las Azores es un reflejo del país durante 1976, y es otro de los motivos por los cuales Chávez, quien en ese momento tenía veintidós años y ni soñaba en formar parte del panorama de Venezuela, apareció el 4 de febrero de 1992. El tiempo que viví en Venezuela, el venezolano siempre se preguntaba: "*¿por qué Venezuela no salía adelante en cultura, deportes, entretenimiento, economía, política?*" y la respuesta es por culpa de la mentalidad de: "*...'orita no hay real para eso.*"

El accidente de las Azores, la clausura de los ascensores del edificio de El Cafetal y el decaimiento de los edificios en Venezuela, todo era parte del mismo problema: ejemplos de desgracias que eran un reflejo del país gracias a venezolanos que tenían una mentalidad que, estimado lector español, británico, panameño, americano, mexicano, y chileno, es la misma que tienen los venezolanos que hoy viven en sus países, y en los otros países del mundo al cual han emigrado.

Les deseo buena suerte.

13

La peor de las cualidades

"¡Qué suerte tienes!"

El Racismo es un tema que en años recientes se ha vuelto delicado, sensible y complejo de analizar en el mundo y, al menos para mí, es parte de otro libro. Por ese motivo para hablar del "Racismo" en Venezuela, debo contextualizar las diferencias que había con la interpretación del término en otros países. En Estados Unidos se considera imprudente llamar *"Negro"* a una persona de raza negra, y lo correcto es llamarles *"Afroamericanos"*. Hay algunos inconvenientes con la palabra *"Nigger"* y con su uso de parte de alguien que no es de raza negra, a pesar de que las personas de raza negra sí pueden utilizarla en su léxico, y que ésta es parte de su cultura (como por ejemplo su uso en algunas canciones); tampoco se considera prudente llamarle *"Indio"* a una persona descendiente de alguna de las tribus que poblaron a América, y lo correcto es llamarles *"Nativos Americanos"*. En Venezuela, las cosas funcionaban un poco distintas.

En Venezuela era común que a una persona de raza negra se le apodase *"Negro"*, *"Negra"*, *"Negrito"*, *"Mulato"*, o *"Chango"*, así como también ocurría que a alguien con facciones indígenas le dijesen *"Indio/a"*, y en ambos casos esto era visto como una expresión de cariño e incluso respeto, no en un sentido jerárquico, sino como una forma de aprecio hacia la persona: *"¡Épale Negro!"*, era una frase muy coloquial para saludar a alguien moreno o de piel oscura, y la persona jamás lo tomaba como algo ofensivo, sino que por el contrario, respondía con algún comentario en el mismo tono: *"¿Qué más? ¿Cómo está la vaina?"*, y la conversación seguía como si nada. A veces pasaba que ibas a alguna oficina y preguntabas *"¿Quién me puede a ayudar para sacar unas fotocopias?"* y podían responderte: *"Sube a 'x' piso y pregunta por la india"*. En mi escuela de TaeKwonDo había un chico de catorce años que tenía muchas canas, y le decían *"El Abuelo"*; también estaba *"El Chino"*, un chico de piel morena que tenía los ojos achinados, pero no tenía algún ancestro asiático; también estaba *"El Indio"*, que era uno de los mejores alumnos del gimnasio rival al mío; y también *"El Portuguesito"* Arlindo Gouveia (medalla de Oro en las Olimpíadas de Barcelona '92). Además, estaba *"El Limonero"* Henry Stephens, Jesús *"El Cholo"* Morales, Francisco *"Morochito"* Hernández, y *"El Gato"* Andrés Galarraga. Todo esto me llamaba la atención de niño, ya que yo venía de Estados Unidos donde este juego de palabras y apodos podía ser considerado como racismo y discriminación, y como dije, podía constituir un tema sensible. En Venezuela, yo le podía decir *"Negra"*, *"India"*, *"Chino"*, *"Cojo"* a cualquier persona y la persona se lo tomaba con gracia y no pasaba nada. Yo no lo hacía ya que admito que me costaba un poco quizás por mi trasfondo americano, y porque soy muy respetuoso.

Uno de los motivos principales por los cuales había una diferencia tan marcada sobre el mismo tema entre ambos países era por el mestizaje, ya que cuando los españoles llegaron a colonizar América, hubo una rápida mezcla entre blancos europeos, indios americanos y negros africanos. En Venezuela (y en casi toda Latinoamérica), distintas razas han coexistido mezclándose en un mismo sitio desde hace siglos, cosa que no ocurrió en Estados Unidos y algunos países de Europa. Al mestizaje de la colonia y la conquista de América hay que sumarle la mezcla de razas causada por la inmigración de europeos durante los años 40 y 50 que mencioné en *La Identidad Perdida*, y ese es el motivo por el cual el fenotipo venezolano era tan diverso y exótico: había demasiadas razas y nacionalidades mezclándose desde hace mucho tiempo. Por eso no había segregación, ni discriminación en Venezuela.

Creo que de todas las cosas que funcionaban mal en Venezuela, esta inexistencia de crear una controversia por llamarle *"Negro"* o *"Indio"* a alguien, no era una de ellas y por el contrario debería ser un ejemplo para el mundo de cómo lidiar con el racismo. Debo mencionar que en Venezuela la esclavitud fue abolida en 1853 (doce años antes de que fuese abolida en Estados Unidos), y que también hubo un genocidio de las tribus indígenas por parte de los conquistadores, pero en Venezuela creo que la población entendía que esa parte de la historia era una etapa superada; o tal vez no había controversias por el hecho que el venezolano desconoce su propia historia como lo mencioné en *La Historia de la Hacienda Venezuela*, y quizás por estas razones, nunca vio la necesidad de retribuir o reivindicarse con los indígenas, ni con las personas de raza negra, ni tampoco se aferraban a causas perdidas ni a eventos del pasado.

Pero si bien no había discriminación por color de piel, Venezuela era un país extraño y contradictorio en términos de comportamiento social e integración de las clases y distintas nacionalidades. En la actualidad del acontecer mundial, me parece que la palabra racismo es frecuentemente mal empleada para justificar conductas que no entran en su definición. Por este motivo no sé si sea correcto afirmar que en Venezuela había racismo o clasismo como se conoce en el extranjero, y voy a emplear las palabras *"racismo"* y *"discriminación"* de una forma distinta; le dejaré al lector sacar su propia conclusión de si son iguales o no. Empezaré mi exposición compartiendo un viaje que hice de New York a Caracas en 2004, en el cual mi compañero de asiento era un señor de unos 70 o 75 años. Medía 1m77, era corpulento, bien conservado para su edad, con su cabello blanco peinado a un lado, voluminoso, y elegante; estaba vestido con camisa y un sweater oscuro abierto, y era de grandes brazos y manos. Después de conversar un rato acerca de nosotros, de mi país de origen y de lo que cada uno iba a hacer en Venezuela, él me preguntó:

-*"¿Y con cual país te sientes más vinculado?"*

-"Con Estados Unidos"- respondí. -"Es donde nací y me crie. Es donde di mis primeros pasos, donde aprendí a hablar, a leer, y donde aprendí mis primeros principios, mis valores, mi educación."

-"*¿No te gusta Venezuela?*" – preguntó con extrañeza.

-"No es que no me guste, pero no siento nada por ese país. Es difícil de explicar, puesto que mis padres son de allá, pero yo no me crie con ellos. Ellos nunca me inculcaron nada de su país y crecí rodeado de americanos." – Le di una respuesta resumida, ya que no tenía ganas de compartir el episodio del Disney Channel.

-"*Te entiendo.*" – dijo, dejando abierta la posibilidad a que yo siguiera hablando para desahogarme.

-"Sé que suena como un caso inusual, pero creo que por eso no tengo apego hacia Venezuela, y por eso siempre he sentido que Estados Unidos es mi país y por eso lo quiero".

Él cogió su bolso de mano y sacó un estuche con sus documentos: -"*Te voy a mostrar algo. Yo nací en Venezuela. Hoy tengo 74 años. Hace 44 me fui de Venezuela. Yo era venezolano.*" – Fue allí cuando sacó su cédula de identidad venezolano y su pasaporte americano. Puso ambos sobre la mesa del asiento y me preguntó –"*¿Qué ves allí?*"

-"Su cédula de Venezuela y pasaporte americano".

-"*Así es. Desde hace más de 30 años soy americano. Igual que tú. Bueno, no como tú. Yo decidí ser americano. Tu naciste americano. Nunca permitas que nadie te diga lo contrario*". - me dijo.

-"Lo sé. Nunca lo permito." – contesté.

-"*Ese país, Venezuela, es un pedazo de mierda.*"- dijo con en tono muy bajo, como para evitar ser escuchado por algún venezolano que estuviese cerca. -"*Te voy a contar mi historia. Yo nací en Villa de Cura, un pueblito de Aragua. Nuestra familia era muy pobre. Para nosotros ir a la escuela era un lujo. Mi mamá era ama de casa, y mi papá murió de la gripe española cuando yo tenía 5 años. Era la enfermedad que mataba en esa época. Desde chiquito mis hermanos y yo salimos a trabajar para mantener a la familia. Hacíamos de todo: lustrábamos botas, hacíamos mandados, cargábamos bolsas y nos pagaban con una puya, o una locha[94]. En un abrir y cerrar de ojos, yo tenía 18 años y no sabía leer. Pero siempre tuve ganas de*

---

[94] Nombre coloquial de las monedas de Bolívar del siglo veinte. Puya = Bs. 0.05. Locha = Bs. 0.125

trabajar. Nunca fui flojo. Yo soy pájaro madrugador. Siempre he estado despierto a las 5 de la mañana toda mi vida; desayuno y a las 6 estoy listo para trabajar. Toda mi vida he sido así".

-"Admirable." – dije yo, con toda sinceridad.

-"*Con el pasar del tiempo tuve todo tipo de trabajos parecidos a los que tenía de niño, pero ahora de adulto. En esa época con 18 años eras un adulto. Trabajé de mensajero, secretario y portero; yo soy un tipo grueso como puedes ver y siempre me llamaron la atención los trabajos de fuerza. Yo fui boxeador. Por un tiempo estuve entrenando y me ganaba unos Bolívares en peleas donde la gente apostaba. Yo era bueno. No sé si hubiera podido llegar a ser profesional, porque era otra época, y el apoyo del país al deporte en ese tiempo no existía. Pero yo sí era bueno, muy bueno".*

Sus manos bien conservadas, eran en efecto las manos de alguien que podía haber sido boxeador. Él las puso sobre la bandeja:

-"*Con estas manos noqueé a varios y me gané unos buenos Bolívares, pero sabes, el boxeo es una carrera cruel: haces daño y llevas golpes. Me di cuenta que a pesar de lo lucrativo, no podría seguir haciéndolo e iba a llegar a los 30 años y estaría igual o peor, para tener otro trabajo.*"

-"Claro, por supuesto, por la vida útil de un boxeador".

-"*Así es. Así que pasé por otra serie de trabajos, hasta que conseguí uno que me gustó y vi que podía hacerlo por mucho tiempo. Era tranquilo, la paga era buena, es decir, decente, y conocías gente. Hoy en día le llaman taxista, pero en esa época se le conocía como Chofer de Alquiler. '¿En qué trabajas?' Preguntaba la gente, y siempre se respondía: 'Soy chofer de alquiler.' Ibas uniformado, con tu chaqueta, tu gorrita, siempre presentable. Había que tener buena imagen con el pasajero. A veces salías para el aeropuerto y te tocaba un pasajero americano o un europeo. Gente de clase.*

A mí me encantaba mi trabajo. Tenía 26 años, un trabajo decente, conocía muchas personas, ganaba mi platica, tenía mi novia, la sacaba a pasear en el carro. Yo me sentía muy feliz. Pero había un problema... ¿sabes cuál?"- preguntó, viéndome a los ojos.

-"No, ni idea". - contesté.

-"*La discriminación. El racismo del venezolano.*"- dijo -"*El venezolano es una plasta de mierda. El venezolano, no tiene respeto hacia la gente de la clase baja. ¿Sabes? la gente que sirve, la servidumbre. Te explico: en esa época, era una vergüenza decir que tu hermano, tu novio, tu amigo, trabajaba como 'chofer de alquiler'. Ser chofer de alquiler era peor que ser el que recogía la basura. 'Chofer de alquiler' era lo peor de lo peor. Lo más bajo de los más bajo. Eras un bueno para nada, que no servía para nada, que solo sabía prender un carro y pisar el acelerador, freno, y meter los cambios.*

¿Quieres que te diga otra cosa? La discriminación no venía de la gente de elite, es decir, no de la gente de dinero. Yo le hice carreras a mucha gente que vivía en el Country Club, que era la zona donde vivía la gente pudiente, los ricos de verdad. Las familias de apellido: los Phelps, los Estrada, los Febres, toda esa gente vivía en el Country. Urbanizaciones como La Lagunita y Prados del Este, no existían. Los ricos de clase vivían en el Country Club. Había algunas casas en Altamira, y Las Mercedes estaba naciendo, pero eran pocas. Los ricos de cuna de Venezuela son la gente que vive en el Country. Este montón de portugueses, españoles, italianos y los otros inmigrantes que se hicieron ricos en los 60 y los 70, se fueron al sureste de Caracas, porque la gente del Country no los aceptaba y con razón, porque esos inmigrantes sin educación ni clase eran unas basuras sucias vividores que solo le estaban sacando dinero al país. Lo que te quiero decir es que la gente del Country no era la que me discriminaba, sino que eran los inmigrantes esos que vivían en el sureste; los que más discriminaban era la misma gente que vivía conmigo en San Agustín y Santa Rosalía... la gente como uno. No te dejaban entrar a sitios, no podías ir a lugares, no te dejaban pasar en las casas; era como si fueses una basura o un leproso. Poco a poco fue acumulándose en mí la molestia de ser discriminado por ser chofer de alquiler. Una vez quise regalarle a mi esposa, inscribirnos en un club con piscina, cerca de donde vivíamos. Fui yo solo, porque quería darle la sorpresa a ella al llegar a la casa."

"*¿Nombre y edad?*" – me dijo la muchacha del club.

"*Víctor Tovar. Veintiséis años.*"- contesté.

"*¿Profesión?*"

"Chofer de alquiler." – dije a mucha honra.

"Señor, aquí no lo aceptamos. Usted no puede ser socio aquí, porque aquí no aceptamos a un chofer de alquiler".

-"Ese fue el primer día que me dolió que me lo dijeran. Ya me lo habían dicho varias veces, pero nunca me había afectado en lo más mínimo, pero ese día sí. Ese día me lo tragué todo y aguanté. Me fui directo a la casa. Mi esposa me recibió, como siempre, con la comida hecha. Yo no dije palabra, me quité mi gorrito, la chaqueta y me senté en la mesa".

-*"Viejo, ¿qué te pasa?"* – dijo ella. Siempre me decía viejo, porque yo era tres años mayor.

-"Hoy me pasó algo".

-*"¿Qué te pasó?"*

-"Yo fui al club 'X'. Fui porque quería inscribirnos. Quería regalarte que tuvieses un sitio para divertirte y recrearte. Fui con mis requisitos y con mi platica. Pero no me dejaron".

-*"¿Y eso por qué?"*

-"Me dijeron 'Usted no puede ser socio de aquí, porque usted es chofer de alquiler'. Le dije a mi esposa. Allí no pude aguantar más y sentado frente a ella, me puse a llorar".

Ella se puso a mi lado y me abrazó. Mi esposa no era la mujer más inteligente del mundo, ni la más linda, ni la más simpática. No estoy diciendo que fuese bruta, fea y antipática; era una persona normal, llena de mucha humildad. Tenía virtudes y defectos, y me conocía muy bien, y sabía cómo llegar a mí.

- "Ya no quiero seguir viviendo en este país." – le dije.

Ella dijo: -*"Viejo, y ¿por qué no contactas al Sr. Juan?, del que me habías hablado antes."*

Pasaba lo siguiente: unas semanas antes del incidente de la admisión rechazada al club, yo le había hecho una carrera a un americano. Lo busqué en el aeropuerto y lo llevé a su hotel. Él había venido a Venezuela varias veces y le sorprendía el alto potencial del país, pero había notado un cambio en la gente, en la política, en la economía. Esto fue después que cayó Pérez Jiménez.

Hablando en el camino de la Caracas-La Guaira, me dijo: 'Usted parece de las personas de antes: respetuoso, con clase, honrado, con dignidad. A usted le iría muy bien trabajando en Estados Unidos'.

Compartí esa experiencia con los compañeros de la línea de carros y recordé que uno de mis amigos choferes se había ido a Estados Unidos hacía unos meses atrás. Yo le había mencionado eso a mi esposa, como un tema de conversación familiar en la mesa de comer en la noche, pero no le había dado mayor importancia. Para mí, fue un tema más.

Le escribí a Juan mi amigo. En esa época, se escribía para contactar a alguien. No es como ahora que todo es por teléfono. Las cartas en esa época tardaban en llegar, pero llegaban. Un día recibí una carta de Juan. La abrí y me sentí muy entusiasmado. El contenido decía algo así:

> *'Mi estimado amigo, cómo me haces falta. Me entristece escuchar que hayas vivido eso en Venezuela. Tal vez sea que ese no es el sitio donde debas estar. Eso me lo planteé yo al igual que tú. Aquí trabajo en una fábrica Víctor, una fábrica, con un centenar de obreros, americanos casi todos. Aquí todos somos parte de una empresa. Son muy cordiales los americanos, muy educados. Son echadores de broma, no tanto como los venezolanos, pero no son tan fríos como la gente dice. Me tratan como uno de ellos. Me invitan a sus casas y me muestran la ciudad. Me dicen dónde hacer mercado y dónde salir a divertirme. Estoy saliendo con una americana que trabaja en una oficina de una empresa en Manhattan. Es una mujer educada, blanca, rubia, muy hermosa y yo soy un peón en una fábrica. La gente aquí te ve por cómo eres y no por quién eres o por lo que tienes. En el banco Víctor, tengo apenas $200, y la cajera me trata como si yo fuese rico y tuviese $100.000. Yo veo que tú eres así Víctor hermano y te veo triste allá, y veo que serás feliz aquí. Vente, y aquí te apoyaré para que puedas arrancar. Tú y tu esposa serán bien recibidos'.*

Eso era más o menos lo que decía la carta. Se la mostré a mi esposa y ella sonrió. Le dije: -"Vámonos. Ya no quiero estar aquí". En menos de un mes recogimos todo y nos montamos en un avión y nos fuimos. Salvo mis compañeros de carros y de unos pocos familiares, no nos despedimos de nadie. Las demás personas no me importaban, porque después de todo, yo era un chofer de alquiler.

Llegamos a New York. Una ciudad inmensa, intimidante. Nunca había visto una ciudad así. No creo que haya una ciudad así. Tenía mucho miedo. Yo no hablaba nada de inglés. Bueno, sabía una que otra palabra, y otra frase, aprendida de los americanos que les hacía carreras desde Maiquetía a Caracas. Pero más nada. "Jau are yu!" y me costaba mucho decirlo.

Era otra época... un poco más fácil. En dos semanas conseguí trabajo con la ciudad. No lo podía creer. Hacía un mes, no me habían dejado ser socio de un club en Caracas. Ahora estaba trabajando para la ciudad de New York. En ningún momento, nadie me dijo un comentario discriminatorio o racista. "Nunca, me dijeron: latino sucio, mexicano flojo, venezolano holgazán". No sé si es porque soy de piel blanca, o porque a pesar de que mi inglés era machucado, no tenía acento hispano, pero nunca nadie me dijo:

"Usted no puede entrar aquí; usted es un simple guarda parques."

Yo podía entrar donde yo quisiera, cuando yo quisiera. Bueno claro, no podía entrar a los country club privados de la gente de dinero y esas cosas. Eso se entiende. Pero a cualquier otro sitio donde pudiese entrar cualquier persona normal, yo podía entrar. Nunca era juzgado y nunca era humillado. Entendí porque a Estados Unidos le dicen "el sueño americano". Entendí que es un país con reglas y que si te ciñes a las reglas, las cumples y haces tu trabajo con honestidad, te va a ir muy bien. Y en poco tiempo entendí que Venezuela era una mierda. En poco tiempo tenía mi casa: un apartamento en Manhattan. Yo, un pobre analfabeta de Villa de Cura a quien no lo habían dejado entrar a un club público en El Paraíso en Caracas, porque era chofer de alquiler.

Con el pasar de los años, me di cuenta de que empezaba a querer a Estados Unidos. Yo nunca había sentido un cariño así hacia Venezuela, como por el que ahora sentía por Estados Unidos. Era algo extraño y una sensación difícil de describir. Pasaron los años y me dieron la ciudadanía americana. Fue un día muy feliz para mí. Desde hacía mucho tiempo yo ya me sentía americano como Nixon, Muhammad Ali, Joe Di Maggio, o Mickey Mantle y ahora había un documento que lo avalaba.

Nunca me provocó volver a Venezuela. Se me quitaron las ganas. Me di cuenta de que ese país nunca fue mi casa y estuve muchos años sin ir. No la extrañaba y no me provocaba. No tenía nada allá. Dos o tres familiares, y dos o tres amigos. De resto más nada. Me di cuenta que el poco cariño que le tenía a Venezuela, era porque le tenía cariño a mi familia que estaba en Venezuela.

Era un país que me traía más malos recuerdos que buenos. Era un país que yo sentía que si pisaba de nuevo, me rechazarían de nuevo, por ser chofer de alquiler. Pero ¿sabes qué fue lo peor? Sentí que esta vez no sería así. Sentí que esta vez sería diferente. Que la gente ahora me veía diferente; que no me rechazarían, y que ahora me aceptarían y me abrirían las puertas de sus casas. La misma gente que años atrás, me las cerraba cuando me veía pasar en mi carro de chofer de alquiler. Ahora yo tenía Dólares en el bolsillo en vez de Bolívares. Ahora viajaba en avión, sentado en un asiento de Pan Am, en vez de ir con una chaqueta de cuero y un gorrito, llevando a los que viajaban. Ahora yo pedía que me llevasen, en vez de ser el que llevase. Esos sentimientos me hicieron sentir mucha rabia. Más rabia que la que sentí aquel día que no me dejaron ser admitido en ese club público de El Paraíso."

-"Claro, ahora la discriminación era de otro tipo." – le dije.

-*"Así es. Pasaron los años y pensé que quizás el país se arreglaría y mejoraría. Los Adecos y Copeianos hicieron muchas promesas, pero mintieron. Desde Estados Unidos seguía en contacto con mi familia en Venezuela, y me contaban como poco a poco el país se iba descomponiendo cada vez más, mientras yo veía a Estados Unidos progresar cada vez más. En los 70 y los 80 fui a visitar a mi familia, y cada vez que iba veía cómo la gente en Venezuela empeoraba y el país se descomponía. Cada vez que iba de visita veía más racismo, peor que el que yo viví, y veía más corrupción, más basura y menos valores. Un día por el año 88 mi hermana me mandó unas cartas que llegaron a mi casa en Venezuela que venían de la DIEX[95], que decían si esto de mi cédula y que si aquello de mi pasaporte. Así que un día fui a Caracas, y les dije 'Buenos días, vengo a renunciar a mi ciudadanía de venezolano'. La muchacha me pregunto por qué y yo le respondí: '¿Por qué hija? porque ya no soy ni quiero ser venezolano. Porque ya no quiero tener un coño de la madre que ver con este país de mierda, donde lo juzgan a uno por ser pobre y no por lo que uno puede aportar a la sociedad. Donde hay gente mal educada, mal formada, y sin valores como tú, que hacen que este país sea una mierda, llena de pura gente sucia y basura. Gente basura, es lo que todos ustedes son. Yo soy pobre, siempre fui pobre, pero nunca fui una basura. El venezolano es una basura y yo no soy una basura. Por eso hija, vengo a renunciar a mi ciudadanía de venezolano. Vine en persona a decirles: Métansela por el culo'.*

---

[95] Dirección de Identificación y Extranjería. Organismo que emitía los documentos de identificación en Venezuela. Durante el gobierno de Chávez, fue renombrado a ONIDEX y luego a SAIME.

Ahora entro a Venezuela con mi pasaporte estadounidense, como un americano. Ellos nunca quisieron que yo fuese de allá, entonces ahora entro como alguien que no es uno de ellos. Te voy a decir una cosa. Tú eres un muchacho joven. No te equivoques. Venezuela es un pedazo de mierda. Tú eres americano. Tan americano como Ronald Reagan. Jamás permitas que te digan lo contrario. Jamás permitas que nadie te diga lo contrario."

-"Nunca lo permito." – le contesté.

-"*Salvo dos amigos, cuyas amistades conservo de la época de cuando era chofer de alquiler y salvo mi hermana, no tengo más ningún otro vínculo con esa cagada de país. No me hace falta y no lo quiero. No quiero nada con ese país de gente basura. Estados Unidos es el mejor país del mundo. No es el país perfecto, porque no hay país perfecto, pero es un país que lo tiene todo y te da todo, siempre que tú le des a él tu trabajo, compromiso y disciplina. Venezuela nunca será así, porque la gente de Venezuela es una mierda. En Venezuela tú le das tu trabajo, compromiso y disciplina, y te pagan con mierda.*"

En los años que precedieron ese diálogo y en los años subsiguientes, fui testigo de una gran cantidad de ocasiones en las cuales día a día comprobaba y veía cómo se repetía -detalles más, detalles menos- lo que el señor Víctor había vivido.

Esta es una de las aseveraciones más difíciles de demostrar, ya que en Venezuela no había segregación, ni una política como el apartheid, y cualquier venezolano que lea este texto podrá argumentar que en Venezuela no había racismo, sobre todo en la actual era políticamente correcta. Para ilustrar mi punto, voy a utilizar un contexto similar al de la discriminación que había por clases sociales y que el señor Víctor me compartió. Dado que empecé el análisis social en esta Parte II planteando *La Identidad Perdida* que un gran porcentaje de los venezolanos tenía y en consecuencia, el vínculo que surgía del "venezolano" para relacionarse con otro país, y dado que casi toda historia tiene dos versiones, ¿qué tal si ahora vemos la otra cara de la moneda y escuchamos la otra versión?

En Venezuela había un largo historial de discriminación desde hacía mucho tiempo. Perdí la cuenta de cuántas veces escuché que le dijesen *"portugués usurero y ladrón"*, al portugués de la panadería cuando yo compraba pan. Así como también perdí la cuenta de cuántas veces escuché que le dijeron *"narcos colombianos"* a personas colombianas comunes y corrientes; y *"chinos hediondos"* a personas asiáticas comunes y corrientes. También escuché *"peruanos cholitos"*, *"turcos mal bañados"*, *"gallegos brutos"* e *"italianos sucios"*. Creo que una persona normal le diría a un usurero, *"eres un usurero"*, pero el venezolano no; el venezolano decía *"eres un maldito portugués usurero"*. Alguien normal diría *"eres un cochino"*; el venezolano decía: *"eres un chino cochino"*. Y así me cansé de escuchar *"italiano sucio"*, en vez de *"sucio"*; o *"colombiano ladrón"* en vez de *"ladrón"*.

Poniéndome en los zapatos de la otra persona, creo que no debe ser agradable que frecuentemente te estén diciendo *"maldito portugués usurero"*, obviando lo debatible de si la persona era usurera o no, pero si hay algo de lo cual no había duda es que era portugués. En ese sentido y retomando la idea de *La identidad perdida* que planteé acerca de la cantidad de portugueses que yo veía en el Centro Portugués apoyando a Portugal, tenía cierto sentido que apoyasen a Portugal y que no les interesase crear vínculos con Venezuela; la misma lógica aplicaba para los españoles en la Hermandad Gallega apoyando a España, y para los italianos en el Centro Ítalo. Más aún en el caso de los venezolanos descendientes de europeos, era comprensible que rechazasen a Venezuela, y que tirasen basura en las calles, o que construyesen edificios con miles de errores garrafales, y que no les importasen las gaitas, entre otras cosas; incluso era comprensible que eventualmente considerasen emigrar a los países de origen de sus ancestros, dado que eran un objeto frecuente de burla por parte de los venezolanos en el día a día del país, incluyendo de parte de los artistas que cultivaban el subdesarrollo, como mencioné en *Los Agricultores*.

No es correcto asumir una postura extremista, dado que como expliqué en ese mismo capítulo, creo que burlarse de alguna cualidad o de los estereotipos de una cierta etnia o raza es aceptable de vez en cuando, como por ejemplo cuando Sacha Baron Cohen se burla de los judíos siendo él judío, pero creo que existe un momento en el cual se sobrepasa la línea de la burla eventual, la burla constante y el irrespeto, y se pisan unas aguas que son las que hacen que surjan los grupos de personas que se sienten ofendidas y que reclaman igualdad y respeto.

Con el tiempo, ver todas las semanas a Laureano Márquez y Emilio Lovera imitar y burlarse de forma denigrante de los portugueses en Venezuela en *Radio Rochela* se volvía latoso, y desagradable, sobre todo si los sketches giraban en torno a que, según ellos, los portugueses eran brutos, tenían mala presencia, olían mal, y no sabían sumar a pesar de que trabajaban atendiendo una panadería o un abasto. Poco a poco el cerebro absorbe esa información y la internaliza más pronto de lo que se cree. De tal forma que al ver que la situación de Venezuela se agravaba con cada semana que pasaba durante los años 80, los 90, y más aún durante el gobierno de Chávez o Maduro, el portugués (o descendiente de portugueses) simplemente se planteaba: *"¿Para qué voy a seguir viviendo mal en este sitio que ni siquiera es mi país, donde se burlan de mí y ni siquiera me respetan? Prefiero devolverme a mi país"*, y actuaba en base a ello. ¿Para qué iba a quedarse a luchar por un país que pasó años burlándose de él e irrespetándolo? ¿No son brutos los portugueses? Entonces, que los muy inteligentes venezolanos se encarguen de resolver el problema de Chávez o Maduro.

Quiero recalcar que cuando digo que perdí la cuenta de cuántas veces vi y escuché a venezolanos hablar de la forma como lo hacían es que literalmente perdí la cuenta: *"¿Subiste los precios de la leche otra vez maldito portugués usurero y ladrón?"* al portugués de la panadería; *"¿Qué llevas en ese bolso, droga?"* a personas colombianas; *"¡Anda a bañarte chino hediondo!"* a personas asiáticas; *¡Ese carajo es un pobre bruto!, ¿no ves que es gallego?"* a los españoles. Le dejo a usted decidir si eso califica como clasismo, racismo o discriminación, pero lo que sí sé, es que era inapropiado, sobre todo con la frecuencia con la que se hacía.

Es en esta instancia cuando el venezolano reaccionaría diciendo: *"bueno, ¡pero en los Estados Unidos los gringos son así!"*, utilizando la proyección como mecanismo de defensa, ignorando que la proporción de venezolanos que actuaba de esa forma era muy superior a la de americanos, y que en el peor de los casos, aunque no fuese, eso no justifica que el venezolano actuase así. Si bien en este punto hay algo de similitud con Estados Unidos y debo reconocer que en mi país también hay un poco de esta actitud, ésta aún no tiene ni remotamente la misma proporción a como ocurría en Venezuela. Creo que en Estados Unidos todavía la gente es capaz de mantenerse detrás de la línea hacia el irrespeto, contrario a como se hacía en Venezuela. Adicionalmente, la diferencia fundamental es que Estados Unidos ofrece una mejor calidad de vida, entonces por ese motivo creo que la persona que es objeto de burla está más dispuesta a hacerle caso omiso a cualquier referencia negativa que puedan hacer de ella, puesto que puede encerrarse en su mundo y aislarse de cualquier discriminación -hasta cierto punto-, pero eso era imposible que ocurriese en Venezuela, dado que el país empeoraba cada día y la calidad de vida cada vez era peor.

Otro problema que había dentro de la misma línea de pensamiento era la forma como los venezolanos se expresaban acerca de mi nacionalidad, algo que comprendí cuando el señor Víctor me dijo: *"Nunca permitas que nadie te diga* (que eres) *lo contrario."* Si bien este libro cuenta la historia del colapso de Venezuela planteada desde el análisis de un ciudadano estadounidense que nunca se sintió venezolano, debo pedirle al lector que procure generalizar el contexto del autor hacia otro punto de vista: es decir, obviamente yo no era el único estadounidense hijo de padres venezolanos en Venezuela.

Siempre me pareció que los venezolanos nos veían (al grupo de estadounidenses hijos de venezolanos) con cierta envidia: *"¡Que suerte tienes! Qué envidia te tengo… pero de la buena"*, nos decían en cada ocasión que podían, y en mi caso, quizás un poco más frecuentemente de lo que podía tolerar. Creo que no lo hacían con mala intención, pero puedo entender la lógica detrás de su razonamiento: para ellos, nosotros éramos como un grupo privilegiado que tenía acceso a un club muy exclusivo al cual ellos soñaban entrar, como ser estudiante de Harvard, o ser miembro del Union Club. Con el tiempo y al igual a como ocurría con las burlas de Emilio Lovera y Laureano Márquez hacia los portugueses, el comentario de *"¡Qué suerte tienes!"* se volvía latoso y eventualmente te dabas cuenta de que no era *"envidia de la buena"*, sino que simplemente era envidia y odio como si los que habíamos nacido en Estados Unidos éramos culpables de algún crimen.

No puedo hablar de los demás casos como el mío porque creo que nuestra situación era muy particular y además cada uno vivió su propia historia, pero yo soy americano porque soy así desde el primer día que tengo uso de razón. Yo no soy americano porque me dieron un pasaporte, una visa, una green card, una residencia porque me casé con una americana, o porque me dieron asilo político. Yo desperté siendo americano. Yo recuerdo haber tenido uso de razón y no saber qué era Venezuela, ni Colombia, ni Alemania, ni la Unión Soviética, ni Indonesia. Yo solo sé que me encontraba en este sitio llamado Estados Unidos, que era el sitio en donde había nacido, donde se hablaba inglés, nuestro himno era el *Star Spangled Banner* y nuestra bandera era *The Stars and Stripes,* y aprendí a querer a ese sitio llamado Estados Unidos por ser mi hogar. Era el sitio donde vivía y es donde aprendí los fundamentos básicos de quien soy. Pero para los venezolanos, yo era "americano de suerte", como si yo hubiese hecho algo malo o hubiese sido culpable de haber nacido en Estados Unidos. Ese era el racismo que había en Venezuela, y era allí donde estaba la fractura de la base social, porque yo puedo entender que no quieras asociarte con un grupo de personas por las razones que sea, pero el racismo es una puerta que conduce hacia el rechazo, y que conduce por un sendero que lleva hacia el odio sin razón, y he allí el problema.

Desde que tengo uso de razón, jamás he escuchado de un americano, alguna crítica, duda, burla o comentario alusivo a mi ciudadanía. Jamás un americano me ha dicho: "*¡Qué vas a estar siendo gringo tú! ¡Tú debes ser otro coleado más de México o Colombia!*", así como tampoco me han cuestionado si soy venezolano, por no haber nacido en Venezuela. Por el contrario, en Venezuela me dijeron: "*Tú no naciste en ningún Michigan. Sería en Michigan, ¡estado Guárico[96]!*" – Es decir que, según el venezolano, yo mentía y en realidad había nacido en Venezuela. También comentarios como: "*¿Qué vas a ser gringo tú?, ¡si eres más moreno que Coquito[97]!*" – es decir que, según el venezolano, todos los estadounidenses son blancos y de ojos claros. Y también escuché varios comentarios de ignorancia etimológica, como: "*Tú lo que eres es un echón. ¿Cómo te llamas? Héctor Alí Ruiz Ramos, ¡Todo tu nombre es venezolano! ¡Eres más venezolano que la arepa y hasta que yo! ¡Héctor Alí Ruiz Ramos, no hay ningún Smith, ni ningún Johnson en ningún lado!*"

---

[96] Guárico es un estado agrícola y campesino ubicado en la región central de los llanos de Venezuela.

[97] Coquito era un personaje de raza negra de un programa de televisión que transmitía el canal Venezolana de Televisión (VTV-8) durante los años 80 y 90.

Eso me lo dijeron en 2012 durante una reunión. Cuando la persona con quien estaba dijo eso, volteé mi cara para mirarlo fijamente a sus ojos. Pasados diez segundos, lo miré y le dije: - "Barack Hussein Obama. No Smith, ni Johnson en Barack Hussein Obama. Por cierto, Héctor es griego, y Alí es árabe."

Bajo esa lógica, un venezolano de apellido Thomson, Johnson, Muller, Frei, Yamamoto, Coric, Michalak, Rai, Mutombo, no era posible, ya que los venezolanos solo debían tener apellidos como Rodríguez, Pérez, García, Vargas, López o González. Es decir que para algunos venezolanos, alguien como Alberto Vollmer no es un venezolano puro, ni tampoco Luis Velutini, Mónica Spear, Sonya Smith o Erika Schwarzgruber, y así cientos de ejemplos de personas con apellidos que no son de origen castellano, de personas que eran tan venezolanos como Simón Bolívar.

Una amiga una vez me dijo: *"Tus raíces son venezolanas, en consecuencia ¡eres venezolano!"* Yo en ningún momento estoy negando mis raíces; las acepto, pero aceptarlas no tiene nada que ver con arraigarlas. Si bien mis padres son venezolanos, mi caso es un poco distinto ya que, por circunstancias de la vida, mis padres estudiaban a tiempo completo y apenas tenían tiempo para darme las buenas noches. Yo no me crie con mis ellos, ni me crie en un entorno rodeado de venezolanos. Me crie en un ambiente rodeado de americanos, y por eso no me siento venezolano y me siento americano, ya que nadie se burlaba de mí, ni me discriminaba utilizando argumentos absurdos. En Venezuela en cambio, siempre me topaba con alguien que me cuestionaba cuando yo decía que soy americano y siempre utilizaba los mismos argumentos: el apellido, la piel, y/o mis padres. Lo más irónico es que esos venezolanos son los mismos que decían que en Estados Unidos hay racismo. Yo puedo hacerme el sordo ante los argumentos de burla, racismo y de ignorancia etimológica, los cuales mencioné solo para mostrar algunos de los ejemplos un poco más extremos que quizás era preferible que no ocurriesen, pero creo que el más grave era el de la "envidia de la buena". *"¡Qué suerte tienes!"* nos decían, con una sonrisa que intentaba simpatizar contigo, pero con una gran envidia por dentro y con una voz interior que decía algo como *"Este cabrón sí es suertudo"*.

El racismo y la discriminación por el color de piel es un odio absurdo que puede eliminarse con el tiempo con una adecuada educación de la sociedad como lo planteé al principio del capítulo como ocurría con los negros y los indios en Venezuela. La envidia, sin embargo, conduce a un odio que es mucho más difícil de eliminar. Por más moreno yo sea, o que Ruiz que sea mi apellido, al final del día para los venezolanos yo tenía algo que ellos no poseían, y que ellos querían: una ruta de escape de su país, y a los portugueses, españoles, alemanes, belgas e italianos también les pasaba exactamente la misma situación: *"¿Tú tienes el pasaporte de la comunidad? ¡Qué suerte tienes!"*

Este odio hacia los inmigrantes, también se traducía en odio hacia las distintas clases sociales. Así como el venezolano se creía más honesto que los portugueses, más inteligente que los españoles, más aseado que los asiáticos y más culto que los peruanos, el venezolano constantemente presumía y vociferaba de lo que tenía, y cuando no tenía algo, deseaba que tú tampoco lo tuvieses.

En una de mis últimas reuniones con mi personal técnico en Schindler, arribamos al tema político del país y para esta instancia yo tenía un buen nivel de confianza con mi grupo de trabajo. Casi todos los técnicos de Schindler eran personas de clase baja y pobres, y para 2016 casi todos seguían apoyando ciegamente a Nicolás Maduro. Ese día en medio de un ambiente jovial, me senté al lado de uno de los técnicos y le pregunté: *"Ramón, en serio, ¿por qué sigues apoyando a Maduro? ¿Acaso no ves cómo el país está? ¿Acaso no ves como todo está destruido?,* a lo cual él contestó: *"Sí, de bola que lo vemos. Pero ahora ustedes están igual que jodidos que nosotros."* Quizás muchos seres humanos son como Ramón, pero me llamaba la atención que en Venezuela había muchas personas, es decir venezolanos, que conocí que te deseaban mal, al mismo tiempo que se creían lo mejor, veían al prójimo de arriba hacia abajo, lo menospreciaban por cualquier motivo, y en consecuencia actuaban mal en su sociedad.

De tal manera que no solo había rabia hacia mí por ser estadounidense, sino que también la gente pobre odiaba a la gente rica por envidia, y la gente rica se odiaba entre sí por envidia. Muy pocas eran las personas cuya alegría por tus triunfos era auténtica y sincera.

Los constructores de renombre que años atrás eran albañiles no permitían que mi amigo les presentase el proyecto de consultoría en gerencia porque veían que estaba mucho más capacitado que ellos y podría quitarle sus clientes: les daba envidia. Fue así como encajó una parte de las razones por las cuales Venezuela colapsaría: me di cuenta de que casi todo venezolano tenía algo de Ramón en su interior, y al examinar las acciones que yo veía en el día a día de la sociedad venezolana, creo que podría sintetizar su forma de actuar en el hecho que casi todos los venezolanos eran personas llenas de envidia.

Viendo en retrospectiva por qué eran así, creo que es debido a que el venezolano nunca se dio cuenta de que había un mejor beneficio trabajando en conjunto, que haciendo esfuerzos individuales mientras se busca perjudicar a los demás. Estados Unidos llegó a ser una potencia mundial porque los americanos se dieron cuenta de que ayudarse entre sí era más beneficioso para todos, y fue así como construyeron parques temáticos en un pueblo lleno de pantano y una ciudad dedicada al placer en el medio del desierto, pero como todo, nada es eterno, ya que Estados Unidos pronto vivirá una situación interesante con la cantidad de inmigrantes y mezcla de razas que ha sufrido en los recientes cuarenta años.

Hasta gran parte del siglo veinte, casi cada estadounidense era de descendencia británica, irlandesa, alemana o italiana, apartando a los nativos americanos y a los afroamericanos que eran minorías junto con el pequeño grupo de latinos, y algún otro pequeño grupo europeo. El origen de un estadounidense actual puede ser chino, hindú, jamaiquino, árabe, polaco o de Sri Lanka. Los latinos se han convertido en la primera minoría del país, y a su vez están compuestos por subgrupos formados por mexicanos, panameños, peruanos, ecuatorianos, chilenos, argentinos, dominicanos, y ahora, venezolanos, cada uno de ellos con su propia cultura e intereses distintos. Será interesante cómo se manejará esa situación. Yo personalmente creo que no saldrá bien, pero eso es tema de otro libro.

Volviendo al punto, a esa difícil convivencia en Venezuela que mostré a lo largo de esta Parte II y de la cual los venezolanos no hablan cuando se trata de explicar por qué su país colapsó, ahora había que agregarle estos nuevos detalles de la discriminación, la burla y el irrespeto hacia los extranjeros, y que poco a poco sumaban al arduo esfuerzo físico y mental que había que hacer para vivir en Venezuela, y estos detalles hacia los extranjeros también había que extrapolarlos hacia las profesiones. Por ejemplo: los cajeros de los bancos tenían muy mala fama ya que era frecuente que dejasen caer un billete cuando contaban el efectivo y te devolvían dinero de menos, algo que también es común en otros países, pero no con la frecuencia con la que ocurría en Venezuela. En Estados Unidos eso pasa y el cliente puede reclamarle a la persona, o al supervisor y existe una posibilidad de que le devuelvan el dinero ya que en Estados Unidos *"El cliente siempre tiene la razón"*; es decir, los negocios entienden que perder un cliente es perder otro cliente y tener fama de ladrones. En Venezuela eso pasaba y a nadie le importaba, incluso en empresas grandes como bancos o franquicias. Cuando eso pasaba en Venezuela, el cajero le decía algunas vulgaridades, y la persona le contestaba de vuelta más vulgaridades.

De esta forma, el venezolano común que era irrespetuoso hacia los extranjeros ahora también era irrespetuoso y odiaba a los cajeros de banco por ser ladrones y los trataban como seres inferiores; y así sucesivamente odiaban a éste por ser taxista, envidiaban al otro por ser de una familia pudiente, y al otro por ser empleado público y tener dieciocho meses de prestaciones anuales; o si no, envidiaban al que tenía pasaporte americano o europeo, y odiaban al otro porque trabajaba y trataba de hacer las cosas bien; los estudiantes odiaban a los choferes por incidentes como el de *"¿¿CÓMO ES LA VAINA?? ¡A MI TU NO ME VAS A MANDAR A MANEJAR MI MIERDA!"*, y si el chofer era portugués o español, entonces cuando el estudiante se bajaba del autobús le decía *"Muérete maldito portugués de mierda"*, algo que ocurría casi a diario como lo expuse en *Educación vs. Democracia*. Uno de mis amigos del colegio se burlaba a diario de los portugueses de la panadería que quedaba al lado del colegio, quienes pacientemente recibían sus burlas. Un día, uno de los dependientes -obviamente harto- tomó un balde de agua y se lo echó encima; al día siguiente mi amigo pasó corriendo y le lanzó una piedra a la vitrina de la panadería. A partir de allí su percepción era que todos los portugueses eran iguales y en consecuencia los odiaba a todos por igual.

La realidad es que los portugueses de panadería no eran precisamente amables y tenían algo de su fama bien merecida, y el resultado era que poco a poco se iba gestando un odio muy sutil y pequeño en la sociedad entre cajeros de banco, portugueses, estudiantes, taxistas, gente pudiente, gente pobre, gente trabajadora, gente desempleada, y por supuesto, el odio generalizado que casi toda la población sentía hacia los políticos de la era 1958-98. En 1988, la banda musical Desorden Público lanzó una canción llamada *"Políticos Paralíticos"*, cuyo coro decía *"Yo quisiera que los políticos fueran, FUERAN, paralíticos"*, la cual era una metáfora de cómo se sentía la población con sus líderes para ese momento, un momento en el cual Chávez no había aparecido en el panorama del país. Estas vivencias del día a día en Venezuela son hechos que casi todos los venezolanos que hoy quieren remover a Maduro del poder -en especial los jóvenes que nacieron a finales de los años 80- ignoran, creyendo que más bien que la división social que surgió en Venezuela fue a partir de la época presidencial de Chávez, y que la canción *"Políticos Paralíticos"* se refiere a los políticos de la era de Chávez, porque esa fue la única parte de la historia que vivieron, o de la cual están enterados.

Cuando en febrero de 1989 se anunciaron las medidas de la liberación de precios al principio del gobierno de Carlos Andrés Pérez, muchos negocios respondieron escondiendo los productos cada vez que era evidente que habría un nuevo de aumento de precios. Puede imaginar lo desagradable que era ir a la panadería un miércoles y ver que estaba "bien surtida", para luego ir el jueves, el viernes, el sábado y el domingo y no ver nada, sabiendo que el lunes o el martes iba a haber un nuevo aumento. El cliente no tenía mucha paciencia y para el sábado algunos insultos salían a flote y les decían: *"Usurero, acaparador, portugués sucio, ladrón"*, dado que era obvio que tenían mercancía, pero no la querían sacar. Por eso es que en *La Historia de la Hacienda Venezuela* propuse que Miguel Rodríguez, Ricardo Hausmann y Carlos Andrés Pérez no tenían idea de cómo afectaban a los venezolanos con sus políticas. Recíprocamente, los dueños y empleados de panaderías poco a poco iban acumulando odio hacia sus clientes. Creo que por más cierto que sea que eres un acaparador o usurero, eventualmente te vas cansando que te lo digan todo el tiempo, más aún cuando eres el objeto de burla semanal de Emilio Lovera y Laureano Márquez en un programa humorístico todos los lunes a las 8:00pm. Esas cosas poco a poco van sumando.

El problema mayor era que no había una reflexión interna de parte las personas involucradas en esta retahíla de dar y recibir odio. Los portugueses no se daban cuenta de que tal vez sí eran usureros y acaparadores, o quizás sí lo sabían y no les importaba. Muchas veces la persona les reclamaba y ellos contestaban *"Bueno... si no le gusta, no me joda y váyase para otro lado"*, a lo cual el venezolano le contestaba algo como *"Bueno, entonces vete de aquí y devuélvete a tu mierda país"*; recíprocamente los venezolanos no se daban cuenta de que la solución no era insultar a los portugueses, y que la solución era trabajar en los aspectos de la sociedad para solucionar estos inconvenientes. En Venezuela había un instituto llamado INDECU [98] cuyas funciones incluían combatir la especulación de las empresas como lo que sucedía con las panaderías, pero al ser un organismo lleno de gente corrupta, de nuevo la forma arruinaba el propósito: nunca hacían su trabajo, o si lo hacían eran sobornados y miraban al otro lado, y en consecuencia pocos negocios eran sancionados por acaparar productos. Entonces la pregunta es: ¿era justificable el odio que existía de parte y parte?

Cuando yo me detenía en frío y analizaba a la sociedad de Venezuela desde un punto de vista objetivo en la década de los 80 y los 90, yo veía que era un país donde había una gran cantidad de grupos que se repelían y se señalaban los unos a los otros como los culpables de sus problemas, en vez de ver que el problema era cada uno de ellos. Ante esta situación, la convivencia diaria era muy difícil, ya que además del odio y la envidia, estaba el componente de que se vivía en un país donde cada vez había mayor pobreza, mayor desigualdad social, y falta de inclusión natural entre la población, y he allí el mérito de Chávez al dar el golpe de estado del 4 de febrero de 1992, ya que si bien ya había habido ciertos indicios de que había un problema macro, Chávez fue el que le hizo ver a la población de que había un mal común y un enemigo común que era el responsable de todos los males de Venezuela: los políticos de AD y COPEI. Así fue como el discurso

---

[98] Instituto para la Defensa y Educación del Consumidor y del Usuario.

populista de Chávez poco a poco fue colando en los venezolanos, dado que existía un gran resentimiento acumulado desde hacía varios años, el cual la población le transmitiría a los partidos políticos tradicionales de AD y COPEI expresándose por medio de su derecho al voto en las elecciones de 1998, donde Chávez ganó no debido a que era el mejor candidato, sino gracias a la peor de las opciones posibles que debe haber en unas elecciones: el voto castigo.

Si bien creo que es satisfactorio decir que en Venezuela no había racismo hacia la gente de raza negra, ni hacia los indios, debo decir que el racismo que existía hacia las personas que eran diferentes, el cual era impulsado por la envidia, más la discriminación causada por el odio hacia los distintos grupos sociales que existían, era igual de dañino que la segregación racial o el apartheid, o quizás mucho más. Sume a eso el hecho que como planteé en *La Historia de la Hacienda Venezuela*, los partidos políticos que habían derrocado a la dictadura para abrirle las puertas a un periodo de estabilidad democrática que se suponía debía darle prosperidad a Venezuela y por el contrario, trajeron más pobreza y desigualdad, y siempre ofrecían un cambio prometiendo arreglar las cosas, el cual simplemente consistía en darle la oportunidad al otro partido que en esencia era lo mismo, y el resultado era que se acumulaba más odio, más envidia y más resentimiento en la sociedad.

Si bien el ser humano no es muy culto y tiene memoria de corto plazo (queriendo decir que el venezolano olvidaba los escándalos de corrupción rápidamente), el odio y la envidia quedan, y se acumulan lenta y progresivamente. Eso fue lo que sucedió en Venezuela y por ese motivo es que de todas las cualidades del día a día del venezolano que he ilustrado hasta ahora, si bien la envidia y el odio eran dos de las peores, la peor de todas era la falta de humildad.

La falta de humildad es la que no te permite ver que quizás usted sea el del problema antes que apuntar a la otra persona, y esto es algo muy difícil: reconocer que el error está en uno. Los portugueses sí acaparaban los productos hasta por una semana, y los chicos BRO sí se creían mejor que sus empleados porque eran de familias pudientes, y el dinero y el poder ciega a las personas. Lizarralde y Sebastián estaban en New York porque se creían más que los demás en Loquesea Caracas, y no iban a permitir que alguien mejor que ellos tuviese un destino mejor al de ellos. Ernesto Blanco, Santiago Fontiveros y Celsa del IESA se creían más que Liliam, Fernanda y yo; así como Jimy Szymanski -en su mente- era igual a Pete Sampras; así como Sven no quería que el condominio de mi edificio tuviese una mejor gestión que la suya (por peor que fuese); así como los choferes de los autobuses manejaban en sandalias, camiseta y con salsa a todo volumen a las seis de mañana sin importarles sus pasajeros; y por último estaban los cajeros de banco quienes estaban en la parte más baja del organigrama y como eran lo peor, siempre robaban.

Es por ese motivo que de todos los problemas que había en Venezuela (la corrupción, mala educación, visión cortoplacista y cultivo del subdesarrollo, por nombrar algunos), el peor de ellos era la falta de humildad. Creo que si los venezolanos hubiesen tenido la objetividad y la fortaleza para aceptar con humildad que debían admitir sus errores, reflexionar acerca de sus conductas y haber reconocido sus defectos, se hubiese iniciado un camino hacia la reparación de la sociedad.

Por eso me cuesta asociar un calificativo para generalizar al venezolano de la forma como él lo hacía con los portugueses, españoles y chinos. Si tuviese que decir uno, me quedaría con la frase "falto de humildad". Como he insistido a lo largo de la lectura, había excepciones y había venezolanos humildes que se daban cuenta que ellos eran el problema, y no los políticos o los delincuentes o Chávez o Maduro, pero esas excepciones no eran muchas.

Esa falta de humildad fue la que no le dejó ver a los venezolanos que su país se estaba cayéndose día tras día desde la década de los 70, y que les hizo acostumbrarse a que la mediocridad, el odio y la envida debían ser los estándares. A los venezolanos se les enseñaba que el mejor país del mundo era Venezuela, que las mejores playas eran las venezolanas y que la mejor cerveza del mundo era la Polar, pero no se les enseñaba acerca de la importancia de tener principios y valores, ni de la importancia de aprender sobre el pasado para corregir los errores y no repetirlos en el futuro.

Es por ese motivo que incluí la historia del señor Víctor para ilustrar que esa envidia clasista o racista existía en Venezuela desde los 60 de forma muy pequeña y casi imperceptible, y con el tiempo aumentó a los niveles que yo vi en los 80 y 90, hasta convertirse en la peor de las cualidades del venezolano: la falta de humildad que impulsó la mentalidad de que *"yo soy mejor que tú"*, de que *"las leyes y las normas son para los pendejos"*, de que *"yo soy el más arrecho si me burlo del sistema"*, y de que *"bueno, yo estoy jodido pero ahora es mejor porque estamos todos jodidos"*. Con el tiempo me di cuenta de que el señor Víctor era discriminado porque ése era el patrón social en Venezuela: no ser humilde y no tratar a tu prójimo con respeto. El orgullo combinado con envidia y odio produce malos resultados: uno de ellos es Venezuela.

Recordando *La Historia de la Hacienda Venezuela*, se puede entender que esa mentalidad venía desde Juan Vicente Gómez y los caudillos del siglo diecinueve. Después de todo, ¿Qué podía estar pensando el presidente de un país para cerrar la Universidad Central de Venezuela por ocho años, y a La Universidad del Zulia por casi cincuenta años?, así como también es válido preguntar ¿qué estaban pensando los caudillos del siglo diecinueve cuando en vez de fundar escuelas, colegios y universidades, como sí lo hizo Estados Unidos, se excusaban en que la población no necesitaba educación porque no había demanda, sin darse cuenta que a la postre un sistema educativo robusto sería vital para la sociedad, ya que para el año 1935 noventa por ciento de los venezolanos no sabía leer ni escribir? Probablemente, estaban pensando algo similar a lo que pensó Ramón: *"Si yo no sé leer, no me conviene que los peones que están por debajo de mí sepan"*.

Ese es el motivo por el cual se debe estudiar la historia de Venezuela y por supuesto historia universal, interpretando los eventos y las acciones de las personas, y no memorizando fechas, nombres y lugares, para comprender cómo se llegó de Simón Bolívar a Hugo Chávez. Muy pocos venezolanos eran y son capaces de hacer este ejercicio intelectual, gracias a su falta de humildad, y esto es una lástima ya que se trata de un ejercicio vital que debe hacerse para entender por qué Venezuela llegó al estado en el cual se encuentra hoy: por envidia. Es muy difícil convencer a la gente ignorante de que están equivocados en su forma de pensar, ya que es muy fácil adoctrinarlos porque son débiles de mente y tienen una visión muy limitada del mundo. Por ese motivo es muy fácil cautivar a una audiencia ignorante y débil de mente, y por eso es muy difícil complacer a una audiencia inteligente y educada.

Yo creo que uno de los motivos por los cuales Alemania logró recuperarse tras haber quedado devastada al finalizar la Segunda Guerra Mundial es porque los alemanes dejaron la envidia, el odio y el orgullo a un lado y fueron humildes. Quizás dijeron o pensaron algo como: "Nos equivocamos", "Se nos fue la mano", "Hicimos muy mal en no haber detenido a Hitler", y se propusieron reinventar su nación. Los venezolanos destruyeron a su sociedad gracias a la envidia y el odio, combinado con la falta de humildad que existía en Venezuela; y cuando surgió Chávez, la solución fue huir del país. No tocaré el tema de la migración masiva todavía, ya que hablaré a fondo acerca de ella en la Parte IV del libro, pero de momento quisiera compartir una anécdota que refleja estas cualidades que he mencionado en el contexto de la migración:

Dada la gran cantidad de venezolanos que emigraban hacia Panamá desde inicios del gobierno de Chávez, a finales de agosto de 2017, el gobierno de Panamá anunció que a partir de noviembre de ese año, el país empezaría a exigir visas a los venezolanos que quisieran viajar para allá. Miles de venezolanos se expresaron en contra de la medida con las siguientes tendencias:

- *"Panamá le debe su libertad a Venezuela"*: es decir que, como Panamá *"le debe su libertad"*, les deben estar agradecidos, y el venezolano puede de entrar y salir, como le venga en gana.
- *"La vida da muchas vueltas"*: es decir, se expresa un deseo implícito que a Panamá sufra la misma tragedia que Venezuela, para que luego Venezuela le exija visa a los panameños.
- *"Nosotros les abrimos las puertas cuando Noriega"*: es decir, se restriega en la cara favores del pasado.

…todas siendo un reflejo de envidia y prepotencia, y de la peor de las cualidades del venezolano: la falta de humildad.

El venezolano utiliza las circunstancias a su conveniencia: si un país le abre las puertas a los inmigrantes, ese país es lo mejor, o "lo máximo", pero si las cierra, ese país es una basura y se les desea lo peor. Días después encontré una caricatura que mofaba las reacciones de los venezolanos hacia el gobierno de Panamá:

Fuente: Redes sociales, 2017. Créditos al autor de la caricatura.

Yo encontré la caricatura mucho después que escribí este capítulo y ni siquiera conozco a la persona que la dibujó, pero apenas la vi instantáneamente me dije a mí mismo: es verdad, así eran los venezolanos. Yo los vi día tras día.

Supongamos que usted tiene una casa de nueve habitaciones y recibe a dos huéspedes A y B que ocupan dos habitaciones; luego recibe dos huéspedes más C y D que ocupan otras dos habitaciones; y luego recibe a dos huéspedes más E y F que ocupan otras dos habitaciones. Los huéspedes A, B, E y F, son educados, siempre dan los buenos días, bajan el WC del baño cuando lo usan, ayudan con la limpieza de la casa, pagan puntualmente los gastos comunes, y tratan bien al resto de los inquilinos. Los huéspedes C y D en cambio, no son muy educados, a veces dan los buenos días, dejan sucio el WC, no pagan puntual los gastos comunes y no tratan bien al resto de los inquilinos.

Esta situación se mantiene y un día se entera que hay dos huéspedes interesados en alquilar una habitación, a quienes llamaremos G y H. La persona G comparte procedencia con C y D, en cambio la persona H la comparte con A, B, E y F. ¿Qué haría usted? ¿Les impondría las mismas condiciones a ambos? ¿Sería un poco más exigente con G?

El problema es que el venezolano que emigró a Panamá es el que no pudo emigrar a Estados Unidos, y probablemente llegó a Panamá con actitud de "dárselas de vivo" y "abusador" que tenía en Venezuela. Lógicamente, ahora un país que tenga que lidiar con un inmigrante que tiene fama de no respetar las leyes, que es mal educado y que se cree más que los demás por encima de los mismos panameños, eventualmente tendrá que tomar medidas al respecto. Por mucho tiempo yo pensé: *"El panameño es una persona muy educada. No pasará mucho tiempo para que Panamá un buen día le pida visa a los venezolanos que quieran viajar para allá."* Panamá es un país pequeño de apenas 74.200 km2 y con tres millones de habitantes, y se estima que hay unos doscientos mil venezolanos: casi 10% de la población: esa es la cuenta que hace el gobierno de Panamá.

Yo comprendo que los inmigrantes son un problema a nivel mundial y que existe cierta aversión hacia los inmigrantes de parte de los ciudadanos nativos de una nación. Aun con las justificaciones que pudiera haber, no veo excusa alguna para que los venezolanos expresasen rechazo hacia mí o hacia los inmigrantes que vivían en su país, al mismo tiempo que fomentaban la falta de identidad que existía en su país como lo expliqué. Un día una chica que conozco publicó una foto en sus redes sociales mostrando el pasaporte español de su hijo recién nacido, habiendo ella llegado a España estando embarazada, en vez de dar a luz en Caracas. Yo jamás he visto a una persona de cualquier nacionalidad que no sea venezolano, publicar una foto del pasaporte de su hijo recién nacido. Dio la impresión que quería decir *"Mi hijo se salvó de ser parte de esa mierda de país llamada Venezuela de donde venimos su papá y yo. ¡Él es español puro!"*, y así como ella, también he visto a decenas de venezolanos compartiendo en redes sociales la foto de su nuevo pasaporte español, después de haber pasado años refiriéndose a ellos como unos *"Gallegos brutos"* o de venezolanos publicando su *Green Card* o su visa de trabajo o residente británico.

Yo trabajé con muchos inmigrantes durante las dos etapas de mi vida que viví en Venezuela y casi todos se devolvieron a sus países de origen, donde hoy muy probablemente compartirán con sus familiares y amigos historias similares a las que yo comparto en este libro. La gente habla y dado que el venezolano creó fama de ser mal educado, de tener visión cortoplacista y de hacer lo que le daba la gana, es entendible que lo miren con reservas. Por ese motivo debo afirmar que no existe una "Xenofobia contra los venezolanos", sino que simplemente se invirtió el rol discriminatorio que antes el venezolano tenía hacia los inmigrantes y ahora le tocó sufrirlo a él en carne propia. Si quisiésemos pensar que en efecto los portugueses eran usureros y los gallegos eran brutos, se podría argumentar que tales defectos se quitan con correcciones legales y con una buena educación. Pero ¿cómo se elimina la cantidad de aspectos negativos que tenían los venezolanos como la envidia, el odio, el orgullo y en especial, la falta de humildad?

Estados Unidos es una potencia gracias a los estadounidenses, pero no porque los estadounidenses sean seres especiales; son simples seres ordinarios que hacen cosas extraordinarias. Por eso indiqué que yo pondría de tú a tú a Raúl Carvalho, a Félix Missel, o a Lotty Ackerman con cualquier chico sobresaliente del MIT, ya que en Venezuela había talento, pero el problema era que la sociedad estaba corrompida por completo.

Imagine que el día de mañana usted deba hacer una negociación con un alto ejecutivo surcoreano de quien no conoce nada, y con Sven el Presidente de la Junta de Condominio de mi edificio que una noche renunció alegando que no tenía tiempo para el condominio, quien luego se autoeligió porque no quería pagar el incremento del condominio, y fue incapaz de ordenarle al jardinero del edificio que arreglase una jardinera de 2m². Es un poco difícil no sesgarse hacia un lado dados los antecedentes. ¿A quién elegiría usted? Es importante darle un segundo chance a las personas, pero si todavía continúan obrando mal, no queda otra opción que preguntarse si de verdad los quieres como tus amigos, empleados o socios. Adicionalmente si bien, tal como expuse en *La Historia de La Hacienda Venezuela*, los líderes en Venezuela usaban su posición para su propia gloria personal, también la población no era responsable cuando seguían a sus líderes. Es cierto que no cualquier persona puede ser un líder, pero cualquier persona puede y debe ser capaz de saber cuándo se debe seguir a un líder y cuándo algo está bien o mal, y es allí en lo que los venezolanos fallaron, debido a su falta de humildad y en ser incapaces de reconocer que se equivocaron en muchísimas acciones y decisiones.

Quizás fue un problema generacional. Quizás los *Baby-Boomers*, *Generación X* y *Millenials* que nacieron y se criaron en Venezuela, y que eran descendientes tanto de nativos como de inmigrantes, fueron parte de una cosecha perdida cuyo único propósito de venir al mundo fue el de destruir a Venezuela. Quizás fueron tres generaciones que se llenaron de envidia y de odio, gracias a la falta de humildad y a los pésimos gobiernos de la era bipartidista que gobernaron a Venezuela entre 1958 y 1998, y que durante décadas estuvieron sembrando las semillas del subdesarrollo, de la mala educación, y de visión cortoplacista. Una vez que germinaron las semillas, se ejecutó la materialización de entregarle los tres poderes del Estado a una nueva opción distinta a la que venía acostumbrado el venezolano, para de esa forma terminar de materializar la destrucción de Venezuela el 2 de diciembre de 1998, cuando se anunciaron los resultados que daban a Chávez como vencedor de las elecciones. Esa noche yo estaba al teléfono con mi amigo Gilberto (de la Universidad Simón Bolívar) y apenas anunciaron los resultados me dijo: *"Listo. Este país se fue para la mierda"*. Acto seguido, colgó.

Parte III

La Debacle

La historia de cómo se materializó el colapso.

14

De cómo Chávez se perpetuó en el poder

"Yo quiero llevar a mis hijos a Disney. Perdónenme, pero tienen que entender..."

Darwin López, hermano de Lorne (el autor del Prólogo) mi otro amigo muy cercano y brillante (también de la USB), es una persona que aparte de la enorme inteligencia que tiene, es muy leída y culta. De niños nos aprendíamos los atlas mundiales, enciclopedias, libros de historia, y los debatíamos y analizábamos, ya que siempre competíamos para saber quién sabía sobre los países del mundo: sus historias, sus geografías, sus capitales, monedas, y demás indicadores económicos y sociales. Darwin es una persona a quien yo recomiendo que hay que conocer, ya que siempre se aprende algo nuevo con él, y siempre te deja algún tipo de enseñanza. Un día en 2002, él y yo estábamos reunidos con un grupo de varios amigos, y dado que nos tenían mucho respeto, nos pidieron que diésemos nuestra proyección del futuro de Venezuela. Él contestó:

"Estos tipos (Chávez y sus aliados) van a perpetuarse en el poder por más de dos décadas, quizás tres. Venezuela se convertirá en el eje del castro-comunismo en América, con posibles conexiones hacia países con tendencias de izquierda extrema y terrorismo. El primer paso de posicionamiento como potencia comunista, será el financiamiento de la campaña presidencial de "el cocalero" Evo Morales, en conjunto con el financiamiento de las FARC para una intervención militar o para la campaña presidencial de algún socialista emergente en Colombia. Después caerá Ecuador, en conjunto con Brasil, a quien doblegarán a través de una alianza estratégica con el Kirchnerismo en Argentina, quienes también van a estar un buen rato en el poder."

Uno de los motivos por los cuales admiro y respeto tanto a Darwin es por la seguridad con la que siempre habla, y esa noche en particular si bien yo coincidí con su análisis, Darwin habló con una seguridad como si su vida dependía de lo que estaba diciendo. Años después y por mucho tiempo estuve preguntándome si hubo algún momento en el que pudo haberse hecho algo para evitar que la predicción de Darwin se hiciese realidad, ya que si bien once años después de esa noche, un cáncer le cobraría la vida a Chávez, su ideología y presencia hoy continúan vigentes en Venezuela, casi veinte años después de esa noche. La respuesta es que sí, hubo varias oportunidades, pero ninguna pudo alterar la línea del tiempo que planteó Darwin, y de eso tratará este capítulo: explicar cómo Chávez se perpetuó en el poder, a pesar de que por casi dos décadas, los líderes de la oposición le han vendido al mundo la idea de que los simpatizantes que lo apoyaban (que hoy apoyan a Maduro), siempre han sido una insignificante minoría.

Una vez debatido el trasfondo que se vivía en el día a día de la sociedad venezolana durante los años previos a 1998, las causas que hicieron que Chávez surgiera y la historia que le precedió, voy a analizar las oportunidades que hubo para detener la materialización de la debacle e impedir que Chávez fuese elegido presidente, o bien para removerlo del poder por la vía electoral. Hubo muchas, sin embargo, ninguna de ellas fue exitosa y al final, Chávez (y hoy Maduro) se perpetuaron en el poder gracias a un gran porcentaje de venezolanos que los apoyaron, y sobre todo gracias a un significativo grupo de venezolanos que decían oponerse a ellos. Empezaré en 1998, el año en el cual Chávez participó por primera vez en unas elecciones.

Elecciones de 1998	
Total de la Población Electoral	11.013.020
Votos escrutados	6.988.291
Abstención	4.024.729
Votos Nulos	450.687
Votos a favor de Chávez	3.673.685
Votos a favor de Salas	2.613.161
Votos a favor de Sáez	184.568

Fuente: Consejo Nacional Electoral (CNE) y Autor, 2021.

Algo importante a destacar sobre el triunfo de Chávez en 1998, son dos variables que siempre son subestimadas cuando se trata de comicios electorales: los votos nulos y la abstención. En la elección de 1998, hubo 450.987 votos nulos, es decir, casi 6,5% del total escrutado. No conforme con esto, 4.024.729 de venezolanos no votaron, lo cual arrojó una abstención de 36,55%. Es decir que, de un electorado total de 11.013.020, Chávez ganó la presidencia con el 33,35% de respaldo.

Durante muchos años, los opositores pertenecientes a la clase alta argumentaron que fueron *"los cerros* (refiriéndose a la clase baja y pobre) *los que pusieron a Chávez en la Presidencia"*, y que *"mucha gente de la clase media votó por Chávez"*. Si bien ambas afirmaciones tienen algo de verdad, la realidad es que más fue la cantidad de gente que no votó por Chávez, que la que votó por él.

La moraleja de las elecciones de 1998 es que si había tanto interés en que Chávez no fuese presidente, esa fue la única oportunidad para evitar que llegase al poder, gracias a que 36% de la población electoral se abstuvo de votar. Chávez ganó en 1998 porque era el candidato que ofrecía el cambio y como expliqué en *La Historia de la Hacienda Venezuela*, en Venezuela se llegaba a ser Presidente únicamente prometiendo un cambio. Es el mismo razonamiento por el cual cualquier persona ganaría unas elecciones legítimas contra Nicolás Maduro en 2023 o cualquier año, ya que el cambio ofrece esperanza, y en 1998, Chávez era la esperanza. Algunos analistas políticos alegan que *"Chávez utilizó una campaña populista y por eso fue que ganó"*, pero eso no es del todo cierto y lo voy a demostrar.

La campaña presidencial de Chávez en 1998 tuvo el apoyo de muchas figuras de renombre en Venezuela. Además del indiscutible respaldo que recibía de parte del canal de televisión *Televen*, lo apoyaron periodistas de trascendencia nacional, como José Vicente Rangel, Alfredo Peña de Venevisión y Napoleón Bravo de varios circuitos y emisoras de radio, quienes por muchos años habían sido acérrimos opositores a los gobiernos de Acción Democrática y COPEI. El canal *Radio Caracas Televisión (RCTV)*, si bien no apoyaba a Chávez de una forma tan obvia como *Televen*, transmitió decenas de programas que le dieron mucha visibilidad, tanto a Chávez como a sus aliados. Yo recuerdo que al poco tiempo de Chávez salir en libertad, Sergio Novelli (un periodista muy respetado de RCTV) presentó una serie de programas en los cuales humanizaba y hasta cierto punto simpatizaba con los líderes e involucrados en el Golpe de Estado del 27 de noviembre de 1992, en consecuencia, con Chávez. Otros personajes que luego apoyarían a Chávez quienes también provenían de RCTV incluyen a Winston Vallenilla (actual presidente del canal TVes controlado por el gobierno de Maduro), Simón Pestana, Carlos Quintana, y personalidades de ámbitos académicos, sociales y económicos. El venezolano tiene muy mala memoria y tal vez olvidó eso, pero yo no.

El que Chávez haya hecho una campaña populista o no, es incidental, puesto que tal como expliqué en *La Historia de la Hacienda Venezuela*, al Chávez salir de prisión era evidente que iba a ganar las elecciones, aunque no hiciese campaña electoral. El candidato que debió haber hecho una fuerte campaña era Henrique Salas Römer, ya que él era quien debía revertir la tendencia de popularidad de Chávez, tal como hizo Donald Trump en las elecciones presidenciales de 2016 con Hillary Clinton, dado que Chávez ofrecía el cambio, y Salas Römer era más de lo mismo por razones que explicaré en breve. Si el lector está informado y recuerda bien, desde que se inició la campaña presidencial en los Estados Unidos, hasta el día antes de las elecciones de 2016, casi todas las encuestadoras daban a Hillary Clinton como la futura presidente de Estados Unidos; pero el Martes 5 de Noviembre se cosechó el fruto de una campaña presidencial que estuvo gestándose por mucho tiempo, llena de controversias, detractores y más importante aún, con un equipo de personas que nunca dejó de creer, que no hay tal cosa como la mala publicidad, y que una excelente campaña de mercadeo iba a rendir frutos. Yo respeto y me quito el sombrero ante el equipo de la campaña presidencial de Trump, pues logró lo impensable.

En 1998 en Venezuela, solo dos candidatos ofrecían un cambio a como se venían realizando las cosas en el panorama político desde 1958, y ambos le habían enviado ese mensaje alto y claro a los venezolanos desde 1992: Hugo Chávez e Irene Sáez. Chávez lo hizo por medio de la fuerza, a través de dos intentos de Golpes de Estado.

Fallidos sí, pero había cumplido con la misión de hacerle ver a Venezuela que era necesario un cambio. Irene Sáez también lo había logrado pero con la ley y la política de su lado, y con los venezolanos apoyándola como alcaldesa por dos términos consecutivos del Municipio Chacao en Caracas.

Irene Sáez fue la primera Alcaldesa del Municipio Chacao, tras haber sido elegida en la celebración de las primeras elecciones regionales en Venezuela en 1992. Había llegado hasta allí con mérito propio, a pesar de que su fama se había originado por haber ganado el certamen Miss Universo en 1981. Eventualmente se demostró que Sáez tenía más materia gris que muchos políticos, abogados, médicos, escritores y demás supuestas personalidades "brillantes y respetables" en Venezuela, y gracias a ello incursionó en la política de forma exitosa.

Sáez logró la mejor gestión política en la era bipartidista de 1958-98 que cualquier funcionario público haya tenido en cualquier cargo de envergadura en Venezuela, y puso a Chacao en el radar de los caraqueños. La Castellana y Altamira históricamente siempre habían sido dos de los vecindarios más exclusivos tanto del Municipio Chacao como del resto de Caracas, pero el resto de Chacao era un gran desastre similar al resto de los Municipios de la capital. Sáez cambió la cara de Chacao por completo: le dio limpieza, imagen, identidad, economía, personalidad y seguridad. Por primera vez desde la época de Pérez Jiménez, ser policía era una profesión respetable al ser funcionario de la Policía de Chacao. Los "cabeza de honguitos", como se les llamaba por sus distintivos sombreros blancos, eran ridiculizados y burlados por su etiqueta, protocolo y pulcritud, pero la realidad innegable es que eran educados, eficientes y serviciales, contrario al resto de los policías de los demás municipios, estados y regiones del país, ya que como expliqué en la Parte I, eran personas de clase baja o delincuentes.

Si bien es cierto que Sáez era la reina del Municipio con mayor cantidad de recursos económicos en Venezuela, el hecho es que le dio un buen uso a los recursos que tenía. De hecho, Chacao era lo más parecido a Miami que un venezolano podía aspirar a tener en Venezuela. ¿Quiere escuchar un chiste? En Caracas cuando la gente manejaba nadie utilizaba el cinturón de seguridad, pero apenas cruzaban la frontera para entrar a Chacao, de inmediato alguien gritaba: *"¡Ponte el cinturón rápido! ¡Aquí las cosas sí funcionan!"* Después de Sáez, ningún alcalde de Chacao ha podido llegarle a su gestión; ni siquiera Leopoldo López, quien pasó más tiempo haciéndose un nombre que gestionando el municipio, o Ramón Muchacho quien pasó más tiempo tomándose selfies que gestionando el municipio. Sáez en cambio logró acciones tangibles y concretas.

Dado que se había visto un cambio positivo en una región del país gracias a un nuevo líder, la lógica indicó lo correcto: Sáez debía postularse como candidata presidencial. Sin embargo, similar a como le ocurrió a Pérez Jiménez, demasiados logros y resultados fueron sobrecogedores para los venezolanos, sobre todo para los políticos de AD y COPEI, y fue por eso que los "grandes genios" prefirieron apoyar a uno de ellos: a un representante del pasado, en vez de apostar por el futuro. Fue así como le tendieron una enorme trampa a Irene Sáez, quien diligente y eficiente, pero ingenua en la maliciosa política venezolana, cayó fácilmente. A continuación, describiré lo que sucedió:

Una vez que se inició la campaña electoral de 1998, los líderes de COPEI -el menos desprestigiado entre los dos partidos tradicionales-, decidieron apoyar a Sáez presentando la misma imagen e ideología que traían de sus candidatos y líderes del pasado (Rafael Caldera, Luis Herrera, Eduardo Fernández y Oswaldo Álvarez Paz), en vez de haber apoyado a Sáez con una renovada imagen de cambio en miras al siglo veintiuno. Esto arruinó la creciente popularidad que Sáez traía, y la desprestigió por completo ante la población en tan solo unas pocas semanas, ya que la fresca imagen de cambio que Sáez presentaba para Venezuela, ahora se percibía como una corrupta versión femenina de Luis Herrera o peor aún... de Rafael Caldera. Tras destruirla políticamente, los líderes de COPEI abandonaron a Sáez y decidieron apoyar a Henrique Salas Römer, quien era el Gobernador del estado Carabobo. Sola, traicionada y con su imagen destruida, Sáez quedó con un grupo muy pequeño de seguidores, quienes supongo que la apoyaron por lástima, a sabiendas de que iban a ser derrotados.

Hasta ese momento, Henrique Salas Römer había tenido una gestión relativamente buena como Gobernador del que quizás era el segundo o tercer estado más importante del país (aunque su gestión no era tan exitosa como la de Sáez en Chacao), y se presentaba como un político independiente que había fundado su propio y pequeño partido llamado *"Proyecto Venezuela"*. Acción Democrática por su parte tenía su imagen completamente destruida, gracias a las funestas presidencias de Jaime Lusinchi, Carlos Andrés Pérez y a los incontables escándalos de corrupción o de pésima gestión de sus políticos (Hausmann, Lepage, Lauría, etc...), y por ese motivo ni siquiera consideraron en apoyar a Sáez. Adicionalmente, el decaimiento de su imagen los había llevado a una fuerte división interna, así que sin una alternativa viable entre sus miembros, optaron por apoyar a Salas Römer.

Si bien Salas Römer tenía algo de popularidad (sobre todo al no estar inicialmente vinculado con AD o COPEI), la realidad es que él no era muy distinto a Claudio Fermín, Carmelo Lauría, Oswaldo Álvarez Paz, Eduardo Fernández, o a cualquiera de los políticos de la era 1958-98 que intentaban salvar sus desprestigiados partidos. Una vez que Salas recibió el apoyo de AD y COPEI, lo cual parecía más bien un acto desesperación para evitar que Chávez fuese elegido Presidente, se terminó de destruir el poco respeto que el venezolano podía sentir hacia Salas. En consecuencia, los venezolanos que contaban con él le retiraron su apoyo, y Salas simplemente terminó recolectando los votos de venezolanos que no querían que Chávez fuese presidente, más que porque quisiesen votar por Salas como tal. Ante esta sucesión de malas decisiones tomadas por Sáez, Salas, AD y COPEI, y como era de esperarse, los venezolanos decidieron elegir a la única otra opción que ofrecía el cambio: Hugo Chávez. AD y COPEI hicieron su apuesta y les salió mal, y justificaron su error argumentando que Venezuela no estaba lista para tener a una mujer presidente. Quizás la verdad es que Sáez nunca simpatizó con ellos, ni con los intereses de sus bolsillos.

Sáez debió haber sido la candidata que debió haber ganado las elecciones en 1998. Pero, dado que no era política y no era una corrupta, los partidos tradicionales que se oponían a Chávez decidieron esa jugada brillante de arruinarla políticamente para luego abandonarla. Con *"jugada brillante"* quiero decir, *"la jugada más estúpida y la peor decisión en la historia política de Venezuela"*, pero ¿qué se puede esperar de los genios de AD, COPEI y los demás partidos políticos?

De tal forma que, ¿si era lógico que en 1998 iba a ganar el candidato que ofreciese el cambio, entonces por qué apoyar a Salas Römer?, es decir, alguien que NO representaba el cambio. ¿Estaban tan cegados AD, COPEI y los demás partidos que de verdad pensaban que Salas ganaría?, porque les tengo noticias: en 1998, no había la menor duda de que si había alguien que iba a resultar victorioso en las elecciones presidenciales, ese alguien no iba a ser Salas Römer. ¿Por qué AD y COPEI apostaron por un candidato que se sabía que iba a perder?

Así fue como Chávez ganó las elecciones de 1998: 1) Con una abstención del 36%; 2) Con el gran respaldo de entidades y personajes importantes; y 3) Gracias a que los partidos tradicionales que apoyaron a la persona que debía ganar, la destruyeron políticamente, le quitaron el apoyo, y después respaldaron al candidato que no iba a ganar.

Antes de analizar cada una de las elecciones presidenciales en las cuales Chávez participó después de 1998, debo dedicar unas cuantas páginas a dos eventos de gran importancia importantes: el primer evento trata sobre un tema que está mencionado en el Prefacio y que ha pasado inadvertido mucho tiempo al analizar la historia reciente: me refiero al Referendo de 1999 y a las Mega Elecciones del año 2000.

Cuando Chávez se juramentó como presidente en febrero de 1999, sus palabras fueron *"Juro delante de Dios, de la Patria y de mi pueblo y sobre esta moribunda constitución (…)"*, (refiriéndose a la Constitución de 1961), y que en consecuencia una de sus primeras acciones sería derogar dicha Constitución. En este sentido, fue promulgada una nueva Carta Magna, la cual fue aprobada mediante un Referéndum el 15 de Diciembre de 1999, y que es la actual Constitución de Venezuela.

Al haber una nueva constitución, el gobierno decidió convocar en Julio de 2000 a unas *"Mega Elecciones"* para ratificar el ejercicio de los cargos públicos de mayor relevancia: (Presidente, Gobernadores, Alcaldes, y el Poder Legislativo). Los candidatos presidenciales fueron nuevamente Chávez, y como contendor Francisco Arias Cárdenas, un compañero de Chávez que según él, estaba decepcionado de su gestión (años después se descubriría que fue un engaño para hacerle creer al mundo que había habido elecciones legítimas).

Chávez ganó cómodamente con el voto de un 59,7% contra un 37,5% de Arias; pero lo que quiero destacar es que adicional a la victoria presidencial, el partido político de Chávez ("*Movimiento Quinta República*", *MVR*) obtuvo una contundente mayoría en las elecciones de Gobernadores, Alcaldes, y los Diputados del Parlamento Legislativo. En total, de los 23 estados del país, el MVR obtuvo 16 gobernaciones, la mayoría de las alcaldías, y en el Poder Legislativo obtuvieron 92 escaños de 165 posibles, logrando una mayoría en el Parlamento y sepultando a los partidos tradicionales AD y COPEI que apenas lograron 33 y 6 escaños respectivamente (una cifra paupérrima tras haber dominado el Congreso durante cuarenta años entre 1958 y 1999). Lo que quiero decir es que, tal como fue indicado en el Prefacio, esta es la prueba de que tal era el descontento que los venezolanos sentían hacia AD y COPEI, que en las "*Mega Elecciones*" de Julio de 2000, le entregaron casi todos los cargos públicos a Chávez, y si hubiese habido una elección de Junta de Condominio o del Comité de Mamás del Fútbol, el partido de Chávez también hubiese resultado ganador.

El segundo evento de importancia que debo mencionar trata las "dos oportunidades no electorales" que hubo para derrocar a Chávez: el 11 de Abril de 2002 y el Paro Petrolero de 2002-03. Para entender cómo se llegó al vacío de poder y al eventual fallido Golpe de Estado del 11 de Abril, seguido del Paro Petrolero, se debe entender el contexto de las circunstancias que condujeron a dichos hechos.

Para Noviembre de 2001, Chávez había pasado los primeros dos años de su gobierno conduciendo la transición de la Venezuela bipartidista de 1958-98, hacia lo que él llamaba el "*Socialismo del siglo veintiuno*", iniciando una serie de reformas políticas y sociales que iban acordes con lo que prometió durante su campaña electoral. La economía, sin embargo, se había mantenido a salvo de algún tipo de reforma importante, y si bien los indicadores reflejaban una leve mejora respecto al quinquenio previo (de Rafael Caldera, 1994-99), el país todavía se encontraba en una relativa crisis económica. A finales del año, Chávez le solicitó a la recientemente elegida y ahora mayoritaria a su favor Asamblea Nacional Legislativa (gracias a lo que estableci de las "*Mega Elecciones*" de 2000), que aprobase la ejecución de una *Ley Habilitante* que le permitiría realizar reformas a la economía del país,

407

específicamente en los sectores de la industria, la producción y la población obrera. En Venezuela estos sectores habían sido históricamente representados por la Federación de Cámaras y Asociaciones de Comercio y Producción de Venezuela (FEDECÁMARAS), y por la Confederación de Trabajadores de Venezuela (CTV) cuyos Presidentes eran el Ingeniero Pedro Carmona Estanga, y el señor Carlos Ortega, ambos de tendencia opositora al gobierno chavista y quienes lógicamente fueron los primeros en rechazar la *Ley Habilitante* y las reformas que esta confería.

La *Ley Habilitante* fue aprobada y aproximadamente cuarenta y nueve decretos fueron promulgados por Chávez, de los cuales casi todos desfavorecían a la industria y al empresario, y favorecían una política socialista donde el gobierno tendría potestad sobre la producción, la manufactura y el comercio. A partir de ese momento se inició una serie de diálogos entre el sector empresarial (FEDECÁMARAS) y el sector trabajador (CTV), con el gobierno, para evitar la promulgación de alguna de las leyes, ninguno de los cuales fue fructífero. En esencia, Chávez quería más poder en las esferas de importancia en la economía y en última instancia tenía sus ojos puestos en la empresa de mayor importancia en el país para utilizarla como apalancamiento económico, social y político: Petróleos de Venezuela (PDVSA), cuyos ingresos para ese momento contribuían con un monto entre el 25% y el 30% del Producto Interno Bruto de la nación.

En los inicios de 2002, Chávez empezó a insinuar de que PDVSA debía estar bajo su control, ya que era una empresa que aún estaba manejada por la herencia bipartidista de los partidos AD y COPEI, y que le había dado grandes riquezas ilícitas a cientos de personas (algo que, como establecí en la *Parte II*, probablemente era cierto). También alegó que las ganancias de la empresa eran desconocidas, y que PDVSA era una *"caja negra"*, y para ese momento era evidente que sería cuestión de tiempo para que ésta estuviese bajo su poder.

El primer paso que Chávez dio para intervenir a PDVSA fue destituir a su Presidente el General Guaicaipuro Lameda, quien había confrontado a Chávez verbalmente en varias ocasiones a pesar de haber sido nombrado por él mismo en Octubre de 2000, y a quien reemplazó en Febrero de 2002 nombrando en su lugar a Gastón Parra, un economista que tenía fuertes vínculos con Chávez. Esto produjo un fuerte descontento en la Nómina Mayor de PDVSA, quienes eran un grupo de altos ejecutivos de la empresa e invitaron abiertamente a los empleados a rechazar la designación de Parra, lo cual produjo fuertes diferencias internas en la empresa. Según ellos, se había quebrado el orden y la cadena de la meritocracia que era parte fundamental de PDVSA desde su fundación. Tras varias semanas de negociaciones infructuosas, fue así como se llegó al famoso *Aló Presidente*[99] del 7 de Abril de 2002 en el cual Chávez con silbato en mano y emulando a un árbitro de futbol, uno a uno despidió a los ejecutivos de la Nómina Mayor, utilizando su célebre frase *"_____(nombre de la persona) muchísimas gracias por sus servicios, está usted despedido."*

La reacción de FEDECÁMARAS, de la CTV y ahora de una gran parte de los empleados de PDVSA fue la de trasmitirle a la población venezolana que se estaba violando el orden constitucional y las leyes que habían regido en Venezuela, y que el país se estaba dirigiendo hacia un estado de dictadura absolutista (algo que era un poco cierto, pero podría ser debatible por lo que expondré a continuación). En consecuencia, las tres organizaciones convocaron para el 9 de Abril a una serie de manifestaciones y protestas pacíficas en varias partes de Caracas; y al final de ese día, se hizo la convocatoria para una huelga general a partir del 10 de Abril. Dichas acciones fueron ampliamente cubiertas por los medios de comunicación privados, los cuales incluso interrumpieron su transmisión habitual para darle entera cobertura a las protestas y mostrar el cumplimiento de la huelga general. Para Venezuela esto significaba que la situación política del país se dirigía hacia un caos, ya que históricamente los llamados a huelgas generales por lo general, precedían un golpe de estado, siendo la ocasión más reciente el 21 de Enero de 1958 cuando se convocó a la huelga general, con la cual se terminó derrocando al entonces Presidente, el General Marcos Pérez Jiménez.

---

[99] Programa de televisión moderado por el Presidente Hugo Chávez los domingos a través del canal de televisión Venezolana de Televisión (VTV Canal 8), en el cual Chávez daba reportes acerca de su gestión, además de interactuar con los televidentes por medio de llamadas telefónicas.

El gobierno respondió con el único medio de comunicación que tenía a su favor Venezolana de Televisión (el Canal 8 controlado por el estado), mostrando una serie de montajes y videos de grabaciones que obviamente eran falsas y/o antiguas, donde se apreciaba una situación de normalidad en Caracas y en varias partes del país. En vista de que el alcance de VTV era muy limitado, el gobierno procedió a intervenir la señal de los canales privados de televisión y las emisoras de radio, con la transmisión exclusiva de la señal de VTV para alcanzar a toda la población del país, algo que era conocido en Venezuela como *"Cadena Nacional"*. De tal forma que un avance informativo de RCTV, Venevisión, Globovisión o Televen cubriendo lo que estaba aconteciendo en el país en tiempo real, era drásticamente interrumpido por una *Cadena Nacional* que mostraba un ambiente ficticio en el cual se vivía una situación de normalidad (esto ocurrió a lo largo del día en no menos de cinco ocasiones). Al final de ese 10 de abril, se convocó a una concentración para el 11 de Abril en la sede de PDVSA que quedaba en Chuao (en el sureste de Caracas, en el Municipio Chacao) a las 9:00 a.m.

La mañana del 11 de Abril, miles de personas arribaron a Chuao y adicionalmente otros cientos de miles se concentraron en varias zonas del este de Caracas. Con el clima alcanzando un punto álgido, varias personalidades pronunciaron discursos desde una tarima que habían instalado en las afueras del edificio de PDVSA, respecto lo que había estado ocurriendo en Venezuela desde la aprobación de la *Ley Habilitante*, hasta el despido de la Nómina Mayor. En un momento le tocó el turno de hablar a Orlando Urdaneta, un actor y animador de televisión convertido en aspirante a político parecido a Emilio Lovera y Laureano Márquez, quien hizo un llamado al público que, dado el contexto de la situación, parecía ser histórico: *"¡Vámonos a Miraflores a exigirle la renuncia a Chávez!"*. Y con el respaldo de FEDECÁMARAS, la CTV y de cientos de miles de opositores a Chávez, la congregación de personas tomó la decisión de marchar adelante con su mira puesta en Miraflores. Al mismo tiempo, el gobierno también había convocado a una concentración de partidarios de Chávez para manifestarle su apoyo, la cual ocupaba el área alrededor del Palacio de Miraflores y varias de las calles y avenidas colindantes. Por este motivo parecía que se estaba preparando un inminente choque entre ambos bandos.

Al llegar el mediodía, se produjo nuevamente la confrontación audiovisual de los avances informativos de los medios privados, los cuales eran interrumpidos por las *Cadenas Nacionales* protagonizadas por Chávez burlándose de las decenas de miles de personas que se dirigían hacia Miraflores. En un repentino momento histórico durante una de las *Cadenas*, los canales de televisión -sin autorización y en una actitud atrevida y valiente- tomaron la decisión de dividir en dos la pantalla de su señal: una en la que se transmitía la *Cadena Nacional*, y la otra que divulgaba en vivo los eventos que estaban ocurriendo con la marcha. Esto era algo que nunca se había visto en Venezuela, ya que desde la década de los años 80, las *Cadenas* eran vistas como medios para hacer anuncios gubernamentales de alta importancia. Creo que poca gente en Venezuela ni consideraba, ni sabía que era posible para los medios de comunicación privados, el ignorar la unificación de una transmisión gubernamental y dividir la pantalla como se hizo esa tarde emblemática del 11 de Abril.

A partir de este momento, ni las circunstancias ni los hechos que acaecieron están del todo claras para mí, ni para nadie en Venezuela. Por ese motivo, a continuación voy a narrar lo que ocurrió en Caracas el 11 de Abril; en primer lugar, <u>como yo lo vi en aquel momento</u>, y como creo que casi todos los venezolanos lo vieron y lo percibieron; y en segundo lugar, <u>lo que yo creo que probablemente ocurrió</u>, tras haber investigado y estudiado los eventos que se suscitaron.

1) Lo que ocurrió el 11 de Abril, como yo lo vi en aquel momento (y como creo que casi todos los venezolanos lo vieron):

A mediados de la tarde, la marcha en contra de Chávez estaba arribando al área cercana a Miraflores, específicamente a dos cuadras de una intersección conocida como Puente Llaguno, la cual queda a unos 200 metros de Miraflores. Mientras los medios transmitían con la pantalla dividida, se mostraron imágenes de manifestantes cayendo abatidos por impactos de bala cuya procedencia era desconocida, al mismo tiempo que en la otra mitad de la pantalla, Chávez reía vociferando la total tranquilidad en la nación. Minutos después los medios mostraron lo que parecía ser un grupo de manifestantes partidarios de Chávez disparando desde Puente Llaguno hacia un objetivo que en teoría las cámaras no alcanzaban a cubrir; sin embargo, los reporteros aseguraron en vivo y casi al unísono en todas las televisoras, que el grupo de partidarios de Chávez estaban disparándole a los manifestantes que pacíficamente se habían trasladado desde Chuao y que estaban llegando cerca de Miraflores. En consecuencia, la población concluyó que las víctimas habían caído por los disparos de los seguidores del gobierno.

Cerca de una hora después, varios oficiales del Alto Mando Militar se pronunciaron en contra de lo que parecía haber sido la masacre de una manifestación pacífica, y en algún momento varias personalidades empezaron a reforzar la idea de exigirle la renuncia al Presidente Chávez, quien de inmediato desapareció de la *Cadena Nacional*. Al final de la tarde se transmitió una nueva cadena en donde el Ministro de la Defensa, el General Lucas Rincón Romero, tenía un teléfono celular en su oído, y hablaba como si alguien le estuviese dictando algo. Entre todas las palabras que Rincón dijo, lo más impactante fue: *"Se le solicitó la renuncia* (a Chávez), *la cual aceptó*[100]*"*, y entrada la noche, los medios de comunicación mostraron a Chávez vestido en uniforme militar siendo trasladado en un vehículo a un centro de detención militar.

El resto de la noche trascurrió llena de incertidumbre, puesto que la recientemente aprobada Constitución establecía que ante la renuncia del Presidente de la República, el Vicepresidente (Diosdado Cabello) debía asumir las funciones, y que de éste encontrarse inhabilitado, entonces debía asumirlas el Presidente de la Asamblea Legislativa (William Lara); sin embargo, ninguno de ellos se pronunció, ni apareció dentro de aquella caótica situación. La mayoría de las personas con las que yo interactué asumió que quizás habían huido al exterior, de nuevo, tal como lo había hecho Pérez Jiménez en 1958, y que una Junta Cívico-Militar tomaría posesión del gobierno.

---

[100] En preparación para este capítulo, si bien la memoria del autor es excelente, el autor siguió el procedimiento de verificar si existía alguna grabación disponible en internet para comprobar las palabras textuales del General Lucas Rincón. La sorpresa fue que no solo el autor no encontró algún video o grabación con el audio de Rincón, sino que encontró en YouTube un video producido por el gobierno, el cual obviamente fue editado y manipulado, y cuyo audio no corresponde en lo absoluto con lo que ocurrió en realidad. Cualquier venezolano (que no sea fiel partidario del gobierno) puede certificar y dar fe de que lo que el autor expuso en esta parte de la narración, fue lo que sucedió y es la verdad.

La mañana del 12 de Abril los medios de comunicación dedicaron su transmisión a mostrar que las sedes de los ministerios y organismos públicos estaban llenas de papeles destruidos, computadoras rotas y archivos desaparecidos, haciendo ver que había ocurrido una huida masiva de parte de los funcionarios del gobierno, y que había habido una masiva destrucción de la evidencia de corrupción. Varios de ellos, como Ramón Rodríguez Chacín y Francisco Natera, fueron agredidos a las afueras de sus residencias, mientras que otros se refugiaron en la Embajada de Cuba, cuya sede fue rodeada por opositores a Chávez que intentaban ingresar a ella para apresar a quienes allí se encontraban. Al poco tiempo hubo un anuncio oficial: un grupo de líderes opositores apareció en televisión decretando una serie de medidas entre las cuales destacaba el nombramiento de Pedro Carmona (Presidente de FEDECÁMARAS), como Presidente de Venezuela, algo que sorprendió a gran parte de la población, incluyéndome.

La tarde continuó con los medios de comunicación trasmitiendo su programación habitual como si el país estuviese en un ambiente de normalidad, hasta que repentinamente un avance informativo sacudió la existente paz momentánea: Isaías Rodríguez -el Fiscal General de la Republica-, informaba a la población que Chávez no había renunciado, lo cual trajo más confusión aún. Entrada la noche, los medios de comunicación anunciaron que se restituía el orden constitucional y que el Vicepresidente de la Republica Diosdado Cabello estaba asumiendo las funciones del Presidente. En poco tiempo, se anunció que Chávez regresaría en algún momento de la madrugada del 13 de Abril a retomar la Presidencia de manos de Cabello, y respaldado por una multitud de seguidores que se había aglomerado en el Palacio de Miraflores. A primeras horas del 13 de Abril, lo increíble había sucedido: Chávez, con un crucifijo en la mano y de nuevo en *Cadena Nacional*, había vuelto a la Presidencia prometiendo rectificar sus políticas y abogando por la paz entre los distintos sectores políticos. Días después se abrieron algunas investigaciones, hubo algunas interpelaciones y algunos detenidos, pero al final nunca se supo la verdad sobre lo que ocurrió durante esos tres días. Por otra parte, Chávez tampoco cumplió con sus promesas, lo cual condujo al Paro Petrolero de 2002-03, pero antes de tocar ese punto…

2) Lo que yo creo que probablemente ocurrió el 11 de Abril.

Chávez renunció ese 11 de Abril. Hay que tomar en cuenta que Chávez estaba muy crudo e inmaduro para ese momento como político y estadista, y que además él era un hombre cobarde y bruto, en el sentido literal de lo que ambas palabras significan: alguien sin valor e incapaz de afrontar las vicisitudes, por ende, fácil de influenciar.

Lo que probablemente ocurrió fue que durante la *Cadena Nacional* en la cual Chávez se estaba burlando de los opositores al mismo tiempo que ocurría la masacre de Puente Llaguno, alguien en el gobierno le mostró a Chávez lo que estaba ocurriendo y le comentó que la situación se había salido de control, y Chávez de ingenuo se creyó "el cuento". Utilizo las comillas porque días después del 11 de Abril aparecieron otros videos de distintas fuentes a las televisoras privadas venezolanas, que mostraban lo que había acontecido en Puente Llaguno desde otros ángulos distintos al que habían mostrado ese 11 de Abril, y se demostró que los simpatizantes del gobierno no le estaban disparando a los opositores que se concentraban pacíficamente, sino que se enfrentaban a otro grupo armado de personas que se encontraban a unos cien metros de ellos, y es aquí en donde la situación de las víctimas de la oposición a causa de disparos conlleva a preguntarse: "Si no fueron heridos por los chavistas, entonces ¿quién les disparó?"

Chávez, al igual que cualquier persona en el momento, se creyó el montaje que los medios mostraron que sugería que sus seguidores estaban matando a venezolanos inocentes, y quizás pensó que la mayoría del país en efecto quería que renunciase. Quizás sufrió algún cargo de consciencia o crisis nerviosa y, al igual que Bolívar lo hizo en 1830, decidió dimitir de su cargo porque era lo mejor para el país. Digo esto por la forma como Lucas Rincón habló en *Cadena Nacional* anunciando la renuncia de Chávez, y por el hecho de que Chávez escogiese vestirse como militar para su arresto. No soy psicólogo, pero creo que las acciones de las personas dicen más que sus palabras, y es en los momentos de pánico cuando se conoce la verdadera naturaleza de la persona: creo que Chávez asumió lo peor; pensó que lo iban a matar o algo así, y por eso se puso el uniforme, ya que para un militar esa es la forma digna de morir, o en el mejor de los casos, de caer.

Habiendo removido a Chávez, solo quedaba negociar con el Alto Mando Militar la estabilización del país, y es aquí donde creo que las cosas les salieron mal a los líderes de la oposición entre la noche del 11 de Abril y la mañana del 12: prometieron algo que no cumplieron, hicieron algo que no era lo acordado (como haber nombrado a Carmona como Presidente), o simplemente no lograron llegar a un acuerdo con el Alto Mando Militar. Creo que los líderes de la oposición sobreestimaron su victoria y subestimaron lo que significaba la figura de Chávez en la presidencia. Creo que los medios de comunicación sabían que estaban mintiendo al transmitir información que no era cierta con respecto a las víctimas por los disparos, y respondieron abandonando a los líderes de la oposición a su suerte, esperando que ocurriese lo mejor. Finalmente, creo que la población de la oposición estaba demasiado confundida por la serie de eventos inverosímiles que había ocurrido en menos de 48 horas, los cuales parecían sacados de un guion de una caricatura animada, en vez ser de la realidad política de un país. Al verse sin respaldo de ningún tipo, los líderes de la oposición abandonaron Miraflores y el Alto Mando Militar dio la orden de traer a Chávez de vuelta, lo cual abrió el camino para que en la tarde del 12 de Abril apareciesen Isaías Rodríguez negando la renuncia de Chávez, y eventualmente Diosdado Cabello como Vicepresidente, después de haber permanecido 24 horas desaparecidos.

Estoy convencido de que Chávez renunció, y de que los ineptos y tontos líderes de la oposición no supieron capitalizar su victoria. Como siempre, nunca se sabrá la verdad ya que al igual a como pasó con el Sierra Nevada, la muerte de la prima de mi novia, y el accidente de las Azores, ni siquiera hoy casi veinte años después y protegidos por el asilo que les da el exilio, ni Pedro Carmona, ni Carlos Ortega, ni Orlando Urdaneta son capaces de confesar lo que ocurrió. Al final del día son igual de cobardes y brutos que Chávez, o quizás más.

El resto del año transcurrió plagado de confrontaciones verbales y desacuerdos entre el gobierno y los líderes de la oposición, a los cuales ahora se les sumaba descubrir quién había sido el verdadero responsable de los muertos del 11 de Abril. Surgieron algunas teorías, siendo la más lógica que las víctimas cayeron por disparos que provenían de francotiradores ubicados estratégicamente en los edificios aledaños a Puente Llaguno. El gobierno y la oposición pasaron semanas acusándose mutuamente de haber orquestado el plan de los francotiradores para provocar una matanza, y con el tiempo el gobierno apresó a varios policías opositores quienes negaron haber estado involucrados. Sin embargo, a medida que pasaba el año, ese era el menor de los problemas en Venezuela, ya que Chávez seguía sin ceder a sus políticas.

A mediados de Noviembre se respiraba un aire similar al de los días previos al 9 de Abril, con FEDECÁMARAS y la CTV nuevamente haciendo un llamado a manifestaciones, protestas pacíficas y eventualmente a una nueva huelga general para el 3 de Diciembre, la cual se extendió por un plazo de veinticuatro horas, que a su vez se extendió por una duración indefinida y a la cual se sumó la paralización de las refinerías petroleras del país, el pronunciamiento de varios generales del ejército exigiendo la renuncia de Chávez, y el fondeo de varios buques de la Marina y cargueros petroleros. La llave para destrancar este cerrojo era según los líderes de la oposición, solo una: la renuncia irrevocable y no negociable de Chávez. Sin embargo, esta vez los hechos se desenvolverían de forma distinta.

Este Chávez no era el mismo que había renunciado el 11 de Abril porque pecó de ingenuo. En ningún momento Chávez dio una sola *Cadena Nacional* apareciendo en televisión, y por el contrario desapareció por completo. En vez de ello, envió a José Vicente Rangel, el entonces Vicepresidente de la República, quien además de ser uno de sus más fieles funcionarios y un experimentado político, pasó a liderar una mesa de diálogo y negociación con los líderes opositores y con el exsecretario general de las Naciones Unidas, Cesar Gaviria actuando como intermediario, día tras día durante todo diciembre y parte de Enero de 2003.

Al igual que el 11 de Abril, nunca se sabrá la verdad de qué fue lo que ocurrió durante el Paro Petrolero y la misteriosa desaparición de Chávez. Yo creo que alguien le dijo: *"Desconéctate de los medios, aléjate de todo esto y deja que José Vicente se encargue. Aguanta firme que vamos a salir de esta."* Con el pasar de los días, el gobierno logró tomar el control de las refinerías y del resto de las instalaciones de PDVSA, y al poco tiempo, los negocios que en principio habían prometido acatar el paro indefinido a cabalidad hasta que Chávez renunciase, empezaron a abrir sus puertas. A inicios de Enero, la población fue sintiendo que el Paro se dirigía hacia un total y absoluto fracaso. Fue así como tras casi tres meses de Paro, y mesas de negociación y diálogo, no se consiguió ni uno de los objetivos de la oposición. Por el contrario, el gobierno por primera vez emergió victorioso y sólido tras una confrontación que se suponía debía derrocarlo. Meses después de la culminación del Paro, el gobierno anunció la prohibición de marchas en el Municipio Libertador: jamás las protestas de la oposición volverían a pisar dicho territorio hasta el Sol de hoy. Fue así como se perdieron dos oportunidades para evitar que Chávez se perpetuase en el poder.

Tras estos fracasos, la oposición inició el largo camino constitucional para intentar remover a Chávez por la vía pacífica y electoral. Lamentablemente no contaban con que a la ineficiencia, cobardía y brutalidad de los líderes opositores (de quienes hablaré a detalle en el capítulo *La República de Burbuja Venezuela*), ahora se le sumaban los intereses personales de millones de venezolanos que necesitaban mantener a Chávez en el poder. El primero de estos fútiles intentos fue a través del Referéndum Revocatorio de Agosto de 2004, el cual tuvo su destino sellado para el fracaso cuando meses antes de celebrarse, empezó a circular un rumor acerca que el Consejo Nacional Electoral a través de la contratista Smartmatic[101] y de otros medios turbios, tenía la capacidad de identificar el voto de cada elector. Todo empezó con la aparición de la famosa *"Lista Tascón"*.

La "Lista Tascón" le debe su nombre al diputado chavista Luis Tascón, quien fue su creador e impulsor. Se trataba de una base de datos que contenía la información sobre si un elector había firmado o no la convocatoria para el referéndum en contra de Chávez. Es decir, si "José Álvarez" había firmado en contra de Chávez y buscaba su nombre en la *"Lista Tascón"*, en segundos la base de datos arrojaba un mensaje que decía: "EL CIUDADANO JOSÉ ÁLVAREZ FIRMÓ EN CONTRA DEL PRESIDENTE CHÁVEZ."

---

[101] Empresa contratada por el CNE para desarrollar el software de las máquinas electorales.

Tascón fue prominente tras presentarla a la Asamblea Legislativa, y proponer que todo el que había firmado en contra de Chávez debía sufrir represalias. La oposición también pensó de la misma forma, aunque nunca lo hizo público, con la diferencia para aquellos que firmaron a favor de Chávez. A partir de ese momento, las empresas públicas y privadas ahora tenían el poder de extorsionar -según les conviniese- a sus empleados, y de amenazarlos en caso de que quisiesen votar a favor o en contra del Chávez. El poder y la posibilidad de identificar por quién votaban los electores, ahora se extrapolaba al voto en las elecciones regionales, legislativas, y por supuesto las Presidenciales: el voto en Venezuela seguía siendo universal y directo, pero ya no era secreto. Al hacerse pública la *"Lista Tascón"*, cualquier persona podía conocer tu posición política y actuar en base a ello. En consecuencia, el venezolano entraba en una encrucijada: *"¿Debo velar por los intereses del país o por mis propios intereses?"*

El lector se preguntará: *"¿Cómo es posible que se haya hecho pública la 'Lista Tascón'?"* Muy fácil: recuerde que en Venezuela no se respeta la ley, como lo establecí en la Parte II. En un país donde las camionetas por puesto podían detenerse en cualquier lugar para dejar y recoger pasajeros porque no había ley que respetar ni persona que la acatase, no habría ningún problema con que se vendiesen copias piratas de las trilogías de *La Guerra de las Galaxias (Lucas, 1977), El Señor de los Anillos (Jackson 2001)*, y la discografía entera de cualquier artista musical, a un costo equivalente a menos de $5 en cualquier sitio, incluyendo el mercado que funcionaba en la estación de Metro de la Hoyada donde asesinaron a la prima de mi novia. Ante dicho panorama, tampoco habría problema en vender un CD que contenía una información tan valiosa. Unos meses después que Luis Tascón presentó su lista ante la Asamblea Legislativa, empezaron a aparecer copias en CD de la *"Lista Tascón"* en sitios de alquiler y venta de películas y CDs musicales piratas. El disco en cuestión costaba $2. Yo aún hoy tengo mi copia.

Con la lista hecha pública, tanto las empresas del sector público, como las del sector privado ahora tenían el poder de chantajear, extorsionar, amenazar y humillar a sus empleados:

- "¿Firmaste contra Chávez?" → Despedido/no estás contratado (Sector Público)
- "¿Firmaste a favor?" → Despedido / no estás contratado (Sector Privado)
- "¿No firmaste?" → Estás despedido (en ambos)
- "¿Firmaste contra Chávez?" → ¡Aquí tienes tu bono! (Sector Privado)
- "¿Firmaste a favor de Chávez?" → ¡Toma tu bono! (Sector Público)

Le invito a que compruebe esto consultando con algún venezolano, en especial con quienes laboraron en empresas del sector privado, es decir, quienes supuestamente estaban en contra de Chávez. Conozco a cientos de personas que fueron perjudicadas o beneficiadas gracias a la *"Lista Tascón"*. Miles de venezolanos perdieron (o ganaron) trabajos, entrevistas, dinero y beneficios... en ambos sectores. No voy a negar que hubo mayor incidencia de estas amenazas y recompensas en el sector público, pero también las hubo en el sector privado. Es importante que el lector comprenda la magnitud del daño de la *"Lista Tascón"* y las consecuencias que generaba: el hecho de que el venezolano, ahora más que nunca pensaría en su propio beneficio por encima del de Venezuela.

En una ocasión yo estaba en una fiesta con los vecinos de mi edificio, el cual como dije está ubicado en zona de clase alta de Caracas, donde se supone que el porcentaje de opositores es casi el 80%. Recuerdo que arribamos al tema político -como siempre ocurría en las reuniones sociales en Venezuela-, y una vecina, una mujer adulta, casada, con dos hijos, que trabajaba como subcontratista de PDVSA, compartió a quienes nos encontrábamos en el grupo que en las próximas elecciones, que ella sin dudarlo iba a votar a favor de Chávez:

- *"Yo tengo dos hijos pequeños. No puedo arriesgarme a perder los contratos que tengo y quedarme sin nada. Los dos estudian en la Academia Washington* [102]*. ¿De dónde voy a sacar para pagar las mensualidades? Además de sus regalos, y que este año los quiero llevar a Disney. Perdónenme, pero tienen que entender. Ustedes que son madres, deben saber que una madre hace lo que sea por sus hijos."*

---

[102] La Academia Washington es un colegio bilingüe y uno de los más costosos de Caracas

La gente quedó atónita. Quiero suponer que las personas que se encontraban conmigo, pensaron algo así como:

- "Esta tipa tiene los santos riñones de admitir que va a votar por Chávez... ¿Después que va con nosotras a todas las marchas opositoras en contra de Chávez? ¡Qué riñones tiene!"

Yo en cambio pensé: - *"Esta chica tiene la valentía suficiente para decir lo que va a hacer, justificarse, y exponerse frente este grupo de opositores y lo hace sin remordimiento, ni que le tiemble el pulso. ¡No le importa! Le vale gorro lo que la gente piense."* Lo peor, sin embargo, fue lo que ocurrió a continuación, cuando otra de las vecinas en el grupo abrió la boca para decir: "No, bueno... el caso tuyo se entiende..." Allí fue cuando yo pensé: *- "¿'El caso tuyo se entiende'? No entiendo. ¿Acaso me perdí de algo? ¿Acaso estoy en otra dimensión paralela a la realidad?"*

Estoy seguro de que el lector venezolano estará familiarizado con lo que yo viví ese día en mi edificio, porque a medida que pasaba el tiempo supe de más casos similares al de ella. Yo conozco casos de personas opositoras a Chávez, que en ningún momento dejaron de votar por Chávez en cada una de las elecciones posteriores a la aparición de la *"Lista Tascón"*, incluyendo las elecciones regionales y las legislativas, porque sus intereses personales iban por delante de los intereses de la nación, aun cuando los intereses de la nación podrían haber mejorado el destino y la calidad de vida de su familia. Es decir, suponiendo que si todos los opositores hubiesen votado en contra de Chávez, persiguiendo el beneficio común de remover a Chávez y buscando el objetivo que perdiese una elección, entonces quizás lo hubiesen logrado. Veamos el resultado del Referéndum de 2004:

	Elecciones de 1998	Referendo de 2004
Total de la Población Electoral	11.013.020	14.037.745
Votos escrutados	6.988.291	9.815.054
Abstención	4.024.729	4.222.691
Votos inválidos	450.687	25.994
Votos a favor de Chávez	3.673.685	5.800.629
Votos en contra de Chávez	2.613.161	3.989.008

Fuente: CNE y Autor, 2021.

La excusa de las personas opositoras que votaron por Chávez (como la chica subcontratista de PDVSA), es que ellos votaron *"obligados"*, o *"no tenían opción."* Revisemos ambos argumentos:

1. *"Voté obligado":* En 1966, Stanley Milgram[103] demostró que el 65% de las personas electrocutarían hasta la muerte a un inocente, si que sientan que estarán libres de la responsabilidad, y que ésta le sea adjudicada a otra persona. En este caso, no había nadie a quien trasladar la responsabilidad.

2. *"No tenía otra opción":* si bien existía la *"Lista Tascón"*, nadie estaba apuntándole a los electores con una pistola, ni a ellos ni a sus familiares. Podían intentar ¿no votar por Chávez?

Cuando una persona votaba por Chávez, nadie estaba obligando a la persona a hacerlo. Nadie estaba trasladando o liberando a la persona de una responsabilidad directa. El razonamiento de esa persona es: *"Si mi beneficio propio, va en perjuicio del de los demás, no me importa. Lo único que importa es mi beneficio."* Y la misma lógica se repitió en el año 2006:

	Referendo de 2004	Elecciones de 2006
Total de la Población Electoral	14.037.745	15.784.777
Votos escrutados	9.815.054	11.790.397
Abstención	4.222.691	3.994.380
Votos Nulos	25.994	160.245
Votos a favor de Chávez	5.800.629	7.309.080
Votos a favor de Manuel Rosales	3.989.008	4.292.466

Fuente: CNE y Autor, 2021.

La victoria de Chávez en esta elección ante el candidato opositor Manuel Rosales (el Gobernador del Estado Zulia) fue contundente. Un grupo de la oposición argumentó trampa o fraude, y es aquí en donde profundizo mi razonamiento con la *"Lista Tascón"*. Desde el Referéndum del año 2004, la población venezolana opositora a Chávez argumentaba que todas las elecciones ganadas por el gobierno, eran debido a las trampas en las máquinas de contar votos, trampas con las cédulas, doble cedulación, con el sufragio de electores fallecidos o ilegales, trampas con el conteo manual, en la auditoría y cualquier otra

---

[103] Milgram, S. Behavioral Study of Obedience. (1963)

razón. Sin embargo, nadie, nunca, en ningún momento mencionó que la *"Lista Tascón"*, era el verdadero factor decisorio de peso más importante a la hora de que un elector votase. La realidad es que los venezolanos pensaron en el bien individual y no en el colectivo. Algo así ocurre con la gente que se estaciona en el medio de la vía pública, bloqueando la circulación de vehículos en ambos sentidos, lo cual es algo que yo vi a diario en Venezuela: *"Yo necesito estacionarme en este puesto a como dé lugar. Los demás que se esperen."* Esa es la actitud del venezolano.

Lo que ocurrió en 2006, fue que: 1) Había demasiada gente que estaba comiendo con la corrupción en Venezuela; 2) Había demasiada gente en el sector público que fue obligada a votar por el Chavismo; 3) Había demasiada gente desinteresada en votar por Manuel Rosales, lo cual arrojó el resultado que se obtuvo. Piénselo: si de un grupo de diez personas opositoras a Chávez, hay una que tiene intereses con el chavismo, ese es un voto menos percibido para Rosales y un voto más para Chávez. Yo soy capaz de afirmar de que entre ese grupo de diez personas en realidad no era una, sino tres las personas con intereses directos con el gobierno. Eso es, tres votos menos para Rosales y tres más para Chávez. Es decir, voy a estimar que entre un 25% y 30% de los votos que Chávez obtuvo, fueron de opositores que tenían intereses que debían pagarse con el favor político de mantener al gobierno. El asunto es que la vecina de mi edificio se atrevió a decirlo en voz alta, pero no mucha gente haría lo que ella hizo; por el contrario, callaron por omisión, buscando su beneficio propio, por encima del beneficio de la nación. Así es el venezolano.

Otro ejemplo lo viví cuando un amigo un día me escribió para consultar si debía tomar una oferta de trabajo que le había hecho un subcontratista vinculado con los esquemas de corrupción del gobierno. Estimado lector: yo no soy un ángel puro; he cometido acciones cuestionables, incluyendo haberle hecho mucho daño a mucha gente (aunque debo aclarar que a nadie que no se lo haya merecido), pero en líneas generales, yo soy una persona con principios. Si un gobierno como el venezolano me llegase a ofrecer una oportunidad de trabajo, con un paquete de salario y beneficios muy por encima del que siquiera pudiera soñar, con toda sinceridad le digo que no lo aceptaría. Por ese motivo, el argumento que le di a mi amigo fue: "No entiendo cómo vas a ponerte a trabajar para la gente que contribuye a destruir a Venezuela", a lo cual él contestó *"Nooo, ¡lo que pasa es que la gente con la que voy a trabajar no son chavistas!"*, el cual es el mismo argumento de las novias o esposas de chavistas o "enchufados[104]", cuando son confrontadas por alguien que les pregunta si no sienten algún tipo de remordimiento o carga de consciencia, sabiendo que su pareja está vinculado con el gobierno y robando dinero de la nación: *"Yo no sé de sus negocios, sus negocios son problema de él, no mío."* Lo sé, porque conocí a varias personas así y esas eran sus respuestas. *"Yo no sé de sus negocios"*. Irónicamente, este es el tipo de persona que marcha en la oposición para derrocar a Chávez y a Maduro. Cualquier venezolano hubiera dicho: *"Héctor, por la plata baila el mono"*, callando, aceptando y como queriendo decir, "yo también hubiese aceptado".

Veamos las elecciones de 2012:

	Referendo de 2006	Elecciones de 2012
Total de la Población Electoral	15.784.777	18.903.143
Votos escrutados	11.790.397	15.146.096
Abstención	3.994.380	3.692.707
Votos Nulos	160.245	287.325
Votos a favor de Chávez	7.309.080	8.191.132
Votos a favor del opositor a Chávez	4.292.466	6.591.304

Fuente: CNE y Autor, 2021.

Es muy fácil ver que el origen del alto porcentaje de los votos que Chávez obtuvo provino de personas que se decían opositores. Si se observa con detenimiento, el incremento de los votantes por Chávez disminuye en comparación a las elecciones anteriores. Hay más votos, pero no es proporcional respecto al incremento de la población electoral. Es decir, si Chávez era tan popular, sus votos deberían reflejar su popularidad incrementada casi linealmente en función al electorado, pero no fue así. Entonces, ¿quiénes votaron por Chávez?

---

[104] Alguien que tiene fuertes lazos financieros con el gobierno, los cuales le producen millonarios ingresos y beneficios. Un enchufado no necesariamente apoya ideológicamente al gobierno, es decir existen "opositores enchufados".

1. Los que votaron por Chávez en años anteriores.
2. Opositores que votaron por Chávez en años anteriores.
3. Empleados públicos obligados a votar por Chávez.
4. Algún joven de la nueva generación o recién cedulado, capturado por el mensaje de Chávez.

La oposición, por otra parte, vio incrementada la popularidad de su candidato (Henrique Capriles de quien hablaré en *La República de Burbuja Venezuela*) en un 54%. No fue suficiente para vencer a Chávez en la elección anterior, pero sí era suficiente para haberlo derrotado en cualquiera de las elecciones anteriores. No sólo eso: también la abstención disminuyó. Siguiendo la teoría de que entre 25% y 30% de los votos de Chávez vienen de sus opositores, entonces cerca de dos millones de votos hubieran podido revertirse. Vamos a ser pesimistas y no digamos dos millones. Con haber revertido un millón de personas, habría sido más que suficiente.

Estas elecciones se perdieron porque no hubo apalancamiento para convencer a los opositores que votaban por Chávez, a que votaran por Capriles, y no se hizo lo suficiente para convencer a los electores indiferentes a que votasen por Capriles (un análisis que profundizaré en *La República de Burbuja Venezuela*). Tras la muerte de Chávez al poco tiempo de haber sido reelegido, se convocaron a nuevas elecciones en 2013, en las que el candidato del gobierno fue Nicolás Maduro, quien se midió contra Henrique Capriles, con los siguientes resultados:

	Elecciones de 2012	Elecciones de 2013
Total de la Población Electoral	18.903.143	18.904.364
Votos escrutados	15.146.096	15.059.630
Abstención	3.692.707	3.844.734
Votos Nulos	287.325	66.935
Votos a favor de Chávez	8.191.132	7.587.579
Votos a favor del opositor a Chávez	6.591.304	7.363.980

Fuente: CNE y Autor, 2021.

Lo importante a analizar en estas elecciones es por qué Chávez y Maduro le ganaron, a Capriles, en dos veces seguidas. Las razones son:

La primera es que en casi todos los países subdesarrollados e incluso algunos desarrollados, las elecciones presidenciales son lo más parecido a las peleas de boxeo, donde uno de los boxeadores era el Campeón Mundial defensor del título y favorito absoluto, y el otro era el retador que aspiraba a obtener el título y no era favorito para las apuestas ni en su casa. Por lo general ocurría que, si la pelea llegaba a decisión, era casi seguro que el ganador iba a ser el Campeón defensor del título. Rara vez la decisión era a favor del retador, no por el hecho de que no fuese favorito en las apuestas, sino por el hecho de que el retador sería percibido como que no hizo lo suficiente para ganarle al Campeón, aunque la pelea hubiera estado lo más pareja posible en las tarjetas de los jueces, y por ello el ganador casi siempre era el Campeón defensor. El punto es: la única forma segura que el retador tenía para ganar una pelea por el título Mundial era por knockout (KO), y bajo ningún concepto podía permitirse el lujo de que la pelea se decidiese con tarjetas. Dicho esto, para que un candidato ganase las elecciones y derrotase a Chávez o a Maduro por la vía electoral, debía haber pasado que el resultado fuese un KO electoral. Algo así como decir: "el candidato opositor obtuvo seis millones de votos, y Chávez o Maduro obtuvo cuatro millones de votos".

El segundo error que cometió la oposición, y no me refiero a los líderes de los partidos de oposición como tal, sino a la masa de personas que se opone al gobierno, fue haber subestimado la capacidad del gobierno en términos de estrategia militar, la cual fue la forma como Chávez visualizó que debía operar su gobierno para lidiar con la oposición. Si bien el militar venezolano no es precisamente un militar ejemplar en el mundo, se puede afirmar que al menos tiene una remota noción de lo que debería saber, lo cual es estrategia militar y guerra. Por ende, para Chávez y sus amigos, estar en la presidencia y sostener los demás Poderes del Estado era igual que combatir una guerra, y Caracas representa el objetivo primario. Las guerras se ganan conquistando territorios, en especial, los territorios de mayor importancia, y en Venezuela, el territorio de mayor importancia es el Municipio Libertador, en Caracas.

Una acción tomada por el gobierno de Chávez, la cual mencioné en mi exposición sobre las consecuencias del 11 de Abril, y que incluso me atrevería a calificar como sin precedentes y la acción más brillante tomada por el gobierno (aunque debo acotar era inconstitucional), fue que a partir de 2004 nunca más se concedieron permisos para marchar en contra del gobierno en el Municipio Libertador. Hubo algunos cierres de campañas electorales y concentraciones menores, pero nada vinculado a algún tipo de protesta masiva. Se había declarado el Municipio Libertador como *territorio rojo*: territorio del gobierno y chavista, lo cual tiene sentido al revisar el listado de los sitios de importancia que se encuentran en dicho Municipio: Miraflores (Palacio de Gobierno, la sede del Poder Legislativo, el Tribunal Supremo de Justicia, el Consejo Nacional Electoral, casi todos los ministerios, la sede de PDVSA, la Academia Militar, la sede de la Guardia Nacional, la sede de la Armada, la Antena de Mecedores, el Distribuidor La Araña (la única vía que comunica a la ciudad con el aeropuerto), las sedes de las policías, y muchos otros más. Ni siquiera combinando el resto de los municipios del país se llega a la mitad de la importancia estratégico-militar del Municipio Libertador. Por ese motivo no importa cuántos territorios conquiste la oposición a lo largo y ancho de Venezuela: si no conquistan el Municipio Libertador, es lo mismo que no hacer nada.

Los chavistas podrán ser brutos, ignorantes, y cualquier cosa que los opositores les quieran llamar, pero si hay algo que siempre tuvieron claro después de 2004, es que bajo ningún concepto, jamás, sin excepción alguna, se le permitiría a la oposición poner un pie en el Municipio Libertador. El Municipio Libertador se defendería a toda costa; a muerte si es preciso. El gobierno se dio cuenta de que, así como para los rusos defender Stalingrado a muerte implicaría la victoria, ellos debían defender a muerte el Municipio Libertador, y por ese motivo adquirieron unas barreras para bloquear el paso de las marchas de la oposición. No habría ninguna posibilidad que los opositores pasasen, a menos que hubiese un enorme sacrificio humano. Esas son las razones por las cuales la oposición perdió las elecciones, además de la *Lista Tascón* y la forma como se distorsionó la moral y los principios del venezolano. Estos son los motivos fundamentales por los cuales era imposible remover a Chávez y a Maduro hasta 2013, por vía electoral.

Para 2015, el descontento de la población con el gobierno de Maduro era tan alto, que la oposición finalmente logró obtener una victoria de mayoría absoluta en las elecciones de la Asamblea Legislativa. Obviamente, en esa ocasión la oposición no se quejó de trampas, y es por ese motivo que hay que aceptar que nunca hubo trampa en las victorias anteriores del gobierno, ya que si bien había doble cedulación y electores ilegales, esas irregularidades siempre existieron, incluso en la era de las elecciones ocurridas entre 1958-98. En conclusión, se debe reconocer que el gobierno ganó cada elección previa con relativa legitimidad, y es por eso que a partir de 2016 nunca más se han podido celebrar elecciones transparentes en Venezuela: porque el gobierno perdería por una paliza contundente.

Lamentablemente, los líderes de la oposición no supieron aprovechar ese triunfo de 2015, y es por eso que el Municipio Libertador (y en general toda Venezuela) sigue bajo control de Maduro. La oposición no se ha atrevido a dar ese paso esencial y definitivo de lanzarse a conquistar el Municipio Libertador y declararlo territorio libre. Por este motivo fue que Mehmed II cercó Constantinopla en 1453 durante dos meses, ya que él sabía que en tanto Constantinopla estuviese en poder de los Romanos, el Imperio Romano aún existiría. En Venezuela en cambio, los líderes de la oposición, Julio Borges, Henry Ramos Allup, Henrique Capriles, Freddy Guevara, y Leopoldo López se aíslan y se encierran en la seguridad y el confort de las zonas controladas por ellos, sin siquiera atreverse a al menos intentar hacer el sacrificio de pisar el Municipio Libertador (algo sobre lo cual profundizaré en esta parte del libro). ¿No lo hacen porque son cobardes o porque al final del día no les importa Venezuela? La verdad es que debo afirmar que por muy triste que suene, es por las dos razones.

Para finalizar, no puedo dejar de mencionar la cantidad de oportunidades perdidas de parte de los opositores con conexiones directas a personas en el gobierno y especialmente en el ejército y las fuerzas de seguridad, quienes tampoco son capaces de arriesgar su estatus social o intereses económicos, para enfrentarse y plantarse en contra del gobierno.

En el año 2017, una conocida locutora de una emisora de radio del estado Bolívar, que reside allí y que está casada con un efectivo del ejército, compartió en su programa de radio y en sus redes sociales que estaba orgullosa de su esposo ya que habían sido ascendido. Para contextualizar al lector extranjero, el estado Bolívar es un estado fronterizo con la región norte de Brasil, y es una zona en donde existe una alta concentración de minería ilegal, contrabando, maltrato a los indígenas, y tráfico de drogas. Estimado lector: yo puedo entender que el amor es más fuerte que una diferencia política, pero creo que ya está más que establecido que en Venezuela, el "ideal" socialista, chavista o comunista no es más que un nido de corrupción donde casi todas las personas están contaminadas de forma directa o indirecta, incluyendo el esposo de esta chica.

Días después del ascenso, la misma locutora llamaba a consignas y protestas de la oposición para marchar en contra de *"Maduro y sus secuaces"*. Al decir *"Maduro y sus secuaces"* obviamente está implicando a los militares. El problema aquí es preguntarse: ¿Qué mérito puede tener un militar ascendido en Venezuela? Venezuela no está en ninguna guerra, no tiene algún tipo de acuartelamiento y no tiene problemas en sus fronteras. Casi todos los militares tienen conexiones de corrupción con ingresos multimillonarios, por tráfico de bienes y servicios, sobre todo en el estado Bolívar. ¿Se supone que yo debo creer que el esposo de esta chica es el único militar honesto en todo el estado Bolívar, justamente donde hay más probabilidades de robar y hacerse millonario? Yo no puedo entender como alguien que dice ser de la oposición, puede estar orgullosa de un militar en Venezuela porque lo hayan ascendido.

Dudo mucho que este muchacho sea el único militar honesto en Venezuela, pero supongamos que sí es. Supongamos que, por algún milagro de la naturaleza, el esposo de esta chica es el único militar honesto en Venezuela: no acepta sobornos, cumple con su trabajo, cuida las fronteras, y sigue las instrucciones siendo fiel a la constitución y no al gobierno de Maduro. Si eso fuese cierto, entonces lo que debería suceder es que este chico se presentase frente a su superior y le dijese algo similar a la siguiente idea:

"¡Mi general! Vengo a pedir la baja. No puedo seguir siendo miembro de un ejército que se debe a un presidente y no al pueblo de Venezuela. No puedo seguir formando parte de un ejército donde casi todos sus efectivos están involucrados de una u otra forma en casos de corrupción, tráfico de alimentos, droga, oro, servicios, maltrato a los indígenas, o bien por quedarnos en silencio ante la continua masacre que sufre a diario el pueblo de Venezuela, por protestar contra la opresión que el 'Presidente de Venezuela Nicolás Maduro' ejerce hacia el pueblo de Venezuela."

En vez de eso el chico fue ascendido y su esposa lo celebró en la radio nacional. Esta es una enorme oportunidad perdida de demostrarle a su familia, sus amigos, sus compañeros de trabajo y en general al pueblo de Venezuela, el hecho de que los principios y los valores del país siempre deben ir por encima de las motivaciones personales, en especial y sobre todo en un momento en el cual el país y su gente necesitan ver a alguien así.

Tal vez yo sea un hombre que piensa como una inocente princesa que cree en príncipes azules; tal vez he leído muchos libros con historias con finales felices, y me creo todas las películas que te enseñan valores, moral, buenas costumbres, principios, ética y todas las cualidades que te hacen buena persona. ¿Es mucho pedir que el venezolano tenga principios y sea valiente? Pues parece que sí. Si ser cobardes era el ejemplo que daban los líderes de la oposición, ¿qué cree usted que queda para mi vecina la subcontratista de PDVSA, y para una pareja de desconocidos de Ciudad Bolívar?

En los siguientes capítulos analizaré parte de los intereses que hacían que los venezolanos como mi vecina quisiesen mantener a Chávez en el poder, y que además contribuyeron a distorsionar y destruir los valores de la sociedad en Venezuela.

La Debacle

15

Los CLAP

"Yo jamás utilicé CADIVI"

– Casi cualquier venezolano.

Existen muchos momentos que pueden ser señalados como el detonante de la debacle que tarde o temprano ocurriría en Venezuela y uno de los más importantes fue en Febrero de 2003 cuando se cambió para siempre la historia del país. Ese es el instante en el cual se encuentra la principal causa de la destrucción de Venezuela: CADIVI. Pero primero voy a adelantarme en el tiempo unos trece años en el siguiente párrafo.

En Abril de 2016, el gobierno del Presidente Nicolás Maduro creó un proceso para distribuir los productos básicos alimenticios a la población de las clases baja y pobre. Organizaron un sistema que suministraría bolsas y cajas de comida a las organizaciones vecinales, vendiéndolas a precios "justos" (mejor conocidos como "regulados") y fáciles de acceder para el pueblo. La población respondió de forma efectiva y se organizaron en Consejos Comunales y Asociaciones para optar a las bolsas llamadas "CLAP[105]" que el gobierno distribuiría.

---

[105] Comités Locales de Abastecimiento y Producción.

El beneficio de las bolsas era obtener productos alimenticios a un costo promedio de Bs. 20.000 (unos $20[106]), que en general contenía unos 3 kg de arroz, 2 kg de azúcar, 2 kg de harina, una botella de salsa de tomate, 2 kg de pasta, 3 kg de granos, 1 kg de leche y un litro de aceite. La sumatoria de estos productos adquiridos en un supermercado privado podía valer entre Bs. 120.000 y Bs. 140.000 (entre $120 y $140), de tal forma que la población conseguía productos básicos de la canasta alimenticia a un costo manejable para el bolsillo del venezolano. Algunos venezolanos compraban la bolsa e incorporaban los productos a su cocina, y otros un poco más atrevidos los negociaban vendiéndolos a personas que no tenían acceso a las bolsas CLAP (por lo general, venezolanos de clase media y clase alta), a un precio que podía promediar Bs. 10.000 por producto. Es decir que a una inversión de Bs. 20.000, se le podía obtener una ganancia de Bs. 100.000-140.000. El programa de las bolsas o cajas CLAP fue duramente criticado por los líderes de la oposición y por la masa de la población opositora a Chávez, pero en ningún momento se dieron cuenta que el programa CLAP era el sucesor del verdadero organismo culpable de la distorsión y debacle de la economía de Venezuela, y peor aún, del organismo responsable de la distorsión no solo económica, sino social, humana y de los valores y principios del venezolano: CADIVI.

En febrero de 2003, durante una transmisión por televisión en *Cadena Nacional*, el Presidente Chávez anunció la creación de la Comisión de Administración de Divisas (CADIVI) bajo el argumento que debía existir un mecanismo gubernamental que regulase la compra y venta de divisas (Dólares Americanos, Euros, etc.) El argumento de Chávez era que muchos venezolanos canjeaban sus ahorros en Bolívares a moneda extranjera, vaciando de esa forma las reservas en Dólares de la nación, y contribuyendo a la enorme fuga de capitales que sufría Venezuela (algo que como expliqué en *La Historia de la Hacienda Venezuela*, venia ocurriendo desde la década de los 70). De esta forma, se buscaba regular la compra de moneda extranjera, algo que cualquier venezolano que no quería invertir en su país hacía para protegerse de la inflación y la devaluación del Bolívar (Bs).

---

[106] Al momento de escribir este capítulo, la tasa USDVEF era BsF. 1.000 = $1

El anuncio de la creación de CADIVI pareció una casi irrelevante y trivial medida del gobierno, y la mayoría de los venezolanos no le prestó atención, ni le dio importancia; lo más probable es porque no era la primera vez que se implementaba un control de cambio en Venezuela. Sus predecesores habían sido RECADI, implementado por el gobierno de los Presidentes Luis Herrera en 1983 y continuado por el gobierno de Jaime Lusinchi hasta 1987-89[107]; y OTAC, que fue implementado durante el gobierno del Presidente Rafael Caldera entre 1994 y 1996. A pesar de ser mecanismos de control, ambos organismos habían funcionado de forma relativamente efectiva al permitirle a los venezolanos el acceso para comprar moneda extranjera.

Similar a RECADI y OTAC, al principio CADIVI funcionaba bien. Sólo había que cumplir algunos requisitos como registrarse en un portal web, llenar una carpeta con documentos e identificar las carpetas con etiquetas. así, personas naturales y jurídicas se registraron con la entidad bancaria de su preferencia y empezaron a acceder a dólares y euros con facilidad. Sin embargo, similar a como posteriormente ocurriría con las bolsas de comida CLAP, al regular el abastecimiento de un bien, se abrió la puerta a un mercado donde los consumidores podían abastecerse de dicho bien de forma ilimitada y es allí donde está la diferencia entre CADIVI y los CLAP. Un consumidor con una gran cantidad de dinero (millones de bolívares) puede abastecerse de cientos de miles de dólares. No existe un techo, una caducidad, una depreciación o una fecha de vencimiento para el dinero. Existen fluctuaciones en el valor de la moneda, pero no hay nada que impida que alguien no pueda adquirir una gran cantidad de divisas, sobre todo si su valor aumenta; no así con la comida. La comida tiene fecha de vencimiento y por ello hay que lidiar con factores como almacenamiento y caducidad. Es decir, yo podría comprar una gran cantidad de bolsas CLAP con harina, pasta y arroz, si dispusiese de una gran cantidad de millones de Bolívares, pero eventualmente me veré obligado a deshacerme de esos productos, consumiéndolos o vendiéndolos, además de buscar la forma de almacenarlos, puesto que en las despensas de mi casa –por más grande que sea mi casa- no van a

---

[107] RECADI fue disuelto en 1987, pero el control cambiario se mantuvo hasta 1989.

caber, dado que llegará un punto en el cual no tendré suficiente espacio. Es mi deber lidiar con todas estas variables involucradas con la compra de la comida considerándola como un activo, caso contrario no quedará otra opción que tirarla a pérdida; no así con el dinero porque siempre habrá donde guardarlo y es por ello que CADIVI funcionaba bien al principio.

No importa cuántos Dólares quisiera obtener la persona o la empresa, siempre se podía adquirirlos luego de atravesar el tedioso proceso de registro y verificación de los datos. Se debe tomar en cuenta que estamos hablando de acceso a Dólares y Euros para comprar comida, medicinas, inventario, suministros, reposición de piezas y partes, maquinaria, vehículos, es decir, la arteria vital del comercio. CADIVI también se convirtió en el único mecanismo para comprar Dólares y Euros para tus viajes, para tus vacaciones, para utilizar en internet y en general para cualquier cosa. El problema surge cuando se reduce y se restringe aún más el acceso a un bien regulado, y por eso voy a examinar la sistemática reducción que ocurrió con CADIVI y la subsecuente distorsión de la sociedad venezolana.

CADIVI abrió sus operaciones con una tasa de cambio oficial preferencial de Bs. 1.600 por $1 en Febrero de 2003. En poco tiempo, surgió el Dólar Paralelo (mercado negro) y su cotización inició entre 25% y 28% por encima del valor preferencial de la tasa de cambio oficial, es decir, Bs. 1.900 por $1 (Bs 300 más que el valor oficial). El mercado negro apareció ya que con CADIVI se podía comprar dólares, pero debías registrarte en la página web (la cual era extremadamente lenta y demoraba horas completar el proceso, ya que el servidor era muy lento y muchas veces se perdía la conexión), sacar copias a tus documentos, ponerlos en carpetas, ir al banco y pasar medio día o todo el día en una cola esperando para introducir tu solicitud; luego el banco demoraría un mes para aprobarla para que de esa forma pudieses comprar los Dólares que habías solicitado. En cambio, en el mercado negro podías comprar Dólares en menos de cinco minutos sin hacer el tedioso proceso de la página web, las fotocopias, las carpetas, ir al banco y esperar un mes a la aprobación de tu solicitud de CADIVI. Mucha gente veía ese diferencial de Bs. 300 por $1.00 como una comisión por comodidad y conveniencia. Suena lógico, ¿verdad? Para un grupo de venezolanos, esto sonaba demasiado lógico. Cerca de un año y medio después de la fundación de CADIVI, a mediados de 2004 un amigo me presentó a uno de esos venezolanos que veía con demasiada lógica la pequeña diferencia de pagar Dólares a Bs. 1.900, versus pagarlos a Bs. 1.600 a cambio de la fastidiosa gestión con tu banco y CADIVI. A este chico lo llamaremos "Fran".

Fran tenía varias empresas y estaba muy bien diversificado: tenía una fábrica de ropa, una empresa de distribución de partes para aviones, y dos empresas más cuyo propósito nunca supe. El día que conocí a Fran, nuestro amigo en común me explicó que además de sus cuatro empresas, Fran estaba dedicándose de lleno a su más nueva empresa, la cual era muy lucrativa. Fran pasaba fines de semana enteros en su casa, trabajando horas en su computadora abriendo perfiles de correo electrónico para todos y cada uno de sus empleados, empezando con los de la fábrica de ropa. Con los correos electrónicos, Fran abría perfiles virtuales para darle vida a la persona en internet, y en consecuencia, lograba que esa persona pudiese efectuar trámites en internet. Fran no estaba interesado en que estas personas tuviesen perfiles en salas de chat o páginas de redes sociales. La intención de Fran era que, con el perfil virtual de sus empleados, él pudiese registrar a cada uno dentro de la base de datos de personas naturales de CADIVI y llenarles las solicitudes para comprar dólares a tasa oficial preferencial para viajes y uso en internet con tarjetas de crédito venezolanas. Luego de hacer el registro e imprimir la planilla, Fran le daba la mañana o la tarde libre al empleado para que fuese al banco a llevar los recaudos. En cuestión de días le aprobaban la solicitud al empleado, y ahora todo lo que Fran debía hacer era depositar el capital necesario en la cuenta de sus empleados para ejecutar la transacción y comprar los dólares a su nuevo mejor amigo y proveedor: el Banco Central de Venezuela. Con los Dólares pagados a la tasa de cambio oficial de Bs. 1.600, Fran ahora iba al mercado negro y vendía lo que había comprado en la semana a precio de Bs. 1.900 ó 1.950, obteniendo una ganancia de 25% ó 28% por haber pasado un fin de semana en su casa registrando perfiles virtuales, llenando planillas en línea e imprimiendo y sacando unas fotocopias, para finalmente cerrar el proceso pagándole una pequeña comisión a cada empleado por haberse prestado para hacer las gestiones. Cuando le pregunté a mi amigo cuántos empleados tenía Fran, él me contesto que entre todas sus empresas el número sobrepasaba los doscientos, y no le extrañaría que llegase a quinientos. En poco tiempo Fran expandió las operaciones del negocio para que las tarjetas de crédito de sus empleados tuviesen límites más altos, y en consecuencia la rentabilidad de la nueva empresa aumentó vertiginosamente.

Después de algunos meses, llegó el momento en cual el gobierno devaluó el valor de la tasa de cambio oficial preferencial de CADIVI de Bs. 1.600 a Bs. 1.920. Meses después hubo una nueva devaluación y se llevó la tasa de cambio de CADIVI a Bs. 2.150. Fue en esta devaluación cuando se efectuó la reconversión monetaria que le eliminó tres ceros a la moneda, y le cambió el nombre de "Bolívar" a "Bolívar Fuerte". Es decir que $1 = Bs. 2.150, ahora equivalía a $1 = BsF. 2,15. Para este momento el diferencial cambiario entre el Dólar Oficial CADIVI y el Dólar Paralelo ya era 100%. A veces bajaba un poco, a veces subía otro poco, pero en promedio el valor del dólar paralelo se ubicaba entre BsF. 4 y BsF. 4,5 por $1. Al ser el diferencial entre ambos aproximadamente 100%, la rentabilidad de la empresa de Fran ahora era cercana a 100%. Si esta semana Fran había logrado comprar $5.000 por empleado y había hecho el proceso para 100 empleados, tenía $500.000 comprados a BsF. 2,15 a un costo de BsF. 1.075.000, los cuales vendería a Bs. 4 ó Bs. 4,5 en el mercado paralelo, y ganaba unos Bs. 2.000.000 para luego repetir el proceso con los próximos 100 empleados, sumando miles de dólares de ganancia con el diferencial cambiario. Pocas empresas –y en general pocos negocios- en el mundo ofrecen una rentabilidad de 100% en un periodo fiscal de una semana.

Algo interesante a destacar de Fran es que no es y nunca fue chavista. Fran fue a las marchas del 11 de Abril 2002 y fue parte del grupo que llegó a Puente Llaguno, salvándose de la masacre que hubo allí. Fran también apoyó el Paro Petrolero en 2002, ha ido a todas las marchas desde 2003 hasta la fecha actual, y siempre se toma fotos marchando en contra de Chávez. Es decir, en teoría, Fran siempre ha sido del bando que lucha por la libertad de Venezuela. En la práctica, sin embargo hay un pequeño problema con sus acciones.

Varios meses transcurrieron y el gobierno anunció que CADIVI de nuevo reduciría el límite al acceso a divisas, puesto que habían detectado irregularidades en las solicitudes aprobadas, por ejemplo: había venezolanos con cuentas bancarias que tenían años reportando un saldo promedio de BsF. 1.240 (unos $600), y de la noche a la mañana repentinamente tenían un saldo de BsF. 90.000 (unos $40.000) e introducían solicitudes para comprar $10.000 para un viaje de cuatro días a Estados Unidos, Europa, América del Sur o Las Antillas (en este grupo obviamente estaban los empleados de Fran). El gobierno también cruzó la información con los registros de inmigración de los aeropuertos, y se descubrió que la persona que había recibido la aprobación para comprar los dólares nunca había salido de Venezuela en las fechas que había indicado en su solicitud, ni antes ni después, aun cuando tenían un pasaje de avión para hacerlo. Tras el anuncio de la restricción, se produjo un nuevo aumento de la brecha entre el dólar oficial CADIVI que se cotizaba a BsF. 2,15 y el valor del dólar paralelo, que sobrepasó BsF. 5. Fran hizo caso omiso a los anuncios y se enfocó en mejorar la operativa de su empresa: pasó días y noches registrando a sus empleados en la página de la ONIDEX (actual SAIME[108]) para solicitar sus pasaportes, con la finalidad de pagarle un pasaje al exterior a cada uno de ellos y poder demostrar, ante una posible auditoría, que en efecto los Dólares solicitados habían sido para viajar al exterior, porque la persona había viajado. Aún incluyendo ese gasto, la empresa todavía seguía siendo sumamente rentable y el empleado ahora había mejorado la comisión que recibía, ganándose unas cortas vacaciones a Curazao, Panamá o Aruba, en las que tenía todo incluido.

Para esta instancia la rentabilidad de la empresa de Fran –ya por encima de 150% semanal- le permitió expandir las operaciones hacia el sector de persona jurídica, y utilizando sus contactos en Miami, registró una empresa proveedora de hardware para computadoras. Dicha empresa, sería la proveedora de computadoras para sus empresas en Venezuela. De esta forma, aplicó a la solicitud de dólares de CADIVI para la importación de productos para el comercio en Venezuela a tasa preferencial de Bs.F. 2,15 con la mercancía siendo constituida por

---

[108] ONIDEX (luego SAIME): Organismo del gobierno en cuya página web se tramitan los pasaportes.

monitores viejos cuadrados monocromáticos de 14", procesadores 386, 486, Pentium I, y demás dispositivos obsoletos comprados a un detallista en Estados Unidos como "*junk*", los cuales llegaban en contenedores cargados a tope a La Guaira, de tal forma que si los revisaban, la mercancía estaba allí. El asunto era que aunque estuviese declarada a un valor de compra de $100.000, era obvio que en realidad no valía ni $1.000 y esto le daba a Fran una ganancia de más de 10.000%. Así, contenedores valorados en $500.000 llegaban al Puerto de La Guaira llenos de chatarra… perdón, "mercancía" que no valía más de $5.000. Pocas empresas –y en general pocos negocios- en el mundo ofrecen una rentabilidad de 10.000% en un periodo fiscal de menos de seis meses.

Con esta movida, la rentabilidad de la empresa de Fran ahora se había disparado a niveles por encima de la estratósfera. Fran, que ya de por sí era una persona pudiente, pasó al "siguiente nivel": de tener una hermosa quinta en una zona privilegiada en Caracas y cuatro carros del año, a tener casas en Miami, Aspen, Italia y Marbella, yates y otros lujos. Atrás había quedado el motivo por el cual conocí a Fran, el cual era porque en esa época, nuestro amigo en común y yo trabajábamos para una empresa en el sector bancario, y a mi amigo le pareció que Fran podía ser un potencial cliente que podría invertir un millón de Dólares en un fideicomiso o un instrumento bancario similar, dado que quizás le interesaría una rentabilidad mensual entre 1% y 1.5%, con 3% siendo un muy buen resultado de mes. Como toda entrevista de trabajo donde no vas a obtener el puesto que estás buscando, Fran nos dijo que "lo pensaría y nos llamaría". Iluso yo que pensaba que Fran dejaría de pasar sus noches registrando a sus empleados en páginas de internet, para crear un negocio que generaba rentabilidad de 25% a 28% mensual; que luego pasaría a 100%, y que a su vez luego pasaría a 10.000%. Aún hoy estoy esperando la llamada de Fran para decirnos que decidió invertir un millón de Dólares en un fideicomiso y que espera que el banco mantenga los mismos resultados de 1.5% de retorno de inversión promedio mensual, con 3% siendo un buen mes.

Mi profesor de mercadeo siempre decía: "*No se den mala vida tratando de inventar un negocio nuevo o la idea del millón de dólares. Ustedes lo que tienen que hacer es ir a un centro comercial y busquen un local vacío que esté disponible para alquilar. Miren la tienda que tiene a su lado, copien lo que está haciendo y háganlo mejor."* Fran es un caso que yo conocí en persona. Estoy seguro que como Fran, debió haber habido al menos cincuenta más, y de esos cincuenta, más de la mitad eran –como Fran- venezolanos que se proclamaban antichavistas y opositores, que iban a marchas y odiaban a Chávez tanto como cualquier opositor (de la boca para afuera), pero que en el fondo, rogaban que se mantuviese en la presidencia.

En ningún momento durante la existencia de CADIVI y su implementación de controles y restricciones al acceso de divisas, hubo mayor oposición de la población venezolana. Se supone que estos dólares preferenciales debían ser utilizados para comida, medicinas, maquinaria, repuestos, y productos de importación claves para el país, y hasta cierto punto en efecto sí se utilizó para eso, pero un gran porcentaje también se utilizó para esquemas como el de Fran. Ahora veamos algo que empezó a ocurrir con CADIVI y una industria muy particular: la de vehículos.

Alrededor de 2006, de la noche a la mañana comprar un auto nuevo en Venezuela se volvió una misión imposible, y no fue porque el carro en cuestión fuese demasiado barato, o porque los modelos fuesen anti venezolanos. Esta misión imposible empezó con los vehículos Toyota. Si alguien iba un concesionario Toyota a buscar el Corolla del año, la respuesta era que no había disponibilidad y el argumento era que había alta demanda y no había suficientes carros. Esto me sonó raro desde un principio, ya que el suministro de carros en Venezuela nunca había sido un problema porque comprar un auto en Venezuela no era una tarea fácil por lo costoso y porque había que buscar un buen crédito. En síntesis, se podía hacer pero no sin comprometer tus finanzas. De tal manera que así sin más, los Toyota Corolla desaparecieron de los concesionarios. Mi novia quería comprarse uno y yo la acompañé a buscarlo, incluso a concesionarios en el interior del país, pero no lo conseguimos. La respuesta que obteníamos era "la lista": *"anótate en esta lista y te llamaremos en seis u ocho meses"*. ¿Seis a ocho meses? Eso también me sonó extraño: ¿por qué yo habría de anotarme en una lista para comprar un carro, y por qué debo esperar seis a ocho meses? Voy a elaborar el contexto de la situación.

Hasta 2005, cualquier concesionario tenía "disponibilidad" de vehículos. Lo pongo entre comillas, porque no se puede comparar la disponibilidad de un concesionario en Venezuela con la de cualquier concesionario en los Estados Unidos o en Europa, como lo expliqué con los supermercados en los capítulos *Disney Channel y Primer Mundo – Tercer Mundo*. Lo extraño es que la excusa de que había "exceso de demanda" no aplicaba para los carros compactos y económicos; era única y exclusivamente con los Toyota Corolla, un auto de una marca costosa del mercado. El procedimiento para comprar un Toyota era anotarse en la lista, y el concesionario te contactaría una vez que hubiese disponibilidad del vehículo que quisieras, o que llegase al país, o lo que sea; pero, si la persona tenía la capacidad de pagar de contado el valor del vehículo más un 25% o 30%, *voilà* !... el vehículo estaba allí al día siguiente, con ese delicioso olor de carro nuevo. La trampa era evidente: los concesionarios recibían divisas a precio preferencial y transaban ese dinero con otra entidad para darle mayor valor al dinero, mientras acaparaban los vehículos hasta que alguien estuviese dispuesto a pagar su valor a precio de mercado negro. Si un concesionario recibía $100.000 a Bs.F. 2.15 por $1, la empresa tomaba ese dinero y lo vendía en el mercado negro a digamos Bs. 3 por $1, obteniendo un 50% de retorno de inversión sin necesidad de mover ni un contenedor de vehículos. Fue así como se creó el monstruo que destruiría la economía de Venezuela en los años por venir: el mercado negro... de todo.

Este esquema se replicó a distintas áreas de la economía, donde micros, pequeños, medianos, grandes empresarios, personas naturales, tanto vivas como muertas, obtuvieron grandes beneficios de la especulación de libre mercado creada por el mercado negro. Entre 2004 y 2012, millones de venezolanos viajaron a Miami, Panamá, las Antillas o Europa, para cambiar sus dólares subsidiados por CADIVI, por dinero en efectivo para venderlo en el mercado negro y obtener una ganancia substancial e imposible de igualar con cualquier otro negocio o trabajo. A medida que aumentaba la brecha entre el valor oficial y el mercado negro, la ganancia se hacía mucho mayor. Millones de venezolanos viajaron, compraron carros nuevos, casas nuevas, apartamentos nuevos, remodelaron, compraron casas de playa, todo gracias a este pequeño esquema gestado por un sencillo vacío legal.

A medida que el acceso a las divisas se restringió más, la oferta y demanda tomó su curso natural: el dólar se disparó gracias a la escasez, y ahora la brecha del valor oficial y el mercado negro, que antes era de BsF. 2,15 por \$1 (oficial) y BsF. 5 a \$1 (negro), ahora era BsF. 12 por \$1, y luego aumentó a BsF. 20 por \$1 en el mercado negro, con el valor oficial aún siendo BsF. 2,15 por \$1. Manteniendo el mismo esquema de canjear los dólares, la empresa de *raspar CADIVI* daba más rentabilidad que cualquier otro negocio: 200%, 500%, 1.000%, 5.000% de retorno de inversión... ¡es imposible competir contra eso! Estimado lector: ¿Cuántos negocios en el mundo son capaces de retornar 5.000% sobre la inversión en un plazo de un mes? Le daré una pista: NINGUNO.

Como podrá suponer esto produjo un impacto negativo en el sector de la producción ya que, a mayor contracción en la disponibilidad de divisas, menor la capacidad de producción del sector manufactura, y los negocios no eran ser capaces de transformar materia prima en producto terminado. Y eventualmente esta realidad impactó al sector de servicios. *"Raspar el cupo CADIVI"*, como se le conocía a este proceso de canjear dólares preferenciales en el mercado negro, se había vuelto mucho más rentable que trabajar en Venezuela.

Yo estimo que más de la mitad de los venezolanos *"raspó CADIVI"* ¿Quiere saber lo más cómico? Hoy yo le pregunto a las personas que yo sé que viajaron y que me consta y yo sé que *"rasparon CADIVI"*, y todos niegan haberlo hecho. Hoy, ningún venezolano usó CADIVI... ¡nunca! Yo le invito a que le pregunte a cualquier venezolano que usted conozca. La respuesta inicial que le darán será algo como: *"¿Qué? ¿Yo? ¡Nunca!"*, pero si les presiona un poco, la respuesta cambiará a algo como: *"Bueno, sí lo usé una vez pero solo para viajes y jamás usé el mercado negro"*; pero si les presiona un poco más, le dirán algo como: *"Bueno sí es verdad, una vez vendí unos Dólares de CADIVI en el mercado negro, pero ¡solo fue una vez!"*; y si de verdad se afinca y los presiona y les dice *"Por favor, di la verdad"*, allí puede ser que tal vez lo admitan y digan: *"Bueno, sí es verdad. Lo admito. Yo raspé CADIVI"*.

Casi todos los venezolanos lo hicieron: opositores, chavistas; de clase media, baja, alta, super rica y super pobre, porque para los venezolanos, *"raspar CADIVI"* era más lucrativo y te generaba mayores ingresos que cualquier sueldo o venta. Yo me cansé de ver a mis compañeros de trabajo, a mis amigos, a los amigos de mis amigos, y a perfectos desconocidos en sus oficinas utilizando el horario de trabajo para registrarse en la página y coordinar el llenado de las carpetas de CADIVI, o efectuando llamadas telefónicas para intercambiar datos, y debo recalcar que el proceso entero quitaba una cantidad considerable de tiempo, eso sin contar que ahora las empresas tenían a un empleado distraído en su lugar de trabajo, ya que estaba más pendiente de obtener sus dólares, que de trabajar:

-*"Disculpa, puede por favor indicarme cómo..."*

-*"Ya va pana, espérate un momento que estoy al teléfono con un pana que me va a raspar la tarjeta de crédito."*

-*"Disculpe, tengo cita para el miércoles 20 para..."*

-*"No amigo, ese día no voy a estar aquí. Ese día yo tengo la cita para ir al banco para llevar la carpeta de CADIVI, que voy a raspar el cupo. Necesito unos reales para remodelar la cocina de la casa. ¡Pásate el otro miércoles!"*

¿Puede usted explicarme cómo un país puede funcionar así?

El constante incremento de la brecha entre el valor oficial del dólar y el mercado negro empezó a impactar el suministro de bienes en el país, y un día desapareció la leche pasteurizada de los supermercados. Luego, fue el papel sanitario. Luego las medicinas. Luego más tipos de comidas. Luego más medicinas. Omeprazol, sal, azúcar, aceite, arroz, todo empezó a desaparecer. Medicinas para enfermedades como el cáncer, diabetes, la tensión, desaparecieron sin dejar rastro, y en ningún momento, la población venezolana manifestó algún tipo de protesta de envergadura. Estaban ocupados *"raspando CADIVI"*, tanto los chavistas, como y muy especialmente, los opositores.

Es como un matrimonio donde tu pareja tiene el poder de tomar pequeñas decisiones. Cuando llegue el momento que tú debas tomar una decisión importante, tu pareja no te va dejar, porque está acostumbrada a tener el poder de decisión. Eso le pasó a un amigo que fue mi jefe, quien en su último año de casados hizo un último intento para salvar la relación, pero ya era demasiado tarde: su esposa estaba empoderada y él no, y lenta y sistemáticamente, la balanza de poder en la relación se fue alejando de su lado. Ese fue uno de los motivos por los cuales se divorciaron.[109] De igual forma, lenta y sistemáticamente, el gobierno empezó a realizar sutiles ajustes que asfixiaban la vida del venezolano, que a su vez la población aceptaba sin protestar: el sector privado se adaptó y los venezolanos aceptaron sin vislumbrar el futuro. La población pensó que la asignación de divisas mejoraría y que el cupo de CADIVI sería ilimitado y que podrían viajar a cualquier parte del mundo a *"raspar CADIVI"* en unas vacaciones que se pagaban por sí solas, ya que no importaba cuánto gastasen en sus viajes, siempre regresaban a Maiquetía (Aeropuerto de Caracas) con una ganancia del viaje y nunca con pérdidas. Creo que no hay muchos países en el mundo en donde sales de vacaciones y regresas con más dinero del que te fuiste. Supongo que los venezolanos aceptaban esto porque en el fondo se dieron cuenta que ellos mismos ya eran parte de la pudrición.

También debo mencionar que luego de la reducción de los cupos de CADIVI y que el proceso de aprobación se volviese más lento, el gobierno inició el proceso de expropiaciones, y cierre de las plantas y fábricas, algo que sí se hizo público en el mundo, contrario a los esquemas de CADIVI. Supongo que era preferible que el mundo viese a Chávez con repulsión, pero bajo ningún motivo el mundo debía saber lo que los venezolanos estaban haciendo con CADIVI, lo cual era tan o más dañino que las mismas expropiaciones. Para el momento de las expropiaciones, el gobierno se había dado cuenta de lo rentable que era *"raspar CADIVI"*, mientras que un alto porcentaje de venezolanos opositores continuaba ocupado raspando el cupo de viajero, de internet, de estudiante o lo que sea. Ahora era el turno del gobierno.

---

[109] El autor nombró el caso de su exjefe y su esposa, dado que los conoce muy bien. La situación también podría ocurrir en otro matrimonio donde el empoderado sea el hombre.

Tal como la ex esposa de mi jefe, el gobierno continuó tomando pequeñas decisiones sutiles que parecían inocentes e irrelevantes, pero que en el largo plazo gestaban un daño que sería irreparable; y tal como la ex esposa de mi jefe, el gobierno cada vez más se sentía con el poder para tomar decisiones de mayor relevancia, ya que la población las aceptaba sin protestar. Lo peor fue que los venezolanos no se negaron, y más bien aceptaron y fomentaron esta aberración. Por eso, este proceso de apretarle cada vez más el cuello a los venezolanos y de ellos dejarse apretar, los forzó a quedar en sumisión, perdiendo el poder de rebelarse ante las políticas y decisiones tomadas por el estado, alcanzando el punto en donde se encuentra el país hoy, igual como le pasó a mi jefe, quien perdió el control y el poder de decisión en su matrimonio. El resultado: el colapso total de Venezuela. Para cuando iniciaron las protestas en contra del gobierno de Nicolás Maduro en 2014 y 2017 (de las cuales hablaré en los siguientes capítulos), los venezolanos que habían pasado años *"raspando CADIVI"*, ahora aspiraban que el gobierno diese un giro de 180 grados a todas las políticas que sistemáticamente habían estado implementando a lo largo de casi veinte años, sin darse cuenta de que eso no iba a suceder.

Cuando CADIVI "funcionaba", los venezolanos y las grandes corporaciones estaban contentos con el sistema, aunque no estuviesen de acuerdo con la política que impulsaba el sistema. Interesante, ¿no? De hecho, es a ellos a quienes me refiero. Como expliqué antes, el sistema funcionaba y era altamente rentable, y casi todos los venezolanos disfrutaban de él. El asunto es que se enfocaron en el corto plazo (*Visión a Corto Plazo*), y la falta de visión a largo plazo es el precio que están pagando hoy. Por ejemplo: las aerolíneas extranjeras estaban contentas de enviar tres y cuatro vuelos diarios a Maiquetía con los aviones vacíos. Yo recuerdo que hubo una época cuando American Airlines tenía cuatro vuelos diarios a Miami y los aviones estaban ocupados a un 30% de su capacidad. Esto era el resultado de combinar vuelos que daban ganancias con apenas 10% de ocupación con personas que habían solicitado CADIVI pero que no viajaban. Yo lo vi varias veces. *"Sigan, otorgándonos Dólares preferenciales"*- decían los venezolanos.

Cuando la asignación de los dólares empezó a demorar, el gobierno les prometió unos pagarés, y ellos aceptaron felices. Con el tiempo, las órdenes de compra continuaron como si nada, a pesar de que el flujo de dólares había empezado a disminuir, hasta que eventualmente llegó el punto que se detuvo. Las mismas aerolíneas que estuvieron disfrutando de este esquema y obteniendo beneficios millonarios durante años, ahora le suplicaban al gobierno que lograsen un acuerdo para poder obtener su dinero. La última cifra que yo manejé al momento de escribir este capítulo[110] con relación a la deuda de Venezuela con las aerolíneas estadounidenses es de $3,8 billones de dólares, con algunas fuentes estimando que la deuda total a las aerolíneas mundiales es de $5 billones. Eso es solo en el sector de las aerolíneas, un sub-sector de la economía.

Empresas como Clorox, Johnson Controls, Kimberly Clark y Nissan, abandonaron el barco con pérdidas cuantiosas y monumentales, al punto que prefirieron cerrar; estamos hablando de billones de Dólares. Otras corporaciones como Schlumberger, Procter and Gamble, Telefónica, DirecTV, Schindler, Samsung, Pepsi y Coca Cola, progresiva y sistemáticamente fueron forzadas a someterse a la situación, ya que nadie en ningún momento se dio cuenta de que había que alzar la voz y oponerse a esa locura llamada CADIVI, dado que en menos de diez años, estarían suplicando piedad para que les dieran una limosna. Ninguna de estas personas se percató que este sistema beneficioso en el muy corto plazo, era letal en el largo plazo.

Coca Cola tiene una anécdota bastante particular sobre cómo lidió con la limitación de los Dólares. En un punto de 2016, el azúcar desapareció por completo, inclusive de las líneas de producción de alimentos y bebidas. En consecuencia, en vez de mantener su posición en el mercado, Coca Cola Venezuela introdujo al mercado venezolano una *"Coca Cola Sin Calorías"*. Le dieron ese nombre para evitar decirle al consumidor que, en realidad el producto era *Coca Cola sin azúcar*. Nunca conocí a una persona que le gustase la *"Coca Cola Sin Calorías"*, puesto que sabía a basura. El producto fue un fiasco monumental y con

---

[110] Este fue el segundo capítulo que escribí de este libro. Redacté el primer borrador en 2014 y luego hice algunas revisiones en 2016.

el tiempo, Coca Cola Venezuela se dio cuenta de que debían hacer lo imposible para mantener el posicionamiento de su producto en la mente del consumidor, es decir, producir Coca Cola original a como diese lugar. Actualmente se mantienen intentando preservar su marca en Venezuela, y para este punto, estoy seguro de que habrán tirado a pérdida los $132 millones que el gobierno les debe.

Como puede ver, la debacle de Venezuela fue detonada por la distorsión de la economía, generada por los mismos venezolanos que se oponían a las políticas del gobierno pero que disfrutaban de ellas, aunado a la visión cortoplacista de las empresas del país, lo cual desembocó en la distorsión de la sociedad entera. Nunca entenderé cómo las pérdidas alcanzaron valores tan exorbitantes como Pepsi reportando pérdidas de $1,4 Billones, o Mondelez reportando $778 millones, o Goodyear reportando $646 Millones, o Procter and Gamble reportando $2,1 Billones. Hablo muy en serio cuando digo que estimo que la pérdida sobrepasa los $100 billones, y creo que estoy siendo muy conservador. Todo gracias a que ninguno de los CEO ni CFO de esas corporaciones pudieron convocar a una reunión entre todos en 2004, 2005, máximo 2007, y decir:

"Oigan, este sistema de control cambiario, en este momento funciona, pero tarde o temprano, si no hacemos algo, el gobierno nos ahorcará a todos, y va a acabar con nuestras empresas"

Usted quizás piense que estoy prestando mucha atención al tema del dinero y estoy dejando a un lado otros asuntos, pero no lo estoy haciendo. ¿Quiere saber otras cosas que desaparecieron de un día a otro? Datos. Antiguamente el Banco Central de Venezuela solía publicar el Índice de Precios al Consumidor y el resto de los datos económicos de la nación, tal como lo hacen la mayoría de los países normales del mundo. Un mes, el Banco Central olvidó publicarlo y no fue sino hasta el siguiente mes cuando lo publicaron. Luego el mes siguiente, lo "olvidaron" de nuevo y fue publicado el mes siguiente. El mes siguiente pasó lo mismo, solo que en esta ocasión, pasaron seis meses y no se sabía cuál era la inflación, hasta que se llegó a más de cuatro años en los cuales Venezuela nunca tuvo una emisión oficial del índice de precios al consumidor, o de los datos económicos de la nación. También desapareció la emisión de los informes oficiales de mortalidad, enfermedades, escasez, producción petrolera, y en general de los indicadores clave de Venezuela.

En ningún momento a nadie le importó que no hubiera inflación publicada por el BCV, a pesar de que había cientos de contratos millonarios cuya indexación o ajuste de precios, dependía del IPC. Esto implicaba que miles de negocios quedaron atascados, perdiendo millones de Dólares a una tasa muy por debajo de lo que la economía real del país debía establecer. Por ejemplo: un contrato de alquiler cuya renta mensual estaba apegada al IPC, resultaba en que un arrendador cobraba una cifra irrisoria por alquilar una propiedad, y si la inflación estimada en 2017 fue 3.000%, y el IPC más reciente publicado era 56%, usted mismo puede sacar la cuenta de la cuantiosa pérdida. Si suma estas pérdidas arrastradas a lo largo de todos estos meses, y las multiplica por todas las empresas o personas naturales que trabajaban bajo ese formato, el resultado supera los cientos de millones de dólares. Eso sin contar los trabajos de investigación académicos que quedaron paralizados al no tener una fuente confiable. ¿Cómo se supone que iba a mejorar la educación de un país, si la información no estaba disponible de la mano de las personas que debían emitirla? Todo debido a que los venezolanos cedieron a pequeñas decisiones, y cuando llegó el momento de tomar medidas y decisiones fuertes, se les hizo imposible. A nadie le importó cuando el primer mes que el BCV dejó de publicar los indicadores económicos de la nación, y fue así como toda la información cuantificable y estadística empezó a desaparecer, hasta hacerse inexistente, y Venezuela se volvió un país nulo, porque los venezolanos lo permitieron. Por ese motivo, los actuales indicadores de Venezuela no son confiables y Venezuela se volvió un país en donde la información oficial y confiable, es inexistente.

También voy a hablar del día a día del venezolano al hacer mercado y de la formo cómo surgió el procedimiento basado en el uso del llamado "capta-huellas". Volviendo a una de las tantas épocas de la escasez de leche, papel sanitario y azúcar, el gobierno culpó a los dueños de las empresas productoras y a cargo de la cadena de distribución de generar la escasez, con teorías como por ejemplo negarse a producir a máxima capacidad o acaparar los productos para revenderlos a sobre precio. La solución fue imponer un sistema de regulación de precios de casi todos los productos de la canasta alimenticia, utilizando una lógica similar a los Dólares preferenciales con CADIVI. Es aquí donde le pregunto: si la premisa era la misma, ¿cuál cree usted que fue el resultado?

Ahora había cientos de personas en colas en los supermercados, comprando 1 kg de harina a BsF. 27 (precio regulado), para luego venderlo a BsF. 2.000 en el mercado negro y así surgió otro rentable modelo de negocio en la economía irreal de Venezuela. Dado que la mayoría de la población de clase media y alta no tenía ni el tiempo, ni la menor intención de hacer una cola de seis horas en un supermercado, esta vez fueron las clases pobres quienes se beneficiaron de este sistema. Irónicamente, un gran porcentaje de los venezolanos de clase media y alta que años atrás habían *"raspado CADIVI"* en Estados Unidos, Europa, las Antillas o Panamá, ahora criticaban e incluso odiaban y maldecían a los venezolanos de clase pobre que hacían colas, compraban los productos regulados y luego los revendían en el mercado negro. De hecho, los bautizaron con un adjetivo muy despectivo: *"bachaqueros"*. De esta forma, en Venezuela había dos tipos de personas: los *"raspa-cupos"* y los *"bachaqueros"*.

La mejor idea que pudieron implementar para controlar el acceso a la cantidad de productos comprados fue instalar una máquina coloquialmente conocida como "capta huellas", la cual limitaba a la persona a un (1) día de compra por semana, según el último digito del número de cedula de identidad. Este arcaico proceso no solo era ineficiente, sino que enlentecía el proceso de compra de unos cuantos segundos, a al menos cinco o diez minutos. Ahora el proceso de pago consistía en presentar las huellas de los dedos, esperar a que la máquina respondiese, verificar que la información estaba correcta, esperar a que el sistema reiniciase (porque a veces se colgaba y se apagaba la máquina), luego pasar la tarjeta de débito o crédito, volver a poner las huellas… y al final, pasabas diez minutos (o más) en la caja para salir con tus compras, cuando en un país normal se demora segundos. En ningún momento, nadie alzó su voz y dijo:

- "*Esto está mal. Esto está destruyendo a la economía. Este proceso es pésimo y le hace perder tiempo a todo el mundo. El tiempo es dinero. Cada cliente pasa entre 5 y 10 minutos en la caja. Eso hace que haya menos clientes pasando por caja, lo cual hace que haya menos ventas, lo cual hace que haya menos facturación, lo cual hace que haya menos utilidad, porque hay más gastos. Se supone que deberíamos estar sacando a los clientes de caja en menos de 15 segundos, y estamos demorando 10 minutos. Esto está muy mal.*"

...pero nadie lo hizo. Ni siquiera a quienes más les convenía: a los dueños de los supermercados. En vez de eso, dejaron que la población marginal se diese cuenta de que, utilizando a los miembros de la familia o el núcleo de amigos, podían hacer un negocio: comprar productos a precio regulado y venderlos a un precio exorbitante en el mercado negro (igual como lo hizo Fran "*raspando CADIVI*"); esto a pesar de que hubiese controles en las cantidades de productos que podías comprar. Esto es, si bien podías comprar una (1) cantidad de un (1) producto, era imposible hacer un mercado de un litro de leche, dos kilos de harina, dos kilos de arroz, un kilo de azúcar y dos kilos de pasta. Era imposible porque no había tiempo de hacer la cola para comprarlos, o porque no había existencia del producto. Por ende, quedaban dos opciones:

1. Hacer cinco horas de cola para ver si se podía comprar un litro de leche, dos kilos de harina, dos kilos de arroz, 1 kilo de azúcar y 2 paquetes de pasta (si se lograse conseguir)

2. Ir al mercado negro y comprar todo, pagando un precio exorbitante, a digamos 80x el valor. La decisión era de usted.

De nuevo pasó lo mismo: se permitieron y se aceptaron pequeños cambios que parecían insignificantes, y cuando llegó el momento de tomar medidas y quejarse contra el gobierno, fue imposible. ¿Qué debía pasar? Debía haber habido una explosión social, donde la gente agarrase las máquinas y las batiese contra el suelo hasta reventarlas, para que les quedase claro a los dueños de los supermercados que nadie se iba a dejar someter a este absurdo sistema, para que a su vez ellos protestasen al gobierno que ese sistema lejos de solucionar, lo que hacía era arruinar. Pero eso no pasó porque para ese momento, el venezolano llevaba diez años sosegado lenta y sistemáticamente, además de que estaba ocupado "*raspando CADIVI*" o "*bachaqueando*".

Por último, voy a mencionar algo que no está relacionado con la economía, la red de alimentación o a los negocios. En una ocasión Chávez mencionó en *Cadena Nacional* que la Bandera y el Escudo Nacional debían ser modificados. El Escudo y la Bandera venezolanos tienen los colores distintivos del país: amarillo, azul y rojo. La Bandera contenía siete estrellas blancas en su franja azul, cada una representando una de las siete provincias que declararon la Independencia de Venezuela de España, similar a la Bandera de Estados Unidos con las trece franjas que representan las trece colonias que declararon su Independencia de la Corona Británica. Estos son homenajes al pasado que honran el nacimiento de la nación. Por otra parte, el área azul del escudo contenía un caballo blanco en una postura como si estuviese volteando y respondiendo al llamado de alguien. Chávez planteó que debía agregarse una octava estrella a las siete existentes en la franja azul de la Bandera, razonando que había una octava provincia que Simón Bolívar había ordenado incluir en 1817, pero por motivos desconocidos, no se hizo. Luego sobre el Escudo, Chávez argumentó que su hija de siete años le había comentado que era imposible que un caballo pudiese tener esa postura de la forma como se reflejaba. En consecuencia, la hija de Chávez razonó que la pose del caballo era "extraña", y Chávez ordenó cambiar la pose del caballo.

Yo apoyo el patriotismo y me uno a la necesidad de actualizar los símbolos patrios cuando es necesario. Por ejemplo: cuando Hawái y Alaska fueron incorporados a la Unión, se ajustaron las estrellas en la Bandera; cuando la Unión Soviética se desintegró, Rusia trajo la Bandera que utilizaba antes de la revolución, y removió el Escudo de los Zares; cuando Alemania se unificó, la Bandera utilizada fue la de Alemania Weimar; incluso Venezuela había tenido cambios en su Bandera y Escudo a lo largo de su historia, y la mayoría de estos fueron justificados.

En este caso, las razones para actualizar la bandera y el escudo eran absurdas. Más aún, Chávez renombró cientos de lugares históricos, avenidas, monumentos, parques, edificios, instituciones y todo cuanto se le pudiese ocurrir, bien a él o a su hija. Incluso los nombres de las estaciones del Metro fueron renombrados. Lo mismo pasó con el teleférico, el papel moneda y hasta los héroes de la independencia fueron afectados, no al punto de ser renombrados, pero sí de ser descartados o desechados de la historia. Imagine que los estadounidenses reemplacen a Abraham Lincoln con Toro Sentado, o a Ulises Grant con John F. Kennedy. El 12 de Octubre, la fecha de aniversario del Descubrimiento de América, también fue renombrada a "Día de la Insurrección Indígena", lo cual además de absurdo es irrespetuoso hacia los propios indígenas venezolanos y los mismos venezolanos. El problema no es el cambio de los billetes; el problema es la rescritura de la historia por razones absurdas.

En ningún momento, ningún venezolano protestó estas medidas. Enviaron algunas cartas al Ministerio de Educación y escribieron publicaciones en sus redes sociales, pero en general nadie se levantó y dijo: "¡*Venezolanos! Esto está mal. Esto no está bien, esto no es correcto. Está bien que a algunos no les guste José Antonio Páez, y el hecho que Bolívar y él tuvieron diferencias en la fundación de la República y el destino de Venezuela, pero guste o no, Páez es uno de los libertadores de Venezuela* (quizás es el segundo en importancia después de Bolívar). *Por respeto a su memoria, no debemos descartar su nombre como si fuese un vago cualquiera. Estados Unidos está lleno de personajes cuyos ideales se oponían entre sí, pero que indistintamente de eso, son reconocidos por su esfuerzo en la independencia de la nación.*" Y por supuesto también debo mencionar el cambio de nombre oficial de la nación de "República de Venezuela" al de "República Bolivariana de Venezuela."

Para finalizar la lista de algunos de los modelos de anclaje instituidos lenta pero sistemáticamente, debo mencionar los cambios hechos a la estructura del idioma. Como el lector debe saber, el español es un idioma que vincula el género de un sustantivo, a pronombres, adjetivos y adverbios. Sin embargo, existen ocasiones en las cuales no es necesario hacer el vínculo, pues hacerlo es mala interpretación del lenguaje. Pero Chávez le inculcó a la población que debía decirse: "*ciudadanos y ciudadanas*", "*profesores y profesoras*", "*enfermeros y enfermeras*", "*ingenieros e ingenieras*", "*niños y niñas*", enseñándoles a abandonar la generalización plural. Aceptar esta modificación hacía que el venezolano cayese en un ambiente de secta y culto. Solo espero que en el futuro, otro político no copie esta idea.

Yo entiendo el argumento, pero el asunto es que esta idea es ridícula e ilógica en el español. Imagine que en inglés se deba decir *the students and the stundentesses*, the *physicians and the physicianesses*, o *the drivers and the driveresses*. Esto era otro lavado cerebral, y de nuevo pequeñas decisiones fueron concedidas, y cuando llegó el momento de quejarse contra el gobierno, fue imposible. Por medio de esta lenta, sistemática y sutil serie de decisiones que parecían irrelevantes, el gobierno poco a poco tomó el control del país y de su gente, llevándolos al punto de sumisión. Todo empezó con las siguientes acciones:

1. ¿Implementaron un control de cambio con acceso ilimitado a divisas? *No hay problema. Haremos lo que el gobierno diga. Solo tienes que llevar unos papeles en una carpeta desordenada.*

2. ¿Hay que pagar 30% más al vendedor del concesionario? *Mi amor, si de verdad quieres carro nuevo, lo pagaré con gusto.*

3. ¿No hay leche, ni papel? *Compraré jugo e importaré el papel.*

4. ¿Hay productos a precio regulado? *Ya veré como hago.*

5. Páez y Urdaneta ya no están en los billetes. *Bueno, qué importa si fueron reemplazados por Negro Primero y Guaicaipuro, al cabo que ni supe quiénes eran Páez y Urdaneta.*

6. ¿Escribir profesores y profesoras en los documentos y cartas? *No tiene nada, el lenguaje siempre está en constante evolución.*

… una en 2003, la otra en 2004, la otra en 2005, y así poco a poco el gobierno gradualmente fue quitándole la libertad y el oxígeno a la población. Así es como funciona el socialismo maligno, algo que la historia ha demostrado decenas de veces en el pasado: lentamente te van a adormeciendo quitándote todo, hasta que de repente abres los ojos y un día te ves sin nada, mitad gracias al gobierno y la otra mitad gracias a la población que lo permitió y que nunca protestó a la primera señal que indicó que debía hacerlo, porque pensaron primero en ellos.

Una aclaratoria que debo hacer: desde el principio del libro, he compartido varias situaciones en las cuales el venezolano actuaba (o actúa) de mala forma e irrespetando la ley. Lo ocurrido con CADIVI y con los CLAP no es precisamente una de ellas porque no era ilegal *"raspar el cupo CADIVI"*, ni tampoco era ilegal que las personas que comprasen productos regulados y los revendiesen en el mercado negro, porque objetivamente se trata de un comportamiento natural del mercado y de la economía de un país. Siempre recordaré una *Cadena Nacional* del Presidente Nicolás Maduro, en la cual indicó que había aprobado algunos millones de bolívares para proveerle pescado al pueblo a un precio "justo" (algo como $0.05 el kg equivalente en Bs.). Lo primero que pensé fue: "*Con esta situación de escasez de pescado que hay en el país, nadie en su sano juicio va a comprar un kilo de pescado a $0.05 y se lo va a comer. Lo natural es que la persona lo compre y lo revenda a lo que cuesta en el mercado a precio real, ¿tal vez a $10 el kilo?*" En este sentido, en el mundo existe algo similar al proceso de "*raspar CADIVI*": el mercado de divisas. Funciona en casi todas partes y si usted ha viajado a otro país, probablemente lo ha utilizado.

Lo que sí es indudable y no tiene discusión, es que el momento cuando el venezolano aceptó las reglas de CADIVI, de los CLAP, del cambio al idioma y de la identidad de los sitios que fueron renombrados y se ciñó a ellas, quiere decir que de inmediato aceptó las políticas de Chávez, y en consecuencia, es allí donde todos los venezolanos son culpables, tanto personas naturales como empresas: no por haber "*raspado el cupo*", ni por haber comprado comida regulada o en el mercado negro, sino por haber aceptado esta nueva forma de vida como parte del día a día de Venezuela, y éstas son dos cosas muy distintas, sobre todo si dices que eres anti chavista y que estás en contra de las políticas de Chávez, ya que cuando usted guarda silencio, es culpable por omisión. A partir de allí, si "*raspó el cupo*" o consumió su cupo sin rasparlo, da igual. El punto es que el venezolano aceptó CADIVI como parte del sistema y en consecuencia, aceptó el sistema. A veces en la vida, hay momentos en los cuales hay que decir que no, así eso implique hacer sacrificios personales porque sabes que vas en contra del sistema. Suena difícil, sí, pero no es imposible.

Cuando yo tenía cinco años aprendí que mis padres me pusieron Ali por Muhammad Ali. Dado que yo no sabía quién era, investigué acerca de él y aprendí que fue un gran boxeador. Al principio lo detestaba por haberse negado a servir en el ejército e ir a la guerra cuando muchas otras celebridades y deportistas lo habían hecho antes que él, pero tras indagar un poco más acerca del razonamiento detrás de las acciones de Ali, entendí que él estaba en lo correcto en negarse a ir a la Guerra de Vietnam, y fue así como conceptos como ética, voluntad, principios, valores, moral, y hacer lo correcto, encajaron en mi mente. Entendí que Ali tenía razón al negarse a servir a los Estados Unidos. De hecho, tenía mucha razón, y entendí que Ali era más que un gran atleta: era un gran hombre.

En esa época, el título de Campeón Mundial de pesos pesados era lo más cercano a ser un Dios. El Campeón Mundial de pesos pesados era una persona muy importante en el planeta, quizás por encima de los futbolistas, los músicos, los actores, los políticos, y de casi cualquier celebridad. No es como en la actualidad que el título de campeón mundial de pesos pesados ha sido opacado por cientos de otras disciplinas, ya que el boxeo se ha vuelto un chiste y un fraude, pero eso es tema de otra discusión. En los años 60, el Campeón Mundial de los pesos pesados era una persona muy respetada en el mundo y alguien a quien todos miraban de abajo hacia arriba. Ali, siendo el Campeón Mundial de pesos pesados, dejó a un lado su fama, su dinero y todo lo que implicaba ser el Campeón Mundial, para defender sus derechos y expresar lo que él pensaba que era lo correcto: que una guerra injustificada estaba mal y que no tenía sentido pelear contra gente con la cual no se tenía ningún conflicto, cuando ni en tu misma casa ni siquiera te respetaban. Ali sacrificó los mejores años de su carrera como boxeador para defender sus creencias, se mantuvo firme en su posición y nunca cedió. Pudo haber ganado millones de dólares y convertirse en el atleta más rico en la historia, pero eso a él no le importó. Para Ali, la forma de trascender era demostrando que en la vida, los principios, la moral y los valores, siempre van por encima de cualquier cosa, y que los beneficios materiales son irrelevantes cuando se trata de defender los derechos de las personas y de luchar por la igualdad.

Hoy en día los atletas y celebridades comparten sus ideas con el mayor cuidado posible para evitar ser despedidos, sancionados, y que sus patrocinantes anulen sus contratos por decir lo que piensan y pierdan su fama, dinero o el prestigio dentro de la organización o el deporte donde juegan, y por eso ningún atleta había hecho, ni desde entonces ha hecho algo similar a lo que Ali. Muhammad Ali le dio una bofetada al gobierno de Estados Unidos y el mundo fue testigo.

Cuando en 1974 Ali noqueó a Foreman en el octavo round de *"Rumble in the Jungle"* para coronarse Campeón y recuperar el título que le había sido arrebatado seis años atrás, le demostró al mundo que su lucha no había sido en vano y que en la vida, cuando actúas en base a tus principios, a tus valores y a tu moral, el bien se impondrá. Ali se le paró de frente a alguien que en el papel era más grande que él y le dijo *"Tú estás obrando mal"*. La historia se encargó de demostrar que él estuvo en lo correcto y fue así como Ali pasó de ser un boxeador legendario, a convertirse en un ser humano legendario respetado en todo el mundo. Esa es la victoria más importante de su vida. Una vez que se aprende la importancia de esa victoria, se comprende la razón por la cual Ali fue, perdón, es y siempre será el más grande.

En Venezuela nadie le dijo que no a CADIVI. Todos callaron y aceptaron: P&G no dijo que no, Telefónica no dijo que no, la Banca no dijo que no, Fran no le dijo que no, mis vecinos y amigos no le dijeron "no", y en general casi nadie dijo "no". La economía de Venezuela y la sociedad venezolana se destruyó porque los venezolanos no pudieron decir "no" cuando debió haberse dicho, tanto con CADIVI, como con los CLAP y el resto de los ejemplos que enumeré. Por ese motivo a muchos venezolanos de la oposición les convenía mantener a Chávez en el poder, porque si bien los líderes de la oposición criticaban a CADIVI (y luego los CLAP), y daban decenas de razones por las cuales no debía haber un control de cambio en Venezuela, la realidad es que había miles de venezolanos obteniendo millonarias ganancias *"raspando CADIVI"*. Todos son culpables por no haber hecho lo que hizo Muhammad Ali. En Venezuela, no hay personas como Ali. Nunca hubo y nunca habrá.

Culmino cerrando una idea que dejé abierta desde *La Historia de La Hacienda Venezuela*: los venezolanos de la oposición despotricaron de CADIVI durante muchos años, denominándolo como el peor de los males que Chávez le causó a Venezuela por las continuas restricciones al acceso de divisas, algo con lo cual yo estoy de acuerdo. Sin embargo, nunca hicieron algún tipo de mención al hecho que CADIVI le daba origen a personas como Fran, y a distorsiones como las que ocurrían con los Toyota Corolla y con las bolsas CLAP. Quizás el motivo por el cual nunca lo hicieron es porque como mencioné al principio, esos mismos venezolanos olvidaron que durante los gobiernos de Herrera, Lusinchi y Caldera, existieron dos organismos de control de cambio (RECADI y OTAC), los cuales regulaban el acceso a divisas igual que CADIVI, y en ambas ocasiones también surgió una economía que funcionaba basada en el valor preferencial del Dólar y el valor del libre mercado. En consecuencia, en ambas ocasiones también hubo miles de venezolanos que *"Rasparon RECADI"*, y se volvieron multimillonarios igual que Fran. Yo conozco a dos de ellos.

Las fuentes disponibles son imprecisas respecto a la cantidad de Dólares que fueron otorgados por RECADI a personas y empresas entre 1983 y 1987-89, pero en el mejor de los casos se habla de seis billones de Dólares, y en el peor se habla de aproximadamente doscientos billones de dólares (equivalente en 2020). Cuando las irregularidades con RECADI similares a las de CADIVI salieron a flote en 1989, nadie admitió que había estado involucrado, todos los venezolanos dijeron que nunca habían usado RECADI, y el chivo expiatorio fue una persona que quedó marcada en la historia de Venezuela conocido como *"El Chino de RECADI"*. Yo estimo que con CADIVI, la cifra otorgada debió rondar $300 Billones. Le invito a preguntarle a algún conocido venezolano suyo, y a que le niegue si usó RECADI, OTAC o CADIVI para adquirir dólares preferenciales. Así fue como miles de venezolanos se volvieron multimillonarios, tanto en la era bipartidista previa a Chávez como en la era de Chávez.

Una duda me quedó sobre el esquema de Fran: siempre me preguntaré, ¿qué hacía la aduana cada vez que llegaba un contenedor lleno de procesadores 386, 486, y monitores monocromáticos?

16

La República de Burbuja Venezuela

"(...) Por lo pronto, está claro que nadie puede ignorar las repetidas amenazas que el señor presidente (Chávez) ha proferido en contra del Congreso, de la Corte Suprema de Justicia y sus Magistrados, del Fiscal y del Contralor de la República, del Consejo Nacional Electoral y de las Fuerzas Armadas. Ni un solo poder constitucional ha sido eximido de sus amenazas. Ni uno solo. Y no es que la imagen que el país tiene de esos poderes sea inmerecida, no. Si hemos llegado a una situación en la cual esas amenazas se profieren sin que el país se ponga de pie para protestarlas, por algo es."

Palabras del Dr. Jorge Olavarría, orador de orden de la ceremonia de conmemoración del 188vo aniversario de la Firma del Acta de la Independencia de Venezuela, en el discurso presentado ante el Congreso de Venezuela el 5 de julio de 1999, donde el invitado de honor fue el recientemente electo Presidente de Venezuela Hugo Chávez, quien apenas llevaba cinco meses de haber tomado posesión del cargo. El Presidente del Congreso Luis Alfonso Dávila, amigo de Chávez, interrumpió a Olavarría en varias ocasiones, alegando que su discurso era un "bochorno lleno de insultos". El Vicepresidente del Congreso, Henrique Capriles, se mantuvo sin pronunciar palabra. La Presidente de la Corte Suprema de Justicia, Cecilia Sosa, se retiró a mitad del discurso.

La República de Burbuja Venezuela es una nación suramericana que existe, pero no es reconocida por la Organización de las Naciones Unidas, por la Organización de los Estados Americanos o por cualquier organización similar. No tiene una capital establecida, ni tampoco un himno, una bandera o un escudo. Tampoco aparece en los libros de geografía y mucho menos en los de historia. Sin embargo, es un sitio que existe y es tan real como El Vaticano.

Muchas de las personas que leerán este libro probablemente sentirán incredulidad y negación para aceptar varias de las realidades que he planteado a lo largo de este escrito. Lo más probable es debido a que estas personas encajan perfectamente en la expresión *"el pequeño mundo que conozco"*, y creen que solo estoy contando mi versión de la historia y no un análisis general, como siempre he enfatizado. En el caso del lector venezolano, son personas que nacieron, se criaron, estudiaron, trabajaron, y siempre se mantuvieron en entornos sociales que le permitieron ver la cara privilegiada de Venezuela: es decir, son personas que vivieron en la *República de Burbuja Venezuela*: nacieron en urbanizaciones privilegiadas como La Tahona, se residenciaron en Altamira, se criaron en Los Samanes, estudiaron en El Hatillo, y trabajaron en La Castellana o alguna zona del este de Caracas[111].

Estas personas jamás tuvieron que pisar el Municipio Libertador de forma rutinaria. Jamás (o rara vez) tuvieron que: tomar una camionetica por puesto; caminar por aceras llenas de gente pobre que no tenían que comer porque estaban rodeados de miseria; salir corriendo a poner cuatro tobos en el piso de la sala de sus casas cada vez que llovía para recoger las goteras que provenían del techo de zinc; y despertarse en el medio de la noche porque se escuchaba una balacera a escasos metros de las ventanas de su cuarto. No hay nada malo en esas personas; nada en lo absoluto, ni nada que se les deba criticar. Sin embargo, sí debe destacarse que son personas que vivieron una realidad distinta a la del 80% de la población de Venezuela, y que son la mayoría de las personas que actualmente constituyen el grupo de fieles seguidores de los líderes de la oposición. En ese sentido, esta

---

[111] A pesar de que hay excepciones, se le conoce como "el este de Caracas" a la parte bonita de la ciudad; una buena analogía sería decir que el este de Caracas es como el "Manhattan" de New York.

parte del texto estará dedicada a analizar tanto a los líderes de la oposición como a sus seguidores, desde una óptica vista a partir de 1999, el momento en el cual ocurrió un cambio radical con los protagonistas de la política de Venezuela, y de oposición al gobierno de turno. Para ponerlo en términos sencillos: los roles se invirtieron.

Como expliqué en el capítulo *"La Hacienda Venezuela"*, antes de la era chavista en Venezuela, los líderes que se oponían al gobierno de turno durante la era de Gómez, Pérez Jiménez, y de la era democrática de 1958-98, eran personas de origen pobre y rural. Uno de los motivos por los cuales llegaron a conseguir los niveles de popularidad que alcanzaron entre la población venezolana, fue porque siempre recordaron que Venezuela era un país de gente pobre, y que el pobre sueña con dejar de ser pobre, y escuchará cualquier promesa que les nutra su sueño de salir de su rancho, dejar de ser pobres, y llegar a ser ricos. Dos de ellos eran Rómulo Betancourt y Carlos Andrés Pérez.

Un vivo recuerdo en mi memoria fue el exitoso mitin del cierre de campaña electoral del candidato de Acción Democrática para las elecciones presidenciales de 1988: "El Gocho" Carlos Andrés Pérez. El mitin fue convocado al final de la Avenida Victoria[112], que era un punto estratégico en donde convergían cuatro barrios pobres (El Cementerio, Cota 905, Roca Tarpeya y San Agustín), y una urbanización de clase media baja (Las Acacias). Me pareció que sintetizaba de forma perfecta la demografía de Venezuela en la cual: de cada seis personas, uno era rico, uno era clase media y cuatro eran pobres, lo cual es algo que corroboraría unos años más tarde en el colegio cuando tuve que estudiar la pirámide poblacional de Venezuela. El mitin fue exitoso, primero porque recuerdo que la afluencia de personas fue tal que no cabía un alma en la Av. Victoria, y segundo por el resultado que produjo unas semanas después cuando Pérez venció al candidato del partido COPEI, "El Tigre" Eduardo Fernández, quien como mencioné en *"La Hacienda Venezuela"*, era visto como un candidato de la clase pudiente, pretencioso y alejado de la realidad de país. Es con esta última oración sobre la cual construiré la base de este capítulo.

---

[112] La Av. Victoria es una de las principales avenidas del sur de Caracas, en el Municipio Libertador.

Una vez que Chávez asumió la presidencia de Venezuela en 1999, empezó a desvanecerse la influencia y el alcance en la masa de la población venezolana que tenían Acción Democrática y COPEI, la cual ya venía en decadencia desde las elecciones de 1993, como expliqué en *"La Hacienda Venezuela."* Por ese motivo para 1999 la generación de nuevos venezolanos emergentes que se involucraban en la política no quería asociarse con ninguno de esos partidos; eso apartando que dichos partidos tampoco contaban con una generación de relevo que fuese capaz de comprender que AD y COPEI debían evolucionar, adaptarse al siglo veintiuno y alejarse de la ideología que los había mantenido a flote durante el siglo veinte.

Fue así como surgió el partido *Primero Justicia* como alternativa a AD y COPEI. Primero Justicia fue fundado por los jóvenes Henrique Capriles (quien era disidente de COPEI), Leopoldo López y Julio Borges, y quienes en las "Mega Elecciones" de Julio de 2000 fueron elegidos como Alcalde de Baruta, Alcalde de Chacao y Diputado en la Asamblea Legislativa, con apenas 28, 29 y 31 años respectivamente. Capriles para ese momento era el diputado más joven elegido al congreso; López era un completo desconocido que aprovechaba la creciente popularidad de Capriles y por ese motivo, pudo ganar la Alcaldía de Chacao con un mínimo margen; y Borges era el anfitrión de un programa de televisión llamado *"Justicia para todos"*, que trataba juicios civiles. Aquí debo hacer una observación sobre un punto que he mencionado levemente en capítulos anteriores.

Caracas está formada por cinco Municipios: Baruta, Chacao, El Hatillo, Libertador y Sucre. Salvo algunas excepciones, los Municipios Baruta, Chacao y El Hatillo están poblados por personas pertenecientes a la clase media, media alta, y alta o pudiente de Venezuela, y por lo general esta demografía tiene tendencia hacia la derecha liberal y pocos vínculos con el socialismo y la izquierda. Existen algunos barrios pobres, pero en mucha menor proporción que en el resto de país. Lo que quiero decir es que cualquier candidato opositor podría emerger victorioso en unas elecciones municipales contra cualquier candidato del gobierno en Baruta, Chacao y El Hatillo. En consecuencia, voy a afirmar que, si yo en 1999 me hubiese lanzado como candidato a la Alcaldía de cualquiera de esos tres municipios bajo el patrocinio de

Primero Justicia, hubiese ganado y con una mayoría aplastante, puesto que estar en el mismo partido político que Capriles, era lo mismo que escoger a Capriles, dado que él tenía un currículo "impresionante" que consistía en:

1. Ser el diputado más joven en la historia del Poder Legislativo; es decir, automáticamente el venezolano pensaba que Capriles era "brillante" (así como pensaban que mis profesores Igor y Barreto del postgrado eran brillantes, como se describió en el capítulo *El IESA* y en otras situaciones planteadas en la Parte I).

2. Ser la imagen principal del nuevo partido político Primero Justicia, el cual transmitía esa sensación de nuevo aire fresco que hacía falta en Venezuela para el año 2000.

3. Ser el Vicepresidente del Congreso.

4. Haber sido formado bajo la escuela de COPEI -el menos perjudicado en la decadencia de COPEI y AD-; esto último a pesar de ser una inconsistencia, era necesario para saber si Capriles tenía vínculos con los extremadamente corruptos o ineptos políticos de AD, o con los políticos de COPEI que eran un poco menos corruptos o ineptos que los de AD.

Esas son las razones por las cuales no hay mérito alguno en la popularidad de Capriles, López o Borges como líderes de la oposición, puesto que su popularidad no fue ni ganada, ni fue consecuencia de hechos tangibles por una gestión política previa. Ninguno de los tres hizo algo para ser esos respetables líderes políticos con quienes la población opositora pudiese identificarse, y para llegar a los puestos que consiguieron. Peor aún fue, que una vez elegidos para sus cargos, tampoco hicieron nada palpable durante los años que estuvieron en los cargos que ocuparon en las Alcaldías de Baruta (Capriles), Chacao (López), o en el Poder Legislativo (Borges). Es muy difícil seguir a un líder que llegó a ser líder porque fue puesto o colocado, y no por sus logros. Adicionalmente, tanto Capriles como López tienen en común que ambos sucedieron a mujeres quienes contrario a ellos, sí tuvieron excelentes gestiones con resultados tangibles como alcaldesas: Ivonne Attas en Baruta e Irene Sáez en Chacao, como describí anteriormente.

La realidad es que Capriles y López intentaron dar cierta continuidad al trabajo hecho por Attas y Sáez, sin embargo, nunca se pudieron equiparar a ellas y poco a poco, empezaron a surgir algunas fallas en Baruta y Chacao, en comparación a cómo funcionaba el día a día en la época cuando Attas y Sáez eran sus Alcaldesas. Quizás la más evidente fue que los policías de Chacao dejaron de tener su identidad y efectividad: poco a poco, los conductores empezaron a dejar de usar el cinturón de seguridad, y a los policías a no importarle; y la delincuencia y el crimen que con Sáez habían sido reducidos a los niveles más bajos en la historia del municipio, de nuevo empezaron a subir. Hubo algunos logros y aportes con Capriles y López, pero nada comparado con la efectiva gestión de Attas, ni Sáez. Borges por otra parte, era un Diputado en la Asamblea de quien muy poca gente tenía idea de su existencia, de no ser por su programa de televisión.

Es de esa forma como Henrique Capriles a sus apenas treinta años, se estaba convirtiendo en el futuro político de la oposición al gobierno de Chávez, también ayudado por: 1) Su romance con la famosa locutora de radio Erika de la Vega (de quien hablé en *Educación vs. Dictadura*); 2) El supuesto que Capriles era descendiente de la familia de Simón Bolívar; y 3) El hecho de que Capriles fuese miembro de una de las familias más adineradas y poderosas de Venezuela. Era una extraña combinación de: joven político moderno de nueva tendencia, con visos de político de farándula, con político empresario de arraigo económico.

López por su parte con su eterna sonrisa y atractiva imagen jovial, prefirió permanecer más tiempo vociferando ideas en contra del gobierno, que gestionando Chacao y gracias a su carisma encantador, poco a poco empezó a convertirse en una fuerza con voz propia: mientras que el discurso de Capriles era suave, neutral, conciliador y con un tono pasivo, el de López era enérgico, agresivo y radical, aunque ninguno de los dos estaba apegado a la realidad del país. Con el pasar de los años, López empezó a sentir que su popularidad estaba eclipsando a la de Capriles, un sentimiento que fue reforzado porque en las elecciones regionales de 2004, López fue reelegido obteniendo un porcentaje de votos mayor al que obtuvo Capriles -quien también fue reelegido en Baruta-, López en Chacao con 80% del voto popular, y Capriles en Baruta con 78%.

El aumento referido es engañoso, ya que el otro candidato para Chacao era un chavista, y como dije antes, la posibilidad que un chavista ganase en Baruta, Chacao o El Hatillo, era la misma a la de que un camello pasara por el ojo de una aguja. Meses después, en 2005, se le prohibió a López incursionar en actividades políticas luego de que el gobierno de Chávez lo acusara de malversación de fondos, una acusación absurda por lo que establecí anteriormente que casi todos los políticos son corruptos. Esto hizo que a partir de allí, la popularidad de López se disparase a la estratósfera, puesto que una vez que el gobierno decidía señalar o acusar a cualquier político de la oposición de cometer algún delito, automáticamente esa persona se convertía en un inocente, un ángel de Dios, la tercera venida del mesías y similares calificativos.

El caso se mantuvo calmado por varios años y salió a flote en Abril de 2008 cuando se acercaban las elecciones regionales de gobernaciones y alcaldías, y López anunció su candidatura a la Alcaldía de Caracas[113], una jugada que el gobierno contestó inhabilitándolo políticamente (además de a otras decenas de venezolanos). López argumentó que el gobierno lo inhabilitó para evitar perder la Alcaldía de Caracas a manos de candidatos opositores, quienes tenían la oportunidad de vencer en unas elecciones legitimas a los candidatos del gobierno (algo que podría ser cierto). Tras recibir el apoyo de un grupo de seguidores hipnotizados entre los que se encontraban Freddy Guevara, David Smolansky y Gaby Arellano -por nombrar a algunos-, Leopoldo López se dio cuenta de que quizás él tenía la oportunidad de eclipsar a Capriles, y fue así como en 2009 se separó de su aliado, y fundó su propio partido político de oposición al gobierno llamado *Voluntad Popular*. Fue así como inició la división en los partidos de oposición a Chávez, y como surgieron pequeñas facciones con diferentes ideologías, visiones y estrategias para derrocarlo.

Voluntad Popular no es un partido político; es una secta igual que la secta Moon, la secta gnosis o cualquier secta que el lector pueda imaginar. Lo sé porque fui a varias de sus reuniones. El primer requisito que cualquier militante de Voluntad Popular debía cumplir

---

[113] En teoría, Caracas tiene seis alcaldes: uno por cada municipio (Libertador, Baruta, Sucre, El Hatillo y Chacao), y un Alcalde de Caracas que rige sobre la Alcaldía Mayor. En la práctica, nunca se entendió la necesidad de la Alcaldía Mayor, ni de la Gobernación de Caracas.

para ingresar a las filas del partido, era adorar con fe y ciegamente a Leopoldo López porque estudió una Maestría de Políticas Públicas en Harvard. Esto traía como implicación directa el segundo requisito, el cual era repetir el credo de que López es una persona sumamente brillante; de hecho, es un genio. El tercer requisito era admitir que Leopoldo López era descendiente de la familia de Simón Bolívar (una herramienta sobre la cual López ha anclado su liderazgo al igual que Capriles lo hizo). El cuarto requisito consistía en combinar los tres anteriores en uno solo; y así como Luke Skywalker estaba destinado a ser el Jedi que derrotaría al Imperio, así como Bruno Díaz estaba destinado a convertirse en Batman, y así como Thor estaba destinado a ser el Dios del Trueno, Leopoldo López está destinado a ser presidente de Venezuela. Así está escrito en las Tablas de los Diez Mandamientos que Moisés bajó del Monte Sinaí, en el Código de Hammurabi y en los Manuscritos del Mar Muerto. El quinto requisito era reconocer que Voluntad Popular tiene las soluciones a todos los problemas de Venezuela, y más aún, Leopoldo López y VP, siempre han sabido lo que están haciendo, aunque no lo parezca. *La Salida* (como se le llamó a la serie de protestas de calle de Febrero-Abril 2014, de las cuales conversaré en breve), no fue un fracaso en lo absoluto, a pesar de que no lograron derrocar a Maduro y resultaron en la detención, juicio y sentencia a prisión de Leopoldo López. *La Salida* fue una victoria y una planificada batalla que se ganó y que fue parte de la estrategia macro de López para llegar a ser presidente de Venezuela (similar al 4 de febrero de 1992, que tampoco fue una derrota para Chávez).

Con López en prisión, surgió un sexto requisito: admitir que Lilian Tintori (esposa de López, y una maestra de escuela y surfista), era la nueva líder, y que ella era la mujer más valiente y brillante de Venezuela. Adicionalmente, se debía admitir que todos los lugartenientes de López, (entre ellos Freddy Guevara y David Smolansky), también eran jóvenes valientes y sumamente brillantes, pero por encima de todo, venezolanos honestos que estarían perfectamente calificados para gobernar Venezuela junto con López, una vez éste alcanzase la presidencia. Las protestas de Abril-Julio 2017 (a las cuales les dedicaré los siguientes dos capítulos) tampoco fueron un fracaso, y por el contrario fueron otra victoria. Finalmente queda el último requisito: todo aspirante a engrosar las filas de Voluntad Popular debía entender que la militancia de Primero Justicia está formada por un montón de ineptos; por otra parte, la Diputada María Corina Machado (de quien hablaré en breve) es una loca radical; el partido Acción Democrática está formado por viejos zorros corruptos, y en general el resto del mundo que no venera, ni adora a Leopoldo López, son un montón de ignorantes. Eso estimado lector, era y es Voluntad Popular. En la era bipartidista existían AD y COPEI; y ahora en la nueva era están Voluntad Popular y su rival, Primero Justicia.

Primero Justicia es el partido político de las personas que poseen un cerebro que funciona relativamente bien. Sus militantes y seguidores tienen una buena comprensión de lo que ocurre en Venezuela, y especialmente lo que ocurre dentro de la oposición. PJ siempre ha tratado de tener cierto aire de cordialidad y respeto hacia el resto de los partidos opositores, a excepción de Voluntad Popular con quienes tienen una férrea rivalidad que se originó por lo ocurrido con Capriles y López; es decir, ambos partidos sienten un rechazo que es recíproco. Sin embargo, cuando se trata de entender que es necesario un cambio en Venezuela y que hay que salir del gobierno, ambos partidos tienen ese aspecto en común. De resto, sus ideologías, políticas, decisiones, formas de afrontar problemas y demás maneras de actuar son totalmente distintas.

Ante la radicalidad de Voluntad Popular, está la diplomacia y creencia en que *"el tiempo de Dios es perfecto"*, de Primero Justicia, y la idea de que la mejor forma para salir de Chávez y ahora Maduro, es dialogando con el gobierno y convencerlos de que renuncien a sus cargos por la vía pacífica, algo que es tan lógico como decir que algún día habrá una comunidad humana habitable en el Sol.

Primero Justicia es un partido político similar a comerse unos huevos revueltos fríos y sin sal. Hablan mucho de querer derrocar al gobierno, sin embargo, no hacen ningún tipo de esfuerzo concreto para lograrlo -excepto dialogar-, mientras que VP al menos ejerce algunas acciones -aunque sean malas-. En mi opinión particular -debo enfatizar que lo que diré es especulación- es, que lo que probablemente ocurre con Capriles y sus allegados es que son personas que están en una posición económica muy cómoda, y los problemas de Venezuela no les afectan en lo absoluto, o bien que tienen los medios para contrarrestarlos, algo que tiene sentido si se investiga un poco al respecto; en consecuencia, les da igual si están gobernando Venezuela o no, ya que su patrimonio e intereses apenas se ven afectados, y por ende Venezuela no les importa. La otra opción es, que quizás Capriles y sus allegados tienen ciertos lazos o conexiones con el gobierno de forma directa o indirecta. Cualquiera de las dos opciones explicaría su poco interés por derrocar a Chávez/Maduro, y su rechazo a la política e ideología radical de Voluntad Popular, así como también su rechazo a la política e ideología directa y realista de María Corina Machado.

María Corina Machado es hija de Henrique Machado Zuloaga, un adinerado empresario vinculado con la empresa *Siderúrgica Venezolana S.A. (SIVENSA)* y con la *Electricidad de Caracas.* El origen de María Corina Machado como líder de la oposición tiene una historia distinta a la de López, Capriles y Borges: Machado surgió como la imagen de la organización SÚMATE, la cual fue la encargada de recolectar las firmas para convocar el Referendo Consultivo del año 2004 -del cual hablé en el capítulo *De Cómo Chávez se perpetuó en el poder-.* Tras dejar SÚMATE en 2010, Machado se postuló como Diputada para las elecciones parlamentarias de ese año, logrando ser elegida con la mayor cantidad de votos entre todos los candidatos a la Asamblea Legislativa.

Durante su periodo como diputada, protagonizó un intercambio de palabras con el Presidente Chávez en la asamblea legislativa en Enero de 2012. En una escena que fue bien acogida por muchas personas en la oposición, Machado retó a Chávez a un debate para justificar la baja producción del sector privado debido a las expropiaciones, y Chávez le contestó que debatiría con ella si ella resultaba ganadora en las elecciones primarias de la oposición, las cuales se realizarían a principios de 2012 en miras a las elecciones presidenciales de Octubre de ese mismo año (sobre las cuales hablaré en el siguiente párrafo). Eventualmente Machado quedó relegada a ser un estorbo en la oposición venezolana, puesto que nunca apoyaba a Henrique Capriles ni a Primero Justicia, nunca apoyaba a Leopoldo López ni a Voluntad Popular, y en general nunca apoyó a nadie.

En 2012, Machado fundó su propio partido político llamado *Vente Venezuela*, y desde entonces ha mantenido un discurso bastante apegado a la realidad y la lógica del acontecer del país. Machado siempre ha entendido la situación del país y quizás es la única persona que ha sido constante en su postura política, entendiendo que no se puede negociar con el gobierno, que una salida por la vía pacífica y democrática planteada por PJ es imposible, y que la salida por la vía de protestas al estilo de VP (de las cuales hablaré en los capítulos *"Summer on Ice"* y *"El país sin dolientes"*), tampoco son la solución. Al igual que sucede con Borges y Capriles, también es posible que tanto Machado como incluso Leopoldo López están en una posición económica y social privilegiada, que explicaría su desinterés en derrocar al gobierno.

De esta forma se llegó al camino que prepararía las elecciones presidenciales de 2012 para las cuales la coalición de partidos políticos opositores al gobierno, conocida como *Mesa de la Unidad Democrática* (MUD), tenía no uno, ni dos, sino seis precandidatos presidenciales: Henrique Capriles (PJ), Leopoldo López (VP), María Corina Machado (VV), y Pablo Medina, Diego Arria y Pablo Pérez (cada uno como el representante de un partidos político tan pequeño, que no voy a invertir tiempo en describirlos), efectivamente demostrándole al país de que si había algo que la Mesa de la Unidad no tenía, era precisamente <u>Unidad</u>. Seis posturas distintas, con seis ideologías distintas para un momento en el cual el país lo que menos necesitaba era diversidad de opciones a escoger para enfrentarse a Hugo Chávez en las elecciones presidenciales de Octubre de 2012, quien era el único candidato presidencial del gobierno, y que tenía una única postura e ideología política. Hay una famosa foto de la cual yo recuerdo el primer momento que la vi, en donde salen los seis precandidatos presidenciales tomándose las manos y sonriendo. Recuerdo haber pensado: *"lo menos que este país necesita en este momento es seis mamarrachos precandidatos presidenciales agarrándose de manos y sonriendo. Lo que este país necesita es un único buen candidato con temple, porte, presencia y que tenga la valentía necesaria para hacer lo que hay que hacer."* Recuerdo que al ver la foto pensé: *"Ninguno de los seis vencerá a Chávez".* Parte de mi argumento proviene del capítulo *"De Cómo Chávez se Perpetuó en el Poder"*, y el resto lo explicaré a continuación:

Diego Arria tenía una enorme sombra de su pasado que manchaba su reputación, la cual era haber sido miembro de AD, el partido político que casi todos los venezolanos asocian con los desfalcos a Venezuela durante la época 1958-98, y especialmente por los cargos que Arria ocupó durante el primer gobierno de Carlos Andrés Pérez, en los cuales no hubo casi ningún aporte tangible al país y, por el contrario, un gran aporte personal al currículo de Arria. Es decir, los venezolanos sentían que Arria no hizo nada excepto robar cuando fue Ministro de Turismo; que tampoco hizo nada excepto robar cuando fue Gobernador del Distrito Federal (Caracas); y que tampoco hizo nada excepto robar cuando fue Diputado en el Congreso. En síntesis, Arria era y aún hoy es visto por los venezolanos como otro adeco corrupto que utilizó al país para catapultar su carrera política a esferas internacionales.

Pablo Medina era un sindicalista que era otra piedra en el zapato de la MUD. Quizás su pequeño cerebro no le funcionaba para entender que nadie en su sano juicio reemplazaría a un Presidente ignorante y marginal, con un sindicalista ignorante y marginal.

Luego estaba Pablo Pérez, quien era un político cuya experiencia provenía de ser Gobernador del estado Zulia. Toda mi vida he pensado que hay algunos países que tienen una región "rebelde" o "distinta" al resto del país, cuya gente se siente un tanto desligada de la nación, porque tienen una gran extensión territorial, representan un gran aporte a la economía, y tienen diferencias culturales con el resto del país; por ejemplo, Texas en los Estados Unidos, y Cataluña en España. En Venezuela, ese estado es Zulia debido al petróleo, al acento zuliano, y a las gaitas. Históricamente los políticos zulianos siempre han sido muy exitosos en el estado Zulia como Alcaldes y Gobernadores, pero por alguna extraña razón, nunca han logrado traducir ese éxito al resto de Venezuela. En mi opinión, quizás es porque el resto del país siente aversión hacia ellos por ser precisamente provenientes de ese estado foráneo, rebelde o distinto. Eso fue lo que pasó con Pablo Pérez quien, para empeorar las cosas, también tenía antiguos vínculos con AD.

Finalmente quedaba Machado, quien era vista como una mujer radical, solitaria, frágil y feminista, siendo esto último una tendencia que Venezuela está a años luz de comprender.

De izquierda a derecha: un ex miembro de AD percibido como un corruto (Arria),
un huevo frio y sin sal (Capriles), una mujer sin liderazgo (Machado), un sindicalista ignorante
(Medina), el Thor de Venezuela (López) y un infiltrado de AD en la MUD (Pérez).

Debo hacer una breve mención sobre dos muy importantes líderes opositores que, si bien no fueron, ni nunca han sido candidatos presidenciales, son figuras prominentes: el expresidente de la Asamblea Legislativa, el Diputado Henry Ramos Allup; y el tercer miembro fundador de Primero Justicia, el Diputado Julio Borges.

Ramos Allup es el actual líder del casi extinto partido Acción Democrática, y es visto por los venezolanos como un zorro viejo adeco corrupto más de la camada de políticos que desfalcaron y destruyeron al país en la era bipartidista de 1958-98. Su imagen de líder opositor tiene una enorme mancha, puesto que muchas de las personas cercanas a él han sido vinculados con varios casos de corrupción del gobierno de antes Chávez y actualmente Maduro (uno de ellos es el hermano de la esposa de Ramos, Francisco D'Agostino).

Borges, es quizás el segundo en importancia en Primero Justicia (después de Capriles), y es percibido como un político presumido, insípido, que eternamente ha abogado por el diálogo con el gobierno, y que no levanta masas, no es popular, no crea afinidad con los venezolanos, y que al igual que Ramos Allup, da la impresión de más bien ser un infiltrado del gobierno en las filas de la oposición, o de que ambos tienen fuertes intereses personales en que el gobierno se mantenga en el poder; o bien, que la lógica que expuse acerca de la cómoda posición de López, Capriles y Machado y sus allegados, aplica para ellos, y por ende tampoco les afectan los problemas de Venezuela.

469

Habiendo expuesto lo que establecí anteriormente, si hay algo que estaba claro en 2012 era que el candidato presidencial de la MUD no sería un antiguo adeco asociado con la corrupción de AD, no sería una feminista, no sería un ignorante sindicalista y no sería un cantante de gaitas. Sería, o Henrique Capriles o Leopoldo López. La pregunta era: ¿Cuál de los dos? Capriles era el candidato de mayor popularidad y el más aceptado en la oposición venezolana. López venía *in crescendo*, pero aún era visto como el hermano menor de Capriles, a pesar de que irónicamente es mayor. La duda fue aclarada faltando un mes para la celebración de las elecciones primarias, cuando López anunció que renunciaría a su candidatura y que apoyaría a Capriles, con su propia versión del "*Por ahora*" que Chávez pronunció el 4 de febrero de 1992[114].

El resto de la historia la describí anteriormente: Capriles perdió las elecciones de Octubre de 2012 contra Chávez, y las de Abril de 2013 ante Maduro[115], éstas últimas por un margen mínimo (7.587.579 votos de Maduro, contra 7.363.980 votos de Capriles). Capriles concedió la derrota, sin embargo, la población de Venezuela esperaba que pelease y que exigiese un recuento, o que llamase a la población a iniciar protestas masivas ante el "fraude", pero en vez de eso se pronunció afirmando que *"El tiempo de Dios es perfecto"*, y esto hizo que la oposición venezolana perdiese el poco respeto que tenía hacia él.

A partir de este punto fue cuando los líderes de la *Mesa de Unidad Democrática* (MUD) iniciaron la ejecución de tres estrategias distintas para intentar remover a Maduro de la Presidencia. Podría dedicar un libro entero exclusivamente a dicho tema, puesto que casi todas las acciones resultantes de las estrategias diseñadas por los líderes de la oposición han sido funestas y han terminado con Maduro cada vez más solidificado en el poder, pero para ser concreto voy a enfocarme en el corazón de las tres estrategias: 1) Los diálogos; 2) Los movimientos individuales de los líderes opositores; y 3) Las protestas "pacificas".

---

[114] *"(...) Compañeros, lamentablemente, por ahora, los objetivos que nos planteamos no fueron logrados en la ciudad capital"* – Palabras de Hugo Chávez frente a las cámaras de televisión, pidiendo a sus fuerzas que depusieran las armas al haber fracasado el golpe de estado.

[115] Tras vencer en las elecciones de Octubre de 2012, Chávez partió a Cuba para tratarse un cáncer que se le había diagnosticado. Antes de partir, Chávez le dijo a sus seguidores que si algo le llegaba a ocurrir, Maduro sería su sucesor. Chávez murió en Marzo de 2013 y se convocó a elecciones en Abril.

1) Los diálogos.

Desde hace algunos años, la oposición ha sostenido cientos de mesas de diálogo y negociación con el gobierno para lograr la dimisión del chavismo de los poderes del estado y conseguir una transición hacia la democracia. La cantidad de políticos nacionales e internacionales que ha intervenido ha sido enorme y no pienso ahondar en eso, puesto que como he reiterado, la política no es una de mis fortalezas. Me parece suficiente con mencionar que figuras como José Luis Zapatero, Luis Almagro y el Papa Francisco, jamás consiguieron un solo resultado positivo. Pareciese que no les interesa solucionar el problema de Venezuela, o al menos no son capaces de ejecutar la solución necesaria, especialmente cuando están negociando con alguien que tiene dinero, poder y armas, y ellos no tienen nada para ofrecer.

2) Los movimientos individuales de los líderes opositores (Capriles y López).

Voy a partir de la premisa más sencilla: Henrique Capriles es un político fracasado. No ha habido muchas ocasiones a lo largo de la historia en la cual una persona haya sido candidato en dos elecciones presidenciales en menos de seis meses y haya sido derrotado en ambas.

Por razones que aún desconozco, Capriles siempre fue un ave solitaria en la esfera de la oposición, y si bien yo sé muy poco de política y más aún soy bastante malo para ella, sí sé que en la política es fundamental contar con aliados, amigos y enemigos. Capriles nunca tuvo ninguno, y esto clave para entender por qué es un fracasado: él simplemente tuvo a un montón de personas que se arrimaron a él por obligación para apoyarlo como candidato opositor a Chávez. Ni siquiera su partido político lo respeta, es decir, el partido que él mismo fundó. Una buena comparación para reflejar a Capriles con los políticos del pasado sería afirmar que: el respaldo de Capriles como candidato presidencial en 2012 y 2013, fue igual al que recibió Rafael Caldera con *Convergencia* en las elecciones de 1993, con la diferencia que Capriles perdió. Tal vez debió haber prometido que liberaría a los golpistas, violadores y asesinos, en vez de haber ofrecido una Tarjeta de Crédito llamada *"Mi Negra"*. De resto, no hay mucho que decir acerca de él.

Leopoldo López por otra parte, ha hecho lo imposible para posicionarse como el líder absoluto de la oposición, por encima de Capriles y de cualquier otro nuevo líder que aparezca. Este mercadeo de posicionamiento ha sido impulsado por su partido político Voluntad Popular y ha logrado alcanzar a un gran porcentaje de la masa de la oposición. El problema con esta estrategia de Leopoldo López es que ni siquiera ha sido candidato presidencial, y ya lo idealizan como presidente:

Mi visualización de hoy.. Lejos pero nunca ausente.. Dios bendiga a los venezolanos de bien que buscan un cambio.. Que después del caos y la descomposición venga la luz y el perdón. Hay tiempo para rectificar pero el el momento es ahora..

Una imagen (que es un obvio montaje) viral, impulsada por Voluntad Popular.
Fuente: Redes sociales de un venezolano, 2014.

Lo lógico es que el venezolano debería darse cuenta de que Leopoldo López no es un gran líder: lo que sucede es que los fanáticos de Voluntad Popular *te hacen creer* que es un gran líder; López no es un gran político, *te hacen creer* que es un gran político; López no lucha por Venezuela, *te hacen creer* que lucha por Venezuela, tal como pasó con Rómulo Betancourt, y tal como pasó con Chávez en sus respectivas épocas. De hecho, los tres tienen algunas similitudes: los tres crearon un sentimiento de figura de culto, lideraron protestas o golpes de estado, planificaron obtener la presidencia en el largo plazo, y han luchado en la clandestinidad, y es aquí donde inicia la lucha de Leopoldo López a través de las protestas conocidas como *"La Salida."*

Las protestas de *"La Salida"* se iniciaron el 23 de Enero de 2014 cuando López llamó a la población a alzarse en contra del gobierno a través de una serie de marchas y acciones de calle que se prolongaron durante los siguientes días. El lector debe recordar que el 23 de enero es una fecha de connotación histórica en Venezuela, ya que el 23 de enero de 1958 fue cuando se derrocó la dictadura del General Marcos Pérez Jiménez. Como he explicado a lo largo de los capítulos anteriores, si bien Venezuela ha vivido en un estado permanente de crisis económica y social, para los inicios de 2014, López y los otros líderes de la oposición estaban buscando cualquier pretexto para iniciar una serie de protestas masivas en contra del recientemente electo Presidente Nicolás Maduro con la finalidad de removerlo del poder.

El incidente que sirvió como chispa para la ignición fue el asesinato de Mónica Spear -quien fue la ganadora del certamen Miss Venezuela 2004- y de su esposo, quienes fueron abatidos a tiros en un fallido robo el 6 de enero de 2014, en el que su pequeña hija también fue herida de bala, pero logró sobrevivir. Spear estaba de visita en Venezuela, ya que llevaba muchos años viviendo en los Estados Unidos; por ese motivo su asesinato causó mucha conmoción en la población, puesto que por fin se hacía público uno de miles de casos de los cuales la gente estaba enterada, de venezolanos que vivían en el extranjero, venían de visita a Venezuela y a los pocos días eran asaltados, violados, secuestrados o asesinados, y por ende al marcharse de Venezuela decían algo como: *"No joda, ni de vaina regreso a esa mierda de país... ¡ni de visita!"*, solo que en este caso se trataba de una celebridad, y además de una joven y bella mujer. Yo conozco al menos diez de esos casos; once contando a Spear.

Para 2014, esto era algo que se había vuelto normal en Venezuela, de tal forma que López y el resto de los líderes de la oposición aprovecharon lo ocurrido con Spear para convocar a protestas por la inseguridad, la escasez y el caótico estado en el cual se encontraba el país, las cuales como mencioné iniciaron el 23 de Enero. Días después, el 13 de febrero, el gobierno de Maduro emitió una orden de arresto contra López, quien desapareció del panorama nacional, reapareciendo el 18 de febrero, día en el cual decidió entregarse a las fuerzas del gobierno, no sin antes convocar a más protestas masivas para luchar por su libertad y la de Venezuela.

Con López preso, las protestas continuaron pero ahora de forma esporádica, ya que apenas eran impulsadas por los miembros de Voluntad Popular, y tenían una muy baja participación por parte de la población. Sin un líder claro y sin dar la apariencia de que eran parte de un plan general que desembocaría en la renuncia de Maduro, las protestas se prolongaron por varias semanas solo porque ocurrían en la *República de Burbuja Venezuela*, es decir, en zonas controladas por la oposición, lejos del objetivo que debían conseguir que siempre he insistido, es el Municipio Libertador. En Caracas hubo algunas concentraciones y marchas en Las Mercedes, Altamira, Chacao y Los Ruices (zonas de clase media, media alta y alta), y quizás lo más constante eran las continuas protestas que ocurrían en el Distribuidor de Santa Fe[116], donde cientos de personas se agrupaban a diario para cerrar la autopista e impedir el paso vehicular hacia cualquier dirección. Este era uno de los métodos más absurdos de protestar, ya que para finales de Febrero en vista de que casi nadie respondió al llamado de explosión social hecho por Leopoldo López y los líderes de VP, era fácil deducir que no iba a pasar nada que alterase la situación política. Por ese motivo, las empresas continuaron operando con normalidad y la mayor afectación que hubo fue que las personas que trabajaban al sur del Distribuidor pero que vivían al norte, debían salir de sus trabajos hacia sus casas a las 2:00pm, ya que se sabía que para las 4:00pm el Distribuidor quedaría cerrado y no te dejarían pasar. Tras unas ocho semanas de marchas, algunos heridos, muertos y víctimas inocentes, las protestas perdieron fuerza y el país siguió con su rutina como si nada.

El error principal en *La Salida* fue que la mayoría de las marchas eran convocadas en sitios seguros, incluso proponiendo rutas absurdas como marchar desde Chacao hasta Altamira o viceversa, o hacer una vigilia en Las Mercedes, o en Doral (en Miami). Hubo algunas concentraciones en Plaza Venezuela (una de las fronteras que da hacia el Municipio Libertador), pero nada remotamente cerca de amenazar el vital territorio rojo. Fue en esta época (Marzo-Abril) cuando inicié las gestiones para comenzar mi Maestría en el IESA, y para llegar a clases

---

[116] Distribuidor que une Las Mercedes, con la Autopista Prados del Este, Santa Fe y todas las zonas más allá de la Urbanización Prados del Este, como La Tahona, El Hatillo, Manzanares y La Lagunita.

desde mi casa en El Peñón hasta San Bernandino, debía cruzar el Distribuidor Santa Fe, Las Mercedes, Chacao y Altamira, es decir los puntos "álgidos" y los focos "principales" de las protestas, y en ningún momento me sentí en peligro o vi que las protestas que estaban ocurriendo escalarían a algo relevante, ya que apenas contaban con unas treinta personas. Creo que todos mis compañeros opinarían lo mismo, ya que todas mis clases estuvieron llenas y jamás hubo alguna inasistencia por culpa de las protestas de *La Salida*. El resto del año se desenvolvió dentro de una relativa normalidad (para los estándares de Venezuela), con eventuales y esporádicas marchas en distintos puntos de la ciudad, convocadas por distintos gremios intelectuales u organismos que fijaban posición en contra del gobierno, pero de nuevo, nada que pudiese haber sido considerado como algo determinante o definitorio para el destino de Venezuela.

La pregunta es: ¿Por qué López se entregó? Esto es algo que he analizado durante mucho tiempo: exactamente, *¿qué estaba pensando López al momento de entregarse?*, y concluyo lo siguiente:

A) Apostar a una explosión social: López esperaba que al entregarse, las calles explotarían con la población volcándose a protestar a lo largo y ancho del país para exigir su libertad y la renuncia de Maduro. Esta es la opción que los venezolanos aceptan cuando por lo general se conversa sobre este tema. Ahora bien: ¿López de verdad pensaba que su capacidad de liderazgo era tan contundente, avasallante y superior a la de los demás líderes opositores, que la gente saldría a luchar por él? ¿Acaso López no se dio cuenta que él no es más que un simple líder de un partido político que en el mejor de los casos representa a una cuarta parte de la masa de la oposición? Vamos a partir por la base de que ni siquiera la gente de Primero Justicia saldría a protestar por la libertad de López (como de hecho nunca lo hicieron), y sólo Tintori, Smolansky y los demás miembros de Voluntad Popular lo hicieron. Entonces, ¿es López realmente un brillante genio o es un pobre tonto cuyo ego no le deja ver más allá de su nariz?

B) El sacrificio personal: López se entregó, repitiendo la misma estrategia de Chávez el 4 de Febrero de 1992, para evitar un mayor derramado de sangre, quedar como un mártir, y eventualmente obtener la presidencia de Venezuela como recompensa por haber estado preso, ser perseguido político o ser exiliado, lo cual pareciese ser un requisito fundamental para ser presidente.

Chávez se entregó el 4 de Febrero porque ya no tenía otra opción. Al no resultar el golpe de estado debía rendirse porque estaba liderando un batallón de efectivos militares con intenciones bélicas de deponer al gobierno y matar a quien se cruzase por enfrente. López apenas estaba liderando un grupo de mamarrachos protestando pacíficamente.

Algo que yo creo que todos los venezolanos tienen claro, es que el momento cuando Chávez se rindió, automáticamente estaba firmando que sería presidente de Venezuela en un futuro no muy lejano; López al entregarse, no. Dentro de esta opción también está la posibilidad que López estaba buscando ser una mala imitación de Nelson Mandela, pero Mandela sí luchaba por la igualdad y la libertad; López no. De más está aclarar, que cualquier persona que compare a Leopoldo López con Nelson Mandela, no ha leído historia.

C) Anhelo a la justicia: López se entregó esperando recibir los cargos por los cuales se le acusaba, y estaba dispuesto a afrontar a la justicia. Sin embargo, hay un pequeño problema: para 2014, la Fiscalía, los Tribunales, el Consejo Nacional Electoral y la Asamblea Legislativa estaban al servicio de Maduro; es decir que, considerando que todo organismo público y los poderes del Estado que pudiesen respaldar a Leopoldo López, estaban del lado de gobierno y al servicio de Maduro, ¿Leopoldo López de verdad esperaba tener un juicio imparcial y justo que lo absolviera de los delitos que se le acusaba? Con todo el desprecio que siento hacia Rómulo Betancourt, no imagino a Rómulo Betancourt entregándose a la Seguridad Nacional de

Pedro Estrada y Pérez Jiménez en los años 50, ya que lo hubiesen asesinado sin dudarlo. Entonces: ¿es Leopoldo López realmente brillante, o es un pobre tonto que carece del más mínimo sentido común? Le dejo a usted decidir (pero la respuesta es la segunda).

D) La conspiración: López se entregó porque tiene un pacto secreto con los chavistas, que consiste en cumplir una cierta condena de cárcel para que en un futuro, luego de salir en libertad sea Presidente, a cambio de darles inmunidad, impunidad y no perseguirlos. Viéndolo en frio, suena como la más lógica de las opciones.

E) La opción ética: López se entregó porque era lo que debía hacer, y deseaba dar un ejemplo a la sociedad. Esto es algo que solo pasa en las películas.

Analicemos ahora dos de los escenarios posibles que Leopoldo López hubiera tenido que tomar si no se hubiese entregado:

1) Seguir en Venezuela en la clandestinidad.

En los años 50 en el gobierno de Pérez Jiménez la realidad del mundo era otra, pero aun así la Seguridad Nacional dirigida por Pedro Estrada era tan efectiva y eficiente, que era capaz de encontrar hormigas escondidas debajo de un camión. Leonardo Ruiz Pineda, Antonio Pinto Salinas, Cástor Nieves Ríos, Germán González, Luis Hurtado Higuera, Alberto Carnevali, León Droz Blanco, Wilfrido Omaña, Genaro Salinas, y muchos otros políticos de AD, COPEI y URD fueron asesinados por la Seguridad Nacional, por luchar contra la dictadura en la clandestinidad.

En los momentos actuales, el SEBIN [117] de Maduro (equivalente a la Seguridad Nacional) en cambio es un organismo ineficiente y corrupto, al punto que Antonio Ledezma, otro de los más prominentes líderes de la oposición,

---

[117] Servicio Bolivariano de Inteligencia Nacional.

se fugó de su arresto domiciliario estando en custodia por el SEBIN, es decir, delante de sus narices. Esto lleva a concluir: ¿Por cuánto tiempo hubiese podido López permanecer en la clandestinidad? ¿Quién le hubiese dado casa? ¿Hubiese pedido asilo en una embajada? ¿Podría escaparse del SEBIN?

2) Exiliarse.

Esto hubiese sido similar a emular la estrategia de Rómulo Betancourt al exiliarse en tres ocasiones a lo largo de su vida. En este caso, las preguntas son: ¿qué hubiese hecho López por Venezuela desde el exilio? ¿De qué iba a vivir? Supuestamente él es una persona extremadamente inteligente, pero tiene una esposa que no es muy agraciada intelectualmente hablando, ni tiene experiencia profesional en nada relevante. Es decir, ¿de qué iba a vivir su familia? ¿Qué iba a pasar con Venezuela?

Al final López decidió entregarse, y fue sentenciado a trece años de prisión. Sirvió tres años en la prisión de Ramo Verde y luego se le dio casa por cárcel en un incidente sumamente extraño ocurrido durante el trimestre Abril-Julio de 2017 mientras ocurrían las protestas de la oposición en varias partes del país. El incidente fue protagonizado por su esposa Lilian Tintori, un famoso periodista venezolano y un Senador de Estados Unidos, y lo describiré en los siguientes párrafos.

A lo largo de la permanencia de López en la prisión de Ramo Verde [118], Tintori inició la práctica de mantener informados a los venezolanos a través de sus redes sociales acerca de las vicisitudes encontradas en cada visita que hacían al centro penitenciario ubicado a las afueras de Caracas. Uno de los incidentes más desagradables fue cuando describió que tanto ella como la madre de López fueron obligadas a desnudarse para poder ingresar a visitarlo. Mi problema no fue que se compartiese este incidente, sino la forma como se hizo: nunca me quedó claro si su intención era auto flagelarse, reclamar violaciones a los derechos humanos o crear drama. En cualquier caso, el incidente del desnudo fue uno de varios ejemplos inverosímiles.

---

[118] Prisión en donde se encontraba recluido Leopoldo López.

Cierto día, Tintori empezó a publicar un conteo de los días que los guardias no le habían permitido ver a López. Primero fueron tres días, luego fueron siete y luego más de diez. El punto álgido llegó una noche cuando Tintori, por razones que aún hoy no están claras y creo que nunca estarán, se dirigió al Hospital Militar de Caracas[119] puesto que, según ella, los guardias de la prisión le habían dado instrucciones de ir hasta allá para tener información de López. Minutos después, un periodista de nombre Leopoldo Castillo, quien se desempeñaba como moderador de un programa de televisión llamado *Aló Ciudadano*, de corriente 100% opositora, publicó un Tweet informando que de "buena fuente", que le indicaban que Leopoldo López habría ingresado al Hospital Militar sin signos vitales, información que fue ratificada por el Senador Republicano de Florida Marco Rubio. Miles de venezolanos se pronunciaron a través de las redes sociales y se asumió lo peor. La noche transcurrió con una gran incertidumbre y en ningún momento hubo algún tipo de información oficial que revelara si López estaba muerto, vivo, o de fiesta, ni de parte del gobierno, ni de la oposición.

Al día siguiente, López apareció en un video que aparentemente había sido grabado en horas del día, en el cual se dejaba constancia que estaba vivo, en Ramo Verde, y en buen estado de salud. El video fue mostrado por el Diputado Diosdado Cabello en su programa *Con El Mazo Dando*, (un programa de análisis político de tendencia chavista, transmitido por Venezolana de Televisión, el canal controlado por el gobierno) quien luego de compartirlo, indicó que "*el gobierno era el único que decidía cuando se daba la fe de vida de Leopoldo López*".

Ante la ausencia de información veraz, surgió en la población venezolana una enorme cantidad de preguntas sin respuestas: ¿De dónde obtuvo el periodista Leopoldo Castillo la información que señalaba que Leopoldo López estaba sin signos vitales en el Hospital Militar? ¿De dónde Marco Rubio, un Senador de los Estados Unidos que fue precandidato presidencial, obtuvo la información que reveló? ¿Acaso Leopoldo Castillo (un periodista "respetable") y Marco Rubio (un Senador de Estados Unidos) se prestaron para esparcir un falso rumor sobre la muerte de López para obligar al gobierno a dar fe de

---

[119] Hospital operado por el gobierno.

vida de López? Si eso fuese cierto, pudiera pensarse que... ¿el plan funcionó a las 24 horas? Pero entonces, de ser cierto, ¿por qué el gobierno cedió? Peor aún era el hecho de que si esta teoría era cierta, entonces Lilian Tintori demostraba ser un ser egoísta, vil y despiadada, tan o más que los chavistas del gobierno, puesto que fue capaz de utilizar a dos personas para propagar un rumor falso, con la intención que el gobierno le diese una respuesta del paradero de su esposo: eso es algo que está mal; y si esta hipótesis es cierta, entonces Tintori es alguien que piensa en su beneficio propio antes que el beneficio de Venezuela. ¿Qué importa si López estuviese vivo o muerto? López es un venezolano más, no es el mesías. ¿Cuál era el objetivo de alertar a la población de que López estaba muerto? ¿Otra idealista explosión social? ¿O acaso fue esto un chiste de muy mal gusto?

Días después, durante la madrugada del 17 de julio de 2017, una comisión del SEBIN se presentó en la residencia de Tintori y López, con Leopoldo López. Al parecer la orden del gobierno fue darle casa por cárcel, y las primeras palabras de Tintori fueron *"gracias a Delcy y Jorge Rodríguez[120]"*, una declaración que fue muy mal recibida por la masa de la población venezolana de la oposición.

Muchas personas defendieron a Tintori, bajo la premisa de que *"fue sorprendida"* o *"fue inesperado ver a su esposo en casa"*. Si bien debo decir, que estoy de acuerdo con esos razonamientos, eso no justifica que la respuesta no haya sido la más adecuada, mucho menos si fue dada en público. Un venezolano común podrá preguntarse: *"¿hay alguien más quien deba darle las gracias a Jorge y Delcy Rodríguez por devolverle a un ser querido?"* Entre la cantidad de miles de familias separadas, y personas asesinadas y secuestradas, yo no consigo nombrar a alguien que deba hacerlo, a menos que sea una persona con muy baja autoestima. Pueda que Tintori tenga muy baja autoestima, pero el asunto es que ella era (y es) una figura pública, y una líder a quien la gente sigue, y eso compromete sus palabras y su conducta.

---

[120] Los hermanos Jorge y Delcy Rodríguez para el momento eran el Alcalde del Municipio Libertador y Ministra de Relaciones Exteriores. Son dos de las figuras más afianzadas y representativas de Maduro, así como también, dos de los más detestados por la masa de la población venezolana que pertenece a la oposición, debido a un largo historial de corrupción y violaciones a los derechos humanos.

Tintori era y es una representante de un grupo significativo de la población venezolana que se opone y quiere derrocar al gobierno; y esta es la misma oposición que constantemente ha calificado de corruptos, asesinos, narcotraficantes, escorias, y demás, a los funcionarios más prominentes del gobierno, incluyendo a Delcy y Jorge Rodríguez. Pero ahora según Lilian Tintori, Delcy y Jorge eran unos ángeles porque le habían llevado a su esposo de vuelta a casa. A partir de allí, la oposición calificó a Tintori como una vendida y una mentirosa, y con el tiempo surgieron más razones para que los venezolanos reforzasen esa creencia. Invito al lector a indagar en ellas.

Eventualmente en 2019 Tintori se mudó a España, algo que fue percibido por parte de la oposición como una cobardía, sobre todo porque abandonaba el país, mientras convocaba por redes sociales desde el extranjero a realizar protestas y marchas para derrocar al gobierno. Meses después, en Mayo de ese mismo año, López escapó de su arresto domiciliario durante la serie de protestas lideradas por su esbirro Juan Guaidó (de las cuales hablaré a detalle en la Parte IV), las cuales para variar también fueron un rotundo fracaso. Tras dicho revés, López se asiló durante algo más de un año en la embajada de España, y en Octubre de 2020 se fugó y huyó a España como todo un valiente, luchador y brillante líder, para reunirse con su patriota esposa.

Sin buscar adelantarme a la lectura para hablar del fracaso de las protestas de 2017 y luego de 2019, el punto que deseo ilustrar en este capítulo es por qué para 2014, la oposición acumulaba derrota tras derrota en la serie de intentos para derrocar a Maduro, y la palabra clave de esta serie de derrotas consecutivas de la oposición es: fracaso. La oposición está liderada por un conjunto de fracasados, cuyas derrotas se deben a motivos de forma y de fondo. Exploraré los motivos de forma en este capítulo, y los de fondo en los otros dos capítulos que mencioné (*Summer on Ice, El País sin dolientes, y Reflexionar y Aceptar*).

Los motivos de forma son fáciles de exponer y entender. Para hacerlo, hay que partir de la premisa de que ni Henrique Capriles, ni Leopoldo López, ni María Corina Machado, ni Diego Arria, ni Julio Borges, ni Henry Ramos Allup, ni Lilian Tintori, son representantes del venezolano común y corriente (énfasis en el venezolano). Todos ellos son imágenes que representan a la clase pudiente de Venezuela. Apenas podría decirse que son representantes de la clase media alta o alta, ya que casi todos ellos provienen de familias muy adineradas y de mucho poder durante los años 1958-1998, e incluso desde mucho antes en el caso de López y de Machado. La realidad que ellos vivieron durante sus infancias, adolescencias y era adulta, fue absolutamente distinta a la del 99.9% de los venezolanos a quienes ellos dicen representar. En consecuencia, es imposible que puedan comprender a quienes ellos dicen representar, si nunca conocieron, ni vivieron como la gente común y corriente.

A diferencia de Ronald Reagan, Bill Clinton y Barack Obama quienes sí surgieron desde la clase media como americanos comunes y corrientes, y lograron crecer, escalar y alcanzar el nivel de liderazgo que consiguieron por mérito propio con años de mucho trabajo y esfuerzo como cualquier ciudadano normal, ni Capriles, ni López, ni Machado crecieron en un ambiente en el que tuvieron que surgir como profesionales, ni como personas. Ellos no tuvieron que utilizar el sistema de transporte público de Caracas, ni tomar camionetas por puesto, usar el pasaje estudiantil, tomar el repugnante *Vaso de Leche Escolar*, contar el dinero que recibían de sus mesadas para ver qué podían comprar en las cafeterías de sus colegios, ni vivir ninguna de las rutinas que 99.9% de los venezolanos vivía en Venezuela; mucho menos al nivel de 80% de la población que constituye la clase media y media baja, y muchísimo menos del 50% de la población que vive en pobreza o pobreza extrema.

Al no poder comprender como vive la población de tu país, se entra en una expresión muy común que se utiliza en los entornos de venta: *"no puedes venderlo, si no crees en él"*. A diferencia de lo que ocurrió con Caldera, Betancourt y Carlos Andrés Pérez durante la era bipartidista 1958-98, ninguno de los discursos de Capriles, López, Machado, Arria, Borges e incluso Pablo Pérez, tiene esa sustancia vital que necesita todo político venezolano para que la población los pueda seguir, posiblemente porque ninguno de ellos tiene la capacidad de recrear esa sustancia. Sonríen mucho, hablan muy bonito, se toman lindas fotos, pero no pueden hacer más que eso, lo cual me lleva a concluir que los discursos de Capriles, López, Machado, Arria y

Borges, están hechos para oídos que son similares a los suyos. Ellos le hablan a personas de clase media alta y alta que viven en *la República de Burbuja Venezuela*, que si bien no son venezolanos pudientes como ellos, al menos tienen la capacidad de entender el idioma que hablan; lamentablemente, este grupo está formado por menos de la cuarta parte de la población del país. Los discursos de los líderes opositores no llegan a la gente de clase media, media baja y pobre, que son 60% de la población de Caracas, y 80% de la población de Venezuela. Como decía un profesor que tuve en la universidad, "*puede ser que la gente los oiga, pero no los escuchan.*" Finalmente, el pequeño porcentaje de la clase alta y de la clase pudiente que sabe quiénes son Capriles, López, Machado, Arria y Borges, sabe que posiblemente más que velar por los intereses del país, ellos están velando por sus propios intereses; en consecuencia, tampoco les compran sus discursos.

Este problema no tiene nada que ver con que las familias y asociados de Capriles, López, Machado, Arria y Borges quieran recuperar el poder en Venezuela. El problema es que ninguno de ellos comprende las necesidades y carencias de los venezolanos, y recíprocamente, los venezolanos no creen que ellos sean capaces de comprenderlas. Por ese motivo a la oposición le cuesta superar esa barrera imaginaria que es la frontera del Municipio Libertador, y por ese motivo jamás veremos a Capriles, López, Machado, Arria y Borges levantando a masas de la clase baja en el 23 de enero, El Valle o la Cota 905, puesto que en primera instancia ellos no tienen nada que hacer allí, y en segundo lugar la gente de allí no los quiere. Lo peor del caso es que ellos ignoran y están ajenos a que esta situación es la misma en el resto del territorio nacional. En este sentido, el lector extranjero podrá preguntar algo muy válido: *¿Cuál es la situación real de la lucha de poderes y la popularidad de la oposición en Venezuela?*

La realidad es que, al momento de escribir estas líneas en Enero de 2018, yo estimo que la popularidad de Maduro debe estar entre el 20% y 30%, con un 40% de rechazo y un 20% a 30% de indiferencia. Si se proyecta esta proporción a las clases sociales -algo fundamental para comprender el fracaso de la oposición-, es evidente que los venezolanos que rechazan a Maduro y apoyan a Capriles, López y Machado, son precisamente las personas de clase media, media alta y alta. Estas son las personas a quienes la crisis en Venezuela nunca les afectó en el pasado en la era previa a Chávez; apenas les afectó durante el gobierno de Chávez; y apenas les ha afectado durante el gobierno de Maduro. Son personas que un amigo mío llama, *"los que comen cinco veces al día"*. Son los que viven en la *República de Burbuja Venezuela*, cuya extensión territorial incluye los Municipios Baruta, Chacao, El Hatillo, más Miami, Madrid, Barcelona y Panamá. Son los venezolanos que se fueron de Venezuela, o los que aún viven en Venezuela de falsas esperanzas, o bien, que no se ven afectados por la crisis.

No es mi intención que el estimado lector confunda una afirmación que al leerse en primera instancia pareciese reflejar una tendencia populista o socialista, a una realidad que está reflejada en la Parte II del libro. En Venezuela no solo existe un distanciamiento entre las distintas clases sociales, sino que también existe una enorme brecha entre las realidades de sus vidas. Esto es un factor de mucho peso para comprender los múltiples fracasos de la oposición, porque el cuestionamiento de cualquier venezolano, sea de la clase social que sea, debería ser: *¿Por qué estoy luchando?* (para derrocar al gobierno). Si un venezolano habitante de la *República de Burbuja Venezuela*, que vive digamos en una urbanización como Altamira, La Lagunita, Punta Pacífico o Doral, se pregunta *¿Por qué estoy luchando?*, probablemente tendrá una diversidad de respuestas:

1.   Quiero recuperar mi estatus social.
2.   Quiero tener oportunidades de negocio.
3.   Quiero volver a viajar como lo hacía antes.
4.   Quiero comprar esa casa de playa que siempre he querido.

...por nombrar algunas opciones. Ese venezolano en teoría tiene los medios para sobrevivir en cualquier lugar del mundo y, de una u otra forma, siempre podrá superar las adversidades que el gobierno le ponga en su camino, siendo la migración la opción definitiva y la más fácil. Dicho esto, lo siguiente es preguntar qué respuestas podría dar una persona de clase baja cuando se pregunta *"¿Por qué estoy luchando?"*: es decir, ¿qué le motiva a alguien que viva en un barrio pobre como La Pastora, Sarría, Petare o El Valle a luchar para derrocar al gobierno si a pasado toda su vida viviendo en pobreza económica y mental? ¿Para qué va a luchar si toda la población que conforma la *República de Burbuja Venezuela* será la primera en obtener beneficios y calidad de vida cuando Maduro sea derrocado, gracias a que a la persona pobre se le enseña y se le adoctrina que su lugar es precisamente en la pobreza (como expliqué en *Hamburguesas vs Arepas*)? Cada vez que la masa de la oposición sale a marchar, el pobre se pregunta:

"¿En que mejorará mi vida si Chávez/Maduro salen del poder, y son reemplazados por Capriles/López/Machado/Borges? Después de todo, antes de que Chávez/Maduro llegasen, en la época de Carlos Andrés Pérez y Caldera, yo vivía en La Pastora, Sarria, Petare o El Valle. Entonces, ¿en qué exactamente va a cambiar mi vida?"

A diferencia del habitante de la *República de Burbuja Venezuela*, el pobre no tiene una respuesta concreta, salvo un sueño y un anhelo de que su vida cambie. Es decir, que al juntar las repuestas de ambos estratos, se obtiene una palabra que puede unir ambos puntos de vista en una sola palabra que es: esperanza.

El pobre sueña con dejar de ser pobre y comprará cualquier discurso de cualquier líder que le venda la idea de que si lo sigue, dejará de ser pobre. De allí el hecho que haya recordado el mitin de cierre de campaña de Carlos Andrés Pérez en 1988. Así fue como Pérez ganó: convenciendo a los pobres. Así también fue como Rómulo Betancourt y Rafael Caldera ganaron: aprovechándose de los pobres, manipulándolos e incitándolos a creer en ellos con fe ciega, lo cual les dio resultado durante casi cincuenta años, y por eso se puede afirmar que era una fórmula ganadora: atraer a las masas pobres para lograr un cambio de gobierno. Sin embargo, desde la existencia de la MUD no ha habido una sola ocasión en la cual Capriles, López, Machado, Arria, Ramos Allup o Borges, convoquen a una concentración masiva de personas en las zonas pobres de Caracas o el cualquier parte del país comparable a la que tuvo Pérez en 1988 en la Avenida Victoria. Peor aún es el hecho que la masa de la población que conforma la *República de Burbuja Venezuela* y la oposición actual al gobierno de antes Chávez y hoy Maduro, y la cual es la masa de gente que se deja ver en las noticias, en las redes sociales y en el extranjero, jamás se ha atrevido a poner un pie en un barrio pobre. Es muy difícil luchar por la libertad de tu prójimo, si ni siquiera lo conoces, ni sabes donde vive. Una compañera del IESA, quien es una acérrima muy opositora, que ha ido a todas las marchas en contra del gobierno y que odia a Maduro fervientemente, un día me confesó que ella en su vida jamás había puesto un pie en el Municipio Libertador, y ella ni siquiera es de familia pudiente; es una persona de clase media. El resultado es una completa desconexión entre la masa de la oposición que vive en la *República de Burbuja Venezuela*, y el amplio porcentaje de venezolanos que reflejan la identidad mayoritaria del país, y el hecho de que Venezuela es un país plagado de pobreza e ignorancia.

El resultado fue que se creó un círculo vicioso en el cual Henrique Capriles, Leopoldo López, María Corina Machado, Henry Ramos Allup, Cesar Miguel Rondón, Leopoldo Castillo, Orlando Urdaneta, Ramón Muchacho, Gaby Arellano, Lilian Tintori, Freddy Guevara, David Smolansky, Juan Requesens, Carlos Vecchio, y muchos otros más, simplemente se hablan y se escuchan entre ellos, pero no le hablan al venezolano común. Es por eso que parte de la debacle de Venezuela inició en 1998 cuando, tras la derrota en las elecciones presidenciales, AD y COPEI vieron anuladas sus fuerzas, y le dieron paso a una nueva generación de partidos políticos que dan discursos y convocan a sus seguidores a protestar en contra del gobierno de Chávez y Maduro, sin darse cuenta que ninguno de sus seguidores daría la vida por ellos, mientras que en el otro bando, cualquier chavista fácilmente hubiese dado su vida por Chávez, e incluso la darían por Maduro.

Esas han sido las acciones de la oposición para intentar derrocar a Chávez y a Maduro: diálogos que no condujeron a ningún resultado, un líder sin carisma que perdió dos elecciones en menos de seis meses, y un líder que se cree la segunda venida del mesías, todo esto en la *República de Burbuja Venezuela*, donde viven los venezolanos que no saben nada de Venezuela. Estas son las razones por las cuales la clase media, media baja y la gente pobre perdió la fe en los políticos de la oposición: no les creen, no compran sus discursos, no se sienten identificados con ellos, y en consecuencia no respaldan sus acciones.

Al momento de escribir estas líneas, la popularidad de Capriles ha disminuido incluso por debajo de Maduro, puesto que se aisló de los partidos políticos y se separó de la MUD; López vive cómodamente en España; Ramos Allup y Borges siempre han sido unos charlatanes que hablan y no resuelven nada; y nadie escucha a Machado (aunque daría igual si la escuchasen). Hoy en día, ni siquiera la masa de la oposición que habita la *República de Burbuja Venezuela* y que desea fervientemente que Maduro salga del poder, les creen. Parece mentira que algo tan sencillo como "Divide y vencerás" es lo que derrota a la oposición año tras año. Finalmente queda el punto 3) Las "Protestas pacíficas de 2016-17", el cual analizaré a fondo en los dos siguientes capítulos.

Culmino este capítulo con una frase que escuché cientos de veces de parte de los venezolanos: *"Venezuela tiene el presidente que se merece"*. La mayoría de la oposición quiere a López y a Capriles porque ellos podrían ser presidentes de la *República de Burbuja Venezuela*, pero no de la *República de Venezuela*. Los venezolanos que viven en la *República de Burbuja Venezuela* nunca entendieron que Betancourt, Leoni, Caldera, Pérez, Herrera, Lusinchi, Chávez y ahora Maduro, fueron presidentes porque eran lo mejor que podía representar a Venezuela. De allí que la frase tenga sentido.

Le pregunto estimado lector: ¿su país tiene el Presidente que se merece? ¿y su empresa? ¿su junta vecinal?

17

Summer on ice

Las bailoterapias públicas convocadas para derrocar a Maduro

Tras el fracaso de las protestas conocidas como *"La Salida"* en 2014, el siguiente paso para intentar derrocar a Maduro se dio a principios de Agosto de 2016, cuando los líderes de la Mesa de la Unidad Democrática que mencioné en el capítulo anterior convocaron a una gran marcha para el 1ro de Septiembre de 2016, la cual denominaron:

"La Gran Toma de Venezuela"

En la era bipartidista previa a Chávez (1958-98), las marchas siempre eran vistas como fuertes expresiones de protesta por parte de un grupo de personas en contra del gobierno o la autoridad de turno. Como funcionario político, ser el objetivo de una marcha era considerado una vergüenza, ya que un número importante de personas se aglomeraban para hacerle un reclamo en común. Esto cambió a partir del 11 de Abril de 2002 cuando, como expuse en *De cómo Chávez se Perpetuó en el Poder*, las marchas empezaron a ser vistas como una oportunidad para propiciar violencia, y que a raíz de lo que sucedió, el gobierno prohibió la convocatoria a realizar manifestaciones o protestas en el Municipio Libertador. En las pocas ocasiones que hubo alguna marcha que amenazase con ingresar al Municipio Libertador, las fuerzas del gobierno colocaban una serie de barreras en la frontera del municipio, para impedir el paso de la gente, y de esa forma asegurarse que la oposición no entraría a dicho territorio.

Entre 2004 y 2015 la oposición convocó a decenas de marchas cuyos objetivos incluían el Consejo Nacional Electoral, la sede de la Asamblea Legislativa, la Alcaldía, la Fiscalía, y demás edificios que, como expliqué, quedan dentro del Municipio Libertador, pero gracias a las medidas y barreras del gobierno, nunca fueron capaces de conseguir el objetivo propuesto de llegar a la sede de algún organismo público o entregarle un documento a algún funcionario del gobierno.

Esta situación continuó por años, y por ese motivo las marchas y protestas perdieron su impacto moral en Venezuela, ya que siempre se convocaban en territorios seguros dentro de la *República de Burbuja Venezuela*, como mencioné en el capítulo anterior con las protestas de *La Salida* de 2014. Bajo esa tónica, una "marcha" o "protesta" de la oposición en contra Chávez o Maduro consistía en:

1. Coordinar la noche anterior con tu grupo de familiares y/o amigos, para saber el punto de encuentro al día siguiente.

2. Salir muy temprano vestidos con la franela blanca y la gorrita de Capriles. En el caso de la mujer, bien peinada y maquillada.

3. Caminar con familiares y/o amigos, gritando consignas como *"¡Ni un paso atrás!"*, *"¡El que se cansa pierde!"* y *"¡Este gobierno va a caer!"* hasta un sitio seguro en la ruta de la marcha, pero no más allá, ni muy cerca de las barreras que bloqueaban el paso al Municipio Libertador, ya que esto significaría arriesgarse. Una ruta normal podía ser desde Prados del Este hasta Chacao, o concentrarse en algún parque o plaza de Miami o Madrid.

4. Tomarse varias fotos y selfies con tus amigos y familiares, y compartirlos en redes sociales con algunos hashtags.

5. Ver -o en su defecto- inhalar humo de bombas lacrimógenas.

6. Regresar a casa cantando consignas como: *"Bueno, se hizo lo que se pudo"*, no sin antes detenerse en un sitio de comer y almorzar una comida suculenta (quizás lomito o pizza); o bien, llegar a casa y cocinar una carne a la parrilla, acompañada de cervezas.

7. Regresar a casa tristes y desmoralizados porque el gobierno no renunció ante la gran demostración y el esfuerzo que se hizo, sabiendo que Chávez o Maduro continuaría en el poder.

Fue así como las marchas empezaron a dejar de ser vistas como formas de protesta e informalmente se les empezó a llamar *"Bailoterapias"*, porque eran vistas como una excusa para salir a caminar y hacer ejercicio, en vez de ser un recurso de protesta en contra del gobierno, dada su inutilidad, carencia de liderazgo y falta de propósito. Por ese motivo, las marchas en Venezuela se volvieron monótonas y como podrá comprender, cualquier cosa o acción que es utilizada con frecuencia, sin cambios en su forma, lugar, intensidad, volumen, y demás variables medibles, se vuelve impráctica y aburrida. Una marcha chavista en cambio transcurría de la siguiente manera:

1. Días antes (incluso puede ser la noche anterior), el *"compatriota"* recibía una instrucción -como un mensaje de texto directo a su celular- en la cual se le ordenaba que debía presentarse en un punto de encuentro determinado para asistir a la marcha que había sido convocada por la autoridad pertinente.

2. En ocasiones, la orden podía venir acompañada de un mensaje que especificaba que era obligatorio asistir y que habría una bonificación que le recompensaba por su compromiso con la revolución, o en el peor de los casos un mensaje con una serie de consecuencias y sanciones en caso de no haber asistido.

3. El *"compatriota"* se reportaba al punto de encuentro desde donde partía con otro grupo de *"revolucionarios"* del pueblo.

4. Se marchaba hasta un sitio específico según lo indicado.

5. Se presenciaba algún discurso de un líder del gobierno -el presidente o una figura cercana-.

6. Se regresaba a casa feliz de haber defendido la revolución, convencido y feliz de que *"Chávez vive, la lucha sigue[121]."*

No sé si he sido claro con la comparación: no es lo mismo volver a casa habiendo fracasado, que volver a casa sintiéndote victorioso, aunque el fracasado viva en una zona de clase alta y pudiente como Valle Arriba, Los Naranjos o Prados del Este, y el victorioso viva en una zona pobre como el 23 de enero, Petare o los Valles del Tuy.

---

[121] Lema del gobierno, luego de que Chávez falleciese en 2013.

Al igual a como lo he hecho en capítulos anteriores cuando he mencionado frases y términos venezolanos que podrían considerarse como inapropiados, debo aclarar que el término *"bailoterapias"* no es invención mía. En Venezuela, cada vez que se convocaba a una marcha o protesta, los venezolanos decían: *"¿Vamos a la bailoterapia de mañana?"* Sin embargo, esta marcha del 1ro de septiembre de 2016 sí tenía gran expectativa, ya que era…

"La Gran Toma de Venezuela"

Pido disculpas por el tamaño de la letra, pero es mi mejor esfuerzo para tratar de transmitir que esta marcha fue promocionada por los líderes de la oposición como la más importante de todas las marchas en la historia de Venezuela, dado lo significativo que sería por lo que ocurriría ese día. Los líderes de la oposición (Capriles, Ramos, Borges, Guevara, Machado) la vendieron como el "Día D" de Venezuela, principalmente porque finalmente habían decidido que después de doce años de opresión y atropellos por parte del gobierno, en esta ocasión sí se iban a vencer las barreras que les colocaban a cualquier costo, y finalmente recuperarían y conquistarían ese territorio que les había sido negado por tanto tiempo: el Municipio Libertador.

Dado que yo nunca había ido a una marcha y que además me parecía que los venezolanos exageraban al llamarlas *"Bailoterepias"*, supuse que esta marcha iba a ser algo importante y que algo especial ocurriría. Después de pensarlo mucho la noche anterior decidí, ir. Sentí que, a pesar de ser americano, de amar a mi país, y de no sentir nada por Venezuela, este era el momento para demostrar que yo estaba dispuesto a hacer algo por el país que había sido una parte importante de mi vida. Sentí que debía ir porque parecía que de verdad la gente estaba cansada del gobierno y parecía que tenían ganas de hacer algo importante. Parecía que el país se iba a volcar a las calles y dada la forma como los líderes de la oposición vendieron la idea de que por primera vez en doce años conquistarían el Municipio Libertador, supuse que podía ser un punto de inflexión en la historia, y hubiese sido interesante decir años después que yo fui parte de ese momento. Sentí que quedarme en casa y ser indiferente como lo había sido en años anteriores no era una opción, y que así como mi país combatió para liberar a los franceses y judíos, esta era mi oportunidad como americano de luchar para liberar a los venezolanos.

Esa mañana decenas de miles de personas marcharon desde diversos puntos del este de Caracas hasta llegar a El Rosal, donde otra vez apareció la misma barrera que siempre impedía el paso hacia el Municipio Libertador y de donde no se pudo pasar más gracias al primer y único muro de contención de las fuerzas del gobierno: unas tres tanquetas y unos cincuenta guardias nacionales en motocicletas. La multitud formada por decenas (quizás cientos) de miles de personas se detuvo esperando que los guardias les dieran el paso, cosa que por supuesto jamás iba a ocurrir y jamás ocurrió.

Los líderes de la oposición, quienes habían pasado las semanas previas proclamando que el 1ro de Septiembre sería el *"Día de la Liberación de Venezuela"*, nunca aparecieron; ni siquiera para dar un discurso inspirador. Henrique Capriles pasó en una moto, escoltado por unos diez motorizados, saludó a algunas personas y siguió su camino. Pasados unos minutos, los guardias lanzaron algunas bombas lacrimógenas y la marcha fue dispersada. Tras ver que la oposición de nuevo fracasaría en sobrepasar la barrera imaginaria, me di cuenta de que no iba a haber ningún punto de inflexión.

En un momento, un amigo me reconoció y me dijo: *"¿Tú en una marcha? Increíble, ¡hoy es un día histórico!"* y me tomó una foto. Fue lo único histórico que ocurrió ese día. Lo demás fue una decepción. La "Gran Toma de Venezuela" fue igual a las marchas que se habían efectuado en años anteriores. Por parte de la oposición: el objetivo no sido conseguido. Por parte del gobierno: el objetivo había sido logrado. Cerca de las 2:00 pm, las ovejas se fueron al *Rey David*[122] a disfrutar de un merecido almuerzo por no haber logrado nada, y se regresaron a sus casas.

Se aprecia en la foto: tres tanquetas, menos de 50 motos, un camión lanza agua versus estimo como mínimo unas 5.000 personas, sólo en la parte que se aprecia de la foto y le aseguro que atrás había decenas de miles más. Una nota importante: no hay en toda la imagen un solo líder de la oposición: no está Capriles, Machado, Ramos Allup, Borges, ni Tintori. Yo no entiendo, como tres tanquetas, menos de 50 efectivos y un camión echa agua, hicieron que miles de personas terminasen huyendo o lanzándose al río Guaire.

Detrás de las tanquetas y los efectivos no había más barreras. El camino estaba totalmente libre hasta Miraflores. Lo sé porque yo estaba con el grupo de motociclistas e hicimos un recorrido por las vías alternas a la autopista para ver la situación en toda la ciudad, para nosotros mismos cerciorarnos de lo que estaba pasando y la magnitud y el alcance que podría ocurrir en caso de que la situación se saliese de control en El Rosal.

---

[122] El Rey David es un restaurante conocido por sus suculentos platos, cuyos precios son bastante elevados, y cuyo objetivo de mercado lógicamente es la gente de clase alta.

Henrique Capriles -candidato opositor en las elecciones de 2012 y 2013-, quien popularizó la famosa gorra apodada con su apellido.

Ese día confirmé que los líderes de la oposición son unos fracasados, mentirosos y cobardes, pero también me di cuenta de algo peor. Me di cuenta de que los venezolanos no tenían el menor interés, ni la intención de defender los ideales que tanto pregonaban. Entendí que ni siquiera los venezolanos estaban dispuestos a sacrificarse por su país, y que esperaban que otro lo hiciera por ellos. El 1ro de Septiembre de 2016, el día de la "Gran Toma de Venezuela", entendí, por qué le decían "*Bailoterapias*" a las marchas y protestas de la oposición.

Esa misma tarde-noche y al día siguiente conversando con mis amigos que asistieron a la marcha, el saludo normal entre todos era: "*¿Cómo estuvo la bailoterapia?*". Yo los miraba y pensaba: "*¿Para qué entonces salieron a marchar? ¿Cuál fue el propósito?*" Una marcha que se opone a un sistema debe tener un propósito. Las marchas del gobierno no necesitan propósito porque el gobierno tiene el poder. Las marchas de la oposición sí lo necesitan, porque la población manifiesta que está en contra de que el gobierno siga en el poder. Entonces viene la pregunta: ¿Qué era lo que debía suceder en esa marcha del 1ro de Septiembre de 2016?

Ese día era el momento perfecto para que alguno de los mal llamados "líderes" de la oposición, se colocara al frente de las decenas (o cientos) de miles de personas que estaban acumuladas ante las barreras que estaban colocadas en El Rosal y gritara alguna consigna para la historia, por ejemplo:

"¡¡VAMOS!! ¡POR LA LIBERTAD DE VENEZUELA!"

...y lideraba a la masa lanzándose contra las tres tanquetas y los cincuenta soldados. La multitud inspirada por el sacrificio que su líder se dispondría a hacer hubiese soltado lo que tenía, seguido a su líder y se hubiese lanzado contra las tanquetas y soldados.

Las primeras dos columnas se hubiesen estrellado contra las tanquetas, y los guardias hubiesen disparado algunas ráfagas de perdigones, pero las columnas traseras se hubiesen montado sobre las personas en el suelo, y hubieran brincado las barreras sostenidas por las tanquetas. Esto hubiera provocado que más gente de la ubicada en la parte atrás de la marcha se hubiese unido, y la cantidad de gente hubiese sido tanta, que las tanquetas no hubieran podido moverse. La ira del pueblo venezolano, enfurecido, obstinado de tanta represión, de tanta miseria, de tanta desgracia y de tanta humillación de tantos años, hubiese hecho que la gente sacara fuerzas de donde no las tenía para vencer el muro de contención formado, y por primera vez en doce años, se iba a tener el camino libre y despejado hacia el Municipio Libertador.

"¡¡Hoy no nos para nadie!! Ni mil tanquetas podrán detener al pueblo que quiere libertad. ¡Vamos para Miraflores!"- Hubiese gritado el líder.

Algo así era lo que tenía que haber pasado ese día. Algo que hubiese generado que la gente que se había quedado indiferente en sus casas sintiese la importancia del momento y saliese para unirse a la multitud que marchaba hacia el Municipio Libertador. Lo harían a sabiendas de lo que se venía, y que era algo muy peligroso, pero ya el miedo se habría perdido, ya que era ahora o nunca.

En este escenario y tras haber visto lo acontecido, los sorprendidos Ministros de Defensa[123], y del Interior se hubieran reunido con Maduro en el Palacio de Miraflores. Se suponía que la gente se iba a asustar con las tres tanquetas y los cincuenta guardias puestos en El Rosal, pero algo les hizo perder el miedo: **La Gran Toma de Venezuela**.

---

[123] Forma como se conocía al cargo antiguamente. El cargo fue renombrado por Chávez a "Ministro del Poder Popular para la Defensa", al igual que el resto de los Ministros se le agregó "Poder Popular". La misma nota aplica para el Ministro del Interior.

Quizás los Ministros hubiesen ordenado cercar a Miraflores con más policías y guardias mientras más gente se acercaba al Palacio. Quizás habría habido alguna discusión interna entre los Generales del Alto Mando Militar, quienes se preguntarían si el escenario que se avecinaría sería mucho peor al del 11 de Abril de 2002, y que habría un baño de sangre mucho mayor al que hubo en esa ocasión. Quizás las televisoras privadas hubiesen enviado a su equipo de periodistas y reporteros a cubrir en vivo, la ya no *"Gran Toma de Venezuela"*, sino *"Reunión para la Restitución de la Soberanía Nacional."* Quizás algún ejecutivo de los canales privados hubiera abierto un espacio noticioso diciendo: -*"Nosotros también estamos cansados y no seguiremos siendo cómplices del gobierno. Marcharemos e iremos a Miraflores."*

Quizás instantes después algún alto funcionario del gobierno le hubiese dado la orden a CONATEL de suspender la señal de los canales privados y todos quedarían fuera del aire. Pero la familia Cisneros[124], convencidos de la importancia del momento, movería sus conexiones para activar una señal satelital. Ahora el mundo se enteraría y tendría los ojos puestos en Venezuela de lo que se avecinaría: una multitud de millones de venezolanos marchaba hacia Miraflores para exigir la inmediata e innegociable renuncia de Nicolás Maduro.

La poca gente que todavía quedaba en sus casas percibiría lo histórico del momento y se dirían: -*"No puedo quedarme aquí en mi casa, sin saber qué está pasando. Debo salir, tengo que salir, y como pueda, tengo que luchar por la libertad de mi país. Por mis hijos, hermanos, primos y sobrinos que están afuera, para que puedan volver a su país y regresar a sus casas para recuperarla a Venezuela."* Y en esta ocasión, ahora sí la gente vendría de todas partes: de Valle Arriba, de Baruta, de Las Minas, de Santa Eduvigis, de San Bernandino, de Las Acacias, de Los Campitos, de Caricuao, de Maripérez y de Palo Verde, y cientos de miles de personas de todas partes de Caracas hubiesen marchado hacia Miraflores por todas las vías posibles, al punto que el centro de Caracas estaría tomado por opositores queriendo ir a Miraflores o con ganas de ayudar de una u otra forma. Algo así era lo que tenía que haber pasado.

---

[124] Dueños del canal de televisión Venevisión.

En Miraflores, Maduro, desesperado miraría al Ministro de la Defensa [125] , Padrino López. La realidad es que ninguno estaba preparado para esto. Ninguno de ellos previó que ocurriría este escenario en este 1ro de Septiembre de 2016. Se suponía que la de hoy debía haber sido *"una bailoterapia más de la oposición"*, y no pasarían más allá de El Rosal. Nadie hubiese vislumbrado la remota posibilidad de que la oposición venciera a las tres tanquetas, brincara las barreras, se uniera la gente del centro y del oeste de la ciudad, vencieran el muro mental que existía de ser incapaces de cruzar la frontera del Municipio Libertador, llegarían a Puente Llaguno, y estuvieran ahora tan cerca como a una cuadra de Miraflores. Cuando un hombre lo ha perdido todo, es libre de hacer lo que sea. Especialmente por su libertad.

Afuera del Palacio, ya la multitud hubiese llegado gritando: "¡¡MADURO RENUNCIA!! ¡¡MADURO RENUNCIA!!" La consigna se hubiese regado entre las personas que estarían más atrás, en las que estarían saliendo de sus casas, y en cuestión de minutos, la mayoría de la población de Venezuela gritaría: "¡¡MADURO RENUNCIA!!"

En el Palacio, Maduro estaría muy asustado. Esto no fue lo que Chávez le vendió, ni lo que Castro le prometió. No ve a Padrino por ningún lado, así que lo mandaría a llamar de inmediato:

-*"General, dígame lo que está pasando."*

-*"Presidente, la situación no está bien."*

Padrino hubiese dicho –*"No sé, nos tomaron por sorpresa."*

-*"¿Por sorpresa? Esto no es bueno Padrino. ¿Qué hacemos?"*

-*"Yo creo que debería considerar la posibilidad de…"*

…y no voy a ir tan lejos como decir que hubiera renunciado. Hubiese sido lo ideal, pero al menos que hubiera recibido a los cientos de miles de personas, y que se hubiera iniciado el camino para una transición.

---

[125] Forma como se conocía al cargo antiguamente. El cargo fue renombrado por Chávez a "Ministro del Poder Popular para la Defensa", al igual que el resto de los Ministros se le agregó "Poder Popular".

Eso es lo que debió haber ocurrido el 1ro de Septiembre de 2016, o al menos algo parecido. Pero, en vez de eso, lo que pasó fue que tres tanquetas frenaron a decenas de miles de personas que creían que quieren a Venezuela y que creían que luchan por Venezuela. La gente vio que era "imposible" vencer la barrera, buscaron a los líderes quienes nunca aparecieron, salvo Capriles, quien pasó en moto saludando y ni siquiera fue capaz de dar un discurso, y se rindieron.

Yo no esperaba que el gobierno cayese el 1ro de Septiembre, ni que rodaran las cabezas de los gobernantes como sucedió en la Revolución Francesa, pero lo mínimo que esperaba era algún logro que iniciase un avance en la dirección correcta para conseguir un cambio, y creo que el mínimo objetivo era conquistar el Municipio Libertador, o al menos algo que indicase que la oposición podía lograr alguna de las metas que se había propuesto. Mi punto es: si pasaron semanas preparando a la población para una marcha llamada **La Gran Toma de Venezuela**, lo menos que debía ocurrir era algo vinculado con la convocatoria: algo *"Grande"*, o alguna *"Toma"*, o algo relevante en *"Venezuela"*, pero ninguna de las tres ocurrió. Lo que más me indignó fue ver que los venezolanos pensaban que ese logro que yo esperaba podía obtenerse con una *Súper Bailoterapia*, y con Capriles paseando en moto y saludando, más el resto de los líderes opositores sin darle la cara a los miles de venezolanos que salieron a marchar.

El hecho de que hubiera tanto silencio de parte de los líderes de la oposición y de factores clave como los medios de comunicaciones, le hizo pensar a la población que su indiferencia era reflejo de lo que mencioné en el capítulo anterior: que los líderes de la oposición son cómplices del gobierno y que todo esto es un teatro, o que dada su cómoda posición económica, no les importa derrocar a Maduro; o bien que son unos tontos, ineptos y cobardes. Pero por otra parte, ningún venezolano tampoco se atrevió a liderar el paso crucial y sacrificarse por su país. En vez de ello, vieron a los guardias, se dieron la media vuelta, y se fueron al *Rey David* y a hacer parrilladas en sus casas con ron y cervezas. Al llegar a sus casas, colgaron su bandera, su gorrita y su franela blanca en el mismo lugar de siempre:

"Mañana será otro día".

Un punto importante para considerar es que la vía que se visualiza en la foto que compartí, es decir, la Autopista Francisco Fajardo, no es la única forma de llegar al Municipio Libertador. En sentido sur es más difícil, dado que hay algunos cerros y las vías de comunicación están llenas de caminos con subidas y bajadas; es posible, aunque se debe hacer un esfuerzo organizado. Pero hacia el norte de la ciudad hay muchas opciones para atravesar el Municipio Chacao y cruzar la frontera hacia el Municipio Libertador. Más aún, estaba el sur y el suroeste de Caracas, donde se encuentran zonas como El Paraíso y Montalbán, las cuales supuestamente contaban con una gran cantidad de opositores; y más hacia el oeste se encuentra la Carretera hacia El Junquito. Es decir, si el objetivo de *La Gran Toma de Venezuela* era reclamar el Municipio Libertador, había muchas otras opciones para hacerlo, aparte de ir de frente contra tres tanquetas en el nivel superior de la Autopista Francisco Fajardo, y tres tanquetas en el inferior.

Yo llegué a pensar que los líderes de la oposición habían planificado algún tipo de estrategia, movilizando a la masa de personas a través de flancos y rutas alternas, para que de esa manera el gobierno no tuviese la oportunidad de bloquear todos los accesos al Municipio Libertador. Yo pensé que alguien en la marcha iba a sugerir que se dividiera a la marcha en grupos, e intentar por diversas formas bordear a las fuerzas del gobierno. Yo pensé que alguien tenía un Plan B o un As bajo la manga, y vendría un contingente de personas desde el Distribuidor La Araña, la Autopista de Valle Coche, Santa Mónica, o algo que sirviese de distracción para que el contingente principal de opositores que venía desde el este y el sureste tuviese la oportunidad de vencer el cordón que les impedía el paso. Pero nada de eso ocurrió.

Lo que ocurrió, fue que decenas de miles de personas marcharon en la Autopista Prados del Este, para encontrarse con otros que venían desde Chacao y Sucre en un enorme embudo en El Rosal. Se le quedaron viendo a los guardias esperando que ellos les dijesen: *"Pasen adelante por favor"*, los guardias les lanzaron algunas lacrimógenas, vieron que no había otra forma de pasar, y se devolvieron. No hubo líder, no hubo sacrificio, no hubo ideas, no hubo nada. El lector podrá considerar que mi enfoque quizás involucra demasiada confrontación, pero hay que tomar en cuenta el contexto de la situación.

Para el 1ro de Septiembre de 2016, Venezuela era un país en donde casi todas las condiciones estaban dadas para que ocurriese un evento similar al 14 de Julio de 1789 o al 7 de Noviembre de 1917, y que quedare marcado en los libros de la historia como una ocasión memorable en la cual el pueblo de una nación se rebeló contra la tiranía de sus gobernantes, y logró derrocarlos del poder. La lógica que los venezolanos de la oposición le presentan al mundo es que a lo largo de dieciséis años Venezuela cayó en desgracia por culpa de un dictador cruel y absolutista, ignorando todo lo que establecí en la segunda parte del libro; es decir, que nadie le hizo daño a Venezuela y asumiendo que los venezolanos son personas ejemplares y víctimas inocentes de un mal que les cayó.

A ese contexto hay que sumarle que el país se encontraba en una crisis económica inimaginable, con una inflación sobrepasaba 700%, donde el salario mínimo era $50, y la canasta alimenticia valía $200. A eso había que sumarle que uno de los líderes de la oposición (Leopoldo López) se encontraba en prisión "injustamente", y también había que sumarle la delincuencia desbordada, la desigualdad social, la casi infinita corrupción que había en el sistema, la crisis de escasez de medicinas y alimentos, la tétrica situación que se vivía en el sistema hospitalario y la cantidad de familias separadas por los millones de venezolanos que se habían visto obligados a emigrar de Venezuela. Todo esto mientras los líderes del gobierno estaban llevando una vida llena de lujos millonarios y se encontraban totalmente desligados de la realidad del país. Yo no sé mucho de historia, pero voy a atreverme a decir que esas condiciones son comparables a las que había en Francia a inicios de 1789, en Rusia a mediados de 1917 o en Rumania en 1989.

Dicho esto, a continuación debo compartir una píldora que es muy difícil de tragar: habiendo visto los fracasos del 11 de Abril de 2002, del Paro Petrolero, del Referendo Revocatorio de 2004, de las elecciones presidenciales, de las mesas de diálogo y negociación que nunca han servido para nada, y de las protestas de *La Salida* de 2014; el 1ro de Septiembre de 2016 era la oportunidad magistral para iniciar el camino que culminase con derrocar del gobierno mediante una acción similar a cualquiera de las revoluciones que han logrado remover a gobiernos absolutistas a lo largo de la historia, ya que todos los elementos que provocan un movimiento de esa magnitud estaban presentes. Dado que nos encontramos en la era políticamente correcta, quizás muchas personas cuestionarán ese enfoque, pero esto no es algo nuevo ya que la historia lo ha demostrado: la Guerra de Independencia de Venezuela, la de Estados Unidos, la Revolución de Libia, y otros eventos similares lograron sus objetivos a costo de un gran sacrificio humano. Ninguno de esos eventos consiguió algo con mesas de diálogo y sin sacrificios.

Algo que la oposición nunca ha entendido es que los líderes del gobierno no solo están envenenados con el poder, sino que hicieron de Venezuela su propia hacienda, y por ello es imposible que la entreguen. Los líderes del gobierno son iguales a Gadafi, Ceauşescu, Luis XVI, Nicolás II y otros líderes absolutistas, y lamentablemente ninguno de ellos fue removido del poder por la vía pacífica. Los líderes del gobierno no tienen otra opción más que morir en Venezuela. Para ellos, exiliarse en Cuba, Rusia o China, no es una opción. No es casualidad que por años el lema del gobierno era *"Patria, Socialismo o Muerte"*. Eventualmente lo modificaron debido a que Chávez enfermó de cáncer y cuando se hizo evidente que moriría, se cambió a *"Patria y Socialismo, Viviremos y Venceremos"*, aludiendo a que reemplazando el *"Muerte"* por *"Viviremos y Venceremos"*, le daría una larga vida a Chávez en una de esas actitudes de filosofía barata y "mentalidad positiva" que al final no sirvió porque igual Chávez murió. Es decir, a pesar de que desapareció el lema de *"Patria, Socialismo o Muerte"*, la verdad es que ese <u>siempre ha sido y será su consigna</u>. Más aún, la oposición nunca entendió que la población chavista común y corriente respalda esa misma mentalidad e ideología, y están dispuestos a morir por ella.

Los venezolanos de la oposición se devolvieron ese 1ro de Septiembre porque no estaban dispuestos a sacrificarse por Venezuela. Se devolvieron porque no estaban dispuestos a morir por la libertad de millones de personas. Al no tener identidad hacia su país y al tener la cabeza más enfocada en el Plan B de emigrar para Miami, en Panamá y en Madrid que en Venezuela, el resultado fue que fracasaron como siempre. Por eso se fueron al Rey David; o a sus casas a hacer parrilladas con mucho ron y cervezas. Si el lector piensa que ese enfoque de haber vencido las barreras y llegar a Miraflores con una horda de miles de opositores es muy cruel, voy a proponer otro.

En Venezuela se enseña que algunos de los motivos que causaron y condujeron al 19 de Abril de 1810, el 5 de Julio de 1811, y la lucha por la Independencia de Venezuela, fueron el movimiento independentista fallido de Gual y España, la expedición libertadora de Miranda, el rechazo al nuevo Capitán General Vicente Emparan, y la influencia de la Independencia de los Estados Unidos, de Inglaterra; es decir, que eventos externos a tu país pueden influenciar el destino de tu país.

Durante el inicio de las protestas de *La Salida* de Febrero de 2014, al mismo tiempo estaban ocurriendo similares manifestaciones populares en Ucrania para derrocar a Victor Yanukovich. Antes de Ucrania, Egipto ya lo había logrado en 2011 cuando Hosni Mubarak fue derrocado gracias a protestas populares, y también Muamar el Gadafi fue derrocado por medio de la Revolución Libia. De tal forma que en 2014, mucha gente de la oposición venezolana empezó una tendencia de vincular a Venezuela con el éxito que habían conseguido las protestas en Ucrania y Egipto al derrocar a Yanukovich y a Mubarak, así como también con la Revolución Libia. De hecho, hubo una icónica imagen que se volvió viral en las redes sociales, que mostraba un reloj con una cuenta regresiva que se había agotado para Libia, Egipto y Ucrania, y el país que quedaba con arena en el reloj era Venezuela, dando a entender que Maduro sería el siguiente dictador en caer.

Tras el fracaso de *La Salida*, dos años más tarde ahora en 2016, varios "líderes" de la oposición resucitaron la viral imagen del reloj, y empezaron a difundir y a fomentarle a la población venezolana a que viesen el documental *Winter on Fire (2015, Afineevsky)*, el cual narra la forma cómo se desenvolvieron las protestas en Ucrania que resultaron en el derrocamiento de Yanukovich. Si no lo ha visto, le pido por favor deje lo que está haciendo y véalo (está disponible en internet). Si ya lo vio, le pido por favor deje lo que esté haciendo y véalo de nuevo, para que pueda entender los paralelismos entre Ucrania y Venezuela, dado que sus escenarios son extremadamente parecidos. Vaya, vea el documental y luego regrese a estas líneas[126]. ¿Listo? Perfecto, prosigo.

---

[126] El autor recomienda altamente que el lector vea el documental, para que pueda comprender el resto de las referencias que hará sobre *Winter on Fire*, además de que será de gran utilidad para contextualizar y yuxtaponer las semejanzas y diferencias entre las realidades de Ucrania y Venezuela.

Retomemos desde el encuentro de la multitud con las tres tanquetas en El Rosal el 1ro de Septiembre de 2016. La gente ve las tanquetas y siente miedo. Les da miedo confrontarlas, sobre todo ante la ausencia de un líder como el que describí. Pero la gente, recordando las enseñanzas de Egipto, Libia, del documental *Winter on Fire* y de otras dictaduras que han caído por presión del pueblo exigiendo su libertad, decide hacer una jugada maestra: hacer lo mismo que ocurrió en Euromaidan. Después de todo, ese era el propósito de los líderes de la oposición al enfatizarle a los venezolanos que viesen el documental: que aprendiesen de lo que hicieron los ucranianos, para aplicar la misma estrategia en Venezuela, donde tampoco había un líder imponente y donde hasta cierto punto puede afirmarse que la población se organizó y tomó el control de las protestas. En todas las reuniones que fui con los líderes y militantes de Primero Justicia y Voluntad Popular en las comunidades que protestaban en Baruta, Chacao y El Hatillo, no paraban de mencionar y de recomendar que la gente viese el documental para que repitiesen la misma fórmula que fue exitosa en Ucrania. Pero vamos a pensar que el 1ro de Septiembre la gente había estado ocupada, o no era el momento, y adelantemos el reloj hasta que se llegó a la nueva serie de protestas que iniciaron en Abril-Julio 2017.

Las protestas de Abril-Julio 2017 fueron una versión mejorada de *La Salida* de 2014 en términos de alcance y duración, pero al igual a como pasó en 2014, nunca tuvieron planificación, liderazgo, identidad, ni propósito. Similar a como ocurrió el 1ro de Septiembre, las marchas que se dieron en Abril-Julio 2017 no tenían un objetivo claro ya que notificaban el lugar de destino a la medianoche del día anterior, y como siempre, nunca conseguían llegar a él; adicionalmente, las marchas fueron combinadas con una serie de protestas de calle llamadas *"trancazos"*, los cuales consistían en construir barricadas para bloquear el paso vehicular y peatonal en las principales calles y avenidas de los Municipios Baruta, Chacao, el Hatillo y una pequeña parte del Municipio Sucre. Para guiar a la población, los líderes de la oposición enviaban instrucciones por Twitter la noche anterior junto con algunos mensajes "motivadores", uno de ellos insistiendo que debían ver *Winter on Fire*, y ordenándole a los venezolanos a aplicar lo mismo que los ucranianos hicieron en Euromaidan para derrocar a Yanukovich en Noviembre-Febrero de 2014. Eso fue todo lo que pasó en las protestas de Abril-Julio 2017 en Venezuela.

Como podrá imaginar, no hubo el más mínimo intento de parte de los venezolanos de repetir algo siquiera remoto a lo que muestra *Winter on Fire*. Entonces, si tanto mandaron a ver *Winter on Fire* para inspirar a la población, la pregunta es: ¿por qué nadie repitió lo que se hizo en Euromaidan? Para contestar a dicha pregunta, voy a copiar textualmente una exposición que tomé de una chica que publicó un video en YouTube llamado *"Diferencias Protestas Ucrania y Venezuela"* (espero no lo haya bajado), bajo el usuario "A andar por el mundo", y para el momento que escribo estas líneas a finales de 2017, cuenta con 24.365 vistas.

Diferencias entre las protestas de Venezuela y Ucrania

#1 Una vez que los Ucranianos salieron a manifestar, no hubo factor climático, ni balas, ni represión que pudiera hacerlos retroceder o dar vuelta atrás. Los ucranianos acamparon en la Plaza Maidan desde el día 1 y nunca, jamás se retiraron.

En Venezuela, nunca hubo un espacio único de concentración. Se manejó la Plaza Altamira como punto de encuentro y El Rosal siempre fue el punto de acumulación que nunca se pudo cruzar, pero nunca al nivel de Maidan. Encima de esto, las protestas de los venezolanos eran un día si un día no.

#2 La lucha en Ucrania era una protesta civil. Sin embargo, el nivel de organización que alcanzaron fue perfecto. Los manifestantes se armaron con todo lo que pudieron: bates, piedras, bombas molotov, y crearon comités de organización para las distintas tareas que tenían como objetivo mantener el día a día de las protestas, incluyendo un punto dedicado exclusivamente a cargar los celulares. Cercaron la plaza con cauchos, barras, y demás objetos

En Venezuela, las barricadas eran una medida de defensa para evitar el paso de los colectivos. era una barrera protectora, nunca de ataque. Los manifestantes en Venezuela no tienen protección, salvo algunos escudos, máscaras anti-gas y en un caso en particular, un violín.

505

#3 *En las protestas en Ucrania, participaron personas de todas las edades. Un nivel de organización admirable. Si bien los niños muy pequeños y las personas de la tercera edad no podían acampar, éstos se organizaban para llevarles comida y otros suministros a quienes si podían hacerlo. En Venezuela, muchas personas esperan a que la protesta se termine para continuar con su vida con normalidad, o lo que ellos consideran es una vida normal. La mayoría de las personas que protestan y enfrentan a las fuerzas del gobierno, eran los llamados "muchachos de la resistencia": jóvenes de menos de 20 años, que ni siquiera estaban en preescolar cuando Chávez llego al poder, y no conocieron otra Venezuela que no fuese la de Chávez. Aquí varios puntos:*

-Estos jóvenes no tienen razón para protestar: se les inculcó que debían protestar.

Adicionalmente, las diferencias internas entre Voluntad Popular, Primero Justicia, AD, y los demás partidos de oposición, resultan en que los objetivos de la protesta nunca hayan estado claros. Yo al menos nunca los tuve claros. Las personas allegadas a mí, tampoco.

#4 *Los ucranianos estaban decididos a salir de Yanukovich. En lo que es quizás la escena que más emocione del documental Winter on Fire, no se trataba de una protesta más, de una marcha más, o de una ocasión más para tomarse un selfie y publicarlo en Instagram. Se trataba de salvar a su país, de acabar con un régimen que nadie quería que continuase.*

En Venezuela, 80% de la gente que va a las marchas va a tomarse selfies, fotos con los amigos, y a llegar hasta Las Mercedes porque más lejos de allí es muy peligroso.

Conductas como esta fueron las que siempre hicieron que el gobierno ganase, y siempre seguirá ganando. Nunca antes el chavismo había estado con tanta desventaja, y el momento no se aprovechó. Las próximas generaciones, considerarán que el país que conocieron en 2017 es normal en el mundo.

Sé que puede resultar absurdo decir esto desde mi posición, una posición cómoda ya que no estoy en Venezuela, pero ella siempre está en mi mente y en mi corazón.

El análisis es casi perfecto, pero se va a la basura cuando dice *"sé que puede resultar absurdo (…) pero ella siempre está en mi mente y corazón."* Ese es el motivo por el cual la oposición fracasa y el gobierno de Maduro triunfa. Esta chica es una venezolana más que dice que quiere a Venezuela, pero su mayor esfuerzo es publicar un video protestando desde Buenos Aires. Es muy fácil protestar mientras se vive cómodamente en Buenos Aires (o Miami, o lo que sea), hacer un video de receta para marchas, dando instrucciones sobre qué hacer, mientras que en Venezuela hay gente muriendo; lo correcto es tomar un avión e ir a Venezuela a luchar por ella.

"Si les gusta este video, denle like, suscríbanse y compártanlo en sus redes sociales. Es la única manera que este mensaje llegue a la mayor cantidad de personas posibles"

Con ese comentario, es obvio que la chica está más interesada en buscar seguidores para su cuenta de YouTube, que en la libertad de Venezuela. Digo eso porque tras revisar su cuenta, puede notarse que el resto de sus videos no tiene nada que ver con Venezuela, y más bien hablan de lo hermoso que es Buenos Aires.

Como compartí en capítulos anteriores, para 2017 yo vivía en una comunidad cerrada en una calle ciega en una zona de clase alta al sureste de la ciudad en el Municipio Baruta. Los *trancazos* en mi urbanización consistían en colocar una serie de barreras en la entrada de mi calle, algo cuestionable, considerando que a unos escasos metros de las barreras, estaba la reja automática que permitía el acceso a la urbanización. Al salir de mi vecindario había algunas barreras colocadas en la Autopista de Prados del Este y en las avenidas que desembocaban en la autopista, y lo mismo ocurría en urbanizaciones más remotas en El Hatillo y Baruta.

En una ocasión yo me encontraba con un cliente en El Pedregal (una urbanización en el Municipio Chacao al norte de la ciudad) y el *trancazo* de ese día había sido convocado para las 2:00 pm. Yo me desplazaba en motocicleta, ya que era más fácil para sortear las barreras que ponían en caso de que quedases atrapado en alguna parte de la ciudad cuando iniciase el *trancazo*. Ese día salí a las 12:00 pm del edificio de mi cliente, esperando llegar a tiempo a mi casa en el Peñón en quince o veinte minutos, es decir, con tiempo de sobra. Pero apenas salí me encontré con barrera tras barrera, donde debía negociar con las personas que se encontraban allí y suplicarles que me dejasen pasar, o bien tenía que removerlas yo mismo, ya que nadie me ayudaba.

Dado que utilizar la Autopista de Prados del Este sería un suicidio, ya que yo sabía que sería imposible superar la barrera del *trancazo* en el Distribuidor Santa Fe, utilicé varias vías alternas a las rutas principales de la ciudad y me desplacé a través de distintas calles desconocidas en las montañas y urbanizaciones residenciales en Caracas, sorteando alguna que otra barrera. Finalmente llegué a una urbanización llamada Cumbres de Curumo, donde los vecinos no me dejaron pasar más. Para el lector que no conoce Caracas, Cumbres es una urbanización que queda en una montaña, lejos del centro de Caracas o de algo siquiera remoto a ser un punto estratégico de importancia comparable a la Plaza Maidan[127]. Mientras esperaba a que pasasen las horas, me quedé compartiendo con algunas personas de la zona que aprovecharon para jugar fútbol en las calles, hacer pequeños torneos de dominó, y bajar whiskey y cervezas de sus casas para compartir con los vecinos. Para ellos la jornada fue más una fiesta que un "*trancazo*". Yo solo los veía y pensaba: "*Denle Like y Suscríbanse*". Al caer la noche, se fueron a sus casas y con suerte alguien dio la orden para que me dejasen pasar. Al final llegué a mi casa a las ocho de la noche. En líneas generales así transcurrieron los *trancazos* de las protestas de Abril-Julio.

Por razones obvias, casi el resto de los días de *trancazos* preferí quedarme en casa. Mis vecinos bajaban a la piscina, hacían parrilladas, ponían música y hablaban de todo menos de derrocar a Maduro. Y los demás vecinos de la urbanización hacían exactamente lo mismo.

---

[127] Al final de la urbanización se encuentra una entrada secundaria de seguridad hacia Fuerte Tiuna, una base militar a las afueras de Caracas. El autor inserta la nota para aclarar que, si bien Cumbres era una urbanización aislada del centro de Caracas, compartía frontera con un acceso irrelevante a la base militar.

Entre abril y julio de 2017 hubo unos veinte *"trancazos"* en los cuales se repitió la misma tónica en mayor o menor grado, por supuesto dependiendo de la zona. Tras ver a los venezolanos repetir lo mismo día tras día, me di cuenta de que las razones por las cuales los venezolanos no hicieron algunas de las acciones descritas en el ejercicio hipotético que realicé al principio del capítulo, ni tampoco hicieron lo que les enseñó el documental *Winter on Fire*, fueron las siguientes:

1. Venezuela era un país pobre
2. En donde había mucho talento y potencial, pero…
3. Ese talento no se apreciaba, y se tiraba a la basura…
4. Porque había visión de corto plazo…
5. Porque la innovación no se fomentaba ni existía…
6. Porque Venezuela no era un país sino una hacienda…
7. Una hacienda del cual nadie quería formar parte…
8. Donde no les inculcaban valores, principios, ni ética…
9. Y por eso sus habitantes eran personas sin educación…
10. Donde se apoyaba a los mediocres…
11. Y se cultivaba el tercermundismo…
12. Y por eso cada lugar en Venezuela era un reflejo del país…
13. Porque era un país de gente envidiosa…
14. Que decían que odiaban a Chávez, pero lo querían allí…
15. Que decían que odiaban sus políticas, pero las apoyaban…
16. Cuya oposición nunca entendió la realidad del país…
17. Porque preferían protestar a la distancia, desde el este de Caracas, desde Miami, Madrid o Buenos Aires, o y que jamás morirían por Capriles o López, mientras que los chavistas sin dudarlo, darían su vida por Chávez e incluso por Maduro.

Le invito a que reflexione y cuente cuántas de esas cualidades tiene usted. No tiene nada de malo tener una o dos porque somos humanos, pero todas en conjunto… destruyen a un país.

Finalmente debo hablar de un tema sensible, que es sobre los cientos de jóvenes que han muerto en las marchas y protestas de la oposición, ya que la mayoría de ellos no eran las víctimas inocentes que la oposición le hace ver al mundo.

La Debacle

Las marchas y protestas de la oposición en Venezuela funcionaban de la siguiente forma: había un grupo de personas que eran los que marchaban pacíficamente, portaban la gorrita de Capriles, la franela blanca, y marchaban hasta sitios seguros como Santa Fe o El Rosal de la forma como mencioné (a distancia de las barreras y de los efectivos de seguridad); y luego estaba un grupo que estaba formado por los muchachos que enfrentaban a las fuerzas del gobierno, quienes eran conocidos como *"Los Carajitos de La Resistencia."* Eran chicos de la calle, vagabundos, o estudiantes de pocos recursos de clases populares y barrios ubicados en su mayoría en los municipios controlados por la oposición (Baruta, Chacao y El Hatillo) y cada uno de ellos sabía que cada día que salían a "protestar contra el gobierno", podía ser el último día de sus vidas.

La mayoría de estos jóvenes de *"La Resistencia"* recibían recursos, dinero y otros beneficios patrocinados por los líderes de la oposición, o bien por la población general de la oposición a cambio de estar en la línea frontal de las protestas y enfrentarse a las fuerzas del gobierno con piedras, cocteles molotov y similar armamento casero. Por mala suerte para ellos, su posición era sumamente débil y casi siempre caían uno o dos muertos. Los opositores de la *República Burbuja Venezuela* que hoy viven en Miami, Buenos Aires, Barcelona, Madrid y Panamá, saben esto y lo saben muy bien, ya que ellos respaldaban a los muchachos de *La Resistencia* para que ellos no tuviesen que enfrentarse a la Guardia Nacional o a la Policía, mientras se iban a comer al Rey David o hacer sus parrilladas. Salvo algunas excepciones que sí fueron víctimas inocentes, la mayoría de los jóvenes que murieron supuestamente luchando de forma desinteresada por la libertad de Venezuela, en realidad eran soldados mercenarios que habían sido contratados por algún Concejal de Primero Justicia, Voluntad Popular, AD o Vente Venezuela. Al final del día, uno de estos jóvenes de *La Resistencia* moría y los líderes de la oposición no perdían nada, pero daban la idea de que sí y le vendían al mundo que el gobierno estaba masacrando a inocentes jóvenes venezolanos, dado que muchas veces los chicos que morían apenas tenían veinte años. De nuevo debo insistir que en efecto sí hubo jóvenes inocentes que fueron heridos y murieron en las protestas, pero muchos de los heridos y muertos eran parte de *La Resistencia*.

Miguel Pizarro es un líder representante de la oposición, quien nunca ha liderado una sola marcha. Miguel Castillo fue un joven venezolano; una de tantas víctimas que murieron durante una de las protestas contra Maduro.
Fuente: Redes sociales de Miguel Pizarro, 2017.

El día que lo constaté y que me explicaron cómo funcionaba el sistema que operaba detrás de *"Los Carajitos de la Resistencia"*, fue el día que concluí que la oposición jamás derrocaría a Maduro con este tipo de protestas, y es por eso que debo confesar que de todos los párrafos escritos en este libro, estos fueron los más difíciles, por lo triste de su contenido. Esa, estimado lector, es la realidad de las protestas en Venezuela.

En la vida hay que hacer sacrificios estimado lector. En 1814, Antonio Ricaurte hizo explotar un fuerte lleno de pólvora y sacrificó su vida para evitar que los españoles capturasen el depósito de municiones que allí había para reforzar sus tropas y combatir a Simón Bolívar y a los demás venezolanos que luchaban por la independencia de Venezuela. Ricaurte dio su vida para que 200 años después los líderes de la oposición y cientos de miles de venezolanos se acobardasen ante tres tanquetas y 50 motorizados[128]. Nunca olvidaré lo que una compañera de trabajo me dijo después de una de las marchas de Abril-Julio 2017: *"Que estúpida esa gente que va a marchar. Yo jamás arriesgaría mi vida para morir como una pendeja por este país"*. Así piensan los venezolanos de la oposición; así fue como usaron a *"Los Carajitos de La Resistencia"*, y así es como los venezolanos luchan por su libertad:

---

[128] Algunas fuentes indican que Simón Bolívar inventó la historia del sacrificio de Ricaurte, y que en realidad Ricaurte había muerto herido de bala en la batalla de San Mateo.

"Para qué hacerlo, si los chicos de la resistencia lo harán." ¿Cuánta gente murió en la guerra de independencia para que Venezuela fuese libre? Cuando un hombre lo ha perdido todo, es capaz de hacerlo todo. Cuando un hombre no tiene nada que perder, va a hacer todo lo que pueda para defender lo poco que tiene, que es nada. Esa es la mentalidad chavista. Por eso ellos triunfan y la oposición pierde.

En medio las protestas de Abril-Julio de 2017, empezó a circular un chiste entre la población de la oposición, dado que mucha gente ya sabía el trasfondo de *"Los Carajitos de la Resistencia"*. El chiste describía una escena en la cual los líderes de la oposición Freddy Guevara, Henry Ramos Allup, Julio Borges y Henrique Capriles, se encontraban reunidos planificando las acciones de calle:

-*"Bueno, entonces vamos a marchar mañana hasta el Consejo Nacional Electoral a exigir la renuncia de Maduro y la celebración de elecciones libres ¡Vamos a liderar a cientos de miles de venezolanos!"*

-*"Perfecto, ¡vamos todos!"*

-*"Seguramente nos encontraremos con las barreras que ponen los guardias para evitar que pasemos al Municipio Libertador..."*

-*"Bueno... alguien tendrá que atreverse a hacer el sacrificio y liderar un avance contra las tanquetas!"*

-*"¡Tienes razón!"*

-*"¡Totalmente de acuerdo!"*

-*"Muy bien, ¿quién será el líder de la arremetida?"*

-*"Uhmmmm..."*

-*"Estemmmm......."*

-*"Yo lo haría, pero justo ayer me corté el cabello."*

-*"Yo no, mi familia me quiere mucho. ¡Soy el consentido!"*

-*"Yo ya estoy muy viejo, no estoy para esos trotes... ¡de joven si le hubiese echado pichón!"*

-"*Yo de verdad quisiera, pero y ¿si me pasa algo? ¿Quién va a pagar el condominio del apartamento?*"

-"*Yo puedo, pero ¿qué tanto hay que acercarse a las tanquetas?*"

-"*A 30 cm. y además debes montarte encima e inspirar a que la gente también lo haga...*"

-"*Ah no entonces no, yo pensé que era suficiente pararse en Santa Fe y hablarle a la gente con el megáfono por unos minutos.*"

-"*No, no, ¡tienes que vencer las barreras que impiden el paso al Municipio Libertador!*"

-"*Bueno, yo creo que es mejor hablarles con el megáfono en el Distribuidor de Santa Fe, y después mejor nos vamos a comer.*"

-"*Me parece perfecto. Recuerda nuestro lema: ¡Ni un paso atrás!*"

-"*Una pregunta: cuando dices 'Ni un paso atrás' te refieres a la masa de la población, ¿cierto?, y no a nosotros.*"

-"*¡Claro! ¡Ni pendejos que fuésemos!*"

...y en este momento el chiste culmina. Por supuesto, que el oyente preguntaría: "*Espera un momento, pero ¿quién es quién?*" y la persona que contaba el chiste respondía: "*¿Acaso importa?*"

Finalmente, el 31 de julio de 2017 pasó lo que tenía que pasar: las protestas terminaron sin logro alguno y Venezuela siguió como si nada hubiese pasado. Yo me pregunto si los venezolanos de verdad creyeron que Maduro renunciaría gracias a marchas hasta El Rosal y con *trancazos* en las urbanizaciones de la *República de Burbuja Venezuela*.

Chávez tuvo razón después de todo, cuando en 2002 dijo:

"*Es muy sabroso esconderse detrás de un balcón lujoso y tocar una cacerola.*"

La Debacle

18

El surrealista país sin dolientes

"Cada quien protesta como puede" #VenezuelaLibre
– Publicado desde Miami.

Dado que en el capítulo anterior mostré en qué consistían las "protestas y marchas" de la oposición, el lector no venezolano se preguntará: ¿cómo es posible que, tras dos meses de protestas esporádicas en 2014, más tres meses continuos de protestas en 2017, no se pudo lograr nada en lo absoluto para sacar al gobierno, o al menos para negociar una transición democrática? Esto es algo que impresionaría a cualquier extranjero, sobre todo considerando que parecía que toda Venezuela estaba en contra de Maduro. Es por eso que en este capítulo exploraré en qué consistieron las acciones inverosímiles que complementaron a las "protestas" de *La Salida* de 2014, y de Abril-Julio 2017, las cuales voy a organizar de la siguiente forma: 1) Las Protestas por Redes Sociales; 2) El *Scratching* y los Cacerolazos; y 3) Los intentos violentos.

1. Las Protestas por las Redes Sociales:

RAMON MUCHACHO ● @ramonmuchacho
Mañana jueves los venezolanos innovaremos con la primera protesta en Instagram.Súmense todos los que puedan aportar #UnInstantePorVenezuela

Invitación a protestar hecha por parte de uno de los líderes de la oposición, el entonces Alcalde de Chacao Ramón Muchacho. Fuente: Cuenta oficial de Twitter de Ramón Muchacho, 2017.

Existen dos argumentos principales que fueron utilizados por los venezolanos como justificación para convocar y efectuar protestas a través de las redes sociales para el momento de las protestas de 2014 y 2017: el primero es que los medios de comunicación son víctimas de la censura impuesta por el gobierno de Maduro; y el segundo es que los medios de comunicación son cómplices o están vendidos a los intereses del gobierno. Para entender estos argumentos, se deben analizar los eventos que condujeron a que el venezolano pensase de esa forma.

Como lo compartí en *De cómo Chávez se Perpetuó en el Poder*, durante las protestas del 11 de abril de 2002, los venezolanos fueron testigos de la única ocasión en la cual los medios de comunicación desafiaron y se rebelaron en contra del gobierno, cuando desobedecieron la imposición de una *Cadena Nacional* y dividieron la pantalla en dos para transmitir la *Cadena* y los eventos que estaban ocurriendo en Caracas ese día, demostrándole tanto al gobierno como a los venezolanos, que los medios tenían la forma de llegarle a los venezolanos, aun cuando el gobierno les impusiese transmitir una señal unificada. Sin embargo, a raíz de los funestos eventos que ocurrieron el 11 de Abril de 2002 y durante el Paro Petrolero de 2002-03, la mayoría de los medios de comunicación poco a poco empezaron a disminuir su interés en cubrir cualquier tipo de protesta en contra del gobierno, y para 2004, podría afirmarse que la postura política y la línea editorial de los cuatro canales de televisión más importantes del país era la siguiente:

- Radio Caracas Televisión: Totalmente en contra del gobierno.
- Venevisión: Ligeramente en contra del gobierno.
- Globovisión: En contra del gobierno.
- Televen: Ligeramente a favor del gobierno.

…la cual se mantuvo durante el Referendo Revocatorio de 2004, y las elecciones presidenciales de 2006. A principios de 2007, el gobierno anunció que había decidido no renovar la concesión de Radio Caracas Televisión (RCTV), dado que siempre mantuvo una férrea posición en contra de Chávez y, contrario a los otros canales (Venevisión, Televen y Globovisión), jamás cedió su posición política.

El argumento principal del gobierno de no renovar la concesión a RCTV fue debido a su postura durante los hechos del 11 de Abril, sin embargo, la cobertura de lo que aconteció en ese día realizada por Venevisión y Globovisión no fue muy distinta, y el destino de ambos canales en cambio, fue muy distinto al del RCTV, que tras luchar fútilmente para intentar conseguir la renovación de su concesión, se vio forzado a culminar su transmisión el 27 de Mayo de 2007.

Después del cierre de RCTV, Globovisión fue sujeto a una serie de continuos procesos judiciales y amenazas que paulatinamente fueron asfixiando su viabilidad como empresa. Por mucho tiempo trataron de mantener su posición opositora y su línea periodística, hasta que en 2013 sus socios emitieron una carta pública en la cual expresaron que los ingresos ya no cubrían las necesidades del canal, y que habían aceptado venderlo a un grupo de empresarios que eventualmente se descubrió que estaba integrado por aliados del gobierno. Venevisión por su parte sufrió algunos cambios menores en su programación, pero en líneas generales nunca se vio afectado a un punto que pudiera comparársele con el destino que sufrieron RCTV o Globovisión. Por otra parte, Televen siempre ha mantenido una muy ligera y sutil línea política de apoyo al gobierno, y quizás por ello tampoco se vio afectado.

De tal forma que para 2014 y 2017, muchos venezolanos se preguntaban por qué habían cerrado RCTV, pero Globovisión había sido vendido y logró mantener su concesión, mientras que Venevisión y Televen se mantenían prácticamente intactos. ¿De verdad había censura en Venezuela? ¿Fue RCTV el conejillo de indias escogido para tomar una por el equipo? ¿Por qué Venevisión nunca fue amenazado? ¿Les daba miedo transmitir eventos de la oposición porque sufrirían el mismo destino de RCTV? ¿O acaso sus dueños hicieron un pacto con el gobierno y vendieron sus valores y principios para favorecer sus intereses personales? En cualquier caso, el punto al cual quiero llegar es que para 2014 y 2017, los medios de comunicación no eran un recurso con el cual se podía contar, y esos son los motivos por los cuales a los venezolanos no les quedaba otra opción que comunicarse a través de las plataformas de redes sociales, en un proceso de dos pasos muy sencillos que voy a analizar a continuación.

El primer paso era tomarse una foto con la bandera, la gorra o algo alusivo a las protestas por la libertad de Venezuela, y publicarla en redes sociales acompañada de alguna consigna para apoyar las protestas; y el segundo paso era hacer parrilladas en tu casa o edificio, o en el caso de los venezolanos que se encuentran en el extranjero, comer helados en *Olive Garden*, ir al *Oktoberfest* o a un concierto de David Guetta. En síntesis, los pasos son: 1) Compartir algo en redes sociales sobre las protestas, y 2) Continuar con tu vida con normalidad como si nada estuviese pasando. Los puntos para analizar en este caso son los siguientes: ¿Cuál es el rol de las redes sociales en este tipo de situaciones de protesta?, y ¿cuáles son el alcance y los objetivos que deben fijarse cuando se utilizan las redes sociales como forma de protesta?

Planteo estas inquietudes ya que el problema es que en Venezuela, las redes sociales eran vistas como el elemento principal a cargo de las protestas, en vez de ser una herramienta que las complementase. En Venezuela, los venezolanos de la oposición consideraban que si tú publicabas alguna imagen tuya con la bandera de Venezuela, y/o hacías retweet a alguna publicación similar de otro venezolano, eso era una muestra de que habías protestado y habías cumplido con tu deber en las tareas que había que hacer para derrocar a Maduro.

"Cada quien protesta como puede" …y después voy a Missha porque hay ¡ofertas!

Fuente: Redes sociales de un venezolano, 2017.

Esto es un grave error, ya que da igual si el venezolano que "protesta" por redes sociales vive en Caracas, Maracaibo, Miami, Madrid o Panamá. Por ejemplo: los venezolanos que estaban en mi edificio "protestaban" en traje de baño desde la piscina, mientras se cocinaba la carne a la parrilla que habían comprado. Los venezolanos que protestaban que vivían en los dos edificios que quedaban en mi calle hacían lo mismo, al igual que mis vecinos del resto de las casas que quedaban en la calle. El resto de los venezolanos que no tenían piscina en sus edificios o casas, hacían parrillas con cerveza, y los que no hacían parrilladas, veían películas con sus familiares o vecinos, o hacían cualquier otra cosa.

La protesta por las redes sociales te vende la idea de que la persona que "protesta" está físicamente detrás de la pantalla, tecleando y trabajando en una red de publicaciones que está iniciando una revolución que cambiará el país, pero la realidad es que en la mayoría de los casos (en especial con los venezolanos) no es así. Todas las personas con quienes yo estuve en contacto, de distinto estatus social, en todo el país, y a quienes yo les preguntaba qué estaban haciendo minutos después que yo veía que habían "protestado" por sus redes sociales, me respondían que estaban haciendo parrilladas, o en la piscina, o viendo películas, o cualquier cosa. Cuando les preguntaba: "¿Qué tal si nos activamos y planificamos una movilización hacia 'x' sitio, tal como lo muestra *Winter on Fire*?" las respuestas eran:

- *"Ah si..."*
- *"Es buena idea, pero es muy peligroso."*
- *"Vamos a esperar a ver qué dicen los líderes de la oposición."*

...así también lo hacía el grupo de venezolanos que casualmente salían de viaje (de vacaciones o por inmigración definitiva) durante las protestas, y que también protestaban por redes sociales, publicando textos como *"Estoy lejos, pero mi corazón está presente en Venezuela"*, o frases similares. ¿De qué sirve publicar algo por redes sociales, si al finalizar la publicación te vas a la playa en Grecia, o la montaña en los Alpes, a los parques de Disney, a algún concierto de una banda de rock, o incluso a tener sexo, y continúas viviendo la vida como si no estuviese pasando nada?

Estoy completamente seguro de que, salvo algunas excepciones, ningún venezolano que salió de vacaciones o que emigró durante las protestas de 2014 o 2017, dejó de ir a la playa o a la montaña o dejó de tener sexo porque su corazón estaba presente en las protestas de Venezuela. El venezolano no entiende que nosotros los seres humanos (y en general todo ser vivo), estamos vivos por un momento y luego estamos muertos para siempre, y que el momento para hacer algo relevante en tu vida es <u>ahora</u>, y si bien la playa, la montaña y el sexo son actividades placenteras, creo que quizás es más significativo hacer un sacrificio en tu agenda personal de vida para ser parte de algo grande y formar parte de un momento importante en la historia que cambie el destino del país que te vio nacer, te dio educación, trabajo, y más importante aún por encima de todo eso, es el país que tú dices querer en cada publicación de redes sociales que la persona comparte.

Si bien Venezuela me es indiferente (no la quiero, pero tampoco la odio) y tampoco no me vio nacer, es el país que me dio parte de mi educación y parte de mi experiencia profesional, y por eso decidí ir a la marcha del 1ro de Septiembre de 2016. Ese día yo estaba dispuesto a todo, pero el venezolano en cambio, no. De allí mi indignación con los venezolanos y sus protestas por redes sociales: me parece que Venezuela, su país, les importaba menos de lo que a mí me importaba. Lo sé porque los vi: *"Afuera, pero con mi corazón presente en Venezuela."*

Volviendo a *Winter on Fire*, las personas que se encontraban en la Plaza Maidan, tenían valor y contribuían de una forma más significativa que alguien que estuviese en su casa publicando por redes sociales; no que no las hubiese, pero el punto es que si había (que probablemente fue el caso), eran un complemento de la protesta principal, la cual era el foco de resistencia que se estableció en la Plaza Maidan. Si en la Plaza Maidan no hubiese habido nadie o bien, la concentración de personas hubiese sido un día sí y uno no, y la mayoría de los ucranianos que querían derrocar a Yanukovich se hubiesen quedado protestado desde sus casas a través de las redes sociales al mismo tiempo que hacían parrilladas o salían de vacaciones a las islas griegas, Viktor Yanukovich aún seguiría gobernando Ucrania.

Los venezolanos nunca entendieron que era vital contestar las dos preguntas que hice acerca del alcance y los objetivos de las protestas por redes sociales, ya que al hacerlo podrían comprender y diferenciar una protesta con una simple publicación ordinaria en redes sociales, de lo que en realidad debieron haber sido las protestas de 2014 y 2017, y las respuestas a dichas preguntas pueden encontrarse analizando lo que ocurrió en la Revolución de Egipto.

Las redes sociales pueden influenciar el acontecer mundial si son utilizadas en la forma correcta. Cuando Whael Ghonim creó la página *"We Are All Khaled Said"* en Facebook, el sitio tenía lo que se conoce como un "Call to action"; es decir, una llamada a la acción con un objetivo claro y concreto. Más aún, Ghonim estaba viviendo cómoda y tranquilamente en Dubái, y convenció a su empleador (Google) que lo trasladase para Egipto alegando motivos personales. Quizás no les dijo que tenía pensado participar en las protestas que estaban ocurriendo, o quizás sí… quién sabe.

El hecho es que Ghonim se reestableció en Egipto, en el corazón de donde estaban ocurriendo las protestas, y además participó de forma activa en las protestas que eventualmente terminaron derrocando a Mubarak. Ghonim no publicó una foto de él con la bandera de Egipto al revés, o con una lágrima invitando a protestar, pero quedándose en su casa en Dubái, colocando iconos en sus estados de redes sociales, y al día siguiente publicando una foto de él tomándose unas cervezas *"Estoy en Dubai, pero tengo mi corazón en Egipto. #FunTimeConAmigos"*, mientras la gente de su país moría. Pudo hacerlo, pero no lo hizo. En cambio, esto fue lo que la mayoría de los venezolanos hicieron en las protestas de 2014, y 2017, tanto en Venezuela como desde el extranjero.

Adicionalmente, aparte del grupo de venezolanos protestando por redes sociales mientras hacían parrilladas, o estaban de vacaciones esquiando, teniendo sexo, o estableciéndose en sus nuevos hogares alrededor del mundo, estaba el grupo de "prominentes" venezolanos en el exterior, que además de repetir la misma metodología de protesta virtual, contribuyeron de forma incorrecta al ya de por sí cuestionable objetivo de protestar por redes sociales.

En medio de las protestas de 2017, el gobierno venezolano realizó una emisión de bonos con caducidad en 2022, a 30% del valor facial. Goldman Sachs se hizo con los bonos pagando $2.8 billones al gobierno de Nicolas Maduro, y de inmediato la transacción disparó el odio de los opositores hacia la institución americana, tildando la operación como una inyección para: 1) Alimentar y darle vida al gobierno dictatorial de Maduro; 2) Proporcionarle los medios y recursos al gobierno para seguir comprando armamento de represión para las protestas; y 3) Proporcionar millones de dólares al gobierno, cuando es el pueblo que muere de hambre quien necesita el dinero. Ese fue el argumento con el cual varios opositores en la población criticaron a Goldman Sachs y generaron una serie de protestas por redes sociales y pronunciamientos en contra de los ahora llamados *"Bonos del hambre"*. Uno de los prominentes venezolanos que se pronunció en contra de dicha transacción fue Ricardo Hausmann[129].

Para 2017, el venezolano que se encuentra en Venezuela tiene dos opciones: o sabe quién es Ricardo Hausmann o no. Si sabe quién es, lo más probable es que la imagen que tenga de él, es que fue un corrupto o ineficiente Ministro de Coordinación durante el gobierno de Carlos Andrés Pérez (uno de los gobiernos más corruptos en la historia de Venezuela, como expuse anteriormente). Tal vez Hausmann no haya sido corrupto y es un hombre honesto que jamás desfalcó a Venezuela, y solo se le puede acusar de haber sido otro más de los centenares de ministros que pasaron por un cargo cuya gestión no tuvo mayor impacto positivo en el país, como ocurrió con Luis Alberto Machado en el Ministerio de la Inteligencia, quien como mencioné en *La Historia de la Hacienda Venezuela*, fue ministro durante cinco años, cobró el equivalente a $500.000, y su aporte al país fue mínimo; una imagen similar es la que los venezolanos tienen de Ricardo Hausmann. Quien no sepa quién es él tendrá que acudir a Wikipedia, donde es descrito como un aclamado economista que ha publicado una variedad de teorías; que fue Ministro de Coordinación durante el gobierno de Pérez; y que es el Director del Centro Kennedy de Harvard. La impresión que da es que es una especie de John Maynard Keynes venezolano.

---

[129] Project-Syndicate.org. The Hunger Bonds. Hausmann. 26 de Mayo de 2017.

Obviamente la página de Wikipedia de Hausmann no va a decir que fue un Ministro corrupto o ineficiente, y he allí la falla de Wikipedia y el por qué nunca debe utilizarse como referencia. La otra opción que quedaba fue una que yo vi con un grupo de amigos quienes sostuvieron el siguiente diálogo:

-"¿Viste lo que Hausmann dijo acerca de los bonos de Goldman?

-" Sí, pero ¿Quién es Ricardo Hausmann?"

-"El papá de Joanna Hausmann."

-"¿Quién es ella?"

-"Una comediante venezolana."

-"¿Ah, sí? Y ¿es buena?

-"Bueno, el humor es cuestión de gustos, tendrías que verla."

-"¡Suena bien! ¿Cuándo es su próxima presentación?"

-"No, ella no vive aquí. Es YouTuber. Ella en sus videos dice ser venezolana, pero ha vivido casi toda su vida fuera de Venezuela."

-"Vale. Y ¿él? ¿Podemos ir a alguna charla de él donde podamos verlo? Dado que Capriles es un inepto, Leopoldo López está preso, y Machado es muy radical, probablemente ese tal Hausmann podría ser el líder que necesitamos…"

-"No, porque tampoco vive aquí desde hace muchos años…"

… y en consecuencia, nuevamente se repite el hecho de que alguien que no vive en Venezuela, y que probablemente vive una vida muy acomodada fuera de Venezuela (y con ello quiero decir que no está metido en el corazón de la crisis de su país). En el caso Hausmann se trata de un político de la era bipartidista de Venezuela con una imagen muy desprestigiada dada su asociación con Acción Democrática y Carlos Andrés Pérez, y quien ahora se pronunciaba por redes sociales, o por internet, cuando su lugar debía ser estar presente en Caracas liderando a la masa de la oposición que lucha para derrocar a Maduro, pero no lo hace.

Para el venezolano, el hecho que Hausmann se haya pronunciado desde Cambridge, es lo mismo a que se hubiese pronunciado Carlos Andrés Pérez desde Miami (si hubiese estado vivo), o Diego Arria, o la chica YouTuber del video *"Diferencias Protestas Ucrania y Venezuela"* desde Buenos Aires, o en general, cualquier venezolano que estuviese residenciado en el exterior: todos son personas que solo cumplen con decir que son venezolanos, y decir están preocupados por Venezuela, pero sus acciones reflejan lo contrario.

Yo entiendo la indignación de los venezolanos con la transacción de los bonos, excepto por el detalle que el dinero pagado por Goldman Sachs podría haber tenido cualquier destino: quizás en efecto sí se usó para comprar bombas, granadas y armamento para reprimir a los manifestantes, pero tal vez quizás se usó para pagar el salario de los empleados públicos, incluyendo a los empleados de las empresas que proveen y distribuyen los servicios de agua, luz, teléfono y electricidad en Venezuela, ya que todas las empresas encargadas de dichas labores son propiedad del Estado; o quizás se usó para pagar las deudas de PDVSA a China; o quizás fue para un poquito de cada una de las acciones que nombré. Era imposible afirmar con la certeza con la que lo hacía Hausmann y el resto de la población que conforma a la oposición, que los bonos de Goldman Sachs eran los "Bonos del hambre" o "Bonos de sangre" (eso apartando que creo que 2.8 billones en bombas, granadas y armamento es demasiado dinero), y eso apartando el hecho de que como he expuesto en varias ocasiones, Hausmann no es precisamente el más indicado para criticar las decisiones financieras del gobierno de Venezuela dada su trayectoria.

Lo que el gobierno de Venezuela haga con el dinero que recibe, es problema del gobierno de Venezuela. Si un limosnero se me acerca en la calle para pedirme dinero y a su lado se encuentra la persona a quien él va a pagarle para que le dé droga con el dinero que yo le voy a dar, es obvio que no le voy a dar dinero; pero si no estuviese el *"proveedor"* ¿qué pasaría? Eso sin contar que durante muchos años Estados Unidos ha sido el principal comprador de petróleo venezolano, de tal forma que también sería válido preguntar qué destino tenían los dólares que le pagaba el gobierno de los Estados Unidos al gobierno venezolano.

Algo similar al pronunciamiento de Hausmann con los bonos adquiridos por Goldman Sachs, ocurrió con una organización llamada *Asociación Venezolanos Perseguidos Políticos en el Exilio*, quienes convocaron a una protesta en Miami para pronunciarse en contra de la agrupación musical Guaco[130] por haberse presentado en una fiesta de Diosdado Cabello -uno de los hombres más poderosos del gobierno-. Guaco es una de las agrupaciones musicales más emblemáticas de Venezuela; creo que es un poco tarde para que tras treinta años y decenas de álbumes y conciertos, ahora los venezolanos protesten contra ellos, y si esa es la lógica entonces también deberían protestar en contra de Pastor Maldonado y Gustavo Dudamel.

Estos son los motivos por los cuales las protestas en redes sociales no deben ser el conductor principal de una serie de acciones dirigidas a derrocar un gobierno. Pueden ser la chispa que inicia o detona, y pueden actuar como un complemento efectivo, pero no más de allí. Una guerra no se gana a la distancia lanzando bombas y misiles. Se gana combatiendo en el sitio, peleando casa por casa. Las protestas por redes sociales son el equivalente a haber bombardeado Stalingrado: ayudan, pero no son el factor decisorio. Pero, la oposición venezolana consideró que esa estrategia era la primordial y la más correcta a utilizar durante las protestas para derrocar al gobierno, y fue de esa forma como empezaron a llover las consignas de: *¡Cada quien protesta como puede!"*, lo cual nos conduce a:

2. El *Scratching* y los Cacerolazos.

Dado que para 2014 y 2017 ya había una cantidad de considerable de venezolanos en el exterior en Nueva York, Miami, Madrid, Londres y otras ciudades, muchos de ellos en ocasiones coincidían con funcionarios o partidarios del gobierno de Chávez o Maduro cuando iban a Olive Garden, o a cualquier otro restaurante, lo cual le daba paso a la otra forma de protesta conocida como *"Scratching"*.

---

[130] Guaco es unas de las agrupaciones musicales más populares, icónicas y de mayor trayectoria en Venezuela. Podría afirmarse que incluso eran de los pocos grupos venezolanos que contaba con una gran cantidad de fanáticos, incluso trascendiendo a cualquier ideología o posición política. Su discografía es una combinación de canciones del folklore autóctono de Venezuela, con canciones comerciales.

El *"Scratching"* o *"escrache"* consiste en afrontar verbalmente a un funcionario, partidario o enchufado del gobierno, y reclamarle públicamente los crímenes y/o daños de los cuales son responsables. Hay varios ejemplos que están disponibles en internet, como el *Scratching* a Rafael Ramírez cuando se encontraba en un restaurante en Manhattan, o al de Jorge Arreaza[131] en Londres. El *Scratching*, es una muestra de lo poco que los venezolanos quieren a su país y es en este punto donde los judíos son todo lo contrario.

Hay una cualidad que debo admitir veo que es común en los judíos que conozco. Me parece que ellos componen un grupo muy unido y sienten mucho orgullo por su historia y sus creencias, y siempre me ha parecido algo bonito y admirable. Me llama mucho la atención cada vez que escucho a un judío hablar de lo mucho que su pueblo ha sufrido y cómo se han mantenido unidos y han superado las adversidades. En ese sentido, existe una aceptación casi universal respecto al holocausto siendo un episodio deplorable en la historia de la humanidad, y como cada acción tiene una reacción, del holocausto surgió un movimiento que hizo ver cuán comprometidos y unidos son los judíos entre ellos.

Me refiero a la modalidad de persecución en contra de los nazis que surgió al terminar la Segunda Guerra Mundial, con el nacimiento de escuadrones de cacería, primero en Alemania y luego replicándose hacia otros países a donde los nazis habían huido, como Argentina. Estos escuadrones -algunos patrocinados por el gobierno y otros patrocinados por sus propios miembros-, se dedicaron a rastrear, cazar y atrapar nazis, para bien extraditarlos a Israel y que fuesen juzgados por sus crímenes, o bien para ajusticiarlos. Lo que quiero transmitir es que los judíos no confrontaban a los nazis en un restaurante en equipos de dos y les daban una charla y un sermón de treinta minutos sobre la moral y el daño que le hicieron a los millones de judíos, con uno de los dos filmando y el otro dando el aburrido sermón. Hasta donde yo sé, eso nunca ocurrió. Lo que sí sé que ocurrió es que los judíos rastrearon, cazaron y capturaron a los nazis, y bien, los llevaron a Israel (como pasó

---

[131] Rafael Ramírez fue ministro de energía y presidente de PDVSA por diez años. Jorge Arreaza fue vicepresidente, ministro de ciencia y tecnología, es el actual cónsul y fue esposo de una de las hijas de Chávez. Se estima que manejan fortunas de cientos de millones de dólares producto de corrupción.

con Adolf Eichmann), o hacían justicia con sus propias manos, y considerando lo que vivieron, era lo menos que podían hacer. Es posible que ellos pensaran que esa gente merecía un castigo y debían pagar por lo que hicieron, y esa es la palabra clave: pagar. El criminal debe dar la cara ante la justicia por sus crímenes.

Volviendo al caso que nos compete, un día un amigo me compartió que estaba *"feliz"* por el *"Scratching de altura"* que dos venezolanos le habían hecho a Jorge Arreaza en Londres, a lo cual yo le contesté que ni entendía el "escrache", ni mucho menos el calificativo, "de altura". Le dije que si es ese el precio que él piensa que debe pagar una persona que le hizo tanto daño a Venezuela, como autor intelectual y responsable indirecto de asesinatos, familias destruidas, actos de corrupción, y cualquier cantidad de crímenes que se le pudiera imputar, al mismo tiempo que se encuentra en Londres viviendo una vida de lujos con los recursos del Estado en apartamentos millonarios y autos lujosos, me parece que es un precio excesivamente barato. Recibir una charla de 27 minutos por parte de un pobre chico que apenas tendrá con que pagar la renta, acompañado de uno o dos amigos igual de fracasados que filmaban el encuentro, creo que es un precio que mucha gente pagaría. Mi amigo se molestó y dijo que el *"Scratching"* trata de que *"¡No tengan paz a donde quiera que vayan!"*, algo que tiene aún menos sentido.

El punto es que no se trata de que haya que pasarle un auto por encima cuatro veces a Jorge Arreaza o a Rafael Ramírez; se trata de la definición de pagar por un delito o un crimen, o al menos de la definición de justicia. Un criminal se presenta ante la justicia para que rinda cuentas y pague por sus crímenes, y por eso utilicé el ejemplo de la captura de Eichmann. No puedo imaginar la enorme fuerza de voluntad que debieron tener los miembros de *Mossad* cuando lo capturaron y lo retuvieron en un cuarto interrogándolo por días, cuando otra persona lo hubiera torturado hasta matarlo y no lo hubiese dejado salir vivo de Argentina, pero el *Mossad* decidió que lo más adecuado era llevarlo ante la justicia israelí, donde fue encontrado culpable y fue sentenciado a muerte.

Con los venezolanos en cambio, tenemos a un montón de personas en España, Estados Unidos, Inglaterra o Australia, que confrontan verbalmente a funcionarios del gobierno cuando tienen la suerte de coincidir con ellos, así como también a enchufados implicados en crímenes casi tan deplorables como los cometidos por los nazis, y luego lo publican en sus redes sociales como si fuese un logro comparable a haber derrotado a los alemanes en la Batalla de Stalingrado.

Los venezolanos olvidan que murieron personas inocentes el 4 de Febrero, el 27 de Noviembre, el 11 de Abril, y durante las protestas de 2010, 2014, 2017, Los venezolanos olvidan que Mónica Spear y su esposo fueron asesinados, que familias fueron separadas y destruidas, dinero fue robado y malversado por funcionarios del gobierno, que obras emblemáticas fueron destruidas o abandonadas, que estudiantes de la Universidad Simón Bolívar fueron encerrados en un camión cava y les lanzaron una bomba lacrimógena, que miles de personas fueron secuestradas por los organismos de seguridad del gobierno y miles de enfermos en hospitales mueren por no contar con medicinas o los recursos para salvarse (incluyendo niños), por mencionar algunos ejemplos. ¿Todos esos delitos y crímenes son castigados con un simple *"Scratching"*, para que al final del sermón Rafael Ramírez y Jorge Arreaza continúen viviendo su vida de lujo? Por cierto, mi amigo que me comentó lo del *"Scratching"* también vive ilegal en Estados Unidos. Bajo esa misma premisa alguien podría darle a un *"Scratching"* sobre los motivos por los cuales debería irse de Estados Unidos.

Luego estaban los famosos *"Cacerolazos"*. Mencioné en *"La Historia de la Hacienda Venezuela"*, que la primera vez que presencié un *"Cacerolazo"*, fue durante el gobierno de Carlos Andrés Pérez el 10 de Marzo de 1992. Los *Cacerolazos* son mecanismos de presión popular, pero de nuevo, no pueden ser el conductor principal de una protesta masiva para derrocar al gobierno. En esa ocasión, había otros factores de peso que se sumaron para que Pérez renunciara a la Presidencia. En el caso de las protestas en contra de Maduro, los Cacerolazos eran similares a las protestas por redes sociales, ya que la mayoría de ellos ocurrieron en la *República de Burbuja Venezuela*, de allí el hecho que en una ocasión Chávez dijese la cita con la que cerré el capítulo anterior: *"Es muy sabroso esconderse detrás de un balcón lujoso y tocar una cacerola."*

En vista de que el estándar para las protestas era el lema de *"cada quien protesta como puede"*, bien por redes sociales, o por *"Scratching"*, entonces el venezolano asumió que ese era el máximo esfuerzo que debía hacerse para derrocar a Maduro. A partir de allí, cualquier hilera de situaciones inverosímiles que ocurriesen en el país y que pudiesen considerarse como formas de protesta, eran suficiente esfuerzo. En consecuencia, el estándar de la protesta se fijó en la ley del mínimo esfuerzo y en protestas que se ejercían dentro de un mundo surrealista. Fue así como apareció el protagonista de una de las situaciones más extrañas que se dieron durante las protestas contra Maduro en 2017: Oscar Pérez.

3. Acciones violentas.

Un día en junio de 2017 en medio de las protestas y dentro de toda la incertidumbre que reinaba en la nación acerca del futuro de las manifestaciones en contra de Maduro, considerando que los *trancazos* no estaban dando resultado, y que las "protestas por redes sociales" desde Miami, Madrid, Buenos Aires y Panamá tampoco estaban funcionando muy bien que se diga, apareció un helicóptero sobrevolando el cielo de Caracas cargando consignas apoyando a la oposición. Acto seguido, la aeronave se dirigió al Tribunal Supremo de Justicia y los tripulantes procedieron a lanzar granadas no explosivas al edificio. Si bien no eran granadas explosivas, se trataba de un ataque a la integridad y a la institución que representa el edificio. Es decir, daba igual si hubiesen lanzado huevos con pintura, o granadas incendiarias; lo que importa es el acto como tal y no lo que se haya utilizado. Si una persona ataca una institución, el mensaje que se quiere transmitir es el ataque como tal y no la forma en que se hace. Eso es una de las premisas más fundamentales de la guerra, caso contrario, no se haría propaganda de guerra. Horas después, alguien de nombre Oscar Pérez se responsabilizó como el líder del ataque hecho por la aeronave.

El ataque de Oscar Pérez fue percibido con mucho escepticismo por muchos venezolanos de la oposición porque nadie sabía quién era, ni tenía alguna fuente fiable que respaldase su nombre o sus acciones. A diferencia de Chávez en 1992 o de los generales que se pronunciaron en contra de Chávez durante el 11 de Abril de 2002 y el Paro Petrolero de 2002-03, en esta ocasión no había forma de saber quién era Oscar Pérez, por eso casi nadie creía en él, al punto que un grupo significativo de venezolanos pensaron que era un teatro elaborado por gobierno para utilizarlo como excusa ideal para un autogolpe de estado.

Eventualmente Oscar se presentó a Venezuela a través de su cuenta Twitter, explicando que él era un comisario de la Policía Científica, y que estaba ejerciendo acciones para protestar y alzarse en contra del gobierno, intentando transmitir que era una especie de nuevo Chávez de 1992, pero ahora en 2017. Luego de pronunciarse, un pequeño grupo de venezolanos dijo conocerlo dado que Oscar había trabajado brevemente como actor. Por otra parte, los líderes de la oposición nunca hicieron algún tipo de pronunciamiento claro en el que fijasen posición respecto a él, bien apoyándolo en su cruzada solitaria, o bien invitándolo a formar parte de la oposición.

Creo que lo más incomprensible era que desde un punto de vista realista, si bien entiendo y acepto que en la práctica, el Poder Judicial le es leal a Nicolás Maduro, la lógica indica que el Poder Judicial es independiente del Poder Ejecutivo (de allí la expresión "independencia de los poderes del Estado"). En Venezuela, el Poder Judicial le es fiel al ejecutivo, pero aun así el poder judicial no es Maduro. Entonces, ¿Cuál era el objetivo de atentar en contra del Poder Judicial? Es como si un hombre intentase seducir a mi esposa, y yo voy a confrontar a golpes al hermano del hombre, cuando lo lógico es que yo vaya a enfrentar al hombre que intentó seducir a mi esposa y no a su hermano.

Si Oscar Pérez quería dar una demostración en contra de Maduro, ¿por qué no atacó Miraflores? Después de todo, yo calculo que Miraflores queda a menos de tres minutos de vuelo del Tribunal Supremo de Justicia. Quizás era muy arriesgado, o la logística era más compleja, o quizás podría morir, pero entonces ¿para qué decidió atacar un objetivo que no es relevante, ni representativo?, especialmente porque el objetivo principal de las protestas de 2017 era "la renuncia de Maduro", y en el mejor de los casos la "renuncia del Poder Judicial", podía considerarse como un objetivo secundario.

El argumento de Oscar sobre el vuelo de su helicóptero fue que, según él, él conocía las fallas de los protocolos de seguridad aérea de las fuerzas del gobierno. Lo extraño es que un avión Suhkoi Su-35 de la Fuerza Aérea Venezolana, tarda quince minutos en llegar desde Maracay a Caracas, eso además de los helicópteros militares que están en la Base Aérea de La Carlota en Caracas, que podrían llegar en dos minutos a la sede del TSJ. Yo puedo creer que el protocolo de seguridad de la fuerza aérea tenga fallas, pero esta situación caía en lo absurdo. Me cuesta creer que ningún piloto estaba disponible para salir a confrontar el simple helicóptero civil, o que no hubiese ni un radar para precisar su ubicación o en dónde aterrizó, eso apartando que si yo fuese el Presidente y un helicóptero le lanza unas granadas al Tribunal Supremo de Justicia, de inmediato le exijo la renuncia al Ministro de la Defensa y al Comandante de la Fuerza Aérea, y recíprocamente yo en esos cargos haría lo propio, pero nada de eso ocurrió.

El razonamiento es simple: si un helicóptero civil pudo volar libremente el cielo de Caracas, cargando letreros conspiradores, lanzando granadas y disparándole a los edificios del gobierno, y no pudieron capturarlo, entonces cualquier helicóptero de cualquier estación de radio o de tours aéreos podría hacerlo. Pero vamos a suponer que Oscar tenía razón y que las fallas en los protocolos de seguridad aérea en Venezuela son tantas, que él estaba seguro de que no le pasaría nada si el volaba un helicóptero con consignas de querer derrocar al gobierno. Suponiendo que todo eso fuese cierto, la serie de eventos que siguieron fueron aún más inverosímiles.

Días después del vuelo en helicóptero, Oscar Pérez invitó a través de Twitter a que los venezolanos se uniesen a su causa. A aquellos que no podían, Oscar los invitó a que resistiesen, hiciesen "Scratching", mantuviesen las protestas por redes sociales, y otras variantes similares. Dado lo que establecí acerca de la incertidumbre que el venezolano sentía hacia Oscar Pérez, los venezolanos respondieron al llamado de unirse a su lucha con apatía, desconfianza e indiferencia. Esto era algo lógico porque había muy poca información sobre Oscar y además sus acciones no eran lo suficientemente claras ni contundentes como para ver en él un verdadero líder de la oposición en la lucha contra Maduro; en consecuencia, sólo un tonto se uniría a Oscar Pérez.

Adicionalmente, para el momento en que Oscar apareció en Venezuela, había más de diez partidos políticos de oposición en la Mesa de Unidad Democrática, cada uno con líderes con un interés e ideología única. Ahora se sumaba un onceavo grupo de oposición al gobierno, cuyo líder era alguien de quien nadie conocía, nadie podía ver en persona, nadie tenía idea de sus intenciones, y cuya única vía de comunicación era su Twitter, eso obviando lo carente de sentido que es anunciar que se va a dar un Golpe de Estado a través de vía Twitter.

Días después, Oscar reapareció informando que había ejecutado un asalto a un cuartel de las Fuerzas Armadas, y que había conseguido robar algunas armas y municiones. El asunto es preguntarse el porqué de sus acciones: si una persona está sublevándose en contra del gobierno y lo está haciendo público, ¿no se supone que ya debería tener las armas? ¿Quién en su sano juicio comparte un mensaje en redes sociales diciendo que está sublevándose en contra del gobierno, e informando que ahora sí tiene las armas para hacerlo? ¿O acaso su plan era desarmar a las Fuerzas Armadas asaltando cada cuartel? ¿O acaso planificaba armar a cientos de personas? ¿Qué tanta era la cantidad de personas que necesitaban estar armadas? ¿Por qué necesitaban estar armadas? ¿Planeaban un magnicidio? Por más que la población analizaba las acciones de Oscar Pérez, no se le encontraba sentido, coherencia, ni lógica estratégica, y mucho menos tras pronunciarse de la improvisada e inverosímil forma como él hizo. Por eso nadie le creía.

Yo no sé mucho de golpes de estado, pero creo que para derrocar un gobierno por la fuerza, hay que tener lógica, estrategia y un plan muy bien definido; improvisar sobre la marcha no es una opción. Además, la historia ha demostrado que dar un golpe de estado exitoso en Venezuela no es muy difícil y no requiere de mucho personal:

- En 1945, un par de divisiones se alzaron en contra del gobierno, y en cuestión de horas el presidente Medina Angarita se entregó para evitar prolongar el conflicto.
- En 1948, Carlos Delgado Chalbaud, Marcos Pérez Jiménez y Luis Felipe Llovera Páez se presentaron en el despacho del presidente Gallegos, y le dijeron que recogiese sus cosas y se largara. Ni siquiera hizo falta desenfundar un arma.

- En 1958, Marcos Pérez Jiménez recibió información de que varios generales lo habían traicionado, y que había perdido el apoyo de la Fuerzas Armadas. Recogió sus cosas y huyó en el avión presidencial. No hizo falta ni un disparo.

Esa idea de que para dar un golpe de estado exitoso en Venezuela hacen falta tanques, divisiones, aviones y quinientos hombres armados, es debatible en el mejor de los escenarios. Es decir, una cosa es que los líderes de un golpe de estado cuenten con el respaldo y el compromiso de las Fuerzas Armadas sin que haya necesidad de un enfrentamiento con las fuerzas leales al gobierno, y otra cosa es que el respaldo deba reflejarse en un enfrentamiento militar armado. El único que desperdició vidas humanas y movilizó cantidad de hombres, tanques y aviones para derrocar un gobierno fue Chávez en dos ocasiones y falló en ambas ocasiones. En países africanos, sí sucede que un golpe de estado escala en un conflicto armado, pero eso es debido a la idiosincrasia de esas naciones. En Venezuela, para dar un golpe de estado y que éste sea exitoso, solo hay que conseguir dos objetivos:

1. Capturar al Presidente y lograr su renuncia.
2. Convencer al alto mando militar de restaurar el orden con el nuevo mando.

Por eso, estas absurdas ideas de *"golpismo"*, y *"únanse a nosotros"*, no sirve. Chávez y Maduro siempre hablaban de que en Venezuela existía la posibilidad de un golpe de estado y siendo honesto, esa posibilidad estuvo latente quizás hasta 2003-04 como lo expliqué en *"De cómo Chávez se perpetuó en el poder"*. A partir de ese momento la idea poco a poco fue diluyéndose, debido a que mientras más poder Chávez le daba a los militares y a sus aliados, menor era la posibilidad que ocurriese, y para 2017 no tenía casi ningún sentido, dado que la institucionalidad y el servicio a la patria se perdieron el día que Chávez le dio poder a los militares en los asuntos del día a día del país.

Por supuesto que actualmente quizás debe haber un grupo de militares descontentos con Maduro, pero el asunto es que el otro porcentaje restante, está al servicio del Poder Ejecutivo en vez de estar con un perfil de institucionalidad, y ese es el motivo por el cual es imposible dar un golpe de estado en dichas condiciones. Si una división del ejército se alzase en contra del gobierno, de inmediato serían enfrentados por el resto de los militares afectos al gobierno, más la milicia, más la reserva, más la GNB, más la PNB y encima, los colectivos. Por ese motivo es inviable e imposible un golpe de estado en Venezuela, ya que alguien que dé un golpe de estado no duraría cinco minutos en el poder, porque la cantidad y el porcentaje de efectivos del ejército que es leal y apoya al gobierno, es inmensa, y están dispuestos a defender sus intereses a costa de su propia vida.

Días después del "asalto al cuartel", Oscar fue entrevistado por el periodista de CNN Fernando del Rincón en su programa del 12 de Enero de 2018, donde Oscar dio las primeras declaraciones "serias" a un medio de comunicación. Horas después de la entrevista, las fuerzas del gobierno anunciaron que habían ubicado a Oscar Pérez y su grupo de rebeldes (trece personas). Tres días después, las fuerzas del gobierno sitiaron el sitio (una casa en El Junquito[132]), y se inició un supuesto enfrentamiento armado. En medio del combate, Oscar Pérez grabó cinco videos y los publicó en sus redes sociales, indicando que él se había rendido a las fuerzas del gobierno, pero que los efectivos hicieron caso omiso a sus palabras, y en vista de ello les pidió a los venezolanos que lo ayudasen. Este punto debe ser analizado a detalle dado que acto seguido, hubo una lluvia de balas y granadas dirigidas hacia la casa.

En reiteradas ocasiones Venezuela ha sido catalogada como uno de los países con la peor conexión a internet del mundo, tanto por lo lento, como por lo inestable. El internet en Venezuela no es el mismo que hay en Miami, Sídney o Frankfurt, donde es posible compartir cinco videos en redes sociales con facilidad. El internet en Venezuela es peor que el de Uganda[133]. En Caracas es muy difícil subir un video desde una zona urbana como Chacao, Baruta o El Hatillo donde hay "buena señal" de internet; ni hablar desde una zona rural. Oscar, desde El Junquito -una zona montañosa y rural-, compartió cinco videos uno tras otro desde un teléfono celular, mientras era tiroteado.

---

[132] Un suburbio rural a las afueras del oeste de Caracas.
[133] Speedtest Global Index (2020). Uganda: móvil #132, cable #150. Venezuela móvil #138, cable #150.

Lo inverosímil de la situación fue satirizado por varios venezolanos, quienes obviamente no creían lo que estaba pasando y pensaban que todo era un teatro, ejemplificado en este Tweet publicado a los pocos minutos del enfrentamiento:

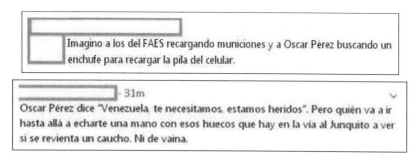

Imagino a los del FAES recargando municiones y a Oscar Pérez buscando un enchufe para recargar la pila del celular.

· 31m

Oscar Pérez dice "Venezuela, te necesitamos, estamos heridos". Pero quién va a ir hasta allá a echarte una mano con esos huecos que hay en la vía al Junquito a ver si se revienta un caucho. Ni de vaina.

Fuente: Redes sociales de venezolanos, 2018. [134]

Lo más increíble no fue que Oscar hubiera subido cinco videos desde su celular con el peor internet del mundo, sino lo que sucedió a continuación. Suponiendo que todas las acciones de Oscar fuesen ciertas, es decir, que atacó el Tribunal Supremo de Justicia como muestra de su lucha por la libertad de Venezuela; que había asaltado un cuartel militar; que iba a liderar la lucha armada por la libertad de Venezuela; y suponiendo que el enfrentamiento que estaba ocurriendo era legítimo, lo más increíble y lo más triste fue que los venezolanos ni siquiera salieron a ayudarlo. Nadie salió. Nadie salió cuando Oscar les pidió ayuda. Lo más probable fue porque los venezolanos prefirieron pensar que Oscar Pérez era un montaje, y un teatro; o bien concluyeron que no valía la pena salir a defenderlo y unirse a su causa, quizás porque después de todo, al venezolano no le importa Venezuela. En el mejor de los casos ¿Cómo se supone que Oscar Pérez imaginó que alguien iría a ayudarlo hasta El Junquito? ¿Cómo? ¿Cuándo? ¿Con qué tiempo? ¿Con qué organización, con qué logística, con qué recursos? ¿Por dónde iba a ir la gente? ¿Qué harían al llegar? La realidad es que si los venezolanos no salieron por Leopoldo López en 2014, mucho menos saldrían por un total desconocido como Oscar Pérez en 2017.

---

[134] La naturaleza del chiste se debe a que la vía hacia El Junquito es por una carretera cuyo pavimento siempre ha estado en pésimas condiciones. Adicionalmente, para el momento de las protestas, el valor de un caucho sobrepasaba $200, una cifra exorbitante considerando que el salario promedio de un venezolano clase media para 2017 era $100.

Minutos después, el gobierno anunció que Oscar Pérez había sido abatido en el enfrentamiento y explicaron que el objetivo de la operación era acabar con el terrorismo en Venezuela. Mientras tanto la masa de la oposición venezolana, que apenas meses atrás no creía en Oscar Pérez para nada, que dudaban de su veracidad y de sus intenciones, ahora lloraba su muerte al punto de querer convertirlo en un mártir. Nadie nunca supo quién fue, quién era, qué quería, qué hizo o qué tramaba, y peor aún, no salieron a ayudarlo cuando él les pidió ayuda, pero ahora la población entera de venezolana lloró y guardó luto por el supuesto asesinato de Oscar Pérez, quien ahora era visto como un héroe.

> **Orlando Urdaneta** ● @orlandourdaneta
> CON LA MASACRE DE OSCAR PÉREZ Y SU GENTE, VENEZUELA QUEDA
> ADVERTIDA: LLEGÓ EL TIEMPO DE MATAR O MORIR.
> EL MOMENTO JUSTIFICA QUE PUEBLO Y GUERREROS DE FRANELA REINICIEN
> ACCIÓN Y GUARIMBAS, HASTA QUE CAIGA ESTE NARCO RÉGIMEN...

Orlando Urdaneta es un actor, locutor, animador y personaje de televisión, que estuvo muy involucrado con las protestas del 11 de Abril de 2002, y que vive en Estados Unidos desde hace muchos años.
Como podrá imaginar, no ha hecho mucho por la libertad de Venezuela, salvo enviar Tweets desde su casa en el extranjero, junto con los miles venezolanos en Miami afligidos y de luto porque mataron a Oscar.

Fuente: Cuenta Oficial de Twitter de Orlando Urdaneta, 2018.

Los eventos que rodearon la breve aparición de Oscar Pérez durante las protestas de 2017 hasta su muerte en 2018 fueron otra muestra más del surrealismo continuo que se vivía en Venezuela. Mucha gente piensa que sus acciones fueron legítimas y reales, mientras que otro grupo de personas piensa que todo fue un teatro y un montaje elaborado por el gobierno. Al igual como ocurrió durante el 11 de Abril y con el Sierra Nevada, de nuevo otro incidente quedó sin respuesta y los venezolanos debían quedarse con la opción de debatir entre ellos acerca de qué fue lo que en realidad había pasado, ante la ausencia de un orden, una estructura, un objetivo definido, una meta o un frente unificado en las protestas para derrocar a Maduro.

Retomando la actitud de *"Cada quien protesta como puede"*, en vista de que no había liderazgo en las protestas, lo que quedaba era una masa formada por venezolanos protestando por redes sociales, desde sus piscinas, haciendo parrillas, o de vacaciones por el mundo, o desde sus hogares establecidos como inmigrantes.

A esa masa, ahora había que sumarle el grupo de los corruptos y/o ineficientes líderes de la era bipartidista 1958-98 que fueron quienes precisamente destruyeron a Venezuela y prepararon el camino para el ascenso de Chávez al poder; además del líder opositor y Alcalde de Chacao Ramón Muchacho invitando a protestar por Instagram; además de Ricardo Hausmann (exministro del gobierno de Carlos Andrés Pérez y quien no vive en Venezuela desde hace décadas); además de Orlando Urdaneta (quien también vive fuera de Venezuela); además de George Harris (un comediante venezolano que también vive fuera de Venezuela, y cuya rutina de comedia también gira en torno a la crisis de Venezuela); además del *"Scratching"* de altura y de los *"Cacerolazos"* en la *República de Burbuja Venezuela*; además de la inverosímil serie de situaciones que rodearon la aparición de Oscar Pérez en el acontecer de Venezuela; además de los *trancazos* en urbanizaciones de clase media, media alta y alta; además de los líderes de la oposición que convocaban a marchas que vendían como el Día D, pero que terminaban como una *bailoterapia* más… la sumatoria de todos estos elementos es demasiada.

El resultado de esta sumatoria era una excesiva sobrecarga de situaciones sin sentido que producían una imagen surrealista en la mente del venezolano. El ambiente que genera es un entorno que es demasiado caótico, y es un ambiente en donde hay demasiadas fallas en demasiadas cosas que se están haciendo mal, todo al mismo tiempo, en el mismo sitio. Así es imposible que algo pueda salir bien.

Apartando lo tiránico o dictatorial que fue Simón Bolívar, hay que darle crédito por haber triunfado en la lucha de la independencia de Venezuela. No imagino a Simón Bolívar diciéndole al ejército patriota: *"¡Soldados! Vamos a intentar ganar la Batalla de Carabobo, pero si no pueden ir, quédense en sus casas, ¡cada quien lucha por la libertad de Venezuela como puede!... Like and Subscribe!"*, ni tampoco imagino al General Yukhov diciéndole eso mismo al sexto ejército durante la Batalla de Stalingrado.

Todas las situaciones que describí en este capítulo más otras tantas que obvié, no solo eran muestras del surrealista día a día que se vivía durante las protestas que ocurrieron en Venezuela, sino que eran una prueba irrefutable de que Venezuela es un país sin dolientes.

Cada vez que me reunía con mis amigos y conocidos venezolanos que formaban parte de la oposición, siempre salía a colación un muy triste diálogo, que me parecía sentenciaba el destino de Venezuela:

-"¿…y que tienes pensado hacer?"

-"bueno… ya tengo preparado mi plan B."

-"¿Ah sí? ¿Qué tienes pensado hacer?"

-"Aquí no va pasar nada, y yo ya encontré la única salida al problema de Venezuela…"

-"¿Hay una salida a toda esta crisis?"

-"Sí… Maiquetía."

"Vamos mi gente. Venezuela nos necesita."
La persona compartió esta publicación vive en Miami desde 2009.

Fuente: Redes sociales de un venezolano, 2017.

Parte IV

La única salida al problema…

…Maiquetía.

La única salida al problema…

19

La tragedia de los comunes

La vida de un venezolano en dos maletas y una foto

La Tragedia de los Comunes fue descrita por primera vez por el economista William Forster Lloyd en 1833, y fue adaptada para aplicarse en situaciones similares planteadas por el ecologista Garrett Hardin, quien demostró su utilidad para entender los casos en los que se busca el beneficio individual a corto plazo, el cual va en perjuicio del bienestar común en el largo plazo, resultando en consecuencias drásticas para todos. Hardin expuso que la teoría aplica para la sobrepoblación, la contaminación y otros problemas sociales. La tragedia de los comunes le da a un individuo la oportunidad para beneficiarse, al mismo tiempo que produce efectos negativos en la población en donde se encuentra, algo que he venido mencionando a lo largo del texto, y sobre lo cual profundizaré en este capítulo con un enfoque distinto.

Suponga por un momento que usted es un pescador y vive en una aldea donde se encuentra una laguna con peces. De los peces de esta laguna depende el abastecimiento de su familia. Junto con usted, viven tres pescadores más con sus respectivas familias. La laguna en principio tiene doce peces, y cada pareja de peces produce un nuevo pez que se suma a la población de la laguna cada noche. La pregunta es: a fin de maximizar el suministro de comida para usted y su familia,

¿cuántos peces debe pescar cada día? Asuma que cada pez crece y se vuelve adulto de inmediato y que la laguna está a máxima capacidad (ignore variables como el sexo del pez que captura). La respuesta es un (1) pez. Si cada pescador toma un pez, habrá ocho peces al final de la noche, y dado que habíamos establecido que cada pareja de peces se reproduce y genera una cría, entonces a la mañana siguiente habrá doce peces en la laguna. Si alguien tomase más de un pez, el número de parejas reproductivas decaería y la población no podría volver a su cantidad original. Es fácil ver que, los peces se extinguirán, y los pescadores y sus familias perecerán de hambre.

En el ejemplo de la laguna, cada pescador tiene motivaciones individuales para llevarse la mayor cantidad de peces para su propio beneficio, y de hacerlo produciría una disminución en la población de peces de la laguna, lo cual afectaría a la población de la aldea. Debido a la ansiedad causada por pensar en quedarse rezagado ante sus vecinos, un pescador concluirá que le conviene traer un pez extra para la casa, sumado a ese un (1) pez que habíamos establecido debía llevarse como máximo; tal vez pensándolo mejor, le conviene más traerse dos peces, o tres, o cuatro. Los otros pescadores llegarán a la misma conclusión y he allí la tragedia: optimizar para sí mismo en el corto plazo, no es beneficioso para nadie en el largo plazo. Cada vez que una persona se encuentra una situación en la cual se plantea la *Tragedia de los Comunes*, se debe tomar en cuenta que, lo que es bueno para todos es bueno para cada uno de nosotros como individuo, y esta es la base con la cual voy a explorar lo que para los venezolanos era la única salida al problema de Chávez y Maduro: la inmigración; un fenómeno que empezó a finales de los años 80 y principios de los 90.

En Venezuela había dos tipos de persona:

1. Los que nacieron, se criaron, estudiaron, se formaron, se graduaron y vivieron toda su vida en Venezuela.

2. Los que nacieron, se criaron, estudiaron, se formaron, se graduaron y vivieron toda su vida en Venezuela, rodeados de venezolanos, pero que tenían posibilidad de obtener otra nacionalidad, vía sus padres o abuelos, como lo establecí en el capítulo *La Identidad Perdida*.

El tiempo que viví en Venezuela, no conocí una sola persona que no hubiera intentado obtener la nacionalidad europea, americana, mexicana, o colombiana por cualquier vía posible, solo para estar "preparado en caso de que haya que tomar la decisión de emigrar." Eso siempre me pareció igual que estar casado, pero cortejar a alguien del trabajo, solo para estar preparado por si las cosas en tu casa no llegasen a funcionar entre tu pareja y tú. Mis amigos Javier y Roberto, quienes celebraron cuando obtuvieron la nacionalidad española para obtener el paro forzoso, son dos de miles de ejemplos. Después de todo, ¿quién quiere vivir y trabajar en Venezuela ganando $500 como ejecutivo medio, o $1.000 máximo, cuando en España con 1.500 Euros puedes vivir tranquilamente en Madrid?

Estoy seguro de que el lector venezolano conocerá a varios ejemplos de venezolanos que de una u otra forma hicieron lo posible para conseguir otra nacionalidad cuando vivían en Venezuela. Sin embargo, estoy seguro de que no debe conocer muchos ejemplos del caso contrario, es decir, españoles viviendo en España, portugueses viviendo en Portugal, o estadounidenses viviendo en Estados Unidos deseosos de obtener la nacionalidad venezolana. Por ese motivo se debe extrapolar la aplicación del análisis de la *Tragedia de los Comunes* al caso de los venezolanos que tuvieron la idea de emigrar de Venezuela, desde mucho antes que la situación en Venezuela escalara a la actual crisis humanitaria, porque cada venezolano que Venezuela perdió o, mejor dicho, cada venezolano que se fue de Venezuela, le hizo dos veces el daño al país que supuestamente tanto quería, para obtener el beneficio de rehacer su vida en otra sociedad. Por cada venezolano que se iba, el país debía reponer lo que se invirtió en esa persona con otro venezolano, quien debía trabajar y darle al país su propio aporte, más el aporte del venezolano que se fue. Por ejemplo, supongamos que tenemos un equipo de futbol de ensueño:

- Portero: Gianluigi Buffon
- Defensas: Phillip Lahm, Franco Baresi y Beckenbauer, Roberto Carlos
- Mediocampo: Genaro Gatusso, Lothar Matheus, Ronaldinho y Zidane
- Delanteros: Pelé, Ronaldo
- Suplentes: Reny Vega (portero), Vizcarrondo, Ricardo David Páez, Juan Arango, Cicero, Stalin Rivas, Tomás Rincón.

El equipo juega muy bien, ganan varios torneos, y un día, Ronaldinho dice: *"Me voy, me ofrecen más dinero en Barcelona."* En vez de negociar e intentar mantenerlo, la directiva del equipo lo deja ir, y queda un vacío difícil de llenar, pero que Juan Arango –quien pasa de ser suplente a titular– hace su mejor esfuerzo para reemplazarlo. Luego Roberto Carlos se va, y Vizcarrondo pasa de la banca a la titularidad. Luego Pelé y Ronaldo deciden marcharse, y Rincón y Páez los reemplazan. Luego Ronaldo, Zidane y Phillip Lahm se marchan y Rivas, Cicero, y González los reemplazan. Ahora el equipo queda de la siguiente forma:

- Portero: Gianluigi Buffon
- Defensas: González, Franco Baresi y Franz Beckenbauer, Vizcarrondo
- Mediocampo: Genaro Gatusso, Lothar Matheus, Arango y Stalin Rivas
- Delanteros: Tomás Rincón, Ricardo David Páez
- Suplentes: Reny Vega (portero), Pedro Pérez, Pablo Rodríguez, Guillermo Gómez, José Torres, Marco Soto, Alejandro López.

Pérez, Rodríguez, Gómez, Torres, Soto y González, son muchachos de la generación de relevo a quienes nadie conoce, y hablando de forma realista, nadie los conoce porque no son comparables a cualquiera de los jugadores que se marcharon del club. Aún con un Director Técnico como Hugo Chávez, ¿cómo cree usted que le irá al equipo con estos nuevos jugadores, en comparación con el equipo anterior? ¿Mejor o peor? Ignore variables como lesiones y factores externos. Algo así es lo que ocurría en Venezuela con la inmigración durante finales de los 80 y los años 90: la gente valiosa empezó a irse y los reemplazos cada vez eran menos valiosos.

Venezuela era como una empresa que en vez de tener entre sus filas a un recién graduado valioso –alguien como decir Ronaldinho o Pelé en términos de un profesional académico– para ir preparándolo, llevarlo poco a poco y ofrecerle una línea de carrera prometedora, prefería tener a Soto, Pérez, Rodríguez, Gómez, Torres, y González, quienes tal vez pueda que tuviesen la mejor de las intenciones, pero no podían compararse con los que se fueron del club. Por más que Pedro Pérez y Pablo Rodríguez traten, difícilmente podrán emular el desempeño de las personas que se fueron y que podían haber marcado una diferencia en el equipo o la empresa.

Como expliqué en la Parte I, la tendencia de emigrar de Venezuela fue iniciada por venezolanos como los valiosos egresados de la Universidad Simón Bolívar y de la Central, quienes buscaban obtener la nacionalidad europea para irse de Venezuela, y eventualmente les siguieron el resto de los profesionales de la Central, la Católica, la Metropolitana, LUZ y la Universidad de Carabobo. Con esa óptica, ¿cuántos pescadores buenos quedaban para conducir al país y con cuántos peces se contaba para el abastecimiento del país? Más aún: ¿por qué los venezolanos siempre pensaron que irse era mejor que quedarse en Venezuela? Porque, cuando se tiene un sistema como el venezolano, donde todo estaba configurado para que la gente valiosa viese que había una mayor recompensa al irse de su país que al quedarse, se iban a ir porque eso es lo que consideraban correcto: <u>Su beneficio individual, iba por encima del comunitario.</u> Lo peor y lo más triste es que el país pudo haberlos retenido pero no quiso, como por ejemplo le ocurrió a una amiga Ingeniera cuando renunció a Movistar en Venezuela:

- Mónica: - *"Jefe buenos días, aquí tiene mi carta de renuncia."*
- VP de RRHH: - *"¿Por qué? ¿Acaso no te tratamos bien aquí?"*
- Mónica: - *"Sí, sí, pero me ofrecieron una oportunidad en el exterior, voy a ganar cuatro veces más y aparte tengo mayores beneficios para mi crecimiento profesional y personal."*
- VP de RRHH: - *"Entiendo. Suerte y ¡esperamos que regreses!"*
- Mónica (pensando): - *"Sí claro, espera sentado."*

…cuando más bien debía haber pasado algo como:

- Mónica: - *"Jefe buenos días, vengo a entregar mi carta de renuncia."*
- VP de RRHH: - *"¿Por qué? ¿Acaso no te tratamos bien aquí?"*
- Mónica: - *"Sí, sí, pero me ofrecieron una oportunidad en el exterior, voy a ganar cuatro veces más y aparte tengo mayores beneficios."*
- VP: - *"¡No puede ser! De inmediato voy a llamar a Recursos Humanos para mejorar tu paquete salarial, y si es necesario duplicar tu sueldo, lo haremos. Nosotros tenemos planes para ti en esta empresa Mónica, queremos que hagas carrera y que tú seas la que herede mi cargo."*
- M: - *"Cielos, no sabía que yo fuese tan importante para la empresa."*
- VP: - *"Pues sí eres. Quédate tranquila que esta empresa es tu casa."*

…lo cual puede interpretarse como un ejercicio idealista, pero el objetivo es ilustrar que debía reconocerse el valor de la persona, tal vez no al punto de ofrecerle el doble o cinco veces el sueldo, pero al menos intentar algo que le diera razones para quedarse en Venezuela.

Fue así como los venezolanos empezaron a marcharse de su país y poco a poco se iba forjando esta idea de que estar afuera era mucho mejor que estar adentro, reflejado en este diálogo que era muy común en Venezuela a finales de la década de los 80 y a principios de los 90:

- *"Oye y… ¿qué fue de la vida de Mónica?"*

- "Ella está en Miami, consiguió un buen trabajo y le va bien."

- *"Oye y… ¿qué fue de la vida de Juan Carlos?"*

- "Está en Japón, consiguió un buen trabajo y le va muy bien."

- *"Ah, ya veo, y… ¿qué fue de la vida de Ismael?"*

- "Está en Francia, consiguió un buen trabajo y le va muy bien."

- *"Ah, ya veo, y… ¿qué fue de la vida de María Valentina?"*

- "Está en Sídney, consiguió un buen trabajo y le va muy bien."

Poco a poco, tanto la persona que preguntaba, como el que respondía, se planteaba la siguiente idea: *"Hmmmm, parece que todos mis compañeros de estudio* (del colegio o la universidad) *se fueron de Venezuela, y a donde sea que se hayan ido, les va mucho mejor que aquí. ¿Tal vez será buena idea que yo me vaya a cualquier lado?"*

Sume a eso los problemas diarios que ocurrían en Venezuela desde los años 80: no servían los semáforos, la gente botaba la basura en la calle, la banca no servía, Caracas era horrible, había tiroteos un pleno día y morían personas inocentes asesinadas a manos del hampa, y poco a poco el venezolano comenzaba a pensar como el pescador egoísta de la tragedia de los comunes: *"Al demonio la sociedad venezolana. Lo que importa es mi beneficio."* Poco a poco la laguna se iba quedando sin peces, y gente con menos talento quedaba a cargo de la nación, reemplazando a una persona que tenía mayor valor y potencial, y sabiendo que esa persona que reemplazaron estaba mucho mejor preparada (es decir, reemplazando a Ronaldinho con Pedro Pérez), así como también sabían que la persona a quien reemplazando estaba en otro país y le estaba yendo muy bien; mucho mejor que si se hubiese quedado en el puesto de su reemplazo. Eso no es algo muy motivador, o ¿sí?

De esa forma, llegamos a finales de los 90 y a principios de 2000, y el venezolano se planteaba la siguiente idea: *"Tal vez yo no pueda conseguir un muy buen trabajo, ya que no soy de la Simón, ni de la Central, pero… tal vez pueda conseguir un trabajo decente en Miami, vendiendo casas o trabajando de chofer, y eso es suficiente para mí. Yo sería muy feliz trabajando como vendedor de casas en Miami y viviendo en Hialeah, Doral o Weston. Aquí no soy feliz. Este país hay que reconstruirlo y hay que arreglarle muchas cosas. Aquí nada sirve: no sirve la banca, no sirven los organismos públicos, no sirven las empresas privadas, no sirven las calles, ni las avenidas, no hay seguridad… es mejor irme a Miami donde ya está todo lindo y bonito, que quedarme a trabajar aquí y arreglar este desastre."*

Y así fue como inició la migración de venezolanos. Para 1997, uno de cada siete venezolanos tenía esa mentalidad; para 2004 era uno de cada cinco; para 2006 era uno de cada cuatro; y para 2008 era uno de cada tres. Es decir, el éxodo migratorio no comenzó con Chávez y no ocurrió de la noche a la mañana, sino que fue gradual desde finales de los 80, y con Chávez simplemente aumentó la cantidad de venezolanos que querían emigrar y hacer su vida en cualquier lugar del mundo menos en Venezuela. Para el venezolano, irse a un sitio donde todo funcionase era preferible que quedarse trabajando en Venezuela para arreglarla y lograr que en el tiempo todo funcionase, sobre todo considerando que el día a día les hacía ver que todo iba empeorando, irónicamente, gracias a ellos, ya que la realidad de Venezuela era construida por los venezolanos. Por eso no había ganas, ni cultura, ni educación, ni el amor por el país para que esa realidad cambiase.

A este deseo que tenían los venezolanos de hacer vida en cualquier parte del mundo menos en Venezuela (preferiblemente en los Estados Unidos, Europa o Australia), hay que sumarle el hecho de que en Venezuela existían -desde los años 90-, una gran cantidad de empresas que fomentaban la inmigración a Estados Unidos, bien por medio de rutas profesionales, o por medio de cursos y estudios universitarios.

Una novia que yo tuve a mediados de los 90 estudió en un colegio de clase pudiente y al arribar al último año de secundaria en 1995 (durante el gobierno de Rafael Caldera, es decir, antes de Chávez), tanto ella como todos sus compañeros tenían muy claro que estudiarían en el exterior, algunos por sus propios medios y otros ayudados por las agencias de estudio que fomentaban que los graduados venezolanos de secundaria se marchasen de Venezuela. Y lo hicieron debido a que desde esa época, muchos venezolanos (especialmente los que habían tenido contacto con el mundo exterior), ya veían que era mejor estar fuera de Venezuela que quedarse y trabajar por Venezuela.

No estoy diciendo que obligatoriamente debían quedarse en Venezuela para siempre, pero creo que hay que contextualizar que si para 1995, un salón entero de un colegio pudiente se marchó a estudiar al exterior, teniendo muy claros sus planes de quedarse afuera y nunca regresar, eso era una señal importante para tomar en cuenta de que la futura generación no estaba comprometida con el futuro de Venezuela. Y menciono el hecho de que era un colegio de clase pudiente, no porque haya un problema con que los chicos que se marcharon eran pudientes, sino porque la realidad era que ellos se marcharon porque eran los que podían hacerlo fácilmente. Si los venezolanos de clase media o de clase baja hubiesen tenido la posibilidad de haber enviado a sus hijos a estudiar al exterior en 1995, también lo hubiesen hecho. El asunto radica en asimilar que el problema no consistía en resolver el dilema de *"quiénes querían vs. quiénes podían"*, ya que el problema era que había que aceptar la realidad, la cual era la siguiente: _todos querían_. Casi nadie quería hacer vida en Venezuela, porque casi nadie veía un futuro próspero si se quedaba en Venezuela.

Hoy en día los anuncios se han vuelto más famosos y variados gracias a las redes sociales, donde se puede encontrar una gran cantidad de agencias de estudios y abogados de inmigración que tienen anuncios de publicidad con textos como: *"¡Vengan venezolanos, yo los ayudo a salir de ese infierno en donde ustedes viven, para que puedan venirse a vivir a Estados Unidos!"* El resultado de este tipo de publicidad (que en esencia es la misma a la de las agencias que ofrecían cursar estudios en exterior que existían desde los principios de los años 90), es que toda la población querrá irse de Venezuela.

La tragedia de los comunes

Ernesto Fuenmayor G
@fuenmayoremie

Deseas emigrar con éxito? Tu prioridad llevarte a Dios en ti! Sin el imposible lograr nada! Llénate De Dios y enfócate en tus objetivos!

♡ ◯ ▽   ⬚

Liked by [   ] 2,180 others
ernestofuenmayorg Llénate de él! ... lo mejor está por venir! #dios @fuenmayorgaranton.asoc @grupotodomigraoficial #venezuela
View all 65 comments
[   ] Y la legalidad
[   ] Amén brother!

Si te deportaron, si te negaron o cancelaron la visa de EEUU 🇺🇸, entiende por favor que este país no te quiere, que no es el único ni el mejor del planeta, que existen decenas de destinos que esperan por ti! Entiende que la dignidad no se negocia!

♡ ◯ ▽   ⬚

Liked by [   ] and 2,716 others
ernestofuenmayorg Así y todo muchos no lo entenderán! EEUU NO quiere más inmigrantes, es un hecho público y notorio! Abre tu mente, no te sigas consumiendo en algo que no lograras, al menos por ahora! Enfócate y avanza, la vida espera por ti! @fuenmayorgaranton.asoc @grupotodomigraoficial @gruposiespana #venezuela #eeuu

Fuente: Cuenta Oficial de Redes sociales de Ernesto Fuenmayor, 2018.

Este tipo de anuncios fomenta la destrucción de Venezuela, de una forma distinta a como los políticos y agricultores a quienes nombré en la Parte II lo hicieron. Voy a analizar estas publicaciones, y es lo mismo si lo hiciera con otro abogado o agencia para cursar estudios en el exterior. Lo primero que se desea lograr con este anuncio es promover un negocio para captar clientes y ganar más dinero. Crear un poco de controversia atrae masas y potenciales clientes. Más seguidores en un perfil de red social, implica mayor dinero que la persona es capaz de producir. A Ernesto no le preocupa el estatus migratorio del venezolano, ni su dignidad, ni tampoco disfruta ayudando a los venezolanos a irse de su país. Venezolanos como Ernesto velan por sí mismos antes de velar por los demás, y lo mismo pasaba en la década de los 90 con las agencias para cursar estudios en el exterior. Quizás hará un buen trabajo como abogado, pero al final del día su objetivo es ganar dinero. Pueda que esté hablando mal de Estados Unidos, pero *"No existe tal cosa como la mala publicidad."*

Una persona que conozco está solicitando su asilo político en Estados Unidos y estaba tramitando su gestión con un abogado venezolano que tiene una oficina en Miami, más pequeña que la de Ernesto. Su abogado le comentó que, en el mes anterior a su solicitud, su oficina llegó a procesar casi cien solicitudes. Cada una de esas personas pagó al menos $1.500. Total ventas del mes: $150.000. Estos son los números de una firma donde trabajan cinco personas. ¿Cuántas solicitudes cree usted que Ernesto recibirá? Pero según él, *"Estados Unidos no quiere a los inmigrantes, y la dignidad no se negocia."*

…y es de esa forma como actualmente existen decenas de anuncios y publicidad para apoyar el éxodo de venezolanos hacia cualquier parte del mundo, como las siguientes:

Fuente: Redes sociales, 2017, 2018, 2019, 2020.

Uno de los anuncios dice *"Obtén tu residencia en España sin necesidad de invertir en un negocio"*, pero lo que quiere decir el aviso es: *"¡Te ayudamos a salir de ese infierno! Contrátanos para que vivas en España como un español, y veas los partidos Barca-Madrid. ¡Huye ya de Venezuela para siempre! ¡Cambia tu vida! ¡MILES LO HAN HECHO!"* Eso es lo que en realidad dice el texto del anuncio, así como también:

- **#Calidad De Vida:** implicando que en Venezuela no hay calidad de vida.
- **#Emigra Sin Inversión:** no hace falta poner dinero. Solo enviar unos documentos falsos con algunos embustes y engaños que algún abogado venezolano corrupto manejará.
- **#Me Quiero Ir:** Lo que siempre quisieron los venezolanos.
- **#residencia #Comunidad Europea:** para que puedas publicar la foto del pasaporte europeo en tus redes sociales.

La publicación intenta mostrar que pueden ayudar a gente de otros países, pero en realidad la audiencia a la cual va a dirigida es a los venezolanos, lo cual comprobé cuando vi que casi todas las respuestas y comentarios que había eran de venezolanos. El siguiente anuncio destaca una *"GRAN OPORTUNIDAD"*. No está promoviendo la migración, sino la "inversión" y la "diversificación de capital", ya que en Venezuela hay tanto dinero que la gente se puede dar el lujo de invertir en Estados Unidos y diversificar su extenso portafolio. El siguiente anuncio es de una empresa que compartió que lograron sacar una familia de Los Teques a Estados Unidos. Al decir "Los Teques" están implicando que cualquiera puede irse para Estados Unidos, ya que Los Teques es un pueblo habitado por gente de clase baja.

Luego está la publicidad de la Universidad José María Vargas: ¿A usted le parece normal que una universidad cuya sede matriz es la Universidad José María Vargas (una de las peores en Venezuela la cual recordará de *El Talento Venezolano* y *El Campo de Trabajo*), tenga una sede en Miami, que no exija la aprobación del SAT en Estados Unidos, que maneje sus inscripciones vía WhatsApp, que su perfil de Instagram sea su página principal, y que ofrezca Metafísica como carrera universitaria? Quizás es normal, quizás no es; o ¿quizás sea un modelo creado por algunos venezolanos para lavar dinero, y para ayudar a otros venezolanos a venirse a vivir a Estados Unidos con documentos falsos? Le dejo a usted decidir.

Siempre que veo estos anuncios pienso que para que la publicidad de estas empresas de "inversión", perdón, inmigración, sea más efectiva, sería preferible que dijesen:

"AYUDAMOS A LOS VENEZOLANOS DESESPERADOS QUE QUIEREN IRSE DE SU PAÍS"

Hecho el análisis de los anuncios, hay algo que debo enfatizar: en líneas generales y sobre todo al principio del éxodo que se inició a finales de la década de los 80 (y que aumentó con el paso del tiempo), el venezolano que emigraba era el profesional universitario o personas de clase alta que tenían los medios para emigrar; es decir, las personas que se supone fueron o habían sido preparadas por la nación para ser la generación de relevo y tomar las riendas del país, planificar su mejora, ejecutar su visión a largo plazo y transformar a la nación. Lamentablemente para Venezuela, lo más fácil para ellos era pensar así:

"Déjame ver cómo hago para conseguir algo afuera, así sea ganando sueldo mínimo, para irme de esta mierda de país."

Usted dirá: - "Héctor, no creo eso que eso sea lo que decían…" …y yo le digo: -"Sí lo es estimado lector. Eso es exactamente lo que decían." Yo los escuché durante muchos años: "*…para irme de esta mierda de país.*"

Así fue como inició el éxodo de venezolanos.

El venezolano en los años 80 y los 90 no huía de Venezuela porque "la situación estaba difícil" (al menos no tan difícil como lo está hoy en 2021). El venezolano huyó de Venezuela porque afuera todo es más fácil y no hay que arreglar nada, no hay que reparar nada, no hay que construir nada y todo está hecho. En Venezuela había mucho por hacer y eso era mucho trabajo para el venezolano que en cambio pensaba:

"Todos mis amigos están afuera, ¿acaso voy a ser yo el único pendejo que se va a quedar aquí?" Usted dirá: - "Héctor, por favor. Eso no lo decían" …y yo le digo: sí, estimado lector, eso es exactamente lo que decían. Los escuché cientos de veces: -"*Voy a ser yo el único pendejo que se va a quedar aquí.*" Es decir, "*quedarse en Venezuela*" era ser pendejo e irse a vivir afuera, así sea ganando sueldo mínimo, era "*lo máximo*" y debía ser el norte de los venezolanos.

Entre los años 1990 y 2016, casi todos los inmigrantes venezolanos se fueron de su país bajo esta premisa, en vez de haberse quedado luchando en su país construyéndolo, ayudando a repararlo, a mejorarlo, a formarlo y a cambiarlo para mejor. Es por eso que ellos son los mayores culpables del daño que le ocurre hoy a Venezuela: porque abandonaron el barco y lo dejaron a la deriva. La gente encargada de hacer que el barco funcionase y navegase, lo abandonó a su suerte y al irse la gente capacitada, quedaron los menos capacitados a cargo.

El venezolano en los años 80 y los 90 nunca pensó que el inocente acto de marcharse de su país era un acto tan cruel como el del pescador que toma dos peces en la laguna de la tragedia de los comunes, así como tampoco las agencias que ayudaban a cursar estudios en el exterior y las empresas que fomentaban la inmigración, tampoco pensaban que estaban destruyendo al país con sus modelos de negocio.

Peor era el caso del venezolano que vivía afuera y le decía a los que estaban en Venezuela, "*¡Vente para acá!*" o "*¿Cuándo te vas a ir de allá para un sitio mejor?*", cuando lo que debió haberle dicho era: "*¡Termino mi postgrado y me regreso a Venezuela para echarle pichón[135]!*", o "*Aquí en Estados Unidos/Alemania/Francia, ya todo está hecho. Este país no me necesita. Mi país Venezuela, sí me necesita. Si queremos que Venezuela sea una potencia, yo soy el que debe estar allá trabajando para que ese futuro se consiga. Viejo, no te vengas para acá y espérame que en dos semanas voy a recoger mis cosas y me regreso para que juntos trabajemos por Venezuela para lograr un futuro mejor para nuestro país. Voy a llamar a María Carolina que está en Canadá porque yo sé que ella también quiere regresarse, para que también se venga y trabaje con nosotros. Vamos a apuntar al largo plazo. Sé que no será fácil, pero hay que ponerle empeño, esfuerzo y dedicación. Ya entendí que así es como estos países llegaron a ser desarrollados. Nada se consigue de la noche a la mañana, todo lleva su tiempo, y al final del día vale la pena. Ya verás, lograremos que Venezuela sea una potencia, y en unos años verás que serán los gringos, europeos y australianos, los que van a querer emigrar para Venezuela, porque habremos logrado convertirla en el mejor país del mundo, para que nuestros hijos y nietos vivan en el mejor país del mundo.*"

---

[135] Trabajar arduamente en algo, con dedicación, sin descanso, hasta lograr que salga bien.

Esas palabras las tomé del discurso del orador de una graduación a la cual fui en 2015. El chico que dio el discurso emigró en 2016.

Lo que pasaba era que el venezolano en el exterior le decía al que estaba en Venezuela: "*¿Cuándo te vas a venir?, ¿Qué haces pudriéndote en esa mierda allá perdiendo tu tiempo?, Vente y aquí nos vamos a rumbear a Miami Beach todos los días*". El resultado era un venezolano carente de identidad, sin estímulos, ni interés alguno para quedarse a vivir en su país y con más interés en vivir en el extranjero que en Venezuela porque es "más fino/más *cool*" decir "*yo vivo en Miami, o Toronto, Sídney, Barcelona*", que decir "*yo vivo en Caracas, Los Teques, Guarenas o Guatire*"; suena más fino decir "*trabajo en Harvard*" que "*trabajo en la UCV y en IESA*"; y es mejor, es "más fino y más *cool*" decir que tu novio es gringo, canadiense o australiano, a decir que tu novio es de un pueblo de gente pobre como Guarenas, Los Teques o Guatire. Por pensar en sí mismo y llevarse dos peces a la casa es como se destruye un país. Parece que llevarse dos peces no hacían diferencia, pero sí lo hacen. Parece que el que emigró o el que fomentó la inmigración en los años 80 y los 90 no le hizo ningún daño a Venezuela, pero sí lo hizo.

No es un problema filosófico de determinar quién tiene mayor culpabilidad en la migración de los venezolanos, si el sistema que nunca los atrajo, o la persona misma que nunca se interesó en cambiar o mejorar el sistema: la verdad es que los dos actuaron en conjunto para lograr el resultado. Al final del día más culpabilidad tiene la persona, puesto que después de todo, el sistema está formado por personas y si las personas no cambian ni mejoran, el sistema no cambia ni mejora. Y por sobre todo, el sistema es la integración de personas.

Habiendo establecido que el venezolano en los 80, los 90 y los 00 tenía como plan de vida emigrar de Venezuela a toda costa, lo siguiente es preguntarse a dónde debía irse. Históricamente, la migración ha sido una constante. Las civilizaciones nómadas buscaban lo que era más conveniente para ellos establecerse en términos de comida y recursos, y eso estaba bien en ese momento, dado que era lógico y primitivo al más puro contexto animal que pudiese pensarse: buscar comodidad y conveniencia. Eso es supervivencia. Pero los seres humanos modernos no basan los argumentos para emigrar como si fuesen animales.

Alrededor del mundo hay millones de personas que emigran para conocer, emprender, afrontar un reto, y cientos de razones por delante de la comodidad y la conveniencia. Sin embargo, hay un grupo de inmigrantes que ponen la comodidad y la conveniencia como las razones fundamentales para sustentar su migración: los venezolanos.

No me considero un experto en el estudio de procesos migratorios, pero podría decir que creo que existe una razón por la cual ocurrió la expansión hacia el oeste de Estados Unidos en el siglo diecinueve; o por la cual los cubanos huyen en balsa para Florida; o por la cual los mexicanos cruzan la frontera (de Estados Unidos); o por la cual los residentes de Berlín del Este se mudaban al territorio del Oeste. Quisiera decir que la razón de esos grupos para emigrar era la búsqueda de la libertad y el deseo de crear algo nuevo. El argumento de los venezolanos que abandonaron su país en años recientes es que huyeron de la dictadura y buscaban "libertad", lo cual es algo que existe en la puerta de sus vecinos: Guyana es un país libre, Colombia es un país libre y Brasil es un país libre. Sin embargo, desde el inicio del proceso migratorio de venezolanos a finales de los años 80 y principios de los 90, un gran porcentaje de venezolanos escogió irse de una u otra forma, por vía legal o ilegal, a los Estados Unidos, específicamente a Miami y es por eso a Miami hoy se le conoce como "*La Castellana Norte*", un juego de palabras que alude a que La Castellana en Caracas, la cual era una urbanización de clase alta, ahora es "*La Castellana Sur*".

Irónicamente en los años 80 y 90, los venezolanos se referían a Miami como "una ciudad mugrosa llena de puros balseros cubanos." Veinte años después, Miami es una ciudad llena de venezolanos que llegaron por avión. Muchos venezolanos se fueron a Panamá, Chile, Colombia, Argentina o México porque no pudieron irse a Estados Unidos bien porque no tenían Visa, o no tenían a donde llegar, o no tenían dinero para pagar algún curso en Florida International University, pero de haberse podido ir a Miami, lo hubiesen hecho. De tal manera que Panamá se convirtió en el Miami de los que no pudieron, o no pueden irse a Miami. En general, el orden que el venezolano utilizó para decidir su destino de migración era alguno de los siguientes sitios:

- Como primera opción: Miami, Madrid, Barcelona, Panamá, Buenos Aires, Santiago de Chile.

- Segunda opción: Sídney, Londres, Toronto, Argentina, New York, Río de Janeiro, Lima, México DF, Costa Rica, Portugal, Irlanda, Quito, Italia, California.

- …y en último lugar, cualquier otro sitio donde no haya mucho frío, mucho calor, muchas islas, o mucha nieve.

Una amiga mía hizo decenas de aplicaciones para irse a Florida International University, a Toronto, a Madrid o a Paris, y yo siempre le preguntaba por qué no se planteaba emigrar a cualquier otro país más accesible. Ella me respondía que quería ir a un sitio "mejor", y si un venezolano piensa así, hay dos. El venezolano que emigra piensa: *"Vámonos donde todo está listo y hecho para nosotros disfrutar".* Por un tiempo no lograba entender por qué no emigraban a un sitio donde hubiese que construir y levantar una economía desde cero, pero después me di cuenta del por qué: si jamás pudieron trabajar y nunca pudieron levantar la economía de su país porque invertían más tiempo en pretender que estaban levantando la economía, cuando en realidad la destruían, menos lo iban a hacer por otro país. Además, es mejor mantener las apariencias de la gran vida, que trabajar por la gran vida.

Fue de esta forma como a partir de los años 90 la inmigración para el venezolano se volvió algo *"cool"* y no una necesidad como le hacen creer al mundo, la cual fue una tendencia que continuó en los 2000 y 2010: *"¿Te vas a vivir para Miami? ¡Qué de pinga men!"* Debo aclarar que si bien Venezuela entre 1990 y 2016 nunca estuvo bien, existía la posibilidad de recuperarla si se hubiesen propuesto hacerlo con mucho trabajo, dedicación y esfuerzo, ya que para ese entonces se podía de mantener cierta calidad de vida. Esta fue una de las razones por las cuales mi amigo Willis se regresó de Alemania, tras su funesta experiencia de menos de una semana, pero como el lector podrá imaginar, no pasó mucho tiempo para que emigrase de forma definitiva para otro país del segundo grupo de opciones al igual que el resto de los venezolanos, quienes eventualmente pensaron algo como: *"Este país es una mierda. Me voy pal coño."*, y se iban.

El venezolano en los años 90 y 2000 no emigraba porque la situación era invivible; emigraba porque *"lo que viene es candela"*, en lo que irónicamente fue la única ocasión en donde demostró tener visión a largo plazo en su país. A partir de 2017, con el fracaso de la serie de protestas de Abril-Julio, sumado a una inflación que rebasaba 3.000%, más la escasez de medicinas y comida, y el crimen desbordado, ya tenía sentido huir del país, ya que no se trataba de algo *"cool"*, o de un capricho, un lujo o un *"¡Que de pinga men!"*, como lo era antiguamente. Emigrar a partir de 2017 ya es un asunto de supervivencia y de aspiraciones de vida de al menos vivir con las mínimas necesidades básicas, y por ese motivo es comprensible la inmigración de venezolanos a partir de 2017, al punto que se debería tener mayor receptividad con esos venezolanos, ya que ellos sí huyeron de un ambiente tétrico que es lo más parecido a una guerra. Pero no con quienes se fueron antes de 2017, quienes se fueron bajo la premisa: *"Me voy de esta mierda. Me voy a vivir como yo me merezco en Miami o Madrid"*, y sus amigos y familiares les respondían: *"¡Qué de pinga men!"*

Hasta 2016, el venezolano que emigraba era visto como alguien que estaba haciendo lo correcto y lo lógico al irse del país, y se le admiraba por ello: por buscar la salida más fácil para su comodidad y conveniencia. El venezolano que emigró antes de 2016 no huía de Venezuela porque buscase libertad; emigró porque prefirió huir de los problemas en vez de afrontarlos. Lo mejor para el venezolano fue empacar sus cosas e irse a vivir a Miami, Panamá, Madrid o Barcelona. *"En este país no hay futuro"* era la frase que escuchaba a diario desde que pisé Venezuela por primera vez, y que era el argumento principal para emigrar durante los años 80, 90 y principios de los 2000. La verdad es que sí había futuro, pero había que trabajar por él, y el venezolano nunca quiso trabajar por el futuro de Venezuela. Con ese pensamiento fue como destruyeron a su país.

La etapa más decepcionante que yo veía en la preparación del proceso de migración del venezolano era cuando la persona presumía y le alardeaba a sus familiares y amistades el hecho de que pronto se marcharían de Venezuela, después de haber cometido decenas de actos de corrupción y daños al país, como los que compartí en la Parte II.

Peor aún era ver que los familiares y amigos apoyaban a la persona en su aventura, en vez de convencerlos de quedarse para luchar por el país, pero dado lo que establecí en *La Identidad Perdida* y en *La Peor de las Cualidades,* tenía sentido que, si sus padres habían sido inmigrantes antes que ellos, ahora no se esforzasen en convencerlos de que se quedaran. Fue así como las *"Despedidas"* se convirtieron en la tendencia de reuniones sociales y fiestas en Venezuela entre 2004 y 2020, similar a una despedida de soltera/o. Por supuesto que había lágrimas y abrazos, pero creo que en líneas generales eran más las alegrías que los sentimientos de tristeza, ya que en el fondo el venezolano sabía que estaba dejando un sitio que era el zénit del subdesarrollo y que además nunca quiso como su hogar, como expuse en *La Identidad Perdida.*

Por último, quedaba el acto más representativo del proceso de emigrar, el cual consistía en tomarse una foto sobre el piso de mosaico del Aeropuerto de Maiquetía. La "Foto del Mosaico de Cruz Diez" era un ritual de tres pasos que se volvió una tendencia en los venezolanos que se largaban de su país entre 2010 y 2018:

- El primer paso era tomarse la foto mostrando los pies sobre el mosaico, o alguna variante similar.
- El segundo paso era justificar su partida con algunas frases como *"Te Quiero Venezuela"* y *"Volveré Pronto".*
- El tercer paso era publicar y compartir foto en las redes sociales.

Quizás los venezolanos sentían la necesidad de que tenían que defenderse al emigrar, y por eso publicaban la foto con unos enormes testamentos explicando las razones por las cuales abandonaban Venezuela. Quizás lo hacían porque en el fondo sabían que lo que hacían estaba mal: primero porque durante el tiempo que vivieron en Venezuela, nunca hicieron nada por su país; segundo porque hicieron todo para destruir a su país; tercero porque nunca lucharon por la libertad de su país; y cuarto, porque abandonaron a Venezuela en un momento en el cual el país necesitaba de todos los venezolanos, dado que mientras menos venezolanos útiles en edad productiva hubiese en Venezuela, más difícil le sería recuperarse al país. Creo que no hay que ser un genio para darse cuenta de esto.

mi país o a los demás países. Porque en todo caso [y aquí subrayo las palabras de @veroruizdelvizo en su último post], no se trata del país donde estés, sino de quién eres tú y la forma en la que te relacionas con tu entorno. Se trata de tu empeño y pasión por el trabajo y la productividad, así como la ética con la que te desempeñas, que aquí o en Pekín, van a generar tu éxito o tu fracaso. Y todo esto lo digo, porque no puedo estar más de acuerdo con las palabras expresadas por Lorenzo Mendoza en ese audio que se ha vuelto tan viral (y que por cierto fue durante una charla con sus trabajadores, no para que se hiciera público). Yo sí creo que Venezuela nos necesita a todos y que este país aún nos ofrece grandes oportunidades. Respeto al que decide irse, le deseo lo mejor y me parece válido, más creo que es una decisión estrictamente personal, no imputable a ninguna circunstancia que no sean los propios deseos y proyectos de las personas. Yo creo que irse es una opción tan válida como quedarse, en todo caso cada quién sabe qué batallas librar y cuáles no, pero cualquiera que sea nuestra decisión, eso no nos hace ni más ni menos. Lo que no puede ser, es que ahora la pugna sea entre quienes se van y quienes se quedan. Para trascender de todo esto, tolerancia, respeto y humildad, son tres materias a cursar en esta etapa de la universidad de la vida y eso va con todos, porque la venezolanidad es algo que está más allá de vivir o no en el país.

#soyvenezolana

 #Repost

...

Por este piso quiero transitar no una, sino muchas veces. Y salir a aprender, regresar y seguir aprendiendo, aportar afuera y aportar dentro de nuestras fronteras, sin creerme superior o inferior a mi país o a los demás países. Porque en todo caso [y aquí subrayo las palabras de @veroruizdelvizo en su

Ejemplo de la publicación de la foto del Mosaico de Cruz Diez que los venezolanos comparten en sus redes sociales al emigrar. Verónica Ruiz Del Vizo es una chica que emigró a Miami hace muchos años, en consecuencia, habla desde la voz de la comodidad. El audio de Lorenzo Mendoza es una referencia a cuando el Presidente de Empresas dio unas declaraciones ante la prensa, en las cuales manifestaba indiferencia e incluso rechazo a la creciente migración de venezolanos, y justificó su argumento tras haber dicho que: "*El* (venezolano) *que emigra simplemente cambia unos problemas por otros. Yo creo que irse es una opción tan válida como quedarse*". Mendoza es un gerente que forzosamente se ha visto involucrado en la política venezolana, y en ningún escenario va a decir un comentario que vaya en contra del bienestar de Empresas Polar. Fuente: Redes sociales de un venezolano, 2017.

"*Por este piso quiero transitar no una sino muchas veces*" es una de tantas de las mentiras que decían los venezolanos que se fueron, algo sobre lo cual profundizaré a detalle en el capítulo "*El Inmigrante Venezolano*".

La chica que publicó esta foto jamás regresará a Venezuela. Su escrito dice: "*#SoyVenezolana*", pero la verdad es que no lo es y nunca lo fue. La realidad es que el ritual de la foto es una excusa, y las excusas solo sirven para justificar a los cobardes, fracasados y perdedores. El venezolano es oportunista y por eso se justifica, como esta chica que está triste por irse y al mismo tiempo, hace publicidad de su negocio:

seguridad de mi hija y de mis seres queridos y supongo que es la prioridad de todos. Volveré una y otra vez por que es mi país y me niego a que me lo arrebaten, pero no dejo de sentir miedo cada vez que entro. Aquí les dejo un consejo de seguridad que yo aplicó cada vez que voy. La gente de @blindado_transporte me garantiza traslados en carros de alta seguridad, con un equipo altamente calificado, con oficinas en varios países. Tenemos claro que lamentablemente en Venezuela hay que cuidarse más de lo normal. Exagerada? No conozco a una sola persona que no le guste saber que esta seguro cuando sale a la calle y no andar con la angustia de tener que mirar a los lados.
A los que les molesta que yo recomiende cosas como esta escribele a Maduro para que se ocupe de la seguridad en el país.
Mi hija vale más que cualquier cosa en el mundo. @blindado_transporte

13,439 likes
Que nadie me diga que yo no se lo que es sentir miedo. Sentí y siento tanto miedo como cada persona que toma la decisión de arriesgarlo todo y no saber que va a pasar. Para mi lo más importante es la seguridad de mi hija y de mis seres queridos y

la posibilidad de conseguir algo mejor. Ese mosaico y esa puerta que han visto despedidas y lágrimas más sinceras que en los funerales y escuchado oraciones con más fé que en las iglesias. Ese mosaico y esa puerta que saben que los "Hasta luego" pueden estar disfrazados de "Adiós" tanto como a la "dictadura" en este país la disfrazan de "revolución y paz". .
El que se va, tiene el poder de forjar su destino. El que se queda, de sobrevivir al que esta "revolución" le escribió. .
PD: Yo pensé que 3 años viviendo en una ciudad diferente a la de mi hermana me habían preparado para esto, pero no. Cuando te paras sobre ese mosaico y frente a esa puerta, todo cambia, todo duele, todo da arrechera. 58/365

42 likes
Este mosaico se ha convertido en el ícono venezolano para la emigración y desconoces el impacto de pisarlo hasta que llegas a la puerta de inmigración. Ese mosaico y esa puerta que te hacen sentir desconsuelo y esperanza a la vez, el dolor de despedirte de alguien y la felicidad de saber que tiene la posibilidad de conseguir algo mejor. Ese mosaico y

Más ejemplos del icónico ritual con el Mosaico de Cruz Diez.

Fuente: Redes sociales de venezolanos, 2017.

En Metuchen, un pueblo de New Jersey, yo conocí a Samuel, un pintor ecuatoriano de 33 años. Samuel se vino a Estados Unidos por tierra y cruzando la frontera. Fue detenido por los oficiales de inmigración, pero no fue deportado, y quedó registrado en un programa que le da derecho a trabajar como inmigrante ilegal, condicionado a que periódicamente debe reportarse ante las autoridades. Samuel es callado, humilde y trabajador.

Samuel tiene siete años en Estados Unidos y ha logrado tener dos carros, un televisor de 75 pulgadas para su sala y otro de 60 pulgadas para su habitación. Samuel es feliz en Estados Unidos, viviendo en Metuchen. Dejó un hijo en Ecuador, a quien mensualmente le envía $1.000 –lo cual es gran parte de lo que gana-, y aunque no tiene un plan concreto y conciso, estoy seguro de que en un futuro, le gustaría que su hijo pudiese venirse a vivir con él. Samuel es feliz en un pueblo de New Jersey. El venezolano en cambio no se iba para Metuchen. La mayoría de ellos se fue para Miami, Barcelona, Madrid o Panamá donde no hay que construir nada desde cero, donde ya todo está hecho y donde tienen la calidad de vida que "se merecen."

El dominicano, el ecuatoriano, el colombiano o el mexicano de clase pobre que emigra a los Estados Unidos, que cruza la frontera que Trump tanto quería proteger, es un don nadie: no tiene educación, ni formación, pero ¿sabe qué? Probablemente está contribuyendo más a forjar la economía y la cultura del país, de lo que el venezolano en Miami hace. Ese inmigrante dominicano por lo general es humilde y sabe a dónde ha llegado y como llegó allí. Vive en zonas humildes y conduce carros humildes.

El inmigrante venezolano hoy en día se toma fotos para presumir de sus nuevas vidas en el extranjero en sus redes sociales, cuando meses atrás maldecía su vida en Caracas, y quería que mágicamente el gobierno de antes Chávez y hoy Maduro, saliera gracias a sus protestas a través de redes sociales compartidas desde sus piscinas, paseos por Europa o Estados Unidos; y de las marchas cuyo objetivo único era salir a caminar, tomarse *selfies*, y devolverse para sus casas para disfrutar de hacer parrilladas al final de la tarde. Actualmente escriben "*Maldito Socialismo*" en sus redes sociales cuando llega a su casa en el extranjero después de haber ido a un concierto, o un partido de fútbol o un paseo a la playa, y ese es el mayor esfuerzo que hacen por Venezuela, su país.

Me llamó la atención que la chica compartió la anécdota de los venezolanos en el metro con la gorrita, bebiendo, gritando y cantando, porque yo fui testigo de la misma situación, y el mismo espectáculo en un metro en el extranjero, tres veces y en tres sitios distintos.

Es probable que el lector diga: *"No es cierto, eso que dices es mentira, el venezolano es trabajador, humilde, honesto, correcto y es capaz de trabajar en cualquier país del mundo. ¡Es mentira eso de que los venezolanos quieren irse solo a Miami o a países del primer mundo!"*.

... a lo cual, yo le contesto:

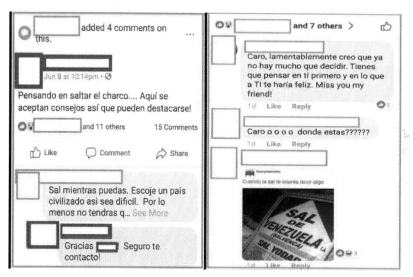

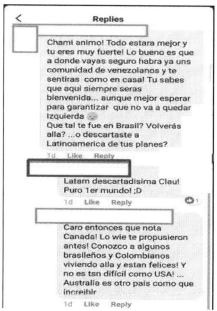

Fuente: Redes sociales de un venezolano, 2018.

Estos son los comentarios que los venezolanos no pueden decir en público o ante extranjeros: *"Pensando en saltar el charco… aquí se aceptan consejos"*, o *"Escoge un país civilizado así sea difícil."*

Una pregunta válida es: ¿Qué quiere decir con: *"Escoge un país civilizado"*? ¿Cuáles son los países "no civilizados"? ¿Tendrá algo que ver con lo que yo mencioné? ¿Se refiere a los Estados Unidos, Alemania, Japón o Suiza, queriendo decir que no escoja países como Chile, México, Argentina y Perú? ¿Qué quiere decir la persona que le dijo: *"Tienes que pensar en ti primero"*? Quizás es una persona que probablemente emigró de Venezuela hace algún tiempo; ¿acaso también pensó en ella primero, antes que en Venezuela? Más aún: ¿el resto de los venezolanos que emigraron también pensaron de esa forma? Es decir, ¿buscando un país civilizado y pensando en ellos primero? La respuesta a estas preguntas es: Sí.

Otra pregunta válida es, ¿a qué se refiere su amiga con *"No es tan difícil como USA"*? ¿A las leyes de inmigración? ¿Al hecho que hay que trabajar, a diferencia de lo que se hacía en Venezuela que era flojear? Finalmente, una persona le preguntó: *"… ¿Qué tal te fue en Brasil? ¿Volverás allá o descartaste a Latinoamérica de tus planes?"*, y sin pensarlo, Caro le contestó: *"Latam descartadiiiisima!! Puro 1er mundo ;D"*

¿Cómo se supone que deben sentirse los argentinos, chilenos, panameños, mexicanos, colombianos, dominicanos y peruanos sabiendo que han recibido a miles de venezolanos con esa misma mentalidad? Es decir, venezolanos que, por alguna razón, no pudieron irse a Miami, Madrid, Barcelona, y que no tuvieron otra opción que irse a Bogotá, Santiago, Lima, Ciudad de México o Ciudad de Panamá. El lector podrá pensar que se trata de un caso aislado, pero le puedo asegurar que no es. Caro es una de miles de venezolanos con la mentalidad de buscar comodidad, conveniencia y facilidad: *"Si mi beneficio propio perjudica al resto del colectivo, pues mala suerte."* Esa mentalidad es la de quien hoy vive en su país estimado lector argentino, chileno, colombiano, estadounidense español, peruano, panameño, canadiense y australiano.

Les deseo buena suerte.

20

La política internacional del venezolano

"Ayúdennos, luchen y mátense ustedes, saquen a Maduro, y allí sí regresaremos para recuperar Venezuela y nosotros nos encargaremos de todo cuando el camino esté libre. Mientras, los apoyamos desde Olive Garden y Goiko Grill"

- Casi cualquier venezolano que vive en Estados Unidos o España.

El tiempo que estuve trabajando en Schindler y que me permitió viajar e interactuar con colegas de México, Brasil, Chile, Colombia, Costa Rica (además de Estados Unidos y Suiza), me dio varias enseñanzas en el plano profesional, y también me mostró la forma como el declive y colapso de Venezuela fue percibido por los habitantes de dichos países.

En reiteradas ocasiones mis colegas me compartieron que ellos en los años 80 y los 90, veían a Venezuela "de abajo hacia arriba", en comparación al resto de los países latinoamericanos, ya que en esa época Venezuela ofrecía una calidad de vida superior a la de sus países, los cuales se encontraban sumergidos en una profunda crisis política, social y económica, aunque jamás comparable a la que Venezuela vive hoy en día. Actualmente, varios de esos países que antes veían a Venezuela "de abajo hacia arriba", son los que al igual que Estados Unidos, Europa y Asia, acogen a cientos de miles de venezolanos.

Para finales de los años 80, Colombia, Perú, Ecuador, Paraguay, Argentina y Chile, no eran lo que hoy son. Colombia era uno de los países con peor imagen, y casi cualquier persona debería coincidir con esto. Su nombre era asociado con tráfico de drogas y asesinatos violentos, y era un país que arrastraba cuatro décadas de un conflicto interno que parecía no tener solución. Treinta años después, Colombia logró progresar mucho más que Venezuela, y si bien las reformas que le permitieron mejorar no son la panacea del continente, se puede decir que cambió para mejor la imagen que tenía, no solo como el sitio más peligroso de Latinoamérica, sino como el vecino vergonzoso de Venezuela, que en esa época, era "la cuna de las oportunidades".

Por varias décadas, la FARC, el ELN y el M19, han estado intentando hacerse con el poder en Colombia y jamás han podido conseguirlo, combatiendo una guerra que ha cobrado la vida de más de 200.000 personas, miles de niños, más de 50.000 víctimas de secuestros, más de 25.000 desaparecidos, y más de cinco millones de colombianos desplazados hacia otras regiones del país, y afortunadamente hasta ahora, la estructura del estado siempre ha emergido victoriosa. En ningún momento, ni en el más oscuro de los episodios, se vislumbró que la guerrilla o el narcotráfico vencerían en Colombia, a pesar de la frecuencia con la que las noticias que yo veía de niño informaban que habían asesinado a algún funcionario policial o a algún político que mostraba intenciones de combatir el narcotráfico, como pasó con Valdemar Franklin Quintero y con Luis Carlos Galán.

Yo admiraba a los colombianos que se postulaban para un cargo público, sabiendo que en cualquier momento podrían ser abaleados sin piedad. De verdad sentía admiración por César Gaviria por haberse postulado como candidato presidencial, tras haber visto que su jefe fue ametrallado en plena luz pública. Incluso artistas y deportistas fueron víctimas de la violencia en Colombia que parecía no tener piedad con nadie. Pero, así como hubo momentos oscuros, también hubo victorias, y quizás el logro más grande fue que Cesar Gaviria consiguió que Pablo Escobar se entregase a la justicia y sirviese una sentencia de cárcel. El logro se enaltece más cuando Escobar iba a ser trasladado a una prisión más rural, se fugó pensando que lo ayudarían, y más bien fuerzas del gobierno lo abalearon en un barrio de Medellín, su pueblo base.

En medio de ese tétrico panorama, en ningún momento yo recuerdo que hubiese un éxodo masivo de profesionales y jóvenes colombianos hacia Miami, Panamá, Madrid, Barcelona, Toronto o Sídney, comparable al de Venezuela. Parece que en ningún momento los colombianos de la clase productiva de la nación perdieron la fe en su país, a pesar de los miles de personas que eran asesinadas. Colombia tuvo que soportar años de guerrilla y si bien hoy en día no está exterminada por completo la amenaza paramilitar y del narcotráfico, se ha reducido en una proporción enorme al punto que Colombia es un país considerado como un sitio ideal para emigrar por los venezolanos que no pudieron irse a Miami, Madrid, Barcelona y Toronto, y que escogieron emigrar a Medellín o Bogotá.

La misma lógica de Colombia aplica para Perú con Sendero Luminoso y Abimael Guzmán. Se puede afirmar cualquier cosa acerca de Alberto Fujimori, pero es innegable que sus políticas resultaron en un cambio de imagen de Perú para mejor. Lo mismo pasó con Chile y Augusto Pinochet, y lo mismo pasó con México, Panamá, Paraguay e inclusive Ecuador. Argentina siempre ha sido un país sinusoidal que un día está bien y al día siguiente está mal, pero ha logrado cierta estabilidad en los años recientes, en comparación a lo que vivió durante las férreas dictaduras del siglo veinte. ¿Por qué entonces todos esos países sí pudieron progresar, y Venezuela en cambio no? La respuesta es porque ninguno de esos países fue abandonado a su suerte, ni se descompusieron de una forma tan acelerada y desmedida por el maltrato de los colombianos, peruanos o chilenos hacia su propia sociedad, ni por falta de identidad como ocurrió con Venezuela.

Ninguno de esos países contaba con leyes cuyos ciudadanos rompían en la primera ocasión que tuviesen. En ningún momento, hubo una huida masiva de parte de los profesionales universitarios colombianos, peruanos, y chilenos entre 20 y 40 años de esos países para mudarse a Miami, Barcelona, Madrid o Panamá no sin antes tomarse un selfie en el piso del Aeropuerto de El Dorado, el Aeropuerto Jorge Chávez o en el Aeropuerto Arturo Merino Benítez, jactándose de que por fin emigraban a un mundo mejor. Si bien hay millones de inmigrantes sudamericanos en diferentes partes del mundo, la fuga de talento y potencial de esos países no fue tan dañina como la que ocurrió en Venezuela, la cual inició en la década de los 80, se acentuó en los 90, y sin ninguna razón de peso escaló a proporciones desmedidas en la década 2000 y 2010, excepto porque *"lo que viene es candela."* Más aún, estoy seguro de que el motivo por el cual los colombianos, mexicanos, ecuatorianos y otros no emigraron de forma masiva de sus países natales fue porque se les enseñó a querer a su país y a trabajar por su sociedad, y aun cuando haya una enorme cantidad de inmigrantes colombianos, peruanos y ecuatorianos que emigró a Estados Unidos, Europa o Asia, bajo ningún concepto ellos sintieron un desprecio por su país similar al que los venezolanos sentían por Venezuela.

Debo insistir y reconocer que no puedo hablar versadamente sobre las razones por las cuales ocurrió la migración de chilenos, peruanos, mexicanos, panameños, colombianos, paraguayos, ecuatorianos y de otros países latinoamericanos a distintas partes del mundo. Mi instinto me lleva a decir que probablemente había un grupo de personas que vivía en condiciones rurales de pocas oportunidades de trabajo, o de pobreza extrema, y emigraron ya que querían conseguir oportunidades de trabajo, similar al caso de una amiga mía que emigró de Moldavia para Estados Unidos, ya que para ella en su país las opciones eran: permanecer en el campo viviendo en la pobreza sin oportunidad de crecer como profesional y como persona, o emigrar a un país donde hubiese la posibilidad de surgir.

Otra opción para explicar la migración es el grupo de personas es que son las que emigran alrededor del mundo porque desean conocer distintas culturas y sociedades, y porque tienen los medios para hacerlo, como una amiga que emigró de Alemania para Estados Unidos porque quería conocer una sociedad distinta.

En el caso de la migración de Venezuela, existía una serie de factores que convergieron para generar un rechazo hacia la identidad de ser venezolano, y un anhelo a ser un ciudadano de cualquier otro país. Por otra parte, también se debe considerar la falta de identidad que surgió por la migración previa que hubo hacia Venezuela por parte de los distintos grupos de países durante el siglo veinte, y de la cual hablé en *La Identidad Perdida* y *La Peor de las Cualidades.*

La falta de identidad y de cariño hacia Venezuela se debió gracias a los hijos de los inmigrantes que llegaron a ella en el siglo veinte: los hijos de quienes de jóvenes emigraron de sus países. Por ende, su razonamiento para abandonar a Venezuela fue emular a sus padres. La diferencia es que en el caso de sus padres, emigrar era comprensible dadas las circunstancias (pobreza debido a la Guerra Civil Española, y la Postguerra), pero en Venezuela no había tales circunstancias, y lo que había que hacer era quererla y trabajar. O quizás aprendieron de sus padres que Venezuela no era su hogar, y que su verdadero hogar era la tierra de sus padres o de sus abuelos: en consecuencia, el hijo pródigo regresó a la tierra de su padre. El hijo de argentinos que huyó de Argentina en los 70, se fue para Argentina; el hijo de españoles que dejó España en los 50, se regresó a España; y el hijo de italianos, se regresó a Italia. *"¿Tienes nacionalidad portuguesa?"--- "Si, por mi papa. Por eso me voy a Portugal el mes que viene"* (o la nacionalidad que fuese) ...era la frase que yo escuchaba comúnmente en Venezuela, incluso antes de que Chávez fuese Presidente y a pesar de que la crisis económica era severa pero manejable, ya que no había alcanzado la gravedad de 2017.

De allí que parte de la falta de identidad del venezolano y la acentuada migración se deba a que la generación de padres inmigrantes nunca le inculcó a sus hijos a querer a Venezuela, ni a luchar por ella cuando las fichas estuviesen bajas; ¿por qué habrían de hacerlo, si después de todo Venezuela no era su hogar? *"Tengo que apoyar a España (o a Argentina, o Italia) en el mundial, porque mi papá es español (o argentino, o italiano). ¿Venezolano, yo? ¡Sólo para el selfie en Maiquetía!"*, era como pensaba el venezolano hijo de inmigrantes.

Cuando se trató de sacar al país de abajo, y de levantarlo de un momento difícil y sombrío en su historia, o cuando se trató de luchar por su libertad y de oponerse a las fuerzas que los oprimían, o cuando se trató de pensar como alguien progresista de un país desarrollado, culto y educado, allí nadie era venezolano. Finalmente, aquel que no era hijo ni de europeos, ni de argentinos, ni de ningún país, se fue a donde primero pudo irse que le fuera cómodo para llegar. Pero, aunque eso explicase por qué huyeron tan rápido de Venezuela, aun así no se explica por qué no le tenían cariño, y la trataban con tanta indiferencia y repulsión. ¿O tal vez sí?

Como he venido mencionando a lo largo del texto, en los años 70 y los 80 Venezuela vivió una época donde muy poca gente emigraba y la razón de esto era porque no había grandes motivos para hacerlo, ya que Venezuela era el país sin ley donde todo el mundo hacía lo que les daba la gana, y donde cualquier persona podía triunfar y volverse rico con un poco de corrupción. Los venezolanos añoran los 70, 80 y los 90 como la época cuando *"éramos felices y no lo sabíamos"*, reconociendo que el país tenía cierta estabilidad política y social, y había diversas formas para generar riqueza, a pesar de que el país atravesaba una perenne crisis económica.

Es durante esa época que los padres les enseñaron a sus hijos a no protestar por su país y a buscar la salida rápida metiendo sus vidas en dos maletas, tomándose un selfie en el mosaico de Carlos Cruz Diez en Maiquetía y a abandonar el país, en vez de luchar por el futuro de la nación. Con el paso de los años, les enseñaron a sus hijos que el mayor riesgo que debían correr era protestar por redes sociales, y este es el aspecto que me preocupa de los venezolanos que hoy residen en el exterior: que llevan dentro de ellos su actitud de protestar por Venezuela desde Miami, Barcelona, Panamá, y de esperar que todo se solucione con hashtags e íconos de redes sociales, y más aún, que ahora esparcen esta actitud de protestar por redes sociales para apoyar o rechazar la Independencia de Cataluña, o el racismo en Estados Unidos, o el Control de armas, o por la causa que sea, y que ahora dicen luchar por los países donde viven a pesar de que apenas tienen meses viviendo allí, cuando nunca fueron capaces de luchar por Venezuela, que fue su casa y su hogar durante muchos años.

Parte de esta actitud de protestar a distancia y de esperar que todo se solucione con hashtags, incluye el hecho de que un grupo de venezolanos apuesta a una intervención militar de los Estados Unidos y de la comunidad internacional para enfrentar a Maduro, derrocarlo y solucionar el problema. Menciono la intervención militar, ya que durante la década de los 80 y los 90, los venezolanos se quejaban de que Estados Unidos era un país *"detestable"*, debido a que *"se creían 'El Policía del Mundo'."* Era una época cuando aún estaban frescas las imágenes de las intervenciones de los Estados Unidos en Corea, Vietnam, Granada, Nicaragua, Panamá y la Guerra del Golfo.

Quince o veinte años después, esos mismos venezolanos hoy le suplican a la comunidad internacional que los ayuden, e incluso sugieren la posibilidad de una intervención militar extranjera, queriendo decir una intervención militar de Estados Unidos, cuando quince años atrás esos mismos venezolanos decían:

- *"¿Por qué esos gringos son tan metiches? ¿Por qué se creen la policía del mundo?"*
- *"¿Qué coño hacen los gringos metiéndose siempre donde nadie los llamó? ¿Para qué se metieron en Panamá y ahora Irak? ¡Bien hecho que les partieron las nalgas en Vietnam!"*

… y hoy en día esos mismos venezolanos que antes decían esas cosas, ahora sugieren ideas como:

- *"Un solo portaviones que manden los gringos y dejen ahí en La Guaira, y Chávez/Maduro se caga"*
- *"¡Uno solo de esos submarinos que Trump[136] mande es suficiente!"*
- *"¿Por qué Estados Unidos no manda dos de esos F-22 y le echa tres bombitas a Miraflores?"*
- *"Los gringos anoche lanzaron treinta Tomahawk en Siria. ¿¡Qué les cuesta lanzar dos para acá!? ¡Lancen un Tomahawk para La Casona y uno para Miraflores[137]!"*
- *"¡Ojalá vengan los gringos con sus F-22 para darle pela a esos Sukhoi que compró el gobierno y se cojan a esos militares chavistas que ni deben saber 'manejarlos'!"*

… rogando por una intervención militar de Estados Unidos, porque, ¿quién más va a intervenir? ¿Colombia? ¿Chile? ¿Curazao?

---

[136] La referencia a Trump se debe a que el comentario se pronunciaba durante las protestas de Abril-Julio de 2017, cuando Trump era el Presidente de los Estados Unidos.

[137] La Casona es la vivienda presidencial, y queda en frente de la Base Aérea de La Carlota, al sureste de la urbanización Altamira. El Palacio de Miraflores es la oficina de la presidencia.

La única salida al problema…

elgeorgeharris En nombre de Dios este señor cumpla cada una de sus palabras. Venezuela necesita una intervención militar extrajera urgente. Nuestra gente se está muriendo en manos de una narco dictadura. #SOSVenezuela

Publicación compartida por el comediante venezolano, George Harris, quien vive en el exterior desde hace muchos años y cuyos sketches incluyen chistes relacionados con la crisis de Venezuela. Es muy fácil bromear acerca de la crisis de Venezuela, si no vives en Venezuela.
Fuente: Cuenta Oficial de redes sociales de George Harris, 2017.

Es así como a diario los venezolanos le twittean a los líderes de los partidos de la oposición, a Marco Rubio, a Ted Cruz, a Jared Leto, a Nacho, a la Iglesia, a Donald Trump, a Mike Pence, a Luis Almagro, y a la comunidad internacional pidiéndoles ayuda para derrocar a Maduro, sin entender que a ninguno de ellos les importa Venezuela, y que la comunidad internacional no va a efectuar una intervención militar, y que no importa cuántas sanciones implementen, ninguna ha afectado o ayudado en lo más mínimo a un cambio de gobierno en Venezuela. Los políticos solo cumplen con hacer política y Donald Trump de vez en cuando da algún discurso en Florida International University o en alguna comunidad latina en Estados Unidos, fingiendo apoyar la lucha de los venezolanos, repitiendo que *"todas las opciones están sobre la mesa"*, para obtener más votos para sus propias causas e intereses, pero al final del día poco es lo que hace para solucionar el problema, porque simplemente no le importa.

En general, los esfuerzos para derrocar a Maduro se pueden resumir de la siguiente forma:

- La MUD y Los Partidos de Oposición: son un grupo de mentirosos oportunistas que solo velan por sus propios intereses, y no les importa ni Venezuela, ni los venezolanos.
- La ONU: es un organismo que permitió que Hugo Chávez y Nicolás Maduro ingresasen a sus instalaciones, cuando debió vetarlos y ejercer contundentes acciones sobre ellos.
- La OEA: es un organismo que dijo decenas de veces que aplicaría la carta interamericana, y nunca lo hizo. De todas formas, no hubiese servido de nada.
- La Comunidad internacional: tiene que lidiar con un genocidio en Siria, con hambruna en África, pero seguramente van a dejar todo eso a un lado para salvar a los venezolanos que votaron por Chávez mientras raspaban CADIVI, y que protestaban en contra del gobierno a través de redes sociales y de marchas que solo llegaban hasta zonas seguras en *Burbuja Venezuela*.
- Estados Unidos: Estados Unidos no invade a Venezuela porque el costo de hacerlo es mayor al beneficio; eso apartando el hecho de que Estados Unidos no va a iniciar una guerra con Rusia y China, cuyo único fin es liberar a los venezolanos que hoy están viviendo en Miami, Barcelona, Madrid, Panamá y Orlando.

Si estuviésemos en los años 70, quizás Estados Unidos hubiese intervenido militarmente, pero desde el inicio del nuevo siglo Estados Unidos ha invertido mucho tiempo y esfuerzo en quitarse la imagen de "*policía del mundo*" que los mismos países latinoamericanos (incluyendo Venezuela), le pusieron por décadas. La posición de Estados Unidos es muy simple: el problema de Venezuela, deben resolverlo los venezolanos. Obama (en su momento), y después Trump hablaron y prometieron mucho, y se reunieron con Lilian Tintori, Carlos Vecchio y Juan Guaidó, pero al final del día, poco les interesaba resolver el problema de Venezuela, a pesar de en efecto debería interesarles y deberían resolverlo, pero eso es parte de otro libro. En síntesis, Estados Unidos tiene otros problemas mucho más importantes que Venezuela.

- La Iglesia, "El tiempo de Dios es perfecto", rezos y oraciones: rezar, orarle a los Santos y Vírgenes en las Iglesias y hacer plegarias para derrocar a Maduro, simplemente no parece estar sirviendo. Podría elaborar más acerca de este punto, pero eso también es parte de otro libro.

Luego, adicionalmente al hecho de que hay que ayudar a Venezuela y que, según el venezolano, la comunidad internacional liderada por Estados Unidos debe hacerle frente al problema de Nicolás Maduro y ayudar a derrocarlo, la política internacional del inmigrante venezolano es que también necesita que le solucionen la vida en el exterior. Es decir, hay que ayudarlo porque ha sufrido más que los judíos, los sirios, los niños africanos, y los armenios y en consecuencia, hay que permitirle al venezolano que estudie de gratis, darle visa de trabajo, darle trabajo, casa, ayudarle a restablecerse, y aquí es cuando hablaré de una de las ayudas que los venezolanos reclaman e incluso exigen que la comunidad internacional debe darles: asilo, el cual es el más reciente invento de los venezolanos para residenciarse en Estados Unidos y en otros países.

Publicación compartida por un venezolano, en donde enumera una lista de sugerencias que la comunidad internacional debería aplicar para ayudar a los venezolanos.
Fuente: Redes Sociales de un venezolano, 2016.

Un día una persona me pidió el favor de reunirme con su sobrina venezolana, quien se encontraba viviendo en un suburbio relativamente cerca de mí. La idea de que cenásemos era para ayudarle a conocer la ciudad y a familiarizarse con el entorno. Al menos eso era lo que yo había entendido, ya que la persona me había indicado que su sobrina estaba estudiando en New York University con Visa de Estudiante. Tras conocernos y haber pasado algunos minutos conversando, ella me dijo que no era cierto que estuviese estudiando en NYU, y que en realidad estudiaba actuación en algún instituto de baja categoría. Eventualmente tocamos el tema de su situación migratoria y sin pena me dijo: -"... ¡y ahora estoy jodida, porque ya se me pasó el plazo para pedir el asilo! ¿Tú crees que podrás ayudarme?" De inmediato me levanté, le dije buenas noches y me fui.

No voy a ahondar en lo que es un asilo porque eso puede hacerlo el lector, pero sí diré que a diferencia de Siria, Sudan, Chad, y de otros países donde sí hay guerras, crisis humanitarias y gente sufriendo de forma inimaginable sin haber tenido culpa de lo que sus países atraviesan, en Venezuela hasta 2016 no había una guerra, ni algún motivo fuera de lo normal para que decenas de miles de personas ingresasen a Estados Unidos y solicitasen asilo, ya que en Venezuela nunca ha habido algún tipo de persecución a personas inocentes fuera del radar político. Apartando lo mediocre, lo corrupto o lo ineficiente que Antonio Ledezma y Ramón Muchacho fueron, ellos sí califican como candidatos a solicitar asilo, dado que son personas que tienen una condena judicial, con un procedimiento legal que fue ejecutado con una sentencia; están huyendo porque sufren persecución y tienen un caso parecido al de Julian Assange.

En el caso de los venezolanos, hay cientos de personas que están solicitando asilo alegando cualquier cantidad de argumentos que son falsos e incluso tan absurdos, como por ejemplo que las protestas de 2014 les causaron estrés estomacal (y ni siquiera fueron a protestar). Esos son casos que no deberían calificar como alguien que puede solicitar un asilo, no solo porque están mintiendo con su argumento, sino porque le están quitando la oportunidad a otra persona que sí lo necesita. Peor aún, el venezolano que emigra bajo esta figura está perpetuando (o mejor dicho continuando) el patrón de la "mentalidad de la viveza criolla" que traían desde Venezuela: son personas que ingresaron a Estados Unidos o a algún país Europeo con visa de turista y siempre tuvieron en mente quedarse. Una vez allí, inventaron que se sentían perseguidos por el gobierno venezolano, y por eso solicitaron asilo. En esencia se igualan al balsero cubano, y con los inmigrantes ilegales que cruzan la frontera, quienes por muchos años fueron duramente criticados por los venezolanos por quedarse de forma ilegal en los Estados Unidos.

La pregunta en este caso es: si el venezolano que tomó la decisión de emigrar tenía tantas ganas de trabajar y si en su mayoría eran personas con buenas referencias académicas y profesionales, ¿por qué entonces no emigró a otro país en vías de desarrollo que les permitiese ingresar, residenciarse y establecerse por la vía legal? Conozco varios casos de personas que están en los Estados Unidos y en Europa bajo la figura de asilo, alegando que sufren de persecución porque les robaron sus vehículos o cualquier embuste similar, y esto les produjo hipertensión arterial, repitiendo el mismo esquema de mentiras que ocurrió con la reventa de los Toyota Corolla, y el doble discurso de pretender ser opositores cuando en realidad votaban por Chávez, y ahora en otro país, el venezolano utiliza cualquier vacío del sistema para aprovecharse de él. Yo entiendo que España, Estados Unidos y otros países tengan requisitos estrictos para obtener la residencia, y que el venezolano quiera mejorar su estatus y calidad de vida, pero lo que no entiendo es por qué no escogió otras opciones cuando consideró emigrar de Venezuela, que fuesen distintas a España o los Estados Unidos. Es decir: ¿por qué la chica que mencioné en *"La Identidad Perdida"* no se fue a Chile como originalmente había planificado para emigrar con estatus legal y en vez de eso prefirió quedarse en Estados Unidos de forma ilegal?

Otro punto que cuestiono de los inmigrantes venezolanos es el pago de impuestos. Nunca los pagaron en su país cuando eran un 5% de sus ingresos, mucho menos los pagarán ahora que significan el 30%. Llegará el momento cuando tendrán que pagarlos, pero será cuando ya no tengan más opción. Pero, similar a lo que pasaba con el condominio de mi edificio, el venezolano sí tiene dinero para ir a tomar cervezas e irse de fiesta, con la misma malicia de burlarse y aprovecharse del sistema pidiendo asilo, ya que saben que no les van a dar visa de inversionista, estudiante o residente. El venezolano nunca entendió que el resto de la sociedad que sí paga sus impuestos les está subsidiando una gran cantidad de beneficios implícitos en su día a día, y ese es parte del cuestionamiento que Trump tiene hacia los inmigrantes y debo aclarar que, si bien yo no voté por él en 2016, ni apoyaba la mayoría de sus ideas, en este punto él tiene algo de razón.

Muchos venezolanos conseguían la Visa de Turista, viajaban para los Estados Unidos alegando que venían de visita a Disney, y al final terminaban quedándose igual como lo hacen los balseros cubanos, con la diferencia que, en vez de una balsa, los venezolanos usaron un avión. Tras unos meses, solicitaban el asilo, mandaban algunos papeles, enviaban algunas cartas, contrataban a un abogado de inmigración, y así es como se aprovecharon del sistema. No me sorprendería que tengan una conexión con algún gestor o un abogado en Venezuela, que les falsifique los documentos que entregan para demostrar las razones por las cuales son perseguidos políticos y las razones por las cuales califican para la figura de asilo. No me sorprendería en lo absoluto y si bien debo decir que no conozco ni un solo caso de alguien que lo esté haciendo, si tuviese que apostar dinero a ello, apostaría todo mi dinero a que por lo menos hay uno, y si hay uno hay diez: *"Por favor, ¡deme asilo Sr. Trump! ¡Soy un perseguido de Maduro! ¡y también me da dos Bud Light!"* Bajo esta premisa, si todos los venezolanos van a ingresar para quedarse en Estados Unidos como asilados, entonces es preferible que el Departamento de Inmigración haga algo productivo por el mundo y ponga un anuncio en sus embajadas que diga:

"Atención Inmigrantes del Mundo: Ya no hace falta aplicar a la Green Card para residenciarse en Estados Unidos. Pueden aplicar bajo la figura de Asilo. Aquellos Venezolanos que quieran venirse a Miami, pero no han podido porque tienen principios o prefirieron irse a Panamá, Perú, Chile o Colombia, anímense y vengan. También vengan todos los inmigrantes del mundo entero. Decidimos cerrar el Departamento de Visas y Green Card y ahora trabajaremos con asilos. Lo único que necesitan es que les hayan cerrado su negocio, los hayan despedido de su trabajo, o que les hayan robado sus vehículos en un asalto, y decir que eso les causó estrés estomacal."

…lo cual tiene sentido dado que recientemente, el venezolano ha desarrollado la teoría de que *"el Departamento de Inmigración de Estados Unidos quiere volverse millonario cobrando $160 por cada aplicación"*.

Esta es una teoría que he escuchado desde 2016 debido a la disminución del número de Visas aprobadas a los venezolanos, cuyas aplicaciones en teoría debían ser aprobadas, pero les fueron negadas *"sin razón aparente"*, según ellos. La realidad es que la embajada les niega la Visa porque tienen fuertes sospechas de que la intención que el venezolano tiene al viajar a Estados Unidos es de quedarse de forma ilegal o aplicar al asilo al llegar. Lo más triste e injusto de esta situación es que probablemente la Embajada le está negando Visas a venezolanos que no desean emigrar a Estados Unidos y que sí la necesitan para visitar a sus familiares en Estados Unidos, pero que ahora quedaron perjudicados gracias al mal proceder de los venezolanos que hasta 2016 compraron un pasaje a Estados Unidos (o a Europa) con visa de turista, se fueron, se quedaron, aplicaron al asilo sin un caso auténtico y hoy en día duermen tranquilos, después de haber pasado años criticando a los balseros cubanos y a los mexicanos que cruzan la frontera.

Mi punto es que, si el recurso del asilo ahora va a ser utilizado por los venezolanos para venirse a vivir a Estados Unidos, entonces bajo esa misma lógica ¿por qué no fue utilizado antes por los millones de personas de decenas de países alrededor del mundo que con el mismo derecho que los venezolanos, querían venirse a vivir a Estados Unidos?

Una cosa es seguir las normas de un proceso y un sistema; otra muy distinta es evadirlas, y otra peor aún es aprovecharse de ellas, y esto es lo que los venezolanos han hecho durante toda su vida. En Venezuela, las normas y las leyes existían, pero el venezolano pensaba: *"¿Cómo hago para zafarme de esto? ¿Qué es lo que tengo que hacer para conseguir lo que quiero de forma rápida e ignorando las leyes y reglas? ¿Qué historia tengo que inventar o qué mentira debo decir para obtener lo que quiero? Lo importante es mi propio beneficio"*; y con esa mentalidad razonan que la comunidad internacional tiene el deber de ayudarlos a establecerse. ¿Acaso no es suficiente entrar a un país y establecerse a base de mentiras? Como expuse en el *Prefacio*, yo sé que Estados Unidos ofrece una alta calidad de vida, pero mi cuestionamiento es el siguiente:

Cuando el venezolano se fue de Venezuela, él solo y nadie más tomó la decisión concienzuda de abandonar a su país. El venezolano no se fue de Venezuela de la noche a la mañana con una mano adelante y otra atrás porque perdió todo en una guerra. Tampoco nadie les apuntó con una pistola y les dijeron: "*¡Vete de aquí o te mataré!*" La realidad es que la decisión de emigrar fue un proceso cuya preparación duró entre seis meses y un año, y se supone que durante ese tiempo la persona debió haber considerado opciones y destinos, y debió haber preparado o previsto la forma de restablecerse, y de obtener trabajo, estudio y casa. Entonces, ¿por qué hay que ayudarlos? ¿Qué tienen de especial los venezolanos que voluntariamente abandonaron su país, que no tengan los sirios, los armenios, los somalíes, y tantas otras personas alrededor del mundo que la están pasando infinitamente peor que los venezolanos, y a quienes de verdad SÍ hay que ayudar porque verdaderamente no tienen nada?

Desde hace años los sirios han sufrido un genocidio, igual los armenios, y ni hablar de las condiciones de vida que existen en Somalia, Eritrea o Sudán. A ellos SÍ hay que ayudarlos. Entonces, ¿por qué se debe ayudar al venezolano que pasó años incumpliendo cuanta ley había en su país, que además dejó su país destruido, y que ahora se fue a vivir a Miami bajo la figura del asilo, probablemente mintiendo con su solicitud, siendo además incapaz de emigrar a un pueblo humilde para trabajar y levantar algo desde cero, pudiendo haber emigrado a Perú, Chile, Colombia o Ecuador? Todo esto, mientras dejaron a Venezuela destruida, y hoy viven el exterior esperando a que les solucionen la vida, y quizás preparándose para destruir a esos países de la misma forma como lo hicieron con Venezuela, mientras hoy todavía dicen que quieren a Venezuela -de la boca para afuera-.

Me preocupa que el día de mañana ocurra algún ataque a los Estados Unidos como Pearl Harbor, o algún país europeo, asiático o sudamericano, y que los venezolanos ni remotamente consideren alistarse en el ejército, alegando que ni siquiera tienen algún vínculo con el nuevo país en donde viven, cuando la realidad es que como fueron incapaces de defender a Venezuela, probablemente serán incapaces de defender a sus nuevos hogares temporales. Parte de las razones del futuro colapso de los Estados Unidos será debido a esta situación, porque el venezolano que vive en los Estados Unidos no tiene ningún tipo de apego hacia dicho país. Ese futuro colapso ocurrirá… no en tres, ni cinco años, pero en algún momento del futuro no muy lejano, y quizás empezará con los venezolanos que hoy viven en Miami y Orlando; y algo similar podría pasar en otros países.

Cuando fueron celebradas las elecciones presidenciales en México en las que ganó el candidato de la izquierda, Andrés López Obrador, esa noche y el día siguiente casi todos los venezolanos que conozco que viven en México, reaccionaron sugiriendo que su próximo paso era largarse de México lo más pronto posible bajo el razonamiento de que López Obrador era la segunda venida de Chávez y que en México por ende ocurriría lo mismo que en Venezuela.

El venezolano es como un arrendatario que huye de casa en casa cada vez que se rompe el sifón del lavaplatos, y ni una vez es capaz de tomar unas herramientas, ir a una ferretería y solucionar el problema por sí mismo, o al menos llamar a un plomero y pagarle. En el caso de México, parece que esta vez ni siquiera harán el esfuerzo de protestar por redes sociales.

La solución del venezolano para todo es huirle a las vicisitudes y nunca afrontar los problemas, ni hacer lo necesario para superar las barreras. Tengo amigos y conocidos que actualmente viven en Argentina desde hace cuatro o cinco años, y ya están considerando emigrar de nuevo; algunos para los Estados Unidos y otros para Europa, ya que se quejan de que Argentina está en vías a repetir la misma crisis que se vivió en Venezuela. Siempre me pregunto si no investigaron acerca de Argentina cuando consideraron emigrar para allá. ¿Acaso no sabían que Argentina es un país cuya historia ha sido muy compleja y que ha vivido altibajos en años recientes, y que similar a como era Venezuela en el siglo veinte, es un país que aún está buscando estabilidad política, económica y social para llegar a ser un país desarrollado? Obviamente nunca lo investigaron. En vez de ello, lo que hicieron fue pensar: *"Me voy a Argentina por unos cinco años, consigo la nacionalidad argentina, y con eso sí me darán la visa americana o europea, y allí sí me puedo ir para Estados Unidos o Europa."*

Serie de publicaciones, incluyendo una de un profesor del IESA a tan solo horas de conocerse los resultados de las elecciones en México, donde López Obrador fue elegido presidente.
Fuente: Redes sociales de venezolanos, 2018.

Eso es lo que debería preocuparle a los países que reciben y están albergando venezolanos: el hecho de que esa mentalidad y esa forma de pensar es la que está viviendo en países trabajadores que han superado adversidades como Alemania, Estados Unidos, Panamá, Japón, Holanda y Australia, y el hecho de que poco a poco se instale, se esparza y contamine a las personas de bien de esos países. Después de todo, es más fácil que una manzana podrida contamine a las buenas, que una manzana buena cure a las podridas. No estoy afirmando que todos los venezolanos son así, pero sí diré que hay un grupo significativo que es así.

Supongamos que el venezolano en Argentina o México emigra y se va, digamos para Italia, y allí se lanza un candidato de la izquierda de tendencia similar a Chávez, y gana; ¿también se va a ir de allí? ¿Para España? Y si en España ganase algún afiliado a Chávez, ¿también se va a ir de allí para no sé… Austria o quizás Chad? …y así sucesivamente hasta que ya no haya más opción en el planeta Tierra, y deba marcharse para Marte o Saturno; y si un candidato con ideología Chavista gana la Presidencia de Saturno, ¿cómo hará en ese caso? ¿Será que ese es el plan de los venezolanos? ¿Expandir la raza humana y explorar el universo por medio de migraciones huyéndole a los problemas durante toda la eternidad del universo? ¿O será que yo tengo algo de razón?

El venezolano que vive en el exterior está "de paso" en el sitio en donde se encuentra, y su amor por su nuevo hogar es transitorio y netamente circunstancial. Cuando el mundial de Rusia 2018 estaba en pleno desarrollo, me impresionaba que casi todos mis contactos venezolanos inmigrantes se vestían con las camisas de Panamá, Colombia, México, Alemania, Portugal, Argentina, España e Italia, cuando muchos jamás se vistieron con una camisa de Panamá o de Colombia por lo que expuse en *La Peor de las Cualidades*, como el caso de una amiga que hoy vive en Colombia, quien pasó muchos años en Venezuela despotricando e insultando a los colombianos, y que hoy en día vive entre ellos.

Quizás los venezolanos se ponen la camiseta para integrarse con su nueva sociedad, o para apoyar al país que los acoge, pero cuando recuerdo lo que compartí en el capítulo *La Identidad Perdida*, concluyo que esa no es la razón. ¿Cuántas veces usted ha visto a un alemán, un argentino, o a un croata, o a un chileno usar la camisa de Venezuela? Estoy seguro de que no muchas. En cambio, una amiga que vive en Santiago, se puso la camisa de Chile y vio los partidos con sus amigos chilenos (cabe destacar que Chile ni siquiera clasificó al mundial), cuando los venezolanos vivían en Venezuela, maldecían a Chile por el hecho que los futbolistas chilenos siempre se han burlado (en tono jovial) de Venezuela. El lector podrá pensar que quizás el venezolano inmigrante recibió un baño de humildad y es válido pensar así, pero la realidad es, que esa no es la razón. La razón es porque el venezolano es una persona sin identidad, y ese es uno de los motivos por los cuales los venezolanos (no todos) tienen una mala imagen en el exterior, algo que incluso ellos mismos saben.

Recientemente ha surgido una tendencia sobre el venezolano que emigra y de cómo es maltratado en el exterior en algunos países. A esta tendencia le dieron el nombre de *"Xenofobia en contra de los venezolanos."* El argumento del venezolano es que cuando ellos emigran, el venezolano es un ángel del cielo y por eso promueven una campaña en contra de la *"Xenofobia en contra de los venezolanos"* para luchar en contra del maltrato a los venezolanos que hoy viven en Perú, Panamá, Chile, Colombia, España y otros sitios.

Yo pregunto: ¿No será que tal vez los venezolanos sí tengan ciertas actitudes y conductas cuestionables en los países a donde emigran, incluyendo actitudes similares a las que tenían en Venezuela? Por ejemplo: escupir y botar la basura en la calle, colearse en las filas, abusar en los supermercados, ser pretenciosos, hacerle daño (directo o indirecto) a las personas nativas del país en donde viven, por nombrar algunas. ¿No puede ser que tal vez haya un poco de verdad en las quejas de los peruanos, panameños, chilenos y colombianos y que no existe tal xenofobia, sino que más bien dado el historial que el extranjero conoce acerca de los venezolanos, los ciudadanos de esos países reclaman las actitudes de los venezolanos y en consecuencia, de allí surge el rechazo hacia ellos? Quizás sí existen suficientes motivos que justifican la *"Xenofobia en contra de los venezolanos"*, y tal vez no es cierto que hay una conspiración internacional en contra del inmigrante venezolano. Tal vez más bien el venezolano deba hacer una reflexión en la cual evalúe por qué existe la *"Xenofobia en contra de los venezolanos"* y por qué los maltratan y los rechazan en otros países.

Culmino este capítulo con una publicación que encontré en preparación para esta parte del libro, compartida por un venezolano que describe una tendencia muy real que ocurre en un porcentaje significativo de venezolanos, ya que ellos saben de lo que son capaces: el resultado está allí en la costa norte de Suramérica.

Fuente: Redes sociales de un venezolano, 2017.

... y esa es la política internacional del venezolano.

La única salida al problema…

21

El inmigrante venezolano...

… ¿de verdad algún día se regresará a Venezuela, tal como lo promete?:

"#Quiero Volver Pero No Es El Momento"

En 1992, la cantante Gloria Estefan lanzó un álbum llamado "Mi Tierra", el cual fue promocionado por la canción que lleva el mismo título. La canción es un tributo de Estefan hacia su tierra natal, Cuba, de la cual su familia emigró cuando ella tenía dos años a causa de la revolución cubana. El álbum también contiene varias añoranzas que transmiten el sentimiento de extrañar a Cuba y sus deseos de volver a ella. Una de las frases que hay en la letra, casi al final, cita textualmente: *"…y un día regreso, yo lo sé."*

La primera vez que escuché la canción y específicamente esa línea, solté una carcajada de risa: *"¿Gloria Estefan diciendo que regresará a Cuba? Que mentirosa"*. Yo tenía doce años, pero ya comprendía cómo funciona la industria de la música comercial: para vender millones de discos, el artista debe simplemente apostar a una fórmula exitosa por medio de un discurso popular con apego a las masas para generar millones de ventas de sus canciones. Cuando un latino escucha a Estefan decir *"…y un día regreso, yo lo sé"*, se siente identificado con ella y su sentimiento, ya que se pone al mismo nivel que el latino común y se identifica como uno de ellos: como una cubana, una latina y una minoría.

Lamentablemente, eso es una mentira que solo sirve para vender álbumes y ganar Grammys. Estefan nunca regresará a vivir Cuba, y si se refiere a regresar para visitarla, no tiene sentido el sentimiento del quejido y el lamento, ya que podría ir cualquier día. Los venezolanos que hoy en día viven en el extranjero son iguales a Gloria Estefan.

Un día vi una foto de un *"Encuentro de Egresados del IESA"* en una de mis redes sociales y me llamó la atención porque era extraño ver a tantas personas en un encuentro de egresados del IESA, no solo por lo difícil que es reunir exalumnos para que coincidan en un mismo sitio dado su día a día en Caracas, sino porque casi todos se han ido del país. Al ver la ubicación donde fue celebrado el encuentro, todo tuvo sentido: el encuentro había sido en el exterior.

Dicho estoy y dado que ya está establecido que un alto porcentaje de la población en edad productiva de Venezuela hoy en día vive fuera del país, la siguiente pregunta que queda por contestar es la planteada en el título de este capítulo: los venezolanos que se fueron, ¿regresarán algún día a Venezuela? Hago la pregunta, ya que ellos mismos son quienes afirman que regresarán a Venezuela.

Otro ejemplo de una publicación que contiene el ritual de la Foto del Mosaico de Cruz Diez, cuyo contenido contiene una frase comúnmente utilizada por los venezolanos que emigran, como expliqué en *La Tragedia de Los Comunes*, y sobre la cual basaré la premisa de este capítulo.
Fuente: Redes sociales de un venezolano, 2016.

Tras ver los hashtags que contiene la publicación...

- **#Me Quiero Ir Ya:** No hay mucho que decir aquí
- **#Ya Me Falta Poco Para Irme:** Similar al anterior.
- **#Me Fui:** ¿Aceptación mental de su partida?
- **#Por Aquí Regresarán Todos:** ¿Quiénes son "todos"?
- **#Ya No Quiero Despedir A Más Nadie:** Una expresión vacía y falsa.

...hay uno en especial al cual voy a prestarle atención y sobre el cual basaré la premisa de este capítulo.

- **#Quiero Volver Pero No Es El Momento.**

Bajo esta premisa, yo pregunto: ¿Cuál es el momento definitorio en el cual, estando en el exterior en sus casas en Miami, Panamá, Madrid, Barcelona, Londres, Sídney, Buenos Aires, Lima, Bogotá o Ciudad de México, los venezolanos tomarán la decisión de empacar sus cosas, deshacerse de todo y regresar a Venezuela? Conociéndolos, yo puedo plantear seis posibles opciones para indicar cuándo podrían devolverse a su país, y lo que diría el venezolano en cada opción:

1. Cuando sea derrocado Chávez (ahora Maduro), digamos... algo como al día siguiente: *"¡NO YA VA, ES MUY RAPIDO!"*
2. Un mes después que cayese Chávez/Maduro: *"Necesito más de un mes, pero ¡yo me regreso!"*
3. Tres meses después que cayese Ch/M: *"Hay que hacer las cosas con calma, empacar bien, recoger con orden, vender la casa y los autos con calma, aunque tres meses se van rápido."*
4. Seis meses después que cayese Ch/M: *"Hay que esperar que los niños salgan del colegio, o que termine un proyecto importante en la empresa... ¡no me puedo ir así no más! Pero vayan preparando las cosas, ¡de que me regreso, me regreso!"*
5. Un año después que cayese Ch/M: *¡No hay prisa! Hay toda una vida por delante para arreglar todo, ¡y oportunidades hay de sobra! Además, ¡no me puedo ir así de un día para otro! Por Dios, ¿qué van a pensar en mi trabajo? ¡Prefiero ahorrar unos Dólares/Euros!*
6. Nunca: Esta, estimado lector, es la verdad. Veamos por qué.

Para justificar por qué los venezolanos nunca se regresarán a Venezuela, lo que debo hacer es establecer las razones por las cuales nunca lo harán. A lo largo de veinte capítulos he expuesto situaciones puntuales que yo viví o que me enteré de primera fuente que mostraban las múltiples fallas en el sistema y en la sociedad venezolana, y siempre he insistido que tengo muchos más ejemplos similares a cada una de las situaciones que planteé, que mostraron el tipo de país que era Venezuela, y la gente que la habitaba: los venezolanos. Desde el primer capítulo expuse lo impactante que fue para mí el cambio drástico de un día habiendo estado viviendo los primeros años de mi vida en East Lansing, Michigan, para luego residenciarme en El Cementerio, Caracas, Venezuela. A veces pienso que si quizás hubiese tenido una percepción distinta de Venezuela si en vez de haber arribado a El Cementerio, hubiese llegado una zona mejor como La Tahona o Altamira, y me hubiese criado en un entorno únicamente rodeado de clase alta, pero después de analizarlo cuidadosamente, la respuesta es la misma: detalles más, detalles menos, el impacto del cambio hubiese sido casi igual, si no igual.

El motivo por el cual afirmo esto es porque a continuación compartiré una visión macro y general, en la cual demostraré cómo funcionaba el día a día del país, con la finalidad de: 1) Afianzar lo que he venido afirmando a lo largo del libro de forma específica y detallada con vivencias puntuales; 2) Explicar al lector las razones fundamentales por las cuales a lo largo del texto he planteado que Venezuela siempre fue un país inestable que estuvo en una eterna crisis, gracias a las incontables fallas que había en el día a día del país; 3) Demostrar cómo esas razones conllevaron a que los venezolanos considerasen marcharse de Venezuela desde los años 80 y 90, (algo que por supuesto aumentó con la llegada de Chávez y luego Maduro); y en consecuencia, 4) Exponer el motivo por el cual nunca se regresarán.

A finales de los años ochenta se enseñaba y se decía que Venezuela era un país en vías de desarrollo, es decir, en vías a convertirse en un país desarrollado como los Estados Unidos, Suiza o Japón, pero la verdad es que Venezuela no era más que un país subdesarrollado como cualquier otro país suramericano o africano, ya que esto se hacía muy evidente cada vez que iniciaba un nuevo año en Venezuela.

A diferencia de en los Estados Unidos, donde casi cualquier empresa inicia su jornada laboral el 2 de Enero, un año en Venezuela empezaba el 7, 8 o 9 de Enero. En Febrero o Marzo habían dos días feriados de Carnaval (Lunes y Martes), sin embargo, para la mayoría de las empresas y trabajadores, el feriado de Carnaval empezaba desde el Jueves en la tarde de la semana anterior; es decir que, en vez de dos días libres, habían tres e incluso cuatro. Luego venía el 19 de Abril que era el aniversario de la destitución de Vicente Emparan como Capitán General; si el 19 de Abril era un Martes o Jueves, el venezolano aplicaba el famoso "puente", que consistía en tomarse el Miércoles por la tarde (o la mañana), el Jueves del feriado, y el Viernes, y así de fácil se perdían tres días laborables de la semana. En el mismo Abril (o a veces en Marzo), ocurría la llamada Semana Santa que implicaba dos días festivos de Pascua (Jueves y Viernes). Sin embargo, Semana Santa en casi todas las empresas iniciaba desde el Viernes de la semana anterior, e incluía toda la semana que contenía los feriados, y el Lunes de la semana siguiente. Recuerdo que para esta instancia siempre me preguntaba cómo se suponía que un país "en vías de desarrollo" iba a convertirse en un país desarrollado, con la cantidad de días no laborables que estaban implícitos en la sociedad, cuando más bien hacían falta días para trabajar y levantar la economía de la nación.

Luego de Semana Santa venía el 1ro de mayo -Día del Trabajador- que entraba dentro de la categoría de los "puentes", seguido del 24 de Junio, el 5 de Julio, el 24 de Julio y el 12 de Octubre. También había una gran cantidad de "Feriados Bancarios", que eran días festivos de los cuales solo la banca podía beneficiarse. Finalmente, un año en Venezuela culminaba durante la última semana de Noviembre o la primera semana de Diciembre. Casi todos los negocios estaban cerrados para el 8 de Diciembre, y no abrirían más sino hasta el 7 ó 9 de Enero, eso sin mencionar que casi todas las empresas tomaban ese receso para dar las vacaciones colectivas establecidas en la *Ley del Trabajo*. Conforme pasaron los años que viví en Venezuela, ese 7 ó 9 de Enero, se volvió 15 de enero, y después 22 y 29 de Enero; y ese 8 de Diciembre, se volvió 30 de Noviembre y luego 22. Siempre me preguntaba: *"¿Cómo va a progresar este país si la gente está más pendiente de no trabajar, que de trabajar?"*

Caracas era la ciudad principal de Venezuela y era el centro político, financiero y social del país, albergando las sedes de casi todas las empresas del sector privado y por supuesto las sedes de los organismos públicos. La sociedad venezolana estaba tan centralizada en Caracas y tal era su importancia en el funcionamiento del país, que casi cualquier trámite elemental había que realizarlo en Caracas, al punto de que muchos venezolanos decían: *"Caracas es Caracas y lo demás es monte y culebra."*

A unos treinta minutos en auto al norte de Caracas se encontraba La Guaira, un pueblo portuario donde se encuentra Maiquetía -el Aeropuerto Internacional de Caracas- y la carta de presentación y de entrada a Venezuela. El día que arribé a Maiquetía por primera vez me llamó la atención que el aeropuerto apenas tenía veinticuatro puertas, y que cualquier terminal de casi cualquier aeropuerto internacional, era más grande que Maiquetía. Para 2017, Maiquetía había ampliado su capacidad a veintiocho puertas.

Rodeando Caracas se encontraban las "ciudades satélites", los cuales en realidad eran pueblos de gente de clase baja, obrera y trabajadora: Guarenas, Guatire, El Junquito, Los Teques, La Victoria, y el eje formado por Los Valles del Tuy. Habían también pequeños enclaves como San Antonio de los Altos, habitados por personas de clase media, y algunas urbanizaciones de clase alta de personas que trabajaban en Caracas, pero que querían vivir retirados de la ciudad.

Caracas estaba conectada hacia el oeste con Maracay, Valencia, Maracaibo, Barquisimeto, Puerto Cabello, Punto Fijo, y la Red Andina: Trujillo, Mérida y San Cristóbal. Maracay era una ciudad militar a noventa minutos de Caracas, que albergaba la base aérea del ejército y varios comandos militares de importancia. Fue de Maracay de donde salieron varios movimientos e insurrecciones militares en contra de Pérez Jiménez en los años 50, y desde donde en 1992 salió un Teniente Coronel llamado Hugo Chávez rumbo a Caracas para intentar derrocar a Carlos Andrés Pérez. Maracay era un pueblo pobre, con dos pequeñas urbanizaciones de clase alta: Los Castaños y Las Delicias. Valencia y Maracaibo siempre se disputaron el título de segunda ciudad en importancia del país, y ambas tenían buenas razones para hacerlo:

Valencia como el eje de la región central de Caracas, y Maracaibo por su importancia como ciudad petrolera. Ambas eran una versión reducida de Caracas y por muchos años durante los 90, ambas eran consideradas extremadamente peligrosas; sobre todo Valencia era incluso más peligrosa que Caracas, que ya de por sí era una ciudad muy peligrosa. Con el nuevo siglo, tanto Valencia como Maracaibo experimentaron un relativo cambio para bien en su infraestructura, pero igual seguían estando muy lejos del estándar de Caracas. A una media hora de Valencia quedaba Puerto Cabello, que era un pueblo portuario muy pobre, al igual que Punto Fijo, que quedaba al norte de Barquisimeto, que a su vez quedaba una hora más hacia el oeste de Valencia y que siempre fue vista como una ciudad relativamente agradable y segura, en comparación con Valencia. Nunca fui a ninguna ciudad Andina así que no puedo hablar de ellas con propiedad, pero como mencioné anteriormente, la gente de los Andes -conocidos como "Gochos"- a quienes sí conocí, tenían fama de ser muy educados y respetuosos, aunque fuesen personas sin formación académica, y sus ciudades no estuviesen al mismo nivel de Caracas.

Caracas se conectaba al occidente por la Autopista Regional del Centro, una autopista de dos canales que había sido construida en su mayor parte durante el gobierno del dictador General Marcos Pérez Jiménez, y que fue completada durante la década de los 60. Después de construida, nunca tuvo algún tipo de ampliación o desarrollo para mejorar la vialidad entre Caracas y el occidente del país. Hacia el oriente, los gobiernos de la era bipartidista 1958-98, intentaron construir una autopista análoga a la Regional del Centro, pero gracias a cientos de casos de corrupción durante la ejecución de la obra, demoraron casi treinta años en terminar apenas el primer tramo que conectaba a Caracas con Higuerote, el cual era un pueblo costero muy pobre a cuarenta minutos de Caracas; de allí se continuaba hasta Barcelona, estado Anzoátegui, una ciudad cuya importancia se basaba en la proximidad de las refinerías petroleras del oriente del país. Más hacia el este se encontraban Cumaná y Maturín, que eran ciudades pequeñas. Al sur de Barcelona se encontraban Ciudad Bolívar y Puerto Ordaz, que eran dos pequeñas ciudades que albergaban las sedes de empresas petroleras, siderúrgicas, y mineras. Al norte de Barcelona se encuentra el estado Nueva Esparta en forma de varias islas, la mayor siendo Margarita, que era un destino turístico dotado de playas y paisajes muy bonitos.

Los servicios públicos en Venezuela a finales de los 80 y principios de los 90 eran pésimos, a excepción de la Electricidad de Caracas, que era una empresa privada que se encargaba de distribuir el servicio de energía eléctrica a la capital. El servicio de energía eléctrica en Caracas era relativamente bueno (no excelente, ni muy bueno); era estable, pero eventualmente había algunos bajones y alzas que en ocasiones podían quemar algunos electrodomésticos y computadoras; por ese motivo era obligatorio tener reguladores de voltaje en tu casa para casi todos tus artefactos eléctricos. Había esporádicos apagones de unas tres horas de duración, aunque era muy raro presenciar uno (yo estimo que ocurría uno cada tres o cuatro meses). La realidad del interior del país era totalmente distinta, ya que por una infinidad de razones, el servicio de energía eléctrica era lo contrario a lo que ocurría en la capital, es decir, era pésimo, ya que las empresas que distribuían el servicio no eran igual de eficientes que la Electricidad de Caracas. De allí que la gente que vivía en el interior tenía el siguiente chiste: *"Aquí no hay apagones, sino alumbrones."* Salvando el suministro de electricidad en Caracas, la calidad y desempeño del resto de los servicios públicos, era pésima.

El suministro de agua era operado por el Instituto Nacional de Obras Sanitarias (INOS), que después fue renombrado a HidroCapital, el cual era propiedad y era manejado por el estado. En Caracas había frecuentes cortes de agua y racionamientos del servicio de varias horas al día, todos los días, casi todas las semanas del año. Caracas era surtida principalmente por un embalse llamado *"La Mariposa"*, el cual quedaba a unos cinco minutos en auto de la ciudad y que, según el INOS e HidroCapital, siempre estaba vacío. Recuerdo perfectamente como si hubiese sido ayer que durante muchos años hubo una campaña masiva en cine, radio y televisión, de anuncios y propagandas mostrando el nivel de agua del embalse, explicándole a la población que éste se encontraba varios metros debajo de su nivel normal, y que estaba dentro de la zona crítica de potencial sequía absoluta.

Es por eso que el caraqueño vivía en un estado de eterna zozobra de que en cualquier momento podía quedarse sin agua por varias semanas y por ende casi todas las viviendas en Caracas tenían dos opciones: adquirir varios enormes tanques de agua para abastecerse, o bien perforar la tierra para ubicar un pozo subterráneo, lo cual te garantizaba cierta seguridad de tener suministro de agua, ya que contabas con algún nivel de autonomía. Sin embargo, esto traía otros inconvenientes como hacerle mantenimiento a las bombas, tuberías de perforación y bombas del pozo, y al final del día, muchos propietarios en casas e incluso apartamentos adquirían tanques para tener mayor resguardo (puede imaginar lo aparatoso que es tener varios tanques de agua dentro de un apartamento). Cuando el INOS o HidroCapital informaban que el nivel de agua había retornado a niveles normales, entonces se rompía alguna tubería principal que dejaba a varias partes de la ciudad sin agua o con severos racionamientos por varios días e incluso semanas. Muchas de estas roturas de tuberías ocurrían en las avenidas principales de la ciudad, lo cual causaba inconvenientes en el tráfico de vehículos en Caracas.

Cuando había suministro estable de agua, había que abrir los grifos de tu vivienda y esperar varios minutos a que saliese el agua marrón y por fin saliese agua clara, la cual debo aclarar, jamás fue potable. Cuando finalmente arreglaban la tubería rota, la avenida podía pasar semanas e incluso meses con el asfalto roto y con la perforación hecha, reduciendo el espacio de flujo vehicular y por ende generando largas y eternas colas de tráfico. Me llamaba la atención que dos instituciones del Estado fueran incapaces de comunicarse entre ellas para solucionar un problema en común.

Hasta 1992 el servicio telefónico estuvo controlado por la Compañía Anónima Nacional de Teléfonos de Venezuela (CANTV) la cual también era operada por el estado. Tendría que pensar por varias horas para identificar quién era peor, entre la CANTV y el INOS / HidroCapital. El asunto es que cuando había suministro de agua estable, al menos el suministro era precisamente eso: estable. El problema con la CANTV era que la calidad del servicio telefónico era realmente pésima. Había constantes pérdidas de tono, fallas en el discado, cruces en las llamadas, llamadas cayendo en destinos equivocados, desconexiones sin razón aparente, intervenciones accidentales y mezclas entre cuatro usuarios hablando al mismo tiempo, tanto discando, como incluso durante el transcurso de una conversación: *"Llámame de nuevo porque se ligó la llamada"*, era la frase más común que se usaba al conversar con alguien por teléfono.

Era muy frecuente que estuvieses conversando con alguien (tu novia, un amigo, tu jefe, tu mamá o tu hijo), y repentinamente escuchabas a dos personas hablando, y quienes a su vez podían escucharte, y en cuestión de segundos algunos insultos salían a flote. Peor aún era que colgabas el teléfono, esperabas algunos minutos, alzabas el auricular y las personas que se habían ligado en tu línea continuaban conversando. Lo que generalmente se hacía era pedirle a las personas que colgasen, ya que en ocasiones tu necesidad de usar el teléfono era urgente; a veces aceptaban, pero otras veces no lo hacían, y en ese caso llovían más insultos. Yo siempre pensaba: *"Este país se califica como 'en vías de desarrollo', y ni siquiera es posible hacer una simple llamada telefónica. Debería más bien calificarse como en 'vías al fracaso'."* Otro problema constante era que en el recibo de teléfono siempre aparecían decenas de llamadas internacionales cargadas a tu cuenta. En 1992 el gobierno aprobó la privatización de la CANTV, pero el servicio continuó siendo igual de malo y sólo se veía una mejora unos siete u ocho años después de la privatización. Mencioné en el capítulo *El País Sin Dolientes* que para 2018, el internet en Venezuela era peor que el de Uganda. Dado que estoy enfocándome en hacer el ejercicio de describir a Venezuela durante los años 80 y 90, diré que en los primeros años del internet en Venezuela (1995, 1996), el internet no era mejor al de 2018.

Respecto al suministro del gas doméstico: Si un inmueble no contaba con suministro de gas directo, el gas lo suministraban empresas subcontratistas por vía de bombonas personales de bajo contenido, o a través de la recarga de bombonas residenciales. El gas había que pedirlo con anticipación, pero no con tanta anticipación porque de hacerlo, el contratista se molestaba por tú haberle hecho perder su tiempo para recargar una bombona que no estaba lo suficientemente vacía, y el castigo aplicado era que no atendería tu siguiente solicitud en algunos meses, arriesgando de esa forma quedarte sin gas.

Casi todas las calles, avenidas y autopistas en Caracas estaban llenas de huecos, y las que no tenían huecos estaban mal asfaltadas como expliqué en *Primer mundo – Tercer mundo*. De allí el origen del chiste del Americano que visitaba Caracas, y que daba su opinión de la ciudad cuando estaba a punto de tomar su avión de regreso a Estados Unidos: *"Muy bonita ciudad, pero ehh, ¡yo venir cuando ustedes terminar de construirla!"* Los semáforos se dañaban esporádicamente, y como podrá imaginar, esto causaba estragos en el tráfico de la ciudad, lo cual me lleva a conversar del tráfico en Caracas y en Venezuela en general.

Para ponerlo en términos sencillos, en Venezuela existía una ley de tránsito terrestre, pero sería lo mismo decir que no existía. En Venezuela se podía conducir a cualquier velocidad, sin límite alguno, en cualquier parte y a cualquier hora. Había poco respeto hacia los semáforos, y los conductores se detenían ante una luz roja, más por evitar un choque o por evitar atropellar a algún peatón, que por el hecho de que se debe respetar una luz roja.

Una de las cosas que más me impresionó cuando llegué a Venezuela era que al menos una vez al mes, los noticieros de televisión reportaban que un autobús había chocado en la Autopista Regional del Centro, matando a treinta o cuarenta pasajeros a bordo, o a cientos, cuando chocaban dos autobuses. Yo, como ingenuo chico estadounidense, pensaba que se debía a algún inconveniente como los que hay en esos videojuegos de carreras, pero todo cambió la noche cuando por primera vez pasé la Autopista Regional del Centro a bordo de un autobús. Yo iba acompañando a un amigo que iba a visitar a su novia que vivía en Valencia. En medio de la noche abrimos la persiana de la ventana y observamos que pasábamos las luces de los otros autos a una velocidad que parecía ser mayor a la normal. Dado que nos daba curiosidad saber a qué velocidad viajábamos, mi amigo se acercó al frente para preguntarle al conductor quien, indignado tras escuchar su pregunta, le quitó la vista a la autopista, volteó hacia atrás para verlo y le contestó: *"Lo normal chamín: 180"* (km/h).

El tráfico en Caracas era pésimo. Quizás no el peor del mundo, pero sí voy a afirmar que uno de los peores. El problema es que Caracas es una ciudad pequeña en extensión territorial para la cantidad de habitantes que allí vivían, más la cantidad de personas que venían del interior del país, eso sumado al hecho que como expuse en *Educación vs. Democracia*, el transporte público era pésimo y poco confiable, y por eso casi todos los caraqueños preferían desplazarse en automóvil. La consecuencia era que a diario la ciudad parecía un estacionamiento, ya que casi todas las calles y avenidas de Caracas son de un canal en un solo sentido, y las pocas autopistas que tiene son de dos canales, máximo tres en algunas zonas; esto hacía que recorrer un trayecto de apenas ocho kilómetros o incluso menos para ir de un punto "A" a un punto "B" demorase hasta dos horas. El sureste entero de la ciudad estaba conectado con el centro por medio de la Autopista Prados del Este, la cual es una autopista de tres canales donde convergían medio millón de habitantes de al menos cincuenta urbanizaciones y vecindarios del sureste de la ciudad, creando un embudo vial de una dimensión enorme. Por ejemplo: en un día de trabajo normal, si vivías en La Boyera (en el sureste) y querías llegar a Chacao (centro-este) antes de las 8 de la mañana, debías salir justo antes de las 6:10 am. Un minuto más y serías víctima de la famosa "cola de La Trinidad" y con suerte llegarías a Chacao a las 9:30 am, en un trayecto que a lo sumo en condiciones normales debía demorar treinta minutos. Lo mismo aplicaba para el retorno a la casa; es decir, había que salir del trabajo a las 3:55 pm para llegar a casa a las 6:00 pm, caso contrario, podías llegar a las 8:00 pm o más tarde. Luego estaban los desastres nacionales causados por las lluvias, que en realidad eran culpa de los venezolanos.

El sistema de drenaje de Caracas era peor que el servicio telefónico y de suministro de agua. En Caracas caía una leve llovizna y la ciudad entera colapsaba: se inundaban las calles, avenidas e incluso las autopistas, en especial la Autopista de Prados del Este, y esto lógicamente complicaba la logística que requería ir desde un punto "A" a un punto "B", y peor aún si ese destino era tu hogar. Por ese motivo cuando llovía, mucha gente salía de sus trabajos y se iba al cine o se sentaba en algún sitio a esperar tres horas para que el tráfico bajase.

En la temporada de lluvias ocurrían los famosos "derrumbes", en los cuales parte de los cerros de la ciudad se venían abajo y colapsaban las arterias viales de la ciudad. También eran muy frecuentes los deslizamientos de casas, que era cuando un derrumbe ocurría en la placa de una serie de viviendas, y en consecuencia ocasionaba que las viviendas se viniesen abajo. Miles de personas perdieron sus casas a causa de estos deslizamientos, incluso en urbanizaciones de clase alta, donde se habían construido casas en áreas donde estaba expresamente prohibido construir viviendas dado el riesgo de los deslizamientos, pero al venezolano poco le importaban las prohibiciones a la hora de construir cualquier cosa. Debo aclarar que estas lluvias no eran los famosos huracanes que azotan a los Estados Unidos, ni las tormentas tropicales de la selva amazónica; eran leves lloviznas que ablandaban la tierra de los cerros que no reunían las condiciones para resistir una vivienda, y que nunca fueron analizados por un Ingeniero Geodesta. La situación era peor en los barrios, ya que los ranchos construidos con zinc o con ladrillos en zonas de poca resistencia se venían abajo en centenares, lo cual hacía que frecuentemente hubiese miles de damnificados en la ciudad y pérdidas materiales a causa de las lluvias.

La peor de estas situaciones de lluvia fue la ocurrida en Diciembre de 1999, cuando llovió de forma casi ininterrumpida en la región central y costera del país durante quince días, y esto produjo el famoso *Deslave de Vargas*, donde cientos de miles de personas que residían en La Guaira y los caseríos y urbanizaciones vecinas perdieron sus viviendas, tras desbordarse los ríos que provenían de la montaña, y que destruyeron cuanta edificación había en sus cuencas. Cabe destacar que en ningún momento de esos quince días el gobierno declaró un estado de emergencia o emitió alguna señal para prevenir la tragedia que sobrevino, sino hasta el día que era inminente que estaba ocurriendo una desgracia en Vargas (el 16 de Diciembre). Esta fue una de las primeras desgracias vividas durante el gobierno de Chávez, quien días antes de la tragedia ignoró las lluvias y más bien se enfrascó en alentar a la población que ratificase la recientemente promulgada Constitución por medio del Referendo que se celebraría el 15 de Diciembre en medio de las torrenciales lluvias. Lo más triste es que viendo en retrospectiva la historia de Venezuela, la desgracia del *Deslave de Vargas* ocurrió ya que los gobiernos de la era bipartidista 1958-98, fueron los que permitieron que se edificasen construcciones bordeando a decenas de ríos y quebradas que en ese Diciembre reclamaron su territorio natural, y acabaron con todas las estructuras y con decenas de miles de vidas.

Mencioné al principio del libro mi trauma con los canales de televisión venezolanos: Radio Caracas Televisión, Venevisión y Televen, y expliqué en *Los Agricultores del Tercermundismo*, en qué consistía su programación. La radio venezolana tenía tres tendencias: música anglosajona, música caribeña, o música típica venezolana. En la AM se escuchaba música típica venezolana (que casi nadie escuchaba), o bien música caribeña como salsa y merengue. En FM, había emisoras que bien transmitían música anglosajona, o bien música caribeña (salsa y merengue); había una emisora que se llamaba "Jazz FM", pero más bien transmitía música anglo adulto contemporáneo y poco Jazz; y había una sola emisora que transmitía música clásica.

Como he mencionado anteriormente en varias ocasiones, Venezuela siempre fue un país peligroso y aquel que lo niegue debe visitar un psicólogo. También he mencionado que en los años 90, era común ver en los titulares de noticias: "ASESINADO PARA ROBARLE EL RELOJ / LOS ZAPATOS / LA PULSERA", así como también los periódicos los Lunes reportaban que la cifra de muertos que había ingresado a la morgue de Bello Monte durante el fin de semana (la morgue principal de Caracas operada por la policía), era entre cuarenta y cincuenta. En Venezuela la forma de vivir el día a día era aceptar que tú salías de tu casa con un número sobre tu cabeza, y si ese día salía tu número, podías ser víctima de un asalto, un robo, ser apuntado con una pistola, ser secuestrado, violado o asesinado. En síntesis, estabas resignado a que tu vida era una lotería, y por ese motivo la peligrosidad de la ciudad se internalizaba y nunca se pensaba en ella.

Por lo general había que tener mucha precaución al andar por las calles y debías estar atento a cualquier situación extraña. A lo largo de este libro he escrito frases como *"raras veces"*, *"casi todo"*, *"casi cualquier"*, y *"salvo algunas excepciones"*, para explicar que las afirmaciones que hago nunca aplican a un 100% de la población y por eso evito generalizar en los temas que he desarrollado. Esto es, exceptuando el tema de la inseguridad: en Venezuela, todos, repito TODOS, mis familiares, conocidos, amigos, clientes y en general todos los venezolanos que conozco, fueron en algún momento víctimas de la delincuencia. Todos al menos tres veces fueron asaltados, o robados, o secuestrados, o violados, o como pasó con la prima de mi novia, asesinados. Todos. Yo he vivido en varios países alrededor del mundo y conozco a mucha gente de distintos países, pero en ningún caso puedo afirmar que todas esas personas que conozco fueron víctimas del crimen en su país… y menos aún, varias veces.

En Caracas no había zonas seguras, sino zonas menos inseguras. Si bien yo viví mi infancia en El Cementerio, el cual era un barrio de clase baja habitado por gente pobre y delincuentes, me sentía igual de inseguro que si estuviese en Prados del Este o Los Samanes. Por ese motivo casi todas las casas y apartamentos en Venezuela tenían rejas con barras de acero en sus ventanas y puertas de hierro, con rejas de hierro o acero reforzándolas por delante, y con cerraduras especiales, cercas electrificadas y cámaras de seguridad. De más está decir que ninguno de esos dispositivos y mecanismos servía para impedir que los venezolanos fuesen víctimas del hampa, ya que los delincuentes siempre estaban un paso por delante de la seguridad, o tenían a algún cómplice que los ayudaba a anular los dispositivos de seguridad o a ejecutar el crimen que habían planificado.

Lo peor de ser víctima de la delincuencia era saber que no había policía que pudiera defenderte, ayudarte o perseguir y atrapar al criminal, y encarcelarlo. Eso ocurría pocas veces, y las veces que ocurría, por lo general el delincuente salía en libertad al poco tiempo. Por supuesto que ni mis amigos ni yo vivíamos en estado de trauma, zozobra o nos absteníamos de salir por la ciudad, ya que considerábamos que tampoco era lo correcto para un grupo de jóvenes vivir sus vidas encerrados en sus casas sin socializar. Lo que hacíamos era tener mucha precaución y como dije, dábamos por sentado que si nos pasaba algo era porque nos había tocado el número del día. Es por eso que en Venezuela era muy frecuente escuchar que *"habían asaltado / violado / secuestrado a 'X' persona"* de tu entorno social, durante los 80 y los 90, y como puede imaginar esta situación empeoró con la llegada de Chávez a la presidencia.

Este nivel de inseguridad en los 80 y los 90, aunado a la crisis económica del país era una de las razones por las cuales Venezuela no era escogida como destino para congresos, conciertos o festivales. En Venezuela era común bromear con tristeza y sarcasmo que las bandas musicales extranjeras que hacían giras en Latinoamérica, "pasaban de largo" por Venezuela, ya que probablemente les daba temor ser asaltadas, como de hecho le pasó a una famosa banda estadounidense cuyos equipos musicales les fueron robados en el mismo hotel en donde se hospedaban. Irónicamente, la época en la cual hubo mayor cantidad de presentaciones, conciertos y festivales de bandas extranjeras en Venezuela, fue durante la presidencia de Chávez, cuando muchas bandas extranjeras visitaron el país.

Siempre me cuestioné la utilidad de la policía en Venezuela. Similar al 911 en Estados Unidos, había números de emergencia para contactarlos, pero debido a las fallas del sistema telefónico en Venezuela que expliqué antes, era una proeza comunicarse con ellos. De lograrlo, las respuestas más comunes que se recibían eran: *"a esta hora no tenemos personal"*, *"no tenemos patrullas cerca"*, *"no tenemos patrullas disponibles"*, o la más inaudita de todas *"vamos a esperar que amanezca"*, si llamabas durante la noche.

Un día fui con mi amigo Tomás Estrada a *"Calle del Hambre"*, la cual era una calle muy famosa en el Municipio Baruta donde había varios quioscos que vendían hamburguesas y perros calientes bastante apetitosos. Nos estábamos bajando de mi auto, y recién había ocurrido un asalto minutos antes (cerca de las 3:00 pm). Las señoras que habían sido víctimas del asalto aún estaban en estado de shock, cuando en fracción de segundos pasó una patrulla de la Policía de Baruta. Ellas llamaron su atención y tras detenerlos, les explicaron lo que había sucedido, mientras ellos se mantenían aún dentro del vehículo. En poco tiempo, les describieron a los hampones que las habían asaltado: "un muchacho alto flaco, con una cicatriz en el cachete, y otro con un tatuaje con unos cachos", a lo cual los policías contestaron: *"Ah no vale, esos son 'Capó de Chigüire' y 'Venado Loco'... no señora... a esos no los podemos perseguir, esos tipos son muy peligrosos. Tienen azotada esta zona desde hace mucho tiempo."* Acto seguido los policías se estacionaron y pidieron dos hamburguesas con papas fritas.

El edificio donde yo vivía quedaba enfrente del Caracas Sports Club, el cual era uno de los clubes más prestigiosos y costosos de la ciudad. Mensualmente había fiestas estrambóticas en el club, con música muy por encima de los decibeles que la ordenanza del Municipio permitía, y que se extendían hasta el amanecer, pero a la gente del club (ni a los directivos, ni a los dueños de las fiestas) no les importaba la molestia que le causaban a los vecinos, y aunque éstos llamasen a la policía, la gente del Club simplemente los sobornaba y se terminaba el problema. A mí en lo particular me agradaba tener música de fondo en mi apartamento los viernes o sábados por la noche, sobre todo cuando me quedaba en casa sin salir, ya que era como si tuvieses tu discoteca personal al lado de tu casa; pero debo decir que, si bien me agradaba, reconocía que no estaba bien.

A una vecina de mi edificio en cambio sí le molestaba, y durante varios años sostuvo una guerra con el club y con la Alcaldía de Baruta, hasta que logró convencer a alguien de que abriera un proceso judicial y una medida cautelar contra el club, que desembocó en que las fiestas sólo podían prolongarse hasta las 2:00 am. De todas formas, en ocasiones no respetaban la prohibición, y a veces se extendían hasta las 4:00 am; o peor aún era que algún otro vecino del edificio o de la urbanización (la cual, como he mencionado, era una calle ciega), celebraba alguna fiesta en su casa o apartamento con la música al mismo volumen que el club, y de esa forma era como si hubiese una fiesta en el club. Al final del día, mi vecina que odiaba el Caracas Sports Club era una de las que fomentaba el caos en el edificio: estacionaba sus dos autos donde le daba la gana, siempre se quejaba de que nada servía, y quería que reparasen todas las fallas que había en el edificio, pero se negaba a pagar 25% más de condominio; entonces digamos que lo que hacía con las manos lo deshacía con los pies.

Hacer un trámite en Venezuela era una tarea maratónica. Muchas veces solía pasar que necesitabas un día entero para averiguar y recolectar pistas, para luego ir un segundo día para enterarte del procedimiento que debías hacer, para luego ir un tercer, cuarto y hasta un quinto día para finalmente lograrlo. En Venezuela había un chiste que no estoy seguro si era un chiste originalmente venezolano o si había sido tomado de algún otro país, pero sintetizaba de forma perfecta lo engorroso que era hacer una diligencia en Venezuela:

Están en el infierno Hitler, Stalin y Carlos Andrés Pérez (o Jaime Lusinchi, o Caldera, Betancourt, Tinoco, o cualquiera de los Presidentes o políticos corruptos de AD y COPEI de la era bipartidista 1958-98). Satanás le dice a Hitler:

"Por tus crímenes contra la humanidad, ¡irás al infierno alemán! ¡Donde con precisión alemana arderás todos los días cuatro veces al día en pailas de fabricación BMW!" – a lo cual Hitler lloraba. Satanás luego le dice a Stalin:

"Por tus crímenes contra tu propia gente, ¡irás al infierno ruso! ¡Donde servirás en campos de concentración sin comida!" – a lo cual Stalin lloraba. Satanás luego le dice a Pérez, o Betancourt, Caldera, Tinoco, o quien fuese:

"Por tus crímenes contra tu país, por haber robado dinero de la nación, y por haberle mentido a los venezolanos, ¡irás al PEOR infierno de todos! ¡EL INFIERNO VENEZOLANO!" – a lo cual Pérez o quien fuese, echaba una carcajada de la risa y se iba feliz caminando. Tristes y con lágrimas aún en sus ojos, Hitler y Stalin alcanzaban a Pérez y le preguntaban: *"Oye, ¿qué sucede contigo? ¿Acaso te volviste loco? Mira las penas que nos van a tocar a nosotros por el resto de nuestras vidas y tú en cambio vas al peor infierno de todos, y ¿te andas riendo?"* – A lo cual Pérez (o quien fuese) contestaba:

-"¡Claro que me río! En el infierno venezolano, el horno siempre está dañado. Cuando el horno sirve, no hay gasolina, y cuando el horno sirve y hay gasolina, ¡no hay quien lo encienda!"

…y así era en la vida real. A veces debías ir a algún ministerio u organismo público, y la persona no estaba, o la persona estaba, pero a la computadora se le había dañado el monitor, o no había electricidad, o cualquier excusa que pudiese hacerte perder el día.

Obtener y/o renovar tu cédula de identidad (el cual era el principal documento de identificación del ciudadano) era una pesadilla por decenas de motivos. Durante los años 80 y principios de los 90, había pocos lugares en Caracas para hacerlo, y casi todos estaban ubicados en el centro de la ciudad, e ir al centro de la ciudad era sumamente complicado por el tráfico y las pocas opciones de transporte. Luego estaba el problema que nunca había material para imprimir los documentos, o la cámara estaba dañada, o el fotógrafo no había ido ese día. Estas situaciones inverosímiles ocurrían por temporadas; a veces había mejores épocas y a veces había peores. Durante la presidencia de Chávez hubo una cierta mejora, pero luego con Maduro, todo el sistema empeoró a niveles catastróficos.

El día que fui a obtener mi licencia de conducir por primera vez, fue quizás el día más extraño de mi vida efectuando trámites en Venezuela; yo estaba con mi amigo Lorne y creo que él opinaría igual. Tras entregar los recaudos en la taquilla de la sede del Instituto de Tránsito Terrestre, el muchacho que recibió nuestros los documentos nos dijo: *"Bien, bien, todo en orden, y las respuestas del examen son D-B-A-B-C-B-A-B."* Recuerdo las respuestas como si hubiese sido ayer. Nosotros quedamos sin palabras. Tras entregar el examen, nos mandaron a sentar en una sala en donde esperamos por espacio de unas tres horas, y de repente llamaron nuestros nombres. Nosotros pensamos que alguien se había enterado de que nos habían dado las respuestas, nos habíamos metido en un gran problema, y nos iban a entregar una citación judicial o algo así. Lejos de eso, nos entregaron nuestras licencias y nunca hicimos el examen práctico de manejo.

En 2004 hice las gestiones de legalizar mis documentos educativos acompañado de mi novia, ya que yo estaba planificando mi regreso a los Estados Unidos y ella se vendría conmigo. Para legalizar los documentos educativos y que estos fuesen validados y aceptados en el exterior, había que hacer varias diligencias. Primero había que ir a la universidad a pedir que sellasen todos los documentos, incluyendo los pénsum de todas las asignaturas, a cada uno de los departamentos, para que luego los sellase el decanato, para que luego los sellase el vicerrectorado académico, para que luego los sellase el Departamento de Control de Estudios.

Después se debía ir al Ministerio de Educación a hacer una cola a las 4:00 am para validar todos los sellos, y para ello había que pagar una cantidad absurda de aranceles fiscales, y llevar decenas de fotocopias de todos los documentos, tu cédula, más constancias de estudio y certificaciones de grado. El motivo por el cual había que ir tan temprano era porque se entregaba un número para la cola, ya que había un máximo de solicitudes que se atendía al día. Para esa época no había tanta gente efectuando dicho trámite, sin embargo, mi novia y yo tuvimos que ir dos veces, ya que la primera vez que fuimos llegamos a las 4:02 am, nos dieron el número #68 y cuando abrieron las oficinas del Ministerio a las 8:30 am, no nos atendieron.

Después de varios días, debías buscar los papeles para luego ir al Ministerio de Relaciones Exteriores a solicitar la apostilla de La Haya para todos los documentos. En Exteriores se atendía aún a menos personas que en Educación, y había que ir cerca de las 2:30 am. Dada la experiencia anterior, mi novia y yo decidimos ir a la medianoche y pasar ocho horas a oscuras en la calle, en la Avenida Urdaneta, una de las zonas más peligrosas de la ciudad. Quizás este relato le parecerá impactante e increíble, pero para nosotros fue más impactante e increíble que delante de nosotros había diez personas. En algún momento de la noche iniciamos conversación con un muchacho de unos treinta y cinco años, quien además de los documentos educativos, estaba validando sus documentos de identidad, y el proceso para hacerlo involucraba al Ministerio de Interiores junto con otras dos instituciones más, en una especie de subrutina de ciclo infinito en la cual debías ir a las instituciones en dos ocasiones separadas. Él estaba sumamente molesto y frustrado, y creo que hablaba por todos nosotros:

"Menos mal que esta es la última parte de esta mierda. Esta vaina es inaudita. Esto es increíble. Ir para 'x' lugar, para que te sellen una vaina, para luego ir a otro lugar, para que te validen y te sellen ese sello, para ir a Interiores para que validen esos dos sellos y te pongan un tercer sello que es el más arrecho de todos, para luego tener que devolverte al primer sitio a donde fuiste y que allí te validen que ese tercer sello que te pusieron que es el más arrecho y es auténtico, y ahí sí te ponen otro sello más, el definitivo, para después ir a Interiores una vez más para que ahí sí te validen que todos los sellos sí son los correctos, y ahí sí te ponen el ultra mega sello más arrecho y definitivo de todos. Es como si las instituciones no se creen lo que ellas mismas emiten. ¡Es como si las instituciones no confían entre ellas mismas!" Nunca olvidaré sus palabras.

El turismo era poco impulsado en Venezuela. Había pocos hoteles y en vez de ello había abundancia de posadas, las cuales eran casas acomodadas para albergar huéspedes. Margarita era el único sitio que tenía hoteles y resorts de cuatro y cinco estrellas, y era el destino de los caraqueños en los días de asueto y puentes. El venezolano hablaba muy bien de las playas de Venezuela y casi siempre afirmaba que las mejores playas del mundo eran las venezolanas. Hablando con sinceridad, había muy lindas playas, pero no eran las mejores del mundo. Con seguridad puedo nombrar tres destinos con mejores playas, y ubicaría a Venezuela en un cuarto o quinto lugar. Las playas de Margarita eran muy bonitas y placenteras, pero definitivamente no eran las mejores playas del mundo, ni tampoco las de Morrocoy o Mochima lo eran.

A algunas de las mejores playas del Venezuela se les llegaba por medio embarcaciones llamadas "peñeros", que se tomaban en los pueblos costeros como Higuerote y Chichiriviche. Eran unas lanchas con motor fuera de borda que siempre estaban en pésimo estado. La primera vez que me monté en una de ellas pensé que ese día iba a morir ahogado en el Caribe. Eventualmente me di cuenta de que para ellos manejar la lancha en esas condiciones era un día como cualquier otro. Al abordarla, te entregaban un "chaleco salvavidas" que tenía agujeros por todas partes y que estaba en pésimo estado. Con el pasar del tiempo y a medida que fui más veces a la playa, concluí que si la lancha se volteaba, quizás aquel que sabía nadar tendría alguna oportunidad de salvarse, pero cualquier otra persona se ahogaría. Me sorprendía que, considerando lo mal que manejaban las lanchas, nunca había accidentes de peñeros; o quizás sí los hubo, pero nunca me enteré.

Creo que el motivo por el cual los venezolanos calificaban a sus playas como las mejores del mundo, era por la sensación de libertad que daban: el hecho de desconectarse de Caracas y poder estar en una playa sin tener que pagar un centavo, con tu auto cargado de cavas llenas de cerveza, ron y whiskey, y poder meterte al agua ingiriendo cualquier bebida alcohólica, poner música a todo volumen, gritar, bailar, fumar, traer a tu perro, jugar dominó con tus amigos, comer, acampar, hacer el amor con tu pareja, y en esencia hacer lo que quisieras, era lo que le daba el valor de "las mejores playas del mundo", a las playas de Venezuela, y no la belleza de las playas como tal.

En decenas de oportunidades fui a Morrocoy con un grupo de amigos, quienes se conseguían a otro grupo de amigos que estaban totalmente ebrios y en un estado de euforia absoluta. Era un ambiente donde por un momento podías llegar a pensar que te encontrabas en el mejor sitio del mundo disfrutando de lo mejor de la vida. Creo que esa sensación de libertad total y absoluta, combinado con el placer y el disfrute del momento, el estar con tus amigos o tu pareja, sobre todo con el caraqueño, que disfrutaba pasar unos días lejos del estrés, la presión y lo horrible que era la vida en Caracas, era lo que les daba el valor a las playas de Venezuela, y no la extrema belleza de categoría mundial. Creo que ese era el motivo por el cual el venezolano hacía tantos "puentes" con los feriados, ya que por lo general la tendencia de los "puentes" era "¡*Vámonos a la playita, tenemos senda rumba cuadrada!*", y esa era la vía de escape del infierno de vida que se vivía en Caracas. La excepción era Los Roques a donde yo nunca fui, pero por las fotos que vi y según entiendo, sí tiene playas de categoría mundial que sí podrían calificarse como las mejores playas del mundo en términos de belleza. El problema es que Los Roques era extremadamente costoso y era preferible ir a Curazao o Aruba, ya que era más económico.

También debo mencionar el famoso clima de Venezuela. El venezolano en el exterior dice que "*Venezuela es el país con el mejor clima del mundo*", la cual es una frase que debería modificarse a "Hay pocas ciudades en el mundo con un clima tan agradable como el de Caracas", ya que hay dos errores en la frase original: el primero es decir "*...mejor clima del mundo*", sin antes haber visitado otros países; y el segundo es decir "*Venezuela es el país...*", cuando en realidad el venezolano se refiere únicamente a Caracas y no a Venezuela, pero esto es comprensible por la expresión que mencioné anteriormente "*Caracas es Caracas y lo demás es monte y culebra.*" El clima en Caracas era verdaderamente espectacular, ya que la temperatura se mantenía bastante estable a lo largo de todo el año, con mínimos cercanos a 19 o 18 grados, y máximos cercanos a 28 o 29 grados. Es por eso que podías vestirte con pantalón, shorts, falda, camisa, vestido o sweater, sin ningún problema a toda hora en casi cualquier día del año. Sin embargo, en el interior del país la realidad era distinta.

En casi toda Venezuela, la temperatura promedio podía oscilar entre 28 y 36 grados, en algunos casos llegando a 40 grados en Maracaibo, quizás la ciudad más calurosa del país y la cual pude conocer de adulto. Esto hacía que obligatoriamente tu vivienda requiriese de aire acondicionado día y noche durante todo el año. Al haber apagones en el interior, los cuales eran frecuentes como mencioné anteriormente, ya puede imaginar las consecuencias.

Finalmente debo tratar un aspecto que no he mencionado en ninguno de los capítulos anteriores: la basura, y no me refiero a los políticos corruptos o ineficientes, o a la basura como metáfora; me refiero a la basura de verdad. A excepción de urbanizaciones como Valle Arriba, La Lagunita, La Tahona y algunas partes de Los Naranjos y de otras zonas de clase alta, Caracas era una ciudad muy sucia. Había basura por todas partes: había basura en las aceras, calles y avenidas, en algunos sitios más que otros. Las aceras casi siempre estaban sucias, llenas de chicle, excremento de animales y de personas, polvo y bolsas de basura, o basura suelta. Los hidrantes y las paredes de las avenidas principales olían a orine. Había algunas papeleras en algunas plazas y aceras, pero éstas siempre estaban abarrotadas y las vaciaban con poca frecuencia. Había vidrios y botellas de bebidas alcohólicas en varias de las calles y en las aceras, y las pocas jardineras que había que contenían plantas o árboles, siempre estaban llenas de basura y excremento. Había muchas partes de la ciudad que tenían un mal olor, fétido, y había calles y avenidas en donde debías caminar o correr rápidamente de lo insoportable que era.

Muchas de las urbanizaciones en Caracas, inclusive en zonas de clase alta no tenían un sitio designado para colocar la basura, así que lo que ocurría era que la gente sacaba las bolsas de basura y simplemente las tiraba en una esquina, o frente a una casa que no tuviese automóvil, o al lado de un vehículo chatarra que estuviese abandonado, o en una redoma, y así se acumulaban decenas de kilos de basura de un vecindario. Había muy pocas urbanizaciones que tenían contenedores de basura cerrados y en lugares fijos. De resto, cualquier sitio era lo suficientemente bueno para servir de centro para recolectar basura. Con el pasar de las horas arribaban perros y gatos callejeros, ya que en Venezuela no existía una autoridad que se dedicase a recoger a los animales callejeros, y lógicamente abrían las bolsas de basura, regando sus contenidos y esparciendo aún más los pestilentes olores. Quisiera decir que, al igual que la ineficiencia de la CANTV, el INOS, y el Gas, el problema de la basura era culpa de las empresas del aseo urbano las cuales eran una mezcla de empresas controladas por el estado, los municipios y un pequeño sector privado; pero no es así.

El problema con la basura era gracias a los venezolanos. En Venezuela era imposible que los venezolanos se pusiesen de acuerdo y adquiriesen un contendor adecuado para recoger basura para colocarlo en sus urbanizaciones y recolectar la basura correctamente. Algunas zonas tenían contenedores, pero a veces pasaba que o eran muy pequeños, o la cantidad de gente que arrojaba basura era tanta, que terminaban abarrotados, trayendo una infinidad de moscas y ratas. Los empleados del aseo urbano cada mañana de cada día tenían que recoger desechos de comida, papel sanitario, toallas sanitarias, excremento, y demás basura regada en las calles y avenidas de Caracas, día tras día, año tras año, con los mínimos implementos adecuados e incluso en ocasiones sin guantes. Esto ocurría en casi toda la ciudad, excepto en algunas urbanizaciones como Alto Prado, donde la gente sacaba la basura y la ponía enfrente de sus casas, a veces en recipientes, o a veces simplemente en el medio de la acera.

Así como puedo decir que perdí la cuenta de la cantidad de venezolanos que vi deteniendo autobuses en sitios no designados para ser paradas, y de venezolanos que vi con visión a corto plazo, o con cualquiera de los otros inconvenientes que he mencionado en los capítulos anteriores, también puedo afirmar que perdí la cuenta de la cantidad de venezolanos de todo tipo de estrato y clase social que vi tirando basura en la calle, desde sus autos, mientras caminaban, arrojando bolsas desde los balcones de su casa, escupiendo, botando botellas de refresco y de cerveza, vasos plásticos, no solo en las aceras, calles y avenidas de Caracas, sino también en el Parque Nacional El Ávila, el Parque Los Caobos, el Parque del Este y también en las famosas "mejores playas del mundo" de las cuales tanto presumían. De igual forma, las personas que tenían perros domesticados y los paseaban por la calle o los llevaban a las playas, rara vez recogían los excrementos de sus mascotas, y se molestaban cuando alguien como yo les reclamaba, y te mentaban la madre o amenazaban con agredirte. Por eso me río cada vez que escucho a un venezolano en el extranjero decir que extraña a Venezuela: porque muy probablemente esa persona echó basura en la calle, o no hizo nada para prevenir que eso ocurriese, o simplemente olvidó el tipo de gente que había en su país.

Caracas (y en general Venezuela) no era un sitio limpio y bonito como Orlando, Praga o Bruselas, ni remotamente, y debo insistir que no me refiero a zonas pobres como podría ser el Bronx en New York; estoy describiendo a zonas de clase media o media alta como La Candelaria, El Cafetal, Santa Mónica, Chacao y Santa Fe, y por supuesto que en las zonas pobres la situación era muchísimo peor. La apariencia visual y olfativa que daba Caracas era que a la gente simplemente no le importaba cuidar la ciudad. Había carros abandonados en varias partes de la ciudad, había carros que circulaban con la pintura desconchada, y había casas y edificios con la pintura cayéndose o con grafitis en sus paredes, y estos pasaban años sin pintarse. También había un problema con el escape de los vehículos: durante mucho tiempo en los años 80, los 90 y los 2000, yo estimaría que 20% de los vehículos que circulaban en Venezuela emitían fuertes y densas concentraciones de monóxido de carbono. No eran casos aislados, sino una ocurrencia corriente ver que un auto te pasase por al lado y arrojase una nube negra desde su tubo de escape.

La grama en las autopistas crecía hasta convertirse en monte. Las pocas paradas de autobuses que había estaban oxidadas, y muchas calles y avenidas habían perdido la señalización de la pintura blanca de tráfico y pasaban años sin renovarla, además de la infinita cantidad de huecos que anteriormente mencioné que había en las calles y avenidas. Había sitios que eran peores y había algunos lugares donde podía decirse que tenían un mínimo estándar de limpieza, pero en líneas generales, si alguien me pidiese describir con una sola palabra, "¿Qué era lo más podía apreciarse visualmente en Venezuela?", la palabra sería "Basura". Por este motivo es que cada vez que un venezolano sale al exterior, lo primero que dice cada vez que llega a un sitio es: "¡Pero que limpieza! ¡Qué limpio está todo esto!" Le invito a preguntarle a cualquier venezolano.

Para cerrar la descripción general, dejé de último el problema que yo veía que le molestaba más a toda la población:

"SE AGRADECE PAGAR POR SENCILLO."

Durante muchos años en Venezuela, había un gravísimo problema con la disponibilidad del papel moneda: no importa qué tanto tratasen, no importa cuánto lo intentaban, no importa las combinaciones que hiciesen, en Venezuela NUNCA había sencillo. Intentaron regular los precios, intentaron liberar los precios, intentaron imprimiendo papel, intentaron generando nuevas monedas, intentaron distintos materiales para fabricar las monedas, intentaron imprimir unos billetes que parecían billetes de Monopolio (el juego) para reemplazar a las monedas… pero nada, nunca sirvió. Se llegó a un punto al cual a mí me daba risa ver las peleas de la gente lanzándose el dinero: "¡Quédate con el vuelto ladrón de mierda!", y les lanzaban los billetes a los choferes, panaderos, barberos, vendedores, parqueros… todo porque nunca había sencillo. El problema nunca se solucionó, pero poco a poco desapareció gracias a la aparición de las Tarjetas de Crédito y Débito.

Como podrá ver, ante este panorama que acabo de describir del día a día en Venezuela, a excepción de esos pequeños momentos de placer que te daba la vida como las idas a la playa, no era descabellado pensar en emigrar de Venezuela durante la década de los años 80 y los 90, y por supuesto durante la década de los 2000s, ya para esa época utilizando a Chávez como excusa para emigrar. Para explorar este punto, voy a analizar las muestras de mi entorno, el cual es un entorno con el cual casi cualquier venezolano podría sentirse identificado: el colegio donde estudié, el cual era uno de los mejores del Municipio Libertador en Caracas; la universidad donde estudié, la Universidad Simón Bolívar; el instituto donde obtuve mi título de Magíster en Administración de Empresas, el IESA; y mis compañeros de trabajo.

En mi experiencia, en Venezuela había tres grupos que aglomeraban al tipo de venezolano que deseaba emigrar. El primer rango eran los venezolanos de hasta 25 años, dentro del cual entraban las personas que no tenían planificado ir a la universidad, o iban a estudiar afuera, o bien eran recién graduados que estudiaron en

Venezuela que lograron conseguir la oportunidad de hacer un postgrado en el exterior. El razonamiento era sencillo: *"Estoy recién graduado, no tengo nada que hacer, puedo irme y pasar uno o dos años afuera estudiando, y ver la posibilidad de que si sale algo/surge algo pues me quedo y pruebo suerte"* (y con "pruebo suerte" quieren decir: se quedaban en el exterior). En el ejemplo de los egresados de la Simón Bolívar, eso fue lo que pasó con dos de mis amigas: ambas se graduaron, consiguieron un postgrado en una universidad en los Estados Unidos, consiguieron trabajo y ahora viven como una americana más. Años después coincidí con ellas y les pregunté por qué se habían ido de Venezuela; su respuesta fue trasladarle la responsabilidad al amor: *"Cielos, conocí al amor de mi vida, nos enamoramos, nos casamos y nos quedamos a vivir aquí; compramos una casa, salimos embarazados, y bueno ya con las raíces hechas… ¿Devolverme a Venezuela? ¿Yo? ¡Ni de vaina! ¿Para qué?"* Me parecía una casualidad, que siempre que conocían a alguien en el extranjero, se enamoraban de la persona y siempre terminaban quedándose en el país de la persona que conocieron, pero nunca se enamoraban y consideraban se devolverse para Venezuela.

El segundo rango de edad eran los venezolanos entre 26-38 años, y esto tiene que ver más con una conducta biológica del ser humano, que con la aspiración patriota o profesional, ya que este era el rango de edad donde la persona deseaba establecerse como un adulto independiente en Venezuela. En los Estados Unidos, una persona es un adulto independiente desde los 21 años, pero esa condición se atrasaba en Venezuela por factores sociales y económicos, como no tener dinero para mudarse, y en consecuencia tener que vivir con los padres hasta que tuviera el capital para independizarse. El razonamiento en este caso era: *"Cielos, ya tengo casi treinta, y sigo viviendo con mis padres. Yo veo que los muchachos de Friends y de Big Bang Theory tienen mi edad y ya viven por su cuenta. Además, mi amigo se fue hace seis meses para Alemania/Estados Unidos/España y ya tiene casa propia y vive solo."*

Todos mis amigos del colegio, de la universidad, del postgrado y del trabajo que se fueron de Venezuela, calzan perfectamente dentro de uno de los dos rangos de edad bajo los argumentos establecidos, lo cual me lleva a hacer la siguiente pregunta: si intercambiase las muestras, es decir, si intercambiase a mis compañeros del colegio, con los de la

Universidad, o con los del IESA, ¿se obtendría el mismo resultado? Es decir: ¿Qué influyó más en la decisión de la persona para irse de Venezuela?: 1) Lo malo de la situación del país; o 2) El rango de edad de la persona y el grado de crecimiento profesional y personal que la persona deseaba? La respuesta es indudable: así fuese que los del IESA hayan estudiado en el Fray Luis de León, el resultado sería el mismo.

Casi todas las personas de las cuatro muestras emigraron antes de cumplir treinta años de edad, indistintamente de en qué año emigraron (si 1996, 2002 ó 2016). Hasta 2016, el venezolano se iba de Venezuela no porque la situación estaba buena o mala, o porque el costo de la vida era cuesta arriba, o por la inseguridad en la calle. Si bien esos factores eran variables para considerar, la razón fundamental que estaba en el núcleo de la decisión era el factor tiempo para obtener calidad de vida fácil rápidamente, el cual se ve reflejado en la edad y no en lo que la persona tiene, puede o desee tener. Cada uno de los venezolanos se preguntó: *¿En cuánto tiempo puedo tener auto, casa y viajar alrededor del mundo, si me mudo a Estados Unidos, España, Australia o Panamá? Aquí en Venezuela, tendré que esperar a los cuarenta y cinco años, o más…"*

Antes de que Chávez asumiese la presidencia en 1999 y tras sus primeros tres años de mandato, ya había una alta cantidad de venezolanos marchándose de Venezuela. En esa época entre 1999 a 2002 no era prevalente la excusa de que la "la situación estaba mala" ya que, si bien existía una crisis económica, el país posiblemente estaba en una mejor situación que en la década de los 90. Es a partir de 2010 cuando los venezolanos que emigraron comenzaron la tendencia de justificarse con que había una terrible crisis en la nación, pero lo único que hicieron fue continuar con el movimiento que había empezado veinte años antes. La realidad es que el venezolano entre los 22 y 40 años hubiese emigrado a cualquier sitio, indistintamente de si hubiese estado gobernando Chávez, Maduro, Salas Römer, Capriles, Obama o Trump. Lo negará hasta el cansancio, pero esa es la realidad.

Finalmente queda el tercer grupo, que es el grupo de las familias: personas de 40 o 50 años, con hijos, que deseaban que sus hijos crecieran con Halloween, Easter, y lanzando fuegos artificiales el 4 de Julio, en vez de bailando Carnavales y cantando gaitas en Diciembre.

Hay excepciones por supuesto, como una amiga que estudió en España. Uno de los motivos por los cuales siempre la he respetado y le tengo mucho aprecio, fue porque ella se regresó de España para Venezuela al concluir su MBA en 2011. Hay que ser valiente para haber estado viviendo cómodamente en Europa y regresarse a Venezuela, si bien en esa época la situación no estaba tan mala como en 2017, previendo lo que podría ocurrirle. Es una de las pocas personas que conozco que se regresó a Venezuela para darle la oportunidad al país, así como lo hizo mi amigo que cursó su postgrado en Estados Unidos y se regresó a Venezuela para fundar su empresa de consultoría en construcción que nunca vendió ni un proyecto. Ambos son personas con valores familiares muy fuertes, que además siempre supieron que no había necesidad de permanecer viviendo en un país de forma ilegal, y que era preferible contribuirle a Venezuela de una u otra forma, como debía ser la norma de cualquier persona que estudió en el extranjero, para hacer de Venezuela ese país desarrollado que tanto soñaban.

Por supuesto que, es lógico que con el pasar del tiempo ellos sintiesen lo mismo que todos los casos de las personas frustradas que vivían en Venezuela, y que eventualmente considerasen irse del país tal como lo hizo el resto antes que ellos. Adicionalmente, no tiene ningún sentido que alguien se regresase a Venezuela luego de haber estudiado o trabajado en el exterior, y continuase viviendo en la misma casa donde vivía antes de irse, y siguiese manejando el mismo carro que tenía antes de irse. La gente quiere crecer como profesional y como persona, y si pasan los días y te ves igual a como estabas hace cuatro años, habiendo hecho el esfuerzo de adquirir experiencia profesional o académica fuera de Venezuela, entonces hay algo que no está bien. El caso mi amiga que se regresó de España y de mi amigo quien se regresó de Estados Unidos, fue que ellos iban a sus trabajos y a sus reuniones sociales, y sus amigos y compañeros de trabajo les decían algo como:

"Ya va, ¿tú no estabas en España? ¿Qué coño haces aquí? ¿Para qué te devolviste? ¿Estás loca? ¿Eres estúpida? ¿Te falta un cromosoma?"

...y el resultado era que la poca gente que le dio la oportunidad a Venezuela terminaba por sumarse al éxodo de ocho millones de venezolanos.

Esto me hizo que me preguntara lo siguiente: si bien debo decir que ninguno de mis dos amigos es perfecto, y al menos yo no los recuerdo cantando gaitas, entonces ¿Qué los hizo devolverse para Venezuela? Tras analizar mucho sus trasfondos, me llamaba mucho la atención que ambos eran muy apegados a sus familias, y esto fue lo que me hizo comprender la que quizás es la más triste e impactante realidad sobre el motivo principal detrás de la migración de casi todos los venezolanos: el venezolano es apegado a su familia, y no a Venezuela.

Dicho todo esto, llegó el momento de retomar la pregunta con la que abrí el análisis; es decir, partiendo del argumento que los venezolanos extrañan a Venezuela y en algún momento regresarán, vamos a combinar todos los factores que nombré anteriormente: un calendario que proponía flojear en vez de trabajar, pésimos servicios públicos, trámites engorrosos, tráfico espantoso, leyes prácticamente inexistentes, y la pregunta que todo venezolano se hizo en algún momento: *"¿Dónde se vive mejor, en Estados Unidos o en Venezuela?"*; *"¿Cómo me irá mejor en mi vida? ¿Me quedo en Venezuela donde el agua llega tres veces a la semana, o me voy a Estados Unidos?"* La respuesta es obvia. Una vez afuera, surgía el sentimiento de falsa nostalgia, por ejemplo:

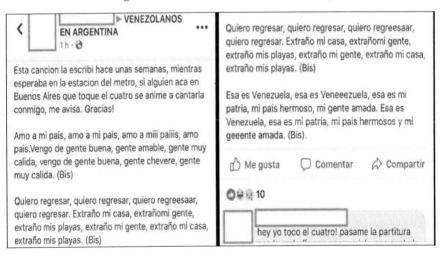

Esta imagen la encontré en el muro de Facebook de Venezolanos en Argentina. La compartí con una amiga que pensé que le agradaría y su respuesta fue la siguiente:

> **Yo también compuse una canción** 9:05p
>
> **Se titula** 9:05p
>
> **"Menos mal que me fui de esa mierda"** 9:05p
>
> **También ando buscando un cuatrista que me acompañe**

El problema con la mayoría de los venezolanos es que en público dicen: "*Quiero volver*", pero en su interior dicen lo mismo que mi amiga: "*Menos mal que me fui de esa mierda*", y digo esto porque sus acciones dicen más que sus palabras. Es preferible compartir en redes sociales mensajes de "*Te extraño Venezuela*" y quedar bien frente al mundo, que decir la verdad, la cual es que jamás se regresarán a Venezuela, y solo una persona que nunca tuvo ningún tipo de apego con Venezuela diría: "*Menos mal que me fui de esa mierda*".

Un día un amigo me mostró una conversación que hubo en el grupo de WhatsApp de sus compañeros de clase del colegio, quienes para 2010 todos, a excepción de tres personas, vivían fuera de Venezuela. La conversación se dio en pleno apogeo de las protestas de 2017 y empezó con una de las personas hablando acerca de la crisis en la cual se encontraba el país. En minutos se abrió el debate en el grupo de si había sido acertada o no la decisión de abandonar Venezuela y si de verdad los que se habían ido (todos menos tres), habían hecho lo correcto abandonado a Venezuela en vez de haberse quedado, sobre todo para ese momento cuando el país más los necesitaba durante las protestas de abril-julio. Todos en el chat sin excepción contestaron de inmediato que había sido la decisión más acertada que habían tomado en sus vidas, y que lo harían de nuevo sin pensarlo. Ninguno sintió algún tipo de apego o cargo de consciencia o remordimiento por haberse ido de Venezuela. Todos hablaron con orgullo de lo bien que vivían tanto ellos como sus familias, y de lo mal que hubiese sido la decisión de quedarse en Venezuela, porque "*esa mierda de país nunca sirvió para un coño, y quedarse en allá iba a ser una pérdida de tiempo*". En ese sentido hay otro factor que debo sacar a colación.

Mencioné anteriormente la variable *"Tiempo para obtener calidad de vida rápidamente"* como la base fundamental en el algoritmo y la lógica detrás de la mente del venezolano para tomar la decisión de emigrar, y sobre esa idea debo agregar la variable biológica: la mujer. Muchos de los venezolanos que conozco emigraron por presión de parte de sus novias o sus esposas, y estoy seguro de que muchos hombres venezolanos se hubiesen quedado un poco más del tiempo que lo hicieron, de no haber sido por sus parejas. Recuerdo que cuando uno de mis mejores amigos obtuvo la nacionalidad española por su padre, su esposa le planteó que *"Venezuela no es lugar para tener una familia"*, y que *"debían concentrarse en el plan para emigrar a España"*, a pesar de que para el momento en el cual mi amigo había obtenido la nacionalidad (en 2004), Venezuela aún reunía condiciones aceptables para vivir, eso sin tomar en cuenta que ambos estaban ganando un muy buen salario. De haber sido por mi amigo, él se hubiese quedado en Venezuela al menos por unos años más, pero la presión de su esposa fue demasiada y en Octubre de 2008 se fueron. Eventualmente se hubiese marchado, bien por la oportunidad que tenía de hacerlo al ser español (a pesar de que nunca había pisado España en su vida), o porque había escuchado que en España podía tener un trabajo en el cual iba a ganar seis mil euros mensuales, o por lo invivible que llegaría a ser Venezuela después de 2017, pero no me cabe la menor duda de que su esposa fue un catalizador de la decisión de emigrar.

Willis, mi amigo del incidente de Alemania, conoció en Caracas a una linda muchacha en 2012 y en menos de un año ella también le hizo presión para que emigraran, bajo el mismo argumento: *"Si vamos a tener familia, este país (Venezuela) no es el lugar más adecuado"*. Su hermano Wilhelm también emigró motivado por su novia, quien en ese momento había conseguido un trabajo fuera de Venezuela, y lógicamente la decisión debía ser: emigrar y seguir la relación, o quedarse y terminarla. Eventualmente se fueron y al final terminaron, pero eso es tema de otro libro.

Por supuesto que insisto que no se debe generalizar ya que también hay casos como mi amigo Gilberto de la Simón Bolívar, quien se fue al poco tiempo de haberse graduado en 2004; o como Darwin, el hermano de Lorne y mi otro gran amigo, quien emigró en 2007. Darwin es un brillante ingeniero en computación de la Simón Bolívar y tal como establecí en la Parte I como pasaba con los egresados de la Simón, simplemente se hartó de no conseguir un buen trabajo y se fue por su propia cuenta; y también está mi gran amigo Carlos Luis Vargas quien se fue en 2017. Ellos tres se fueron sin presión femenina. En general, cada caso de migración tiene su historia, y hay algunos casos de los cuales puedo hablar con mayor propiedad y certeza que otros, pero estoy seguro de que, así como conozco la historia y los motivos que hicieron que las personas de mi íntimo círculo de amistadas emigrasen, estoy seguro de que otras personas que conozco con quienes no tengo tanta confianza, probablemente emigraron utilizando los mismos motivos, porque la realidad es que no hay muchas opciones. Sin hacer esfuerzo, me vienen a la mente veinte casos en los cuales la mujer fue un factor decisorio bajo la premisa de: *"Venezuela no es país para hacer familia"*, o bien *"No quiero que mis hijos crezcan en este país y se relacionen con esta mierda de gente"*: un par de casos del IESA, unos diez casos de la universidad, y otros diez casos de compañeros de trabajo.

No estoy diciendo que las mujeres son las culpables del éxodo de venezolanos, ya que estoy seguro de que también hubo casos en los cuales el hombre fue el factor que ejerció mayor presión en la decisión. El punto es que sea quien haya sido, la base del razonamiento es lo que hay que mirar, ya que para eso venimos al mundo: para dejar nuestra semilla, dado que el ciclo de vida normal es nacer, crecer, reproducirse y morir. Lo extraño es que después que Alemania fue derrotada en dos Guerras Mundiales, no hubo una inmigración masiva de alemanes alegando que: *"Deutscheland ist kein Land in dem ich meine Kinder aufwachsen lassen möchte"* o que *"Ich Will nicht das meine Kinder umgeben von solchen Leuten aufwachsen müssen"*, sino que por el contrario muchos alemanes se quedaron en su tierra para reconstruirla y treinta años después, lo lograron; así como tampoco hubo una inmigración masiva de japoneses tras haber sido bombardeados con dos bombas atómicas y haber sido derrotados en la Segunda Guerra Mundial, sino que también se quedaron y reconstruyeron su país. Por ese motivo quiero dejar muy en claro que, si bien Venezuela no era un sitio ideal para vivir en los años 80, 90, 2000 y 2010, el hecho es que pudo haberlo sido, si los venezolanos se lo hubiesen propuesto y si se hubiesen quedado.

El punto es que, en el caso de los venezolanos, hay una gran incoherencia entre sus palabras y sus acciones. No es consistente decir que querían a Venezuela, cuando nunca se dieron cuenta del trabajo que había por delante dada las malas condiciones en las cuales se encontraba la sociedad y el país; más aún, cuando tampoco se dieron cuenta de que con cada una de sus lamentables acciones destruían cada vez más a su país; y más aún, considerando que desde hacía mucho tiempo ya tenían en su mente la idea de que Venezuela no era un país para *"hacer familia"*. Y estoy bastante seguro de que no debió haber sido nada fácil para los alemanes *"hacer familia"* en Alemania durante los años de la postguerra, sin embargo, lo hicieron, y de forma exitosa.

El asunto radica en darse cuenta de lo siguiente: las fallas que había en la CANTV no se debían a que estuviese operada por robots malos; las bolsas de basura no caminaban desde las casas hasta las avenidas, ni tampoco se abrían solas por la Segunda Ley de la Termodinámica; los trámites no eran engorrosos en las oficinas y en los bancos porque las redes neurales estuviesen poseídas por HAL9000; el *Deslave de Vargas* no ocurrió porque Zeus dejó un grifo abierto desde el 30 de Noviembre hasta el 16 de Diciembre. Estos problemas y muchos más ocurrieron por culpa de un solo factor: los venezolanos y sus acciones. El asunto radica en darse cuenta de que en Venezuela sí se podía vivir en los 80, los 90, los 2000 y los 2010, pero había que proponerse de meta arreglar el sistema, y con el sistema quiero decir: a los venezolanos.

Es por eso que a esos venezolanos que dicen que extrañan a Venezuela, yo les pregunto: "Si extrañas tanto a Venezuela, entonces… ¿Por qué no te regresas?" A lo cual muy probablemente, el venezolano responderá: *"Porque no es el momento"* y a lo cual yo les pregunto: ¿Cuándo es el momento? Cuando Venezuela ¿sea igual que Miami? Cuando en Venezuela… ¿haya Target, Publix, Target, se puedan sacar carros 0 km sin inicial, haya veinte marcas de cereales, la policía sea confiable y haga su trabajo, la banca en línea funcione, se pueda pedir Pizzas por celular, haya Uber, el seguro social funcione, un egresado de la Simón Bolívar cobre $3.000 en su primer sueldo de recién graduado, los autobuses estén limpios y se respeten las paradas, haya VeneDisney, haya estadios de béisbol de clase mundial, la gente no bote basura en el suelo, construyan viviendas con financiamiento de treinta años, se pueda salir de noche sin temor a ser secuestrado, violado, asesinado, el internet funcione a 840 megas por segundo, la gente respete los semáforos, las mujeres puedan salir con sus carteras y relojes, la gente sea educada y siempre sonría cuando entres en una tienda, en vez de verte con mala cara y tratarte con antipatía, y así sucesivamente? Les tengo noticias: eso nunca va a pasar. Jamás.

Un día una amiga compartió en sus redes sociales una imagen celebrando el aniversario de su graduación, y el texto decía que sus compañeros de estudio le habían enseñado que Venezuela tenía el talento para salir de la crisis y ser el mejor país del mundo, y que si bien algunos están en el exterior, es porque *"se están preparando para volver"*. Sus compañeros le respondieron *"¡Sí lo haremos!"*, *"¡Sí por supuesto! ¡Hay que prepararnos para ese momento!"*, y frases similares. Eso fue hace tres años. Yo no soy psicólogo, ni psiquiatra, y por eso quizás no lo logro entender si estas personas sufren de alguna enfermedad mental, o son mitómanos, o viven en un estado de negación tan grande que no les permite aceptar que jamás se regresarán a Venezuela; o quizás padecen del mismo síndrome que Gloria Estefan.

Mi amiga que estudió en España y se regresó a Venezuela, eventualmente se fue definitivamente y jamás se va a regresar. Ya lo hizo una vez, le salió mal, y se supone que el ser humano no cae en el mismo hueco dos veces. Los muchachos de la foto hablan de *"prepararse para ese momento de volver"*, como si hubiese habido una guerra que dejó desechos radioactivos. Todo esto me lleva a concluir que la pregunta que hice al principio del capítulo no debería ser:

"El inmigrante venezolano... ¿de verdad algún día se regresará a Venezuela tal como lo promete?"

...sino más bien:

"Los venezolanos que se fueron, en líneas generales... ¿de verdad se hubiesen quedado en Venezuela?"

Por favor estimado lector, diga la respuesta conmigo al mismo tiempo, para que de esa forma logremos que se escuche al unísono:

No.

La realidad es que ningun venezolano se regresará porque nunca quisieron estar allí. Los venezolanos eran como yo, con la diferencia que yo sí tenía razones para no querer estar en Venezuela, y no tener ningún apego hacia ella. Por mucho tiempo me criticaron por negarme a aceptar mi cédula venezolana y por negarme a cantar su Himno, ni portar su Bandera, pero al final del día, ellos no eran muy distintos a mí en sus sentimientos hacia Venezuela. Ese es el motivo por el cual les fue tan fácil decir que *"Conocí a alguien, me enamoré, me casé y se quedé en Estados Unidos/Europa"*; o decir *"Me ofrecieron un tronco de trabajo"*; o decir *"Me gané una beca para estudiar"*; o decir *"Gano más trabajando como mesero/albañil/mucama en Miami / Madrid, que trabajando en Venezuela"*; por eso hoy dicen *"Prefiero limpiar pocetas en Miami antes que regresarme"*.

Es muy triste lo que le pasó a Venezuela. Ver como lentamente tanta gente abandonó a su país después de haber pasado tantos años aprovechándose de él y destruyéndolo. Y digo "destruyéndolo", porque como he expuesto, las cosas en Venezuela no funcionaban mal por causas de fuerza mayor. Las cosas funcionaban mal gracias a personas llamadas Venezolanos, quienes son los que hoy viven en Miami, Orlando, Madrid, Panamá, Barcelona y muchos otros sitios. Al final del día, la idea que los venezolanos tenían sobre su país era una falacia. Era un país con recursos, con potencial, pero lleno de gente que nunca quiso a Venezuela. Por eso ninguno de los venezolanos que están afuera se regresaran algún día a su país. Nunca. Y más aún, casi ninguno en realidad se hubiese quedado y siempre quiso irse.

Todos extrañan a Venezuela de la boca para afuera, pero nadie la extraña de verdad. Qué mejor ejemplo que el de Carlos Baute, un cantante venezolano que se volvió famoso por su canción *"No hay mal que dure cien años, ni cuerpo que lo resista. Yo me quedo en Venezuela, porque yo soy optimista"*, la cual lanzó en 1996 como parte de su álbum "Orígenes II", y quien emigró para España en 1999 cuando apenas tenía veinticinco años, tres años después de haber lanzado la canción que lo hizo famoso, y que al Sol de hoy aún colocan en las *"bailoterapias"*.

¡Felicidades Carlos! Lo lograste.

22

El país más rico del mundo

"Cuando no tienes confianza en algo, se termina todo" – Warren Buffett

Venezuela: el país más rico del mundo según muchos de los inmigrantes venezolanos que hoy viven en el exterior. Venezuela: el país rico por su gente, según muchos de los inmigrantes venezolanos que hoy viven en el exterior. Venezuela: el país que lo tenía todo y que hoy no tiene nada.

Una persona rica vive en una casa o apartamento grande en una zona pudiente, tiene varios automóviles, otros inmuebles y cuentas bancarias con un saldo alto. Una persona pobre vive en una casa pequeña en una zona pobre, no tiene auto y utiliza buses y/o metro para transportarse y tiene una sola cuenta bancaria que casi siempre está en el límite mínimo, o cerca.

Una buena empresa le da a sus empleados beneficios de relevancia; por lo general ofrece un buen salario, invierte en cursos para sus trabajadores, cubre sus viáticos, y tienen programas, eventos, actividades y fiestas planificadas para fortalecer el vínculo del empleado con la empresa. Una empresa que sobrevive en la raya le da mínimos beneficios a sus empleados, rara vez ofrece un salario competitivo, no realiza inversiones en sus empleados, da lo mínimo indispensable cuando les toca viajar, no tienen eventos de entretenimiento, y en las fiestas anuales las bebidas y comidas se presentan en tienen vasos y platos de plástico.

Un país rico tiene un Producto Interno Bruto e Ingreso per Cápita altos, una economía diversificada, una infraestructura que incentiva la cadena de distribución, y existe un interés por invertir en planificación y desarrollo urbano. La población en un país rico puede mejorar su calidad de vida, y la riqueza se ve en las calles. Nada de esto ocurría en Venezuela y lo explicaré con siete puntos que provienen de siete frases que escuché continuamente de los venezolanos.

1. *"Con AD y COPEI antes estábamos mejor"*

A lo largo de mi carrera profesional, siempre he abogado por el análisis de KPI para evaluar el desempeño de una empresa y la fijación de objetivos. En ese sentido, mi lema siempre ha sido: "El papel lo aguanta todo." Si la empresa tiene un buen o un mal mes, el papel y los números serán los que indiquen sin sesgo, cuál fue el desempeño del equipo de trabajo. Algo similar ocurre con un país.

En Venezuela el indicador clave para entender la crisis que siempre ha existido en el país, es la inflación. En ese sentido, los problemas con la inflación empezaron en 1958, cuando ese año el indicador anualizado cerró en 3.75%, un valor muy superior al promedio que se había visto durante los años anteriores:

Año	Inflación
1950	5.02%
1951	3.91%
1952	0.42%
1953	-1.67%
1954	1.27%
1955	-0.84%
1956	0.84%
1957	1.26%
Promedio	1.28%

Inflación en Caracas (1950-57). Fuente: Banco Central de Venezuela y Autor, 2021.

A partir de 1958, la inflación en Venezuela casi siempre mostró un continuo aumento, alcanzando un récord en 1973 con 5.31%, que fue sobrepasado el año siguiente con 12.16%. Siempre me llamó la atención que en Venezuela había una gran cantidad de conferencias y debates donde los más prominentes economistas de la nación pasaban horas analizando las causas de la crisis económica del país y trataban de encontrar el momento cuando inició la crisis. Nunca entendí por qué los economistas no eran capaces de identificar la respuesta que para mí era obvia: 1973 y 1974. Tal vez se inició un poco antes, entre 1970 a 1972, ya que una inflación de 5% no se logra sin antes haber pasado por 4%, y eso ocurrió gracias a las políticas del Presidente Rafael Caldera y de su gabinete que gobernó Venezuela entre 1969 y 1974.

Año	Inflación		Año	Inflación
1973	5.31%		1986	12.71%
1974	12.16%		1987	38.00%
1975	6.61%		1988	37.73%
1976	8.18%		1989	81.00%
1977	8.02%		1990	36.47%
1978	7.21%		1991	21.01%
1979	20.39%		1992	31.85%
1980	19.73%		1993	45.94%
1981	10.43%		1994	70.83%
1982	7.83%		1995	56.61%
1983	6.92%		1996	103.24%
1984	15.85%		1997	37.60%
1985	9.12%		1998	29.90%
Promedio	10.60%		**Promedio**	46.38%

Fuente: Fuente: Banco Central de Venezuela y Autor, 2021.

Revisando la tabla anterior, el lector puede constatar las razones por las cuales a lo largo del libro he insistido que Venezuela siempre estuvo sumergido en una crisis económica. No importa cuánto esfuerzo hagan los venezolanos para convencer a la comunidad internacional de que Venezuela era un país rico y que la situación era casi perfecta; un país con una constante inflación de dos dígitos a lo largo de un periodo mayor a diez años es un país en crisis y una bomba de tiempo. Los demás indicadores (PIB, Ingreso per Cápita, crecimiento económico), simplemente van a demostrar qué tan posible era lidiar con la inflación y la realidad es que en Venezuela solo había una forma de hacerlo: ser millonario. La importancia de la inflación como indicador económico viene dada porque refleja la capacidad de poder subsistir de las clases media, media baja y baja para vivir en un país. La inflación no le afecta a las clases altas y pudientes porque tienen una enorme cantidad de recursos para combatirla (siempre que los manejan con inteligencia), y en Venezuela la clase alta constituía menos del 10% de la población del país. Por ese motivo cuando liberaron los precios de los productos alimenticios en febrero de 1989 y estos duplicaron o triplicaron su valor de un día para el otro, en mi casa se sintió el impacto de inmediato, así como también estoy seguro de que diez millones de venezolanos también lo sintieron.

Muchos venezolanos reclaman (con razón) que una inflación de tres dígitos en Venezuela es inaudita, como la que se alcanzó durante el gobierno de Maduro en 2015; pero esos mismos venezolanos olvidan que el gobierno Rafael Caldera y su gabinete formado por los "genios" Teodoro Petkoff, Carlos Silva, Julio Sosa, Luis Matos Azocar y Freddy Rojas, lo lograron primero y antes que Nicolás Maduro, Nelson Merentes y Marco Torres. Recuerdo que en ese entonces Teodoro Petkoff, quien era Ministro de Coordinación y Planificación y era catalogado como un "brillante economista", le dijo a la población: *"estamos mal, pero vamos bien"*. Quizás se refería a su patrimonio.

	Año	Inflación
	1999	20.02%
	2000	13.43%
	2001	17.23%
	2002	31.21%
	2003	27.08%
	2004	19.18%
Gobierno de Chávez	2005	14.35%
(Promedio IPC - 22.61%)	2006	16.96%
	2007	22.45%
	2008	31.90%
	2009	26.91%
	2010	27.35%
	2011	28.98%
	2012	19.52%
Gobierno de Maduro	2013	56.20%
	2014	700.00%

Fuente: Fuente: Banco Central de Venezuela y Autor, 2021.

Las tablas anteriores muestran una realidad que tal vez cuesta aceptar, pero volviendo a la premisa inicial: el papel lo aguanta todo. Aunque cueste admitirlo, la inflación durante gran parte del gobierno de Chávez estuvo en valores similares o incluso por debajo de los gobiernos que le precedieron. ¿Acaso la economía durante el gobierno de Chávez no estaba tan mal como muchos venezolanos pregonaban?

Lo que ocurrió entre 2000 y 2010 durante el gobierno de Chávez, fue que los venezolanos estaban ganando y generando mucho dinero como expliqué en *Los CLAP*. La inflación era causada por el mal manejo de la economía y no por variables micro o macroeconómicas, lo cual tiene sentido, dado que Chávez enlistó a un grupo de ineptos y los puso a cargo del manejo de la economía, entre ellos: Jorge Giordani, Gastón Parra, Nelson Merentes, José Rojas, Rodrigo Cabezas, Tobías Nóbrega, Rafael Isea y Alí Rodríguez. Pero si este grupo de ineptos logró mantener a la economía con una inflación promedio de 22% por casi quince años, ¿qué se supone debo pensar de quienes eran los "brillantes" economistas que estuvieron encargados de la economía de Venezuela desde 1986 hasta 1998, con un IPC que promedió 46%? La mejor conclusión que puedo sacar es que da la impresión de que Nelson Merentes, un inepto que hacía fiestas con chicas en shorts a cuenta del Banco Central de Venezuela[138], era mejor que Pedro Tinoco y Ricardo Hausmann. Es lo más lógico que puedo concluir.

Como siempre, los venezolanos buscarán alguna excusa como: *"Los precios del petróleo no eran iguales"*, *"La crisis del Medio Oriente"*, o *"Los eclipses"*, pero esas son excusas que solo sirven para justificar a los mentirosos, cobardes y fracasados. Muchos países en el mundo tuvieron que lidiar con los mismos factores externos, y lograron superarlos gracias a que tomaron las medidas y las decisiones correctas. Desde los años de la bonanza en la década de los 70, los venezolanos tuvieron una diversidad de mecanismos para diversificar la economía y contrarrestar la peligrosa dependencia del petróleo, pero no lo hicieron por los motivos que expuse en la Parte II: corrupción, mediocridad, y el más triste de todos, porque no querían a Venezuela.

---

[138] Kurmanaev, A. (2018, Mayo 24). *"The Tragedy of Venezuela"*. Recuperado de: https://www.wsj.com/articles/the-tragedy-of-venezuela-1527177202

2. *"En Venezuela antes se conseguía de todo."*

Como expuse en el primer capítulo, Central Madeirense y CADA eran los supermercados de mayor importancia en el país cuando yo llegué a Venezuela, y apenas podía compararlos con 7-Eleven. No podría compararlos con Meijers, Stop and Shop, o con Target, pero supongamos que sí se puede, no sin antes tener en cuenta lo siguiente:

A lo largo del texto es importante que el lector procese la narrativa de las historias que he descrito en perspectiva, tanto desde el punto de vista del personaje en quien centro mi atención, como desde el panorama global. No es lo mismo estar en los zapatos de alguien clase alta y ver la vida de una persona pobre, que estar en los zapatos de una persona pobre y ver la vida de una persona de clase alta.

No puedo hacer suficiente énfasis en que no estoy favoreciendo a uno o desprestigiando al otro, sino que es una simple realidad. No es lo mismo que un albañil que vive en Petare o el 23 de Enero[139], entre a la casa de una persona que vive en Cerro Verde[140], y recorra la cocina, la sala, las habitaciones, vea el lujo, las comodidades y decoraciones, para después en la noche regresar a su pobre rancho; a que una persona que viva en Cerro Verde, visite un rancho de Petare o el 23 de Enero donde vive una de sus empleadas, y en menos de un minuto recorra el inmueble, cuyo tamaño es apenas mayor que el de uno de sus cuartos de su casa en Cerro Verde, y tras salir del pequeño inmueble regresa a su casa donde vive una vida que es mucho mejor. Mucho menos comparable es vivir la vida del otro y su rutina diaria, día tras día, año tras año. El impacto que se recibe al entrar en contacto en esa realidad del otro (de riqueza a pobreza, o de pobreza a riqueza) es completa y radicalmente distinto. El privilegiado que va a una zona pobre se sentirá cohibido, inhibido, restringido y deseoso de volver a su hogar. El pobre que va a un sitio privilegiado se sentirá pequeño, sobrecargado, sobre poseído y confundido ante el lujo.

---

[139] Petare (en el este de Caracas) y el 23 de enero (en el oeste) son dos urbanizaciones donde vive gente en pobreza extrema. Ambas ocupan una gran extensión territorial de Caracas.
[140] Cerro Verde, el Country Club, La Lagunita, Tamanaco, Valle Arriba son urbanizaciones donde reside la gente pudiente en Caracas.

El motivo por el cual mi visita al Central Madeirense fue tan impactante, fue debido a que Venezuela sufría de la dependencia de pocos proveedores para surtir todas sus necesidades. Cuando tienes una empresa y cuentas con tres proveedores, tu inventario está sujeto al ritmo de manufactura, producción, distribución y entrega de esas tres entidades. Si por algún motivo, uno de ellos te queda mal, tiene problemas con sus canales de distribución, o les falta materia prima, y cierra, tu empresa tendrá problemas. Se supone que como empresario debes cuidar tu negocio a fin de buscar la mayor cantidad de proveedores para fomentar la competencia y el libre mercado, para garantizar la existencia de tu inventario. Contar con un producto terminado sin tenerlo en la mano es la peor decisión gerencial que se puede tomar en un ambiente donde no hay certeza de que siquiera haya materia prima. La situación es peor si al segundo proveedor le ocurriese lo mismo, y en ese caso quedarás dependiendo de uno solo, lo cual es lo que ocurre actualmente con Venezuela y Empresas Polar, el conglomerado encargado de suministrar un alto porcentaje de los productos de la canasta alimenticia del venezolano. En Venezuela solo había dos o tres proveedores para un país de más de diez millones de personas cuya población crecía a tasa de 28 nacimientos por cada 1.000 habitantes, y esta es una forma muy ajustada y limitada para que un sistema como es la producción de alimentos funcione eficientemente.

Durante las protestas por redes sociales ocurridas tanto en 2014 como en 2017, hubo una imagen que se volvió viral porque mostraba cómo lucían los supermercados en Venezuela durante los años 80 y 90 antes de Chávez. El objetivo de la imagen era mostrarles a los partidarios del gobierno que antes de Chávez no había escasez de alimentos y se conseguía de todo. Si bien es cierto que los supermercados estaban surtidos, la variedad de los productos era baja. Había dos o tres marcas de jugos, tres o cuatro tipos de cereales, dos tipos de salsa de tomate, y algo de variedad por aquí y por allá, y todos dependían de uno o dos proveedores. A veces podías pasar dos o tres días sin ver leche o jugos en los supermercados porque había atrasos en la cadena distribución o porque se habían agotado por exceso de demanda (o porque acaparaban los productos en los días que precedían el aumento que expliqué en la Parte II). Eventualmente arribaban, pero su presencia en los anaqueles no era la infalible constante que mucha gente cree. En términos objetivos de posicionamiento y catálogo, los supermercados mostraban una realidad limitada.

Por eso no se puede usar la palabra *comparación* para medir a cualquier supermercado venezolano en la mejor de sus épocas, contra Target. En 1980 ó 1990, usted hubiese llevado a alguien de Petare a Target y el resultado hubiese sido el mismo a si lo hiciese hoy. De allí que Venezuela casi siempre ha dependido de Empresas Polar, y que dicha empresa se convirtiese en un punto de apalancamiento de la política venezolana.

3. *"Lo mejor de Venezuela es su gente. Nosotros* (los opositores) *tuvimos que irnos a Estados Unidos porque los chavistas se robaron todo el dinero. Los opositores somos honestos y no queremos a Chávez"*

En una ocasión, una persona me compartió la historia de un abogado "enchufado" que era testaferro de un empresario en Caracas. El empresario tenía fuertes lazos con el gobierno y llegaron a adjudicarle obras de envergadura, tales como una planta de tratamiento de basura y una planta de tratamiento de aguas servidas. El abogado hacía lo necesario para que las fiscalizaciones al empresario no levantasen sospechas, y para esta instancia de la lectura creo que el lector podrá imaginar que ninguno de los proyectos ni siquiera llegaron a 25% de culminación, y hoy están abandonados. Hasta 2014 el abogado enchufado había sido recompensado con más de un millón de dólares, una cifra que obviamente habrá aumentado con el paso del tiempo ya que para 2017, había comprado cuatro propiedades en Orlando para su hermana, sus padres, su otra hermana y para él, y ninguna de esas personas trabaja; es decir, todos son mantenidos por él. Al menos doce venezolanos improductivos hoy viven felices en Orlando, mantenidos por un enchufado del gobierno. Doce personas improductivas, sin educación, sin valores, sin principios, hoy viven en Orlando, algunos bajo la figura del asilo y otros bajo la figura de Visa de Inversionista. Pero todos -incluyendo el abogado- iban a todas las marchas de la oposición y aún hoy cargan su gorra de Capriles, al igual que Laura, de quien ahora hablaré.

Laura es la hermana de un gran amigo mío y si bien le tengo cariño ya que la conozco desde pequeña, es de esas personas que desde que estaba en el colegio no era buena estudiante, no era buena en los deportes, no era buena en tareas del hogar, y así sucesivamente. De adulta, Laura iba a todas las marchas contra el gobierno con su camisa blanca y su gorrita de Capriles, y aprovechaba la ocasión para socializar y buscar novios. En 2006 conoció a un militar de bajo rango que estaba enchufado en uno de los esquemas de corrupción del gobierno, y eventualmente pasó lo que mucho había demorado: quedó embarazada. Después de varias peleas, se comprometieron y se casaron, quizás porque vieron en el otro la posibilidad de tener una relación de mutuo beneficio: el militar vio que Laura era una mujer hermosa y con una familia relativamente normal y estable, así que probablemente lo lógico es que él quería que su hija tuviese una familia normal y estable, con una madre encargada de criarla. Análogamente Laura vio que él era un padre proveedor, ya que en un abrir de ojos y cerrar, el chico en cuestión tenía autos blindados, cuentas con millones de Dólares y una quinta en una zona de clase alta de Caracas. Años después, se fueron de Venezuela para residenciarse en… adivine… ¡Orlando! donde compraron dos propiedades en zonas muy humildes… perdón, quise decir, zonas de clase alta.

Así es como dos familias venezolanas, hoy viven en zonas privilegiadas en Orlando con dinero robado de Venezuela. Todas estas personas usaban gorras de Capriles, camisa blanca e iban a todas las marchas para protestar en contra del gobierno, e incluso hoy aún lo hacen cuando convocan a alguna protesta en Miami u Orlando. Ese uno de los perfiles de venezolanos que emigraron a Estados Unidos; por supuesto que hay otros tipos de perfiles, incluyendo a los pocos venezolanos honestos que son el *40-year-old-virgin*. Sin embargo, el caso de los *"enchufados"* en Florida es mucho más común de lo que usted piensa, y si usted conoce a algún venezolano en Florida que vive en una buena zona, o inclusive en una zona de clase media americana, y cuyo trasfondo no está del todo claro, le dejo en qué pensar.

Pero ¿cuánto dinero pudieron robarse [141] de Venezuela los enchufados como el abogado, o el novio de Laura? Esa es una cuenta que un amigo y yo hicimos una noche cenando mientras analizábamos el contraste de ver autos lujosos y niños de la calle a las afueras del restaurante donde estábamos en Caracas. Es una pregunta que merece ser analizada, ya que los venezolanos que forman parte de la oposición, en especial los que viven fuera de Venezuela, culpan a los chavistas de haberse robado todo el dinero de la nación.

Vamos a olvidarnos de los enchufados por un momento y hablemos de los peso-pesados: los altos funcionarios del gobierno. ¿Cuántos altos funcionarios del gobierno ha habido? Creo que fácilmente puedo nombrar a cincuenta peso-pesados sin sudar.

Vamos a suponer que cada uno de esos peso-pesados robó $50 millones. La cuenta es 50 x $50 millones = $2.5 billones. Esto es el 10% de lo que había en las reservas en 2010, o desde otro punto de vista, 25 días de ventas de PDVSA a $50 el barril, produciendo 2 millones diarios. Pero creo que $50 millones cada uno es una cifra baja. Yo creo que cada peso-pesado robó $100 millones cada uno. Son 50 x $100 = $5 Billones, solo con 50 peso-pesados (y creo que puedo llevar la cifra a 100). Es decir, que en realidad la cuenta sería 100 x $100 millones y el resultado final sería $10 Billones. Vamos con la siguiente fase.

Cada peso-pesado debe tener tres o cinco amigos de su confianza (creo que ese es el estándar de un humano normal), supongamos cinco. Cada amigo podría haber robado, entre $20 y $30 millones en contratos, adjudicaciones, licitaciones y proyectos de diversa índole. Supongamos $30 millones, lo cual viene siendo un 30% de lo que un peso-pesado robó. La cuenta es 5 x $30 millones = $150 millones. Dado que hay 100 peso-pesados, la cuenta final es 5 x 100 x $ 30 millones, lo cual resulta en $15 Billones. Llama la atención que es mayor al monto robado por los peso-pesados. Sigamos con la siguiente fase.

---

[141] El autor utiliza el verbo "robar" a lo largo de esta exposición, para referirse a acciones como desfalco, lavado de dinero, esquemas de corrupción y malversaciones.

Cada amigo de un peso-pesado, tiene a su vez entre tres y cinco amigos que necesitan para que hagan el trabajo sucio (limpieza de cuentas, lavado de dinero, movimientos de fondos), como por ejemplo el abogado y el militar que nombré. Cada amigo cobra entre $5 millones y $10 millones. Entonces, la cuenta es: 100 peso-pesados, por 5 amigos cercanos cada uno, por 5 amigos cercanos, es decir 100 x 5 x 5 = 2.500 personas, por $10 millones = $25 Billones.

El Gran Total = $50 billones, de los cuales el 80% es robado por enchufados, incluyendo a posibles opositores al gobierno que en su mayoría era gente que decía que odiaba a Chávez e iban a las marchas opositoras, protestaban y decían *"Te Amo Venezuela"*, de la boca para afuera en sus redes sociales. El punto al cual quiero llegar con el ejercicio de cuánto dinero fue robado en Venezuela, es ilustrar que si bien es probable que los partidarios del gobierno vaciaron las cuentas de la nación, el daño que le hicieron al país los opositores fue igual o incluso mayor, aun cuando no estaban posicionados o tenían vínculos ideológicos con el gobierno, pero tenían algún tipo de relación indirecta que les arrojaba beneficios económicos que provenían directamente del gobierno corrupto que ellos decían que querían derrocar.

El venezolano decía *" ¡Venezuela tiene muchas riquezas por su gente!"*, pero la frase correcta es *"Venezuela no tiene riquezas gracias a su gente"*, lo cual, según los venezolanos, era "lo mejor" de Venezuela.

4. *"Venezuela es un país con muchas riquezas naturales. ¡Este es un país que tiene de todo!"*

El venezolano tenía la idea de que la riqueza proviene de lo que tiene un país en términos geográficos, recursos naturales y materiales. Por ejemplo: si un país tiene petróleo, entonces el país es rico. Si un país tiene minas de oro, entonces el país es rico. Si bien es cierto que los recursos naturales son valiosos para, esto no necesariamente implica riqueza, dado que los conceptos "riqueza" y "creación" de riqueza son distintos. Para explicar este punto, voy a exponer dos ejemplos:

a) Pobreza natural.

Si yo le pregunto a una persona con conocimientos medianos de geografía universal y le pido que me responda lo primero que pase por su mente cuando yo diga "el río Sena", probablemente dirá: "París"; si digo "El río Támesis", probablemente dirá: "Londres"; si digo "El Nilo", dirá "Egipto"; y si digo "El Mississippi", dirá "Estados Unidos". Esto ocurre puesto que el río mencionado es una de las cualidades que se asocia a la ciudad o país que la persona contestaría, y por eso casi todas las personas que viajan a París tienen en su agenda de "cosas por hacer", dar un paseo en el Sena porque es algo icónico de Francia.

Si a la misma persona yo le digo "El Rio Guaire", a menos que la persona sea venezolana, es poco probable que sepa de lo que le estoy hablando. Para el lector no venezolano, el río Guaire era el río que atravesaba Caracas. Digo atravesaba, no porque el río ya no exista, sino porque lo que hoy atraviesa Caracas, no se debería calificar con el sustantivo de "río" puesto que, en vez de ser un caudal de agua, es un vaciadero de excrementos, orine, desembocaderos de cañerías, aguas negras y basura, mezclados con un poco de agua de lo que antes era un río. Sin embargo, hubo una época siglos atrás, en la cual El Guaire era un río que era limpio y el sitio de distracción de los Caraqueños durante sus fines de semana, al punto de usarlo como balneario.

El Guaire siempre fue una asquerosidad hedionda. La primera vez que lo vi recuerdo que me pregunté: "¿*Quién contaminó el Guaire?*" Pero en vez de "Quién contaminó el Guaire", mi pregunta debió ser: *¿Quién permitió que día tras día centenares de miles de litros de excremento, kilos de basura, orine, miles de litros de aguas negras, desembocasen en el Guaire día tras día, convirtiéndolo en el reservorio natural de inmundicia más grande de Caracas?*" Con el tiempo me di cuenta de que fueron los venezolanos, incluyendo a los gobernantes previos a Chávez. Es cierto que Chávez prometió que iba a limpiar y sanear el Guaire, y que mintió, no cumplió y probablemente se robaron el dinero del proyecto. Sin embargo, eso no quita el hecho que Chávez no tiene casi nada de culpa en haber convertido al Guaire en el sitio donde hoy en día hombres, mujeres y niños pasan horas hurgando entre sus aguas llenas de excremento y basura, buscando metal para venderlo en el mercado negro.

Los culpables de la contaminación del Guaire fueron Rafael Caldera, Luis Herrera, Jaime Lusinchi, Carlos Andrés Pérez, y sus respectivos Ministros de Ambiente, y de Transporte, como María Cristina Maldonado, Roberto Smith, Ciro Zaa, Juan Pedro del Moral, Moisés Orozco Graterol, Roberto Pérez Lecuna, Enrique Colmenares, por nombrar algunos. Yo quisiera preguntarle a cada uno de ellos: "¿Por favor, puede explicarme qué directrices y esfuerzos hizo usted para evitar la contaminación del Guaire durante su gestión como ministro? La respuesta está en el capítulo "_____ *es un reflejo del país.*"

b) La ilusión de Canaima y los Tepuyes.

El tiempo que estuve viviendo en Venezuela, nunca entendí la indiferencia y la apatía de los venezolanos ante hechos tan notorios y de conocimiento público como los crímenes que se cometen a diario contra las bellezas naturales del país, y no me refiero a las desforestaciones para la construcción de desarrollos urbanos, sino a los crímenes que se cometen en reservas naturales y en parques nacionales. Por ejemplo: era común que en Venezuela conocieses a alguien que estaba involucrado en los pasatiempos de excursiones y montañismo, y que disfrutaba las expediciones a la Gran Sabana, Roraima, la Laguna de Canaima y el Salto Ángel, por nombrar algunas.

Siempre me llamó la atención que estas personas hacían una excursión al Parque Nacional Canaima o al Autana y además de las bonitas y fascinantes historias y anécdotas que traían acerca de la experiencia en la naturaleza -la cual es excepcional-, también traían historias y anécdotas acerca de cómo vieron o estuvieron muy cerca del territorio que está "controlado por los garimpeiros", "controlado por la guerrilla colombiana" o "controlado por las rutas de tráfico de drogas".

Una persona me compartió que en una expedición que hizo al tepuy Autana, tuvo visibilidad perfecta de una pista de aterrizaje que se encontraba en territorio venezolano, donde evidentemente se estaba realizando un intercambio de varios kilos de droga con dinero en efectivo: había personas con armas largas, bolsos, maletines, y militares venezolanos. En otra ocasión, otra persona me compartió su experiencia de compartir con los indígenas de la selva amazónica, y que ellos le explicaron que son visitados por la guerrilla colombiana varias veces al mes y que la gente de la guerrilla les ofrece "protección", "cuidado" y "recursos tecnológicos", a cambio de guardar silencio y no interferir en las actividades que ellos ejecutan en la zona.

Lo que quiero decir es que toda persona que visita los estados Bolívar o Amazonas obligatoriamente interactúa -en el peor de los casos- con los guías turísticos de la zona, quienes obviamente están enterados de esto y lo comparten a los visitantes y turistas. Igual información se recibe de los residentes de la zona, quienes comparten estas irregularidades. Esto no es algo altamente confidencial o una información secreta; esto es algo que casi todo el mundo en Venezuela sabía: el hecho que la guerrilla colombiana y el narcotráfico están metidos de lleno en la selva del Amazonas, y en los estados fronterizos con Colombia. Todas las personas que fueron para allá me lo compartieron vez tras vez, tal como un amigo mío que trabajaba en Elorza (un pueblo en el estado Apure), quien me compartió que todos los días él y su personal obrero debían pasar por las alcabalas de la guerrilla, ya que ese territorio está controlado por las FARC.

De qué servía tener riquezas naturales, si: 1) No se cuidaban; 2) Había una serie de actividades perjudiciales para esos sitios en el largo plazo; y 3) Existía una indiferencia absoluta de parte de la población que cohabitaba dentro de esas riquezas y nunca hicieron nada para afrontar el problema; esto además de la indiferencia de quienes visitaban esas zonas y vivían en Caracas, Valencia o Maracaibo, más la de los gobernantes de turno (1958-presente).

Para ponerlo en perspectiva, imagine que en Yellowstone haya una pista de aterrizaje que sea frecuentemente utilizada por narcotraficantes, o que una parte del Gran Cañón estuviese controlado por la guerrilla del Subcomandante Marcos. ¿De qué sirve que el Amazonas sea el pulmón del continente y que los venezolanos publiquen orgullosos en sus redes sociales fotos de la Laguna de Canaima y el Salto Ángel diciendo que es lo más hermoso que hay en la Tierra, si el tiempo que vivieron en Venezuela, estuvieron ajenos, indiferentes y apáticos a la realidad que se vive en esos sitios?

Ni siquiera hace falta ir muy lejos para entender lo que estoy diciendo. De hecho, ni siquiera hace falta salir de Caracas: el Parque Nacional el Ávila es otro excelente ejemplo. ¿Cómo es posible que el venezolano haya permitido que se construyesen ranchos dentro del Parque Nacional el Ávila, el llamado "pulmón de Caracas"? ¿Cuándo empezaron a construirse los ranchos en Caracas en el Ávila? Definitivamente no desde que Chávez ganó la presidencia en 1998. Esos ranchos se encuentran en el Ávila desde al menos 1980. ¿Empeoró la situación con Chávez? Sí, por supuesto, no lo estoy negando. Pero esa situación se inició durante los gobiernos previos a Chávez, y lo peor es que se permitió y nunca se hizo nada al respecto, tal como nunca se hizo nada para detener la contaminación del Guaire, ni para controlar la invasión de la guerrilla o el narcotráfico en el Amazonas. Todos estos ejemplos se dieron entre 1958 y 1998. ¿Culpa de Chávez? No. ¿Empeoró con Chávez? Sí. Pero él no lo causó.

De esta forma, el argumento de que Venezuela es un país bello, hermoso y rico por sus bellezas naturales se cae, dado que no es justo comparar a Venezuela con Mali, El Salvador o Luxemburgo, porque hay países que por su ubicación en la Tierra, no cuentan con una geografía como la de Venezuela; así como tampoco puede compararse con Libia, Madagascar o Japón. Pero supongamos por un momento que sí se puede. Supongamos por un momento que, utilizando la lógica de los venezolanos, se puede comparar a Venezuela con Eritrea. El razonamiento del venezolano es que Venezuela es un país de muchas riquezas, por sus paisajes naturales, los tepuyes, las sabanas, las montañas, los médanos y las playas. A excepción de las playas, Eritrea no tiene ninguno de los anteriores; entonces bajo esa premisa, es justificable que Eritrea sea un país pobre, porque es un país que no cuenta con riquezas naturales. Pero en ese caso, tampoco Japón lo es, ni tampoco Corea del Sur. Ellos no tienen tepuyes con saltos de caída de agua de casi un kilómetro y tampoco tienen sabanas, ni extensas llanuras, ni petróleo. Lo que sí tienen es japoneses y surcoreanos con ganas de trabajar, con ética, y con compromiso hacia la sociedad. Eso sí es riqueza y no unas formaciones prehistóricas de hace cientos de millones de años, que se dieron en un territorio que hoy se llama Venezuela y no en otro lugar del mundo. Los japoneses y los surcoreanos son dos de las economías más poderosas del mundo, sin tener un solo Autana, un solo médano, una Laguna de Canaima, o un pozo de petróleo o unas playas espectaculares. ¿De qué servía tener las playas más bonitas del mundo, si el turismo, que es una importante fuente de riqueza en la economía de un país, no se aprovechaba?

Gran parte de los ingresos de la economía de República Dominicana provienen del turismo. Una noche en el hotel Hard Rock de Punta Cana cuesta $450; los demás hoteles cercanos cuestan en promedio $200 dólares la noche y es difícil conseguir una habitación si no se hace con anticipación[142]. No estoy hablando de la Polinesia Francesa, ni de Grecia, ni de Tailandia. Estoy hablando de la República Dominicana: una pequeña isla en el medio del Caribe, que no tiene tepuyes, no tiene picos, sabanas, Canaima, ni Salto Ángel. De una o de otra forma, alguien se las ingenió para construir una serie de hoteles a lo largo de la costa de Punta Cana, donde el hospedaje en cada uno cuesta $200 la noche y que además, están llenos casi todo el año. Si Venezuela es (o era) un país tan rico, entonces ¿por qué eso no pasó a lo largo de sus costas?, las cuales además tienen una extensión mayor a las de República Dominicana. ¿Por qué nunca se construyeron Hard Rock Café La Guaira, o Hard Rock Café Chichiriviche, o Mochima[143]? ¿Acaso debo asimilar que la República Dominicana, una pequeña isla gobernada por dictaduras hasta los años 70, y que no tiene tepuyes, ni picos nevados, fue capaz de lograr con el turismo algo que Venezuela nunca pudo, solo porque tenía un gobierno sin Chávez? ¿No será más bien que República Dominicana lo logró porque su gente (con ayuda de inversionistas extranjeros) se lo propusieron y lo lograron con trabajo, esfuerzo y ganas?

La historia de cómo Bryant Park pasó de ser un sitio abandonado y extremadamente peligroso, lleno de drogadictos y hampones, a ser uno de los sitios más agradables para estar en la ciudad de Nueva York a casi cualquier hora del día, siempre me ha parecido muy fascinante. La forma cómo recuperaron el parque y lo transformaron en un sitio

---

[142] Este capítulo fue escrito en 2016, mucho antes de la pandemia del Covid-19. Las condiciones para el momento de publicación del libro respecto la afirmación, son especiales.

[143] La Guaira, Chichiriviche y Mochima son pueblos costeros conocidos por sus playas, que atraen miles de visitantes anualmente.

que le permite a sus visitantes comer al aire libre, acostarse en la grama, ver películas, jugar ajedrez, tenis de mesa, patinar sobre hielo, elaborar coreografías, y muchas otras actividades... eso jamás hubiese sucedido con ningún parque en Venezuela. ¿Sabe cómo lo sé? Porque nunca pasó. En Venezuela se hubiesen robado las sillas y las mesas, hubiesen echado basura en todo el parque, se hubiesen robado los implementos de tenis de mesa, y los faros que iluminan el parque hubiesen quedado fuera de servicio a los seis meses.

En Nueva York, hubo la visión y la decisión de recuperar y aprovechar Bryant Park, lo cual se tradujo en una revalorización de las propiedades a su alrededor. Eso, estimado lector, es riqueza natural.

5. *"Venezuela tiene venezolanos insignia que dejan en alto el nombre de nuestro país en el exterior y están muy orgullosos de ser venezolanos, ¡como Carlos Baute!"*

Este punto está dedicado a los llamados venezolanos "insignia": Andrés Galarraga, Gustavo Dudamel, Oswaldo Guillen, Miguel Cabrera, Edgar Ramírez, Camila Canabal, Eli Bravo y muchos otros, quienes se dieron cuenta que podían tener una mejor relación de costo vs beneficio viviendo en los Estados Unidos que en Venezuela, porque: 1) No había nada que les impidiese mudarse a Estados Unidos, ni nada que les motivase a devolverse a Venezuela; 2) Vieron la oportunidad de hacer vida en los Estados Unidos; y 3) No tienen, nunca tuvieron y nunca tendrán la menor intención de invertir en Venezuela.

Yo no sé mucho de psicología, ni de sociología, pero yo creo que cuando un cantante lanza una canción cuya letra dice *"Yo me quedo en Venezuela, porque yo soy optimista"*, y emigra de Venezuela al poco tiempo después de haberse vuelto famoso con dicha canción, hay algo que está muy mal. Cuando una celebridad hace este tipo de acciones, está estableciendo el estándar para que la gente lo siga, dado que un alto porcentaje de seres humanos son seguidores por naturaleza, y más lamentable aún es que siguen a las personas incorrectas.

En el caso de Venezuela, lo que ocurrió fue que el venezolano pensó algo como: -*"Si Carlos Baute dijo que se quedaba y se fue en la primera oportunidad que tuvo... ¿Por qué yo no puedo irme?"* En esa época mi novia y su grupo de amigos, y creo que casi todos los venezolanos en general quedaron impactados por las acciones de Baute. Este es el tipo de daño del cual no se habla cuando se estudia el colapso de Venezuela. Se revisan los indicadores económicos, se analizan las pésimas políticas de Chávez, pero nadie habla de Carlos Baute, el ídolo que se volvió famoso gracias a una canción cuya letra planteaba que a pesar de todo lo malo que tenía Venezuela, había que quedarse allí para trabajar por ella; pero quien se fue en la primera oportunidad que tuvo. Esos son los pequeños golpes a la moral que afectan a la sociedad de un país. Por eso la historia del colapso de Venezuela no es una historia de números, ni de políticas fallidas; es una historia acerca de personas y de las malas acciones de esas personas: los venezolanos.

Por eso Venezuela no es ni fue un país rico, ni por sus riquezas materiales, ni por su gente. Carlos Baute se fue cuando dijo que iba a quedarse; Andrés Galarraga consiguió el éxito y se quedó viviendo en Estados Unidos; Oswaldo Guillén igual; Miguel Cabrera posiblemente hará lo mismo, y lo mismo aplica para el resto. No estoy diciendo que se regresen a Venezuela obligatoriamente, ya que eso es algo que les debe salir del corazón, de sus consciencias o de donde sea que manejen los supuestos y sentimientos hacia el país que los vio nacer, los formó y les dio lo poco que les pudo dar para llevarlos hasta donde llegaron.

Yo quisiera preguntarle a Ricardo Hausmann, a Calderón, a Galarraga, a Dudamel y a otros "venezolanos insignia", incluyendo al célebre patriota Carlos Baute, qué se les pasa por su cabeza cuando alguien les dice "*¿Por qué no te regresas a Venezuela? Este es el momento en el que tu país te necesita. Estados Unidos, Colombia, España… no te necesitan. Venezuela sí. Necesita de ti, de tu dinero, tu impulso, tu liderazgo.*" Ellos probablemente responderán: "*Yo quisiera, pero tengo mi familia establecida aquí, mis hijos están en la escuela, tengo compromisos con el trabajo, no he terminado de pagar la casa, yo de verdad quisiera…*", y si le pregunto lo mismo a los millones de venezolanos que viven en el exterior, probablemente la respuesta será la misma o alguna variante de "*Yo me quedo en Venezuela*"… igual que el farsante Carlos Baute, lo cual me lleva al siguiente punto.

Tal vez después de todo, nadie quiera, ¿no?

6. *"El dinero está en la calle."*

Siempre me llamó la atención que, en Venezuela de una u otra forma, yo coincidía con alguien, que a su vez conocía a una persona "de muchiiiiiiiiisimo dinero", "de mucha plata..." como suelen decir los venezolanos. Esto lo extrapolaba de la siguiente forma: lo más probable es que si todas las personas que conozco conocen a personas de mucho dinero, en el mejor de los escenarios, todas esas personas de "mucho dinero" se conocen. Si está establecido que al menos hay un porcentaje de la población de Venezuela que tiene bastante dinero, la pregunta es entonces: ¿dónde estaban las empresas de la economía venezolana que se suponía debían tener bastante dinero? Si bien la riqueza individual motiva la economía de un país, es la riqueza colectiva la que mantiene el motor en marcha y hace que éste crezca.

La economía de un país se estimula por medio de las inversiones de su gente, en el país, y no en otro país. El dinero fomenta el dinero. En los países desarrollados, cualquier persona tiene cien mil o un millón de dólares y esas personas por lo general invierten su portafolio en empresas del país en donde se encuentran. Es posible que inviertan en otras regiones, pero al final van a terminar beneficiando el país donde residen. En Venezuela eso no ocurría.

Un artículo del *New York Times* publicado en Julio de 2018[144] señaló que siete mil venezolanos tienen propiedades en las urbanizaciones más costosas de Madrid. El artículo indica que, si bien hay un porcentaje de esos venezolanos que son enchufados de la era Chávez/Maduro, la mayoría son personas pudientes de la era 1958-98. Usted se imagina si esos siete mil venezolanos hubiesen unido sus esfuerzos, sus recursos y poder, para en vez de invertir en Salamanca, lo hubiesen hecho en... digamos... no sé... ¿Venezuela? Crear empresas, generar empleos, crear propiedades, crear firmas de inversión, patrocinar empresas, es decir, tantas opciones. ¿En cuarenta años nunca tuvieron tiempo? Ah sí, cierto, ya olvidé la respuesta: *"Ahorita no hay real pa' eso"*.

---

[144] Minder, R. (2018, Julio 29). *On Spain's Smartest Streets, a Property Boom Made in Venezuela.* Recuperado de: https://www.nytimes.com/2018/07/29/world/europe/spain-property-boom-venezuela.html

Lo que estoy diciendo es: ¿Qué diferencia habría si Andrés Galarraga, Oswaldo Guillen y Gustavo Dudamel, se regresasen para Venezuela, se asociasen y creasen una empresa en Venezuela que generase cinco mil empleos directos y otros treinta mil indirectos, o que formasen una empresa *Venture Capitalist* para apoyar e impulsar proyectos tecnológicos? ¿Cómo sería Venezuela hoy si todos ellos se hubiesen regresado una vez culminaron sus carreras, y actualmente viviesen en Venezuela, o si al menos vendiesen parte de sus activos en los Estados Unidos e invirtiesen, no digo todo, pero al menos un porcentaje significativo de su patrimonio en Venezuela?

En vez de eso, se quedaron viviendo en Estados Unidos o en Europa y su dinero se lo dan a esos países: pagan impuestos, gastan dinero, generan empleos y viven vidas que ayudan a las economías de Estados Unidos y de Europa, y no a la de Venezuela. No dudo que tengan alguna fundación, pero una fundación es el equivalente a darle $5 a un mendigo que pide limosna. Un país necesita inversiones, no limosnas. Si le das limosnas a un país, entonces el país se acostumbrará a que le den limosnas, y el resultado es un país cuya gente aspirará recibir limosnas y ayuda del resto del mundo, y un país cuya gente no apuesta nada por él, ya que no pueden hacer nada por sí mismos. Un país cuyos líderes y cuya gente con dinero nunca apostó por él, en especial las personas que se supone tenían el poder de impulsar y liderar la economía, no puede progresar jamás.

En Venezuela, las personas nunca tuvieron confianza en su economía, ni en su moneda, ni en su gente y en consecuencia en su país, y por eso tomaban la decisión de apostar a otros países. La gente con dinero en Venezuela, nunca apostó su dinero a Venezuela. Es muy difícil que un país pueda progresar así, puesto que la historia ha demostrado en reiteradas ocasiones que cuando hay recesiones y crisis económicas en las naciones desarrolladas, la confianza del consumidor es uno de los factores más importantes para recuperar su economía. Es la gente la que debe ayudar y si esto no sucede, la nación queda a merced de quien más poder económico y político tenga. En consecuencia, como los venezolanos pudientes son los mismos y todos se conocen, es fácil ver que doscientos años después de su independencia y más de cien años después de ser manejada como una hacienda donde había unas pocas familias que se repartían la tierra, Venezuela en 2021 todavía sigue siendo una pobre hacienda donde hay unas pocas familias que se reparten la tierra y son quienes manejan el destino del país y hoy lo sigue siendo. Es imposible que un país pueda progresar así.

Como expliqué en "____ es un reflejo del país", Venezuela era como el condominio de un edificio en una urbanización de clase alta, donde reside gente pudiente, y el recibo de condominio era igual al costo de una cena en lujoso restaurante, pero aun así los residentes se quejaban al pagarlo. En el edificio donde yo vivía, mis vecinos eran: dueños de empresas, diplomáticos, abogados, médicos, familiares directos de familias pudientes de la elite de Caracas, artistas, contratistas de PDVSA y expatriados, y todos tenían dinero para comprar nuevos carros, viajar a Estados Unidos o Europa, pasar dos meses allá, comprar botellas whisky, pero para el condominio del edificio nunca había y nunca tenían dinero. No eran pobres en lo absoluto. Pero cuando se trataba de planificar un proyecto de envergadura para hacer una mejora al edificio, la respuesta era: - *"Hay que proteger el bolsillo de los vecinos de la comunidad"*- lo cual me hacía pensar: -*"¿No querrás decir que te cuesta sacar el dinero de tu bolsillo?"*

A Venezuela le pasaba lo mismo. En el caso de Venezuela, el dinero no estaba en la calle. Estaba en las casas… fuera de Venezuela.

7. *"¡Cómo me duele mi alma mater, que hoy está destruida!"*

Una de las premisas más bonitas del sistema educativo de los países desarrollados es ver cuando los egresados de universidades se vuelven profesionales exitosos, y le donan recursos (dinero u otros bienes) a sus respectivas alma máter. Podría decirse que es un token de agradecimiento por haber recibido la formación que les ayudó a crecer, formarse y a triunfar. Stephen Ross es el segundo estudiante que más donaciones ha hecho a una universidad en los Estados Unidos: casi setecientos millones de dólares a la Universidad de Michigan. Nombré a Ross porque asumo que el lector sabría quién es el primero: Michael Bloomberg, quien ha donado más de un billón de dólares.

No estoy diciendo que necesaria u obligatoriamente la gente millonaria deba donar dinero a las universidades donde estudiaron. Mi orientación es capitalista, y lo que estoy diciendo es que es agradable ver un gesto como el de Ross o el de Bloomberg. Además, estoy seguro que si Ross y Bloomberg han donado casi dos billones de dólares a sus casas de estudio, es muy probable que John Smith, y James Edwards probablemente hayan donado al menos, ¿tal vez $100?; y si mil James Edwards donaron $100 (que estoy seguro sí lo hacen, porque sé que lo hacen), entonces puedo afirmar que una universidad X ha recibido un millón de dólares en donativos de sus exalumnos. El punto es que en los Estados Unidos (y en otros países) existe la cultura de retribuirle a la sociedad lo que la sociedad hizo por ti para que tú llegases donde estas hoy; y cabe destacar que la educación universitaria en Estados Unidos es bastante costosa. En Venezuela en cambio, los venezolanos estudiaban prácticamente de gratis en la Universidad Central y la Simón Bolívar, se graduaban y luego se iban al exterior para más nunca devolverle al país la inversión que se hizo en ellos. Ni la Central, ni la Simón Bolívar vieron un centavo de vuelta a la inversión que hicieron en formar a sus alumnos. Actualmente existen algunas asociaciones de egresados que reciben en promedio $25 dólares mensuales de algún estudiante en el exterior; nada significativo o comparable con lo de Ross o Bloomberg. Por este motivo, peor que no hubiese inversiones en el sistema educativo, es que no hubiese retribución alguna por parte de los graduados venezolanos a sus alma máter.

El venezolano, estimado lector, nunca tuvo confianza de invertir en su propio país, y ese es el motivo por el cual Venezuela era, es y siempre será un país muy pobre, y no el hecho de si sus ingresos de petróleo hayan disminuido, o que sus reservas internacionales sean menores al saldo de mi cuenta de ahorros.

En Venezuela nadie confiaba en el país, ni siquiera los mismos venezolanos, y cuando no tienes confianza en algo, allí se termina todo.

23

Reflexionar y aceptar

"¿Qué pasaría si...?", "Qué hubiese pasado si..."

Uno de los mayores temores que afronto como autor de este texto, es que en algún momento ocurra algo en Venezuela y con los venezolanos, que pudiese demostrar que yo estaba equivocado a lo largo de mi exposición. Por ejemplo: que Maduro renuncie y salga del poder por la vía pacífica y de la noche a la mañana, los millones de venezolanos que se encuentran en el exterior de inmediato se regresen a su país. Desafortunadamente para Venezuela pasaron seis años desde 2014 cuando empecé a escribir este libro, hasta que pude terminarlo a finales de 2020, y nada similar a eso ha ocurrido, y ese es uno de los motivos por los cuales la crisis que sufre su país se ha hecho eterna y es tan significativa para los venezolanos. Muchos venezolanos creen que la crisis de Venezuela es única en la historia, pero ignoran que es una nueva versión de una colección de escenarios que han ocurrido antes. Tiene algunas particularidades que en efecto son únicas, pero en líneas generales, es similar a otros colapsos que están guardados en la historia de la humanidad.

Es difícil escribir de la forma como lo he hecho sobre un tema que con el pasar del tiempo se ha vuelto sensible y que ha captado la atención de la población mundial, con poca información confiable y pocas fuentes imparciales y objetivas. Por una parte, se requiere de un buen entendimiento y capacidad de análisis de los pocos hechos que se sabe que ocurrieron y son ciertos, y por otra parte se requiere investigar, analizar y entender la historia de otros países que han atravesado situaciones similares a las que vive Venezuela. Ese es el motivo fundamental por el cual me siento tan seguro de lo que he afirmado a lo largo de los capítulos anteriores y si mi estimado lector necesita un argumento más, voy a analizar las más recientes protestas para derrocar a Maduro que iniciaron en Enero de 2019, las cuales seguí a través de noticias y amigos que viven en Venezuela, y que me servirán como ancla para culminar el libro con una reflexión.

La nueva serie de protestas fueron surgieron debido al hecho de que las elecciones presidenciales de Mayo de 2018 fueron rechazadas por casi todos los partidos de oposición y varios países alrededor del mundo, debido a que no ofrecían suficiente imparcialidad (algo con lo cual yo estoy de acuerdo), en las cuales Maduro derrotó al "candidato opositor" Henri Falcon[145], y fue reelegido para el periodo 2019-2025. Dado que la Asamblea Legislativa -controlada por la oposición desde 2015- desconoció las elecciones, el 10 de Enero de 2019 se generó -según ellos- un vacío de poder en el cual el Presidente de la Asamblea, el Ingeniero Juan Guaidó (un Diputado de Voluntad Popular), asumía la Presidencia Interina de Venezuela, o al menos eso intentó.

Guaidó de inmediato se dirigió a la población con un discurso enérgico, radical y agresivo (típico de un político de Voluntad Popular), que rápidamente captó la atención de millones de venezolanos dentro y fuera de Venezuela, y que dio grandes esperanzas de que finalmente él sería el encargado de hacer que Maduro abandonase la Presidencia. Lo más destacado del discurso de Guaidó fue que le dijo a la masa de la oposición: *"Se acabaron los diálogos con el gobierno"*, y que el único dialogo que aceptaría sería para aceptar la renuncia de Maduro. La comunidad internacional reaccionó a favor a Guaidó, con más de cincuenta países reconociéndolo como Presidente de Venezuela, y

---

[145] El autor utiliza comillas para el calificar a Henry Falcon como "candidato opositor", debido a que casi toda la población venezolana de la oposición piensa que las elecciones de Mayo de 2018 fueron un montaje, puesto que Falcon siempre ha sido un partidario del gobierno de antes Chávez, y hoy Maduro. Sin embargo, similar a como pasó con Francisco Arias Cárdenas en las Mega Elecciones del año 2000 contra Chávez, Falcon se presentó como un candidato opositor que había roto relaciones con el gobierno.

lógicamente desconociendo a Maduro. Guaidó por su parte, similar a como lo habían hecho Leopoldo López y Henrique Capriles en años anteriores, llamó a la población a efectuar nuevas acciones de calle: protestas, marchas y *trancazos*, que se desenvolvieron en una tónica parecida a la descrita en *Summer on Ice* y *El País sin Dolientes*, pero con una diferencia, sobre la cual hablaré dentro de un par de páginas.

Las primeras acciones fueron las típicas protestas y marchas convocadas en el territorio de la República de Burbuja Venezuela: Altamira, Las Mercedes, Miami, la estatua de Simón Bolívar en Central Park (Nueva York), y el Distribuidor Santa Fe, con los líderes de la oposición todavía sin atreverse a dar ese paso crucial de pisar el Municipio Libertador. Lo siguiente fue la celebración de un concierto Live Aid patrocinado por Sir Richard Branson, cuya finalidad era recolectar fondos para ayudar a Venezuela, y enviar ayuda humanitaria. El concierto se celebró el 22 de Febrero de 2019 cerca del puente fronterizo de Cúcuta, Colombia, hacia Venezuela, y se suponía que debía preceder el inicio de la liberación de Venezuela fijada para el día siguiente, con el ingreso a territorio venezolano de toneladas de ayuda humanitaria que se habían recogido por distintas vías a través de varios puntos de la frontera, incluyendo el mencionado puente, y en donde unos días antes habían aparecido tres contenedores soldados a la estructura metálica del puente, bloqueando el paso de cualquier vehículo. Esta acción perpetrada por el gobierno de Maduro se hizo bajo el absurdo argumento de que "Venezuela no necesitaba ayuda humanitaria" y que "la ayuda estaba envenenada". Ante tal reacción, varios líderes de la oposición afirmaron que la ayuda humanitaria entraría a Venezuela "Sí o Sí".

Al día siguiente (el día crucial), el gobierno envió a un grupo de soldados para dispersar a los manifestantes que querían ingresar a Venezuela desde Cúcuta, quienes fueron repelidos con algunas bombas lacrimógenas, y como siempre en pocos minutos se acabaron las aspiraciones de la oposición. De todos venezolanos que estuvieron en el concierto (como por ejemplo, Erika de La Vega y Carlos Baute), ninguno se atrevió a pisar el puente, o a liderar al grupo de opositores que pretendían ingresar, y al final... la ayuda humanitaria no entró a Venezuela "No y No".

Tal como había ocurrido tres años atrás con las tres tanquetas estacionadas en la autopista, en esta ocasión alguien ordenó soldar tres contenedores para bloquear el paso y eso fue suficiente. Unos meses después se produjeron varias denuncias en la oposición, reportando malversación de fondos de la ayuda humanitaria, y si bien la firma PwC en 2020 publicó un reporte explicando el uso que se le había dado a los fondos recolectados, como siempre, no hubo una respuesta de parte de quien debía darla: los líderes de la oposición.

Uno de los momentos más memorables del concierto fue cuando Carlos Baute (el cantante que mencioné en el capítulo anterior, autor de la canción *"Yo me quedo en Venezuela porque yo soy optimista"*), hizo una aparición en la cual enfatizó que él *"quería regresar a Venezuela"*. Todo el mundo quiere, pero nadie lo hace. Tal vez después de todo nadie quiera, ¿no le parece?

Tras el fracaso del fallido ingreso de la ayuda humanitaria, Guaidó anunció durante Marzo y Abril que muy pronto iniciaría la fase final de la liberación de Venezuela, de nuevo dándole enormes expectativas a los venezolanos. El lector recordará que como mencioné en *La República de Burbuja Venezuela*, ningún militante de Voluntad Popular admite sus fracasos, y aunque éstos ocurran, forman parte del plan macro de Leopoldo López para la liberación de Venezuela. En ese sentido, Guaidó explicó que el concierto y la ayuda humanitaria eran dos de las fases iniciales del plan, las cuales "no habían fracasado", y que ahora vendría la fase final donde ahora sí finalmente, triunfaría.

La mañana del 30 de abril desperté a las 6:00 am para ir a mi trabajo, y mientras preparaba mi desayuno, noté que había recibido un mensaje de texto de un amigo que decía: *"Leopoldo López y Guaidó están en La Carlota. Está empezando el golpe."* De inmediato sintonicé un canal de noticias y vi a Leopoldo López con Juan Guaidó, quienes parecían encontrarse en la Base Aérea La Carlota. López hizo una serie de declaraciones a la prensa en las cuales expresó que había salido en libertad por un indulto que le había concedido el Presidente Juan Guaidó, repitiendo exactamente el mismo guion de la película protagonizada por Chávez: un personaje con delirios de grandeza que dio (o intentó dar) un golpe de estado para derrocar a un presidente inepto y corrupto, que se entregó a la "justicia" para ser sentenciado a más de diez años de prisión, para luego ser "indultado" tras apenas cumplir tres años y medio de prisión, más un año en arresto domiciliario. Era el casi mismo guion de Chávez y el casi mismo guion de Rómulo Betancourt, lo cual le deja una reflexión al lector venezolano. ¿Recuerda cuando en *La Historia de la Hacienda Venezuela* mencioné que pareciese que la Constitución de Venezuela indica que uno de los requisitos para ser Presidente, es haber estado en prisión o exiliado?

De inmediato llamé a una amiga que vive en Venezuela y tiene vista directa a la Base Aérea La Carlota, y me dijo:

"En La Carlota no está pasando absolutamente nada. Ellos (Guaidó y López) están afuera de la Base (en el Distribuidor de Altamida). Adentro está todo normal. Ni siquiera se ve que haya algún tipo de movimiento inusual de tropas o vehículos. Estos (Guaidó y López) llaman a protestar, pero ¿quién va a salir a protestar? Yo bajé (a la calle de su urbanización) para ver qué estaba pasando y conmigo estaban puros viejos. La gente joven en este país se fue. Son cinco millones de jóvenes que están afuera, y que son los que deberían estar aquí respondiendo a ese llamado, si es que quisiesen responder. Pero ahorita, es puro viejo lo que hay en la calle, y ya se regresaron a sus casas."

Tras confirmar por medio de otras fuentes que en efecto López y Guaidó no estaban dentro de La Carlota, sino que estaban en el Distribuidor Altamira con un pequeño grupo de militares y algunas personas, incluyendo unos veinte muchachos de *"La Resistencia"* y más nadie, rápidamente concluí que, de nuevo, nada ocurriría. Nadie bajo esas condiciones iba a salir a la calle a responder al llamado de Juan Guaidó y el narcisista Leopoldo López.

Para 2019, los líderes de la oposición no han entendido que los venezolanos están absolutamente hartos, obstinados y cansados de que los políticos los engañen una y otra vez, vez tras vez, y así es muy difícil que la gente salga a la calle a respaldar a Guaidó o a quien sea. La única posibilidad y el único escenario en el cual la población venezolana responda a un llamado para salir a la calle es si Guaidó, López, o quien sea, lo haga desde adentro del Palacio de Miraflores, y que Maduro esté abordo de un avión volando fuera del espacio aéreo de Venezuela. Asumiendo que Leopoldo López y Juan Guaidó de verdad tengan la intención de derrocar a Maduro, yo quisiera preguntarles si ellos entienden que se enfrentan a un rival mucho más poderoso e inteligente que ellos.

Lo siguiente que hay que tomar en cuenta es otro factor muy importante, y es la variante que prometí mencionar unas líneas atrás: tal como mi amiga comentó, para 2019 la cantidad de venezolanos entre 20 y 50 años que ha emigrado de Venezuela y que podría participar activamente en dichas marchas y protestas, es demasiado significativa al punto que se evidencia una palpable debilidad en las actuales concentraciones, marchas y protestas de la oposición. Se estima que hay casi ocho millones de venezolanos entre 20 y 50 años, que residen en Barcelona, Miami, Panamá, Múnich, Madrid, Bogotá, Buenos Aires y otras ciudades alrededor del mundo. Eso quiere decir que hoy la autopista de Prados del Este, la Avenida Francisco de Miranda y el Distribuidor de Santa Fe, es decir, los sitios que eran representativos de las protestas de la oposición en años pasados, y que antes se llenaban de cientos de miles de venezolanos, ahora apenas muestran algunos miles de adultos, gente de la tercera edad, y a los *"Carajitos de la Resistencia"*. Atrás quedaron las marchas como La Gran Toma de Venezuela, o las otras *bailoterapias* de 2017 o 2014 en las cuales, si bien no habían cientos de miles de personas protestando de la forma como debía hacerse, al menos había cientos de miles de jóvenes. Como dijo mi amiga, Venezuela ahora es un país de viejos. Venezuela hoy es un país donde la masa de la oposición está conformada principalmente por gente de 50 años o más; es decir, gente que no tiene la energía para salir a luchar. La gente joven que es la que se supone que debería estar en Caracas y que debería protestar cuando Juan Guaidó los llama a salir a la calle porque tienen la energía para enfrentarse a las fuerzas del gobierno, más bien se encuentra en el exterior bebiendo cervezas, en fiestas, en traje de baño en la playa, en conciertos, teniendo sexo, o haciendo cualquier cosa menos estar en Venezuela luchando por la libertad de su país.

Tras el fracaso del "golpe", días después encontré un artículo de una fuente extranjera, en donde Juan Guaidó admitió que él estaba en contra de que López saliese de su arresto domiciliario y apareciese a su lado esa mañana del 30 de abril, pero López fue quien insistió en hacerlo, repitiendo casi al carbón lo que ocurrió el 18 de Febrero de 2014, cuando se entregó a las fuerzas del gobierno: es decir, Leopoldo López de nuevo pensó que miles de venezolanos en todo el país saldrían a luchar por la libertad, gracias a él. ¿Acaso no se da cuenta de que él no es nadie especial?

En general, los líderes de la oposición continúan fallando en los intentos de sacar a Maduro por las mismas razones de siempre: son un grupo de ineptos y cobardes, o no saben lo que están haciendo, o las dos razones al mismo tiempo; o la tercera razón: Venezuela les da igual. Por otra parte, los venezolanos están cansados de escuchar sus mentiras, no porque llevan veinte años escuchándolas, sino porque llevan sesenta años, y a esta altura los venezolanos quieren que alguien por primera vez les diga la verdad. Cuando un artículo de una fuente extranjera afirma que Guaidó no quería que López saliese en libertad el 30 de Abril, pero tuvo que ceder porque eso era lo que López quería, eso le resta credibilidad a las intenciones de Guaidó ya que ante monumental bochorno, lo menos que aspiran los venezolanos es escuchar la verdad de su líder. Cuán diferente sonaría si Guaidó convocase a una rueda de prensa, se pusiera los pantalones, y le dijese de frente y sin tapujos al pueblo de Venezuela:

> *"Venezolanos, lo siento mucho. Los decepcioné. El plan iba como yo lo había diseñado, pero hubo un error en la ejecución. Me falto experiencia, frialdad, carácter y temple. He debido decirle a Leopoldo (López) que este no era su momento, y más bien el protagonista era yo; y era él quien debía obedecer lo que yo decidía. Asumo la responsabilidad por el fracaso y por haberlos decepcionado una vez más."*

Pero en vez de eso, los venezolanos terminan enterándose de las verdaderas intenciones que tenía Leopoldo López a través de un tercero, que además ese tercero ni siquiera es venezolano. Nadie en Venezuela tiene la valentía suficiente para decir la verdad. Hugo

Chávez fue un golpista y todos los calificativos negativos que se le pueden dar, pero al menos el 4 de Febrero de 1992, fue hombre y dio la cara ante los venezolanos. Ninguno de los líderes de la actual oposición da la cara. Son unos buenos para nada y por ese motivo Maduro sigue cómodamente en el poder.

Tras el fracaso de las protestas, López solicitó asilo en la embajada de España, de donde escaparía en Octubre de 2020 para reunirse con su esposa en España quien, como mencioné en *República de Burbuja Venezuela*, había abandonado el país un año antes. Guaidó por una parte se reunió con Donald Trump en un par de ocasiones, y por otra parte accedió a sostener una mesa de dialogo con representantes del gobierno, aun cuando él mismo le había prometido a los venezolanos que jamás se sentaría a dialogar con el gobierno. Esto fue algo que la masa de la oposición venezolana percibió como otra bofetada más, ya que el anuncio de la mesa de diálogo fue hecho por el gobierno y no por Guaidó (sumando otra mentira más al largo listado de mentiras que los políticos de la oposición, y en general los de líderes Voluntad Popular le han dicho a los venezolanos). Dichas conversaciones fueron mediadas por una comisión en Noruega, y al final del día, tampoco lograron ningún resultado.

Dicho esto, a continuación voy a presentar los motivos por los cuales, a la fecha de hoy en 2021, la oposición se encuentra destruida:

1. El Hombre Detrás de las Cámaras.

Hasta mediados de 2020, los personajes principales que estaban intentando derrocar a Maduro, se componían por dos grupos: 1) Una facción venezolana formada por los líderes de la nueva serie de protestas, Juan Guaidó, Leopoldo López y Carlos Vecchio; y 2) Una facción internacional liderada por Marco Rubio, Mike Pompeo, John Bolton, bajo Mike Pence y Donald Trump. Ambos fallan (y seguirán fallando) por alguno de los siguientes tres motivos:

a) Están subestimando al *Hombre Detrás de las Cámaras*.
b) Son tontos y no tienen la menor idea de lo que están haciendo.

c) Todo esto es parte de un programa de televisión llamado *"El Show de Venezuela"*, tipo *reality show*, y todas las semanas hay un capítulo nuevo que captura a una audiencia de millones de personas.

Yo me niego a creer en la existencia de un programa de televisión tipo *reality show* donde el protagonista sea Venezuela, y si bien puedo afirmar que varios de los líderes de los grupos no son muy listos y no saben lo que están haciendo, voy a inclinarme por la primera opción.

Actualmente es evidente la realidad de que es Rusia y no Cuba quien controla el destino de Venezuela (algo que yo llevo años diciendo). Es decir, cuando Pompeo, Bolton, Pence y Trump confrontan de alguna forma a Maduro, en realidad están perdiendo su tiempo. Están gastando energías en un objetivo equivocado, y más bien deberían enfocarse en enfrentar al *Hombre Detrás de las Cámaras*.

El *"Hombre Detrás de las Cámaras"* es la persona que maneja la estrategia macro de Venezuela. Esta persona existe, es real, tiene una oficina, come tres veces al día, y si tuviera que apostar, diría que su perfil es el siguiente: es ruso, cercano a Vladimir Putin, posible exagente KGB o FSB, hábil negociador, intimidante, educado en psicología, lingüística, administración, criminalística; es de sangre fría, es Maquiavélico, tiene un alto cargo en el gobierno ruso; tiene vínculos con Venezuela y Cuba, y detesta a los Estados Unidos.

El periodista peruano Jaime Bayly, quien conduce un programa de opinión desde los Estados Unidos, desde hace algún tiempo dedica una buena parte de su espacio a analizar la situación de Venezuela -en especial, a insultar y a burlarse de Nicolas Maduro, Delcy Rodríguez, Diosdado Cabello, Padrino López y otros funcionarios del gobierno-, y continuamente se refiere a Maduro como alguien que posee una *"ignorancia oceánica"*; Bayly también utiliza otras variantes para reflejar lo ineptos y corruptos que son el resto de los altos ejecutivos del gobierno, y quizás tiene razón. El problema con Bayly y su rutinaria descarga hacia los chavistas y la continua creencia que siembra en la mente de sus televidentes de que el gobierno de Maduro va a caer, y que Maduro, Rodríguez, Cabello y Padrino López algún día compartirán una celda, es que no es más que una falsa esperanza (la otra opción es que Bayly esté en complicidad con *"El Show de Venezuela"*, pero lo dudo mucho). Bayly cree que Guaidó y los Estados Unidos se están enfrentando a Maduro, Rodríguez, Cabello y Padrino López, cuando en realidad se enfrentan al *Hombre Detrás de las Cámaras*. Cada vez que en Venezuela ocurre una nueva crisis auspiciada por la oposición, lo más probable es que alguien del gobierno llama al *Hombre Detrás de las Cámaras*, le pregunta ¿qué hacer? y ¿cómo manejar la situación? y el *Hombre Detrás de las Cámaras* da las órdenes.

Cuando Juan Guaidó envió a sus colegas líderes opositores a la mesa de negociación en Oslo a sentarse con los representantes del gobierno, Jorge y Hector Rodríguez, Guaidó ignoró que Jorge y Hector fueron con órdenes emitidas por el *Hombre Detrás de las Cámaras*. Ellos simplemente fueron a presentar una postura férrea y mantenerse fiel a ella, y cualquier propuesta sería anotada en un cuaderno y consultada con el *Hombre Detrás de las Cámaras*. Esa es la situación con Venezuela desde hace mucho tiempo, y me sorprende mucho que el gobierno de Estados Unidos no se haya dado cuenta.

2.   Estados Unidos olvidó cómo hacer política internacional y está quedando en ridículo.

Este punto me duele, ya que debo referirme a mi país como la vergüenza del mundo actual, gracias a que hasta Diciembre de 2020, Donald Trump, Mike Pence, John Bolton, Mike Pompeo y Abrahams, no parecían saber lo que estaban haciendo respecto al problema de Venezuela. Solo hablaron, prometieron y no hicieron nada; poco a poco cada vez más se parecen a los políticos venezolanos. Trump, Pence y los demás se dieron cuenta de que era suficiente con hablar, prometer y darle esperanza a la gente, y se dieron cuenta de que no hace falta cumplir, ni hacer nada. Pasaron meses aplicando sanciones y castigos al gobierno de Maduro, y ninguna de estas medidas resultó en el más mínimo efecto en que el gobierno de Maduro fuese removido.

El 18 de Febrero de 2019, Donald Trump fue a dar un discurso en Florida International University -la cual es la equivalente de la Universidad Metropolitana para los venezolanos en Miami-, donde dijo que apoyaba totalmente a la causa de Juan Guaidó para derrocar a Maduro y reiteró por enésima ocasión que *"todas las opciones están sobre la mesa"*; sin embargo, parece que su gobierno se limitó a utilizar una opción: la indiferencia, quizás debido a lo que establecí en *Política Internacional del Venezolano*, acerca del costo vs. el beneficio. Irónicamente, muchas fuentes han indicado que Trump quería invadir Venezuela, pero su tren ejecutivo le insistió que esa debía ser la última opción, porque lo último que Estados Unidos necesitaba era un Vietnam o un Irak en su patio trasero. Con Trump fuera del panorama, quién sabe qué hará Joe Biden.

Estados Unidos lleva años ignorando el panorama geopolítico latinoamericano y no se han dado cuenta que poco a poco, Rusia está ganando terreno en Suramérica, y que cada vez tiene un acceso más fácil para enfrentarse a Estados Unidos en caso de que fuere necesario. Lenta y sistemáticamente, Estados Unidos está perdiendo terreno como potencia mundial y poco a poco Rusia se está convirtiendo en ese monstruo al que tanto miedo le teníamos durante la Guerra Fría (junto con China), gracias a que la política exterior del gobierno de Trump con el problema de Venezuela fue pésima, y gracias a que los políticos venezolanos y extranjeros que están "trabajando" en el resolver el problema, todavía siguen diciendo que *"todas las opciones están sobre la mesa"*, en vez de seguir el ejemplo de Ronald Reagan cuando fue a la puerta de Brandemburgo y le dijo a Mijaíl Gorbachov: *"Mr. Gorbachov: Tear down this wall."*

Eventualmente alguien en Estados Unidos se dará cuenta de los errores que han cometido, quizás cuando ya sea muy tarde, ya que entre 2016 y 2020 tanto, Trump, Pence y los demás políticos engañaron a los venezolanos y al resto del mundo, haciendo promesas que no podían o no querían cumplir, solo porque simplemente les interesa tener el apoyo del voto latino en estados clave para las elecciones. Si estuviésemos en los años 1950, 60 o 70, quizás la política exterior hubiese sido distinta, pero por mala fortuna para Venezuela, los políticos estadounidenses actuales prefieren no decir la verdad para no perder sus puestos, y por ello prometen y alimentan a los venezolanos en Florida con falsas esperanzas. No hay nada peor en la vida, que alimentar falsas esperanzas estimado lector.

3. La actitud de los venezolanos aún persiste y ahora creó una economía irreal.

El argumento de los venezolanos actualmente es que Venezuela está en una grave crisis humanitaria y hay que ayudarlos, ¿cierto? Eso se entiende y yo estoy de acuerdo. Lo triste es que aún con ese entorno de crisis humanitaria, los venezolanos no se ayudan entre sí, siguen con su mentalidad de perjudicarse lo más posible y de buscar dañar a la otra persona. Por ejemplo: es increíble la cantidad de venezolanos que han aparecido con pequeñas empresas que han hecho de la acción "ayudar a Venezuela", un negocio multimillonario. ¿Hay que enviar medicinas, comida y productos de primera necesidad? *"Caramba, amigo, eso le va a costar $100-$200."* Un momento, yo pensaba que Venezuela estaba en una crisis humanitaria. *"Así es amigo, pero yo también debo mantenerme y tener mis gustos."*

Una aclaratoria que debo hacer: yo puedo entender que el costo del envío sea elevado, pero aun así no creo que sea tan alto como para que lo que yo deba pagar sea una cifra exorbitante, y mucho menos si estoy enviando comida, medicinas o productos de primera necesidad que son vitales en una crisis humanitaria. Podría justificarlo si el envío es una consola de videojuegos, pero ¿medicinas? ¿No podrían hacer la excepción de cobrar a costo el envío de mercancía a sus compatriotas? La respuesta es "No", por las razones expuestas en los capítulos anteriores.

Vamos a entender que tal vez lo de las empresas sea un negocio, y no se puede. Pero qué ocurre con los venezolanos que hoy en 2021 aún viven en Venezuela, y cobran cifras exorbitantes y absurdas por sus servicios en Dólares. Dejemos a un lado los abogados, diseñadores gráficos y programadores, y hablemos de los médicos; olvidemos incluso que el médico cobre en Dólares. Lo impactante de la situación es que cuando un médico venezolano actualmente recibe a un nuevo paciente y le prepara su hoja de vida, le pregunta al paciente si tiene hijos, y en dónde viven. La razón de esto es para determinar que si el paciente tiene hijos en el exterior, le puede cobrar en Dólares porque los puede conseguir: *"¡La consulta son $150!"* Y así es como hoy se mantiene la actual economía surrealista de Venezuela: gracias a los subsidios de las personas que viven en el exterior, que deben mantener a sus familiares enviando remesas mensuales de $200 o $500 para Venezuela, quienes a su vez viven de las limosnas de sus familiares que hoy en día viven en el exterior. Esas son las tres razones fundamentales por las cuales Maduro sigue y seguirá en el poder.

Leopoldo López, Henrique Capriles, Julio Borges, Lilian Tintori y ahora Juan Guaidó siguen convocando a protestas inútiles que no tienen ningún sentido, y que día tras día fracasan una y otra vez, gracias a que el *Hombre Detrás de las Cámaras* atiende el teléfono que muestra una llamada procedente de Venezuela, escucha la pregunta de *"Estimado, ¿ahora qué hacemos?"*, y luego da las respectivas instrucciones. Al colgar, se ejecutan sus órdenes, las cuales incluyen dispersar a la población a toda costa, mantener la posición y no permitir el paso al Municipio Libertador, mientras de vuelta en Caracas, mueren venezolanos que fueron utilizados por López, Capriles, Borges, Tintori, Henry Ramos, y ahora Carlos Vecchio y Juan Guaidó, por nombrar a algunos. Como si no fuese suficiente, Estados Unidos y Juan Guaidó dicen que *"todas las opciones están sobre la mesa"*, sin embargo, parece que hasta ahora solamente han utilizado una opción: la ineptitud. Aquí les va una idea: ¿Qué tal si prueban utilizando OTRAS opciones? Finalmente, está el problema principal: los venezolanos, tanto los que siguen en Venezuela como los que están en el exterior, quienes siguen pensando en ellos mismos, y no en su país.

En vista de que las protestas de 2019 sumaron otro fracaso más a la lista, es probable que para esta instancia de la lectura mi estimado lector desee saber lo que pienso que ocurrirá en los próximos años en Venezuela, y eso sería una conversación muy agradable para tener, ya que necesitaría escribir otro libro para explicar mi análisis. De momento, le puedo dejar al lector el ejercicio de contestar la siguiente serie de preguntas para su reflexión. Suponiendo que el gobierno de Maduro fuese removido el día de mañana:

- ¿Usted visualiza un futuro donde algún político venezolano sea condenado a prisión, sentenciado a varios años de cárcel, pagando por sus crímenes?

- ¿Usted visualiza un futuro donde el Estado venezolano no chavista (liderado por Leopoldo López, o Henrique Capriles o quien sea) se dedique a repatriar los cientos de millones de dólares robados?

- Suponiendo que se negocie una amnistía con una gran cantidad de personas vinculadas con el chavismo, ¿cómo visualiza usted un gobierno de Leopoldo López, o Henrique Capriles (o quien sea), teniendo al chavismo ahora como bando político opositor? Más aún, ¿cómo visualiza usted un gobierno de Leopoldo López, o Henrique Capriles (o quien sea), teniendo a los mismos efectivos militares que ayer eran sus enemigos, hoy como sus amigos, y mañana como….?

- A pesar de que planteé en el capítulo *El Inmigrante Venezolano* que los venezolanos nunca se regresarán, supongamos que me equivoco. Supongamos que Maduro es removido y todos los venezolanos que hoy se encuentran en el exterior, se regresan a Venezuela para reconstruirla (es decir, dejan a sus parejas, sus trabajos, sus estudios, etc.) ¿Cómo va a funcionar la meritocracia de dicha reconstrucción? Por ejemplo: un venezolano trabajando en Panamá o Miami, que percibe un sueldo de $1.500-$3.000 mensuales, lo menos a lo cual aspiraría al volver a Venezuela es un salario similar ¿no? Ni hablar de un venezolano que gane $4.000-$6.000 mensuales. Digo esto, porque como establecí en la Parte I, en Venezuela nunca se ofrecieron esos salarios para los cargos equivalentes.

- Continuando con el análisis del regreso de los venezolanos en el exterior: ¿Quiénes van a ocupar los cargos clave en el sector público y privado? ¿Mis talentosos y brillantes, amigos de la Simón Bolívar como Raúl, no porque sean mis amigos, sino porque son personas altamente capacitadas y calificadas? ¿O los amigos de Capriles, Borges, Ramos Allup, Leopoldo López, Juan Guaidó y Carlos Vecchio, no porque sean personas altamente capacitadas y calificadas, sino porque son amigos de Capriles, Borges, Ramos Allup, López, Guaidó y Vecchio?

- Continuando con el regreso de los venezolanos en el exterior: ¿Cuál será el orden meritocrático para asignar los cargos estratégicos en el sector público y privado? ¿Habrá preferencia a los venezolanos que vivieron cinco o siete años en el exterior, y que además de traer experiencia, fueron a cientos de conciertos, fiestas, bebieron, disfrutaron y que, salvo algunas publicaciones en redes sociales, nunca protestaron ni lucharon por Venezuela, mientras que en su país había gente luchando día a día con apagones, escasez de alimentos y medicinas y delincuencia? ¿O la preferencia va a ser para los que se quedaron lucharon hasta el final (o lo más que pudieron)?

Cada vez que me planteo esas preguntas, me basta con recordar a las Juntas de Condominio de mi edificio que estuvieron presididas por los ineptos Marianna, Daniela o Sven, quienes vienen siendo los equivalentes de Guaidó, López y Vecchio en un ambiente micro (o de las Juntas de Condominio que precedieron la clausura de los ascensores del edificio de El Cafetal). Estoy seguro de que Guaidó, López, Vecchio y los demás no son tan brutos, pero lo más probable es que al igual que Marianna, Daniela y Sven, no son personas muy inteligentes y no son muy eficientes en su forma de pensar. Son venezolanos comunes y corrientes: son mediocres, sin humildad, con principios y valores cuestionables, sin visión a largo plazo, y que además se rodean de personas mediocres con principios y valores cuestionables, o de personas que se aprovechan de ellos. Por ejemplo: Guaidó es el actual Presidente de Venezuela reconocido por unos cincuenta países, ¿cierto? Revisemos un poco su perfil y el de los miembros que integran su "gabinete", es decir, de las personas con quienes él se rodea:

- Juan Guaidó: un Ingeniero egresado de la Universidad Católica, lo cual deja mucho qué decir acerca de su capacidad intelectual, bajo el argumento que expuse en la Parte I. Muchos líderes de la oposición lo presentaron ante el mundo como un joven "brillante", pero sin buscar etiquetar a nadie, cuando a mí me dicen "Egresado de la Católica", lo primero que pienso es "Inteligencia Promedio" en el mejor de los casos, y de nuevo insisto: es una generalización, salvando a algunas excepciones.

Esto se ve reforzado porque Guaidó es alguien cuyo origen (según la oposición) proviene de la clase media baja; es decir, si realmente es tan brillante como lo presentan, lo más lógico es que de joven él tenía que haber estudiado Ingeniería en la Universidad Central o en la Simón Bolívar por las razones que planteé en la Parte I. Quizás su trasfondo fue igual al de *"la muchachita de nombre Michelle que es un cerebriiito"*, o quizás él sea la excepción a la regla y de verdad sea un muchacho brillante que quiso estudiar en la Católica por vocación y prefirió estudiar allí y pagar una fortuna, en vez de ir para la Simón Bolívar o a la Central y estudiar prácticamente de gratis en alguna de las dos mejores universidades del país rodeado de los mejores estudiantes del país, contradiciendo la lógica que establecí en la Parte I. Quién sabe… es posible, aunque poco probable, ya que sus acciones lo delatan.

Guaidó es un pobre muchacho y a veces siento lástima por él. Estudiando su lenguaje corporal, su forma de hablar, su forma de comportarse y de tomar decisiones, es obvio que no es el bombillo más brillante de la cuadra, y que simplemente lo están utilizando a cambio de quién sabe qué beneficio le estarán dando.

Guaidó es obviamente un peón de Leopoldo López. Es alguien que fue identificado como una nueva cara para conducir una nueva estrategia para intentar derrocar a Maduro (o al menos aparentarlo). Lo más probable fue que los líderes de la oposición pensaron algo como: *"Leopoldo López por ahora no nos sirve, Henrique Capriles está quemado, María Corina Machado es mujer, Freddy Guevara tiene pinta de sifrino, al igual que Miguel Pizarro, nadie quiere a Julio Borges y por último, Henry Ramos Allup y Diego Arria son unos zorros Adecos… ¿Qué tal si ponemos a alguien que no sea como nosotros, es decir, que no sea pudiente, que tenga una apariencia y una forma de hablar más como la clase media y que se le haga más fácil para conectarse con ellos?"* Tras revisar a todas las opciones que tenían, el elegido fue Juan Guaidó.

- Leopoldo López (*Comisionado Presidencial para el Centro de Gobierno*): ex Alcalde de Chacao, y como establecí en la *República de Burbuja Venezuela*, alguien que está convencido de que su destino es ser presidente de Venezuela, así sea cuando tenga noventa años. Una nueva versión de Rómulo Betancourt combinado con Hugo Chávez y Rafael Caldera, y una persona narcisista y ciega de poder, ya que sus acciones lo delatan.

- Julio Borges (*Comisionado de Relaciones Exteriores*): un diputado a quien nadie respeta en Venezuela.

- Alejandro Plaz (*Comisionado para el Desarrollo Económico*): un Ingeniero de la Simón Bolívar, quien posiblemente sea alguien brillante, pero que fundó SÚMATE, la organización que estuvo involucrada con el Referendo Revocatorio de 2004, y que serviría como pie de apoyo para la aparición de la *Lista Tascón*, y las consecuencias que a su vez ésta produjo.

- Miguel Pizarro (*Comisionado Presidencial para la ONU*): un joven Diputado representante de Petare involucrado en actividades relacionadas con los derechos humanos. Pudo haber sido el líder que necesitaba la Gran Toma de Venezuela, pero en vez de eso, su experiencia consiste en compartir cientos de publicaciones protestando a través de redes sociales.

- Alberto Ravell (*Director de Comunicación*): propietario del canal Globovisión antes de ser vendido en 2013, y un empresario que casi toda su vida estuvo vinculado con Acción Democrática. Fue director de medios de la campaña electoral de Carlos Andrés Pérez de 1973, y de Luis Piñerúa en 1978; también fue presidente del Canal 8 Venezolana de Televisión durante el gobierno de Lusinchi. Quizás sea una muy buena persona, pero por sus antecedentes con AD, el venezolano lo asocia con la corrupción de los gobiernos de Pérez y Lusinchi.

- Ricardo Hausmann (*Comisionado para el Banco Interamericano de Desarrollo*): ya hablé de él, Ministro de Coordinación y Planificación durante el tétrico segundo gobierno de Carlos Andrés Pérez; en consecuencia, al igual que Ravell, quizás sea buena persona, pero es alguien a quien el venezolano asocia con uno de los gobiernos más corruptos e ineficientes de la historia, y que además no vive en Venezuela desde hace años.

- Humberto Calderón (*Embajador en Colombia*): un exministro de los gobiernos de Luis Herrera y Carlos Andrés Pérez, en consecuencia, su perfil tiene un patrón similar a los anteriores.
- Tomás Guanipa: el Secretario General de Primero Justicia, quien reemplazó a Humberto Calderón tras su renuncia. Un muchacho que estudió en una universidad privada en Zulia, equivalente a la Católica, y que no es muy inteligente.

…y así sucesivamente. En síntesis: un grupo de ineptos o corruptos de la era bipartidista 1958-98, y un grupo de ineptos de la nueva generación de partidos políticos que intentan derrocar a Maduro a quienes los venezolanos no respetan. De todas estas personas, yo creo que el único a quien tal vez los venezolanos podrían respetar sería a Plaz por haber sido egresado de la Universidad Simón Bolívar, pero como establecí en la primera parte, el hecho de que haya egresado de la Simón Bolívar no quiere decir que tenga buenos principios y valores, o que sea ese *40-year-old-virgin* que Venezuela necesita; es decir, es posible que, al igual como ocurrió con otros egresados de la Simón Bolívar, también se haya corrompido como el resto de los venezolanos.

A mí me gustaría saber que contestaría Ricardo Hausmann, quien como mencioné en *El País sin dolientes* tiene un currículo que a primera vista impresiona, a las siguientes preguntas: 1) Dados los resultados que se vieron en los años subsiguientes a su gestión ¿Cómo evaluaría su gestión como Ministro?; 2) ¿Qué hizo usted para prevenir la crisis que se desarrolló en Venezuela a lo largo de la década de los 90?; 3) ¿Estuvo usted involucrado en algún caso de corrupción en Venezuela?; 4) ¿Por qué se fue de Venezuela hace más de veinte años? ¿Por qué se fue a Harvard en lugar de haberse quedado en Venezuela y haber apostado a una reinvención de imagen, de haberse establecido en el IESA para fundar una escuela que reclutase a lo mejor de lo mejor para trabajar en esa Venezuela progresista que los venezolanos soñaban? Harvard no necesita de usted. Si usted renunciase mañana a su cargo en Harvard, hay diez o más personas igual de calificadas que usted (o más calificados) para tomar su puesto. Venezuela sí necesitaba de usted, Harvard no. ¿Por qué no se quedó y reclutó a Carlos Luis, o a Raúl? Incluso yo hubiese trabajado con usted. ¿Por qué abandonó a su país? ¿Para obtener una mejor calidad de vida para usted y sus hijos? ¿Y qué hay de la calidad de vida de los hijos de los millones de los venezolanos que están en Venezuela, que hoy son inmigrantes? Me gustaría saber qué respondería Hausmann, pero la verdad es que ya sé lo que respondería; probablemente diría algo como: *"Nunca me interesó Venezuela, me ofrecieron un tronco de trabajo en Harvard, mi familia quería irse a los Estados Unidos, y además, es más cool decir que trabajo en Harvard, que en el IESA."* Tal vez Hausmann sea una buena persona, y tal vez sí sea un hombre brillante, quizás tan brillante como Carlos Luis -mi amigo de la Simón Bolívar-, o incluso como Raúl, pero por más brillante o buena persona que sea, sería interesante saber qué respondería a esas preguntas, no tanto a mí, ya que a mí no me debe explicaciones, sino a los venezolanos que eligieron a su jefe en 1988, y en consecuencia a él.

El punto es que como funcionario público, además de sus hijos, Hausmann tenía la responsabilidad de velar por el futuro y la calidad de vida de los millones de venezolanos que estaban bajo la jurisdicción de su organismo y por consiguiente de su cargo, exactamente de la misma forma como el chofer del transporte escolar de mi escuela en *Red Cedar* debía velar por las vidas de veinticinco niños pequeños. Esa es la responsabilidad de un funcionario público, y ese es el sacrificio que debe hacer en su plan de vida: trabajar para y por la comunidad, y no para sí mismo o solo para su familia. Quizás Hausmann responda que hizo una excelente gestión: 10 sobre 10, A++, porque muchas de estas personas como él están cegadas como los chavistas. Hoy en 2021, yo aún mantengo contacto con miembros de AD y COPEI de la era bipartidista (1958-98), y ni remotamente admiten uno de los miles de errores que cometieron: no saben nada del *Sierra Nevada*, creen que el avión del Orfeón se estrelló por mala suerte, y dicen que el Ministerio de Inteligencia de Luis Alberto Machado fue lo mejor que se hizo. En conclusión, creen que ellos no tuvieron culpa de nada, que hicieron un excelente trabajo, e ignoran que durante casi dos décadas, los venezolanos los detestaban. Al final están tan ciegos como los chavistas (o más). O quizás Hausmann será sincero y admita sus errores.

Casi ningún venezolano tiene un buen recuerdo o una percepción positiva de la excelente gestión de Hausmann como Ministro de Planificación, o de Pedro Tinoco como Presidente del Banco Central de Venezuela, o de Roberto Smith como Ministro de Transporte y Comunicaciones, o de Asdrúbal Baptista como Ministro para la Reforma de la Economía. ¿Sabe por qué estimado lector? Porque ninguno de ellos la tuvo. Años después, aparecían en algún cargo en Harvard, Cambridge, el Fondo Monetario Internacional o la Organización de Naciones Unidas, y los venezolanos se preguntaban "*¿Qué fue lo que* (el funcionario en cuestión) *hizo para llegar allí, si cuando fue Ministro/Gobernador aquí* (en Venezuela), *no hizo nada en lo absoluto? Durante su gestión no hubo ningún avance o un aporte positivo al país*". En cualquier caso, los resultados se encuentran allí en la costa norte de Sudamérica y en los millones de venezolanos regados en el mundo.

Por ese motivo es que afirmo que con o sin Chávez, Venezuela estaba destinada a colapsar. Porque cuando salía un Presidente, lo reemplazaba alguien que ofrecía el cambio y el grupo de personas con quienes se rodeaba para gobernar el país, eran los mismos ineficientes y/o corruptos que la gobernaron antes, o bien ineptos y/o corruptos de la nueva escuela. Un país necesita que su Presidente y especialmente su gabinete sean personas: 1) Muy inteligentes (brillantes es un valor agregado); 2) Honestas (o si van a ser corruptos, que al menos ejecuten las obras y proyectos bajo su cargo, que éstos sean de clase mundial, y que tengan una efectiva y positiva gestión en sus cargos); y 3) Que estén comprometidos con la visión del país. En el caso de los aliados de Guiadó, ninguno de ellos cumple con esos tres requisitos; ni siquiera dos de los tres y en algunos casos, ni siquiera uno.

Gracias a mi experiencia profesional en Venezuela, tuve la suerte de conocer bien a personas poderosas e influyentes, y por eso puedo hablar con propiedad de la capacidad de esas personas para ejercer los cargos para los cuales habían sido elegidos o designados, y dado lo que analicé en los capítulos anteriores del libro, puedo afirmar con seguridad que es muy difícil que Venezuela salga del foso en donde se encuentra, con esas personas dirigiendo su destino en un supuesto escenario hipotético en el cual Maduro sea removido del poder. Obviamente la pregunta que el lector hará es: ¿y cuál es la solución?

Lo primero que debo establecer es que el problema de Venezuela no tiene solución, ya que el daño es demasiado profundo e irreparable como para revertirlo. Pero suponiendo que hubiese una oportunidad para arreglarla, lo que yo haría es empezar desde cero, comenzando con una reorganización de las personas con las cuales se trabajaría. Buscaría a personas que cumpliesen con los requisitos que enumeré y que encajen dentro del perfil del *40-year-old-virgin*. Lo más importante de todo, buscaría a personas sin ningún tipo de vínculo político, ni directa o indirectamente, ni familiar, ni con partidos políticos tradicionales, ni con los nuevos. Personas con quienes se pueda conseguir resultados tangibles, y que no aporten más preguntas que respuestas, contrario a los líderes actuales tanto del gobierno como de la oposición. Personas con quienes se pueda elaborar un plan concreto a largo plazo para resolver uno a uno los principales problemas de Venezuela, de forma que los venezolanos puedan ver resultados tangibles y reales lo más pronto posible, así sean logros pequeños. Si bien me encantaría trabajar con Carlos Luis y Raúl, debo enfatizar que no me limitaría a trabajar con brillantes genios, y formaría un equipo diverso de profesionales con integridad, ética de trabajo, disciplina, y que produzcan sinergia positiva. Eso sería lo que yo haría.

Lamentablemente Guaidó y los demás líderes de la oposición prefieren apostarle a Ravell, Calderón, Hausmann, Vecchio, Pizarro y las mismas personas que fueron los causantes de que Venezuela se hundiera en la era 1958-98, que permitieron que Chávez surgiera y que según millones de venezolanos, se convirtiese en el único culpable del colapso de Venezuela (junto con Maduro), y del cual se encuentran libres de culpa casi todos los millones de venezolanos que lo acusan y responsabilizan. En ese sentido, voy a hacer un interesante ejercicio.

Supongamos que en efecto Chávez fue el único culpable de todos los males, desgracias, y del colapso de Venezuela, y que ciertamente los venezolanos son inocentes de todo crimen, o responsabilidad planteada en este libro por sus acciones. Dicho esto, una pregunta válida que el lector pudiera hacer es, ¿qué pasaría si mañana Maduro desapareciese esfera política de Venezuela?, o mejor aún: ¿qué hubiese pasado si Chávez no hubiese alcanzado la Presidencia de Venezuela? Sobre estos planteamientos puedo plantear cuatro escenarios:

Caso #1: ¿Qué ocurriría con Venezuela si mañana Nicolas Maduro fuese removido del poder?

El más grave de todos los males de Venezuela es que si Maduro fuese derrocado y los chavistas fuesen removidos, habría cientos de personas de la oposición esperando "enchufarse" en un cargo político para robar los miles de millones de dólares que aún están allí para ser robados por los venezolanos que dicen que quieren a su país.

Dicho esto, si Maduro fuese derrocado y Guaidó asumiese como Presidente provisional, éste convocaría a elecciones libres en las cuales se elegiría a un nuevo Presidente. Una vez formado el nuevo gobierno, lo más probable es que se pediría algún tipo de préstamo o financiamiento, con alguna especie de transición para inyectarle liquidez a la economía. Los Ministros de Economía, Coordinación y Planificación darían continuas ruedas de prensa en las cuales anunciarían que están trabajando por el país, y que no será fácil reparar el daño causado por más de veinte años de chavismo. Salvo algunas leves mejoras en la cadena de suministro, en el comercio de bienes y servicios, y en algún pequeño sector de la economía, pasarían dos o tres años y el país seguiría con la misma crisis social y económica, y los Ministros y Gobernantes del nuevo gobierno le dirían a la gente que siguen trabajando para reparar el daño que los chavistas causaron.

En un abrir y cerrar de ojos pasarían seis años y habría elecciones en las cuales se elegiría a un nuevo Presidente que prometería cumplir lo que el anterior no cumplió, y se repetiría el mismo guion. Pasados diez años y tras algunas leves mejoras, el país seguiría igual: Ministros y Gobernantes prometiendo sin cumplir, proyectos paralizados que demorarían años en ejecutarse, una inflación de 40%, un ingreso per cápita de $4,000, y la tasa de cambio del Bolívar/Dólar estaría fijada en 184.000.000.000, después de haberle reducido once ceros a la moneda tras dos reconversiones monetarias y dos controles de cambio similares a RECADI y CADIVI, y con los venezolanos todavía culpando a los políticos de todos sus males, pero gritándole a los choferes de los autobuses: *"Señor, ¡déjeme donde pueda!" y con las estaciones de radio retomando los slogans "¡Tu FM 92.9! ¡Cien por ciento LIBRE DE GAITAS!"* Aquí dejaré abierta una idea que cerraré al final del ejercicio hipotético.

Caso #2: ¿Qué hubiese pasado si Chávez hubiese perdido las elecciones de 1998 y Salas Römer hubiese ganado? (el caso ideal).

Salas Römer tenía planeado ponerle unas lindas palmeras, una fuente decorativa y un vitral al Aeropuerto Internacional de Maiquetía, y también tenía pensado habilitar el Teleférico del Ávila y el de Mérida. Ejecutaría un plan para reactivar el Puerto Turístico de Punto Fijo, otro plan para desocupar el Helicoide de los ranchos y delincuentes que allí vivían, y licitarlo para convertirlo en un centro comercial y atracción turística única en el mundo como siempre quiso Pérez Jiménez. Salas Römer también iba a iniciar la construcción de 50 mil kilómetros de redes ferroviarias para conseguir una enorme mejora en la red de distribución del país, de las cuales iba a completar la mitad y allí se le hubiese terminado el mandato.

El sucesor de Salas hubiese continuado sus obras y también iba a hacer una licitación con inversionistas de hotelerías internacionales para establecer cadenas hoteleras en el área de Chichiriviche y en Mochima. También iba a iniciar una exhaustiva limpieza de Caracas, incluyendo el saneamiento de ambos el Rio Guaire y el Rio El Valle, al igual que el Lago de Valencia, que lograría recuperar su extensión territorial natural. Hablando de recuperación de territorio: este presidente hubiese confrontado a Guyana, sobre la recuperación de la Zona en Reclamación del Esequibo, y hubiese sellado un acuerdo por la vía amistosa, o bien iniciado un conflicto bélico, para que El Esequibo formase parte de Venezuela de forma definitiva y para siempre.

El Presidente que le hubiese seguido a ese iba a ser el primer Presidente desde la época de los años 50, que lograba llevar la economía a tal punto que la inflación cerraría en negativo, y el Bolívar se revaluaría en 50% contra el Dólar. Tal hubiese sido la bonanza de Venezuela, que se hubiese lanzado su candidatura a ser sede del Mundial de Fútbol y de las Olimpíadas. ¿Quizás ese hubiese sido el destino de Venezuela, si Salas Römer hubiese ganado la Presidencia en 1998? Si usted piensa que eso hubiese sido lo que iba a pasar, le tengo malas noticias: ni remotamente.

Como he expuesto en los capítulos anteriores, para 1998 el daño que había en Venezuela era muy severo, y quizás definitivo para impedir el colapso. Por ese motivo, el verdadero escenario hipotético se debe dividir en dos casos, ya que al referirme a que si Chávez nunca hubiese llegado a la Presidencia, bien podría referirme a si Chávez hubiese perdido con Henrique Salas Römer las elecciones de 1998; o al supuesto hipotético de que Chávez no hubiese aparecido del todo en la esfera política de Venezuela, ni siquiera en 1992. Para contestar a ambos escenarios, ubiquémonos en 1998 donde las condiciones de Venezuela eran las siguientes: la inflación había cerrado en 35%, la tasa de cambio Bolívar por Dólar era de Bs. 550 por $1, con la moneda experimentando una devaluación que prácticamente era semanal. El producto interno bruto fue $91,33 billones, y el ingreso per cápita era $3.921, recordando lo que compartí acerca de los salarios en Venezuela en "*El Campo de Trabajo*", donde expliqué que un "buen" salario en Venezuela era de $1.000 mensuales.

Caso #3: Si Salas Römer hubiese ganado las elecciones (el escenario hipotético más realista).

Supongamos que estamos en la noche del 2 de diciembre de 1998 y usted está escuchándome hablar con mi amigo Gilberto por teléfono, quien tras escuchar los resultados del Consejo Nacional Electoral anunciando que Salas Römer había sido elegido presidente, en vez de haber dicho "*Listo, este país se fue a la mierda*" y colgarme, hubiese dicho algo como: "*Bueno, nos salvamos... por ahora...*"

Salas se hubiese obligado a llegar a un compromiso con las facciones que lo apoyaron para nombrar un gabinete formado por miembros de su partido Proyecto Venezuela, más miembros de Acción Democrática y miembros de COPEI: tres partidos políticos distintos cada uno con sus propios intereses, dos de los cuales se opusieron ideológicamente durante cuarenta años. Tal como lo establecí en *La Historia de la Hacienda Venezuela* y en *De Cómo Chávez se Perpetuó en el Poder*, el único motivo por el cual AD y COPEI apoyaron a Salas en 1998 fue para impedir que Chávez ganase; así que una vez conseguida esa meta, los intereses y la agenda particular de cada uno hubiesen estorbado en el día a día de la gobernabilidad de Venezuela y esto hubiese generado una división política aún mayor a la que Venezuela había vivido durante el quinquenio anterior de Rafael Caldera con Convergencia y *"El Chiripero"*. El Congreso probablemente hubiese quedado dividido en cuatro o seis facciones: AD, COPEI, Proyecto Venezuela, Primero Justicia, el Movimiento al Socialismo (MAS) [146] y el Movimiento Quinta República (MVR, partido de Chávez), creando dos bloques formados por los cuatro primeros y los dos últimos. De los seis partidos, quizás PJ hubiese emergido como el nuevo partido con visión de siglo veintiuno que Venezuela necesitaba, y probablemente hubiese iniciado los movimientos para posicionar a alguno de sus líderes como las nuevas caras del futuro político de Venezuela.

Lamentablemente para Venezuela, este caos de gobernabilidad entre 1999 y 2003 se hubiese traducido en una gran complicación en el liderazgo de Salas Römer, dado que los antes casi acabados políticos de AD y COPEI que antes se habían arrimado a Salas porque lo necesitaban, ahora resurgirían de las cenizas como el Ave Fénix y, con una confianza renovada, reclamarían las más altas posiciones de poder, lo cual habría producido que la crisis económica del país hubiese empeorado, llevando la inflación a probablemente al 40% o al 45%, y la moneda habría sufrido una o dos devaluaciones; y aun cuando los precios del petróleo hubiesen aumentado, probablemente habría habido nuevos casos de corrupción similares al del *Buque Sierra Nevada*.

Con el tiempo, un Chávez que en 1998 habría perdido las elecciones Presidenciales por inexperiencia política, ahora hubiese ganado aún mayor fuerza como orador, hubiese hecho un mayor trabajo de calle, hubiese reforzado sus conexiones con la clase alta, y su mensaje en la población se hubiese sentido cada vez más y de forma más efectiva, gracias a cinco años más de mentiras, corrupción e ineficiencia de los políticos de AD, COPEI, y ahora también de Proyecto Venezuela y Primero Justicia. Luego que Salas hubiese demostrado su

---

[146] El autor ha mencionado a AD y COPEI como los dos partidos políticos más importantes de la era bipartidista (1958-98), junto con URD de Jóvito Villalba, cuya importancia fue desvaneciéndose en el tiempo. El Movimiento Al Socialismo (MAS) fue un partido político fundado por Teodoro Petkoff (mencionado varias veces en el texto) y Pompeyo Márquez en 1971. Su tendencia era socialista de izquierda, algo extrema. En 1993 fueron parte de los pequeños partidos que apoyaron a Rafael Caldera en el grupo *Convergencia*. En 1998, respaldaron a Hugo Chávez, aunque sin el apoyo de Petkoff ni Márquez. El MAS siempre fue visto en la política venezolana como "una piedra en el zapato", es decir, un estorbo.

incompetencia como Presidente y su inhabilidad para liderar la coalición de partidos que lo había apoyado, Chávez de nuevo se hubiese lanzado como candidato Presidencial para las elecciones del año 2003, contra quizás Antonio Ledezma, Carmelo Lauría[147], o algún otro político de la era bipartidista menos popular, o con un currículo inferior al de Ledezma y Lauría. Se debe tomar en cuenta de que para ese momento si bien Primero Justicia estaba intentando perfilar a los jóvenes Leopoldo López y a Henrique Capriles como posibles futuros Presidentes de Venezuela, ninguno de los dos tenía los 35 años que la Constitución establecía era la edad mínima para ser Presidente.

Eventualmente lo inevitable hubiese ocurrido: esta vez con un apoyo mucho mayor al que tuvo en 1998, con un discurso quizás menos populista, y mucho más efectivo para los oídos de la clase media y media alta, Chávez hubiese ganado las elecciones de 2003 por paliza, y la película que hoy vemos se hubiese reproducido de forma casi idéntica a como sucedió en la vida real: se hubiese derogado la Constitución de 1961, se hubiese promulgado una nueva Constitución con reelección Presidencial indefinida, y se hubiese convocado a unas Mega Elecciones en las que el partido de Chávez hubiese arrasado con el mapa electoral regional y con el Poder Legislativo, ya que esta vez y sin duda alguna los venezolanos no le hubieran dejado ni el pasto a los partidos de la oposición, y le hubiesen entregado a Chávez la Presidencia, las Gobernaciones y Alcaldías, y el Congreso, con una mayor contundencia a como sucedió en las Mega Elecciones del año 2000 en la cronología real de Venezuela, con el agregado de que en este universo paralelo de 2003, Primero Justicia hubiese sido sepultado mucho más rápidamente, dado el menor tiempo que Capriles, López y Borges habrían tenido para emerger como líderes de la oposición a Chávez. A partir de allí, el resto hubiese sido la historia que el lector ya conoce: #*Quiero Volver Pero No Es El Momento*.

---

[147] El autor ha mencionado a Carmelo Lauría a lo largo del texto en varias ocasiones. Lauría fue un político de AD que ocupó varias posiciones de alta importancia a lo largo de la era bipartidista (1958-98), y para 1998 muy probablemente hubiese sido el candidato presidencial de AD, de no haber aparecido Chávez en la escena política de Venezuela en 1992. Se incluye la nota para darle la debida importancia, quizás por encima de Claudio Fermín (ex Alcalde de Caracas), Antonio Ledezma (ex Alcalde de Caracas) ambos de AD, Oswaldo Álvarez Paz (ex Gobernador del Estado Zulia) de COPEI, Eduardo Fernández (excandidato presidencial), y de por supuesto los muy jóvenes para esa época, Capriles, López y Borges.

Caso #4: ¿Qué hubiese pasado si Chávez no hubiese existido y por ende, no habría liderado el Golpe de Estado de 1992?

Este es quizás el más difícil de los escenarios, porque no puedo dejar de enfatizar la importancia que tuvo el 4 de Febrero de 1992 como el mensaje contundente que Chávez le dio a la población de Venezuela de que hacía falta un cambio radical en el país a la forma como se venían haciendo las cosas, y que el cambio era él.

Ante la ausencia de Chávez, lo primero sería establecer que no habría habido el Golpe de Estado, y la continuidad Constitucional se hubiese mantenido. Sin embargo, la crisis del gobierno de Pérez era muy grave para que el sistema bancario pudiera soportarla, y si en 1994 no hubiese ocurrido el colapso financiero iniciado por el Banco Latino, creo que eventualmente habría ocurrido quizás en 1996 o 1998. No creo que sea relevante debatir si Pérez hubiese terminado su mandato, ya que para el momento en el cual fue removido del cargo, Pérez estaba prácticamente solo, sin su patriarca Pedro Tinoco, y era visto como el causante de la división interna de AD. En cualquier caso, a Pérez en 1994 probablemente le habría sucedido Álvarez Paz, Fermín, Lauría o Ledezma para el periodo 1994-99, quienes habrían conducido a Venezuela por un destino muy similar al sendero transitado por el gobierno de Rafael Caldera en la vida real entre 1994 y 1999, dada la existente e inevitable división de AD y COPEI.

Dependiendo de qué tanto se hubiese agravado la crisis económica y social de Venezuela durante esos años, los partidos políticos tradicionales AD y COPEI se hubiesen subdividido en nuevas facciones que hubiesen dado pie a la fundación de Primero Justicia, y de uno o dos partidos similares, incluyendo un partido de corriente ideológica socialista y populista, quizás similar a Alianza País de Ecuador o a la corriente de Kirchnerismo en Argentina. En este partido se habrían concentrado la mayoría de las personas que en algún momento fueron los primeros simpatizantes e impulsores de Chávez en la cronología real de Venezuela: José Vicente Rangel, Alfredo Peña, Napoleón Bravo, Luis Miquilena, Jacinto Pérez Arcay y Alí Rodríguez, por nombrar a algunos, y quizás alguno de ellos u otro nuevo líder habría sido candidato presidencial en las elecciones de 1998. De haber ganado, el destino de Venezuela habría sido similar al que tuvo, y de haber perdido, probablemente hubiesen ganado las elecciones de 2003. Como podrá ver, era una simple cuestión de tiempo para que la izquierda socialista representada por Chávez llegase al poder en Venezuela. Les demoró setenta años, pero lo iban a lograr gracias a décadas de mal proceder de AD, COPEI, y de sus allegados, y es aquí donde retomaré la idea que dejé abierta al finalizar el escenario hipotético que planteé en el Caso #1: en el supuesto que Maduro sea removido algún día, y luego de que transcurriesen diez o doce años de nuevas mentiras y fallas de parte de los políticos de Primero Justicia, Voluntad Popular, o el partido que sea, el socialismo volvería al poder en Venezuela.

Pero apartando a los corruptos e ineptos políticos y patriarcas de Venezuela, el problema en Venezuela era la gente: había demasiadas personas a quienes les faltaba identidad; demasiados años de subdesarrollo cultivado en los venezolanos; demasiados años de caos, desorden y anarquía; demasiados años de potencial y talento desperdiciado, de falta de visión a largo plazo, y de que cada rincón en Venezuela era un reflejo del país, y que todas estas fallas iban a pasar factura tarde o temprano. Tantos años de mentiras van sumándole cuentas a la factura, y tarde o temprano la verdad va a cobrar esas mentiras. Por eso me molesta cada vez que los venezolanos dicen que Venezuela colapsó por culpa de Chávez, ya que si bien están diciendo una verdad, no están diciendo toda la verdad: colapsó gracias a ellos.

Alexandra Ocasio Cortez es una socialista populista representante de la izquierda con un discurso e ideales algo parecidos a los de Chávez. Pero ella no va a dar un Golpe de Estado y si ella o alguien parecido a ella llegase a ser Presidente de Estados Unidos algún día (espero que no lo sea), será porque estuvo años haciendo un trabajo de calle similar al que hizo Donald Trump que lo llevó a la presidencia en 2016. Es decir, en Venezuela la historia no fue que Chávez simplemente fue un candidato cualquiera que apareció gradualmente en el panorama político de Venezuela, que adquirió popularidad entre las masas y por eso se postuló como una opción diferente en unas elecciones comunes y corrientes en 1998 para ver si ganaba, ganó y simplemente se hizo del poder, y a partir de ese momento se convirtió en un dictador absolutista peor que Mussolini.

En Venezuela lo que ocurrió fue que un cúmulo de factores y variables convergieron para que Chávez diese un Golpe de Estado el 4 de febrero de 1992. Dado que Rafael Caldera quería ser Presidente a toda costa, su campaña se basó en que liberaría a Chávez, ya que eso era lo que la población quería. Tras quedar en libertad y luego de que los partidos tradicionales destruyesen políticamente a Irene Sáez, era obvio que él iba a ser Presidente. Es por eso que afirmo que la persona que no acepte que al Chávez aparecer en escena en 1992 estaba dejando en claro que él sería el futuro Presidente de Venezuela y el creador de un nuevo destino para el país, es alguien que no sabe de historia, ya que para finales del siglo veinte, Venezuela necesitaba un cambio a cómo las cosas venían haciéndose, y el cambio lo representaba Chávez: de no haber sido, él hubiese sido otro como él. La lección es que Chávez fue un producto del entorno, y no un líder de las circunstancias.

Como he identificado en los capítulos anteriores, Chávez ganó de forma legítima en 1998, promulgó de forma legítima una nueva Constitución por medio de un referendo popular realizado en 1999, la cual entre otras cosas, le permitiría reelegirse de forma indefinida; Chávez también lideró para que su partido arrasase de forma legítima en las "Mega Elecciones" Presidenciales, Regionales y del Poder Legislativo de 2000, y ganó dos elecciones Presidenciales consecutivas de forma legítima, además de un Referendo Revocatorio. Esto es algo que el venezolano debe aceptar, así como el venezolano debe aceptar lo que es, lo que le hizo a su país y el hecho de que la solución es mejorar sus cualidades como persona para no repetir el mismo error que cometieron con Venezuela, ahora en Estados Unidos, España, Panamá, Perú, Argentina, Australia y Canadá, por nombrar a algunos de sus nuevos hogares.

No se trata de que yo tenga o no razón en mi exposición acerca del colapso de Venezuela. Se trata de un llamado a la reflexión en cada uno de nosotros, ya que el colapso de Venezuela es un ejemplo de decenas en nuestra historia. Puede ser que su hogar, el edificio o el vecindario donde usted vive, o la empresa donde usted trabaja, están viviendo un destino similar al de Venezuela, y es aquí donde usted debe preguntarse: ¿Cuáles cualidades tiene usted en común con los venezolanos? ¿Qué ve usted en común en su vecindario o en su sitio de trabajo con lo que ocurrió en Venezuela? Sea sincero con usted mismo estimado lector. Hoy en día hay ocho millones de venezolanos alrededor del mundo que por su forma de pensar pueden dividirse en dos tipos: los que creen que ellos fueron víctimas y que Chávez fue el único culpable, y los que se dieron cuenta de que ellos fueron los culpables. Entonces estimado lector, ¿en cuál bando está usted?

Le invito a hacerse el siguiente examen, contestando a cada una de las siguientes preguntas con un Sí o No:

1. El sitio en donde usted vive ¿es pobre por culpa de usted?
2. ¿Usted reconoce el talento cuando lo ve?
3. ¿Apoya ese talento?
4. ¿Usted se considera alguien de visión a largo plazo?
5. ¿Usted vive bajo las reglas que pregona?
6. ¿Usted conoce el pasado del sitio dónde está?
7. ¿Usted ama el país/oficina/vecindario donde vive?
8. ¿Usted cultiva el subdesarrollo?
9. ¿Usted le da importancia a la puntualidad y a la educación?
10. ¿Usted apoya a las personas que no tienen talento?
11. ¿Usted sabe lo que debe hacer para crecer como profesional?
12. ¿Usted es un reflejo de su país, oficina o vecindario?
13. ¿Usted envidia?
14. ¿Usted vela por sus propios intereses por encima de los intereses del bienestar común?
15. ¿Usted ha aceptado leyes y políticas que sabe que son contraproducentes para el desarrollo de su país, oficina o vecindario, y ha sacado provecho de ellas?
16. ¿Usted entiende la realidad de su país, oficina o vecindario?
17. ¿Usted se sacrificaría por su país?
18. ¿Usted da órdenes y protesta a la distancia?
19. ¿Usted cree que pequeñas acciones no hacen daño?
20. ¿Usted cree que el mundo debe solucionarle la vida?
21. ¿Usted huiría de su país si viviese lo que pasó en Venezuela?
22. ¿Usted valora las riquezas que tiene?
23. ¿Es usted de los buenos?

No pido una puntuación perfecta de 23 "Sí", porque todos somos humanos estimado lector y ni siquiera yo la saqué. Lo mínimo que espero es que sea sincero con usted mismo. Está bien tener dos o tres "No", pero 23 "No", como seguramente es el caso que ocurría con casi todos los venezolanos, debe ser una alerta a la cual se le debe prestar atención con sinceridad y humildad, y no con orgullo, terquedad y obstinación.

El ser humano es extraño, orgulloso y a veces tonto, estimado lector. Cuando en el año 2005 se presentaron ante el congreso de Estados Unidos los beisbolistas que fueron acusados de usar esteroides, ninguno admitió que lo había hecho, a pesar de que la evidencia era contundente. En reiteradas ocasiones les hicieron la pregunta de si habían consumido esteroides y todos evadieron decir la verdad, y en vez de eso dieron respuestas absurdas como: *"Ya no importa hablar del pasado"* o *"Mis abogados me recomendaron no contestar esa pregunta"*. Fue un espectáculo vergonzoso ya que dejó ver qué tan obtuso, terco y obstinado pueden ser los seres humanos al no reconocer sus errores y admitir sus defectos, sabiendo el bien que podrían hacer en el largo plazo si lo hiciesen.

Por estos motivos la mayoría de los venezolanos tienen las manos manchadas, y no por lo que sugieren sus publicaciones en redes sociales en las cuales aluden que nadie votó por Chávez.

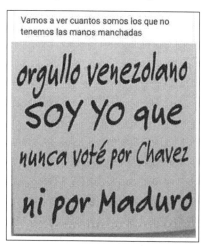

Fuente: Redes sociales de un venezolano, 2015.

Si un venezolano votó por Chávez o no, no tiene mucho que ver con el daño que se le causó a Venezuela. Hay personas que votaron por Chávez en 1998 y probablemente se arrepintieron de hacerlo, y no hay ningún problema con eso ya que la gente se equivoca. En su época Ludwig van Beethoven se equivocó. El problema no es equivocarse; el problema es cometer el mismo error y no rectificar, y no me refiero a haber votado por Chávez cuando ya era obvio que había que darle la oportunidad a otra persona en las elecciones realizadas en los años 2006 y 2012 porque les convenía por sus propios intereses personales; tampoco me refiero a haber votado en 2013 por su sucesor (Maduro), un chofer de autobús que fue escogido a dedo por Chávez después de haber visto lo que éste hizo con Venezuela. La lección y el punto al cual me refiero es: ¿qué importa si el venezolano no votó por Chávez, pero se comía los semáforos, no pagaba impuestos, robaba material de oficina de su trabajo, le negaba oportunidades a gente mejor preparada, echaba basura en la calle, no respetaba a sus vecinos y ponía música alta en la noche, no pagaba el condominio, y causaba problemas, nunca invirtió en el país, nunca hizo obras de labor social, no ayudó a reparar una calle en tu urbanización, preparó a sus hijos para que se fueran de Venezuela, y era un mediocre en el colegio, la universidad y en su trabajo? ¿Cree usted que haciendo todo eso, pero no votar por Chávez y Maduro hace que el venezolano califique para ser un ángel de Dios? Beethoven rectificó su error, mientras que los venezolanos no. Por ese motivo planteo que los venezolanos deben hacer una enorme reflexión acerca del rol que tuvieron en Venezuela, y en general en esta vida, la única que tenemos.

De allí que le pido, sea sincero y se pregunte a sí mismo estimado lector: ¿le hizo usted daño a alguien o a algo? ¿Le está haciendo? ¿Usted le arruinó la vida a alguien o a algo? ¿O se la está arruinando?

Seguramente, para los venezolanos, yo soy chavista.

Fuente: Redes sociales, 2018. Créditos al autor de la caricatura.

Le dejo en qué pensar estimado lector, y por favor… reflexione, no se engañe a sí mismo y acepte; y más importante aún: corrija.

Quizás haya algo de los venezolanos en usted.

Reposo mi caso.

La única salida al problema…

Parte V

Epílogo

Epílogo

24

Nostalgia

El día que me fui de Venezuela para regresar a mi país, sentí que finalmente cerraba un ciclo que llevaba varios años abierto. Desde hacía algunos años antes, yo ya me encontraba establecido en Estados Unidos y había vivido en otros países por motivos de trabajo, pero durante esa época yo aún tenía compromisos en Venezuela que debía atender con regularidad: una empresa, una propiedad, algunos amigos, y otros compromisos, y sabía que tendría que ir para allá en un momento dado. Pero el 28 de septiembre de 2017 al dejar Venezuela, sabía que ya no habría más motivos para regresar a ese país.

Esa mañana arribé al aeropuerto cerca de las 4:00 am, a pesar de que mi vuelo salía a la 1:00 pm. Así de alta era la incertidumbre de que algo improvisto pudiese pasar (alguna protesta, tráfico inesperado, o que te asaltasen camino al aeropuerto), que era preferible estar nueve horas antes de que tu vuelo despegase, en vez de las recomendadas tres. Al hacer el Check-in, vi que mis maletas tenían sobrepeso, y me dispuse a sacar algunas cosas. Los muchachos que envuelven las maletas en plástico estaban cerca, y apenas abrí mis maletas, vieron unos veinte desodorantes que yo llevaba; sus ojos les brillaron y se llenaron de lágrimas. Sin dudarlo, saqué los desodorantes y se los di. Sus rostros se llenaron de un semblante que parecía un arco iris, y sonrieron con una alegría que se veía tenían tiempo sin sentir. Era como si les hubiese entregado unos lingotes de oro; pero eran unos simples desodorantes que para ellos se habían vuelto un lujo, dado que su alto costo hacía imposible que con sus bajos ingresos pudiesen comprarlos.

Epílogo

Mientras me preparaba para ingresar a inmigración, di una mirada alrededor para observar cuántos venezolanos abandonaban a su país para siempre. Es fácil saberlo dado que llevan muchas maletas, o bien se despiden de alguien con abrazos y lágrimas, y le toman la foto al mosaico de Cruz Diez, el cual para ese 28 de Septiembre de 2017, se encontraba con varias cerámicas faltantes. Lo primero que me vino a la mente fue: "*¿Por qué el mosaico de Cruz Diez está tan destruido? No puede ser que la delincuencia también hace estragos con una obra de arte como esta.*" Fue cuando entonces pensé: "*¿Tal vez será que los venezolanos que se van le rompen un pedazo y se lo llevan como recuerdo, porque creen que es de ellos? ¿Quién puede ser tan miserable y malévolo como para romper una obra de arte tan icónica como este mosaico? ¿Un malandro delincuente? Sí. Pero ¿y un venezolano común? Pues, sí también. La verdad, sí es capaz.*" Con esa reflexión atravesé las puertas de inmigración y le dije adiós al país que treinta años antes me había impactado la primera vez que lo pisé.

Pensé que la muchacha de inmigración me daría algún problema, ya que había escuchado rumores de los funcionarios pidiéndoles dinero a los estadounidenses para darles el sello de salida, pero por el contrario fue muy amable y atenta. La chica vio mi planilla y dijo:

- "*¿Te devuelves a tu país?*"
- "Sí" - Le contesté.
- "*Otro más*" – dijo ella, y se le aguaron los ojos.

En circunstancias normales no le hubiese respondido; me hubiese quedado callado y hubiese esperado que colocase el sello, pero sentí lástima por ella. Sentí que quería que le dijese algo, cualquier cosa. Le dije con lo primero que pasó por mi cerebro:

- "Lo intenté, de verdad no tienes idea cuanto lo intenté. Le di tres chances a este país, pero no pude. Ustedes ganaron."

Una lagrima salió de sus ojos, recorrió su mejilla y me dijo: -"*Te creo. Ahora regresas a tu casa, allá te irá muy bien. Suerte.*"

- "Muchas gracias." – le dije. Ella selló mi pasaporte y me fui.

Al ingresar al terminal, lo primero que noté fue que el aire acondicionado no estaba funcionando. Era cerca de las 9:00am, la temperatura era de 30°C y la sensación térmica era la de estar dentro de un horno. El piso de granito también estaba destruido en algunas partes, similar al mosaico de Cruz Diez; quizás lo estaban reparando, o quizás también lo habían destruido. Al fondo en los ventanales habría apenas unos cuatro aviones en un aeropuerto de veintiocho puertas. Más al fondo la grama y el monte entre el pavimento de las pistas estaba marrón, árido y seco. Me senté en el sitio más fresco que pude encontrar y saqué la siguiente conclusión: *"Si un venezolano aún duda de cuál era la mejor opción entre irse o quedarse en Venezuela, y se sienta aquí donde yo estoy, entre el mosaico roto, el aire acondicionado dañado, el aeropuerto a oscuras, la grama seca y apenas cuatro aviones en 28 puertas, se encargan de quitarle cualquier duda en segundos".* Esas tres horas que estuve sentado esperando, estuve reflexionando sobre lo que veía:

1. *¿Quiénes destruyeron y permitieron que este aeropuerto hoy esté en este estado?* La respuesta: las autoridades, los responsables de cuidarlo, los gobiernos y el venezolano común.

2. *¿Qué impresión da este aeropuerto hoy en comparación a la primera vez que lo pisé hace treinta años?* La respuesta: la misma. Sentí que pasaron 30 años, y era como si estuviese en el mismo día.

Al mediodía abordé el avión y así fue como me fui de Venezuela. Tal y como ocurrió con Maiquetía, el colapso, la debacle y la destrucción de Venezuela fue un trabajo de equipo: una colaboración entre los gobernantes y los venezolanos. El único esfuerzo colectivo que hicieron en sus vidas fue para destruir a su país. Por una parte estaban los políticos del gobierno de Chávez o Maduro a quienes los actuales venezolanos miembros de la oposición acusan de corruptos, ineficientes y/o ladrones, sin recordar que cada uno de ellos tiene una contraparte de la época de AD y COPEI (1958-98): por Chávez, está Carlos Andrés Pérez; por Maduro está Lusinchi; por Rafael Ramírez está Humberto Calderón; por Jesse Chacón está Moisés Naím; por Nelson Merentes está Pedro Tinoco; por Jorge Giordani está Teodoro Petkoff; por Jorge Arreaza está Carmelo Lauría; por Aristóbulo Isturiz está Gustavo Rossen; y así muchos más a quienes no nombré.

El motivo por el cual cada político de la era chavista tiene una contraparte de la época de AD y COPEI (1958-98), es porque hay casos que lo confirman: el venezolano recuerda el avión de Air France, pero también debe recordar el Buque Sierra Nevada; el venezolano recuerda el caso de los $800.000 de Antonini Wilson, y también debería recordar los Bs. 255.000.000 de Carlos Andrés Pérez; el venezolano menciona la mafia con los autos chinos, y también debería mencionar los 65 Jeeps de José Ángel Ciliberto, y así sucesivamente. Pero además de cada político corrupto y/o ineficiente, había otro componente más: había venezolanos comunes y corrientes, quienes criticaban a los políticos corruptos y/o ineficientes, pero que eran iguales o peores que ellos, ya que cometieron los errores que mencioné a lo largo del libro, y que cuando más el país necesitaba de ellos, le dieron una patada. Todos dicen querer a Venezuela de la boca para afuera, pero cuando Venezuela más necesitaba de su gente –*"lo mejor de Venezuela"* según palabras textuales de los mismos venezolanos- su gente la abandonó.

Hoy casi todos los culpables están viviendo afuera: los políticos de la era bipartidista (1958-98), los de la era chavista, y los venezolanos comunes y corrientes. Da igual si uno robó diez millones de Dólares o diez lápices, porque como decía el Sacerdote de mi colegio: *"El que roba un lápiz es igual al que roba un bolívar"*, y creo que si robas a una persona o a una entidad, es porque no te importa y porque no la quieres. Yo no soy una persona sentimental, ni que experimente emociones como la gente normal; incluso mis amigos me catalogan de sociópata, pero si hay algo que sí sé es que, si tú quieres a alguien (o algo) lo quieres en las buenas y en las malas. Es muy fácil querer a alguien en las buenas. El verdadero mérito es querer a alguien (o algo) cuando las fichas están bajas y cuando la situación está mal, porque es allí cuando se demuestra el verdadero amor. Hasta un sociópata como yo sé eso.

El venezolano solo quería a Venezuela cuando había bastante cerveza Polar o Regional para tomar, cuando se podía ir manejando de Caracas a Morrocoy a 180 km/h, bebiendo sin parar, sin cinturón de seguridad y haciendo competencias con otros carros en la autopista, para luego llegar a la playa y orinar, echar basura y dejar las bolsas con basura en la playa, y después publicar en las redes sociales: *"Cool weekend at the beach with friends #Venezuela Mejor País Del Mundo"*.

Compartir fotos en redes sociales, no es querer a tu país. Publicar fotos de Caracas cada 25 de julio diciendo *"Feliz Cumpleaños Caracas, te quiero, te extraño"*, como hacen los venezolanos que viven en Alemania, Francia, Estados Unidos, Canadá o Panamá, no es querer. Por más que se diga que el amor trasciende la distancia, esto no es una película. Esto es la vida real y en la vida real el amor se demuestra. Hasta un sociópata como yo sé eso. Supongo que por eso es que la mayoría de los venezolanos –incluyendo a mis mejores amigos- decían que yo tengo un complejo de superioridad: porque tengo en mi cuarto mi bandera de las trece franjas y las cincuenta estrellas, y porque me emociono cuando el equipo de fútbol de Estados Unidos marca un gol cuando juega en el Mundial; pero más importante que eso, porque obedecía las normas y leyes mientras viví en Venezuela, y porque obedezco las normas y leyes en mi país. La realidad es que yo no tengo ningún complejo de superioridad. Creo que los japoneses sienten y hacen lo mismo por su país. Creo que los canadienses, los alemanes, los franceses y los ingleses también lo hacen. El venezolano, no lo hizo.

Algo que he reiterado a lo largo de mi exposición y que repetiré en este cierre, es que las vivencias que tuve en Venezuela las he visto en otros países, como estoy seguro de que usted también las ha tenido. La diferencia es que en los otros países existen aspectos positivos que compensan esas situaciones desagradables, y los errores que se cometen se corrigen. Eso no ocurría en Venezuela gracias a la peor cualidad de los venezolanos: la falta de humildad. Esa falta de humildad ocurre mucho actualmente en muchas empresas a nivel mundial. ¿Conoce usted a alguien en su trabajo que está por debajo de usted jerárquicamente, y que sabe que tiene el talento y potencial para crecer e incluso ser mejor que usted? Apóyelo estimado lector, impúlselo. No sea de los que piensa: *"Lo voy a dejar allí debajo de mí como mi número 2, porque si me sobrepasa, me puede dejar en ridículo y me pueden despedir"*. Piense más bien: *"Voy a apoyar a este muchacho y lo voy a impulsar para que crezca, ya que él es mejor que yo."* Quizás esa persona se lo agradecerá y se encargará que usted crezca con él. Ese es el error que no se comete en otros países, y por eso casi todos los países del mundo donde los venezolanos viven hoy en día ofrecen una mejor calidad de vida que Venezuela.

Epílogo

Los venezolanos se excusan diciendo que el error fue haberse equivocado en las elecciones de 1998 creyendo que la izquierda era la salvación, pero no ven que el error fue haber despreciado a mi amigo Raúl, haber dejado ir a mi compañero Jorge García, no haberle dado trabajo a mi amigo Carlos Luis, y haberle dado las oportunidades a *"¡BROOO! ¡TE TIENES QUE SENTAR!"* o a personas sin talento, ni con la ética, ni el compromiso que requería la labor en cuestión. El error fue no haber hecho cumplir las leyes, ni tampoco actuar como buen ciudadano, ya que al venezolano había que rogarle para que echase la basura en su lugar y no en las calles, aceras, parques, playas y autopistas del país. En Venezuela había una periodista llamada Martha Rodríguez Miranda, quien tenía un segmento que se transmitía con mucha frecuencia en radio y televisión, en el cual daba enseñanzas de conducta cívica ciudadana como por ejemplo *"No tirar la basura en las calles"* y *"Conduce con el cinturón de seguridad"*. Al final de la enseñanza, Martha cerraba el segmento diciendo: *"¡Qué fácil es ser buen ciudadano!"* Yo siempre pensaba: *"No Martha, tu no conoces a tus compatriotas: tu slogan más bien debería ser: ¡Qué difícil es ser buen ciudadano!"*

Nunca me adapté a esa sociedad porque nunca pude entender cómo podía funcionar una sociedad donde desde que yo era un niño vi que no había respeto, no había orden, planificación, inversión, eficiencia, visión, meritocracia y, por el contrario, había irrespeto, desorden, amiguismo, corrupción, ineficiencia, anarquía, amiguismo, y donde sus habitantes hacían lo que les daba la gana. Es muy difícil que un país funcionando bajo ese esquema sea sostenible: un país donde la gente hacía lo que le daba la gana y exigían que todo funcionase como una utopía; donde su gente exigía oportunidades, pero no le daba oportunidades a su gente; un país habitado por gente que soñaba con las riquezas de los Emiratos Árabes, pero que no podían reparar una jardinera de 2m². Era un país que quería una policía que fuese servicial y efectiva, pero que los ponía a vivir como delincuentes. Era el país donde sus habitantes eran venezolanos, pero de la noche a la mañana ahora todos eran españoles, argentinos e italianos. Era un país que se dejó quitar 159.500 km² de territorio sin poner una mínima resistencia. Era el país de las contradicciones. Un país pobre y miserable porque su gente es pobre y miserable de mente.

684

Nostalgia

El problema en Venezuela era que los días pasaban y la vida transcurría con normalidad como si las cosas que se veían eran normales por más anormales que fuesen, y esto es un problema ya que el día cuando lo común se vuelve normal, es el día cuando inicia la debacle de un sistema. Es normal que el Sol salga por el este. Es común comerse la luz roja de un semáforo, pero no es normal. En Venezuela lo común se volvió normal, y lo normal era conformarse con lo que había: mediocridad, basura, pobreza y una mentalidad miserable. Al lector le sorprendería la capacidad de adaptación del ser humano, algo de lo cual yo fui testigo en Venezuela tras ver que cada situación inverosímil que se vivía en el país era asimilada con normalidad como un día más. Era como un mundo Kafkiano gobernado bajo las leyes de la mecánica cuántica.

Un día las empresas del sector público y sobre todo el sector privado se dieron cuenta que podían tratar mal a sus clientes, y daba igual que tratarlos bien porque sus clientes no podían ir a ningún otro lado. Cuando una empresa se daba cuenta que no necesitaba tratar bien a sus clientes, las demás hacían lo mismo, y cuando una empresa se da cuenta de que no necesita tratar bien a sus clientes porque no tienen otra opción a donde ir, es cuando inicia la debacle de un sistema: no hay atención al cliente, no hay educación, no hay trato amable, no hay ese esfuerzo extra por querer hacer las cosas bien, o al menos intentar hacerlas. Fue así como un día los policías se dieron cuenta de que no valía la pena detener a los conductores que se comían semáforos en rojo porque, aunque los multasen, no iban a pagar las multas.

Sume a eso la cantidad de errores y fallas de las cuales hablé a lo largo del texto, y el resultado fue ese país frágil que era una bomba de tiempo esperando para colapsar, día tras día, año tras año, con enormes fallas que databan del siglo diecinueve, más otras que se sumaron a partir de 1958 cuando los políticos de AD y COPEI tomaron el poder en Venezuela, y que para el año 1989 eran demasiadas fallas y errores. Si ninguno de esos errores hubiese ocurrido antes de 1992, Chávez jamás hubiese aparecido. Hubiese sido un militar más y nadie se hubiese enterado de que él existía. No habría dado ningún golpe de estado, nunca hubiese pronunciado el fatídico *"Por ahora"*, nunca se hubiese lanzado a las elecciones de 1998 y no hubiese sido Presidente.

Siento decirlo, pero veo que es mucho lo que los venezolanos protestan y se quejan en redes sociales de que les robaron la libertad y de que son víctimas inocentes. A ellos les pregunto: ¿qué tanto hicieron mientras estaban en su país para ayudar a que las cosas mejorasen por sí solas? ¿Quiere saber lo que hicieron? Nada. Solo quejarse, echarle la culpa al otro y cualquier cosa menos asumir la responsabilidad de sus errores y defectos, y entender que el problema eran ellos. Eran demasiados errores y demasiadas fallan que ocurrían en el país día tras día, año tras año, ninguna sin corregirse o repararse.

En los Estados Unidos hay corrupción y fallas, pero el sistema funciona. También en España, en Francia, Alemania y hasta en Suiza. En la introducción mencioné el caso de *Theranos* y a lo largo del texto también hice una referencia al de *Enron*, y así como esos hay decenas de otras historias de situaciones indignantes que incluso te hacen cuestionar hasta dónde puede llegar la codicia y el daño que puede hacer un ser humano con una mente enferma. Pero al final del día, los ejecutivos de Enron tuvieron que dar la cara ante la justicia, y en el caso de los ejecutivos de *Theranos* también ocurrirá. Adicionalmente, creo que el estadounidense común pudo hacer su vida con normalidad indistintamente de lo que pasó en *Enron* o en *Theranos*, porque los beneficios de la sociedad americana superan los aspectos negativos que hay al tener empresas o políticos corruptos. Obviamente lo ideal es que no hubiese, pero eso es tema para otro libro. Igualmente, la justicia estadounidense no es perfecta, ya que ha habido casos como por ejemplo el asesinato de Nicole Brown y Ronald Goldman, en el que la inocencia de O.J. Simpson pareció ser determinada más por factores sociales, que por factores pertinentes al caso, y quedó grabado en la historia como una anomalía o una rareza.

Esa es la historia de Venezuela: un país con gente que habla y dicen querer a su país y hacer el bien, pero en realidad le chuparon la sangre. *"Migración forzada"* le dicen algunos, para ocultar la verdad: nunca quisieron a Venezuela. Solo decían *"Te quiero Venezuela"* de la boca para afuera. *"Nos obligaron a irnos"* dicen. *"Sufrimos mucho"* dicen. El venezolano no sabe lo que es sufrir. El venezolano no tiene la más mínima idea de quién fue Jorge Videla, o Efraín Ríos, Roberto Viola, Rafael Trujillo, Pol Pot, o Gurbanguly Berdimuhamedov.

A veces recuerdo con nostalgia algunos de mis años en Venezuela. Un día hace poco conversaba con unos amigos en mi casa en los Estados Unidos y por algún motivo caímos en mi experiencia laboral. Para hacer la historia corta, busqué en Google unas fotos de Caracas y se las mostré para que viesen cómo era Caracas y mostrarles dónde trabajé. Cuando vi las fotos noté que ciertamente, la ciudad, Caracas, es bonita; muy bonita. El Ávila de verdad es imponente y majestuoso. Los edificios son agradables a la vista. Estuve unos segundos viendo las fotos y me puse a digerir el momento, y a recordar que por muchos años, Venezuela formó parte de mi vida:

De verdad es hermosa la foto y en la vida real Caracas es así de hermosa.

No puedo negarlo: allí tuve parte de mi educación y parte de mi experiencia profesional. Es una ciudad bonita.

Esa es la zona cerca de donde yo vivía y trabajaba. Yo fui a ese cine, *Concresa*, con una chica que estaba perdidamente enamorada de mí, y yo nunca le hice caso. Vimos *Titanic (Cameron, 1997)*. Era muy agradable pasear por esa zona. Mientras veía las fotos con mis amigos, me dije: "*Cielos. Me siento como los venezolanos que publican fotos de lo hermosa que es Caracas y lo bonita que son sus calles, edificios y el Ávila*".

Fue entonces cuando reaccioné y me dije: "*No Héctor. Despierta. Eso es una ilusión. Si Venezuela es tan bonita como la muestran las fotos, responde en este instante ¿qué tenía de bueno Venezuela? Nombra las cualidades positivas de Venezuela como sociedad y de su gente: los venezolanos*", y empecé a enumerarlas.

Lo primero que me vino a la mente fue que como mencioné en "*El Inmigrante Venezolano...*", el clima de Caracas era casi perfecto, pero eso no tiene nada que ver con los venezolanos, así que no cuenta.

Las mujeres venezolanas eran muy hermosas (producto de la gran mezcla de razas que mencioné en la Parte II) y tenían bien ganada su fama. Lo que más llamaba la atención es que eran hermosas sin hacer mucho esfuerzo, pero resaltaban aún más cuando se arreglaban. Los hombres comentaban que las venezolanas siempre andaban muy bien arregladas y vestidas, así fuesen al supermercado o a sacar la basura, y era cierto. Las chicas que estudiaban en la Universidad Católica y sobre todo las de la Metropolitana eran sumamente hermosas. Mis compañeras del IESA, sobre todo del salón del grupo nocturno a tiempo parcial eran muy hermosas. En la Simón Bolívar no era tan fácil ver a una mujer hermosa y muchos de mis compañeros bromeaban diciendo que parecía que la inteligencia no iba de la mano de la belleza, sin embargo, yo tuve la suerte de tener de novia a una muchacha que era muy hermosa y además muy brillante. Casi todos los hombres de la universidad se babeaban por ella; y ella era mi novia.

La gastronomía era excelente (también producto de la diversidad de razas y nacionalidades), y se podía comer platos de primera calidad en cualquier parte, incluso a precios sumamente económicos. La sazón en general no era muy picante, muy dulce, ni muy salada: era perfecta.

También como expliqué en *"El Inmigrante Venezolano..."* el venezolano le daba mucho valor a la libertad que se sentía en las playas: el hecho de hacer lo que te diese la gana y sentirte verdaderamente libre. Esas fiestas, esas rumbas con música a todo volumen hasta las seis de la mañana del día siguiente, esa permisividad de consumir alcohol y emborracharte con tus familiares y amigos como si estuvieses viviendo una eterna vacación cada fin de semana; debo decir que hasta cierto punto entendía el placer que daba. Sin embargo, he ahí la ironía: un sentimiento de total libertad automáticamente desembocaba en caos, anarquía y desorden, y por ese motivo es que los seres humanos necesitamos algo de normas, leyes, reglas y orden.

El último aspecto positivo en el cual pude pensar al recordar a Venezuela, era la famosa gasolina regalada. Siempre que mis colegas de Estados Unidos iban para Venezuela o me preguntaban si era cierto que se podía llenar el tanque de combustible con menos de un dólar, decían: *"¡Quiero irme para allá! Daría lo que fuese por poder llenar el tanque con un dólar".* Yo los miraba y pensaba: *"Qué ingenuos son. No saben lo que dicen."* Fue allí cuando no pude enumerar más cualidades positivas.

Debo hacer una breve mención a mi experiencia profesional en *Schindler* en Venezuela, la cual fue sumamente valiosa. Lo que más me impresionó de trabajar en *Schindler* fue el portafolio que en algún momento la empresa llegó a tener, el cual llegó a incluir la cuenta entera del Metro de Caracas y casi todos los edificios exclusivos de Caracas. En toda mi permanencia en *Schindler Venezuela*, no hubo ni un cliente, un proveedor, un subcontratista, un constructor, y por supuesto un compañero de trabajo, que no hablase de lo satisfactorio y prestigioso que era *Schindler Venezuela* en la década de los años 80 y 90.

Para 2012 sin embargo, había habido muchas pérdidas en el portafolio debido a una gran cantidad de factores que yo pensé que habían iniciado con el arribo de Chávez en 1999, pero tras investigar el historial de cada cliente perdido (o a punto de perderse), constataba que había sido por ineficiencia, corrupción, desfalcos, robos, desatenciones, o cualquier falla o aspecto negativo en la empresa, y que databa de principios o mediados de los años 90. Así de fuerte es la capacidad de los venezolanos de dañar todo lo que es bueno, que ni siquiera una prestigiosa trasnacional suiza pudo salvarse. Mi jefe, el Gerente General -un expatriado español- intentó todo lo que pudo para rescatar a la empresa, e incluso trajo a personal extranjero, pero para el momento de su arribo a Venezuela en 2011, el daño era irreparable.

El lector pensará que estoy siendo exagerado e injusto, pero no debe confundir la injusticia y la exageración con la objetividad: si a usted le parece normal que hubiese apagones cada tres o cuatro meses, o que hubiese cortes de agua semanales, o que podías pasar tres horas en tráfico, o que la ciudad colapsaba con cada lluvia gracias al pésimo sistema de drenaje, o que el internet era lento e inestable, o que llevases un numero encima de tu cabeza porque podías ser víctima del hampa en cualquier momento, o que casi todos los casos de corrupción o crímenes quedaban impunes, y que además un recién graduado de la universidad que albergaba los mejores talentos del país ganase $1.000 mensuales, pues entonces tenemos una grave diferencia de criterios. Fue entonces cuando tras quedarme sin aspectos positivos para enumerar, recordé que de nada sirve decir *"Qué bonito... Qué hermoso es el Ávila, Qué hermosa es Caracas, y paisaje y los edificios..."*

si lo que vivía adentro de los edificios no servía para nada...

Nostalgia

…y recordé que si bien Caracas es esto…

… también Caracas es esto…

…y que mucha de la gente que hoy en día vive aquí…

… fue la misma gente que permitieron que esto ocurriese:

Ranchos en el Parque Nacional El Ávila. Fueron construidos por marginales; porque la gente que se supone que debió haberlos afrontado, y que debió haber planteado soluciones para evitar que eso ocurriese, en vez de eso se hizo la vista gorda y simplemente permitió que ocurriese y también permitieron que pasase esto:

La estación de Macuto del teleférico del Ávila. Construida por Pérez Jiménez en los años 50, hoy está abandonada por completo desde hace 40 años gracias a las personas que hoy viven en Miami, y son las mismas personas que también permitieron que pasase esto:

Ese es el Helicoide: una de las obras insignia del gobierno de Pérez Jiménez. Lo que se supone que debía ser el centro comercial más moderno de América, durante los años 60, 70 y 80 permaneció abandonado, y poco a poco fue rodeado por ranchos y delincuentes. Gracias a personas que hoy viven en Madrid que permitieron que eso ocurriese, y que a su vez son las mismas personas que permitieron que esto ocurriese:

693

Eso son las mafias, guerrilla y paramilitares en el arco minero. Muy cerca de la Gran Sabana y de la Laguna Canaima: "la belleza de Venezuela". Todo el que ha ido para el Parque Nacional Canaima ha visto esto y se hizo el ciego, y esas personas permitieron que eso ocurriera todos los días...

y son las mismas personas que permitieron esto:

… ranchos en las faldas del Guaire y toda la basura de la ciudad desembocando en el Guaire…

…y son las mismas personas que sacarían apenas unos dos o tres "Sí" en la prueba que coloqué al final de *"Reflexionar y Aceptar"*. Cada vez que recuerdo lo bonito que Caracas es, pienso en sus personas -los venezolanos- y se me pasa la nostalgia.

Recordé que todas esas personas que decían que Caracas es la ciudad más linda del mundo y que Venezuela es el mejor país del mundo, solo querían a Venezuela de la boca para afuera, y no eran capaces de tener el menor gesto hacia ella, porque sus acciones -y no sus palabras- lo demostraban. Recordé que casi todas esas personas eran los de la mentalidad de *"la viveza criolla"* y de *"yo soy más arrecho que tú"*. Recordé que esas eran las mismas personas que decían *"Marico, ¡quita eso!"* cuando sonaba una gaita, o que decían *"Que fastidio"*, cuando sonaba el Himno Nacional. Recordé que todas esas personas eran las mismas que no daban los buenos días cuando abordabas un ascensor, y que después marchaban con la gorrita de Capriles o protestaban por redes sociales diciendo que había que hacer lo que los ucranianos hicieron en *Winter on Fire*, pero solo marchaban hasta sitios seguros y nunca hicieron lo que mostró *Winter on Fire*. Recordé que esas personas siempre tuvieron en su mente irse de Venezuela y que a pesar de que hoy dicen que extrañan a Simón Diaz y el *Alma Llanera*, no son capaces de nombrar cinco canciones de Simón Díaz, ni mucho menos veían su programa *Contesta por Tío Simón* en el Canal 8 VTV. Recordé que son personas que siempre prefirieron hablar y escribir en inglés, porque era más *"cool"*, y a quienes yo mismo los escuché decir: *"Jamás me iría a vivir a Esclavos Unidos"*, y hoy viven en los Estados Unidos.

Recordé que esas personas eran las que ponían música a todo volumen, conducían en estado de ebriedad sabiendo que no había una autoridad que los detuviese, y no respetaban las normas y las leyes. No respetaban ni siquiera una simple fila porque se coleaban. Ni siquiera respetaban un insignificante semáforo. Y no lo hacían porque no querían a Venezuela, y en consecuencia, no la respetaban.

¿Sabe cómo empecé a escribir este libro, estimado lector? Al poco tiempo que finalizaron las protestas de *La Salida* en Abril de 2014, un día me dirigía al IESA y me detuve en un importante semáforo de una avenida perpendicular a la Avenida Francisco de Miranda en Chacao, donde en una esquina se encuentra una estación del Metro; es decir, se trata de una avenida con muchísima afluencia de vehículos y de peatones. Eran cerca de las cuatro de la tarde. Me detuve en la luz roja y noté como los carros que antes iban a mi lado ahora me pasaban, o bien aprovechaban cualquier ocasión para comerse la luz del semáforo.

Los peatones que estaban esperando en el otro sentido de la avenida para cruzar también lo hacían. Me di cuenta de que los carros que pasaban a mi lado eran Toyota, Fiat, Audi, Ford, BMW y Chery. Era gente de todos los estratos sociales: clase media, media baja, pobres, media alta, alta, ricos, y pudientes. Los peatones igual: había algunos malandros y obreros, pero también había ejecutivos; gente que se veía que trabajaba en la zona, que al menos debían ser profesionales y tener un título universitario; y también había estudiantes. Todos cruzaban las avenidas con el semáforo del paso peatonal en rojo, corriendo en ambos sentidos, y se atravesaban en ambos sentidos entre los carros que tenían su luz verde... y los carros que estaban en el sentido donde yo me encontraba, aprovechaban que los carros con luz verde se detenían para darle paso a los peatones, para ellos también cruzar y comerse la luz roja.

Me estacioné a un lado y me detuve por unos quince minutos a contemplar la escena que se repetía una y otra vez en cada cambio de luz verde a roja, en ambos sentidos de las avenidas que se cruzaban. Aproximadamente cada dos o tres minutos, alguien de los que estaba en el grupo de autos que se suponía eran quienes tenían el paso de luz verde, bajaba el vidrio de su vehículo y le gritaba:

- *"¡Coño de tu madre mamahuevo! ¡Respeta la luz no joda!"*

...a algún peatón, quien a su vez le contestaba de vuelta:

- *"¡Vete a la mierda mamahuevo! ¡La tuya hijo 'e puta!"*

...y luego alguien de los que tenía el paso de la luz verde le gritaba:

- *"¡Marginal de mierda!"*

...y luego otra persona gritaba de vuelta:

- *"¿¡Eso es conmigo!? ¡Anda a lavarte ese culo!"*

...y luego otra persona que no tenía que ver en el asunto, decía:

- *"¡No Joda! ¡Por gente como ustedes es que estamos jodidos en este país!"*

...y así sucesivamente la escena se repetía. Variaban los personajes, las posiciones, el estrato social, los vehículos, pero la escena era la misma: peatones hacia conductores, conductores hacia peatones, peatones a los motorizados, motorizados a los conductores, motorizados a motorizados, peatones a los otros peatones, policías de tránsito a los conductores, peatones a los policías... y en general, eran todos contra todos.

Recordé que desde el primer día que pisé Venezuela, había visto el mismo comportamiento y que durante mis años en el colegio, en la universidad y en el trabajo, también lo vi. Recordé a una chica con quien yo salí que estaba muy enamorada de mí, y recordé que a ella le molestaba cuando yo me detenía en la luz roja de un semáforo. Ella me decía *"¡Pasa vale! ¡No viene nadie! ¡No seas gafo!"* Recordé que mis amigos, también decían y hacían eso. Los vi hacer eso miles de veces. Fue cuando me vino la siguiente reflexión:

"Esta gente... es muy pobre de mente. Los venezolanos, protestan y le exigen respeto al gobierno, exigen libertad, le exigen al gobierno que cumpla las leyes... y ni siquiera son capaces de respetar una luz roja. Este país está arruinado. Este país no tiene salvación. Nunca. Jamás tendrá. El problema de Venezuela no es Maduro. El problema de Venezuela son los venezolanos: son gente que reúne las peores cualidades que un ser humano puede tener." Encendí mi moto y continué mi camino.

Si eso es tener complejo de superioridad, entonces supongo que sí, tengo complejo de superioridad. Si detenerse ante una luz roja, detrás del rayado del paso peatonal y respetar las leyes y las normas, estar orgulloso de ser ciudadano estadounidense y no haberme sentido a gusto, ni haber podido adaptarme nunca a la sociedad venezolana por la forma como los venezolanos actuaban es tener complejo de superioridad, entonces supongo que tengo complejo de superioridad.

Al llegar a mi casa, pensé en escribir respecto a lo que había visto y sobre todas las ideas que pasaron por mi mente durante esos quince minutos que estuve allí contemplando cómo carros y peatones, opositores y chavistas, gente pobre, gente de clase media y gente rica, todos en conjunto actuando como representantes de una sociedad que admira a Estados Unidos, a Canadá, a Alemania y que dice que Venezuela es el mejor país del mundo, no podía ni siquiera respetar una luz roja. Así fue como empecé a escribir este libro.

Si mi estimado lector piensa que el ejemplo en Chacao fue un poco exagerado porque es demasiada gente, hay gente apurada, es un punto muy estratégico, es el equivalente al cruce de la Séptima avenida con la Calle 34 en Manhattan, entonces puedo utilizar el semáforo de Prados del Este, el cual es utilizado por lo general por residentes de Prados del Este, Alto Prado, El Peñón y Manzanares, zonas residenciales de clase alta donde vive gente "educada" y profesional. Sin embargo, tal como ocurría en Chacao, el semáforo era irrespetado a diario por gente en moto, Corollas, 4Runner, Audis y BMWs, Fiat y Fords. ¿Cuál era la excusa en Prados del Este?

- *"¡Coño de tu madre mamahuevo! ¡Respeta la luz no joda!"*

…le gritaban a algún peatón o conductor, quien le contestaba de vuelta:

- *"¡Vete a la mierda mamahuevo! ¡La tuya hijo 'e puta!"*

Ese día en Chacao recordé que había visto la misma escena en Prados del Este y en decenas de sitios como la sucesión de semáforos debajo el puente de Las Mercedes; o los semáforos de la Plaza Altamira. Ni hablar de otros semáforos más populares, como el de la esquina del Cristo en la Avenida Fuerzas Armadas; o el de la incorporación a la

Avenida Victoria desde Roca Tarpeya; o el de la entrada al Hospital Clínico Universitario desde el paseo de la UCV, o los de la Avenida Bolívar, o la Avenida Libertador, Montalbán, el del Distribuidor de La Vega y Montalbán... podría nombrarlos a todos. La realidad es que el venezolano no respeta los semáforos.

Olvidé otro semáforo importante: el de Brickell, con Bayside, y el de Brickell con entrada a la US1A; y también el semáforo de la salida #75 hacia I-Drive en Orlando, o cualquiera de los que se encuentran en la US192 en Orlando. No, espere un momento: nunca he visto que un venezolano se coma esos semáforos. Perdone, debo corregir mi afirmación: la realidad es que el venezolano no respetaba los semáforos en Venezuela. Entonces, ¿por qué el venezolano, sí respeta los semáforos en otros países, pero no hacía lo mismo en su propio país? Estuve años buscando una respuesta a esa pregunta y no la encontré. Por eso escribí el *Manual para Destruir un País*.

En Venezuela, como dije en el prefacio, era una rareza encontrar a alguien que hiciese las cosas bien, que te diera un trato amable, extraordinario, que fuese honesto y confiable. En Venezuela se volvió común la mediocridad, la antipatía, la apatía, la dejadez, la flojera, el conformismo, la desidia, el descuido, el desgano, el desinterés, el amiguismo, el facilismo, los atajos, la viveza, el egoísmo y la hipocresía. Esa es la verdad de lo que pasó en Venezuela, y no que Chávez destruyó todo, como dicen los venezolanos que hoy viven en el extranjero. Esos son los venezolanos que hoy dicen: *"Amo a Chile / Colombia / EE. UU. / España mi nuevo hogar"*. Esa es la historia de los venezolanos que hoy están sembrando raíces en el exterior. Tenga cuidado con esas raíces estimado lector. Ya vimos lo unas malas semillas le hacen a un jardín.

No hablé de muchos temas sobre los cuales investigué e incluí en el manuscrito original, pero que decidí remover por razones de espacio y narrativa. Mencioné brevemente un problema que nunca tuvo solución, el cual era los bajos salarios de los transportistas y choferes, pero, objetivamente hablando, siempre he pensado que un chofer de un vehículo de transporte público no debería ganar mucho dinero; en cambio, había otro problema mucho más grave y que tampoco tuvo solución, el cual era los extremadamente bajos salarios que percibían los Profesores Universitarios y los Médicos (en promedio, apenas el doble del salario mínimo), quienes definitivamente sí debían tener un salario elevado. No hablé del campo, y de cómo funcionaba la Venezuela que existía fuera de Caracas (*"Caracas es Caracas y lo demás es monte y culebra"*), la cual era un submundo aún más caótico y surrealista que Caracas. Tampoco hablé de uno de los factores de mayor peso que también fue responsable de la aparición de Chávez y su subsecuente arribo al poder: la Iglesia. Son temas que creo que hubiesen desviado el análisis de la sociedad venezolana, y que para estudiarlos a fondo merecen ser parte de otro libro, así como podría fácilmente escribir un libro similar a este en tamaño y extensión, que estuviese dedicado a profundizar exclusivamente cada uno de los capítulos que traté: una *Enciclopedia Completa para Destruir un País*, de veintitrés tomos.

Consideré que no era necesario profundizar en muchas de las absurdas políticas que fueron implementadas durante los gobiernos de Chávez y Maduro, como por ejemplo las políticas de expropiación, ya que después de cuatro o cinco años de no haber visto resultados tangibles, era obvio que el destino no iba a ser otro que la total hecatombe. Por eso ni me molesté en efectuar un exhaustivo análisis acerca de las decisiones y maniobras políticas y económicas tanto de la era previa a Chávez, como de la era chavista: porque casi todas fueron un fiasco, y la prueba está allí en el territorio ubicado en la costa norte de Suramérica que ocho millones de venezolanos abandonaron.

Por ese motivo apenas mencioné lo fundamental que necesitaba para el análisis social. Después de todo, por más dinero que cualquier político adeco, copeyano o chavista haya robado, creo que ninguno de ellos tuvo algo que ver con que un día en 2014 María Eugenia Otero se comiese la luz roja del semáforo de la Av. Libertador para tomar la Autopista de Prados del Este y casi me chocase. María Eugenia Otero es una venezolana que era una vecina de mi urbanización con quien yo coincidí en varias reuniones sociales. Ella es una persona de clase alta y presumía que ella era una ciudadana ejemplar que respetaba las leyes y se comportaba igual en Caracas y en Miami, pero ese día la descubrí *In fraganti* comiéndose un semáforo en Caracas, así como muchos venezolanos también lo hacían. Yo la vi, ella me vio, la saludé, y me fui.

Mucho oro, petróleo, playas lindas, pero nada de educación, nada de visión, y nada de principios y valores. Nada de eso existió nunca. Era una ilusión que empezó en 1958, cuando Rómulo Betancourt acabó con lo que quizás fue la única oportunidad de convertir a Venezuela en la potencia que Pérez Jiménez vislumbró. Desde entonces, solo hubo pretextos y excusas para no hacer las cosas bien, o para no hacer las cosas del todo. Nunca una excusa ha hecho grande a alguien.

El venezolano leerá este libro y citará excusas para justificarse. La realidad es que el venezolano vio obstáculos donde nunca los hubo. El único obstáculo para sacar a Chávez/Maduro y lograr que Venezuela llegase ser un país desarrollado, fue el venezolano mismo. El venezolano confunde "obstáculos" y "adversidades" con "serie de malas decisiones" e "malas ideas".

Cuando a Estados Unidos le derribaron las Torres Gemelas, eso fue una adversidad; no ocurrió porque los ingenieros estadounidenses tuvieron la mala idea de construir unas altas torres, que podían ser blanco de un atentado terrorista. Cuando se convoca a una marcha denominada la *Gran Toma de Venezuela*, o a un Paro Cívico Nacional donde no hay ningún objetivo definido, sin ningún tipo de liderazgo y el motor de la empresa privada de la economía no acata el llamado, y el paro/marcha fracasa porque había tres tanquetas bloqueando el paso, lo cual generó que la gente se decepcionase porque no hubo resultados, es porque no se dan cuenta que esas tres tanquetas no eran obstáculos, y que las situaciones vividas con la PNB y la GNB no fueron adversidades. El problema fue que convocar a una serie de protestas sin liderazgo, ni objetivo, sin entender que se debía hacer un sacrificio por el país, fue una mala idea con una serie de malas decisiones, así como emigrar y abandonar a Venezuela fue una mala decisión.

Hoy queda un país destruido habitado por: 1) Personas que no tienen el apalancamiento para emigrar y que se resignaron a que morirán allí; 2) Personas frustradas como profesional, que viven el día a día en Venezuela viendo si pueden comprar comida hoy, para poder comer mañana. Este grupo de personas me da mucha lástima, ya que son personas no se van de Venezuela porque les da miedo irse y les vaya mal y se tengan que devolver a Venezuela. 3) Un grupo de enchufados que están relativamente cómodos; 4) Personas pudientes; y 5) El resto del país constituido por el submundo de la gente pobre. La generación de relevo es una generación perdida sin valores, principios, ni ética, y con una pésima preparación académica de pregrado y postgrado, ya que casi todas las personas encargadas de prepararlos hoy viven en el exterior, porque huyeron de su país dejándolo a la deriva, como ratas saltando del barco, o bien, gritando *"Sálvese quien pueda"*.

No quisiera terminar el libro sin antes nombrar a los venezolanos con quienes interactué, que pertenecen al pequeño percentil que constituye la excepción a la generalización de la población venezolana. Ese venezolano que es el *40-year-old-virgin*. Digo sus nombres sin apellido para proteger su privacidad y espero que ellos sepan quiénes son. Estuve pensando mucho a quien incluir y espero no haber olvidado a nadie de los que quería nombrar: Ángel, Carlos, David, Gabriela (no es Rubera), Isabella, Jaime, Julio, María, Pedro, son personas progresistas, con mentalidad de primer mundo, que me consta que dieron el 140% de ellos para intentar cambiar a Venezuela para mejor. Fue un honor haber interactuado con ellos mientras estuve en Venezuela y son personas que debieron haber estado en cargos clave en cualquier empresa, pública o privada.

Si eres venezolano, me conoces y no está tu nombre, es por una de dos opciones: 1) Olvidé incluirte (lo dudo); o 2) No mereces estar incluido. La tercera opción, es que no tengo suficiente información para decidir si debí haberte incluido. Apoyándome en las estadísticas y como decía una cliente para quien trabajé, *"piensa mal y acertarás"*, opté por no hacerlo. *"Piensa mal y acertarás"* es una enseñanza que aprendí de mi cliente (además de otras enseñanzas valiosas) para desenvolverme en Venezuela. Es triste reconocer que así era como se debía pensar en Venezuela, ya que el venezolano obra mal y siempre se trae algo malo entre manos para hacerte daño. *"Piensa mal y acertarás"* quedó grabado en mi CPU.

Quisiera decir que los venezolanos que están en el exterior son buenas personas y que les están inculcando nuevos valores a sus hijos. Quisiera pensar que no le están enseñando a sus hijos a tomar la vía fácil, y que les están enseñando a querer a su nuevo país, a defenderlo a toda costa como dijo Churchill en su discurso *"We shall fight on the beaches"*. Quisiera decir que les están enseñando que se debe apoyar el talento, que las cosas hay que ganárselas con trabajo y no con corrupción y burlándose del sistema, que hay que respetar las leyes; que hay que trabajar para que sus hijos y los hijos de sus hijos tengan un futuro mejor. De verdad quisiera decirlo, pero hoy los veo en el exterior y les veo las mismas actitudes que tenían cuando estaban en Venezuela. Por eso me cuesta decirlo.

Espero haberlo convencido estimado lector, o al menos haberle sembrado la semilla de lo que puede pasar en un país, en una empresa o en un vecindario, si se siguen las mismas acciones que los venezolanos ejecutaron en Venezuela. Las personas que nunca fueron, o fueron pocas veces a Venezuela (por negocios o de visita), creerán que sobredimensiono el escenario descrito, y que se me pasó la mano, pero le puedo asegurar que nada, ni una sola palabra es exagerada. Culmino cerrando con una reflexión, un planteamiento y una historia que dejé sin concluir:

1. Hay venezolanos que emigraron después de 2018, o que aún siguen en Venezuela, a quienes los países les están cerrando las puertas, quizás porque los que viven afuera (los primeros en huir) ya crearon la mala fama. No es justo que otros paguen las malas acciones de los malos que hoy viven cómodamente en el exterior.

2. Yo acepto al venezolano que se fue de su país a partir de Julio de 2017, porque al menos intentó, luchó o al menos aguantó lo más que pudo. Irse de Venezuela a partir de ese momento, ya era una cuestión de supervivencia, puesto que quedarse en ese país era perder la vida, y creo que el ser humano no merece vivir como se vive en ese país. Por eso acepto que ese, tal vez no *40-yr-old-virgin* emigre. Yo conozco personas en esa situación y los estoy ayudando a que se vayan, y en general se les debería de ayudar.

3. En Venezuela aprendí que, para tener dinero, para ser exitoso o para tener ese trabajo soñado que tanto ansiabas, debías estudiar en una universidad mediocre o peor. En Venezuela aprendí que los malos siempre ganan, y que el crimen sí paga. En Venezuela aprendí que la ignorancia es la felicidad del hombre, y que era suficiente con *decir que eras valioso* para convencer a las masas de que eras un activo valioso, sin necesidad de demostrarlo.

Las personas a quienes nombré (Caldera, Betancourt, Calderón, Hausmann, Tinoco), y muchos otros, se salieron con la suya. Los venezolanos los adoraban y aún hoy los adoran; ciegos y renuentes a aceptar que en realidad ellos fracasaron en sus gestiones, a pesar de que hablaban muy bonito, se vestían de forma elegante, se decían muy cultos y leídos, e incluso mucha gente aún hoy los adoran y veneran ciegamente, pero ninguno de ellos demostró nada. Aquel día de vivenciales en la Simón Bolívar, casi todos los chicos dijeron *"Soy el #1"*, *"Soy el campeón"*, *"Soy Becado"*, pero al final del trimestre, Raúl demostró quién era el verdadero #1. En la vida hay que juzgar en base a resultados.

Raúl trabajó por casi quince años en Corpoelec [148] hasta Noviembre de 2017. Humillado, sin ver recompensa a sus esfuerzos, y harto de haberle dado su vida al país que lo formó tras haber intentado retribuirle lo que éste hizo por él, se fue a España. Trabajó un par de años como cocinero, mesonero, y en 2019 al fin pudo conseguir el trabajo que siempre debió tener en Venezuela, pero en Suiza. El Dios que sacó 41 de 45 en el tercer parcial de Matemática I de la Simón Bolívar en Diciembre de 1995.

Ahora ya tiene todos los pasos para Destruir (o Construir) un país. ¿Cuál va a hacer, estimado lector?

---

[148] Corporación Eléctrica Nacional. Como el autor expuso en el capítulo *"El inmigrante venezolano…"*, en Venezuela la generación y distribución del servicio de electricidad estaba a cargo de empresas regionales como La Electricidad de Caracas, CADAFE y ENELVEN (además de otras). Corpoelec fue fundada en 2007 durante el gobierno de Chávez, y absorbió a la mayoría de estas empresas regionales, y quedó como el único ente encargado del servicio eléctrico nacional.

Agradecimientos

Hace algo más de cinco años inicié una travesía que culminó en el producto que usted tiene en sus manos en este momento. Durante mucho tiempo pensé que podría ser capaz de hacer dicha travesía solo, como Charles Lindbergh realizó su vuelo trasatlántico de treinta y tres horas desde Nueva York a Paris, el cual fue un logro increíble y admirable considerando la época, los recursos con los que contaba y el objetivo planteado. Pensé que podría escribir este libro y publicarlo con mis propios recursos y habilidades, pero conforme más me adentraba en la travesía, me di cuenta de que necesitaría ayuda. En el caso de Lindbergh una vez que él despegó, ya no había vuelta hacia atrás, lo cual enaltece aún más su mérito. En mi caso, una vez que empecé, tampoco hubo vuelta hacia atrás, pero a lo largo del trayecto tuve la fortuna de contar con la ayuda y colaboración de valiosas personas a quienes les doy las gracias.

A mis mejores amigos: los hermanos Willis y Wilhelm Izaguirre, y a los hermanos Darwin y Lorne López, quienes más que mis mejores amigos, son mis hermanos. Nos conocemos desde hace más de treinta años y no me arrepiento de ni uno de los días que hemos convivido y compartido. Ellos me enseñaron muchas cosas de la sociedad venezolana que están plasmadas en este libro, sobre las cuales sostuvimos cientos de conversaciones intelectuales a lo largo de nuestra amistad. Cada uno con un punto de vista, una óptica y una capacidad intelectual y de análisis distinta, contribuyó a mi comprensión de lo que ocurría en Venezuela: Willis con su típica personalidad del venezolano común, relajado y llevadero del día a día; Wilhelm como el que hacía las preguntas y tocaba los temas que nadie esperaba; Darwin siendo el más brillante, analítico y lógico, y por mucho; y Lorne como el más culto y leído, y a quien debo dar un agradecimiento especial por haber escrito el prólogo de este libro. Willis y Darwin se han distanciado un poco por varios motivos, pero les tengo el mismo respeto y aprecio que siempre les tuve, y espero que algún día recuperemos la amistad que antes teníamos.

A los profesores Jaime Hernández y Dieter Brunschweiller, las personas más cultas y leídas que he conocido en mi vida. Son de esas personas con quienes provoca sentarse a escuchar todo lo que tengan que decir, ya que ni una palabra que sale de su boca es desperdicio. Dieter murió hace muchos años, pero dejó una marca imborrable en mí. Jaime Hernández, como mencioné en el libro, si alguna vez hubiese dictado una asignatura llamada "*Yo hablando durante dos horas*", hubiese llenado el auditorio de la universidad. Ambos me enseñaron lo bonito que es leer, entender, investigar, y razonar, y más que todo… lo bonito que es el conocimiento.

A la profesora Violeta Rojo, quien fue una de las primeras personas académicas que revisó este libro. Violeta es alguien con una personalidad muy difícil, muy particular, que critica absolutamente todo lo que puede criticarse de algo, y por ello sin duda era la persona que necesitaba para tomar el manuscrito y llevarlo a la forma final para su edición.

A mis dos editores, quienes me pidieron mantener su identidad confidencial.

A Mike Stoklasa, fundador del canal de YouTube *RedLetterMedia*. Mike es un crítico de cine que se hizo famoso por su exhaustivo y profundo análisis de las precuelas de *La Guerra de las Galaxias (Lucas, 1977)*, y abrió el camino para que eventualmente apareciesen otros críticos de cine y *YouTubers* que hoy en día existen. Mike es una persona como yo: extremadamente lógico y racional, con una capacidad de análisis increíble y con un sentido del humor ácido. Adicionalmente, Mike entiende el funcionamiento de los detalles de la vida a un nivel que pocas personas pueden hacerlo. Sus reseñas están llenas de enseñanzas no solo de cine, sino de la vida en general. Gracias a él aprendí que no tiene nada de malo en analizar las acciones de las personas de forma lógica, y que no tiene nada de malo sacar conclusiones, y que no tiene nada de malo decir la verdad.

A mis lectores beta: Alida Manfredi, Carlos Luis Vargas, Carlos Moreno, Isabel Barradas, Lorne Lopez, Miguel Sánchez, Narailh de Armas, Patricia O'Callaghan, Raúl Carvalho, Ricardo Forero, Virmar Sosa Boulton, Wilhelm Izaguirre, y Zobeida Ramos, quienes tomaron tiempo de sus vidas para leer el borrador o varias versiones de un manuscrito de más de dos mil páginas, y que proveyeron de valiosas sugerencias para mejorar el texto y llevarlo a su forma actual. Debo darle un agradecimiento especial a Carlos Luis Vargas, mi compañero de residencia, por su admirable actitud de levantarse todas las mañanas y preguntarme: *"¿Uno o dos huevos?"* Y un agradecimiento muy especial a Virmar Sosa Boulton y a Zobeida Ramos Tovar, quienes adicionalmente invirtieron una gran cantidad de horas de su tiempo para ayudarme a revisar la versión final del libro.

A María Angelica de Kolster, Luis Alberto Kolster, Mireya Sosa de León y Rose Mary Díaz, por haber provisto información vital para el libro, que lamentablemente no se encuentra registrada en la historia de Venezuela.

A María Guadalupe, quien diseñó la caratula, lomo y contraportada.

A Jared y Jacob Martinez, quienes depositaron su confianza en mí y gracias a ellos pude conseguir el trabajo que me ayudó a mudar a mi familia de El Cementerio para El Peñón, y que permitió reestablecerme en Estados Unidos una vez que mi familia estaba en su nuevo hogar.

A Sergio Escalante, quien fue Gerente General que me contrató para trabajar en Schindler Venezuela cuando tuve que mudarme temporalmente en 2012, quien me permitió cursar un trimestre a tiempo completo en el IESA a cambio de trabajo en horario fuera de oficina, y quien además me permitió utilizar los procesos de Schindler para mi tesis del Máster en Administración de Empresas (M.B.A.).

A mi jefe actual Joseph Neto, quien me enseñó que es importante revisar hasta el más mínimo detalle en cualquier producto, ya que una vez que lo envías al cliente, no hay vuelta atrás, y que por eso revisé este texto no menos de cien veces.

Hay muchas otras personas a quienes también deseo agradecer, ya que, si bien no contribuyeron directamente a este libro, fueron una influencia y una importante parte de mi vida por diversos motivos: Gilberto Suárez, y dos personas cuyas identidades mantendré confidenciales: con una pasé cientos de veces al Centro Portugués, una vive en Londres, está casada y tiene dos hijos, y otra vive en Estados Unidos y su banda preferida era *The Cars*.

Acerca del autor

Héctor Ruiz nació y se crio en Michigan, Estados Unidos. Su vida cambió un día cuando su familia se mudó a Caracas, Venezuela a finales de los años 80.

Al llegar, se encontró con un país con pequeñas fisuras en su sistema y no pasó mucho tiempo para que predijese la debacle que hoy en 2019 viven los venezolanos. Héctor convivió, estudió y trabajó en Venezuela y en este libro nos comparte sus experiencias vividas en la sociedad venezolana, y que muestran las causas de la destrucción de Venezuela, y más importante, quiénes la causaron y por qué. Los años en los cuales Héctor estuvo en Venezuela, estudió Licenciatura en Matemáticas en la Universidad Simón Bolívar y obtuvo su Magister en Administración de Empresas en el IESA, trabajó en dos empresas emergentes y una trasnacional, y tras independizarse fundó su propia empresa de consultoría en gerencia de proyectos, mercadeo, ventas y finanzas. También estuvo involucrado en roles proactivos de labor social y trabajos con su comunidad, siendo miembro de la junta directiva y presidente de la asociación de vecinos de la urbanización donde vivía.

Con todas estas experiencias, Héctor nos trae un relato de lo que aprendió de la sociedad venezolana, para que las personas en otros países y empresas no repitan los errores que ocurrieron en Venezuela.

Made in the USA
Middletown, DE
25 February 2021